Refo 500 성경 해설 2

역사서

Refo 500 성경 해설 시리즈는 종교개혁 500주년을 맞아 **〈고신 Refo 500 준비위원회〉**가 기획하고 **〈세움북스〉**가 협력하여 출간하게 되었습니다. 건강한 개혁주의 신학을 담고 있는 본서가 한국교회를 말씀 위에 바로 세우는 유익하고 좋은 도구가 되길 소망합니다.

Refo 500 성경 해설 시리즈 ❷

Refo 500 성경 해설 : 역사서

초판 1쇄 발행 2017년 9월 30일

지은이 | 박우택
펴낸이 | 강인구 · 고신 Refo 500 준비위원회
감 수 | 김성수 문장환 박영호

펴낸곳 | 세움북스
등 록 | 제2014-000144호
주 소 | 서울시 마포구 양화로 78, 502호(서교동, 서교빌딩)
전 화 | 02-3144-3500
팩 스 | 02-6008-5712
이메일 | cdgn@daum.net

교 정 | 김민철 이윤경
디자인 | 참디자인

ISBN 979-11-87025-22-1 (03230)
979-11-87025-20-7 (03230) 세트

Refo 500 성경해설 시리즈 2

Refo 500
성경 해설

박우택 지음

2 역사서
The Histories

세움북스

저자 서문

종교개혁 500주년을 맞아 그 의미를 바르게 진단하는 일은 복된 미래를 열어 가는 초석이 된다. 종교개혁이 어떤 의미를 가지고 있는지 '세계 레포 500'에서 자문학자들이 "2017년 종교개혁 500주년을 위한 진단과 전망"을 23개 항목으로 발표한 바가 있다. 그중에 이 책의 핵심과 관련된 몇 가지 내용을 요약하면 다음과 같다.

> 종교개혁은 오직 믿음으로 하나님께 의롭다 함을 받음으로 직접 하나님 앞에 서 있는 존재로서 사람을 발견하게 했다. 이러한 사람의 존재, 그 자유와 책임에 대한 언급은 교회와 기독교를 넘어 사회 각 분야, 특히 문화, 학문, 교육, 법, 정치, 경제 영역에 영향을 미쳤다. 그리고 사람이 하나님 앞에 서 있다는 사실은 자신이 믿는 것을 이해하고 자신의 믿음에 관해 설명할 수 있다는 점을 포함하기 때문에 종교개혁의 중심적인 관심사는 성경과 설교였다. 그래서 성경이 일반 대중의 언어로 번역되고 성경에 근거한 강해설교가 예배의 필수불가결한 요소가 되었다. 이 기본 신념은 그리스도인을 양성하기 위해 교육의 필요성을 불러일으켰다.

자문학자들의 이 진단은 옳을 뿐만 아니라 매우 중요하다고 생각한다. 성경을 가르칠 때 하나님 앞에 서 있는 존재로서 자기 자신을 발견하게 하고, 그 사람으로 하여금 하나님이 원하시는 새로운 세상, 곧 하나님 나라를 건설하게 할 수 있다고 믿기 때문이다.

종교개혁의 표어(motto)는 '오직 성경'(sola scriptura), '오직 믿음'(sola fide), '오직 은혜'(sola gratia)다. 이 중 첫 번째 '오직 성경'은 나머지 2개의 표어를 올바른 방향으로 이끄는 가장 중요한 요소다. 성경은 우리가 믿어야 할 믿음의 내용과 하나님이 우리를 구원하여 하나님 나라에 살게 하시는 은혜와 그 은혜를 받은 자의 자유와 책임을 기록하기 때문이다.

당시 종교개혁자들은 '오직 성경'이라고 말했지만 오늘날 불행하게도 다수의 가르치는 자들은 원저자이신 하나님의 의도와 상관없이 그들의 주관적인 생각에 따라 가르쳤다. 그래서 성도들로 하여금 성경을 바르게 읽지 못하게 했다. 이뿐만 아니라 누구든지 읽고 구원의 길을 찾을 수 있도록 쉽게 기록된 책을 어렵고 복잡하게 만들어 돌아가게 만들거나, 어떤 경우에는 아예 길을 찾을 수 없게 만든다. 심지어 성도들의 자유를 유린하거나 억압하는 도구로 사용하기도 한다. 또한 '오직 믿음'이라고 말했지만 믿음이 무엇이며, 그 믿음이 어떻게 표현되는지를 설명하지 못했기 때문에 실천과 연결되지 못했다. '오직 은혜'라고 말했지만 하나님이 우리의 구원을 위해 행하신 은혜가 무엇인지 보여 주지 못함으로 기복주의로 흐르게 하여 '값싼 은혜'만 넘쳐나게 되었다.

이러한 현상의 근본 원인은 성경이 어떤 책이며, 어떻게 기록하고 있는지 모르기 때문이다. 성경은 하나님이 우리를 구원하시기 위해 역사 가운데 행하신 구속사를 기록하고 있다. 그리고 그 구속사를 사람이 잘 알 수 있도록 우리가 사용하는 언어로 기록하였다. 언어를 이해하는 핵심은 문맥이다. 문맥은 본문의 의미를 결정하는 가장 중요한 요소다. 성경에서 어떤 단어의 문맥은 그 단어가 속해 있는 구절이며, 구절의 문맥은 그 구절이 속해 있는 문단이며, 문단의 문맥은 장(章)이며, 장의 문맥은 그 장이 속해 있는 책이다. 성경 기록의 특성상 각각의 저자가 66권을 다른 역사적인 상황에서 기록했다 할지라도 성경은 한 분 저자이신 하나님의 감동으로 된 책이기에(딤후 3:16) 성경 전체가 한 문맥을 이루고 있다. 이것은 성경 각 부분이 성경 전체의 핵심 주제인 언약과 그 언약의 목표인 하나님 나라와 밀접한 연관성을 가지고 있다는 것이다. 그럼에도 성경을 문맥과 관계없이, 또한 언약의 핵심인 그리스도와 아무런 연관성이 없이 연결하기 때문에 성경을 기록한 목적에 이르지 못한다. 하나님 앞에 서 있는 자신의 존재와 그 존재에 합당한 자유와 책임을 인식할 수가 없다. 이러한 이유에서 성경이 어떻게 그리스도와 연관되는지 올바른 신학적 관점과 그 내용을 기록한 방법을 이해하는 것이 필요하다.

현재 성경 개관서나 개론서도 있고, 셀 수도 없는 주해서들이 있다. 그럼에도 이 책을 쓴 것은 개혁주의 교리 표준에 따라 성경 전체와 각각의 본문이 어떤 의미를 가지고 있는지 성경의 논리에 따라 설명할 필요가 있기 때문이다. 이 책은 다음과 같은 몇 가지 특징들을 가지고 있다. 이 특징들은 이 책을 어떻게 읽고 사용해야 하는지의 문제와 연관되어 있다.

1. 우리가 믿어야 할 믿음의 내용과 하나님이 그리스도 안에서 행하신 은혜를 구속사와 하나님 나라의 관점에서 설명하였다. 그래서 성경 전체와 각 권과 절들이 어떻게 이와 연관되는지 설명했다.

2. 구속사에서 하나님이 우리를 구속하시기 위하여 역사 가운데 행하신 하나님의 주권적인 사역만을 강조하지 않고, 하나님의 언약 당사자인 사람의 역할과 책임도 동일하게 강조하였다. 구속사에서 하나님이 우리를 구속하시기 위해 행하신 객관적인 사실을 아는 일이 중요하지만 언약 당사자인 사람이 하나님과 교제하며 그 은혜를 누리는 일과 이 세상에서의 그 역할과 책임도 중요하다고 보았기 때문이다.

3. 성경 저자들이 주제와 전하고자 하는 교훈을 어떻게 전달하는지 보여 주려고 했다. 각 책이 어떤 문학적 구조를 가지고 있고, 어떤 문학적 장치와 기교를 사용하여 의미를 전달하고 있는지를 보여 주려고 했다. 또한 각 책의 성격에 따라 이야기로 된 계시는 스토리를 살렸고, 설명으로 된 계시는 논리의 흐름을 살렸다.

4. 각 책의 주제와 기록 목적을 성경 자체가 가지고 있는 논리적 근거에 따라 기술했다. 어떤 근거에서 그 책의 주제가 되고 목적이 되는지, 저자가 주제를 전달하는 도구로 사용한 문학적 구조와 다양한 문학적 장치를 통하여 드러냈다.

5. 성경 각 권이 가지고 있는 스토리나 논리의 흐름에 따라 각 책의 모든 내용을 성경의 순서대로 기술했다. 누구든지 성경과 함께 읽어 가면 더 좋지만, 그냥 읽어도 성경 순서에 따라 그 내용과 그 의미를 알 수 있도록 썼다. 교회나 성도가 성경 전체를 읽거나 가르치려고 할 때 이 책과 함께 읽는다면, 성경의 주제와 논리를 따라 읽고 의미를 쉽게 파악할 수 있다. 그리고 성경 어떤 본문을 알고 싶다면 성경 순서에 따라 쉽게 찾을 수 있다.

6. 일선 목사님들이 새벽기도회, 주일 오후나 저녁예배 또는 수요 예배에서

차례대로 설교하거나 가르칠 수 있도록 썼다. 긴 본문도 선택할 수도 있고, 짧은 본문을 선택할 수 있도록 문단의 흐름과 대지를 따라 썼다. 작은 단위의 본문도 가능하다면 다 해설하려고 했다. 필요하다면 성경의 원어와 문법적 특징 등을 다루어 의미를 더 자세히 알 수 있게 썼다.

7. 목회자나 독자들이 다른 주석이나 주해서를 사용하지 않더라도 쉽게 성경의 핵심을 파악하고 가르칠 수 있도록 썼다. 뿐만 아니라 더 깊은 연구가 가능하도록 참고 문헌과 출처를 밝혔고, 또한 설명주를 달아 의미를 더 자세하게 알 수 있게 했다.

8. 목회자와 독자들이 이 책을 읽다가 의미를 더 보완하거나 적용점이 있다면 기록할 수 있도록 여백을 두었다. 성경의 특성상 이 여백은 본문의 의미를 더 풍성하게 할 수 있다.

9. 독자들이 더 잘 이해할 수 있도록 고착화된 몇 가지 외래어를 제외하고는 신학이나 문학과 관련된 전문 용어를 우리말인 한글로 표기했다. 또한 일본이나 중국의 언어 습관에서 비롯된 어투를 버리고 때로는 어색하지만 우리말로 표기하려고 했다.

이 책이 성경을 사랑하고 성경의 이상을 이 땅에 실현하기 원하는 성도들의 필요를 다 충족시키지는 못할 것이다. 그래도 이 책을 성도들이 성경과 함께 읽고 공부하면서 믿음으로 하나님에 의해 의롭다 함을 받은 자로서 그 자유와 책임을 발견하게 되기를 소망한다. 그리고 그들이 구속사의 넓은 지평에서 하나님과 교제하며 하나님 나라를 경험하게 되기를 원한다. 이뿐만 아니라 주님이 다시 오시는 그날까지 복음을 전파하여 성령 안에서 의와 평화와 기쁨이 특징인 하나님 나라를 만들어 가게 되기를 꿈꾼다(롬 14:17). 이 나라는 하나님이 그의 경륜 가운데 설계하셨고, 우리 믿음의 조상들과 바울과 요한이 꿈꾸었던 새로운 세상이다.

"고신 Refo 500 준비위원회"(이하 Refo 500)가 종교개혁 500주년 기념 사업으로 성경 전체를 우리의 교리 표준에 따라 구속사와 하나님 나라의 관점에서 개관한 책을 써 줄 수 있는지 물었고, 어떻게 쓸 것인지 계획서를 제출해 줄 것을 요청하였다. Refo 500이 그 계획서를 검토한 후 이 복되고 영광스러운 작업을 저에게 맡겨 주신 것에 진심으로 감사드린다. 특히 위원장이신 박영호 목사님(창원

새순교회)께 감사드린다. 박 목사님은 목회자와 독자의 입장에서 제가 쓴 원고를 긴 시간 동안 꼼꼼하게 여러 번 읽으며 내용을 보완하거나 바로잡는 일에 도움을 주셨다. 또한 글의 주인은 저자가 아니라 일선 목회자와 독자들이기 때문에 쉽게 읽을 수 있는 책이 되어야 함을 지적해 주셨다. 박 목사님은 성경을 알고 성경대로 살면서 교회마다 성경이 바르게 가르쳐지기를 원하는 '성경의 사람'이다. 또한 이 책의 전체적인 틀을 잡아주시고 수시로 대화하고 격려하며 감수해 주신 김성수 교수님(고려신학대학원)과 문장환 목사님(신학박사, 진주삼일교회)께 감사드린다. 또한 제가 속한 노회의 목사님들(박명진, 이영, 도근도, 김주환, 이순교, 정연무, 박보현 목사님)과 사모님들에게 감사드린다. 이 분들은 제가 이 책을 쓰기 시작하면서 함께 공부하며 책의 방향성을 잡는 일에 도움을 주셨다. 이 분들 중에 정연무 목사님(한샘교회), 박보현 목사님(지음교회)은 이 책을 긴 시간 독회(讀會)하며 내용을 보완하거나 바로잡는 일에 도움을 주셨다.

이 책을 출판할 수 있도록 도와 준 『특강 소요리문답』과 『특강 종교개혁사』의 저자 황희상 선생님과 이 책을 의미 있게 생각하고 출판해 주신 세움북스 강인구 대표님에게 감사드린다.

그리고 이 책을 쓰는 일에 결코 잊을 수 없는 분들이 있다. 이분들이 기회를 주고 배려해 주지 않았다면 이 책을 쓰는 일 자체가 불가능했을 것이다. 이분들은 제가 지금 협동목사로 봉사할 수 있는 은혜를 주신 한밭교회 곽창대 목사님과 장로님들과 성도들이다. 특히 곽 목사님은 제가 이 책을 쓸 수 있도록 배려해 주시고 격려해 주셨다. 교회에서 책의 초고를 강의할 때 성도들의 질문과 격려는 책의 내용을 더욱 풍성하게 만들었다. 성경과 교회를 사랑하는 성도들과 교제하며 교회를 섬기는 것은 큰 복이다. 그리고 사랑하는 아내와 세 딸들이 복음의 동역자로 함께 기도하며 격려해 주지 않았다면 이 일이 가능하지 않기에 이들에게도 감사드린다. 그러나 하나님의 인도가 없었다면 이 영광스러운 일을 할 수 없기에 하나님의 은혜와 위로는 이 모든 감사 위에 있다.

2017. 8. 17.
박우택

추천사

500년 전 종교개혁은 위클리프, 후스, 루터, 칼빈 등이 성경의 진리를 깨닫고 그 진리에 헌신하므로 일어났다. 당시 잘못된 교황제도 아래서 교회는 성경을 잘못 해석하여 구원과 은혜 교리를 왜곡시켰다. 그 중에 하나가 면죄부다. 성도들은 성경을 읽지 못해서 진리를 알 수 없었다. 종교개혁자들은 모든 성도가 자기들의 언어로 성경을 읽을 수 있게 했다. 그래서 종교개혁의 불길이 들불처럼 번졌다. 진리로 자유를 얻은 많은 사람들이 순교자의 길을 걸었음에도 하나님의 교회는 진리의 말씀 위에 세워지고 부흥하게 되었다.

시간이 흘러 종교개혁자들이 진리의 터 위에 세운 교회가 다시 무너졌다. 유럽에서 시작하여 북미 대륙까지 성경 해석에 인본주의와 세속주의가 영향을 미쳤다. 성경이 구원과 생활에 유일한 표준이 아니라는 생각이 교회 안에 들어왔다. 심지어 하나님의 존재마저 의심했다. 종교개혁 500주년을 맞이한 한국 교회 역시 동일한 위기를 만나고 있다. 종교개혁자들의 후예들이라고 외치기도 하고 '오직 성경'이라는 구호도 잊은 적이 없다. 그러나 정말 한국 교회 선교 역사 130년에 성경을 바르고 충분하게 설교하고 가르쳤는지 확신이 서지 않는다.

성경 한 권이면 충분하다는 목회자와 성도를 찾아보기가 쉽지 않다. 다른 문제도 있다. 일부이기는 하지만 성경을 잘못 해석하여 하나님의 목적과 뜻을 왜곡하는 사람들이 교회 안팎에서 늘어나고 있다. 순수한 복음이 선포되지 않는다. 새롭게 되는 길은 한 가지뿐이다. 바르게 해석된 하나님의 말씀이 교회 안에서 충족하게 선포되어야 한다.

성경 한 권으로 충분한 세대를 꿈꾸며 모세는 광야에서 다섯 권의 책을 기록하고 가르쳤다. 그 책이 모세오경이다. 우리 모두는 보물 중의 보물을 가지고 있다. 모세는 그 말씀을 가지고 60여 만 명의 만나 세대를 가슴 뛰게 했다. 죽고 사는 것과 행복과 불행이 그 말씀에 달려 있었다. 이집트의 우상 숭배 문화 속에서 자란 세대와 새 세대를 향해 창조의 목적대로 살라는 가르침이었다. 창조주 하나님과 사람 사이에 아름다운 교제가 이뤄져 행복한 개인과 가정과 교회를 통해서 세상이 하나님의 복을 받게 하시려는 하나님의 꿈이 모세오경에 담겨 있었다. 모세는 그 말씀에 충실한 여호와의 종으로 살다 갔다.

하나님은 새로운 지도자 여호수아에게 모세의 율법 책을 주야로 묵상하라고 주문하셨다. 그렇게 하면 형통할 것이라고 약속해 주셨다. 여호수아는 자기 시대를 그렇게 살았고, 마지막 유언으로 그렇게 살 것을 부탁하면서 죽었다. 그러나 불행하게도 사사시대 350년 동안 하나님의 말씀이 희귀했다. 각 사람은 모두 자기 생각에 좋은 대로 살았다. 그때 하나님은 한 사람 사무엘을 준비시키셨다. 하나님의 음성을 들을 줄 아는 사무엘을 엘리 제사장 밑에서 키우신 것이다. 사무엘은 미스바 세대를 만들었다. 모세 세대만큼이나 하나님의 말씀으로 부유하게 만들었다. 제사장 나라의 영광이 나타났다. 적대국이었던 블레셋이 국경을 넘지 못하게 지켜 주셨다.

사사시대 말기에는 사무엘의 아들들이 율법을 무시했다. 그래서 왕정시대가 열리게 되었다. 사울의 시대를 지나 다윗의 시대는 율법이 가장 귀하게 여김을 받았던 시대이다. 하나님은 다윗 왕국을 통해서 하나님 나라의 영광스러움을 드러내셨다. 다윗은 죽을 때 그 아들 솔로몬에게 모세의 율법 책을 유산으로 주면서 기록된 대로 지켜 행하면 형통할 것이라고 했다.

솔로몬은 초창기에는 율법에 충실하게 살았다. 그런데 불행하게도 솔로몬의 중년은 하나님의 말씀에서 멀어졌다. 그 후 긴 역사에서 이스라엘 백성들은 하나님의 말씀을 업신여기다가 징계를 받았다. 하나님은 수많은 선지자를 보내셔서 돌아오라고 외쳤는데도 그들은 돌아오지 않았다. 마침내 바벨론 포로라는 수치스러운 역사를 경험하게 되었다. 나라가 흥하고 망하는 일이 말씀을 어떻게 대하느냐로 결정된 것이었다. 바벨론, 페르시아, 헬라, 로마 제국 시대까지 교회는 하나님의 영광을 드러내지 못했다. 포로 생활 중에도 다니엘과 그의 친구들처럼 오직 율법만을 유일한 가치로 여기며 살았던 사람들이 있었다. 에스라와 같은 사람들에 의해서 재건 공동체가 율법으로 새롭게 되었다. 오래 가진 않았지만, 소수의 율법을 지켜 행하는 사람들을 통해서 하나님 나라의 구원 역사 계시가 이어졌다.

옛적에 선지자들을 통하여 여러 부분과 여러 모양으로 말씀하신 하나님이 마지막 날에 아들 예수님을 통하여 말씀하셨다. 말씀의 성취자로, 계시의 완성자로 예수님이 오신 것이다. 예수님은 제자들을 오직 하나님의 말씀인 율법과 선지자의 글과 시편을 통해서 세웠다. 예수님에게서 배운 제자들과 그들에 의해서 가르침 받았던 세대가 신약성경을 완성했다. 성경 66권이 선지자들과 사도들에 의해서 완성되었다. 성경의 모든 저자가 잘못되지 않도록 성령께서 감동을 주셨다. 제자들의 시대가 열렸을 때 초대 교회에는 말씀 때문에 부흥이 일어났다. 하나님께서 날마다 구원받는 사람들을 더해 주셨다. 허다한 제사장의 무리까지 돌아왔다.

말씀 위에 교회를 세우고 새롭게 하고 성장시키기 위해서는 말씀과 기도에 전념하겠다는 사도들의 결단이 모든 목회자의 결단이어야 한다. 목사는 다시 그 자리로 가야 한다. 모세 한 사람이 만나 세대를 만들었고, 사무엘은 미스바 세대를 만들었고, 에스라 한 사람이 레위인과 백성들을 가르쳐 포로 귀환 공동체를 개혁했다. 예수님은 혼자서 율법과 선지자와 시편을 가지고 제자들을 준비시키셨다. 사도 바울은 혼자서 두란노 서원에서 2년, 곧 3000여 시간을 가르쳐 다음 세대를 준비시켰다. 사도 바울이 길러 낸 사람 가운데 디모데가 있다. 바울은 그에게 주 예수님의 말씀과 경건에 관한 교훈을 지키고 전파하라고 했다. 디모데는 로마 제국주의에 맞서는 교회의 대안이었다. 구약을 통달한 사람으로 보이는 히브리서의 저자를 보면서 그런 한 사람이 또 다른 한 사람을 성경 전문가로 길러내는 일이 얼마나 중요한지를 깨닫는다. 세속주의를 이기는 길은 성경의 사람들을 세우는 것이다.

종교개혁 500주년을 맞아 출간되는 『Refo 500 성경 해설 시리즈』는 한 사람 박우택 목사에 의해서 쓰였다. 그는 신학대학원과 교회에서 성경을 가르치고 연구한 성경신학자로서 성경이 어떤 책인지 잘 설명하였다. 하나님과 그 백성의 관계를 절대로 포기하지 않으시는 하나님의 사랑을 언약신학을 통해서 담아내었다. 그리고 하나님께서 이 땅과 이 역사 속에서 이루고자 하시는 하나님의 궁극적 목적인 하나님 나라를 잘 표현하였다. 창세기부터 계시록까지 66권이 한 권의 책임을 보여 준다. 그는 건강한 개혁주의 신학을 가지고 성경 전체를 해설하였다. 누구든지 이 해설서를 통해 혼자서도 충분히 성경을 가르칠 수 있는 목회자, 교사, 부모가 될 수 있을 것이다.

성경 다중 번역 시대에 좋은 번역 성경을 읽어야 하고, 좋은 해설서를 곁에 두고 읽어야 한다. 『Refo 500 성경 해설 시리즈』는 종교개혁 500주년을 맞아 교회가 말씀 위에 세워져 교회가 새로워지고 부흥되기를 소망하며 기획된 책이다. 이 책을 통해서 율법을 연구하고 준행하며 가르치기로 했던 에스라 같은 사람이 많이 일어나기를 소망한다. 하나님의 말씀이 완전하고 송이 꿀보다 더 달다는 것을 맛보게 되기를 바란다. 기쁜 마음으로 이 책을 적극 추천한다.

박영호 목사(고신 Refo 500 준비위원회 위원장)

추천사

한 신학자가 일관된 신학적 관점과 방법론을 가지고 일정한 깊이와 수준을 유지하면서 성경 전 권을 다 해설한다는 것은 정말 힘든 작업이라 할 수 있다. 교회 역사에서 이런 작업을 이룬 신학자는 손에 꼽을 정도로 적다. 그러나 이 작업은 교회에 정말 필요한 일이 아닐 수 없다. 개혁 신학의 관점에서 창세기부터 요한계시록까지 꼼꼼히 주석한 고 박윤선 박사님의 성경 주석은 지난 반세기 동안 한국의 많은 목회자들에게 큰 도움을 주었다. 특히 이 주석은 장로교 목사님들만이 아니라 많은 목회자들과 성경을 배우고 싶은 성도들에게 없어서는 안 될 보배와 같은 책으로 지금도 그 독특한 위치를 차지하고 있다. 종교개혁자 칼뱅도 개혁 신학을 바탕으로 구약의 사사기, 열왕기서, 역대기서, 에스라-느헤미야, 신약의 요한계시록 등을 제외하고 성경 전 권을 주석했다. 이 주석을 전 세계의 개혁파 목사님들이 아직도 가장 권위 있게 참고하고 있다. 이렇듯 바른 신학적 관점으로 성경을 읽고 해설하는 것은 그 신학의 전통 속에 있는 설교자들과 성도들에게 중요한 선물이 아닐 수 없다.

종교개혁 500주년이 되는 해에 박우택 박사가 성경 전 권을 해설한 책을 출간하게 된 것은 정말 의미 있고 기쁜 일이 아닐 수 없다. 박우택 박사는 거의 30년간 지역 교회에서 목회를 하고 끊임없이 설교하면서, 한편으로 고려신학대학원에서 계속 구약학을 가르쳐 온 학자이다. 그의 역사서 강의에는 학생들로 늘 가득 찼다. 학구적으로 꼼꼼하고 치밀하게 본문을 분석하고 목회적으로 종합하는 그의 수업과 강의는 신대원 학생들로부터 가장 환영받는 강의였다. 누구보다도 이 해설서를 쓸 적임자라고 할 수 있는 학자요 목회자이다.

이 책은 저자가 서문에서 언급하였듯이 성경의 핵심 주제인 구속사와 하나님 나라의 관점으로 성경 저자들이 전달하고자 했던 방법인 문학적 특징과 문맥의 흐름을 따라 이해할 수 있도록 쓴 성경 해설서이다. 그래서 이 책은 목회자들이 설교할 때뿐만 아니라 성도들이 성경을 규칙적으로 읽거나 큐티(QT)를 할 때도 직접적으로 도움을 줄 수 있는 장점을 가지고 있다. 그리고 개혁 신학의 핵심을 담고 있는 교리 표준인 웨스트민스터 표준 문서에 따라 중요 교리를 설명하고 있다.

일본의 사사키 아타루(佐々木 中)라는 철학자는 종교개혁을 "읽기 혁명"이라고 명명한 바 있다. 이렇게 말한 것은 성경을 직접 읽을 뿐만 아니라 성경을 바른 관점과 신학을 통해 읽고자 했던 혁명이 종교개혁이었다는 것이다. 종교개혁 500주년을 맞이하여 발간되는 박우택 박사의 성경 해설서가 한국 교회 목회자들과 성도들이 성경을 바르게 읽게 하므로 설교 강단과 교회와 세상을 새롭게 만드는 신앙의 혁명을 가져오게 되기를 희망하면서 목회자들만이 아니라 모든 성도들에게 이 책을 진심으로 추천한다.

신원하 교수(고려신학대학원, 원장)

신원하 교수(고려신학대학원, 원장)

추천사

본서와 같이 신구약 성경 전반의 흐름을 개관하되 개론서 수준이 아니라 모든 본문들을 신학적이고도 문학적으로 정리해 주는 책을 찾기는 어렵다. 더군다나 각 분야의 전문가들이 각 파트를 하나씩 담당해서 쓰는 것이 아니라 한 저자가 신구약 전체를 다루는 경우는 굉장히 보기 드문 일이다. 누군가에겐 무모한 시도로 보일 수도 있을 것이다. 하지만 저자가 박우택 박사라면 이야기가 달라진다. 박우택 목사님은 이런 책을 쓸 충분한 자격과 능력을 갖춘 분이다. 박 목사님은 거의 30년 동안 신학교와 교회에서 성경을 가르쳐 왔기 때문이다. 박 목사님은 고신대의 학부 학생들과 석사 과정 학생들, 고려신학대학원의 목회자 후보생들과 여신원 학생들, 교회의 성도들, 선교지의 지도자들을 가리지 않고 다양한 대상들에게 다양한 성경 분야들을 강의해 왔다. 이러한 그의 강의 경력은 에스라-느헤미야에 대한 그의 박사 학위 논문을 통해서 더욱 더 예리하게 다듬어졌다. 박사 학위를 받기 이전에도 신대원 학생들에게 환호를 받았던 '에스라-느헤미야' 과목이었지만 학위 논문을 쓴 이후에는 반드시 들어야 하는 선택 과목으로 확실하게 자리를 잡게 되었다. 평소에 박 목사님을 대하면서 느낀 그 느낌이 본서에 고스란히 반영되었다. 성경에 대한 열정과 구속사적 해석에 대한 소신, 그리고 교회에 대한 그의 사랑이 본서에서 그대로 묻어난다.

본서는 여러 가지 면에서 교회 사역자들과 성도들에게 유익하다. 먼저, 성경 전체에 대한 그림을 잘 그려 준다. 구속사적인 흐름을 보여 줄 뿐만 아니라 각 책이 그 흐름 가운데서 차지하는 자리들을 잘 제시해 준다. 무엇보다 구약과 신약 본문들을 수시로 연결해 주면서 전체의 흐름을 독자들이 지속적으로 감지하게 해 준다. 평상시에 나무는 보는데 숲을 볼 수 없어서 아쉬움을 느끼던 독자들의 목마름을 채워줄 생수와 같은 책이다.

또한 본서는 신학적이고 신앙적이다. 학문적인 논쟁이나 전문적인 해석만을 다룬 책도 아니고 전문성이 결여된 묵상집도 아니다. 전문성을 가지고 각 책들에 대한 해석을 제시하되 신학적이고도 신앙적으로 제시한다. 본문에 대한 필자의 신학적 설명은 어느새 신앙적인 적용이 되고 있다. 평생 개혁주의 신학과 신앙에 헌신한 저자의 삶이 책의 곳곳에 성실하게 반영되어 있다. 독자들이 성경의 흐름을 파악하면서 신학적인 방향성을 잘 잡을 수 있게 하는 책이다.

본서는 성경이 가지고 있는 문학적인 측면들을 잘 부각시켜 준다. 하나님이 우리에게 성경을 주시되 각 시대 저자들의 문학적 기술과 감수성을 잘 사용하셔서 효과적으로 전달하셨다. 이러한 문학적 특징들이 어우러져서 신학적인 교훈이라는 열매를 만들어 낸다. 본서는 이러한 특징들을 잘 드러내 준다. 본시가 가진 이런 장점들은 저자가 문학적 기교나 특징들에 대해 수년간 탐구하고 연구한 열매이기도 하다. 우리는 본서를 통해서 다른 개론서들에서 잘 보기 어려운 선물들을 누리게 될 것이다.

본서가 가지고 있는 다양한 장점들이 본서를 읽는 많은 독자들에게 고스란히 전달이 되어 한국 교회 가운데 성경에 대한 관심과 열정이 새롭게 일어나게 되기를 기대한다.

김성수 교수(고려신학대학원, 구약학)

목 차

사사기 • 89 Judges

룻기 • 138 Ruth

사무엘서 • 159

Samuel

열왕기서 • 249

Kings

역대기서 • 399

Chronicles

에스라-느헤미야 • 495 Ezra-Nehemiah

에스더 • 575 Esther

역사서는 어떤 책인가?

S U M M A R Y

1. 성경 역사의 기록 특성
2. 역사서의 기록 관점
3. 역사기술 방법

역사서는 어떤 책인가?

일반적으로 우리는 역사서를 여호수아, 사사기, 룻기, 사무엘상, 사무엘하, 열왕기상, 열왕기하, 역대기상, 역대기하, 에스라, 느헤미야, 에스더로 분류한다. 그러나 히브리어 성경(BHS)은 여호수아, 사사기, 사무엘상, 사무엘하, 열왕기상, 열왕기하는 '전선지서'로 분류한다.[1] 이 책을 '전선지서'로 분류한 것은 여기에 기록된 역사를 선지적 관점으로 기록했다는 것이다. 왜냐하면 그 역사의 원인과 결과가 선지적 메시지와 밀접하게 연관되어 있기 때문이다. 선지자 직분은 언약에 기록된 복을 누리기 위한 조건들과 밀접하게 연관되어 있다. 비록 구원이 자기 백성을 애굽에서 구원해 내신 하나님의 은혜에 근거해 있다고 할지라도 구원의 결과를 누리는 것과 이스라엘의 순종은 밀접한 연관이 있기 때문이다(Goldsworthy 1987, 78). 바벨론 포로 이후에 기록된 역대기상, 역대기하, 에스라, 느헤미야, 에스더는 히브리어 성경에 성문서에 들어있고 각각의 독특한 성격을 가지고 있다 할지라도 언약적 구조를 벗어나지 않는다. 그래서 저자는 이 구조 안에서 가나안에 들어가는 주전 1406년부터 바벨론 포로에서 돌아와 성전을 재건하고(주전 516년) 느헤미야가 성벽을 재건한 후에 12년 동안 통치하고 페르시아에 돌아갔다가 다시 돌아온 사건(주전 432년+α)까지 거의 1,000년의 역사를 기록했다고 할 수 있다. 역사서에 나타난 중요한 사건을 연대표로 도식화하면 다음과 같다.

1 유대인들은 구약성경을 일반적으로 모세 율법과 선지서와 성문서로 구분했다. 지금 24권으로 구분하고 있는 것은 미쉬나(*Mishnah*)에 따른 것으로 보고 있다. 신약성경에 모세와 선지자, 또는 율법과 선지자와 시편이라는 말이 나오는데 그것은 유대인 구약성경 분류법에 따른 명칭이다(눅 16:31; 24:27, 44).

중요 사건	연 대	구약성경
가나안 입성(수 4:19)	주전 1406	여호수아
가나안 정복(수 14:10)	주전 1399	여호수아
사사시대 시작	주전 1375	사사기
통일왕국시대, 사울	주전 1050	사무엘서
다윗	주전 1010	사무엘서
솔로몬	주전 970	열왕기서
성전 기초(왕상 6:1)	주전 966	열왕기서
분열 왕국(왕상 12:20)	주전 930	열왕기서
북 왕국 이스라엘의 멸망(왕하 17:6)	주전 722	열왕기서
다니엘이 포로로 잡혀감(왕하 24:1; 단 1:1)	주전 605	열왕기서, 다니엘
여호야긴이 포로로 잡혀감(왕하 24:12)	주전 598	열왕기서, 에스겔
에스겔 선지자 사역 시작(겔 1:2)	주전 593	에스겔
유다의 멸망(왕하 25:1–2,8)	주전 586	열왕기서
여호야긴이 감옥에서 나옴(왕하 25:27)	주전 561	열왕기서
고레스 칙령(대하 36:22; 스 1:1)	주전 539	에스라–느헤미야
성전 재건(스 6:15)	주전 516	에스라–느헤미야
페르시아 왕비 와스디 폐위(에 1:3)	주전 483	에스더
에스더가 왕비가 됨(에 2:16)	주전 479	에스더
부림절(에 3:7; 9:22)	주전 474	에스더
에스라 인도 2차 귀환(스 7:7)	주전 458	에스라–느헤미야
느헤미야 귀환(느 1:1; 2:1)	주전 444	에스라–느헤미야
성벽 재건(느 6:15)	주전 444	에스라–느헤미야
영적 부흥 운동(느 8:1–10:39)	주전 444	에스라–느헤미야
느헤미야가 12년 통치 후 돌아감(느 5:14; 13:6)	주전 432	에스라–느헤미야
느헤미야가 다시 돌아와 개혁함(느 12:44–13:31)	주전 422	에스라–느헤미야

1. 성경 역사의 기록 특성

구약성경은 창조부터 바벨론 포로 생활에서 귀환하여 성전과 성벽을 재건하고 돌아갔다가 다시 돌아와 개혁한 시대까지의 역사를 담고 있다. 오늘날 성경을 역사로 받아들이지 않는 사람들이 많다. 누구든지 성경을 역사로 받아들이지 않는다면 그는 참된 믿음을 가진 것이 아니다. 왜냐하면 성경을 역사로 받아들이는 일은 믿음의 핵심적인 부분이기 때문이다. 성경이 역사를 기록한 것은 아니지만 하나님이 역사를 통하여, 그리고 역사 안에서 계시하셨기 때문에 역사를 무시해서는 안 된다. 왜냐하면 하나님은 역사라는 틀(frame)을 사용하여 말씀하셨기 때문이다(예를 들면, 왕상 15:9–10, 25; 왕하 18:9–10 등).

성경 저자는 역사를 기록한다. 그러나 모든 역사를 다 기록하지는 않는다. 그는 자신의 관점에서 중요하다고 생각하는 것만을 취사선택하여 기록한다. 그래서 모든 역사는 나름대로 '관점'을 가질 수밖에 없으며, 기록자의 '주관성'이 개입될 수밖에 없다. 이것은 성경 역사만이 아니라 세속 역사라 할지라도 역사 기록자의 관점을 고려해 읽어야 한다는 점을 시사해 준다.

특히 이 점은 열왕기서와 역대기 저자가 "왕의 남은 행적은 이스라엘 왕의 연대기에 기록되지 아니하였느냐?" 또는 "왕의 남은 사적과 기록은 유다 왕 역대지략에 기록되지 아니하였느냐?"라는 수사학적인 질문에도 잘 나타난다. 이것은 성경에 기록된 특정한 사건 외에 많은 사건들이 있었지만 저자의 관점과 기록 목적에 따라 취사선택하여 기록했다는 것이다. 예를 들면, 유다나 이스라엘 왕들의 여러 업적이나 전쟁, 반역 등이 있었는데도 여기에 대하여 기록하지 않는다(왕상 14:19; 16:19–20; 왕하 20:20). 히스기야가 기혼샘에서 물을 성중으로 끌어들이는 수로 공사는 이스라엘 역사에 중요한 토목공사였다(왕하 20:20; 대하 32:30). 성경에 수로가 기록되어 있지만 1880년에 발견된 『실로암 비문』(*The Siloam Inscription*)[2]으로 말미암아 그 내용이 구체적으로 알려졌다. 이 공사는 바위를 뚫

2 1880년 아랍 소년들이 실로암 못에서 목욕하다가 벽에 붙어 있는, 이상한 글씨(고대 히브리어 글씨체)가 새겨져 있는 빗돌(碑石)을 발견했다. 그 빗돌의 크기와 모양은 가로가 72cm 세로가 38cm되는 거의 직사각형 형태로 모퉁이가 파손되어 있으며, 비문은 여섯 줄로 고대 히브리어 글씨로 쓰여 있다. "(굴)이 뚫리던 [… 날] 이것이 굴이 뚫리던 날의 상황이다. […]들이 각

어 공사한 것으로 총 길이 533.4m, 폭이 약 61cm, 높이 122cm에서 365.76cm까지 다양하다. 그런데 이러한 대규모 토목공사는 간략하게 언급하고 지나간다. 이는 성경 저자가 역사의 모든 내용을 기록하는 것이 아니라 특별한 목적을 위하여 취사선택하기 때문이다.

이러한 기술 방법은 과거 일반 세속 역사나 성경 역사뿐만 아니라 오늘의 역사도 동일하게 적용된다. 역사가들은 역사를 과학적인 학문이라고 말하면서 나름대로 문헌과 자료들, 그리고 여러 증거들을 수집한다. 그러나 결국 기록자의 관점과 목적에 따라 어떤 편향성을 가질 수밖에 없다. 이런 점에서 성경 역사의 기록 특성을 이해한다면 우리는 역사를 기록한 성경 저자의 관점과 기록 목적에 관심을 기울여야 한다.

2. 역사서의 기록 관점

20세기 초반 역사비평가들은 여호수아에서 열왕기서를 오경에 사용하였던 동일한 분석방법, 즉 동일한 자료들인 J(여호와 문서), E(엘로힘 문서), D(신명기 문서), P(제사장 문서)로 분석했다. 동시에 초기 역사서에 오경적인 자료들이 있다는 것을 부정하고 그 대신에 보다 작은 단위로 구성되어 있으며, 한 사람이나 또는 여러 편집자에 의해 편집된 독립된 문서 단위들이라고 했다. 후자의 관점은 1943년 마틴 노트(Martin Noth)에 의해 받아들여지고, 더 상세하게 옹호되었다. 노트에 의해 제시된 이론은 신명기부터 열왕기서까지 근본적으로 포로 기간 동안 기록된 통일된 저작이었다고 본다. 노트는 이것을 '신명기적 역사'(Deuteronomic History)라고 불렀다. 왜냐하면 그는 그것을 신명기 신학이 이스라엘 역사에 어떻게 반영되었는지를 보이기 위하여 계획된 것이라고 믿었기 때문이다. 이 이론은 여전히 역사서를 연구하는데 틀(framework)을 제공한다(Hill & Walton 1991,

---

자가 서로에게 도끼를 여전히 […]하고 있었다. 아직도 3규빗을 뚫어야 하는데, 한 사람이 다른 사람을 부르는 소리가 [들렸다] 벽 오른쪽과 [왼쪽에] 틈이 있었다. 굴을 뚫을 때 채석공들이 각자 서로를 향해 (바위를) 깨고 있었고, 도끼와 도끼가 (부딪혔을 때), 물이 샘에서 1200규빗이나 되는 곳에 있는 저수지까지 흘렀고, 채석공들 머리 위에 있는 바위 높이는 100규빗이었다"(Pritchard 1969, 321).

155). 그러나 우리는 노트와 그의 관점을 따르는 자들이 신명기를 모세 저작에서 분리하는 것은 받아들일 수 없다.[3]

그런데도 오늘날 우리가 '신명기적 역사'라는 용어를 사용할 수 있다. 그것은 비평학자들이 쓰는 의미가 아니라 신명기 신학이 역사서를 기록한 관점과 긴밀한 연관성을 가지고 있기 때문이다. 신명기 신학의 핵심은 언약과 관련된 축복과 저주, 그리고 회복의 방법을 다루고 있다. 율법에 대한 순종과 여호와를 믿는 믿음은 언약에 기록된 복과 번영을 가져온다(신 28:1–14). 반면 율법에 대한 불순종과 배교는 언약에 기록된 저주를 가져온다(신 28:15–68). 역사서에 자주 나타나는 형식적 문구는 이러한 관점에서 저자가 역사를 평가한다는 것을 보여 준다. 예를 들면, 사사기에서 "이스라엘 백성들이 여호와의 목전에서 악을 행하였더라"(삿 2:11; 3:7, 12; 4:1; 6:1; 10:6; 13:1)는 구절과 열왕기서에서 북쪽 왕들을 공통적으로 기소하는 말인 "여로보암의 길로 행하였더라"(왕상 14:16; 15:34; 16:2, 19, 26; 22:52; 왕하 3:3; 10:31; 13:2, 11; 15:9; 17:21 등)는 구절들이다. 그리고 유다 왕조의 평가에 대한 우선적인 기준은 다윗처럼 여호와 앞에 온전하여 율법을 지켰는지의 여부였다(왕상 11:4, 33, 38; 14:8; 15:3, 11; 왕하 14:3; 16:2; 18:3; 22:2). 특히 이스라엘 백성들이 바벨론에 포로로 끌려간 후에 언약 백성으로서 왜 바벨론 포로가 되었으며, 무엇이 잘못되었는지를 보여 줄 필요가 있었다. 그것은 하나님과 맺은 언약에 순종하지 못했다는 것을 보여 주어 그들의 미래가 어디에 있었는지를 보여 주려는 것이다. 이러한 점은 명백히 신명기 신학을 반영한 것이다.

역사서를 기록한 저자들은 여호수아 시대부터 바벨론에 멸망할 때까지의 역사를 시내산 언약과 신명기에 기록된 언약에 따라 역사를 기술하고 평가한다. 그러나 우리가 역사서를 읽을 때 신명기 관점으로만 보면 자칫 복과 저주라는 측면에서만 역사를 보게 된다. 언약의 기본 틀은 하나님이 언약하신 대로 메시아를 보내시어 택한 백성들을 구원하여 하나님 나라를 회복하는 일이다. 이 일을 위하여 하나님은 아브라함과 그의 후손을 선택하시고, 이들을 통하여 메시아를 보내는 통로로서 어떻게 살아야 하나님과 교제하며, 하나님의 작정을 이루어 갈 수 있는지를 보여 주신다. 그리고 열왕기서는 다윗 언약(삼하 7:1–17)에 나타

3 이 부분에 대해서는 모세오경 서론을 참조하라.

난 무조건적인 언약과 조건적인 언약 관계에서 역사를 기술한다. 역대기는 언약 백성의 정체성과 그 미래와 관련하여 메시아가 오시는 통로를 중심으로 역사를 기술한다. 그래서 우리가 역사서를 읽을 때 신명기 신학적인 관점으로만 볼 수 없다.

구약 역사서는 기본적으로 모세오경에 그 뿌리를 두고 역사를 기록한다. 그 가운데 아브라함과 맺은 언약인 자손과 땅과 복에 대한 약속(창 12:1-3; 15:5, 7-21; 17:1-8)이 가나안에 입성할 때부터 바벨론 포로로 끌려갔다가 약속대로 돌아와 성전과 성벽을 재건한 후에 언약을 새롭게 하는 사건까지 어떻게 이어지고 발전되며, 경험되는지의 역사를 기록하고 있다. 동시에 이 역사를 통하여 언약 백성은 어떤 사람이고, 그들의 미래는 어디에 있는지를 보여 준다. 그래서 우리는 역사서를 읽을 때 구속사와 그 목표인 하나님 나라의 관점에서 역사를 읽어야 한다. 왜냐하면 성경 역사는 사람이 범죄한 후 창세기 3:15에서 하나님이 여자의 후손을 약속하시고 그 약속을 이루시기 위한 구속사를 기록하고 있기 때문이다.

3. 역사 기술 방법

성경 저자들은 역사를 그 당시 사람들이 사용한 언어로 기록했다. 물론 이 자료를 기술하는 일에서 저자의 관점과 목적에 따라 선택적일 수밖에 없다. 이러한 역사 기록은 언어를 통하여 기술하였다. 언어는 의미를 전달하는 장치다. 그래서 언어를 표현하는 기술인 단어, 구문, 문학 장르, 비유적 언어, 그리고 다양한 문학적 장치를 사용한다. 특히 저자는 역사서 대부분을 '이야기'로 기술했다. 역사서 안에 기록된 시(삿 5:1-31; 삼상 2:1-10; 삼하 22:1-51 등), 족보(룻 4:18-22; 대상 1:1-9:44 등), 목록(수 13:1-33; 15:1-12; 삼하 23:8-39; 왕상 4:1-19 등), 편지(스 4:11-22; 5:7-17; 6:3-12 등) 등을 포함한 다른 장르는 이야기 안에 삽입되어 이야기의 일부분을 이루고 있다. 이야기로 된 글을 전문적인 용어로 '내러티브'(narrative)라고 총칭하여 사용한다. 우리나라 학자들은 이 단어를 '설화'로 번역하기도 하고, '서사'라고 하기도 한다.

내러티브는 기본적으로 '스토리텔링'(storytelling)[4]이다. 역사서를 기록한 저자들이 '스토리텔링'이라는 도구를 통하여 하나님의 계시를 전달했다면 우리는 이야기가 가지고 있는 문학적 특징을 살피고, 어떤 문학적 기법을 사용하여 어떻게 그 의미를 전달하고 있는지를 살펴야 한다. 그리고 저자들이 성경 이야기를 기록할 때 지금처럼 삽입구나 각주나 부록, 각 장 제목이나 저자의 사상 단위를 구분하는 제목 등이 없었다. 그렇다고 하여 성경에 지금처럼 문장의 단락과 의미를 구분하거나 강조하는 요소들이 없었던 것은 아니다. 상대적으로 고대 세계의 책은 읽기 위한 것이라기보다는 들려주기 위한 것이었기 때문에 그 내용을 알아들을 수 있는 다른 신호기능(signal)을 사용하였다. 그래서 성경 이야기의 수많은 구조적 장치나 수사적 기술은 이야기를 읽어 주는 구어적인 요소를 반영한다는 사실을 고려해야 한다(Parunak 1984, 153–68). 그래서 이야기로 역사를 기술한 역사서를 읽을 때 우리가 문학적 특징과 성경이 사용한 다양한 문학적 기법을 이해하는 일은 중요하다. 그렇다고 이 방법이 현대에 발견한 특별한 것은 아니다. 전통적으로 교회가 이해해 왔던 문법적 해석의 논리적 확장으로 문법적 해석 가운데 문학 장르를 좀 더 세분화한 것이기 때문이다.

그러나 성경이 이야기로 기록되었다고 해서 '역사화된 소설'(historicized fiction)은 아니다(Alter 1981, 24, 35). 실제로 오늘날 교회 안에 소설로 보는 사례들이 많다. 장일선(1985, 105)은 "우리는 룻기가……이스라엘 회중에 이방 여인을 영접해야 한다는 교훈을 담은 역사성을 띤 문헌이거나 또는 숨어서 활동하시는 하나님의 모습을 보여 주는 신학서라기보다는 어디까지나 독자들의 오락을 목적한 문학작품이라고 본다"고 했다. 그러나 개혁주의 관점에서 우리는 성경을 정확하고 믿을 만한 역사의 참된 의미를 나타내는 실제적 사건을 묘사하는 것이라고 본다(Shin, 46). 가장 근본적인 면에서 기독교 신앙의 핵심은 구약성경에서 선지자들을 통하여 "여러 부분과 여러 모양으로"(히 1:1)[5] 말씀하신 대로 예수님께서

---

4 영어사전이나 백과사전을 보면 단순하게 '이야기하기'라는 정의에서부터 '말이나 이미지나 사건이나 소리 등을 통하여 사건을 전달하는 것'이라고 정의하기도 한다. 여기서 storytelling이라고 쓴 것은 오늘날 보편적으로 이 표현을 사용하고 있고, 그것이 함의하는 내용이 이야기를 통하여 어떤 주제를 전달하는 것으로 보기 때문이다. 리히트(Licht 1978)도 이 개념을 사용한다.

5 히브리서 저자가 "여러 부분과 여러 모양으로"(πολυ+μερως και πολου+τροπως) 말씀하셨다고 하였지만 이 단어가 가지고 있는 의미를 NIV성경이 "여러 시대에 다양한 방법으로"(at

죄를 대속하기 위하여 이 세상에 육신의 몸을 입고 오셔서 실제로 십자가에 죽으셨으며 사망을 이기고 부활하셨다는 역사적 사실에 있다. 성경 기록을 역사로 받아들이는 것은 복음을 믿는 자들의 믿음의 중요한 근거이기 때문이다.

역사서 저자들이 이야기라는 문학 장르에 담아 구속사를 기록했다면 이야기를 이해하는 방법론에 따라서 이해해야 한다. 모든 이야기(내러티브)는 인물(characters)과 배경(setting)과 구성(plot)이라는 요소를 가지고 있다. 인물은 이야기 속에 나타나는 등장인물로서 어떻게 제시되며, 발전되는지를 살펴야 한다. 배경은 등장인물의 상황을 보여 주며, 구성은 이야기가 어떻게 전개되어 독자들의 생각과 마음에 호소하고 있는지를 보여 준다(Ryken, 35; Powell, 69). 이와 더불어 이야기는 대개 논리를 전개하는 구조를 가지고 있다는 점도 고려해야 한다. 왜냐하면 구조는 수사학적인 효과를 줄 뿐만 아니라 독자들에게 영향을 주는 중요한 요소들 중 하나이기 때문에 성경 저자들은 글을 쓰기 전에 먼저 의미를 전달하기 위한 적합한 구조를 선택하기 때문이다(Bar-Efrat 1980, 172-173). 그리고 성경 저자들은 어휘나 절의 반복, 수미쌍관법(首尾雙關法), 교차대칭구조, 평행구조, 괄호 또는 반복적 재개 등의 다양한 문학적 장치도 사용하여 메시지를 전달한다. 그래서 역사서를 읽을 때 계시 전달방식인 이야기 특성을 고려하여 문학 장르가 가지고 있는 문학적 특성을 살피고, 어떤 문학적 구조와 장치를 사용하여 어떻게 구속사와 그 의미를 전달하고 있는지를 살펴야 한다.

성경 역사는 창조 때부터 시작된 구속사를 기록하되, 특히 역사서는 이스라엘이 가나안을 정복한 주전 1406년부터 바벨론 포로에서 돌아와 성전과 성벽을 재건하고 느헤미야가 주전 444년부터 432년까지 총독으로 통치한 후 페르시아에 갔다가 다시 돌아와 개혁한 주전 422년(?)까지 거의 1,000년의 역사를 기록하고 있다. 이 역사는 언약이 그때 역사에서 어떤 의미가 있었고 어떻게 적용이 되었으며, 어떻게 그리스도로 연결되고 있는지를 보여 준다. 그리고 이 구속사를 이야기라는 문학 장르에 담아 한 이야기로 전달한다. 그런데도 성경을 주관적으로 읽거나 전체에서 분리하여 단편적으로 읽어, 살아 있는 유기체와 같은 이야기를 마치 사지를 절단한 시체 토막과 같은 이야기로 만들고 있다(Howard 1993,

many times and in various ways)라고 번역한 것이 적절하다고 생각한다.

58). 이야기로 구속사를 기록한 역사서를 읽을 때 우리는 두 가지 사실을 염두에 두어야 한다. 하나는 이야기가 구속사 전체에서 그리스도와 그리스도 안에서 이루실 하나님 나라와 어떤 연관성을 가지고 있는지를 살펴야 한다는 것이다. 또 하나는 이야기가 전체 문학적 구조와 문맥 안에서 주제를 전달하기 때문에 본문이 그 안에서 어떤 위치를 차지하고 있는지, 곧 전체 그림을 염두에 두고 살펴야 한다는 것이다.

우리가 성경을 읽는 이유는 인류 전체를 향한 하나님의 경륜[6]을 발견하고 어떻게 살아야 하는지를 분별하기 위함이다. 그러나 성경을 바르게 읽지 않고는 그것을 발견할 수 없다. 역사서를 읽을 때 이 역사를 만드시고 통치하시는 하나님이 그의 구속계획 가운데 어떻게 언약 백성과 교제하시며, 그의 장엄하고 영광스러운 구속계획을 역사 가운데 어떻게 실현해 가시는지를 알아야 한다. 그리고 하나님의 구속계획 가운데 우리 언약 백성은 어떤 사람이며, 우리의 현재와 미래의 삶을 결정하는 요소가 무엇인지를 알아야 한다.

6 '경륜'은 하나님이 그의 나라를 역사 가운데 세우시려는 전체 계획을 말한다(송제근 2017, 27). 경륜이라는 단어인 '오이코노미아'(οἰκονομία)는 헬라어 성경에 모두 9번 나온다(눅 16:2, 3, 4; 고전 9:17; 엡 1:10(9); 3:2, 9; 골 1:25; 딤전 1:4). 그러나 이 중에 4번만 경륜으로 번역해야 한다(엡 1:9; 3:2, 9; 딤전 1:4). 그 나머지는 청지기 직분을 말한다.

여호수아

Joshua

S U M M A R Y

여호수아

오랫동안 한국 교회와 세계 교회에서 여호수아를 잘못 이해하는 일이 많이 있었다. 가장 일반적인 사례는 이스라엘 백성이 출애굽한 이후의 광야 생활을 세상의 생활로, 가나안을 천국의 생활로 도식화함해 이해하는 것이다. 이러한 도식적인 표현은 설교에도 많이 나타나고 있다. 그리고 한국 교회가 사용하는 "해보다 더 밝은 저 천국(606장)"이라는 찬송가 가사에 요단강을 죽음으로, 가나안을 천국으로 이해한 데서도 잘 나타나 있다. 물론 영어로 된 이 찬송시의 원래 가사에는 '요단강'이 없다. 우리 찬송가의 후렴 가사 "며칠 후 며칠 후 요단강 건너가 만나리"라고 번역한 가사의 원문은 "가까이 있는 즐거운 미래에 우리 저 아름다운 물가에서 만나리"(In the sweet by-and-by we shall meet on that beautiful shore)이다. 이 가사는 요한계시록 22:1-5에 묘사된 생명수 물가에서 만나자는 뜻이다. 그런데도 찬송가 가사가 엉뚱하게 번역된 것은 번역한 사람들의 신학적 이해와 연관되어 있기 때문이다.

광야 생활과 가나안 생활을 세상과 천국 생활로 도식화하는 위험을 배제하면서도 가나안의 정복을 영적인 전쟁으로 이해하고 설명하는 자들도 있다. 마이어(1991, 39)는 이러한 관점에서 여호수아서에 대한 해석학적 관점을 이렇게 설명했다. "이 타락한 백성을 멸망시키시고 쫓아내는 데 하나님은 실제로 악한 영들과 전쟁을 수행하시는 것이다. (중략) 그것은 가나안 정복에 대한 단순한 이야기가 아니며 하늘 역대기의 단편들로서 인자와 그의 최대의 적대자인 사탄 사이, 그리고 천국과 지옥 사이, 그리고 어둠과 빛 사이에 끝없는 싸움을 말해 준다." 이렇게 해석하면 신명기의 역사와 연속성을 이어갈 수 없을 뿐만 아니라 신명기에서 맺은 언약이 역사적으로 어떻게 성취되는지, 그리고 하나님의 약속과 그 약속을 어떻게 누릴 수 있는지 설명할 수가 없다.

사실 광야와 가나안을 세상과 천국으로 도식화할 수 없다는 것은 시편 95:8-11을 인용한 히브리서 3:7-4:11에서 자세하게 설명한다. 특별히 히브리서 4:8-9에서 "만일 여호수아가 그들에게 안식을 주었더라면 그 후에 다른 날을 말씀하지 아니하셨으리라. 그런즉 안식할 때가 하나님의 백성에게 남아 있도다"라고 하면서 "우리가 저 안식에 들어가기를 힘쓸지니"(히 4:11)라고 했다. 이 본문에서 '안식'은 우리 믿음의 궁극적인 목적이며, 구원을 의미하는 하나님 나라와 같은 뜻이다. 그래서 히브리서 4:9에 "그런즉 안식할 때가 하나님의 백성에게 남아 있도다"라고 한 것이다. 그러므로 광야와 가나안을 세상과 천국으로 도식화할 수 없다는 것이다. 이러한 방식으로 도식화하면 사사시대와 왕정시대의 이야기를 설명할 방법이 없게 된다(참조. 삿 17:6; 21:25). 여호수아서는 하나님이 약속하신 땅을 정복하고, 그 땅을 각 지파에 분배하는 내용에 대한 기록이다.

I. 저자 및 기록 배경

구약의 다른 역사서들과 마찬가지로 이 책의 저자가 누구인지 알 수 없다. 탈무드(Talmud)에서는 여호수아의 죽음(수 24:29-30)은 아론의 아들 엘르아살에 의해 기록되었다고 할지라도 여호수아가 기록한 것으로 보고 있다(*Baba Bathra* 15a). 그러나 이 책에 자주 반복되어 나타나는 '오늘까지'라는 어구(수 4:9; 5:9; 6:25; 7:26; 8:28-29; 9:27; 10:27; 13:13; 15:63; 16:10)는 실제 사건들이 있었던 연대와 기록한 연대 사이에 어느 정도의 시간이 흘렀음을 암시한다. 이 표현은 이 책이 언제 쓰여졌는지를 보여 주는 중요한 자료가 된다.

또한 여호수아 15:63에 예루살렘 거주민인 여부스족을 언급하고 있는 것과 16:10에 '게셀'에 가나안 사람들이 에브라임 가운데 살고 있었다는 사실을 언급하고 있는 것은 저작 시기를 보여 주는 중요한 자료가 된다. 다윗은 그의 재위 7년에 당시 여부스 사람들이 차지하고 있었던 땅을 점령하여 수도로 정했다(삼하 5:6-10). 애굽의 바로였던 시아문(Siamun, 주전 978-959)은 게셀에 살던 가나안 사람을 죽이고 그 성읍을 솔로몬에게 예물로 주었다(왕상 3:1; 9:16). 이러한 사실에 근거하여 해리슨(Harrison 1999, 673)은 왕정시대를 시작하는 해인 주전 1050년경으로 추정했다. 그리고 여호수아 24:31에 "이스라엘이 여호수아가 사는 날 동안과 여호수아 뒤에 생존한 장로들 곧 여호와께서 이스라엘을 위하여 행하신 모든 일을 아는 자들이 사는 날 동안 여호와를 섬겼더라"는 말씀에 근거해 볼 때 여호와께서 이스라엘을 위하여 행하신 일을 아는 자들이 없고 그 이후의 삶을 아는 자들 가운데 한 사람이 썼다는 것을 보여 준다. 이것은 여호수아서의 저자가 누구며, 언제 썼는지 정확하게 알 수 없다는 뜻이다.

여호수아서의 연대를 정하는 문제는 구약에서 오랫동안 토론되어 온 주제 가운데 하나인데 출애굽 연대와 밀접하게 연관되어 있다.[7] 성경의 증거를 받아들인다면 출애굽 연대는 초기 연대인 주전 1446년이 된다. 열왕기상 6:1에 "이스라엘 자손이 애굽 땅에서 나온 지 사백팔십 년이요 솔로몬이 이스라엘 왕이 된 지 사 년 시브월 곧 둘째 달에 솔로몬이 여호와를 위하여 성전 건축하기를 시작하였더라"라고 기록하고 있다. 틸레(Thiele 1983, 79-81)의 연대기에 따르면 솔로몬이 성전 건축을 시작한 때는 주전 966년이다. 이 기준을 따른다면 주전 1446년(966+480=1446)이 출애굽 연대이다. 출애굽기의 초기 연대를 받아들인다면 가나안 입성은 주전 1406년이고, 가나안을 정복하여 땅을 분배한 해는 주전 1399년이 된다(참조. 수 14:10). 그리고 여호수아의 죽음을 대략 주전 1390-1380년으로 본다면 이 책의 기록 연대는 주전 1406년부터 1380년 후로 볼 수 있다.

II. 문학적 구조

여호수아서는 여호수아의 사역이 시작될 때부터 그가 사역을 마칠 때까지의 사건을 이야기 형식으로 기록하고 있다(수 1:1; 24:29-31). 이 책은 구조적으로 세 부분으로 되어 있다. 그 구조를 보여 주는 중요한 신호기능(signal)이 여호수아 11:23과 21:43-45이다.

> 이와 같이 여호수아가 여호와께서 모세에게 말씀하신 대로 그 온 땅을 점령하여 이스라엘 지파의 구분에 따라 기업으로 주매 그 땅에 전쟁이 그쳤더라(수 11:23).

7 출애굽 연대에 관하여서는 올브라이드(Albright 1935)와 빔슨(Bimson 1981)을 참조하라.

> 여호와께서 이스라엘의 조상들에게 맹세하사 주리라 하신 온 땅을 이와 같이 이스라엘에게 다 주셨으므로 그들이 그것을 차지하여 거기에 거주하였으니 여호와께서 그들의 주위에 안식을 주셨으되 그 조상들에게 맹세하신 대로 하셨으므로 그들의 모든 원수들 중에 그들과 맞선 자가 하나도 없었으니 이는 여호와께서 그들의 모든 원수들을 그들의 손에 넘겨 주셨음이니라 여호와께서 이스라엘 족속에게 말씀하신 선한 말씀이 하나도 남음이 없이 다 응하였더라(수 21:43–45).

첫 번째 신호기능인 여호수아 11:23은 1:1–12:24에 기록된 정복 이야기의 결론으로 해설한 부분이다.[8] 정복 이야기는 하나님이 약속하신 땅을 차지하는 일에서 하나님의 은혜와 사람의 책임적인 부분을 균형있게 강조한다. 특히 언약 공동체 전체의 믿음과 순종을 강조한다. 그것을 잘 볼 수 있는 부분이 여리고 성 함락이다(수 6장). 이에 대해 히브리서 11:30에 "믿음으로 칠 일 동안 여리고를 도니 성이 무너졌으며"라고 기록하고 있다. 그리고 여호수아 7장은 아간 한 사람의 이기적인 욕심에서 나온 불신이 이스라엘 전체에게 미치는 파장을 기록하므로 공동체의 믿음과 순종을 강조한다.

두 번째 신호기능인 여호수아 21:43–45은 분배 이야기의 결론이다. 분배 이야기는 지파와 개인의 믿음과 순종의 중요성을 강조한다. 갈렙이 아낙 자손들이 있다고 할지라도 믿음으로 땅을 차지한 일(수 14:6–15)과 요셉 지파가 철 병거가 있기 때문이라든지, 불성실하므로 땅을 차지하지 못한 일(수 17:13; 삿 1:19) 등을 대조하여 보여 준다. 이 점은 전체 전쟁에서 승리한 후 제비를 뽑아 나눈 땅을 차지하는 문제는 지파와 개인의 믿음과 연관되어 있다는 것을 보여 준다. 그래서 기업으로 받은 땅에서 은혜를 누리는 문제는 믿음과 순종이 중요한 조건이다.

세 번째 부분인 여호수아 22–24장은 분배 받은 땅에서 복과 은혜를 누리며 언약 백성으로 책임 있게 살 수 있는 방법에 대한 결론을 기록하고 있다. 특히 여호수아 24:1–28에서 그 땅에서 영원히 복과 은혜를 누리는 방법으로 여호와를 섬기겠다는 언약을 맺은 사실을 설명한다. 이 언약은 여호수아를 통하여 여

---

8 여호수아 12:1–24은 결론에 포함된 것으로 점령한 땅의 명단을 요약한 것이다.

호와께서 하신 말씀을 여호수아 24:2b에서부터 24:13까지 설명한다. 여호와께서 하신 말씀의 핵심은 그 말씀하신 대로 다 이루셨다는 것이다. 이 점은 하나님의 무조건적인 은혜이다. 그러나 언약 백성은 여호와를 경외하며 그의 말씀을 들어야 한다. 만약에 듣지 않고 이방 신들을 섬긴다면 복을 내리신 후에라도 돌이켜 재앙을 내릴 것이라고 하셨다(수 24:20). 이것은 언약이 조건적인 성격을 가지고 있음을 보여 준다.

그래서 여호수아서는 여호수아를 중심으로 약속의 땅을 정복하는 내용(수 1:1–12:24), 정복한 땅을 지파별로 분배하는 내용(수 13:1–21:45), 그리고 여호수아의 중보 사역과 그의 마지막 권면을 통하여 약속에 따라 정복한 땅에서 영원히 하나님의 복을 받으며 사는 방법(수 22:1–24:33)을 기술한다. 이러한 문학적 구조와 기술 방식은 여호와께서 조상들에게 말씀하신 대로 땅을 차지하게 하셨다는 것과 각 지파나 개인이 그 땅을 어떻게 소유하고, 그 땅에서 언약 백성으로서 영원히 복과 은혜를 누릴 수 있는지 그 방법을 보여 준다. 이러한 구조를 도식화하면 다음과 같다.

수 1:1–12:24	수 13:1–21:45	수 22:1–24:33
정복	분배	유지하는 방법
공동체의 믿음	각 지파와 개인의 믿음	공동체와 개인의 믿음

III. 주제와 기록 목적

여호수아의 문학적 구조에서 살펴본 바와 같이 정복 이야기와 분배 이야기의 결론적인 해설(수 11:23; 21:43–45)은 여호와께서 땅에 대하여 하신 약속이 성취되었다는 것을 보여 준다. 그리고 마지막 문단(수 22:1–24:33)은 그 땅에서 복과 은혜를 누리는 방법에 대한 것이다. 그래서 이 책의 주제는 하나님께서 약속하신 대로 땅에 대한 약속을 주시고, 믿음으로 성취하게 하신다는 것이다. 이 주제를 중심으로 이 책은 몇 가지 중요한 기록 목적을 가지고 있다.

첫째, 땅에 대한 약속이 성취되는 것을 보여 준다. 이 약속은 하나님이 아브라함에게 주셨고(창 12:7; 13:14-15, 17; 15:18-21; 17:8; 22:17), 이삭(창 26:3-4)과 야곱(창 28:4, 13; 35:12) 그리고 그의 후손들(창 48:4; 50:24)에게도 반복하여 말씀하신 것이다. 땅은 모세 오경만이 아니라 성경 전체의 중심되는 목표다. 모세는 하나님의 백성들을 "아름답고 광대한 땅, 젖과 꿀이 흐르는 땅"(출 3:8, 17; 6:4, 8)으로 인도하기 위하여 부름 받았다. 이러한 점에서 땅을 정복하는 이야기(수 1-12장)와 그 땅을 지파별로 분배하는 이야기(수 13-21장)는 의미가 있다. 우드스트라(Woudstra 1981, 32)는 이 책의 핵심 주제를 하나님이 조상들에게 말씀하신 땅에 대한 약속이 성취되는 것을 보여 준 것이라고 했다. 존 왈턴(Hill & Walton 1991, 169-170)은 하나님은 그가 하신 약속이 아무리 불가능하게 보인다고 할지라도 반드시 이루시는 분임을 보여 주는 것이라고 했다. 이렇게 이해한 것은 이 책의 기록 목적이 땅에 대한 약속이 성취되는 일과 연관이 있다는 것이다.

그러나 가나안 정복 이후의 역사는 사사기와 사무엘서와 열왕기서로 이어지고 있다. 이 역사는 언약 백성의 범죄로 말미암아 주전 586년에 바벨론에 의해 나라가 멸망하고 포로로 끌려가게 된다. 물론 주전 539년에 고레스 칙령으로 돌아오기는 하지만 이 뒤의 역사 역시 평탄하지 않다. 이 땅이 역사적으로 중요하기는 하지만 목표가 아니기 때문이다. 이스라엘 백성에게 가나안 땅을 얻는 것의 최종적인 목적지는 완전한 하나님 나라이다. 이 점은 히브리서 4:8-9에 잘 나타나 있다.

> 만일 여호수아가 그들에게 안식을 주었더라면 그 후에 다른 날을 말씀하지 아니 하셨으리라 그런즉 안식할 때가 하나님의 백성에게 남아 있도다.

여기서 안식의 개념은 우리 믿음의 궁극적인 목적이며 구원을 의미하는 하나님 나라와 같은 뜻이다. 그래서 가나안이 궁극적인 목적지가 아니라 그리스도 안에서 이루실 완전한 하나님 나라를 의미하는데 이 약속 역시 확실하게 이루신다는 것을 보여 준다. 이 점은 땅에 대하여 처음 약속을 받은 아브라함 역시 완전한 하나님 나라를 바라보았다는 데서 잘 보여 준다(히 11:13-16). 당시 이스라엘 백성에게 땅은 언약 백성이 누리는 축복의 일부분이며, 하나님 나라의 은혜를 현재적으로 맛보는 것이었기 때문에 중요한 의미가 있다.

둘째, 하나님의 약속을 누리려면 하나님의 은혜도 중요한 요소이지만 사람의 책임적인 요소인 믿음 역시 중요하다는 것을 보여 준다. 특히 땅을 정복하고, 분배한 후에 차지하는 내용이 기록된 여호수아의 두 번째 이야기인 13-21장은 이 점을 잘 보여 준다. 여기서는 한 지파나 개인의 믿음과 순종이 매우 중요한 역할을 한다는 것을 보여 준다.

셋째, 약속의 땅을 소유하고 유지하는 방법을 보여 준다. 이 점에 대하여 이미 신명기에서 율법의 순종 여부와 결부시킨 일에서 잘 볼 수 있다(신 4:1, 25-27, 40; 6:17-18; 8:1; 11:8; 30:15-20; 32:46-47). 그리고 여호수아서는 땅을 완전히 소유하고 그 땅에 살던 거민을 쫓아내는 것은 여호수아가 하나님의 명령에 온전히 순종한 결과로 설명한다(수 10:40; 11:20, 23; 23:9-13). 이러한 점에서 볼 때 하나님이 아브라함과 이삭과 야곱에게 약속하신 것을 신실하게 이루시는 것과 함께 사람의 책임적인 요소인 믿음과 순종의 중요성을 함께 강조한다는 것을 이 책이 잘 증거한다.

이러한 객관적인 역사를 중심으로 전체 그림을 그린 다음에 현대에 이 사건이 어떤 의미를 가지고 있는지 해석학적으로 고려해야 한다. 특히 여호수아서는 땅에 대한 약속이 성취되는 것을 보여 줌으로 오늘날 그리스도 안에 있는 모든 약속도 성취된다는 사실을 알게 해 주는 중요한 표지이다(Dumbrell 2002, 75).

IV. 내용

내용 구조

1. 정복(수 1:1-12:24)
2. 분배(수 13:1-21:45)
3. 약속의 땅에서 복을 누리며 사는 방법(수 22:1-24:33)

1. 정복(수 1:1-12:24)

여호수아서의 첫 부분(수 1:1–12:24)은 이스라엘의 가나안 입성과 정복에 대한 내용이다. 여기서 저자는 하나님이 약속하신 땅을 정복하는 과정에서 나타난 전투들과 그 전투에 대한 자세한 설명을 통하여 하나님이 약속하신 땅을 어떻게 주셨는지 설명한다.

내용 분해

(1) 여호수아에 대한 권면과 그의 첫 사역(수 1:1–18)
(2) 정탐꾼을 보냄(수 2:1–24)
(3) 요단강을 건너감(수 3:1–5:1)
(4) 할례 의식과 유월절을 지킴(수 5:2–12)
(5) 여리고 성의 함락(수 5:13–6:26)
(6) 아간의 범죄(수 7:1–16)
(7) 아이 성을 점령함(수 8:1–29)
(8) 그리심산과 에발산: 세겜 언약 갱신(수 8:30–35)
(9) 기브온 주민들과 조약을 맺음(수 9:1–27)
(10) 남부 지역과 북부 지역을 점령함(수 10:1–11:15)
(11) 정복에 대한 요약과 정복한 땅의 개요(수 11:16–12:24)

내용 해설

(1) 여호수아에 대한 권면과 그의 첫 사역(수 1:1–18)

모세가 죽은 후 여호와께서 이스라엘 백성을 인도해야 할 여호수아에게 두 가지 약속을 주셨다. 하나는 조상들에게 맹세하며 주리라 한 땅을 주시겠다는 약속이고, 또 하나는 땅에 대한 약속을 이룰 수 있도록 하나님이 항상 함께하시겠다는 약속이다(수 1:2–5). 그러나 이 약속을 받았다고 해서 약속이 저절로 이루어지는 것은 아니다. 그것은 율법책을 입에서 떠나지 말게 하며 주야로 그것을 묵상하여 그 안에 기록된 대로 다 지켜 행해야 한다는 것이다(수 1:6–8). 이것은 약속이 조건적인 성격을 가지고 있다는 것을 보여 준다.

이 약속을 들은 여호수아는 백성의 관리들을 불러 양식을 준비하게 했다. 왜냐하면 사흘 안에 요단을 건너 여호와께서 주신 땅에 들어갈 것이기 때문이었다(수 1:10–11). 그리고 이미 요단강 동편에서 기업을 차지했던 르우벤 지파와 갓 지파와 므낫세 반 지파 에게 요단강 동편에서 있었던 사건을 상기시키며 모세에게 약속한 대로 형제들보다 앞서 건너가 그들을 돕도록 명령했다(수 1:12–15; 참조. 민 32:16–19). 만약에 이들이 모세 사후에 약속을 지키지 않는다면 이스라엘 공동체의 연합은 깨어질 것이기 때문이다.

(2) 정탐꾼을 보냄(수 2:1–24)

여호수아는 바알브올로 말미암아 범죄한 장소였던 싯딤(민 25:1)에서 정탐꾼 두 사람을 보냈다(수 2:1). 하나님의 약속을 믿는 것과 정탐꾼들을 보내는 일은 서로 배타적인 행동이 아니라 약속을 믿고 순종한 행동이다. 하나님이 그들을 위하여 라합이라는 한 기생[9]을 준비시켜 정탐꾼들을 보호해 주셨고, 그 땅이 큰 두려움 가운데 있다는 사실을 알게 하셨다(수 2:9–11, 24). 정탐꾼들은 하나님이 그 온 땅을 주신 것이 확실하다는 점과 그 땅 주민이 낙담한 상태임을 여호수아에게 보고했다(수 2:24).

정탐꾼들을 숨겨 준 라합의 행동은 하나님의 구속사에서 한 부분을 담당하게 되었다. 이뿐만 아니라 그는 유다 지파의 살몬과 결혼하여 보아스의 조상이 되었고, 예수님의 계보에 들어갔으며(마 1:5), 믿음의 영웅들 가운데 한 사람으로 거명된다(히 11:31). 라합이 구원을 받아 하나님의 구원계획을 이루는 일에 들어가게 된 것은 하나님의 은혜다. 또한 그녀가 행하므로 그 믿음을 표현한 것도 하나님의 은혜다(약 2:25–26). 이 라합의 믿음은 복음이 전파되는 곳마다 전파되고 있다.

---

9 히브리어 원문은 '조나'(זֹנָה)로 창녀 또는 매춘부를 말한다.

(3) 요단강을 건너감(수 3:1–5:1)

가나안을 정복하기 위하여 1차적으로 요단강을 건너야 하는데, 제사장들이 언약궤를 메고 가는 것이 보이면 그 뒤를 따라가면 되는 것이다. 언약궤는 하나님이 그들과 함께 계신다는 하나님의 임재사상을 보여 준다. 그래서 이스라엘 백성들이 언약궤를 바라볼 때 하나님이 그들과 함께 계신다는 것을 확신할 수 있었다. 여호수아는 "너희는 자신을 성결하게 하라. 여호와께서 내일 너희 가운데에 기이한 일들을 행하시리라"(수 3:5)고 했다. 자신을 성결하게 한 것은 하나님이 특별한 방법으로 개입하실 것을 기대하게 한다(출 19:10–12). 그런데 저자는 "여호와께서 여호수아에게 이르시되 내가 오늘부터 시작하여 너를 온 이스라엘의 목전에서 크게 하여 내가 모세와 함께 있었던 것 같이 너와 함께 있는 것을 그들이 알게 하리라"(수 3:7)는 말씀과 이 문단의 끝에서 "그날에 여호와께서 모든 이스라엘의 목전에서 여호수아를 크게 하시매 그가 생존한 날 동안에 백성이 그를 두려워하기를 모세를 두려워하던 것 같이 하였더라"(수 4:14)라고 해설하면서 수미쌍관법(inclusio)으로 연결했다. 이러한 구조는 이 안에 기록된 사건은 여호와께서 여호수아를 크게 하여 백성이 모세처럼 그를 믿고 따르게 하기 위하여 세밀하게 배려하신다는 것을 알게 한다.

여호와께서는 여호수아에게 언약궤를 멘 제사장들이 요단 물가에 이르면 요단에 들어서라고 하시고, 거기에서 하나님이 이스라엘 백성 가운데 계시사 가나안 족속들을 쫓아내실 줄을 이 일을 통하여 알게 될 것이라고 말씀하셨다(수 3:10). 그리고 여호와의 궤를 멘 제사장들이 물을 밟고 멈추면 위에서부터 흘러내리던 물이 끊어지고 한 곳에 쌓여 설 것이라고 말씀하셨다(수 3:11–13). 저자는 이스라엘이 그 말씀하신 대로 순종할 때 이루어진 사실을 반복하여 설명했다(수 3:14–17). 이것은 히브리 어법의 특징인데 사건의 중요성과 더불어 말씀대로 행하는 일의 중요성을 강조한다. 그와 함께 첫째 달 십일에 각 지파에서 한 사람씩 택한 사람들로 하여금 요단에서 한 개씩 취하여 가져온 열두 돌을 택하여 길갈에 세웠다(수 4:6–8, 19–20). 특히 '첫째 달 십일에' 세운 것은 광야에서 40년간의 생활을 마치고 가나안에 발을 디딘 첫해 첫째 달이라는 것이다. 여호와께서 이 기념물을 세우게 하신 실제적인 목적은 두 가지다. 하나는 땅의 모든 백성에게 여호와의 손이 강하다는 것을 알게 하려는 것이다. 또 하나는 하나님의 능력을 경험한 이스라엘로 하여금 영원토록 여호와 하나님을 경외하게 하려는 것이다(수 4:24). 이 목적대로 요단 서쪽의 아모리 사람의 모든 왕들과 가나안 사람의 모든 왕들이 이 사건을 듣고 큰 두려움을 가지게 되었다(수 5:1).

이 사건을 통하여 저자는 하나님이 아브라함과 이삭과 야곱에게 약속하신 것을 확실하게 이루실 수 있는 분임을 보여 준다. 그리고 하나님이 우리의 구원을 완전하게 이루시기 위하여 주님이 재림하시는 날까지 역사에 개입하시고 지켜 주실 것이라는 기대를 가지게 한다.

(4) 할례 의식과 유월절을 지킴(수 5:2-12)

이스라엘이 길갈에서 할례를 행함(수 5:2-9)으로 하나님의 언약을 확인하였고, 여리고 평지에서 유월절을 지키며 그 땅의 소산물을 먹음으로 만나가 그쳤다(수 5:10-12). 그런데 저자는 할례를 길갈에서 행하라고 하면서 그 이유를 당시 애굽에서 나온 첫 세대의 사람들 중에 모든 군사는 광야에서 죽었고, 애굽에서 나온 백성은 할례를 받았으나 광야 길에서 난 자는 할례를 받지 못했기 때문이라고 했다(수 5:4, 7). 할례를 받는 것은 아브라함의 자손으로서 그에게 약속하신 모든 땅을 주실 것과 또한 하나님이 아브라함과 함께하셨던 것처럼 그들과도 함께하신다는 사실을 믿어야 한다는 것을 가르치려는 것이다. 그리고 할례를 받는다고 저절로 땅을 차지하는 것이 아니라 하나님의 말씀을 온전히 믿고 순종해야 한다는 사실도 가르치려는 것이다.

여호와께서 할례를 받게 하신 후에 "애굽의 수치를 너희에게서 떠나가게 하였다(굴러가게 했다)"고 하셨다. 그래서 그곳 이름을 '구르다'라는 의미의 '길갈'(גִּלְגָּל)이라고 했다(수 5:9). 이러한 언어유희(word play)는 메시지의 핵심을 전달하는 기능을 한다. 여기서 말하는 '애굽의 수치'(헬파트 미츠라임, חֶרְפַּת מִצְרַיִם)는 다양하게 이해할 수 있다. 이스라엘이 불순종하므로 말미암아 광야에서 죽은 사람들을 애굽 사람들이 조롱한 말로 이해할 수 있다(롱 2014, 464). 또는 이 말을 '애굽에서 나온 세대의 사람들의 수치'라고 보아 약속을 믿지 못하여 광야에서 죽은 것을 말할 수도 있다(Hess 1996, 122). 그리고 신득일(2012, 307)은 애굽에서 종살이 하면서 당한 것을 말한다고 보았다. 애굽의 수치가 무엇을 의미하든 할례를 받게 하심으로 여호와께서 이 모든 것들을 다 떠나가게 하시고 하나님의 종으로 살게 되었다는 것이다(신득일 2012, 307).

이스라엘 백성들은 40년간의 광야 생활을 마치고 가나안에 들어온 첫째 해 십사일 저녁에 여리고 평지에서 유월절을 지켰다(수 5:10). 유월절은 애굽에서 구원받은 날을 기념하여 지키는 절기이고, 할례를 받은 사람만이 유월절 음식을 먹을 수 있었다는 점에서 할례와 유월절은 밀접한 연관성이 있다(출 12:43-47). 그리고 유월절 이튿날에 그 땅의 소산물을 먹었고 다음 날에 만나가 그쳤다(수 5:12). 왜 만나가 그치게 되었을까? 그것은 약속의 땅인 가나안 땅을 반드시 차지하게 할 것이고, 땅에서 나는 산물을 먹을 것을 의미하기 때문이다. 하나님의 약속을 믿고 할례를 받은 사람이 유월절을 지킴으로 그 땅에서 풍요한 삶을 누리게 될 것을 만나가 그치는 사건을 통하여 보여 준다.

(5) 여리고 성의 함락(수 5:13-6:26)

여호수아가 여리고에 가까이 이르렀을 때 한 사람이 칼을 빼어 손에 들고 있는 것을 보았다. 그 모습을 보고 여호수아는 그에게 "너는 우리를 위하느냐 우리의 적들을 위하느냐?"라고 묻자 "아니라 나는 여호와의 군대 대장으로 지금 왔느니라"라고 했다(수 5:13-14). 이 말을 들은 여호수아가 엎드리자 "네 발에서 신을 벗으라. 네가 선 곳은 거룩하니라"(수 5:15)라고 했다. 이 대화 장면은 야곱이 라반의 집을 떠날 때(창 32:1-2)와 여호와께서 호렙산에서 떨기나무의 불꽃 가운데 나타나신 때를 생각나게 한다(출 3:5). 여기에 나오는 '여호와의 군대 대장'(שַׂר־צְבָא־יְהוָה)이 누구냐에 대한 의문은 있지만 다니엘서에서 '군주'(단 10:13, 20, 21)라고 번역된 말과 동일한 말로 하나님이 보내신 천사를 의미하는 것처럼 보인다. 이 시점에 군대 대장을 보내신 것은 여리고 성 전투에서 여호와께서 싸우신다는 것을 보여 주기 위함이다. 이 일은 여리고 정복을 앞둔 여호수아에게 큰 힘과 위로가 되었을 것이다. 동시에 이 일은 우리가 아무리 탁월한 지략과 전술과 무기체계를 가지고 있다고 할지라도 하나님이 도와주셔야 승리할 수 있다는 것을 보여 준다.

여리고는 지금의 텔 에스 술탄(Tell es-Sultan)으로 고고학적인 발굴을 통하여 현재의 여리고 성터를 볼 때 길이가 약 365m와 폭 약 183m 높이가 약 20m 정도가 되고 이중벽으로 이루어진 견고한 성이었다(Lewis 2002, 298). 그러나 우리가 상상하는 것처럼 거대한 성은 아니었다. 지금 그 터를 보면 그렇게 크지는 않지만 당시에는 이러한 규모의 성은 결코 작은 성이라고 할 수 없다. 이 성을 점령하는 방법을 하나님이 말씀해 주는데 모든 군사들이 성 주위를 매일 한 번씩 엿새 동안 돌고, 일곱째 날에는 그 성을 일곱 번 도는 것이다(수 6:3-5). 그런데 저자는 "여호수아가 여호와께서 말씀하신 대로 하였더라"라고 하면 될 텐데도 반복하여 그 말씀대로 행동을 옮긴 사실을 기록하고 있다(수 6:6-21). 이것은 히브리 언어관습의 하나로 이야기의 생동감과 말씀대로 순종할 때 이루어진 사실을 생생하게 보여 주기 위함이다. 여호와의 말씀대로 온 백성이 여호수아의 인도에 따라 행할 때 성벽이 무너져 내리고 그 성을 점령했다.

이때 여호수아는 이 성과 그 가운데에 있는 모든 것을 여호와께 '바치라'(חֵרֶם) 라고 했다(수 6:17). 이 단어는 동일한 문맥에서 동사로 '완전히 멸한다'(חרם)라는 의미로 사용하기도 했다(수 6:21). 개역개정판은 '온전히 바치고'라고 번역하였으나 히브리 어법에 따르면 "그 성 안에 있는 모든 것을 온전히 바치되"라는 말씀과 동일한 의미로 "남녀노소와 소와 양과 나귀를 칼날로 멸하니라"라고 사용하고 있기 때문에 '완전히 멸한다'라는 의미로 보는 것이 좋다. 이 말씀은 하나님의 명령을 어길 때 일어나는 벌을 예상하게 만든다. 특히 여리고 성을 멸할 때 '헤이렘'(חֵרֶם)이라는 단어를 사용한 것은 가나안의 가증한 행위로 인한 하나님의 심판으로 보았기 때문이다(신 20:16-18). 그러나 여기에는 예외가 있는데 그것은 정탐꾼을 숨겨준 라합과 그의 가족들은 살려 주고, 은금과 동철 기구들은 여호와의 곳간에 넣게 한 것이다(수 6:17-19). 특히 라합과 그 가족들을 살려 준 것은 그녀가 이방인이고 기생이었다고 할지라도 하나님의 말씀을 듣고 순종하면 누구든지 구원을 받아 하나님 나라의 사역에 참여할 수 있다는 것을 보여 준다.

이 견고한 여리고 성이 무너진 것에 대하여 다양한 과학적 설명이 있지만 그것은 가설일 뿐이다. 여리고 성이 어떻게 무너졌는지는 확실하게 알 수 없다. 그러나 한 가지 확실한 것은 전체 이스라엘 백성이 하나님의 말씀을 믿고 순종한 결과라는 것이다. 이 점에 대하여 히브리서 11:30은 "믿음으로 칠 일 동안 여리고를 도니 성이 무너졌으며"라고 말한다. 특히 여호수아서의 정복 이야기인 여호수아 1-12장은 믿음의 특징 가운데 이스라엘 공동체 전체의 믿음을 강조한다.

또한 여호수아는 여리고 성을 정복하고 난 뒤에 맹세하며 "누구든지 일어나서 이 여리고 성을 건축하는 자는 여호와 앞에서 저주를 받을 것이라. 그 기초를 쌓을 때에 그의 맏아들을 잃을 것이요 그 문을 세울 때에 그의 막내아들을 잃으리라"(수 6:26)는 말씀을 선포했다. 왜 여리고 성을 재건하지 못하도록 성을 건축하는 자들을 저주했을까? 여기에는 세 가지 중요한 목적이 있다. 첫째, 여호와를 섬기지 아니하고 악한 행동을 하면 여리고처럼 심판하신다는 것을 보여 주려는 것이다. 둘째, 저주를 받아 무너진 성터를 그대로 두고 보면서 여호와 하나님의 말씀을 믿고 순종하면 하나님이 큰 긍휼을 베푸시고 번성하는 복을 주신다는 것을 배우게 하려는 것이다. 셋째, 여리고가 무너진 역사를 보면서 하나님의 은혜를 잊지 않게 하려는 것이다. 그러나 아합 시대에 와서는 하나님의 은혜를 지우고 사람의 지혜와 세상적인 가치가 그 자리를 대신한 아픈 역사를 기록하고 있다(왕상 16:34).

(6) 아간의 범죄(수 7:1-16)

① 발단: 아간의 범죄와 하나님의 진노(수 7:1)

여리고 성을 함락할 때 하나님의 말씀을 순종하지 않고 자신을 위하여 물건을 훔친 한 사람이 있었다. 그의 이름은 아간이다. 아간은 당시 잘 알려진 가문의 사람으로 "유다 지파 세라의 증손 삽디의 손자 갈미의 아들"(수 7:1, 18; 창 38:30)이었다. 해설자(narrator)는 그의 행동에 대하여 "아간이 온전히 바친 물건을 가졌음이라"(수 7:1)라고 하였고, 이 일에 대하여 하나님은 이스라엘 자손들에게 진노하셨다고 했다. 이것은 아간이 범죄한 사건의 발단이다.

② 분규: 아간의 범죄로 인한 이스라엘의 패배(수 7:2-15)

이 사건이 이스라엘 백성들에게 어떤 영향을 미칠까? 이스라엘 백성들은 여리고 성을 점령하고 난 뒤에 남부의 여러 도시인 헤브론, 라기스, 에글론, 가사, 기브온 등을 공략하려고 했다. 그래서 우선적으로 그 길목에 위치해 있었던 아이 성을 공격하기 위하여 여리고 성이나 요단강 동편인 아모리 사람의 왕 시혼과 싸운 전쟁처럼 정탐꾼을 보내어 그 성을 정탐하게 했다(수 2:1; 민 21:32). 정탐꾼은 "백성을 다 올라가게 하지 말고 이삼천 명만 올라가서 아이를 치게 하소서"(수 7:3)라고 보고했다. 이 보고가 잘못되었거나 여리고 성을 정복한 뒤에 교만해진 결과라고 생각하는가? 레드파스(1982, 103-104)는 자기 과신과 교만이라고 진단했다. 그는 아이 성을 차지하는 일에 실패한 가장 큰 원인을 자기 과신과 교만에서 찾았다. 그리고 이동원(1996, 106-107)도 이스라엘이 능력과 축복을 경험하고 난 뒤에 오는 방심과 교만이라고 설명했다. 여호수아 8장에 보면 아이 성 공격에 실패를 경험한 후에 군사 삼만 명을 파병한다(수 8:3). 그런데 이 도시 전체 인구는 일만 이천 명이다. 여호수아 8:25에 보면 "그날에 엎드러진 아이 사람들은 남녀가 모두 만 이천 명이라"라고 했다. 전체 인구가 일만 이천이라면 전쟁을 할 수 있는 군사는 몇 명일까? 여자와 아이와 노인들을 제외한다면 약 삼천 명이 되지 않을까? 그래서 정탐꾼들이 군사 약 이삼천 명만 보내면 된다고 보고한 것은 정확한 정보라고 할 수 있다. 이 정보를 토대로 여호수아는 삼천 명을 보냈기 때문에 교만한 것도 아니고 여리고 성을 무너뜨리는 사건을 경험하고 난 뒤에 오는 자만이나 방심 때문도 아니다.

그런데 이게 웬일인가? 쉽게 공략할 수 있으리라 생각했던 아이 성 군대에게 패하여 약 36명이 죽었고, 나머지는 패주하는 큰 위기에 부딪혔다. 뿐만 아니라 군대의 사기가 크게 떨어졌다(수 7:4-5). 여호수아는 이 전쟁의 결과를 놓고 하나님께 절규하며 기도했다(수 7:7-9). 그때 하나님이 아이 성 전투의 패전 원인을 언약을 어기고 온전히 바친 물건을 가져가고 도둑질하며 속였기 때문이라고 말씀해 주셨다. 그러면서 스스로 거룩하게 하고 지파별로, 지파는 그 족속대로, 그 족속은 가족대로, 가족은 남자대로 제비를 뽑아 뽑힌 자는 불사르되 그와 그의 모든 소유를 그렇게 하라고 말씀하셨다(수 7:10-15). 이스라엘의 패전 원인은 무엇인가? 그것은 이스라엘이 방심과 자만이 아니고 하나님과 맺은 언약을 믿지 못하고 불순종했기 때문이다.

③ 절정: 아간이 패배 원인이라는 사실이 밝혀짐(수 7:16-23)

하나님이 말씀하신 대로 제비를 뽑자 아간이 뽑혔다(수 7:16-18). 그러자 아간은 실토했다. 아간은 시날 산의 외투 한 벌과 은 이백 세겔과 금 오십 세겔을 보고 탐내어 숨겼다(수 7:21). '시날'(Shinar)은 바빌로니아를 말한다. 당시 바빌로니아는 메소포타미아 문명권에서 가장 발달한 나라 가운데 하나였고 문화가 발달한 도시였다. 은 이백 세겔은 오늘날로 하면 무게가 약 2.3kg가 된다. 한 세겔의 무게는 약 11.5g으로 금 오십 세겔은 575g이다.

아간은 완벽하게 처리했고 아무도 모른다고 생각했을 것이다. 적어도 자신의 시각에서 볼 때 앞으로 가나안에 정착하게 되면 그 돈으로 다른 가문보다 훨씬 더 강하고 부유하게 될 수 있으리라 기대했는지 모른다. 그러나 하나님의 말씀을 믿는 믿음이 전제되지 않는 삶은 결코 가나안에서 복된 삶을 살 수 없다.

④ 대단원: 아간의 죽음(수 7:24–26)

여호수아는 하나님의 말씀대로 아간을 잡아 그가 가져가 숨긴 은과 외투와 금덩이와 그의 아들들과 딸들과 소들과 나귀들과 양들과 장막과 무릇 그에게 속한 모든 것을 이끌고 아골 골짜기로 가서 돌로 치고 불살랐다(수 7:22–26).

아간의 범죄는 하나님의 약속이 아무리 좋고 확고하다고 할지라도 믿고 순종하지 않으면 그 약속을 누리지 못할 뿐만 아니라 그 자신도 망하고, 그가 속한 공동체도 망한다는 사실을 보여 준다. 이스라엘 백성이 이 땅에서 하나님의 은혜와 축복 가운데 살기 위해서는 지금 이 역사에서만이 아니라 미래의 역사에서도 하나님의 말씀을 지키는 일이 중요하다는 것을 보여 주시기 위하여 하나님은 아간의 범죄를 찾게 하시고 징계하셨다. 그렇다면 당시에 아간의 범죄를 찾아내신 하나님이 오늘날 여러 가지 이론이나 거짓으로 위장한 사람을 찾아내지 않으시겠는가?

당시 아간의 범죄를 통해서 아간 한 사람의 범죄였지만 전체 이스라엘 공동체에 영향을 미친다는 사실을 보여 주셨다. 이러한 사상은 신약에서 그리스도 안에서 모든 성도가 한 몸이라는 말씀에 잘 나타난다. 우리는 하나님의 교회에 속한 지체로서 행실을 주의하고 믿음 없는 행동을 주의해야 한다. 이 일의 중요성을 알았기 때문에 후일에 여호수아는 고향으로 돌아가는 르우벤 지파와 갓 지파와 므낫세 반 지파 사람들을 불러서 이 사건을 다시 상기시키며 "세라의 아들 아간이 온전히 바친 물건에 대하여 범죄하므로 이스라엘 온 회중에 진노가 임하지 아니하였느냐 그의 죄악으로 멸망한 자가 그 한 사람만이 아니었느니라"(수 22:20)라고 경고했다.

(7) 아이 성을 점령함(수 8:1-29)

아간의 범죄가 해결된 후에 하나님이 여호수아에게 "두려워 하지 말라 놀라지 말라 군사를 다 거느리고 일어나 아이로 올라가라. 보라 내가 아이 왕과 그의 백성과 그의 성읍과 그의 땅을 다 네 손에 넘겨 주었으니 너는 여리고와 그 왕에게 행한 것 같이 아이와 그 왕에게 행하되 오직 거기서 탈취할 물건과 가축은 스스로 가지라. 너는 아이 성 뒤에 복병을 둘지니라"(수 8:1-2)라고 말씀하셨다. 여기서 하나님이 아이 성을 주셨고, 여리고와는 달리 아이 성에서는 탈취한 물건과 가축을 가지라고 하셨다. 이뿐만 아니라 아이 성을 정복할 수 있는 전략도 주셨다. 그 전략은 매복이다. 하나님이 주신 전략에 따라 여호수아가 자세히 전술을 설명했다(수 8:3-9). 그런데 일반적으로 '그 전술대로 하니 승리하였더라'라고 할 수 있지만 그 전술에 따라 반복하듯이 이야기한다. 이것은 히브리 이야기 문체의 특징으로 의미를 강화하고 듣는 이로 하여금 생동감을 느끼게 한다.

하나님이 주신 전술에 따라 여호수아는 군사 삼만 명을 벧엘과 아이 사이에 매복하고 자신은 성안의 군사들을 유인하는 방법으로 아이 성을 점령했다. 이 성은 이 책의 역사를 기록할 당시까지 황폐한 상태로 있었다(수 8:28-29).

여기서 우리는 하나님이 그리스도 안에서 약속을 주셨다고 할지라도 그 약속을 성취하기 위하여 구체적인 방법을 세우고 실천해야 할 책임적인 요소가 있어야 한다는 사실을 배워야 한다. 특히 아이 성 전투를 통하여 언약의 말씀을 믿고 처음에 하나님이 약속하신 대로 율법의 말씀을 지켜 좌로나 우로나 치우치지 아니하면 약속된 복을 받지만, 언약을 어기면 약속된 축복을 누릴 수 없다는 것을 보여 주었다.

(8) 그리심산과 에발산: 세겜 언약 갱신(수 8:30-35)

가나안의 관문인 여리고와 아이의 정복 과정에서 하나님의 언약의 말씀에 대한 태도가 얼마나 중요한 것인지 알게 된 후에 여호수아는 여호와께 한 제단을 세웠다(수 8:30). 이 제단은 여호수아가 자기 임의대로 세운 것이 아니라 "모세가 이스라엘 자손에게 명령한 것과 모세의 율법책에 기록된 대로"(수 8:31) 세웠고, 또한 백성의 절반은 그리심산 앞에, 절반은 에발산 앞에 서게 했다. 그리고 "모세가 이스라엘 백성에게 축복하라고 명령한 대로"(수 8:33) 축복했다. 이 사건은 신명기 11:26–32과 27:1–8에 말씀하신 것에 따라 여호수아가 시행한 것이다. 이 말씀은 신명기 27:15–28:68에 기록되어 있다. 이 말씀은 신명기 27:15–26에 제한시키기도 하지만 여기에는 저주의 말씀만 있다. 그래서 신명기 28:1–68을 포함시켜야 한다. 그 핵심되는 내용은 우상을 숭배해서는 안 되며, 부모를 공경해야 하며, 이웃의 재산과 사회적으로 소외된 자들에 대한 올바른 태도를 가져야 하고, 성적인 범죄를 해서는 안 되며, 사회 정의와 질서를 왜곡시켜서는 안 된다는 것이다. 뿐만 아니라 적극적으로 여호와의 명령을 지켜 행해야 한다. 이러한 규칙을 볼 때 언약 백성은 세상과 구별된 거룩한 공동체로서 구속사에서 특별한 윤리적 책임이 있음을 알 수 있다.

이때 여호수아는 에발산에 모세의 율법에 기록된 대로 쇠 연장으로 다듬지 아니한 새 돌로 제단을 만들었다. 자연석을 조각하지 않고 그대로 쓰게 한 이유는 모든 인본주의적인 요소를 완전히 부정하기 위한 것으로 보인다(Shaeffer 1975, 123). 모든 제단이 그런 것은 아니지만 솔로몬 시대 이후에는 정교하게 조각한 제단을 사용했다. 그러나 출애굽기 20:25에 보면 "네가 내게 돌로 제단을 쌓거든 다듬은 돌로 쌓지 말라. 네가 정으로 그것을 쪼면 부정하게 함이니라"라고 하셨다. 이 말씀을 종합해 볼 때 하나님이 예배하는 제단을 공식적으로 짓기 전에는 임의대로 만들지 못하게 하셨음을 알 수 있다. 이것은 주변 국가에서 행하던 이방의 번제단과 구별하기 위한 것으로 보인다.

(9) 기브온 주민들과 조약을 맺음(수 9:1–27)

이스라엘이 여리고와 아이를 정복했다는 소식을 듣고 이스라엘과 싸우기 위하여 남쪽의 부족 국가들 가운데 요단 서쪽 산지와 평지와 레바논 앞 대해 연안에 있는 헷 사람과 아모리 사람과 가나안 사람과 브리스 사람과 히위 사람과 여부스 사람의 모든 왕들이 동맹을 맺었다(수 9:1-2). 그러나 같은 지역에 있었는데도 이 동맹에 가담하지 않은 한 민족이 있었다. 기브온 족속은 자신들의 정체를 숨기고 마치 먼 나라에서 온 것처럼 꾸미고서 이스라엘과 조약을 맺기 위해 왔다(수 9:3-6). 기브온은 예루살렘 북서쪽에 위치해 있는 도시국가인데 물을 공급하는 중요한 지역이었다. 이들이 이스라엘과 화친하기 위하여 온 것은 여호와께서 여리고와 아이에 행한 일을 들었고 애굽에서 행하신 모든 일과 요단 동편에 있는 아모리 사람의 두 왕, 곧 헤스본 왕 시혼과 아스다롯에 있는 바산 왕 옥에게 행하신 모든 일을 들었기 때문이었다(수 9:3, 9-10). 그리고 여호와께서 이 땅의 모든 주민을 멸하라 하신 말씀을 듣고 목숨을 잃을까 두려워하였기 때문이다(수 9:24; 참조, 신 20:16-18). 이스라엘 백성이 기브온 족속과 조약을 맺는 일에 대하여 해설자는 의미심장한 해설했다.

> 무리가 그들의 양식을 취하고 어떻게 할지를 여호와께 묻지 아니하고 여호수아가 곧 그들과 화친하여 그들을 살리리라는 조약을 맺고 회중 족장들이 그들에게 맹세하였더라(수 9:14-15).

그러나 그들과 조약을 맺은 후 사흘이 지나서야 비로소 이들의 정체를 알게 되었다. 기브온은 서남쪽으로 약 8km에 그비라(지금의 Khirbet el-Kefireh)와 예루살렘에서 북서쪽으로 약 13km에 있는 기랏여아림(지금의 Tell el-Azahar), 브에롯(지금의 el-Bireh ?) 등의 도시들이 함께 연합을 이루고 있었다. 이중에 기브온은 이 도시 전체를 이끄는 대표부족이었다. 뿐만 아니라 "왕도와 같은 큰 성임이요 아이보다 크고 그 사람들은 다 강함이라"(수 10:2)라고 했다. 특히 '브에롯'(בְּאֵרוֹת)은 '우물들'이라는 뜻으로 물이 공급되는 지역이었기 때문에 당시에는 중요한 도시국가였다(삼하 4:2; 스 2:25; 느 7:29).

그러면 이 문제를 어떻게 해결할 수 있을까? 그들은 비록 속임수로, 또한 여호와께 묻지 않고 조약을 맺었지만 어기면 하나님의 진노가 임하리라는 것을 알았기 때문에 기브온족을 살려 주었다(수 9:19-21, 23). 특히 이들로 하여금 여호와께서 택하신 곳에서 회중을 위하며 여호와의 제단을 위하여 나무를 패며 물을 긷는 일을 하게 했다(수 9:27). 이 일은 하나님의 집에서 예배하는 일을 돕는 것이다. 그런데 흥미로운 것은 기브온이 저주를 받아 종이 됨으로 노아시대에 노아가 함의 아들 가나안에게 "가나안은 저주를 받아 그의 형제의 종들의 종이 되기를 원하노라"와 "가나안은 셈의 종이 되고"라고 저주한 내용 가운데 일부가 여기서 성취되었다는 것이다(참조. 창 9:25-26). 그리고 기브온 주민들은 이 조약을 맺은 이후에 하나님의 언약의 백성과 함께 살면서 언약적 축복을 누리는 자들이 되었다는 것이다. 이후의 이스라엘의 역사에서 기브온이 변절했다는 기록은 없다. 오히려 하나님의 언약 백성의 일부로 간주한다. 사울이 여호수아 시대에 맺은 이 조약을 무시하고 기브온 족속을 죽였을 때 하나님이 이 행동을 기뻐하지 않으시고 다윗의 통치 기간 중에 기근을 보내셨다(삼하 21:1-2). 이 문제를 해결하기 위하여 다윗은 기브온 사람들로 하여금 사울의 자손 일곱을 죽이도록 허용한 바가 있다(삼하 21:6). 또한 이들은 바벨론 포로 생활에서 돌아온 후 성벽재건에 참여했다(느 7:25). 이것은 여리고의 라합이나 기브온 주민들처럼 비록 언약 밖에 있었던 사람들이라 할지라도 하나님과 그의 말씀을 믿고 순종한다면 언약 백성으로 삼으시고 복을 주신다는 것을 이 보여 준다.

(10) 남부 지역과 북부 지역을 점령함(수 10:1-11:15)

남부 지역과 북부 지역을 점령하는 기사를 자세히 살펴보면 일정한 구조를 발견할 수 있다. 그 구조는 다음과 같다.

구조 1: 남부 지역 점령(기브온 전투)

A 기브온에 남부 지역의 모든 왕들이 모임(수 10:1-5)
B 기브온 전투에 대한 하나님의 약속과 도우심(수 10:6-15)
C 기브온 전투에서 이스라엘의 역할(수 10:16-39)
D 기브온 전투에 대한 신학적 해설(수 10:40-43)

구조 2: 북부 지역 점령(메롬 물가 전투)

A′ 메롬 물가에 북부 지역의 모든 왕들이 모임(수 11:1-5)
B′ 북부 지역 전투에 대한 하나님의 약속과 도우심(수 11:6)
C′ 북부 지역 전투에서 이스라엘의 역할(수 11:7-14)
D′ 북부 지역 전투에 대한 신학적 해설(수 11:15)

이 구조를 보면 하나님이 초자연적으로 하신 일과 이스라엘 백성들의 책임 관계를 잘 설명한다. 이뿐만 아니라 하나님이 남부 지역의 모든 왕들과 북부 지역의 모든 왕들을 한곳에 모이게 하여 점령하게 하시도록 신비롭게 역사를 섭리하셨다는 것을 알 수 있다.

① 기브온에 남부 지역의 모든 왕들이 모임(수 10:1-5)

여호수아가 여리고와 아이를 점령하고 기브온이 화친하여 이스라엘 중에 있다는 소식을 예루살렘 왕 아도니세덱이 듣고 헤브론 왕과 야르뭇 왕과 라기스 왕과 에글론 왕에게 도움을 요청하자 이들 왕들이 자기들의 모든 군대를 거느리고 올라와서 기브온에 대진하고 싸우게 되었다(수 10:1-5). 이 전투가 일어났던 장소가 기브온이기 때문에 지금까지 '기브온 전투'라고 부르지만 이곳에 남부 지역의 왕들이 다 모였다.

② 기브온 전투에 대한 하나님의 약속과 도우심(수 10:6-15)

하나님의 섭리 가운데 남부 지역 다섯 도시의 왕들이 동맹을 이루어 공격하자 위기에 처하게 된 기브온이 길갈에 진을 치고 있었던 여호수아에게 전갈을 보내 "산지에 거주하는 아모리 사람의 왕들이 다 모여 우리를 치나이다"(수 10:6)라고 구원을 요청했다. 여호수아는 비록 기브온에게 속아 조약을 맺었지만 하나님 앞에서 한 약속을 중요하게 생각하여 군대를 이끌고 기브온을 돕기 위하여 길갈에서 올라갔다(수 10:7). 그때 하나님은 여호수아에게 "그들을 두려워하지 말라. 내가 그들을 네 손에 넘겨 주었으니 그들 중에서 한 사람도 너를 당할 자 없으리라"(수 10:8)라고 말씀하셨다. 이스라엘 백성은 기브온을 돕기 위하여 길갈에서 밤새도록 올라갔다. 그리고 갑자기 당도하여 기습공격을 가하고 기브온에서 크게 살육하고 난 뒤에 벧호론에 올라가는 비탈에서 추격하여 아세가와 막게다까지 이르렀다(수 10:9-10). 이러한 지명은 여호수아와 이스라엘의 군대가 남쪽의 중요한 거점도시들을 다 점령했다는 것을 보여 준다. 또한 이 전투에서 하나님은 초자연적인 방법으로 도우셨는데 큰 우박을 내리시고 태양과 달을 멈추게 하셨다(수 10:11-14). 흥미롭게도 이스라엘 자손의 칼에 죽은 자의 수보다 우박에 죽은 자의 수가 더 많았다는 것이다.

그런데 과학적으로 태양이 도는 것이 아니라 지구와 행성들이 태양 주위를 돈다. 그러면 여호수아가 "태양아 너는 기브온 위에 머무르라. 달아 너도 아얄론 골짜기에서 그리할지어다"(수 10:12)라고 한 말을 어떻게 이해해야 할까? 태양이 기브온 위에 머문다는 것은 태양 주위를 돌던 지구가 정지해 있다는 것인데, 태양 주위를 돌던 지구가 갑자기 정지하면 어떤 일이 일어날까? 그래서 이 사건 자체는 과학적으로 설명할 수 없다. 그러나 우리는 이 전투에서 하나님이 하늘의 해와 달의 활동조차 조정하여 남부의 동맹군을 다 물리치기까지 싸우셨다는 것을 알 수 있다(수 10:14). 이 특별한 사건은 성경 외에『야살의 책』에도 기록되었다(수 10:13).

③ 기브온 전투에서 이스라엘의 역할(수 10:16-39)

여호수아서의 저자는 기브온 전투에서 하나님의 역할을 설명한 후에 이스라엘 백성들이 이 전쟁에서 어떤 역할을 하였는지 자세하게 설명한다. 기브온 전쟁에 참전한 다섯 왕들은 전쟁에 패하여 막게다의 굴에 숨었다. 이 사실을 누군가에 의해 전해 듣고 그들이 도망가지 못하도록 입구를 큰 돌로 막고 지키게 하고는 대적들을 쳐서 자기들의 본래 성읍으로 도망가지 못하게 했다. 그리고 여호수아는 동굴 속에 숨었던 왕들을 다 끌어내어 죽여서 나무에 달았다(수 10:22-27). 그리고 립나(수 10:29), 라기스(수 10:31-32), 헤브론(수 10:36), 드빌(수 10:38) 등을 차례로 정복했다.

④ 기브온 전투에 대한 신학적 해설(수 10:40-43)

기브온 전투의 최종적인 결론으로 저자는 이렇게 해설한다.

> 이와 같이 여호수아가 그 온 땅 곧 산지와 네겝과 평지와 경사지와 그 모든 왕을 쳐서 하나도 남기지 아니하고 호흡이 있는 모든 자는 다 진멸하여 바쳤으니 이스라엘의 하나님 여호와께서 명령하신 것과 같았더라. 여호수아가 또 가데스 바네아에서 가사까지와 온 고센 땅을 기브온에 이르기까지 치매 이스라엘의 하나님 여호와께서 이스라엘을 위하여 싸우셨으므로 여호수아가 이 모든 왕들과 그들의 땅을 단번에 빼앗으니라(수 10:40–42).

이 해설에서 차지한 땅에 대해 '산지와 네겝과 평지와 경사지'라고 표현했다. 이것은 이스라엘 지형의 특수성을 담은 말로 남부 지역 전체를 의미한다. 이 전투에 대한 신학적인 해설을 하면서 여호수아의 인도로 땅을 차지하는 일에 대하여 '단번에'(수 10:42), 즉 '단 한 번의 전쟁으로' 남부 지역을 점령했다는 것이다. 이것은 하나님이 남쪽의 모든 지역을 정복하기 위하여 계속 전쟁을 하면 백성이 힘이 들기 때문에 이스라엘이 믿고 순종할 때 단번에 정복하게 하도록 섭리하셨다는 것을 알게 한다.

⑤ 메롬 물가에 북부 지역의 모든 왕들이 모임(수 11:1–5)

하나님은 남부 지역을 점령할 때와 같이 북부 지역 전투에도 세밀하게 섭리하셨다. 그것은 이스라엘이 남부 지역을 점령했다는 소식을 듣고 북부 지역의 대표적인 부족 국가 왕이었던 하솔 왕 야빈(참조. 수 11:10)이 마돈 왕 요밥과 시므론 왕과 악삽 왕과 및 북쪽 산지와 긴네롯(=갈릴리 바다) 남쪽 아라바와 평지와 서쪽 돌의 높은 곳에 있는 왕들과 동쪽과 서쪽의 가나안 사람과 아모리 사람과 헷 사람과 브리스 사람과 산지의 여부스 사람과 미스바 땅 헤르몬산 아래 히위 사람들에게 사람을 보내어, 그들로 하여금 모든 군대를 거느리고 모두 모여 메롬 물가에 함께 진을 치게 한 것이다(수 11:1–5).[10] 이렇게 구체적인 지명을 언급한

10 북부 지역의 대표인 하솔은 현재 갈릴리 호수 북편 상부 요단 계곡에 위치한 텔–엘–케다(Tell–el–Qedah)이다. 악삽은 여호수아 19:25에 보면 아셀 지파의 성읍 목록에 나타나기 때문에 현재의 악코(Acco)의 남동쪽 지점의 텔 키산(Tell Kisan)과 동일시한다. 그리고 지역의 왕의 이름을 밝히지 않은 아라바는 갈릴리 호수와 염해에 이르는 요단강 계곡을 가리키는 말이다. 여호수아 11:2에 나오는 '돌'(Dor)은 갈멜산 남쪽 20km 지점의 키르벳 에레부르(Khirbet el–Burj)와 동일시되고 있다. 13세기 애굽의 라암세스의 비문에도 이 지명이 언급되어 있

것은 이 북부 지역 전투가 역사 가운데 실제 일어난 일임을 보여 주기 위한 것이다. 하솔 왕을 중심으로 연합한 국가들의 지역은 므깃도 북쪽 지역과 갈릴리 호수(긴네렛은 구약의 명칭) 주변과 서쪽 지중해에 이르는 지역임을 알 수 있다.

⑥ 북부 지역 전투에 대한 하나님의 약속과 도우심(수 11:6)

하나님은 남부 지역의 연합군과 전쟁을 할 때와 같이 북부 지역의 연합군과 상대하여 전쟁을 지휘하는 여호수아에게 "그들로 말미암아 두려워하지 말라. 내일 이맘때에 내가 그들을 이스라엘 앞에 넘겨주어 몰살시키리니 너는 그들의 말 뒷발의 힘줄을 끊고 그들의 병거를 불사르라"(수 11:6)라고 하셨다. 남부 지역 전투에서는 우박을 내리시고, 태양과 달의 변화와 같은 초자연적인 능력을 사용하셨다. 북부 전투에서도 구체적으로 설명하지 않지만 하나님의 선하신 도우심이 있었을 것이다.

⑦ 북부 지역 전투에서 이스라엘의 역할(수 11:7–14)

여호수아와 그 군대는 하나님의 약속의 말씀을 믿고 전쟁에 임하여 큰 승리를 거두었다. 저자가 메롬 물가에서 "갑자기 습격할 때에 여호와께서 그들을 이스라엘의 손에 넘겨 주셨기 때문에 그들을 격파하고"(수 11:7–8)라고 설명한 것을 볼 때 현대 전술에서도 중요한 기습을 한 것으로 보인다. 그리고 여호와께서 명령하신 대로 말 뒷발의 힘줄을 끊고 그들의 병거를 불살라 적군의 전력을 없애고 북부 지역 성읍들의 모든 재물과 가축은 이스라엘 자손들이 탈취하고 모든 사람은 칼날로 쳐서 진멸하여 호흡이 있는 자는 하나도 남기지 않았다(수 11:9–11).

⑧ 북부 지역 전투에 대한 신학적 해설(수 11:15)

여호수아서 저자는 남부 지역의 기브온 전투와 같이 북부 지역 전투의 결과를 간략하게 신학적으로 해설한다. 여호와께서 명령하신 것을 모세는 여호수아에게 명령하였고, 여호수아는 그 말씀하신 것을 다 순종했다는 여호수아의 책임적인 부분을 강조하였다(수 11:15). 이것은 하나님이 약속하신 것을 다 이루시되

다. 그리고 전쟁이 있었던 메롬 물가는 성경 가운데는 이곳에만 언급되어 있다. 주전 1500년대의 애굽의 기록에도 팔레스타인의 지명으로 메롬이 나타나 있다(Aharoni 1979, 206).

특히 그 명령을 받은 모세와 여호수아의 믿음과 순종을 통하여 이루셨다는 것에 강조점을 두고 해설한 것이다.

그런데 이스라엘 백성들이 이 방대한 북부 지역을 점령하려면 많은 시간과 물자가 소요될 것이다. 그러나 하나님은 남부 지역을 점령할 때와 같이 북부 지역도 한 곳, 곧 메롬 물가에 다 집결시켜 한 전투로 전체적인 승리를 주시기 위하여 섭리해 주셨다. 이 점에 대하여 전쟁의 결과를 해설자가 "그들의 마음이 완악하여 이스라엘을 대적하여 싸우러 온 것은 여호와께서 그리하게 하신 것이라. 그들을 진멸하여 바치게 하여 은혜를 입지 못하게 하시고 여호와께서 모세에게 명령하신 대로 그들을 멸하려 하심이었더라"(수 11:20)라고 하는 말씀에서 잘 볼 수 있다.

(11) 정복에 대한 요약과 정복한 땅의 개요(수 11:16-12:24)

저자는 정복 이야기를 마치면서 팔레스틴의 지형적인 특성들과 위치를 중심으로 "산지와 온 네겝과 고센 온 땅과 평지와 아라바와 이스라엘 산지와 평지를 점령하였으니 곧 세일로 올라가는 할락산에서부터 헤르몬산 아래 레바논 골짜기의 바알갓까지"(수 11:16-17)라고 요약했다. 산지는 유다의 산지를 말하며, 네겝은 유다 산지 남쪽의 광야 지역을, 평지(세펠라)는 산지의 서쪽 구릉지대인 해발 100-500m되는 지형을 말하고, 아라바는 갈릴리 바다에서 염해에 이르는 요단강 동쪽 지역을 말한다.

이 땅을 차지한 일을 요약하고 평가한 내용을 보아 여호와 하나님의 섭리와 이미 모세에게 말씀하신 대로 행하셨음을 보여 준다. 특히 그들의 마음이 완악하여 이스라엘을 대적하여 싸우러 온 것은 여호와께서 그리하게 하신 것이다(수 11:20). 하나님이 행위의 주체라고 해서 그들의 죄가 없는 것은 아니다(출 4:21; 7:13; 롬 1:24-28; 9:17-18). 그리고 그들을 진멸하여 바친 것을 여호와께서 모세에게 명령하신 대로 행한 것이라고 했다. 이로 볼 때 가나안을 진멸하는 것은 하나님의 계획 속에 있었다는 것을 보여 준다. 이 땅은 하나님이 노아를 통하여 저주하신 땅이고, 죄악이 가득한 도시였다(창 9:25; 15:16; 레 18:27; 신 18:9). 이들이 심판을 받아야 할 이유를 여러 죄악상들 가운데 우상숭배와 성적인 부도덕 때문이라고 하셨다(레 18:1-30). 그러나 아쉽게도 "이스라엘 자손의 땅에는 아낙 사람들이 하나도 남지 아니하였고 가사와 가드와 아스돗에만 남았더라"(수 11:22)라고 하므로 이스라엘 역사에서 이들이 어떤 변수로 작용할는지 궁금하게 한다.

저자는 정복 이야기를 마치면서 정복한 땅의 이름을 설명한다. 이 내용이 단순히 지명이나 왕의 이름을 나열한 것처럼 보이지만 일정한 논리적 순서가 있다.

- 요단강 동쪽의 정복된 왕들의 이름(수 12:1-6)
- 요단강 서쪽의 정복된 왕들의 이름(수 12:7-24)

그러나 이때 정복한 땅에서 주전 586년에 바벨론에 의해 포로로 끌려가게 되고, 그 뒤의 역사 역시 평탄하지 않다. 이 땅이 중요하기는 하지만 가나안 땅을 얻는 것 자체가 목적이 아니라 완전한 하나님 나라를 얻는 것이다. 이것은 이 땅에 대하여 처음 약속을 받은 아브라함 역시 완전한 하나님 나라를 바라보았다는 데서 잘 알 수 있다(히 11:13-16). 그런데도 땅을 차지한다는 것은 하나님 나라의 현재적인 복을 누리는 일이었고, 동시에 완전한 나라에 대한 약속을 바라보는 일이기 때문에 중요하다.

2. 분배(수 13:1-21:45)

분배 이야기는 재미없을 수도 있지만 매우 중요하다. 특히 정복 과정에서 차지한 땅을 각 지파와 개인이 어떻게 차지하는지 보여 주기 때문이다. 그리고 이 분배 이야기를 기록한 분량을 볼 때도 이 부분이 중요함을 보여 준다.

내용 분해

(1) 남은 땅과 그 땅을 차지하는 방법(수 13:1-7)
(2) 요단 동편 땅의 분배(수 13:8-33)
(3) 요단 서편 땅의 분배(수 14:1-5)
(4) 갈렙의 요구(수 14:6-15)

(5) 유다 지파의 기업(수 15:1-63)

(6) 요셉 자손의 기업(수 16:1-17:18)

(7) 나머지 지파의 기업(수 18:1-19:48)

(8) 도피성: 생명보호를 위한 사회적 안전장치(수 20:1-9)

(9) 레위 지파의 기업(수 21:1-42)

(10) 분배 이야기 결론(수 21:43-45)

내용 해설

(1) 남은 땅과 그 땅을 차지하는 방법(수 13:1-7)

여호수아가 나이가 많아 늙었을 때 여호와께서 "너는 나이가 많아 늙었고 얻을 땅이 매우 많이 남아 있도다"(수 13:1)라고 하시며 남은 땅의 명단을 하나하나 말씀해 주셨다. 그 땅을 살펴보면 세 지역으로 구분할 수 있다.

- 그술 지역과 남쪽의 블레셋 다섯 연방인 가사, 아스돗, 아스글론, 가드, 에그론과 그들의 동맹국인 남쪽 아위 사람의 땅(참조. 신 2:13)[11]
- 베니게 해안 지역인 므아라, 아벡
- 레바논 북쪽 산악 지역인 바알갓과 하맛, 미스르봇마임(수 13:2-6a).

여호와께서는 그들을 이스라엘 자손 앞에서 쫓아내리니 그 땅을 각 지파에게 분배하여 기업이 되게 하라고 하셨다(수 13:6b-7). 이 말씀은 아직 정복해야 할 땅이 남아 있지만 하나님이 반드시 주실 것을 믿고 순종하면 차지한다는 것이다. 바로 이 점이 분배 이야기의 특징적인 부분이다. 하나님의 약속대로 땅을 기업으로 차지하여 복과 은혜를 누리는 방법은 각 지파와 개인의 믿음과 순종이다.

11 남쪽의 블레셋 다섯 연방은 원래 갑돌(Caphtor)에서 이주한 민족이다(렘 47:4; 암 9:7).

(2) 요단 동편 땅의 분배(수 13:8-33)

요단 동편의 땅을 분배하는 내용은 이미 모세가 죽기 전에 르우벤과 갓과 므낫세 반 지파에게 기업으로 준 바가 있다(참조. 민 32:33-42; 신 3:12-17). 그래서 이 부분은 과거의 역사를 다시 회고하는 방식으로 기록하고 있다. 이 내용을 자세히 분석해 보면 눈에 그려질 뿐만 아니라 일정한 규칙을 가지고 있다는 것을 알 수 있다.

- 요단 동편 땅 전체의 지리적 묘사(수 13:8-13)
- 르우벤 지파가 분배받은 땅(수 13:15-23)
- 갓 지파가 분배받은 땅(수 13:24-28)
- 므낫세 반 지파가 분배받은 땅(수 13:29-31)

땅의 위치를 볼 때 저자는 남쪽에서 북쪽으로 열거하며 설명한다는 것을 알 수 있다.

(3) 요단 서편 땅의 분배 방법(수 14:1-5)

여호수아 14장부터는 요단 서편의 땅을 유다 지파를 비롯하여 아홉 지파와 므낫세 반 지파(9+1/2)에게 분배하는 내용을 담고 있다. 땅을 분배할 때 제사장 엘르아살과 눈의 아들 여호수아와 이스라엘 지파의 족장들이 함께 분배하되, 여호와께서 모세에게 명하신 대로 그들의 기업을 아홉 지파와 반 지파에게 주었다(수 14:1-5). 여호와께서 명하신 방법은 민수기 26:52-56에 기록되어 있다. 구약 시대에 제비를 뽑는 일은 하나님의 뜻을 찾는 방법 가운데 하나였을 뿐만 아니라 공평하게 일을 처리하기 위한 방법이었다.

이스라엘 백성이 기업을 차지한 방법은 가나안에 살던 모든 부족을 점령하고 난 뒤 제비뽑아 땅을 분배하는 방식이었다. 그리고 각 지파는 분배받은 땅에 남아 있는 부족들을 정복하여 차지하는 방식이었다. 이것은 전체적으로 전쟁에는 승리하였지만 그 승리를 누리기 위해서는 세부적인 전투를 치러야 한다는 것이다. 하나님의 약속은 무조건적 성격을 가지고 있지만 그 약속을 누리는 부분은 조건적 성격을 가지고 있다. 조건적 성격이라는 것은 믿고 순종해야 할 사람의 책임적인 부분이다. 이 점이 분배 이야기의 특성이다.

(4) 갈렙의 요구(수 14:6–15)

갈렙을 소개할 때 거의 항상 따라붙는 가문에 대한 소개가 있다. 여호수아 14:6에 보면 "그니스 사람 여분네의 아들 갈렙"이라고 소개한다. '그니스 사람'(קְנִזִּי)이라는 말은 히브리어로 그니스 족속이라는 뜻이다. 그니스 족속은 가나안족 가운데 한 민족이다. 하나님이 아브라함에게 주기로 하신 땅 가운데 '그니스 족속'이 있다(창 15:19). 갈렙은 원래 멸망받아야 할 그니스 족속이었으나 개종하여 언약 백성이 되었고, 그것도 유다 지파의 지도적인 위치에 서게 되었는지 성경은 설명하지 않는다. 그러나 갈렙은 그의 신분의 약점을 극복하고 열두 명의 정탐꾼 가운데 한 사람이 되었고, 애굽에서 나온 사람들 가운데 여호수아와 함께 두 사람만 살아서 가나안에 들어갔다. 구약 시대에 이방 민족이었던 갈렙이 언약 백성이 될 수 있었다면 하물며 신약 시대에 혈통이나 신분과 관계없이 누구든지 예수님을 그리스도로 믿으면 하나님의 자녀가 되는 것은 더 가능하지 않겠는가?

기업을 분배할 때 갈렙이 여호수아에게 나아와 과거의 역사를 추억하면서 45년 전 가데스 바네아에서 있었던 한 사건을 상기시키면서 "그날에 여호와께서 말씀하신 이 산지를 지금 내게 주소서"(수 14:12; 참조. 민 14:24; 신 1:36)라고 요구했다. 당시 갈렙의 나이는 85세였지만 그의 믿음과 열망대로 유대의 역사 가운데 아주 중요한 헤브론을 기업으로 얻었다. 저자는 그 이유를 그가 이스라엘의 하나님 여호와를 온전히 좇았기 때문이라고 설명했다(수 14:13–15).

이스라엘의 역사를 보면 불행히도 갈렙을 제외한 나머지 지파는 여호와께서 약속하신 기업을 완전히 차지하진 못했다. 유다 지파가 기업으로 받은 땅은 에그론과 아스돗과 가사와 애굽 시내와 지중해까지였다(수 15:44–47). 갈렙이 속한 유다 지파의 다른 사람들은 "골짜기의 주민들은 철 병거가 있으므로 그들을 쫓아내지 못하였으며"(삿 1:19)라고 했다. 여기서 '골짜기'는 히브리어로 '에이멕'(עֵמֶק)인데 낮은 지역을 의미하는 것으로 이스라엘의 지형에서는 평원을 말한다. 평원이 되어야 철 병거가 무기로서 효과적인 힘을 발휘할 수 있기 때문이다. 그러므로 갈렙의 경우에서 보는 것처럼 약속을 소유하고 누리려면 반드시 믿음과 순종으로 응답해야 한다. 이것은 사람의 책임적인 부분이다.

(5) 유다 지파의 기업(수 15:1-63)

여호수아 15장을 읽다 보면 다소 지루한 느낌을 받을 수 있다. 그러나 매튜 헨리(Henry 1996, 71)는 "우리는 딱딱한 이름들이 나열되고 있는 이 장들을 중요하지 않은 무익한 것으로 보고 건너뛰어서는 안 된다. 하나님이 입으로 말씀하시고 손으로 기록하실 때 우리는 귀로 들어야 하며 입으로 읽어야 한다"라고 했다. 15장의 내용을 자세히 보면 일정한 구조를 가지고 있다.

- 유다 지파의 기업의 경계(수 15:1-12)
- 갈렙이 헤브론과 드빌을 얻는 과정(수 15:13-19)
- 기업으로 얻은 유다 성읍(수 15:20-62)
- 차지하지 못한 기업(수 15:63)

유다 지파가 분배받은 땅의 경계를 남쪽(수 15:1b-4), 동쪽(수 15:5a), 북쪽(수 15:5b-11), 서쪽(수 15:12) 순으로 기술한다. 그런데 이 땅을 분배할 때 갈렙은 여호수아에게 요구하여 이미 여호수아 14:6-15에서 차지한 헤브론과 드빌을 어떻게 차지하였는지를 세부적으로 설명한다(수 15:13-19). 특히 여기서 갈렙이 거인족 아낙의 세 아들 세새와 아히만과 달매를 어떻게 쫓아내었는지를 설명한다. 그리고 갈렙의 아우인 그나스의 아들 옷니엘(수 15:17; 삿 3:9)이 드빌(Debir)을 차지하는 내용과 갈렙의 딸 악사(Acsah)를 얻는 내용을 추가한다. 역사적으로 볼 때 어려운 전쟁에서 보상을 제시하는 것은 종종 있었다. 예를 들어, 사울이 골리앗을 죽이는 자에게 많은 재물과 딸을 주고 세금 면제를 약속한 바가 있다(삼상 17:25). 여기서 갈렙의 딸 악사를 보상으로 제시한 것은 이 성을 차지하는 일이 그만큼 어려웠다는 것을 뜻한다. 갈렙의 딸 악사는 당시 여러 남성들이 얻기를 원하는 매력을 가지고 있었을 것이다. 단순히 유력한 가문인 갈렙의 딸이라는 것만은 아니었을 것이다. 갈렙이 자기 딸을 보상으로 제시한 것은 누구든지 하나님의 선물을 차지하고자 하는 열망을 가지고 있다면 용감하고 책임 있게 행동하는 자가 차지할 수 있음을 보여 주기 위함이다. 하나님의 약속은 저절로 성취되는 것이 아니라 희생을 무릅쓰고라도 책임 있게 행동하는 자에게 성취된다.

이뿐만 아니라 갈렙의 딸 악사는 출가할 때 밭과 물을 요구했다. 옷니엘이 정복한 드빌은 헤브론 아래에 있는 성읍이고 그 아래가 네겝(Negeb) 지역이기 때문에 물이 중요했다. 이러한 악사의 요구에 갈렙은 윗샘과 아랫샘을 주었다(수 15:19). 이것은 하나님이 주신 기업을 사모하는 자에게 풍성히 주신다는 것을 알게 한다.

유다 지파에게 준 땅의 경계가 오늘 우리에게 의미하는 바는 무엇일까? 데이비스(1999, 53)는 "모든 경계지점 표시는 흥분으로 가슴을 두근거리게 만드는 것이다. 하나님의 선물에 관한 상세한 묘사는 절대로 지루할 수가 없는 법이다"라고 말했다. 만약에 오늘날 하나님이 한국에서 가장 값비싼 땅 가운데 하나인 서울 명동의 어떤 땅이 여러분의 땅이라고 하신다면 얼마나 흥분되고 놀라운 일이겠는가? 사실 하나님이 가나안 전쟁을 통하여 이 땅을 유다 지파의 명의로 먼저 등기해 주시고, 그다음은 차지하라는 의미이기 때문에 흥분될 수밖에 없었을 것이다.

(6) 요셉 자손의 기업(수 16:1–17:18)

요셉 자손은 요셉의 두 아들 에브라임과 므낫세 지파를 말한다.[12] 이들이 받은 땅은 다음과 같다.

- 요셉 자손이 받은 땅의 경계(수 16:1–4)
- 에브라임 지파가 받은 땅의 경계(수 16:5–9)

12 이스라엘 열두 지파는 야곱의 열두 아들에서 나왔다. 요셉은 장자가 아니라 할지라도 장자의 명분을 받아 그의 두 아들 므낫세와 에브라임 지파가 차지했다(대상 5:1–2). 땅과 관련하여 레위 지파는 기업으로 받지 않고, 에브라임과 므낫세가 땅을 기업으로 받았다.

- 에브라임 지파가 차지하지 못한 게셀(수 16:10)
- 므낫세 지파가 받은 땅의 경계(수 17:1–11)
- 므낫세 지파가 차지하지 못한 땅(수 17:12–13)
- 요셉 지파의 요구 사항(수 17:14–18)

이 중에 우리가 주목해 보아야 할 많은 부분이 있지만 이 두 지파의 경계 지역을 설명하는 부분(수 16:1–4)과 여성들도 기업을 차지할 수 있는 부분(수 17:3–6)과 하나님의 말씀을 온전히 순종하지 못하므로 차지하지 못했던 지역(수 16:10; 17:12–13), 그리고 요셉 자손의 요구(수 17:14–18)에 대한 설명은 주의해서 볼 필요가 있다. 1차 독자들인 유대인들은 이 지역에 대한 묘사를 들을 때 생생하게, 마치 오늘날 서울, 부산, 대전, 천안 등이 영상으로 그려지듯이 이해했을 것이다. 그리고 요셉 지파 가운데 슬로브핫이라는 사람에게는 아들이 없고 딸들만 있었지만 딸들에게도 기업을 차지할 수 있게 했다. 이것은 하나님의 기업은 남녀의 성차별이 없다는 것이다(수 17:3–6). 딸들도 기업을 얻을 수 있다는 것은 민수기 36:1–12에 근거해 있다. 신약 시대에 구원을 받아 의롭다 함을 얻는 문제에 대하여 바울은 유대인이나 헬라인이라는 민족과 종이나 자유인이라는 신분과 남자나 여자와 같은 성별의 차이가 없다고 했다(갈 3:26–29).

그러나 민수기에는 딸들도 기업을 차지할 수 있지만 한 가지 조건이 있었다. 그 조건은 그 지파 사람들에게만 시집을 가야 했다. 이 조건을 단 이유는 만약에 땅을 기업으로 받은 딸이 시집을 가면 유산으로 받은 땅을 가지고 갈 수밖에 없기 때문에 그 지파의 땅이 줄어들기 때문이다(민 36:2–4). 당시 각 지파는 땅을 중요하게 생각했다. 당시 이러한 조건을 단 것은 사람들이 가지고 있는 소유 정도에 따라 신분의 차별을 받지 않도록 하려는 하나님의 은혜요 사회적 안전장치라고 할 수 있다.

그런데 땅을 분배하는 과정에서 요셉 자손이 기업으로 받은 땅을 지도에 하나씩 표시해 보면 당시 열두 지파가 차지한 땅 가운데 가장 넓은 지역이며 지형학적으로나 전략적으로나 경작지로 볼 때 아주 좋은 땅을 차지했다는 것을 알 수 있다. 예를 들면, 요단 서편의 지중해 변에 있는 도르, 므깃도, 길갈, 벧스안, 이스르엘 등과 요단 동편의 땅 골란과 바산, 길르앗은 므낫세 지파가 받았고, 여리고, 실로, 벧엘 등의 땅은 에브라임 지파가 받았다. 그런데도 이들이 여호수아에게 찾아와서 자신들은 큰 민족인데 차지한 땅이 너무 적다고 불평했다. 그러나 이 불평의 원인은 다른 데 있었다. 그 원인은 첫째, 제비뽑기로 좋은 땅을 차지했지만 실제로 그곳에는 가나안 족속 가운데 강력한 브리스 사람과 르바임 사람들이 차지하고 있었기 때문이다. 여기서 말하는 르바임 족속은 거인족으로 대표적인 사람이 바산의 왕 옥(Og)이다. 그의 침대는 철로 되어 있고, 길이가 아홉 규빗(405cm), 너비가 네 규빗(180cm)이었다(신 3:11; 수 12:4; 13:12). 둘째, 벧스안과 이스르엘 평야에 사는 사람들은 철 병거가 있다는 것이 그들에게 부담으로 작용하였기 때문이다. 그러므로 요셉 자손이 여호수아에게 나아온 것은 하나님의 말씀을 믿고 순종하기보다는 외적으로 개간해야 할 삼림지대가 많았고, 또한 벧스안이나 이스르엘 평원지대에 철 병거를 가진 민족이 있어 현실적인 어려움만 보고 믿음으로 순종하기를 기피하였기 때문이다.

여호수아는 요셉 지파가 요구한 일에 대하여 소위 혈연에 끌리지 않았다. 그리고 제비를 뽑아 땅을 분배하는 기본 원칙을 무시하지도 않았다. 그는 지도자로서 에브라임과 므낫세가 가지고 있는 자원 자체가 빈약한 것이 아니라는 것을 상기시키면서 '스스로 개척하라'고 하였다(수 17:17-18). 불행히도 이후의 역사를 보면 에브라임 지파와 므낫세 지파는 여호수아의 권고를 이행하지 못하므로 이스라엘에서 가장 좋은 땅에 속하는 벧스안과 이스르엘 평원을 완전히 차지하지 못했다(삿 1:27-28).

(7) 나머지 지파의 기업(수 18:1-19:48)

이스라엘 가운데 일곱 지파는 기업을 차지하지 못했다(수 18:1-2). 그들에게는 심각한 문제가 있었던 것처럼 보인다. 왜냐하면 땅을 정복하고 일정기간이 지났는데도 여전히 땅을 차지하지 못하고 있었기 때문이다. 이스라엘 회중이 실로에 모여서 회막을 세웠다는 것은 땅을 정복하고 정치사회적으로 안정이 되었다는 것을 의미한다(레 26:11-12; 신 12:14). 그러면 일곱 지파가 땅을 분배받지 못한 이유는 무엇인가? 그것은 여호수아가 "너희가 너희 조상의 하나님 여호와께서 너희에게 주신 땅을 점령하러 가기를 어느 때까지 지체하겠느냐"(수 18:3)라고 질책한 말에서 알 수 있듯이 약속의 땅을 차지하는 일에 나태했다는 것이다. 나태함은 하나님의 약속을 누리는 일에 무서운 질병이다. 이들은 여호수아의 권고를 받아들인 후에 기업으로 받은 땅을 차지했다. 그 차지한 땅에 대해 베냐민(수 18:11-28), 시므온(수 19:1-9), 스불론(수 19:10-16), 잇사갈(수 19:17-23), 아셀(수 19:24-31), 납달리(수 19:32-39), 단(수 19:40-48) 지파 순으로 기록하고 있다. 오늘날 그리스도 안에서 받은 약속들과 그 약속을 누리는 문제는 다르다. 약속을 받는 것은 무조건적 하나님의 은혜이지만 그 약속에 들어 있는 은혜를 누리는 것은 조건적 성격의 믿음과 순종이 따라야 한다.

(8) 도피성: 생명보호를 위한 사회적 안전장치(수 20:1-9)

여호와께서 각 지파에 가나안 땅을 분배한 후에 모세에게 말씀하신 대로 도피성을 정하라고 하셨다(수 20:1-2). 도피성은 미워함이 없이 부지중에 실수로 그 이웃을 죽인 경우, 곧 단순히 사고로 사람을 죽인 경우에 피할 수 있는 곳이다(수 20:3-6; 참조. 출 21:12-14; 민 35:1-34; 신 4:41-43, 19:1-13). 도피성을 정한 의도는 합법적인 재판절차 없이 사람을 죽이거나, 또한 무의도적인 행동이나 사고로 사람을 죽인 경우에 억울하게 죽임을 당하지 않게 하려는 것이다(수 20:6, 9). 그러나 원한을 품었거나 의도적이고 계획적으로 사람을 죽인 경우는 도피성에 들어간다고 할지라도 죽여야 한다(민 35:16-21). 그래서 도피성 제도는 의도성이 없이 실수나 사고로 사람을 죽인 경우 하나님이 자신의 백성들이 약속의 땅에서 억울하게 죽임을 당하는 일이 없고 안전하게 살게 하시려는 사회적 안전장치이다.

도피성으로 납달리의 산지 갈릴리 게데스와 에브라임 산지의 세겜과 유다 산지의 기럇 아르바 곧 헤브론, 여리고 동쪽 요단 저쪽 르우벤 지파 중에서 베셀과 갓 지파 중에서 길르앗 라못과 므낫세 지파 중에서 바산 골란 등을 선정했다(수 20:7-8). 이 지명들은 모두 잘 알려진 전략적 요충지에 위치해 있고, 요단 동쪽에 세 군데, 요단 서쪽에 세 군데가 있다. 이 성의 위치를 보면 도피성을 찾는 자들이 쉽게 찾아 피할 수 있는 곳에 위치해 있다. 그런데 이 도피성으로 피할 수 있는 사람을 "이스라엘 모든 자손과 그들 중에 거류하는 거류민"(수 20:9)이라고 한 것은 하나님이 하나님의 형상으로 지음을 받은 사람을 하나님의 백성만이 아니라 함께 거하는 사람들의 생명까지 중시함을 보여 준다. 여기서 살인자가 '재판을 받을 때까지'는 정당한 재판을 받을 때까지 생명을 보호해야 한다는 것이다. 그리고 '그 당시 대제사장이 죽기까지'라고 한정한 것은 대제사장의 죽음이 사람을 죽인 죄를 구속한 것으로 보기 때문이다(Allen & Barker 2002, 240).

우리는 도피성을 그리스도를 예표하는 것으로 보아서는 안 된다. 만약에 도피성이 그리스도를 예표한다고 한다면 성경에 도피성의 어떤 면이 그리스도의 인격과 사역을 설명하는지 보여 주는 부분이 있어야 한다. 그러나 성경 어디에도 도피성이 그리스도를 예표한다는 검사할 기준점(check point)이 없다. 도피성을 오늘날 교회와 성도에게 어떻게 적용할 수 있을까? 그것은 자신의 의도와는 상관없이 사고나 질병이나 부조리한 사회현실로 말미암아 고통받는 자들이 누구든지 쉽게 찾아와 삶을 재기할 수 있도록 교회와 성도가 도피성이 되어야 한다는 것이다.

(9) 레위 지파의 기업(수 21:1-42)

레위 사람의 족장들은 다른 지파들과 같이 여호와 하나님이 말씀하신 명령에 근거하여 기업을 요구했다(수 21:1-3). 레위 사람의 기업에 대하여 여호와께서 모세에게 말씀하신 규정을 보면 도피성 여섯을 포함하여 모두 48개의 성읍을 주게 했다. 그리고 성을 중심으로 동서남북으로 각각 2,000규빗(900m)의 거리에 있는 들을 주어 목초지를 삼게 하셨다(민 35:1-8). 레위 자손에게 제비를 뽑아 준 성읍들을 살펴보면 일정한 논리 구조가 있음을 발견할 수 있다.

- 그핫과 게르손과 므라리 자손이 받은 전체 48개의 성읍(수 21:4-7)
- 그핫 자손에게 준 23개 성읍의 기업(수 21:8-26)
- 게르손 자손에게 준 13개 성읍의 기업(수 21:27-33)
- 므라리 자손에게 준 12개 성읍의 기업(수 21:34-40)
- 요약(수 21:41-42)

레위 지파에게는 땅을 별도로 분배해 주지 않았는데 그 이유를 설명하기를

"이스라엘의 하나님 여호와께 드리는 화제물이 그들의 기업이 되었음이더라"(수 13:14)라든지, "이스라엘의 하나님 여호와께서 그들의 기업이 되심이었더라"(수 13:33)라고 했다. 이 두 표현은 동일한 의미이다. 여호와께서 레위 지파를 구별하여 이렇게 말씀하신 목적은 여호와의 언약궤를 메며 여호와 앞에 서서 그를 섬기며 또 여호와의 이름으로 축복하는 일을 하도록 하신 것이다(신 10:8). 이 일은 이스라엘 백성이 언약의 백성으로 거룩한 삶을 살게 하려는 제도적 장치이다. 도피성 제도가 사회적 안전장치라면 하나님이 레위 자손에게 각 지파에서 모두 48개의 성읍을 주신 것은 종교적 안전장치다. 왜냐하면 이 제도는 레위인들로 하여금 제사를 수행하고, 백성을 위하여 축복하고, 가르치며, 기도하는 일에 전념하여 백성을 하나님의 은혜 가운데 살게 하려는 목적으로 주셨기 때문이다.

구속사적으로 레위 지파에 기업을 주지 않고 여호와께서 기업이 되신다는 이 전통은 오늘날까지 이어져 왔다. 오늘날 교회를 섬기는 성직자들은 성도들을 말씀으로 가르치고, 그들을 위하여 중보 기도하며 축복하는 일을 해야 한다. 이것이 성도들의 삶을 풍성하게 만들고 또한 하나님의 복음을 전하여 하나님 나라를 건설해 갈 수 있도록 세우신 은혜의 장치이기 때문이다. 이러한 이유에서 오늘날 교회는 성직자들이 당시 레위 지파를 위하여 그들이 받은 기업을 내어 놓았듯이 성도들을 위하여 기도하며 복음을 전파하여 하나님 나라를 건설해 가는 목회사역에 전념할 수 있도록 도와야 한다. 그리고 목회자는 이 직무에 성실하게 봉사해야 한다. 성도들과 교회와 국가의 아름다운 미래가 이 일과 연관되어 있기 때문이다.

(10) 분배 이야기 결론(수 21:43-45)

여호수아 13장부터 시작된 분배 이야기를 결론지으면서 "여호와께서 이스라엘의 조상들에게 맹세하사 주리라 하신 온 땅을 이와 같이 다 주셨으므로"(수 21:43), "여호와께서……그 조상들에게 맹세하신 대로 하셨으므로"(수 21:44), "여호와께서 이스라엘 족속에게 말씀하신 선한 말씀이 하나도 남음이 없이 다 응하였더라"(수 21:45)라고 이 짧은 문장에서 세 번이나 반복하여 기록하고 있다. 이것은 하나님이 주도적으로 약속을 이루셨다는 사실을 강조한다.

3. 약속의 땅에서 복을 누리며 사는 방법(수 22:1-24:33)

여호수아서의 세 번째 부분에서는 아브라함과 이삭과 야곱에게 약속하셨던 가나안에서 복을 누리며 사는 방법이 무엇인지를 보여 준다.

내용 분해

(1) 요단 동쪽 지파에게 주시는 권면(수 22:1–6)
(2) 요단 동쪽 지파의 제단 사건(수 22:7–34)
(3) 여호수아의 권면(수 23:1–16)
(4) 세겜 언약(수 24:1–28)
(5) 여호수아와 엘르아살의 죽음(수 24:29–33)

내용 해설

(1) 요단 동쪽 지파에게 주시는 권면(수 22:1–6)

여호수아는 요단 동쪽 지파인 르우벤 사람과 갓 사람과 므낫세 반 지파 사람을 불러서 여호와의 종 모세가 명령한 것을 다 지켰다고 하면서, 그 일은 곧 여호와께서 명령하신 책임을 지킨 것이라고 칭찬했다(수 22:1–3). 일전에 요단 동쪽을 점령하고 난 뒤에 이들이 요단을 건너가지 않으려고 하자 모세가 그 일이 이스라엘 공동체를 낙심하게 하는 일이라며 책망한 바가 있다(민 32:9). 그때 이들이 스스로 무장하고 선봉에 설 것이라고 하자 모세가 그 명령을 지키도록 명령한 바가 있다(민 32:17, 20–24). 실제로 이들은 무장하고 선봉에 섰다(수 4:12). 여호수아는 이 일을 기억하고 칭찬하며 "여호와의 종 모세가 너희에게 명령한 명령과 율법을 반드시 행하여 너희의 하나님 여호와를 사랑하고 그의 모든 길로 행하며 그의 계명을 지켜 그에게 친근히 하고 너희의 마음을 다하며 성품을 다하여 그를 섬길지니라"(수 22:5)라고 권면했다. 그 땅에서 하나님의 언약 백성으로 아브라하므로부터 받은 복을 누릴 뿐만 아니라 복의 통로로써 기능하려면 하나님의 법을 지켜야 하기 때문이다. 그리고 여호수아가 요단 동쪽의 지파에게 이 말을 한 것은 이들의 안전과 미래는 여호와를 사랑하고 그 계명을 지키는 일에 달려 있었기 때문이다.

(2) 요단 동쪽 지파의 제단 사건(수 22:7-34)

여호수아가 요단 동쪽의 사람들을 돌려보내며 축복하고 많은 재산과 은과 금과 의복을 가지고 형제들과 나누라고 하자 그들은 그들이 기업으로 받은 길르앗으로 돌아갔다(수 22:7-9). 그런데 그들은 요단강 언덕 가에 도착하여 큰 제단을 쌓았다(수 22:10). 이스라엘 자손이 이 소식을 듣고 실로에 모여 그들과 싸우러 가려고 했다(수 22:11-12). 제단을 쌓은 일이 왜 이토록 민감한 문제로 발전하였을까? 그것은 이 일이 혹시라도 여호와 하나님을 섬기는 일에 큰 문제를 야기하는 것으로 보았기 때문이다. 이 문제를 대제사장 엘르아살의 아들 비느하스와 각 지파에서 뽑힌 지도자들에게 살피게 했다(수 22:13-14). 이들이 길르앗에 도착하여 요단에 한 제단을 쌓은 일을 가리켜 싯딤에서 바알 브올의 제단에 제사를 드린 사건과 아간이 여리고 성을 정복할 때 자신의 안일을 위하여 금과 은 그리고 시날 산 외투를 훔친 일로 말미암아 이스라엘 백성 전체에 큰 전염병과 아이 성 전투에서 패배한 일과 연관지어 설명했다. 이렇게 설명한 것은 이 문제가 전체 이스라엘 공동체의 안위와 직결된 문제로 보았기 때문이다(수 22:16-20).

이러한 지적에 대하여 요단 동쪽 지파는 만일 여호와를 거역함이거나 범죄함이거든 주께서는 오늘 구원하지 마시고, 만약에 제단을 쌓은 것이 돌이켜 여호와를 따르지 아니하려 함이거나 번제나 소제를 드리려 함이거든 벌해 달라면서 해명했다(수 22:21-23). 그러면서 이 제단을 쌓은 실제적인 목적을 설명하기를 당시 요단강을 경계로 하여 요단 동편 지파와 서편 지파가 서로 나뉘어 있지만 요단 동쪽과 서쪽 사이에 증거가 되어 요단 서쪽 사람들이 "너희는 여호와께 받을 분깃이 없다" 하지 못하게 하려는 것이라고 했다(수 22:27). 그리고 번제나 소제나 다른 제사를 위하여 우리 하나님 여호와의 성막 앞에 있는 제단 외에 제단을 쌓음으로 여호와를 거역하는 일을 절대로 하지 않을 것이라고 설명했다(수 22:29). 설명을 들은 비느하스와 온 회중의 지도자들은 그 말을 좋게 여기고 돌아가 보고 들은 대로 보고했다(수 22:34). 그리고 르우벤 자손과 갓 자손은 그 제단을 '엣'(עֵד)이라 하였는데, "여호와께서 하나님이 되시는 증거"라고 했다(수 22:34).

이 사건을 통하여 이스라엘의 안녕과 미래는 여호와께서 명하신 방법대로 제사를 드리고, 그 언약의 말씀대로 순종하는 것이라는 것을 가르쳐 주셨다. 그러나 오늘날 여호와를 알고 섬기는 일에 도움이 되는 기념물은 없다. 우리는 오직 성경과 그리스도께서 제정해 주신 성만찬을 중요하게 생각하고 지켜야 한다. 왜냐하면 이것이 오늘날 주의 은혜와 행하신 큰 일을 생각나게 하는 기념이기 때문이다(웨스트민스터 신앙고백서 1장 "성경" 1항; 29장 "성찬" 7항).

(3) 여호수아의 권면(수 23:1–16)

여호수아 23장은 땅을 다 정복하고 난 뒤에 그 땅에서 약속된 축복을 누리는 방법을 권면하는 내용이다. 이러한 관점과 위치에서 볼 때 이스라엘의 아름다운 미래와 평화와 은혜와 축복을 누리는 문제가 어디에 있는지 한눈에 보여 준다. 그것은 하나님과 맺은 언약의 말씀을 믿고 순종하는 것이다. 이때가 언제인지 정확한 연대를 산출하는 것은 어렵다. 여호수아는 110세에 죽었다(수 24:29). 이때는 가나안을 정복한 후 약 15년 이상은 지났을 것이라고 추정할 수 있다. 그렇다면 이 권면을 한 때는 주전 1390년에서 1380년 사이이다. 여호수아의 권면은 독특한 방식으로 구성되어 있다. 이 권면은 거의 동일한 내용을 다른 방식으로 세 번 반복하는 구조로 되어 있다.

A 과거의 역사회고와 미래를 긍정적으로 전망함(수 23:3–5)
B 말씀 순종의 중요성을 긍정적으로 권면함(수 23:6–8)

A′ 과거의 역사회고와 미래를 긍정적으로 전망함(수 23:9–10)
B′ 말씀 순종의 중요성을 경고 형식으로 권면함(수 23:11–13)

A″ 과거의 역사회고와 미래를 부정적으로 전망함(수 23:14–15)
B″ 말씀 순종의 중요성을 경고 형식으로 권면함(수 23:16)

여호수아는 그의 권면을 동일한 형태의 논리구조로 반복한다(A–B, A′–B′, A″–B″). 그는 하나님이 과거 역사에서 지금까지 행하신 일을 세 가지 방식으로 상기시키고, 그 토대 위에서 권면하거나 경고한다. 특별히 경고 형식으로 한 것은 마치 우리가 자녀들에게 좋은 이야기를 하다가 그렇지 않으면 어떻게 하겠다고 훈계하는 것과 같은 어조(tone)라고 할 수 있다. 이것은 여호수아가 실제로 이러한 경고의 형태가 일어나기를 원한 것이 아니라 일어나지 않기를 간절히 소망하므로 권면한 것이다.

(4) 세겜 언약(수 24:1–28)

여호수아는 죽기 전에 이스라엘 백성을 세겜에 불러서 하나님 앞에 세웠다(수 24:1). 이 세겜은 역사적으로 의미 있는 장소이다. 그리심산과 에발산에서 한 제단을 쌓고 축복과 저주의 말씀을 낭독한 장소가 세겜이다(수 8:30–35). 세겜은 그리심산과 에발산이 가진 지형적인 특성 때문에 조약, 언약, 결혼, 입양과 같은 공적인 관계를 맺는 장소였다. 삼림이 울창한 그리심산과 돌로 이루어져 나무가 자랄 수 없는 에발산은 고대인들의 생각에 축복과 저주로 비쳐졌을 가능성이 있다. 특히 이스라엘 백성들이 이 장소를 중요하게 생각할 수밖에 없는 중요한 요소가 하나 더 있다. 그것은 하나님이 아브라함을 갈대아 우르에서 불러 이곳에 오게 하시고, 여기서 아브라함이 단을 쌓았을 때 가나안을 주겠다고 약속하신 장소다(창 12:6–7).

많은 성경학자들은 여호수아 24장의 제목을 "세겜 언약"이라고 붙였다. 언약은 쌍방 간의 관계를 설정하는 것으로 성경에 나타나는 언약은 고대 근동의 히타이트(Hittite) 조약과 유사한 면이 있다는 점을 밝혔다. 대표적으로 멘덴홀(Mendenhall 1954, 26–46)이 성경의 법을 고대 근동의 법과 비교하면서 쓴 글이다. 조약에는 대개 서문, 역사적 서언, 규정 사항들, 규정 사항들에 대한 응답, 기록 보관, 언약문서의 낭독, 증거 등이 있다. 이러한 유형(pattern)이 가장 분명하게 나타나는 곳이 시내산 언약이다(출 19:1–24:11). 여호수아 24장은 이 모든 요소들을 다 갖춘 것은 아니지만 중요한 요소들은 다 갖추고 있다.

- 역사적 서언: 하나님의 은혜(수 24:2-13)
- 규정 사항(수 24:14-15)
- 규정 사항에 대한 백성의 동의(수 24:16-24)
- 언약을 기록하여 증거로 세우는 기록 보관(수 24:25-27)
- 증거를 세움(수 24:27).

① 역사적 서언(수 24:2-13)

고대 근동의 문서나 성경의 언약문서를 보면 항상 언약 당사자 간의 관계를 설명하는 역사적 서언이 있다. 세겜 언약도 내용의 가장 많은 부분을 할애하여 설명한다. 이 역사적 서언을 자세히 읽어보면 과거 역사의 긴 여정에 있었던 많은 내용을 담고 있지만 간략하게 아브라함을 부르신 사건부터 가나안에 정착하기까지의 역사를 요약한다. 이 역사적 서언에 보면 여호와께서 직접 말씀하시는 직접화법의 방식으로 '내가'라는 대명사가 반복적으로 나타나고 있다. 이 역사적 서언에서 이스라엘 백성의 조상인 아브라함을 선택하신 일부터 가나안에 들어와 하나님의 은혜와 특권을 누리게 된 역사를 언급한 것은 전적으로 하나님의 은혜와 능력으로 되었다는 것이다.

② 규정 사항(수 24:14-15)

여호수아는 이 규정 사항에서 여호와를 경외하되 '온전함과 진실함으로'(버타밈 우베에멧, בְּתָמִים וּבֶאֱמֶת) 섬겨야 한다고 했다. 히브리어 성경에서 이 단어를 사용한 것은 하나님을 섬기는 일에 거짓 없이 진실한 마음으로 섬겨야 한다는 것이다. 앞에 '온전함'(타밈, תָּמִים)이라는 단어는 주로 하나님 앞에 '흠이 없고 깨끗한' 제물을 드린다고 할 때에 사용된다. 이 말은 위선(hypocrisy)이 없이 단순하고 마음에서 우러나오는 진실하므로 섬겨야 한다는 뜻이다(Woudstra 1981, 351). 그리고 여호수아는 이 일의 중요성을 말하기 위하여 가정법을 사용하여 의미 있는 말을 했다.

> 만일 여호와를 섬기는 것이 너희에게 좋지 않게 보이거든 너희 조상들이
> 강 저쪽에서 섬기던 신들이든지 또는 너희가 거주하는 땅에 있는 아모리

족속의 신들이든지 너희가 섬길 자를 오늘 택하라 오직 나와 내 집은 여호와를 섬기겠노라(수 24:15).

만약에 우리가 이 역사 현장에 있었다면 어떤 선택을 내릴 수 있을까?

③ 규정 사항에 대한 백성의 동의(수 24:16–24)

이스라엘 백성은 규정 사항에 대하여 어떤 결정을 내렸을까? 그들은 역사적 서언에 나타난 내용을 반복하여 진술했다. 그리고 이러한 구원의 은혜를 경험한 이스라엘 백성은 당연히 여호와 하나님을 섬길 것이라고 동의했다(수 24:16–18). 이 일에 대하여 여호수아는 "너희가 여호와를 능히 섬기지 못할 것은 그는 거룩하신 하나님이시요 질투하시는 하나님이시니 너희의 잘못과 죄들을 사하지 아니하실 것임이라. 만일 너희가 여호와를 버리고 이방 신들을 섬기면 너희에게 복을 내리신 후에라도 돌이켜 너희에게 재앙을 내리시고 너희를 멸하시리라"(수 24:19–20)라고 했다. 정말로 능히 섬길 수 없다는 뜻일까? 여호수아가 이 말을 한 것은 이 언약을 지키는 일의 중요성을 염두에 두고 반드시 지켜야 한다는 것을 강조하기 위한 표현이다. 언약을 지키는 일이 중요하다는 점을 강조하기 위하여 다시 한 번 말했을 때도 백성은 "아니니이다 우리가 여호와를 섬기겠나이다"(수 24:21)라고 말하고, "우리 하나님 여호와를 우리가 섬기고 그의 목소리를 우리가 청종하리이다"(수 24:24)라고 응답했다.

④ 언약을 맺음: 기록 보관, 증거를 세움(수 24:25–28)

지금까지 하나님이 어떤 분이신지 설명하는 역사적 서언과, 하나님과 언약을 맺어 그 언약적 복을 누리기 위해 지켜야 할 규정 사항과, 그 규정 사항에 대하여 백성이 동의하는 내용을 다루었다. 그리고 언약을 맺고, 이 언약의 내용을 하나님의 율법책에 기록하고 큰 돌을 가져다가 여호와의 성소 곁에 있는 상수리나무 아래에 세워 증거로 삼았다(수 24:25–27).

세겜에서 이스라엘 백성이 언약을 맺고 율례와 법도를 제정한 일은 중요하다. 왜냐하면 이 언약은 하나님과 언약 백성인 이스라엘과 맺은 언약 관계를 규정하고 이들의 미래가 언약의 말씀을 믿고 순종하는 일에 있다는 것을 보여 주기 때문이다. 이 뒤의 역사를 기록한 사사기는 이 언약이 어떻게 적용되고 있는지를 보여 준다.

(5) 여호수아와 엘르아살의 죽음(수 24:29-33)

이 문단은 여호수아의 죽음과 요셉의 뼈를 세겜에 장사한 일과 대제사장 엘르아살의 죽음을 기록한다.

① 여호수아의 죽음(수 24:29-31)

여호수아서는 모세의 죽음으로 시작하며 여호수아를 소개할 때 '모세의 수종자'라고 했다(수 1:1). 모세의 죽음을 언급하는 곳에서 모세를 '여호와의 종'이라 불렀다(신 34:5; 수 1:1). 그러나 여호수아가 그의 사역을 다 마쳤을 때 저자는 모세와 같이(수 1:7, 13, 15; 8:31, 33; 11:12; 12:6 등) 그를 '여호와의 종'이라는 영광스런 칭호로 불렀다(수 24:29). 이것은 여호수아가 가나안을 정복하고, 각 지파에게 땅을 분배하는 과정에서 여호와의 종으로 신실하게 행한 결과이리라! 이 기록은 모든 세대의 그리스도인에게 신실한 지도자와 섬김의 표상을 남겨두어 하나님을 섬기는 모든 성도들에게 도전한다(Hess 1996, 311).

그는 하나님이 명령하신 모든 명령을 다 수행하고 110세에 죽었다. 백성들은 그를 그의 기업의 경내에 있는 에브라임 산지 딤낫 세라에 장사하였다(수 24:30). 이것은 단순히 기업으로 받은 땅에 장사한 것이 아니라 가나안이 예표하는 새 하늘과 새 땅을 바라본 것이다(참조. 히 11:13-16).

저자는 여호수아의 죽음과 더불어 여호수아가 사는 날 동안과 여호수아 뒤에 여호와께서 이스라엘에게 행하신 일을 아는 장로들이 사는 날 동안 여호와를 섬겼다고 기록한다(수 24:31). 이것은 이후 이스라엘 백성들이 가나안에서 어떻게 살게 될는지 불안한 암시를 준다. 실제로 여호수아의 죽음과 장로들의 죽음 이후에 불행한 상황을 사사기 저자가 요약한다(삿 2:6-15).

② 요셉의 뼈를 세겜에 장사함(수 24:32)

이스라엘 자손은 애굽에서 가져온 요셉의 뼈를 세겜에 장사하였다. 이곳은 야곱이 백 크시타를 주고 세겜의 아버지 하몰에게 산 밭이다(참조. 창 33:19). 요셉은 죽을 때 자신이 죽으면 해골을 메고 올라갈 것을 유언했다(창 50:25). 요셉은 110세에 죽었다. 그가 죽었을 때가 주전 약 1805년이라면 세겜에 장사된 것은 거의 400년 이상 지난 뒤였다.[13] 그럼에도 이스라엘 자손이 그를 약속의 땅에 장사한 것은 하나님의 약속을 보았기 때문이다(참조. 히 11:13-16).

③ 엘르아살의 죽음(수 24:33)

아론의 아들 대제사장 엘르아살도 죽었다. 이스라엘 자손은 그를 그의 아들 비느하스가 기업으로 받은 땅에 장사하였다(수 24:33). 이러한 결말은 여호수아와 그와 함께하나님의 큰 구원 사역을 본 세대는 다 죽었기 때문에 다음 세대가 구속사를 이어가야 한다는 것을 보여 준다. 모세오경의 마지막 부분에서 모세의 죽음을 언급하고(신 34:5-6), 여호수아서는 모세의 죽음을 언급하므로 시작한다(수 1:1). 사사기는 여호수아의 죽음을 언급하므로 시작한다(삿 1:1). 이것은 창세기부터 사사기까지의 이야기를 하나로 이어주는 역할을 한다. 이것은 여호와는 이스라엘의 핵심적인 지도자들을 통하여 자신의 백성을 계속하여 돌보시며 인도하신다는 것이다(롱 2014, 456). 오늘날 하나님은 성경과 모든 믿는 자들 가운데 내주하시는 성령을 통하여 자신의 백성을 보호하시고 인도해 가신다.

13 아브라함이 주전 2166년에 태어났다. 그는 100세에 이삭을 낳았고(창 17:17), 이삭은 60세에 에서와 야곱을 낳았다(창 25:26). 야곱은 91세에 요셉을 낳았다(창 30:25). 야곱의 나이 130세에 당시 39세였던 요셉을 만났다(창 45:11; 49:9). 그래서 야곱은 91세에 요셉을 낳았다. 요셉은 110세에 죽었다(창 50:22). 그래서 2166-100-60-91-110=1,805년이 된다.

V. 구속사적 의미

구속사에서 여호수아의 위치

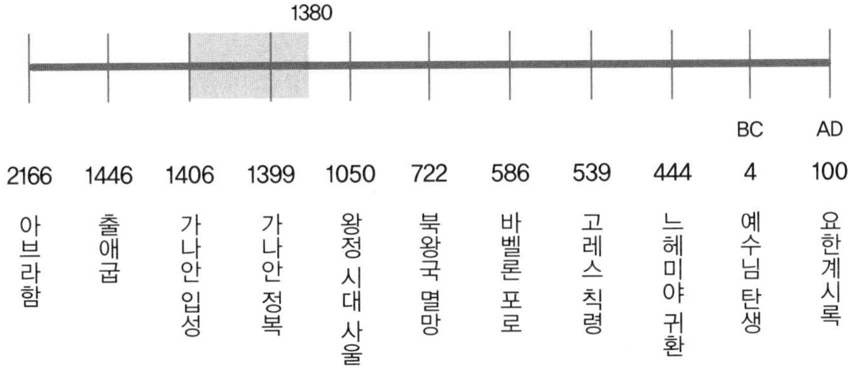

여호수아서는 가나안에 입성한 주전 1406년부터 가나안을 정복하고 땅을 분배한 후에 여호수아의 죽은 때로 추정되는 주전 1390-1380년까지의 구속사를 기록하고 있다. 무엇보다도 이 책은 오경에서 하나님과 맺은 언약과 그 약속하신 내용 가운데 땅을 주신다는 약속이 역사 가운데 어떻게 실현되는지 보여 준다. 이 구속사에서 하나님이 아브라함에게 약속하신 땅을 이스라엘 백성에게 주기 위하여 여호수아를 지도자로 세워 사용하셨다. 특히 정복 이야기를 통하여 노아 시대에 수수께끼 같은 말씀이지만 "가나안은 저주를 받아 그의 형제의 종들의 종이 되기를 원하노라"(창 9:25)는 저주와 그 땅의 악으로 말미암아 심판하신다는 말씀을 어떻게 성취하셨는지 보여 주셨다(창 15:16; 레 18:24-25). 그리고 땅을 정복하는 과정에서 라합이나 기브온 족속과 같은 이방인들도 언약 백성이 되어 구속사의 목표인 하나님 나라의 백성이 되고, 동시에 구속사에서 중요한 역할을 할 수 있다는 것을 보여 주셨다.

동시에 이 구속사에서 하나님의 언약 당사자인 이스라엘 백성이 언약의 말씀을 믿고 순종할 때 약속을 누릴 수 있지만, 아간과 같이 약속을 믿지 않고 세상적인 가치를 따를 때에는 비록 구원을 받아 약속의 자녀가 되었다 할지라도 그 자녀가 누리는 은혜에 참여하지 못한다는 사실을 보여 준다. 특히 이 점은 여호수아서 두 번째 부분인 분배 이야기에서 갈렙의 경우나 요셉 자손의 경우에서 보듯이 하나님이 약속하신 땅을 차지하여 복과 은혜를 누리는 문제는 믿음과 순종이라는 사람의 책임이 따른다는 것을 보여 준다. 하나님이 선택하시고 복과 은혜를 누리게 하신 것은 무조건적인 하나님의 은혜이지만 그 은혜를 공동체와 개인이 누리는 것은 믿음과 순종이 반드시 동반되어야 하는 조건적인 것이다. 그래서 언약은 항상 무조건적인 성격과 조건적인 성격이 긴장을 이룬다. 이 점을 보여 주기 위하여 세겜에서 언약을 새롭게 하심으로 언약의 말씀을 믿고 순종하지 않으면 저주를 내려 멸하겠다고 하셨다(수 24:1–28). 이러한 말씀은 이후의 역사에서 이 언약이 어떻게 적용되는지 생각하게 만든다.

그리스도를 믿음으로 구원을 얻는 문제는 무조건적인 성격을 가진 하나님의 은혜이지만 그 구원을 누리는 문제는 조건적인 성격을 가진 사람의 책임이다. 그래서 성도는 무조건적인 성격의 은혜에 의해 위로를 받고 조건적인 성격의 약속에 의해 거룩한 삶을 살도록 도전을 받는다. 그러나 감사하게도 하나님이 그리스도 안에서 믿는 자마다 구속하여 새사람이 되게 하셨고, 새사람답게 살면서 그 구원의 은혜를 누릴 수 있도록 성령을 주셨다(고전 2:12). 그러므로 신약의 그리스도인들은 이 구속의 은혜를 누릴 뿐만 아니라 적극적으로 하나님 나라의 백성으로 새로운 세상을 만들어 가야 한다.

사사기

Judges

S U M M A R Y

사사기

사사기는 우리가 어릴 때부터 귀에 익숙한 인물들을 생각나게 한다. 그중에 삼손과 기드온이 있다. 그러나 사사기에는 이 사람들만 나오는 것이 아니라 여사사 드보라도 있고, 바락, 입다, 에훗 등의 사사들도 있다. 이들은 누구며, 왜 등장하는지도 중요한 관심사이다. 사사기는 역사서 가운데 여호수아 다음의 역사가 기록된 책으로 가나안에 정착한 이후에 하나님과 언약 백성인 이스라엘의 관계를 파악할 때 이들의 위치와 의미를 더 잘 이해할 수 있다. 여호수아는 세겜에서 언약을 새롭게 하면서 신명기에 기록된 모압 언약(신 4:45-29:1)을 재확인했다. 그래서 사사기는 모압 언약과 세겜 언약의 말씀대로 하나님이 언약을 어떻게 지키셨는지, 그리고 이스라엘은 그 언약을 지켰는지, 만약에 지키지 못했을 경우에는 어떻게 되었는지의 관점에서 보아야 한다. 우리가 이 역사를 보면 언약 당사자인 이스라엘이 계속 배반하였는데도 여전히 그들을 변함없이 사랑하고 관심을 가지시는 하나님을 만날 수 있다.

I. 저자와 기록 배경

유대인의 대표적인 전승자료 가운데 하나인 탈무드는 사사기의 저자를 사무엘이라고 했다(*Baba Bathra*, 14). 대부분의 구약의 역사서처럼 이 책 역시 누가 썼는지 알 수 없다. 사사기는 여러 세기에 걸쳐 일어났던 일을 역사자료를 토대로 성령의 감동하심을 받은 무명의 저자에 의해 기록되었다.

사사시대의 연대를 확정하는 일은 어렵고도 복잡하다. 이 책은 "이스라엘 자손이 애굽 땅에서 나온 지 사백팔십 년이요 솔로몬이 이스라엘 왕이 된 지 사년 시브월 곧 둘째 달에 솔로몬이 여호와를 위하여 성전 건축하기를 시작하였더라"(왕상 6:1)는 말씀에 우선적인 기준을 둔다. 그래서 솔로몬이 성전의 기초를 놓은 해가 주전 966년이기 때문에 출애굽 연대는 주전 1446년이 된다. 출애굽 후 이스라엘은 40년 동안 광야에서 생활했고, 약 7년 동안 정복 활동을 했다(수 14:7, 10). 이 기록을 근거로 주전 1399년에 가나안을 정복하고 각 지파가 제비를 뽑아 기업을 나누었다(민 26:56; 수 14:2). 그리고 여호수아가 죽은 후(삿 1:1; 수 24:29) 첫 사사 옷니엘(삿 3:7-11)이 8년 동안 지배했던 구산 리사다임으로부터 이스라엘을 구원했다. 그는 갈렙의 아우인 그나스의 아들이다(삿 3:9). 그렇다면 가나안을 정복한 주전 1399년 이후 여호수아가 죽은지 얼마 경과되지 않은 어느 시점부터 사울이 왕이 되어 왕정시대가 시작된 주전 1050년까지가 사사시대이다. 이 연대는 사사시대 후기에 활동한 입다가 이스라엘이 헤스본과 그 주변 향촌에 거한지 300년이라고 말한 것과 거의 일치한다(삿 11:26). 그리고 고고학적인 자료로 애굽의 바로인 메르넵타가 승리한 내용을 비유적으로 기록한 메르넵타 석비(*Mer-ne-Ptah Stele*)에는 주전 1210년 이전에 '이스라엘'이라는 나라가 이미 세워져 있었다고 나타난다(Pritchard 1969, 376-378). 그래서 사사기는 1399년에서 여호수아가 죽은 해로 추정되는 주전 1390-1380년에서 멀지 않은 어느 시점부터 사울이 왕이 된 1050년 이전까지 약 300-350년 동안의 역사를 다루고 있다.

이 책을 기록한 시기는 알 수 없지만 왕정시대에 쓰여진 것은 분명하다. 사사기에 자주 나오는 표현인 "그때에 이스라엘에 왕이 없었다"(삿 17:6; 18:1; 19:1; 21:25)는 문구는 이 책을 기록할 당시에는 왕이 있었다는 것을 말하는 것이므로 이스라엘에 왕정이 세워진 이후의 연대임을 암시하기 때문이다. 그러나 다윗 시대 이후로는 볼 수 없다. 그것은 사사기 1:21의 "베냐민 자손은 예루살렘에 거주하는 여부스 족속을 쫓아내지 못하였으므로 여부스 족속이 베냐민 자손과 함께 오늘까지 예루살렘에 거주하니라"는 기사 때문이다. 다윗은 그의 재위 7년에 여부스 사람들이 차지하고 있었던 땅을 점령하여 수도로 정했다(삼하 5:6-10).

이스라엘 백성이 가나안에 들어왔을 당시 가나안에는 통일된 국가가 없었고, 분열된 도시국가들만이 있었다. 이 도시국가들은 여러 도시국가들과 동맹관계를 형성하기도 하였고, 강대국이었던 애굽과 동맹관계를 맺기도 했다. 이 점은 당시에 중요한 고고학 문서인 아마르나 서신(*The Amarna Letters*)에서도 볼 수 있다. 여기에는 가나안의 도시국가들이 애굽의 바로인 아멘호텝 3세(주전 1410-

1377)에게 하비루(Habiru)족을 축출할 수 있도록 도움을 요청하는 내용이 있다(Pritchard 1969, 482–490). 그러나 아멘호텝 3세 이후에 애굽은 자국 내의 문제로 말미암아 대외적으로 영향을 미칠 수가 없었다. 그 결과 사사시대에는 애굽이나 아람과 같은 주변 열강들의 세력이 약화되어 있었다. 사사시대에 이스라엘의 압제자들은 가나안 변방에 있는 메소포타미아, 모압, 가나안, 미디안, 암몬, 블레셋 등이었다.

당시 이스라엘이 가나안을 점령했다고 할지라도 전체를 다 정복한 것은 아니었다. 이스라엘의 병력은 주로 보병이었다. 반면에 평지에 위치해 있는 가나안의 도시국가들은 철 병거를 가지고 있었기 때문에 쫓아내지 못했다(수 17:16; 삿 1:19).[14] 이러한 상황은 팔레스타인의 지리적 요인들과 결합하여 이스라엘은 하나가 되지 못하고 지파 중심이 되었다. 갈릴리 지역을 분배받은 지파들은 이스르엘 평야(=에스드렐론 평야)를 차지하고 있었던 가나안인들에 의해 동족들로부터 분리되었다. 동쪽의 지파들과 서쪽의 지파들 사이에는 깊은 요단 계곡이 가로놓여 있었다. 그리고 헤아릴 수도 없는 크고 작은 계곡들 때문에 교통이 막혀 있는 중앙의 고원지대는 각자 고유한 관습과 전통, 방언을 가진 고립된 작은 산촌들이 형성될 수밖에 없었다(Bright 1981, 177). 비록 처음에는 이스라엘의 열두 지파들이 굳건한 결속력을 가지고 있었다 할지라도(민 32:20–27; 수 22:1–6) 자연스럽게 이스라엘 각 지파들의 동맹은 약화되었고, 지파 중심의 공동체로 발전했다. 이로 말미암아 다른 방언을 형성하기까지 했다. 예를 들면, 이러한 현상은 길르앗의 입다와 에브라임 지파 간의 전쟁에서 알 수 있다(삿 12:6). 이것은 지파 간에 언어적인 차이를 가져올 정도로 결속력이 약화되었다는 것을 보여 준다. 만약 언약에 기초한 하나님의 은혜가 없었다면 이스라엘은 하나가 될 수 없었을 것이다.

또한 사사시대의 가장 큰 문제는 이스라엘이 하나님의 말씀대로 가나안에 살던 부족들을 완전히 쫓아내지 못하므로 점차적으로 가나안 문화에 동화되어 갔

---

14 개역개정판은 '평지'를 '골짜기'라고 번역했지만 히브리어 '에이멕'(עֵמֶק)은 낮은 지역에 위치해 있는 평지를 말한다. 그래서 NIV는 '평지'(plain)라고 번역했다. 일례로 미디안과 동방 연합군이 요단을 건너와 진을 친 곳을 '이스르엘 골짜기'라고 번역하였으나 '이스르엘 평지'라고 번역해야 한다(삿 6:33). 사실 평지가 되어야 철 병거를 가진 것이 의미가 있고, 효과적인 무기가 될 수 있다.

다는 것이다. 가나안의 종교는 이스라엘에게 심각한 위협이 되었다. 사사기는 이스라엘이 수시로 가나안 족속들이 섬기는 다른 많은 신들을 섬겼다고 기록하고 있다(삿 2:11-13, 17, 19; 3:7; 8:33; 10:6 등).[15] 이러한 신들을 섬긴 배경에는 물질의 유혹이 작용했다. 이스라엘 백성은 가나안 정착 이전까지 목축을 주로 한 문화였다. 그러나 가나안에 정착한 후에는 농경을 주로 하는 문화로 바뀌었다. 그래서 이스라엘은 농사를 잘 짓기 위하여 가나안 사람들의 도움을 받았고, 자연스럽게 농사와 관련된 이방신들의 영향을 많이 받았다. 그래서 당시의 이스라엘은 점차적으로 이들의 문화에 영향을 받아 하나님의 말씀을 떠나 범죄하게 되었다. 그때나 지금이나 물질의 유혹은 하나님을 섬기는 일에서 떠나게 만드는 강력한 힘을 가지고 있다는 것을 알 수 있다.

II. 문학적 구조

사사기는 전체적으로 잘 짜여진 문학적 구조와 특이한 기록방식으로 진술한다. 문학적 구조를 이해하면 본문의 핵심이 무엇이며, 어떤 논리로 이야기를 풀어 가는지를 알 수 있다.

사사기를 기술한 방식을 보면 특이하게도 두 개의 서론(삿 1:1-2:5; 2:6-3:6)과 두 개의 이야기로 된 결론(삿 17:1-18:31; 19:1-21:25)으로 되어 있고, 그 사이에 몸체(삿 3:7-16:31)가 있다. 그리고 서론과 결론은 교차대칭구조로 되어 서로 밀접한 연관성이 있음을 잘 보여 준다.

A 정치, 사회적 배경(삿 1:1-2:5)

  B 종교적 배경(삿 2:6-3:6)

    X 사사들의 이야기(삿 3:7-16:31)

  B′ 종교적 타락상: 미가와 단 지파의 이동(삿 17:1-18:31)

A′ 정치, 사회적 타락상: 베냐민의 범죄와 벌(삿 19:1-21:25)

---

15 농경신으로 비와 이슬을 주장한다고 생각한 바알과 아세라, 암몬족의 밀곰과 몰렉, 시돈 사람의 여신 아스다롯의 영향을 받았다. 아스다롯은 다산과 성(sex)과 비옥함과 전쟁을 주관하는 신으로 알려져 있다.

사사기의 몸체(body)인 X는 언약을 배반한 일과 이 일에 대하여 하나님이 이웃 나라들을 들어서 징계하사 돌아오도록 말씀하시고, 회개하고 부르짖으면 사사를 세워서 구원하시는 내용이다. 이 구조는 정치, 사회적 배경이 형성된 원인과 그 결과를 교차대칭구조로 보여 주어, 이 상황에서도 하나님이 이들과 맺은 언약을 기억하시고 사사들을 세워 구원해 주시는 은혜를 잘 드러내 준다. 다음의 도표를 보면 사사시대에 어떤 사사들이 있었고, 어느 지파 사람이며, 하나님이 징계수단으로 사용하신 나라는 어느 나라이며, 몇 년 동안 고통을 받았는지 기록된 순서대로 한눈에 볼 수 있다.

	대 사사	소 사사	성경 본문	지파	징계 수단	징계 기간	평화 기간	전체 기간
1	옷니엘		3:7–11	유다	메소포타미아	8	40	48
2	에훗		3:12–30	베냐민	모압	18	80	98
		삼갈	3:31		블레셋			
3	드보라		4:1–5:31	에브라임	가나안	20	40	60
4	기드온		6:1–8:28	므낫세	미디안	7	40	47
		아비멜렉	8:29–9:57				3	3
		돌라	10:1–2	잇사갈			23	23
		야일	10:3–5	므낫세			22	22
5	입다		10:6–12:7	므낫세	암몬	18	6	24
		입산	12:8–10	유다			7	7
		엘론	12:11–12	스불론			10	10
		압돈	12:13–15	에브라임			8	8
6	삼손		13:1–16:31	단	블레셋	40	20	60

※ 이 도표에 표시된 전체 기간을 다 합하면 410년이 된다. 여기에는 사사들의 활동시기가 겹치는 부분이 있기 때문이다.

사사기의 몸체인 사사기 3:7–16:31에는 반복적인 구조가 평행적으로 다섯 번(옷니엘, 에훗, 드보라와 바락, 기드온, 입다)이나 나타나고, 이 평행구조를 깨는 삼손의 이야기가 나온다. 모두 여섯 개의 구조 가운데 각각의 구조를 마이클 윌콕

(Wilcock 1992, 11)은 4R로 표현했다. 그것은 반역(Rebellion), 보응(Retribution), 회개(Repent), 구원(Rescue)의 구조다. 이러한 표현은 내용 구조를 이해하기 쉽게 만드는 장점이 있다. 이 평행구조에서 '보응'은 아무런 원칙 없이 보응하는 것이 아니라 율법서에 기록된 말씀대로 언약의 저주를 시행하는 것으로 이해해야 한다(레 26:14-45; 신 28:15-68). 이러한 평행구조를 자세히 검토해 보면 각 구조마다 기본구조는 같으나 역사적 상황과 구원의 방법에 대하여 차이점이 있다. 특별히 주목해 볼 부분은 사사기 13:1-16:31에 기록된 삼손 이야기로 하나님이 블레셋을 통하여 징계하셨는데도 죄를 회개하고 주께 부르짖는 행위가 없다는 것이다. 그런데도 하나님이 삼손을 사사로 세우셨으나 이스라엘 백성은 블레셋과 동화되어 살아갔을 뿐만 아니라 삼손 역시 이스라엘을 블레셋으로부터 구원해 내지 못했다. 이러한 구조를 도식화해 보면 다음과 같다.

평행구조 1: 옷니엘(삿 3:7-11)

A 반역: 바알과 아세라(삿 3:7)
B 보응: 메소포타미아 왕 구산 리사다임, 8년(삿 3:8)
C 회개: 여호와께 부르짖음(삿 3:9a)
D 구원: 사사 옷니엘, 40년 평화(삿 3:9b-11)

평행구조 2: 에훗(삿 3:12-30)

A 반역: 여호와의 목전에 악을 행함(삿 3:12a)
B 보응: 모압 왕 에글론, 18년(삿 3:12b-14)
C 회개: 여호와께 부르짖음(삿 3:14a)
D 구원: 사사 에훗, 80년 평화(삿 3:14b-30)

평행구조 3: 드보라, 바락(삿 4:1-5:31)

A 반역: 여호와의 목전에 악을 행함(삿 4:1a)

B 보응: 가나안 왕 야빈, 20년(삿 4:2–3a)

C 회개: 여호와께 부르짖음(삿 4:3b)

D 구원: 사사 드보라와 바락, 40년 평화(삿 4:4–5:31)

평행구조 4: 기드온(삿 6:1–8:28)

A 반역: 여호와의 목전에 악을 행함(삿 6:1a)

B 보응: 미디안, 7년(삿 6:1b–6a)

C 회개: 여호와께 부르짖음(삿 6:6b–7)

D 구원: 사사 기드온, 40년 평화(삿 6:8–8:28)

평행구조 5: 입다(삿 10:6–12:7)

A 반역: 바알, 아스다롯, 시돈과 암몬과 블레셋의 신(삿 10:6)

B 보응: 블레셋과 암몬, 18년(삿 10:7–9)

C 회개: 여호와께 부르짖음(삿 10:10–16)

D 구원: 사사 입다, 6년 평화(삿 10:17–12:7)

평행구조 6: 삼손(삿 13:1–16:31)

A 반역: 여호와의 목전에 악을 행함(삿 13:1a)

B 보응: 블레셋, 40년(삿 13:1b)

C 회개: 없음

D 구원: 사사 삼손, 20년 동안 구원하지 못함(삿 13:2–16:31)

이 평행구조 가운데 '평행구조 6'은 앞의 구조처럼 이스라엘 백성의 회개와 사사 삼손의 구원이 없다. 실제로 삼손은 블레셋의 손에서 이스라엘 백성을 구원해 내지 못한다. 앞의 구조와 같은 동일한 형식을 기대하게 만들지만 저자는 평행구조의 형식을 깨뜨린다. 이러한 기본 구조를 깨뜨리는 일을 통하여 핵심되는 주제를 전달하는 방법은 성경 저자들이 종종 사용하는 방법이다(왕하 9:17–28; 겔 17:1–24)(Parunak 1984, 166–168). 이러한 구조를 통하여 사사시대가 모압 언약과 세겜 언약을 배반하고 그 언약에 따라 저주를 받아도 부르짖지 않는 현상으로 발전하고 있음을 보여 준다. 그러나 하나님은 언약에 따라 이스라엘을 구원하기 위하여 그들이 반복하여 언약을 배반했는데도 그들의 부르짖음을 들으시고, 때로는 부르짖음이 없다고 할지라도 사사를 세워 구원해 주심으로 언약에 변함없이 신실하심을 보여 주신다.

또한 사사기의 결론 부분인 사사기 17:1–21:25은 서론과 교차대칭구조를 이루면서 사사시대의 종교적 특징과 정치, 사회적 특징을 보여 준다. 종교적인 타락상을 잘 보여 주는 미가와 단 지파의 이동(삿 17:1–18:31)과 정치, 사회적 타락상을 보여 주는 베냐민의 범죄와 벌(삿 19:1–21:25)은 사사시대 후기에 일어난 사건이 아니라 초기에 일어난 사건이다. 그것을 알 수 있는 것은 첫 번째 사건의 중심인물로 모세의 손자 게르손의 아들 요나단이 등장하기 때문이다(삿 18:13). 두 번째 사건은 아론의 손자인 엘르아살의 아들 비느하스가 등장하기 때문이다(삿 20:28). 왜냐하면 엘르아살의 아들 비느하스는 여호수아 당시의 제사장이었기 때문이다(수 22:13).

III. 주제와 기록 목적

사사기의 문학적 구조를 볼 때 반역–보응–회개–구원의 구조가 여섯 번이나 반복적으로 나타난다. 이 구조에서 하나님이 이스라엘이 언약을 배반한 벌로 언약에 따라 저주하심으로 공의를 나타내시고, 그것을 통하여 이스라엘로 하여금 회개하고 주를 바라보게 하신다. 그리고 하나님은 사사들을 세워 구원해 주심으로 언약에 따라 변함없이 신실하신 분임을 보여 주신다. 사사기의 주제는 이스라엘이 언약을 배반한다고 할지라도 그들이 회개하면 하나님은 언제든지 사사를 세워 언약에 신실하신 분임을 보여 주신다는 것이다.

이러한 주제를 중심으로 사사기는 몇 가지 중요한 기록 목적을 가지고 있다. 첫째, 사사기는 여호와께서 참된 사사이심을 보여 주어 하나님을 믿고 순종해야 한다는 것을 보여 준다. 이것은 여호와께서 사사를 세우신 목적에도 잘 나타난다. 사사기 2:16에서 "여호와께서 사사들을 세우사 노략자의 손에서 그들을 구원하게 하셨으나"라고 기록하듯이 하나님이 사사들을 세우신 목적은 노략자의 손에서 구원하시기 위함이다. 사사라는 말의 히브리어 성경의 명칭은 '심판하다,' '통치하다'라는 의미인 '샤파트'(שָׁפַט)에서 왔다. 성경에 나타난 사사의 행적을 조사해 보면 사사는 일반적으로 두 가지 역할을 한다. 하나는 자기 백성을 원수의 손에서 구원하는 일이고, 또 하나는 백성을 다스리는 일이다. 사사가 하는 일이 어떤 의미가 있는지 보여 주는 가장 결정적인 증거는 사사기 11:27인 "심판하시는 여호와께서 오늘 이스라엘 자손과 암몬 자손 사이에 판결하시옵소서"이다. 여기서 '심판하시는 여호와'는 '사사 여호와'(아도나이 하쇼페이트, יְהוָה הַשֹּׁפֵט)라는 뜻이다. 사사기에서 보여 주는 참된 사사는 여호와 하나님이시다(Dumbrell 2002, 80).

둘째, 사사기는 여호와께서 변함없이 언약에 신실하신 분임을 보여 준다. 여호와께서는 이스라엘 백성에게 그 조상 아브라함과 이삭과 야곱에게 약속하신 대로 가나안 땅을 허락하셨다. 그리고 여호수아는 가나안 땅을 정복하고 각 지파에게 기업으로 분배해 주었다. 그 후에 이스라엘 백성과 세겜에서 언약을 갱신하여 언약의 말씀을 지킬 때 그 땅에서 복과 은혜를 누리며 살게 될 것이라고 약속하셨다(수 24:1–28). 그러나 불행히도 이스라엘 백성은 끊임없이 언약을 배반했다. 사사기는 이스라엘 백성이 신명기와 여호수아서에 제시된 명령을 이행하는 일에 대하여 실패한 역사를 기록하고 있다(Dumbrell 2002, 76). 그런데도 여호와께서는 이스라엘이 죄를 회개할 때 사사들을 세워 구원해 주심으로 자기 백성과 맺은 언약을 변함없이 지키시는 분임을 보여 주셨다.

셋째, 이스라엘이 가나안에서 하나님과 교제하며 제사장 나라로 복된 삶을 살기 위해서는 언약의 말씀을 믿고 순종해야 할 책임적 요소가 있음을 보여 준다. 여호와께서는 이스라엘이 언약의 말씀을 지키지 못하므로 다양한 진노의 막대기를 사용하여 징계하심으로 믿음과 순종의 중요성을 보여 주셨다. 하나님은 사람의 연약과 불순종 가운데서도 언약의 목표를 이루시기는 하지만 사람의 믿음과 순종을 사용하여 이루신다. 특히 사사로 부름 받은 자들의 믿음과 헌신, 그리고 불순종이 어떤 결과를 가져오는지 보여 줌으로 사람의 책임적 요소를 선명하게 보여 준다. 바로 이 점은 신약의 믿음장에서 기드온과 바락과 삼손의 믿음을 예로 들어 설명한 데서도 잘 알 수 있다(히 11:32).

IV. 내용

내용 구조

1. 서론(삿 1:1–3:6)
   (1) 정치적, 사회적 배경(삿 1:1–2:5)
   (2) 종교적인 배경(삿 2:6–3:6)
2. 사사들의 이야기(삿 3:7–16:31)
   (1) 옷니엘(삿 3:7–11)
   (2) 에훗(삿 3:12–30)
   (3) 드보라와 바락(삿 4:1–5:31)
   (4) 기드온(삿 6:1–9:57)
   (5) 입다(삿 10:6–12:7)
   (6) 삼손(삿 13:1–16:31)
3. 결론(삿 17:1–21:25)
   (1) 종교적인 타락상(삿 17:1–18:31)
   (2) 정치, 사회적인 타락상(삿 19:1–21:25)

1. 서론(삿 1:1-3:6)

사사기는 특이하게도 두 개의 서론을 가지고 있다. 밴게메렌(Vangemeren 1988, 184–185)은 두 개의 도입부를 가진 서론을 정치적 관점의 서론(삿 1:1–2:5)과 신학적 관점의 서론(삿 2:6–3:6)으로 구분하기도 했다. 이 서론은 사사기가 왜 이스라엘의 주변국들과 갈등을 겪을 수밖에 없었는지 정치적, 사회적 배경과(삿 1:1–2:5), 당시 이스라엘의 종교 생활의 배경을 개괄적으로 설명한다(삿 2:6–3:6).

내용 분해

(1) 정치적, 사회적 배경(삿 1:1–2:5)

(2) 종교적 배경(삿 2:6–3:6)

내용 해설

(1) 정치적, 사회적 배경(삿 1:1–2:5)

이스라엘 백성이 가나안을 차지한 방법은 여호수아의 인도로 가나안의 대표적인 부족과 성을 점령하고 난 뒤에 나머지 흩어져 있는 부족들을 각 지파에 분배하여 제비를 뽑아 차지하는 것이었다(수 13:1–7; 14:2). 여호수아가 죽은 이후에 이스라엘은 가나안 족속들과 전쟁을 해야 되겠다는 의지가 있었다(삿 1:1). 그래서 유다 지파는 시므온과 연합하여 가나안 족속들과 싸워 승리했다(삿 1:2–7, 17). 저자는 갈렙이 헤브론에 거하는 아낙 자손을 이긴 사실을 다시 기록하므로 하나님의 약속을 믿고 순종할 때 기업으로 받은 땅을 차지할 수 있었다는 것을 역사적 실례를 들어 보여 주었다(삿 1:11–15; 수 15:13–19). 그러나 이스라엘 백성은 "골짜기(평지)의 주민들은 철 병거가 있으므로"(삿 1:19) 쫓아내지 못했다. 어떤 경우는 쫓아내지 못한 상태에서 가나안 족속에게 노역을 시켰다(삿 1:27–36). 이들은 갈렙처럼 하나님의 약속을 믿는 믿음으로 나아가지 못했기 때문이다.

이러한 문제를 마이클 윌콕(Wilcock 1992, 26–27)은 하나님과 이스라엘 백성이 대화하는 방식으로 재구성하여 아주 흥미있게 제시했다.

- 왜 내가 점령하라는 계획을 철저하게 수행하지 않았느냐?
- 우리에게는 마지막 공격을 가할 군사적인 역량이 없습니다.
- 너희가 기꺼이 순종하는 일과 나의 능력이 결합되면 내가 원수를 쫓아낼 것이라고 하지 않았느냐? 그러한 관계에서 무엇인가 잘못되었다. 그들을 쫓아내지 못했다면 어떻게 처리했느냐?
- 우리는 그들과 협정을 맺었습니다. 협정 조건은 우리에게 최대한 유리한

조건이었습니다.

이스라엘 백성은 하나님과 맺은 언약의 말씀을 온전히 순종하지 못하였고, 가나안과 적당히 타협했다. 여기서 우리는 하나님의 약속을 받는 것과 약속을 누리는 문제는 다르다고 하는 것을 알 수 있다. 하나님의 약속과 교리에 대하여 이론적이고 체계적으로 알고 있다고 할지라도 그 교리적인 지식을 행동에 옮기지 않으면 그 교리는 자기와 아무런 관계가 없다. 약속을 받았다고 할지라도 약속을 누리는 문제는 약속을 믿고 실천에 옮기는 일이 필요하다는 것을 이 역사는 잘 보여 준다. 하나님이 약속하신 땅을 차지하는 문제는 결국 하나님과 그 약속을 믿는 믿음의 문제이기 때문이다.

그 결과 하나님은 이스라엘의 불순종으로 말미암아 가나안 족속을 다 쫓아내지 않으시고 옆구리의 가시가 되어 괴롭게 하고, 그들의 신들이 올무가 될 것이라고 하셨다(삿 2:3). 이 일은 이미 모세와 여호수아 시대에 언약을 맺으면서 말씀하셨던 일이었다(민 33:55; 수 23:12-13; 시 106:34-36). 사사시대의 이러한 정치적, 사회적 배경이 조성된 것은 이스라엘의 불순종 때문이다.

(2) 종교적 배경(삿 2:6-3:6)

이스라엘 백성은 여호수아와 여호수아 뒤에 여호와께서 행하신 모든 큰 일을 본 자들이 사는 날 동안에는 여호와를 섬겼으나 그 후에 일어난 세대의 사람들은 여호와를 알지 못하고 언약 백성으로서의 특성을 상실했다(삿 2:6-10). 그래서 하나님은 언약의 말씀과 같이 심판하여 고통스럽게 하셨다고 할지라도 사사들을 세워 노략자의 손에서 그들을 구원해 내심으로 자신의 사랑을 나타내 보이셨다(삿 2:14-16). 이러한 사랑을 보이신 것은 이스라엘이 대적에게 압박과 괴롭게 함을 받아 부르짖었기 때문이다. 그러나 이스라엘은 그 사사가 죽으면 다시 타락하여 다른 신을 섬기며 악한 행동을 반복했다. 하나님은 여호와의 법도를 지켜 행하도록 시험하시기 위하여 그 땅에 사는 이방 민족을 남겨 두셨다(삿 2:22-3:4). 그러나 이스라엘 백성은 그들과 거주하면서 그들의 문화에 동화되어 이방인들과 결혼할 뿐만 아니라 이방 신들을 섬겼다(삿 3:5-6). 그러나 이 사건을 여호수아 때에 단번에 멸하지 않은 일과 혼동해서는 안 된다. 왜냐하면 그때는 그 땅이 황폐하게 되어 들짐승이 번성하여 해할까 하는 하나님의 은혜로운 섭리가 있었기 때문이다(출 23:29-30; 신 7:22). 이것이 사사시대의 종교적 특성을 만들어낸 배경이다.

오늘날에도 하나님은 우리를 이방 문화의 위협 속에 두신다. 이 문화는 우리의 믿음을 시험하기도 한다. 이때 우리는 우리 주변 환경을 탓하기보다 언약의 말씀을 지켜야 한다. 이것이 이방 문화의 위협을 이기는 실제적 방법이다. 그리고 다음 세대에게 하나님의 큰 일을 잘 가르쳐야 한다.

2. 사사들의 이야기(삿 3:7-16:31)

사사기에는 모두 열두 명의 사사가 등장한다. 이 열두 명의 사사들의 행적을 살펴보면 아주 흥미로운 부분이 있다. 드보라와 바락, 기드온, 입다, 삼손 등의 이야기는 몇 장에 걸쳐서 길게 설명하고 있고, 삼갈, 돌라, 야일, 입산, 엘론, 압돈 등은 불과 한두 절로 그 행적을 설명한다. 특히 길게 설명하는 사사들 이야기는 다음과 같은 구조를 가지고 있다.

- 반역
  - — 반역의 내용을 설명
- 보응
  - — 하나님이 진노하셔서 어떻게 보응하시는가를 설명
  - — 어떤 나라를 들어서 진노의 막대기로 사용하시는지를 설명
- 회개
  - — 여호와께 부르짖음(삼손 이야기는 없음)
- 구원
  - — 사사를 세움
  - — 사사의 삶과 행적에 대한 설명
  - — 어떻게 승리를 얻는지를 상세히 설명
  - — 몇 년간 태평하였는지를 설명
  - — 사사가 몇 년을 통치하다 죽었는지를 설명

내용 분해

(1) 옷니엘(삿 3:7-11)

(2) 에훗(삿 3:12-30)

(3) 드보라와 바락(삿 4:1-5:31)

(4) 기드온(삿 6:1-9:57)

(5) 입다(삿 10:6-12:7)

(6) 삼손(삿 13:1-16:31)

내용 해설

(1) 옷니엘(삿 3:7-11)

① 반역과 보응(삿 3:7-8)

이 시대에 이스라엘 백성은 사사시대의 전형적인 죄 가운데 하나인 바알과 아세라를 섬겼다(삿 3:7). 바알과 아세라는 비와 이슬과 다산을 주관하는 농경신으로 알려져 있다. 그래서 여호와께서는 이스라엘을 메소포타미아 왕 구산 리사다임의 손에 파셨고, 이스라엘은 8년 동안 그를 섬겼다(삿 3:8). '메소포타미아'는 히브리어로 '아람 나하라임'(אֲרַם נַהֲרַיִם)으로 '두 강의 아람'으로 메소포타미아와 다르다.[16] 70인역 성경이 '수리아 포타모운'(Συρίας ποταμῶν)으로 번역한 것은 이 지역을 유브라데강 아래에 있는 수리아로 보았다는 것이다. 여기서 왕의 이름으로 보이는 '리사다임'(רִשְׁעָתַיִם)은 히브리어로 '두 배로 악한 사람'(double-wickedness)이라는 뜻이다. 그래서 이 사람의 실제 이름이 아니라 별명으로 본다. 이 이름을 볼 때 압제당하는 자의 관점에서 조롱하는 뜻으로 붙여졌다는 것을 알 수가 있다.

16 메소포타미아는 헬라어 '메소포타미아'(Μεσοποταμία)로 '사이에'라는 '메소'(Μεσο)와 '강'이라는 '포타미아'(ποταμία)가 결합된 단어다. 이곳은 유브라데와 티그리스강 사이의 땅으로 앗수르, 바벨론, 페르시아 등을 가리킨다. '아람 나하라임'은 유브라데 아래에 있는 수리아를 말한다.

② 회개와 구원(삿 3:9–11)

이스라엘 백성이 메소포타미아의 구산 리사다임 치하에서 8년간 고통을 당하다가 비로소 여호와께 부르짖었다(삿 3:9). 그러자 여호와께서는 한 구원자, 곧 갈렙의 아우인 그나스의 아들 옷니엘을 세워 구산 리사다임을 이기게 하셨다(삿 3:9–11). 하나님은 "그러나 네가 거기서 네 하나님 여호와를 찾게 되리니 만일 마음을 다하고 뜻을 다하여 그를 찾으면 만나리라"(신 4:29)라고 약속하신 대로 구원해 주셨다. 특히 "여호와의 영이 그에게 임하셨으므로 그가 이스라엘의 사사가 되어"(삿 3:10)라고 할 때 이 여호와의 영은 신약 시대에 모든 성도 가운데 내주해 계신 성령과 달리 구약 시대에 그들의 소명과 직분을 수행하도록 주신 것이다(신득일 2012, 318).

오늘날에도 우리는 그리스도 안에서 범죄하여 징계를 받을 수 있다. 그러므로 항상 하나님의 은혜를 기억하고 사랑으로 계명을 지켜야 한다. 범죄하여 하나님께 징계를 받는다 할지라도 회개하고 바른길을 걷는다면 하나님은 모든 것을 회복해 주신다(히 12:5–13).

(2) 에훗(삿 3:12–30)

① 반역과 보응(삿 3:12–14)

옷니엘이 죽고 난 뒤에 이스라엘은 또다시 범죄했다(삿 3:12). 여기서 '또'라는 말은 이미 앞선 세대에서 여호와 앞에 악을 행하므로 8년간이나 메소포타미아의 왕 구산 리사다임에게 고통을 받은 바가 있는데도 그 역사의 교훈을 잊고 다시 여호와 앞에 악을 행했다는 것이다. 이러한 이스라엘의 범죄 때문에 여호와께서 모압 왕 에글론을 강성하게 하셨고, 에글론은 종려나무 성읍을 정복했다.[17] 이스라엘은 무려 18년 동안 에글론을 섬기게 되었다(삿 3:12–14). 그런데 하나님이 징계의 수단으로 사용하신 모압은 아브라함의 조카 롯의 자손이다(창 19:36–37). 이 모압은 큰 나라가 아니라 이스라엘의 주변에 위치한 작은 나라였다. 하나님이 이 작은 나라를 강성하게 하신 목적은 자기 백성의 죄악 때문에 그

17 일반적으로 종려나무 성읍은 여리고를 말한다(신 34:3).

들을 치는 막대기로 사용하시기 위함이다.

② 회개와 구원(삿 3:15-30)

이스라엘은 이 고통 가운데서 다시 하나님께 부르짖었다. 그리고 하나님은 그들의 기도를 들으시고 한 구원자를 세워 주셨다. 그 사사가 베냐민 사람 에훗이다(삿 3:15). 그런데 에훗을 소개할 때 "베냐민 사람 게라의 아들 왼손잡이 에훗"이라고 했다. 성경에 보면 베냐민 지파의 사람들은 왼손잡이가 특히 많았던 것으로 보인다(삿 20:16; 대상 12:1-2). 그런데 에훗에게 사용된 이 왼손잡이라는 말을 히브리어 성경에 나타난 문자적인 의미로 보면 '오른손을 쓰지 못하는 사람'(אִישׁ אִטֵּר יַד־יְמִינוֹ) 또는 '오른손에 장애를 입은 사람'이라는 뜻이다. 마이클 윌콕은 이 본문을 근거로 하나님이 장애인을 구원자로 세우셨다고 해석했다(Wilcock 1992, 40-41). 이 점을 분명하게 보여 주는 증거가 몇 군 데 있는데 하나는 '오른손을 쓰지 못한다'라는 표현 가운데 '쓰지 못한다'라는 단어인 히브리어 '이테이르'(אִטֵּר)가 강조와 반복을 의미하는 문법적 특징을 가지고 있는 '피엘형'을 사용한다는 것이다. 이것은 '오른손을 계속하여 사용하지 못한다'라는 의미를 보여 준다. 또 하나의 증거는 사사기 3:21에 그의 '왼손'(שְׂמֹאלוֹ)이라고 표현했다는 것이다. '왼손'이라는 단어가 있는데도 '오른손에 장애를 입은 사람'이라는 표현을 사용한 것은 오른손이 정상이 아님을 암시해 준다. 그리고 저자가 의도적으로 에훗이 칼을 오른쪽 허벅지 옷 속에 찼다는 것을 밝히는 것은 경비병이나 호위병이 있었다면 왼손을 쓰는 사람을 크게 경계하지 않았을 가능성을 염두에 두었기 때문으로 보인다.[18] 하나님이 에훗을 세운 것은 일차적으로 자신의 백성을 구원하기 위한 것이다. 그리고 하나님이 장애를 입은 사람이라 할지라도 자신의 거룩한 목적을 이루기 위해 사용하신다는 것을 보여 주셨다는 데도 의미가 있다.

에훗은 군대를 모은다든지, 특별한 전략을 세우지는 않았다. 그가 이스라엘

---

18 이러한 해석에 대하여 다른 견해도 있다. 사사기 20:16에 베냐민 지파 칠백 명이 다 '왼손잡이' 라고 소개한다. 여기에 사용된 히브리어 단어가 사사기 3:15의 '왼손잡이'와 같이 나타난다. 이 부분 때문에 베냐민 지파에 물매를 잘 던지는 700명을 다 오른손을 쓰지 못하는 장애인으로 보기는 어렵다. 오른손에 장애가 있어서가 아니라 오른손이 미숙한데 반해서 왼손을 쓰는 일에 익숙한 사람으로 보기도 한다(신득일 2015, 102-103).

을 대표하여 조공을 바친 것을 보면 당시 이스라엘의 지도자로서 어떤 위치를 가지고 있었다는 사실을 알 수가 있다. 에훗은 1규빗, 곧 약 45cm 정도되는 양날이 선 칼을 오른쪽 허벅지 옷 속에 차고 에글론을 만나러 갔다. 모압 왕 에글론은 살이 쪄서 아주 비둔한 자였다(삿 3:17). 에훗은 공물을 바친 후에 다시 돌아와 긴히 할 말이 있다고 하면서 주변의 사람들을 다 물리고 서늘한 다락방에서 독대했다. 그는 다락방 서늘한 곳에서 독대하면서 '그의 왼손으로' 오른쪽 허벅지에 숨겨둔 칼을 꺼내어 왕의 몸을 찔렀다. 얼마나 세게 찔렀는지 칼 끝이 등 뒤에까지 나갔다. 모압 왕 에글론은 몸이 비둔한 자였기 때문에 칼에 찔리자 기름이 엉겨 그 자리에서 죽었다(삿 3:18-23). 그리고 에훗은 에브라임 산지에서 나팔을 불어 사람들을 모으고 모압 사람들을 쳐서 약 만 명을 죽였다(삿 3:29) 이후에 이스라엘은 80년 동안 태평하게 되었다(삿 3:30).

하나님이 모압을 강성하게 하여 이스라엘을 18년간이나 고통스럽게 한 이유는 언약 백성으로서의 삶의 특성을 버리고 세상에 동화되어 이방 신들을 섬기고 악을 행하였기 때문이다. 오늘 우리 시대에도 하나님의 백성이 범죄할 때 모압과 같이 미미한 사람이나 나라를 일으켜 우리를 부끄럽게 할 때가 있다는 사실을 기억해야 한다. 그러나 이스라엘처럼 범죄하여 고통 가운데 있다고 할지라도 회개하고 돌아오기만 하면 자기 백성과 언약을 맺으신 변함이 없으신 하나님은 항상 거기 계셔서 자신의 백성을 만나 주신다.

(3) 드보라와 바락(삿 4:1-5:31)

① 반역과 보응(삿 4:1-2)

장애인 사사 에훗이 죽은 후에 이스라엘 백성은 또 여호와의 목전에 악을 행했다(삿 4:1). 그래서 이번에 하나님이 사용하신 매는 가나안의 왕 야빈이다. 야빈의 군대 장관은 '하로셋 학고임'에 사는 시스라였고 당시 사회에서 발달한 철기문화로 인해 강력한 무기인 철 병거 900대를 가지고 있었다. 이들은 이스라엘을 20년 동안 지배하며 학대했다(삿 4:2-3). 이들은 이스라엘이 쫓아내지 못하고 노역을 위해 남겨 둔 자들이었다(삿 1:27-33). 그래서 이스라엘은 야빈의 통치가 더 수치스럽고 견디기 어려웠을 것이다.

② 회개와 구원(삿 4:3–24)

하나님의 징계에 대하여 이스라엘 백성은 여호와께 부르짖었다(삿 4:3). 이스라엘 백성은 죄를 회개하고 하나님께 기도했다. 회개하고 기도하는 일은 참 중요하다. 왜냐하면 회개는 하나님의 임재를 경험하는 가장 중요한 은혜의 방편 가운데 하나이기 때문이다. 그러자 하나님은 이스라엘을 구원할 사사로 여사사 드보라와 야엘이라는 한 여인을 사용하셨다. 하나님은 연약한 자들을 불러 스스로 강하다고 생각하는 자들을 부끄럽게 하셨다. 이 여자들과 대조적으로 바락이라는 사람이 있었다. 드보라는 바락에게 납달리와 스불론 자손 만 명을 거느리고 다볼산으로 가면 하나님이 야빈의 군대 장관 시스라와 그의 병거와 군대를 기손강에서 넘겨 줄 것이라고 했다(삿 4:6–7). 그러나 바락은 "만일 자신이 나와 함께 가면 내가 가려니와 만일 자신이 나와 함께 가지 아니하면 나도 가지 아니하겠노라"(삿 4:8)라고 말했다. 그 결과 영광은 헤벨의 아내 야엘이 얻게 되었다(삿 4:21). 바락이 왜 마지막 영광을 얻지 못했을까? 그것은 그가 하나님이 이스라엘을 구원해 내실 것이라는 말씀을 드보라를 통하여 들었는데도 그 말씀을 믿고 행동으로 옮기지 못했기 때문이다. 아마도 그는 시스라의 900대의 철 병거를 보았는지 모른다.

바락의 군대가 다볼산에 진을 치고 있다는 소식을 듣고 시스라는 그의 군대를 기손강에 모았다(삿 4:13). 그런데 이 전쟁에서 철 병거가 900대나 있는 시스라의 군대가 절대적으로 유리하여 이길 것처럼 보이는데 패하고 말았다. 그 이유는 "여호와께서 바락 앞에서 시스라와 그의 모든 병거와 그의 온 군대를 칼날로 혼란에 빠지게 하시매 시스라가 병거에서 내려 걸어서 도망한지라"(삿 4:15)라고 했다. 바락의 군대가 용맹하고 전략적으로 뛰어났기 때문에 이겼을까? 이스라엘이 죄를 회개하자 하나님이 그들에게 은혜를 베푸셨기 때문이다. 회개는 구약 시대나 신약 시대에 여전히 하나님의 은혜를 받는 실제적 방법이다.

③ 드보라와 바락의 노래(삿 5:1–31)

이 노래는 가나안 왕 야빈을 진멸한 후에 그때의 역사를 기념하고 후세에 세세토록 기억하기 위하여 드보라와 바락이 지은 찬송시다(삿 5:2–31). 이 시는 다음과 같은 구조로 되어 있다.

- 이스라엘 하나님 여호와를 찬송함(삿 5:2–5)
- 여호와께서 드보라를 세우신 것을 찬송함(삿 5:6–8)
- 드보라와 바락과 이스라엘이 일어남(삿 5:9–15)
- 참전하지 않은 지파들(삿 5:16–18)
- 하나님이 전쟁에 참전하심(삿 5:19–23)
- 헤벨의 아내 야엘이 시스라를 죽임(삿 5:24–27)
- 시스라의 어머니가 근심하여 기다림(삿 5:28–30)
- 결론: 이와 같이 원수들은 멸하시고 주를 사랑하는 자들은 해가 힘 있게 돋음 같게 하시옵소서(삿 5:31)

이 찬송시에서 하나님이 전쟁에 참전하여 행하신 일을 묘사한다. 그것은 하나님이 참전하시어 땅이 진동하고 하늘이 물을 내리고 구름도 물을 내리게 하신 일이다(삿 5:4). 또한 별들이 하늘에서부터 싸우고 기손강은 시스라의 군대를 표류시켰다(삿 5:20–21). 이 전쟁에서 하나님의 전략은 무엇일까? 이 지형은 이스르엘 평원으로 이스라엘의 주요 곡창지대이다. 그러나 비가 오고 기손강이 범람하면 그 지역은 진흙탕으로 변하게 된다. 여기서 철 병거의 위력을 발휘할 수 있을까? 하나님은 이들보다 앞서 일하심으로 시스라의 군대를 무력화시켰다.

하나님이 자신의 백성들이 죄를 회개하고 부르짖을 때 행하신 구원의 사건을 드보라와 바락이 노래를 지어 불렀다(삿 5:1–31). 이러한 종류의 시는 성경에 모세의 노래(출 15:1–18), 한나의 노래(삼상 2:1–10), 다윗의 노래(삼하 22:2–51), 마리아의 노래(눅 1:46–55), 사가랴의 노래(눅 1:68–79) 등이 있다. 이것은 이스라엘의 역사 가운데 이 특별한 사건을 계속 기억하기 위한 것이다. 이스라엘 백성은 이 노래를 부를 때마다 이 구속 사건을 기억할 뿐만 아니라 회개하고 주님을 찾는 일이 중요하다는 것을 배웠을 것이다. 실제로 성경의 역사 가운데 아삽은 이날의 초자연적인 하나님의 구속을 기억하며 시편 83:9에서 이렇게 말했다. “주는 미디안인에게 행하신 것 같이, 기손 시내에서 시스라와 야빈에게 행하신 것 같이 그들에게도 행하소서.”

(4) 기드온(삿 6:1–9:57)

① 반역과 보응(삿 6:1–6)

이스라엘 백성이 또 범죄하자 이번에는 하나님이 진노의 막대기로 미디안이라는 나라를 들어서 이스라엘의 범죄에 대하여 보응하셨다. 미디안은 독자적으로 군사행동을 할 정도로 큰 나라가 아니었다. 당시 작은 나라였던 미디안은 아말렉과 동방의 나라들과 연합하여 이스라엘을 공격했다(삿 6:3). 이 연합군의 수는 무려 13만5천 명이었다(삿 8:10). 그런데 기드온 시대의 경우 다른 사사시대의 특징과 달리 어떻게 이들에게 고통을 주었는지를 자세하게 설명한다. 그들은 조직적으로 이스라엘 백성의 재산을 당시 운송수단인 낙타를 동원하여 철저하게 수탈해 갔다. 그래서 이스라엘 백성은 궁핍함이 심하게 되었다(삿 6:1–6). 그래서 이스라엘 백성은 미디안 연합군을 피하여 산에서 웅덩이와 굴과 산성을 만들어 숨어서 살았다(삿 6:2). 기드온 역시 미디안 사람들에게 들키지 않기 위하여 밀을 포도주 틀에서 타작했다(삿 6:11).

② 회개와 고통의 원인에 대한 설명(삿 6:7–10)

이러한 고통에 대하여 이스라엘 백성은 다시 하나님께 부르짖었다(삿 6:7). 이번에는 하나님이 선지자를 보내어 그들이 당하는 고통의 원인이 과거 애굽에서 인도하여 이 땅을 주고 아모리 사람의 신들을 섬기지 말라고 하였으나 섬겼기 때문이라고 설명해 주셨다(삿 6:8–10). 이스라엘이 미디안 연합군에 의해 7년간 약탈당한 것은 언약 백성으로서의 합당한 삶을 살지 못했기 때문이다. 우리는 항상 하나님과 맺은 언약 관계에서 우리 자신의 삶과 역사를 해석하는 안목을 가져야 한다.

③ 기드온을 사사로 세우심(삿 6:11–40)

하나님은 회개하는 이스라엘 백성을 구원하기 위해 미디안 사람의 눈을 피하여 밀을 포도주 틀에서 타작하고 있던 요아스의 아들 기드온에게 찾아오셨다(삿 6:11–12). 일반적으로 추수는 노출되고 바람이 불어서 알곡과 겨를 분리시켜 줄 수 있는 확 트인 공간에서 한다. 이것은 당시 이스라엘 백성이 자유롭게 추수할 수 없고 타작할 수 없다는 것을 보여 주기도 하지만, 기드온의 성격이 소심하다는 것을 보여 준다. 우리는 일반적으로 기드온을 생각할 때 300명의 용사로 미디안 연합군 13만5천 명을 물리친 사람으로 이해한다. 그러나 그가 그만한 용기를 가지고 있었는지는 의문이다. 왜냐하면 기드온은 소심하고 우유부단하며, 내성적이고 의심이 많은 사람이기 때문이다. 그의 소심하고 우유부단한 성격은 여호와께서 내가 반드시 너와 함께하리니 네가 미디안 사람 치기를 한 사람을 치듯 하리라"(삿 6:16)라고 하셨는데도 많은 표징을 요구하는 모습에 잘 나타나 있다(삿 6:15-17, 27, 36-40; 7:10).

그 표적 가운데 첫 번째는 기드온이 "만일 내가 주께 은혜를 얻었사오면 나와 말씀하신 이가 주되시는 표징을 내게 보이소서"(삿 6:17)라고 말한 후 염소 새끼 하나와 무교병을 가져갔을 때 보여 주신 것이다. 하나님의 사자가 "고기와 무교병을 가져다가 이 바위 위에 놓고 국을 부으라"(삿 6:20)라고 했다. 그러자 불이 바위에서 나와서 고기와 무교병을 살랐다(삿 6:21). 이 현상이 의미하는 바는 무엇일까? 이것은 기드온에게 말씀하신 분이 여호와라는 사실을 증명해 주는 것이다. 이때 기드온은 그에게 말씀하신 분이 여호와인 줄 알고 여호와의 사자를 대면하였기에 죽는 줄로 알았다(삿 6:22). 왜냐하면 사람은 하나님을 보고 살 자가 없다고 믿었기 때문이다(창 32:30; 출 20:19; 33:20; 삿 13:22; 사 6:5). 그때 여호와께서 죽지 아니할 것이라고 하자 기드온은 거기에 제단을 쌓고 여호와 살롬이라 하였다(삿 6:22-24). '여호와 살롬'(יְהוָה שָׁלוֹם)은 '여호와는 평화'라는 뜻이다. 기드온이 제단을 쌓고 '여호와 살롬'이라고 한 것은 죄인인 사람이 하나님을 보고 살 수 없지만 하나님의 은혜로 하나님과 대면하는 자가 되었다는 것이다. 기드온은 하나님을 보고도 사는 은혜를 누렸다. 이러한 구약 배경을 가지고 사도 바울은 믿음으로 의롭다하심을 받아 하나님과 화평(=살롬)을 누리게 되었다고 했다(롬 5:1).

하나님은 이 특별한 사건 후에 기드온에게 그의 아버지의 집에 있는 바알의 제단을 헐고 그 곁에 있는 아세라 상을 찍고, 그 찍은 아세라 나무로 둘째 수소를 취하여 번제로 드리라고 하셨다. 기드온은 아버지의 가족과 성읍 사람들을 두려워하여 밤에 그 일을 했다(삿 6:25-27). 기드온이 밤사이 행한 일을 알게 된 온 성읍 사람들이 제단을 훼파한 기드온을 죽이려고 했다. 이때에 기드온의 아버지 요아스는 다음과 같은 중요한 말을 했다.

> 너희가 바알을 위하여 다투느냐 너희가 바알을 구원하겠느냐 그를 위하여 다투는 자는 아침까지 죽임을 당하리라. 바알이 과연 신일진대 그의 제단을 파괴하였은즉 그가 자신을 위해 다툴 것이니라(삿 6:31).

이 사건을 계기로 사람들은 기드온을 '여룹바알'이라고 불렀다. 이는 바알의 제단을 파괴하였기 때문에 바알이 그와 다툴 것이라는 뜻이다(삿 6:32).

이 일 후에 미디안 연합군이 요단을 건너와서 이스르엘 골짜기에 진을 쳤다(삿 6:33). 그때 여호와의 영이 기드온에게 임하였고 기드온은 나팔을 불어 군대를 소집했다(삿 6:34). 그리고 기드온은 하나님이 말씀하신 대로 자기 손으로 이스라엘을 구원하실 것인지를 확인하기 위하여 양털로 두 번 시험했다. 첫 번째는 이슬이 양털에만 있고 사면 땅은 마르고, 두 번째는 반대로 양털만 마르고 사면 땅에는 다 이슬이 있게 해 달라는 것이었다(삿 6:36–40). 이것은 마이클 윌콕(Wilcock 1992, 82)이 지적한 바와 같이 "여호와께서는 '자신없고 조심스러우며, 소심한' 지도자이지만 전적으로 하나님을 의지할 필요가 있는 사람을 인내와 사랑으로 세워 가신다"는 것을 보여 준다. 사사기 6:11–40에서 기드온이 어떤 사람인지 길게 설명하고 있는 것은 이스라엘의 구원이 사람의 능력에 달린 것이 아니라 전적으로 하나님의 은혜라는 것을 보여 주려는 것이다.

④ 미디안과 치를 전쟁에 나갈 300명을 뽑음(삿 7:1–8)

하나님이 소심한 기드온을 세우시는 것도 특이하지만 미디안과 치를 전쟁에 나갈 사람을 뽑는 일도 특이하다. 미디안 군사는 13만5천 명으로 엄청난 대군이었다(삿 7:12; 8:10 참조). 반면 이 전투에 자원한 이스라엘 군사는 불과 3만2천 명이었다(삿 7:3 참조). 이러한 상황을 볼 때 이 전쟁의 결과를 어떻게 예상할 수 있겠는가? 그런데 하나님은 바로 이 상황에서 기드온에게 두려워 떠는 자는 돌아가게 할 뿐만 아니라, 물가로 데려가 손으로 움켜 물을 핥는 자와 무릎을 꿇고 마시는 자들 가운데 물을 핥아 마시는 자 300명을 구분하게 하셨다(삿 7:3–7). 하나님이 그렇게 하신 목적은 "이는 이스라엘이 나를 거슬러 스스로 자랑하기를 '내 손이 나를 구원하였다' 할까 함이니라"(삿 7:2)라고 하신 것처럼 스스로 자랑하지 못하게 하려는 것이었다. 그런데 아서 쿤달(Cundall & Morris 1968, 110)은 다가올 긴급 상황을 주의하면서 준비하는 자세를 가진 사람을 쓰는 것으로 보았다. 이러한 설명은 그럴듯하게 보이지만 본문의 의도와는 아무런 관계가 없다. 이 본문은 어떤 특별한 종류의 군대를 조직하는 것이 아니라 군대의 숫자를 줄이는 데 강조점이 있다. 마이클 윌콕(Wilcock 1992, 70–71)은 여호와께서는 전쟁에 이기는 것이 이스라엘이 아니라 여호와라는 것을 분명하게 인식하게 될 때까지 그 숫자를 줄이시는 것이라고 했다. 그렇다고 이들이 용사가 아니라는 것은 아니다. 왜냐하면 "두려워 떠는 자는 돌아가라"(삿 7:3)라고 하였을 때 2만2천 명은 돌아갔지만 그들은 미디안 군사 13만5천 명과 목숨 걸고 싸우기 위하여 모인 사람이기 때문이다. 그래도 300명과 13만5천 명의 싸움은 불가능한 숫자이다. 이렇게 하신 목적은 사사 기드온을 세울 때와 같이 전적으로 하나님의 은혜로 된다는 것을 가르치기 위함이다.

⑤ 미디안과 싸운 전쟁(삿 7:9–8:21)

여호와께서는 그 밤에 300명의 군사만 가지고 미디안 군사 13만5천 명과 싸워야 할 기드온에게 밤에 진영에 들어가 그들을 기드온의 손에 넘겨 주셨다는 것을 확인해 보게 하셨다. 그리고 기드온에게 "그들이 하는 말을 들으라. 그 후에 네 손이 강하여져서 그 진영으로 내려가리라"(삿 7:11)라고 하셨다. 이때 여호와께서 "만일 네가 내려가기를 두려워하거든 네 부하 부라와 함께 내려가라"(삿 7:10)고 하셨다. 이 말을 듣고 기드온은 그의 부하 부라와 함께 갔다. 여전히 기드온은 두려워하고 있었다는 것이다. 기드온이 그의 부하와 함께 갔을 때 그는 어떤 병사가 꿈을 꾸었고, 그의 친구가 그 꿈을 해석해 주는 이야기를 들었다. 한 병사가 꾼 꿈은 보리떡 한 덩어리가 미디안 진영으로 굴러 들어와 한 장막에 이르러 그것을 쳐서 무너뜨려 위쪽으로 엎으니 그 장막이 쓰러지는 것이었다. 친구는 이 떡은 요아스의 아들 기드온의 칼인데 하나님이 미디안과 그 모든 진영을 그의 손에 넘겨 주셨다는 것이라고 답했다(삿 7:13–14). 성경에 특이한 꿈과 그 꿈을 해석해 준 일이 종종 있다(창 40:1–22; 41:1–32; 단 2:1–45; 4:4–27). 그러나 이 경우는 이스라엘 백성 아닌 사람이 해석한 것이다. 여호와께서 기드온에게 또 한 번의 표적을 주신 것은 그가 여러 차례 미디안과 싸우기를 두려워한 것을 염두에 두시고 다시 기드온에게 승리를 확신시키려는 것이다(참조. 삿 6:17, 23, 27, 36–40).

기드온은 병사가 꾼 꿈과 그 꿈을 해몽하는 말을 듣고 여호와께 경배하고 여호와께서 미디안과 그 모든 진영을 넘겨 주셨다고 말하고, 300명을 세 대로 나누고 각 손에 나팔과 빈 항아리와 그 항아리 안에 횃불을 넣어 들게 했다(삿 7:16). 이렇게 진을 나누고 먼저 기드온이 이끄는 100명이 하는 것을 보고 그대로 하라고 지시했다. 그리고 기드온을 따르는 자가 나팔을 불거든, 나팔을 따라 불면서 "여호와를 위하라, 기드온을 위하라"라고 소리 지르라고 했다(삿 7:17–18). 그 결과 기드온과 함께한 300명의 용사들은 큰 승리를 거두었다. 그 후에 남은 자들이 도망가자 기드온이 에브라임 산지에 사자들을 보내어 참전하게 하였고, 에브라임 사람들은 미디안의 두 방백 오렙과 스엡을 잡아 바위와 포도주 틀에서 죽였다(삿 7:24–25). 그리고 기드온과 그의 300명의 군사들은 세바와 살문나를 추격할 때 숙곳과 브누엘 사람들에게 양식을 요청하였으나 그들은 주지 않았다(삿 8:6). 결국 기드온과 그와 함께한 300명은 세바와 살문나를 사로잡고 그 진영을 격파한 뒤, 전에 희롱하여 도와주지 않았던 숙곳의 방백들과 장로들 77명을 징벌하고 브누엘 망대를 헐고 난 뒤에 세바와 살문나를 죽였다(삿 8:16–17).

이 역사를 통하여 이스라엘은 하나님의 은혜로 산다는 것을 배워야 했다. 이 점은 장차 오실 그리스도의 사역과 비교하여 우리의 구원이 전적으로 하나님의 은혜에 달려 있다는 점을 설명하는 이사야서에도 잘 나타난다. 이사야 9:3–6에서 "주께서 이 나라를 창성하게 하시며……미디안의 날과 같이 하셨음이니이다. 어지러이 싸우는 군인들의 신과 피 묻은 겉옷이 불에 섶 같이 살라지리니 이는 한 아기가 우리에게 났고 한 아들을 우리에게 주신 바 되었는데 그의 어깨에는 정사를 메었고 그의 이름은 기묘자라, 모사라, 전능하신 하나님이라, 영존하시는 아버지라, 평강의 왕이라 할 것임이라"라고 했다. 이 말씀은 메시아가 오셔서 우리를 구원하실 때 미디안 시대에 있었던 이 기적적인 일과 같이 하나님의 은혜로 구원해 주실 것이라는 것이다. 동시에 아무리 외적으로 약한 힘을 가진 것처럼 보여도 하나님을 의지하면 그 능력의 무한함을 언제든지 경험할 수 있다는 것을 가르쳐 주시기 위함이다. 구약성경은 미디안과 싸운 전쟁에서 기드온이 승리한 일에 특별한 의미를 부여하여 자주 언급한다. 훗날 이사야 선지자가 이스라엘이 앗수르로 말미암아 고통을 받을 때 하나님의 능력의 무한함을 설명하면서 이 사건을 예로 들었다. 이사야 10:24–26에 "그러므로 주 만군의 여호와께서 이르시되 시온에 거주하는 내 백성들아 앗수르가 애굽이 한 것처럼 막대기로 너를 때리며 몽둥이를 들어 너를 칠지라도 그를 두려워하지 말라……만군의 여호와께서 채찍을 들어 그를 치시되 오렙 바위에서 미디안을 쳐죽이신 것 같이 하실 것이며 막대기를 드시되 바다를 향하여 애굽에서 하신 것 같이 하실 것이라"라고 했다. 아삽의 시인 시편 83:9에서도 "주는 미디안에게 행하신 것 같이……행하소서"라고 했다.

⑥ 기드온의 잘못(삿 8:22–32)

기드온이 미디안의 왕 세바와 살문나를 죽인 후, 이스라엘 백성들이 기드온에게 나와서 기드온과 기드온의 아들이 자신들을 다스려 달라고 요청했다(삿 8:22). 이때 기드온은 탈취한 귀고리를 달라고 했다. 이 제안에 대하여 이스라엘 백성은 금귀고리와 해, 달 장식을 주었고, 또한 패물과 미디안 왕들이 입었던 자색 의복까지 주었다. 그 가운데 금귀고리의 무게가 금 1,700세겔[19]이라고 했다(삿 8:25–26). 기드온은 이것을 가지고 에봇을 만들었다(삿 8:27). 에봇은 원래 대제사장이 입는 옷이다. 기드온이 에봇을 만든 이유를 설명하고 있지 않지만 이스라엘에 왕 제도가 있기 전에는 대제사장이 가장 중요한 위치를 차지하였기 때문에 그때까지 이스라엘에 없었던 왕 제도를 받아들이기보다는 에봇을 둠으로 정치적인 실권을 가지려는 것으로 볼 수 있다. 그러나 이스라엘 백성들은 에봇을 음란하게 사용하므로 이것이 기드온과 그 집에 올무가 되었다(삿 8:27). 바로 이것이 기드온의 잘못이다. 이것이 기드온의 집에 큰 파장을 일으켰다. 이러한 기드온의 잘못을 지적한 후에 저자는 40년 동안 그 땅이 평온했다고 말한다(삿 8:28).

기드온은 아내를 많이 두어 70명의 아들을 낳았다(삿 8:30). 이뿐만 아니라 첩도 두었는데 첩의 자식 중에 아비멜렉이라는 아들이 있었다(삿 8:31). 아비멜렉(אֲבִימֶלֶךְ)이라는 이름의 뜻은 '나의 아버지는 왕이다'라는 뜻이다. 이 이름을 볼 때도 이러한 기드온의 행위는 말로는 왕을 거절했지만 실제로는 제왕처럼 행세했다는 것을 보여 주고, 사람마다 자기 소견에 옳은 대로 행하는 사사시대의 특징을 잘 보여 준다.

19 1세겔(shekel)은 11.5g으로 1,700세겔은 1,700×11.5=19.55kg이다.

⑦ 기드온 사후와 아비멜렉(삿 8:33-9:57)

기드온이 죽은 후에 이스라엘 백성은 다시 예전의 삶으로 돌아갔다. 저자는 기드온 사후의 이스라엘에 대하여 "기드온이 이미 죽으매 이스라엘 자손이 돌아서서 바알들을 따라가 음행하였으며 또 바알브릿을 자기들의 신으로 삼고"(삿 8:33)라고 했다. 이스라엘은 다시금 가나안의 대표적인 신인 바알을 섬겼다. 기드온의 생전에 행한 어두운 일들, 즉 에봇을 만들어 올무가 되게 한 일과 많은 아내들과 첩을 통하여 낳은 아들 간의 갈등 요소들이 드러났다. 그중에 하나가 기드온의 첩의 아들인 아비멜렉이 방탕하고 경박한 사람들을 사서 자기를 따르게 하고 기드온의 아들 70명을 한 반석 위에서 죽이고 약 3년 동안 왕이 되어 이스라엘을 다스린 일이다(참조. 삿 9:22). 이때 기드온의 막내 아들 요담은 스스로 숨었기 때문에 한 사람만 살아 남았다(삿 9:5). 사사시대에 유일하게 아비멜렉이 왕이 되었다(삿 9:6).

요담은 아비멜렉이 왕이 되었다는 소식을 듣고 세겜 사람들에게 우화(fable) 형식으로 아비멜렉을 왕으로 세운 일이 왜 잘못되었는지 설명했다. 나무들이 감람나무와 무화과나무와 포도나무에게 왕이 되어 달라고 하였으나 그 나무들은 자신의 위치를 버리고 나무들 위에 우쭐대는 것이 부당하다고 하면서 거절했다(삿 9:8-13). 그러자 나무들이 가시나무에게 왕이 되어 달라고 하자 가시나무는 자기에게 기름을 부어 왕으로 삼으려면 자기 그늘에 피하라고 하면서 만약에 자기에게 피하지 않으면 불이 나와서 레바논의 백향목을 사를 것이라고 했다(삿 9:14-15). 요담은 이 우화를 통하여 세겜 사람들이 아비멜렉을 왕으로 세운 일이 의로운 일이면 그로 말미암아 기뻐하겠지만, 그렇지 않다면 아비멜렉에게서 불이 나오고 세겜 사람과 밀로 사람에게서도 불이 나와 서로를 태우게 될 것이라고 예언했다(삿 9:19-20).

이 예언은 언제 이루어졌을까? 3년 뒤에 이루어졌다(삿 9:22). 아비멜렉은 쿠데타를 통하여 정권을 잡은 후 3년 동안은 밀월관계를 가졌던 것으로 보인다. 그러나 이 일은 오래가지 못했다. 하나님께서 요담의 우화에서 결론적으로 말한 것처럼 그들의 행동이 진실하지 못하고 의롭지 않다고 보시고 악한 영을 보내셨기 때문이다(삿 9:23-24). 이 일은 하나님이 사용하시는 방법 가운데 한 가지이다(참조. 왕상 22:19-22). 악한 영은 세겜 사람들과 아비멜렉 사이에 서로 갈등하게 하였고, 가알의 인도 아래 반역을 일으켰고 아비멜렉은 그 반역을 진압하게 했다(삿 9:34–45). 이 소식을 들은 세겜 망대의 사람들은 엘브릿 신전의 보루로 도망갔다(삿 9:46). 여기서 '엘브릿 신전의 보루'(צְרִיחַ בֵּית אֵל בְּרִית)의 원문의 의미는 '바알의 아버지 엘의 신전에 있는 방'을 의미한다. '엘브릿'(אֵל בְּרִית)은 당시 이스라엘이 섬긴 '바알브릿'(בַּעַל בְּרִית)이다. 또한 '보루'라고 번역된 '처리아흐'(צְרִיחַ)는 '둥근 천장이 있는 방'이거나 '지하 납골실' 등으로 번역이 가능하다는 점을 볼 때 당시 우상숭배가 성행하였음을 보여 준다. 그리고 이곳에서 남녀가 약 1000명이 죽었다는 것을 생각하면 이곳의 성격을 짐작하게 한다(삿 9:49). 그리고 아비멜렉이 데베스에 가서 진을 치고 점령하고 견고한 망대를 치려고 갔을 때 그 망대에서 한 여인이 던진 맷돌 위짝에 맞아 두개골이 깨졌다. 그는 죽을 지경이 되자 여자에게 죽으면 부끄럽다고 여겼는지 그의 부관으로 하여금 자기를 칼로 찌르게 하여 죽었다(삿 9:52–55).

해설자는 이 모든 사건의 결론을 사사기 9:56–57에 설명하기를 "아비멜렉이 그의 형제 칠십 명을 죽여 자기 아버지에게 행한 악행을 하나님이 이같이 갚으셨고, 또 세겜 사람들의 모든 악행을 하나님이 그들의 머리에 갚으셨으니 여룹바알의 아들 요담의 저주가 그들에게 응하니라"라고 했다. 이것은 하나님이 아비멜렉과 세겜 사람들의 행동을 벌하심으로 하나님은 여전히 자기 백성과 함께 계신다는 사실을 증명해 주셨다는 것을 알 수 있다. 그러면서 사사 기드온의 잘못된 행동에 대하여 책임을 물으셨다는 것도 알 수 있다. 특히 하나님은 이 사건을 통하여 기드온 이후 바알을 따라 음행하였고, 바알브릿을 자기들의 신으로 삼은 이스라엘을 징계하기 위하여 외부의 적들만이 아니라 내부의 적들도 사용하신다는 것을 보여 주셨다.

(5) 입다(삿 10:6–12:7)

① 반역과 보응(삿 10:6–9)

사사기 10:6을 보면 "이스라엘 자손이 다시 여호와의 목전에 악을 행하여 바알들과 아스다롯과 아람의 신들과 시돈의 신들과 모압의 신들과 암몬 자손의 신들과 블레셋 사람들의 신들을 섬기고 여호와를 버리고 그를 섬기지 아니하므로"

라고 했다. 예전에는 주로 가나안의 대표적인 신인 바알과 바알브릿을 섬긴 일을 말하였으나 여기서는 그 외의 아람이나 시돈, 블레셋 등의 신들도 언급한다. 이것은 이스라엘과 지리적, 문화적인 관계를 가진 주변의 여러 나라들의 신들과 접촉하고 그 문화적 영향을 받았음을 보여 준다. 그래서 하나님은 블레셋 사람들과 암몬 자손들을 진노의 막대기로 사용하여 18년 동안 학대하게 하셨다(삿 10:8). 그 결과 이스라엘의 곤고가 심했다(삿 10:9). 여기서 하나님이 진노의 막대기로 사용한 나라가 블레셋과 암몬이라는 점을 주목할 필요가 있다. 블레셋은 유다와 단 지역을 지배하였는데 블레셋과 관련된 사건은 사사기 13장부터 삼손 이야기에 나온다. 이 점을 볼 때 입다와 삼손이 동시대 사사라는 것을 알 수 있다. 암몬은 원래 큰 나라가 아니었다. 그런데 하나님이 이스라엘이 범죄하므로 암몬을 진노의 막대기로 사용하기 위하여 강하게 하셨다.

② 회개와 다른 구조와 차이점(삿 10:10-16)

그 결과 이스라엘 백성은 너무 고통스러워서 다시 여호와께 회개하며 부르짖었다(삿 10:10). 하나님은 사사 입다를 세워 구원하시는 과정에서 지금까지와는 다른 방식으로 자신의 사랑을 표현하신다. 여호와께서 회개하며 부르짖는 이스라엘 백성에게 "내가 애굽 사람과 아모리 사람과 암몬 자손과 블레셋 사람에게서 너희를 구원하지 아니하였느냐 또 시돈 사람과 아말렉 사람과 마온 사람이 너희를 압제할 때에 너희가 내게 부르짖으므로 내가 너희를 그들의 손에서 구원하였거늘 너희가 나를 버리고 다른 신들을 섬기니 그러므로 내가 다시는 너희를 구원하지 아니하리라. 가서 너희가 택한 신들에게 부르짖어 너희의 환난 때에 그들이 너희를 구원하게 하라"(삿 10:11-14)라고 냉소적으로 말씀하셨다. 그러자 이스라엘 백성들은 "우리가 범죄하였사오니 주께서 보시기에 좋은 대로 우리에게 행하시려니와 오직 주께 구하옵나니 오늘 우리를 건져 내옵소서"(삿 10:15)라고 하고 이방 신들을 제거하고 여호와만 섬겼다. 여호와께서 과거에는 이스라엘이 회개하고 부르짖을 때 즉각적으로 사사를 세워 구원해 주셨지만 이 경우는 이스라엘의 부르짖음에 대하여 외면하고 있는 것처럼 보인다. 그래서 이스라엘 백성들이 회개하면서 여호와를 섬겼는데도 상황은 호전되지 않고 여전히 압제를 당하며 고통받고 있었다. 그런데 이때에 여호와 하나님은 이스라엘의 곤고로 말미암아 마음에 근심하셨다(삿 10:16). 이것이 앞의 다른 사사 이야기에 나오는 구조와 큰 차이점이다. 특히 이스라엘이 당하는 어려움으로 말미암아 '근심하셨다'는 말은 히브리어로 '틱차르 납쇼'(תִּקְצַר נַפְשׁוֹ)라는 말로 '그의 마음이 견디지 못했다'라는 뜻이다. 동일한 표현이 사사기 16:16에 나온다. 들릴라가 삼손에게 "어찌 사랑한다고 하면서 그럴 수 있느냐?"고 조를 때 삼손의 마음이 번뇌하였다고 했다. 이 뜻은 마음이 참조 견딜 수 없었다는 것이다. 이것이 언약 백성을 향한 하나님의 마음이고 사랑이다.

③ 입다와 다른 사사와 차이점(삿 10:17-11:11)

하나님이 이스라엘 백성이 회개하고 우상을 제하여 버리고 하나님을 섬길 때 역사에 개입하셔서 하나님의 사랑을 나타내 보여 주셨다. 하나님이 이스라엘을 구원하시기 위하여 세운 사람이 입다이다. 특히 저자는 길르앗 사람 입다를 큰 용사지만 기생이 길르앗에게서 낳은 아들이었고, 길르앗의 아내가 낳은 아들들이 자라 입다를 쫓아내자 돕 땅에 거주하며 잡류들과 함께 집단생활을 한 사람으로 소개한다(삿 11:1-3).

그런데 하나님은 일반적으로 사사를 세우실 때처럼 입다를 직접 세우시지 않았다. 장로들이 입다를 장관으로 세우려는 과정을 하나님이 섭리하여 입다를 사사로 세우셨다. 이 논의를 사사기 11:4-11에 대화방식으로 기록하고 있다. 그 대화의 결론에 입다가 이스라엘 장로들에게 "너희가 나를 데리고 고향으로 돌아가서 암몬 자손과 싸우게 할 때에 만일 여호와께서 그들을 내게 넘겨 주시면 내가 과연 너희의 머리가 되겠느냐"(삿 11:9)라고 물었고, 장로들은 여호와를 증인으로 삼고 그렇게 하겠다고 했다(삿 11:10-11). 여호와의 영이 입다에게 임하여 암몬과 싸운 전쟁에서 승리하게 하심으로 장로들의 결정을 인준해 주셨다(삿 11:29, 33). 이것이 다른 사사들을 세우실 때와의 차이점이다. 여호와의 영이 입다에게 임했다는 것은 이스라엘을 구원할 능력을 주셨다는 것이다.

④ 입다와 암몬 자손의 왕과 싸운 전쟁(삿 11:12-33)

사사 입다의 이야기에서 저자는 암몬과 전쟁할 때 먼저 암몬 자손의 왕과 대화한 내용을 자세하게 기록하고 있다. 입다는 이스라엘이 요단 동쪽 길르앗 땅에 거주하게 된 역사를 언급하면서 하나님이 아모리 족속의 왕 시혼을 넘겨 주신 이후로 이스라엘이 이곳에서 300년을 거주했다고 했다(삿 11:21-22, 26). 출애굽 연대를 주전 1446년으로 본다면 아모리 왕 시혼이 멸망한 것은 1406년이 된다. 왜냐하면 요단 동쪽 땅을 가나안에 들어가기 직전에 차지하였기 때문이다(민 21:21-32; 삿 11:21-22). 이후로부터 300년은 1106년이 된다. 그렇다면 블레셋과 암몬의 압제는 18년 전인 주전 1124년에 시작되었을 것이고(삿 10:7-8) 블레셋의 압제는 40년간 지속되었으나(삿 13:1) 주전 1084년에 사무엘에 의해 미스바 전투에서 쫓겨났다고 할 수 있다(Howard 1993, 103). 그래서 입다와 삼손과 사무엘이 거의 동시대 인물이라는 것을 알 수 있다.

이 전쟁에서 입다는 암몬 자손의 왕에게 보낸 편지 말미에 "심판하시는 여호와께서 오늘 이스라엘 자손과 암몬 자손 사이에 판결하시옵소서"(삿 11:27)라고 말했다. '심판하시는 여호와께서……판결하시옵소서'(יִשְׁפֹּט יְהוָה הַשֹּׁפֵט)의 히브리어 본문은 언어유희를 통하여 진정한 사사를 여호와께서 판단하시고 통치해 주셔야 한다는 입다의 믿음을 잘 표현하고 있다. 그의 믿음대로 여호와의 영이 입다에게 임하여 여호와께서 암몬 자손을 입다의 손에 넘겨 주심으로 암몬 자손이 이스라엘에게 항복했다(삿 11:29-33).

그런데 사사 입다가 암몬과 싸운 전쟁에서 승리하였지만 두 가지 문제가 발생했다. 하나는 입다가 암몬과 전쟁하기 전에 서원하여 딸을 제물로 바치는 것이고, 또 하나는 같은 언약 백성인 에브라임과 전쟁을 치러야 했다는 것이다.

⑤ 입다의 서원(삿 11:29–40)

입다는 암몬과 전쟁하기 위하여 나아갈 때 "주께서 과연 암몬 자손을 내 손에 넘겨 주시면 내가 암몬 자손에게서 평안히 돌아올 때에 누구든지 내 집 문에서 나와서 나를 영접하는 그는 여호와께 돌릴 것이니 내가 그를 번제물로 드리겠나이다"(삿 11:30–31)라고 서원했다. 서원은 반드시 수행해야 하는 규칙이 아니라 은혜를 경험할 수 있는 선택 사항(option)으로 주셨기 때문에 할 수도 있고 하지 않을 수도 있다(레 27:1–25). 이러한 관점에서 서원을 이해한다면 사사 입다는 서원의 성격을 잘 알았고, 그는 암몬과 싸운 전쟁에서 하나님의 은혜와 능력을 체험하기 위하여 서원을 했다고 볼 수 있다. 그러나 그가 전쟁에서 승리하고 돌아올 때 영접하는 자를 여호와께 번제물로 드리겠다고 서원한 것은 모압과 암몬 신을 섬기는 사람들의 서원으로 이교적인 것이다. 이것은 사사시대에 백성의 지도자인 입다가 여호와 신앙을 가지고 있었지만 동시에 이교적인 신앙도 함께 가진 혼합주의 성격을 띠고 있음을 보여 준다.

이러한 입다의 행동은 치명적인 결과를 가져오게 되었다. 왜냐하면 하나님이 승리를 주신 후에 입다가 집에 이를 때에 무남독녀인 딸이 소고를 잡고 춤추며 나와서 그를 영접했기 때문이다(삿 11:34). 입다와 그의 딸도 서원을 돌이킬 수 없다는 것을 알았다(신 23:21–23). 문제가 되는 것은 율법에 사람을 제사로 드려서는 안 된다고 강하게 금지한다는 것이다(레 18:21; 20:2). 그래서 율법을 알고 있는 입다가 그의 딸을 번제로 드린 것이 아니라 처녀로 하나님께 헌신하게 했다고 보기도 한다. 이와 반대로 입다가 실제로 딸을 번제로 드렸다는 시각도 있다. 친구들이 산에서 두 달간 애곡하며 위로한 것은 원문에 죽음이 없다고 할지라도 단순히 헌신 이상의 의미가 있다고 보기 때문이다(신득일 2012, 319). 당시 모압과 암몬이 인신제사를 드리는 몰렉을 섬겼다는 점을 고려하면 인신제사의 가능성도 있다. 이 사건은 하나님이 더 큰 은혜를 누리는 방편으로 서원제도를 주셨다 할지라도 조심스럽게 서원해야 한다는 것을 보여 준다.

⑥ 동족들과 싸운 전쟁(삿 12:1–7)

입다는 암몬과 싸운 전쟁 이후에 동족들과 전쟁을 해야만 했다. 왜냐하면 전쟁 이후에 에브라임 사람들이 "네가 암몬 자손과 싸우러 건너갈 때에 어찌하여 우리를 불러 너와 함께 가게 하지 아니하였느냐 우리가 반드시 너와 네 집을 불사르리라"(삿 12:1)라고 하였기 때문이다. 그러나 에브라임의 이 주장은 사실과 다르다. 입다가 암몬과 전쟁하기 전에 에브라임 사람들을 불렀으나 그들은 입다를 도와주지 않았다(삿 12:2). 에브라임은 기드온이 미디안과 싸운 전쟁에서 이기고 돌아왔을 때도 뒤늦게 참전하고는 "왜 우리를 부르지 않았느냐?"고 항의한 바 있다(삿 8:1). 에브라임은 입다에게 "너희 길르앗 사람은 본래 에브라임에서 도망한 자로서 에브라임과 므낫세 중에 있다"(삿 12:4)라고 모욕했다. 이것이 동족들 간에 전쟁을 하게 된 원인이며, 당시 이스라엘 공동체 내에 지파 간의 갈등이 심했다는 것을 의미한다. 이 내전에서 사사 입다가 이끄는 길르앗 사람들이 이겼다. 내전 중에 길르앗 사람들이 요단강 나루턱을 지키고 있다가 도망가는 에브라임 사람들을 다 죽였다. 이때 길르앗 사람들이 물이 흐르는 것을 의미하는 '쉽볼렛'(שִׁבֹּלֶת)을 발음해 보라고 했다. 그리고 에브라임 사람들이 바로 말하지 못하고 '십볼렛'(סִבֹּלֶת)이라고 발음하면 죽였다. 이 전쟁에서 죽은 에브라임 사람이 무려 4만2천 명이었다(삿 12:6-7).

이 사건은 당시 이스라엘의 지형적인 요인과 지파 중심의 생활이 언어와 문화와 풍습의 차이를 유발하여 지파 간의 갈등이 있었음을 보여 준다. 그리고 이스라엘이 하나가 되어 서로 사랑하고 협력하지 못했다는 것을 알 수 있다. 그러나 입다의 이야기는 하나님이 외부의 적들인 암몬을 통하여 이스라엘을 회개시켰고, 내전을 통하여 내부의 적인 에브라임의 위선과 오만함을 벌하신 것으로 이해할 수 있다.

(6) 삼손(삿 13:1-16:31)

삼손 이야기는 앞의 다섯 개의 구조와 다른 특징적인 부분이 있다. 하나는 입다 이야기에서 언급한 것처럼 삼손과 사무엘이 시기적으로 동시대라는 것이다.[20] 또 하나의 특징적인 부분은 사사기의 반역-보응-회개-구원의 구조가 적용되지 않는다는 것이다. 이스라엘 백성이 다시 여호와의 목전에 악을 행하자

20 입다의 이야기를 참조하라.

하나님이 블레셋을 들어 보응하셨는데도 하나님께 부르짖는 일이 없었다. 이는 당시 이스라엘이 블레셋에 동화되어 살았다는 것이다(참조. 삿 15:9-12). 심지어 하나님이 주권적으로 삼손을 세워 이스라엘을 블레셋의 압제에서 구원하려 하셨지만 삼손은 그 일을 하지 못했다. 이러한 시대적 특징은 자연스럽게 사무엘서에서 블레셋을 치고 왕을 세우는 이야기로 이어진다.

① 삼손의 출생배경(삿 13:1-23)

이스라엘이 여호와의 목전에 악을 행하자 하나님은 그들을 블레셋 사람의 손에 넘기셨다(삿 13:1). 그런데도 이스라엘은 여호와께 구하지 않았다. 그래도 하나님은 이스라엘을 블레셋의 압제에서 구원하시기 위하여 주권적으로 역사에 개입하여 사사를 세우려고 하셨다. 여호와의 사자가 소라 땅에 단 지파 사람 중에 당시까지 임신하지 못한 마노아라 하는 사람의 아내에게 나타났다. 여호와의 사자는 그에게 아이를 낳게 될 것인데, 그 아이는 태에서부터 나실인이 되어 이스라엘을 블레셋의 손에서 구원하리라고 하셨다(삿 13:2-5). '나실인'은 어떤 특별한 목적을 위하여 구별된 사람이다(민 6:1-21). 그런데 흥미로운 것은 나실인만이 아니라 나실인을 임신하고 있는 마노아의 아내도 포도주와 독주를 마시지 말라고 하셨다는 것이다(삿 13:4; 참조. 민 6:1-21). 그러나 당시 그 자리에 그녀의 남편 마노아가 없었기 때문에 남편에게 이 사실을 말했다. 마노아는 이 말을 듣고 하나님께 하나님의 사람을 다시 보내어 낳을 아기에 대하여 어떻게 해야 할 것인지를 말해 달라고 기도했다(삿 13:8). 그러자 하나님의 사람이 나타나 마노아에게 그의 아내에게 했던 말을 반복하여 설명했다(삿 13:14). 이렇게 세 번(삿 13:3-5, 7, 14)이나 나실인에 대하여 반복한 것은 태어날 아기가 어떤 사람이 될 것인지를 강조하기 위함이다. 이때 마노아가 말씀하신 분이 누구인지 알게 해 달라고 했을 때 하나님의 사자가 자신의 이름을 '기묘자'라고 하셨다(삿 13:18). 이것은 하나님이 반역한 언약 백성을 위하여 일하시고 계신다는 것이다.

② 삼손의 행동과 하나님의 계획(삿 13:24-14:4)

하나님이 블레셋 사람들의 손에서 이스라엘을 구원하시기 위하여 마노아의 아내에게 아들을 주셨다. 그 여인은 아들의 이름을 삼손이라고 했다. 아이가 자라매 여호와께서 복을 주실 뿐만 아니라 여호와의 영이 그를 움직이기 시작했다(삿 13:24–25). 그런데 삼손은 여호와의 영이 움직이기 시작하셨는데도 자신의 위치를 바르게 인식하지 못했다. 왜냐하면 나실인 삼손은 딤나에 내려가 블레셋 여인과 결혼하려고 하였기 때문이다(삿 14:1–2). 삼손의 부모는 할례 받지 아니한 블레셋 여인을 아내로 맞이해서는 안 된다고 하면서 반대했다. 그런데도 삼손은 "내가 그 여자를 좋아하오니 나를 위하여 그 여자를 데려오소서"(삿 14:3b)라고 했다. 여기에 '내가 그 여자를 좋아하오니'(히 야셔라 버에이나우, יָשְׁרָה בְעֵינַי הִיא)라는 말은 사사시대의 특징을 표현한 "사람마다 자기 소견(눈)에 옳은 대로 행하였더라"(이쉬 하야샤르 버에이나우, אִישׁ הַיָּשָׁר בְּעֵינָיו, 삿 17:6; 21:25)는 말씀과 히브리어로 동일한 표현이다. 이것은 삼손이 자기 눈에 옳은 대로, 즉 자기의 기분과 충동과 욕망대로 행했다는 것이다.

이 사건의 의미를 설명하는 저자는 이 행동에 대하여 사사기 14:4에서 이렇게 설명한다.

> 그때에 블레셋 사람이 이스라엘을 다스린 까닭에 삼손이 틈을 타서 블레셋 사람을 치려 함이었으나 그의 부모는 이 일이 여호와께로부터 나온 것인 줄은 알지 못하였더라.

'삼손이 틈을 타서'의 원문의 의미와 완전히 다르다. 왜냐하면 히브리어 성경에 나오는 대명사 '후'(הוּא)는 3인칭 단수 '그'를 말하지만 삼손을 가리키는 것이 아니라 여호와를 가리키기 때문이다. 따라서 바르게 번역하려면 '여호와께서 틈을 타서'라고 번역해야 한다. 어떤 사람은 삼손이 블레셋을 치기 위하여 의도적으로 블레셋 여인과 결혼하려고 하였는데 그 부모가 이것이 여호와 하나님의 뜻인 줄을 모르고 반대했다고 본다. 만약에 이러한 방식으로 해석한다면 삼손의 행동은 하나님의 말씀에 순종하는 행위로 이해되어야 한다. 그러나 이 본문의 문맥으로 볼 때 이렇게 이해할 수 있는 가능성은 거의 없다. 삼손은 하나님의 뜻에 따라 행동하기보다는 그의 충동과 느낌에 의해 행동하고 있기 때문이다. 그런데도 하나님이 그를 통하여 이스라엘과 블레셋 사이에 틈을 내어 그들을 치려 하신다. 바로 이 부분을 삼손의 부모가 알지 못했다는 것이다. 삼손은 이스라엘의 사사로서 책임을 다하지 못하고 당시 사사시대의 시대정신에 따라서 자기 눈에 옳은 대로 행한다. 그 상황에서 여호와께서는 블레셋을 칠 기회를 찾고 계신다는 것을 보여 준다. 그래서 삼손의 행동과 하나님의 계획은 평행선을 이루고 있다. 이 본문은 독자들이 삼손 이야기를 어떻게 읽어야 하는지를 알려 주는 지표라고 할 수 있다(김지찬 1999a, 128).

③ 하나님의 능력과 삼손의 행동(삿 14:5–20)

삼손은 결국 그의 부모와 함께 딤나로 내려갔다. 그때 젊은 사자가 나타났다. 그런데 여호와의 영이 삼손에게 강하게 임하여 손에 아무것도 없이 사자를 염소 새끼를 찢는 것 같이 찢었다(삿 14:5–6). 이것은 무엇을 의미하는 것일까? 삼손이 맨손으로 젊은 사자를 죽인 것은 여호와께서 주신 힘과 능력이 얼마나 대단한 것인지를 보여 주시기 위함이었다. 그래서 저자는 삼손의 힘의 근원을 "여호와의 영이 삼손에게 강하게 임하니"라고 설명했다. 그리고 삼손이 사자를 죽인 사건을 그의 부모에게 말하지 않았다고 의도적으로 설명했다(삿 14:6).

얼마 후 삼손이 그 여자를 아내로 맞이하기 위해 다시 딤나로 내려가게 되었다. 삼손은 여자를 취하기 위해 내려갈 때 이전에 젊은 사자를 만나 죽인 일이 있었는데, 그 사자의 주검을 보게 되었다. 일반적으로 동물이 죽어 그 시체가 썩을 때 벌레들이 있기 마련이지만 이상하게도 사자의 주검에는 벌떼와 꿀이 있었다(삿 14:8). 그런데 삼손은 손으로 그 꿀을 떠서 걸어가며 먹고 부모에게 드려 먹게 하였으나 그 꿀을 사자의 몸에서 떠왔다고 말하지 않았다(삿 14:8–9). 이 특별한 현상을 부모에게 설명했다면 영적으로 민감하였던 삼손의 부모는 깨달았을 것이다. 그러나 삼손은 부모에게 말하지 않았다. 삼손은 이 특별한 현상을 보고 그가 나실인으로 부름을 받았다는 사실을 알고 그 자신의 직분에 대하여 인식해야만 했다. 그러나 그는 하나님이 여호와의 영으로 감동하게 하시거나, 특별한 기적을 통하여 말씀하셨는데도 여기에 대하여 민감하지 못했다.

그래서 삼손은 결국 블레셋 여인과 결혼하려고 하였고, 그는 당시의 결혼풍습에 따라 연회를 베풀었다. 그 자리에서 수수께끼를 내고 그것을 풀면 베옷 삼십 벌과 겉옷 삼십 벌을 그들에게 주고, 풀지 못하면 그들이 대신 주는 것이었다. 그 수수께끼는 이것이다.

> 먹는 자에게서 먹는 것이 나오고 강한 자에게서 단 것이 나왔느니라(삿 14:14).

이 수수께끼는 하나님이 그에게 이스라엘 사사로서 여호와의 영이 함께하신다는 것을 보여 주는 특별한 표적인 사자를 죽인 사건을 말한다. 이 사건을 통하여 삼손은 나실인이자 이스라엘의 사사로서 직무를 수행해야 하는데 어리석게도 그는 하나님의 능력과 은혜를 자기 힘을 과시하는 것으로 사용하였다. 블레셋 사람들은 이 수수께끼의 답을 알 수가 없자 삼손의 아내를 위협하여 수수께끼의 비밀을 알아내었다(삿 14:15–18). 그러나 블레셋을 칠 기회를 찾고 계셨던 여호와께서는 기회를 놓치지 않으셨다. 여호와의 영이 삼손에게 크게 임하여 아스글론에 내려가서 그곳 사람 삼십 명을 쳐 죽이고 노략하여 수수께끼 푼 자들에게 옷을 주었다. 삼손의 장인은 삼손의 아내를 그의 친구에게 줌으로 결국 삼손은 블레셋 여인을 아내로 얻지 못하게 되었다(삿 14:19–20). 이 일은 얼마 후에 삼손이 블레셋을 치는 빌미가 되었다(삿 15:3, 6).

삼손이 하나님의 뜻을 무시하고 자기의 뜻대로 하려고 할 때 그가 계획하던 일은 결코 성공할 수가 없었다. 오히려 하나님은 삼손이 하나님의 능력을 자기 힘을 과시하기 위한 것으로 사용했다고 할지라도 그의 혈기를 이용하여 블레셋 사람을 치시고 유다와 블레셋 사이에 틈이 생기기를 원하셨다(참조. 삿 14:4).

④ 삼손이 아내 일로 블레셋을 공격함(삿 15:1–8)

삼손의 결혼잔치와 수수께끼 사건 이후에 어느 정도의 시간이 흘렀는지 불분명하지만 그에게 아내를 보고자 하는 마음이 생겼다(삿 15:1). 그러나 이미 다른 사람에게 준 바가 되었다는 사실을 알고 블레셋 사람들을 해하기 위하여 이상하고 우스운 방법으로 복수했다. 그것은 삼손이 여우 삼백 마리를 잡아 두 마리씩 꼬리를 묶고, 그 꼬리에 홰를 달고 여기에 불을 붙여 블레셋 사람들의 곡식밭으로 몰아넣은 것이다. 두 마리씩 꼬리를 묶어 불을 붙였기 때문에 앞으로도 뒤로도 갈 수 없는 상황이 아니었을까? 그 결과 곡식단과 아직 베지 아니한 곡식과 포도원과 감람나무들을 불사르는 결과를 가져왔다(삿 15:4–5). 이 일에 대하여 블레셋 사람들은 이 일의 원인이 삼손의 장인이 삼손의 아내를 취하여 그의 친구에게 준 연고라는 사실을 알고 삼손의 아내와 장인을 불살라 버리는 잔인한 행동을 했다(삿 15:6). 이 일에 대하여 삼손은 많은 블레셋 사람을 살해하고 내려가서 에담 바위틈에 머물렀다(삿 15:7-8).

⑤ 블레셋과 이스라엘 백성의 반응(삿 15:9-13)

삼손이 블레셋을 치자 블레셋 사람들은 군사를 동원하여 삼손 한 사람을 잡기 위해 유다의 레히라는 곳에 진을 쳤다. 유다 사람들이 블레셋 사람들에게 왜 군사를 동원하여 공격하는지 이유를 묻자 블레셋 사람들은 "삼손을 결박하여 그가 우리에게 행한 대로 그에게 행하려 한다"고 했다(삿 15:9-10). 그러자 유다 사람들은 군사 삼천 명을 동원하여 삼손을 잡아 하나님을 섬기지 않는 자들에게 내어 주려고 하였고, 삼손은 유다 사람의 말을 듣고 순순히 결박당했다(삿 15:11-13). 이것은 하나님의 백성과 세상 사람들 사이의 구분이 희미해졌다는 것을 결정적으로 보여준다. 그러나 하나님은 하나님의 백성, 즉 교회와 세상에 속한 사람들이 공존하고 아무런 틈 없이 살기를 원하지 않으신다. 하나님이 삼손을 세우신 것은 하나님의 백성과 블레셋 사이의 틈을 벌려 이들의 지배에서 벗어나게 하시려는 것이었다.

⑥ 하나님이 삼손에게 다시 능력을 주심(삿 15:14-20)

유다 지파 사람들은 삼손을 새 밧줄로 단단히 결박하여 레히까지 압송해 왔다. 그러자 블레셋 사람들은 삼손을 죽이려고 달려 나왔다. 그러나 여호와의 영이 임하여 그를 묶었던 새 밧줄이 불에 탄 삼과 같이 끊어지게 되었다. 그리고 나귀의 턱뼈로 천 명을 죽였다(삿 15:14-15). 삼손은 이 일을 행한 것이 자신의 개인적인 능력이 아니라 하나님이 자기와 함께하심으로 행한 것임을 깨달아야 했다. 그러나 삼손은 그 승리가 자기의 능력의 결과인 것으로 알고 자기 이름을 높였다(삿 15:16). 하나님은 삼손에게 왜 여호와의 영을 임하게 하여 블레셋 사람들을 치게 하셨을까? 그것은 하나님이 삼손에게 어떤 능력을 주셨는지 확인시키고 사사로서 블레셋으로부터 이스라엘을 구원해야 한다는 것을 삼손과 모든 유다 백성에게 보여 주시기 위함이었다.

삼손은 턱뼈로 천 명을 죽인 후에 목이 심히 말랐다. 그래서 여호와께 부르짖자, 여호와께서 우묵한 곳을 터뜨려 물이 나오게 하셨다(삿 15:18-19). 삼손은 그

곳을 '엔학고레'(עֵין הַקּוֹרֵא, 부르짖는 자의 샘)라 지었고, 사사기를 기록할 당시까지 그 샘이 있어 그날의 사건을 증거했다(삿 15:18–19). 그러면 삼손은 이러한 특별한 체험을 통해 변화되었을까? 하나님이 사사를 세우신 목적대로 삼손이 이스라엘을 블레셋의 손에서 구원해 내고, 왕으로 오실 그리스도의 모형대로 이스라엘을 바르게 통치했을까?

⑦ 삼손이 가사에 감(삿 16:1–3)

삼손은 블레셋의 도시 가사에 있는 한 기생의 집에 들어갔다. '기생'이라는 단어의 히브리어 원문은 '조나'(זֹנָה)로 창녀를 말한다. 이스라엘의 나실인이요 사사로서 삼손은 창녀에게 가서는 안 되었다. 이 소식을 들은 블레셋 사람들은 매복하고 삼손을 죽이려고 하였으나 삼손은 밤중에 일어나 성 문짝과 두 문설주와 문빗장을 빼어서 헤브론 앞산 꼭대기에 가지고 갔다. 이것은 하나님이 삼손에게 이스라엘의 사사로서의 직무를 감당할 수 있는 큰 능력을 주셨다는 것이다.

⑧ 삼손과 들릴라(삿 16:4–21)

삼손은 여전히 그의 직분을 인식하지 못하고 소렉 골짜기의 들릴라라는 여인을 또 사랑하게 되었다(삿 16:4). 삼손이 들릴라라 하는 여인과 사랑에 빠져 있다는 이야기를 듣고 블레셋 사람의 방백들이 이 여인에게 삼손의 힘의 비밀이 어디에 있는지를 알아내면 각각 은 천백 개씩을 주겠다고 제안했다(삿 16:5). 들릴라는 그들의 제안에 동의하고 사랑을 빙자하여 삼손의 힘의 근원이 어디에 있는지 밝히라고 집요하게 요구했다. 이에 삼손은 새 활줄 일곱으로 자신을 결박하고(삿 16:7), 새 밧줄들로 결박하고(삿 16:11), 머리털 일곱 가닥을 베틀의 날실에 섞어 짜면 힘이 빠질 것이라고 거짓으로 알려 주었다(삿 16:13). 그러나 결국 들릴라의 계속된 요구에 삼손은 자신이 모태에서부터 하나님께 드려진 나실인이라 고백하고 자신의 머리털을 밀면 힘이 빠질 것이라는 사실을 고백했다(삿 16:17). 들릴라는 삼손의 말을 듣고 블레셋 방백들에게 은을 가져오게 하였고 그들이 그에게 오자 삼손에게 자기 무릎을 베고 자게 한 뒤에 그의 머리털 일곱 가닥[21]을

21 '머리털 일곱 가닥'(שֶׁבַע מַחְלְפוֹת רֹאשׁוֹ)은 일곱 개로 땋은 머리를 말한다. 표준새번역은 '일곱 가닥으로 땋은 그의 머리털'이라고 번역했다.

밀었다. 그러자 그의 힘이 없어졌다(삿 16:18-19). 이 일로 말미암아 여호와께서 삼손을 떠나자(삿 16:20) 삼손은 힘을 잃고 블레셋 사람에게 붙잡혀 두 눈이 뽑혔고 옥에서 맷돌을 돌리게 되었다(삿 16:21).

삼손은 나실인으로 부름을 받아 이스라엘의 사사로 사명을 감당하기보다는 사사시대의 특징대로 자기 눈이 보기에 좋은 대로 행했다. 오늘 이 시대를 구원해야 할 큰 사명을 받은 교회인 우리의 모습은 어떨까? 삼손이 이스라엘을 블레셋으로부터 구원할 수 있도록 큰 힘을 은사로 받았던 것처럼 교회인 우리는 그리스도 안에서 세상을 구원할 수 있는 성령의 다양한 능력과 은사와 은혜를 받았다. 하나님의 백성이라는 삶의 특성을 버리고 받은 은사를 바르게 사용하지 않는다면 삼손처럼 수치와 조롱거리가 될 수도 있지 않을까?

⑨ 삼손의 최후(삿 16:22-31)

저자는 삼손의 머리털이 다시 자라나고 있다는 흥미로운 사실을 언급하며 삼손 이야기의 마지막을 시작한다(삿 16:22). 사실 하나님의 능력은 머리털의 길이와는 관계가 없다. 쿤달(Cundall & Morris 1968, 179)은 삼손이 감옥에 있는 동안 자신의 삶을 하나님 앞에서 회개했다고 보았다. 그래서 삼손의 머리털이 자라는 것은 여호와의 영이 다시 그에게 임하는 가시적인 표현으로 설명했다. 내용적으로 보면 삼손은 그의 눈이 보기에 좋은 대로 행동하여 사사로서의 직분을 다하지 못했다. 그러나 하나님이 삼손의 믿음을 통하여 블레셋을 치신 것은 사실이다(참조. 히 11:32).

블레셋의 방백들은 삼손을 잡고 그들의 신인 다곤신에게 제사했다. 당시의 고대 근동의 문화는 전쟁에 이기면 그들의 국가신이 함께해 주었기 때문에 승리했다고 생각하고 제사를 드리는 일이 보편화되어 있었다. 그러면 이스라엘의 하나님이 가나안의 여러 신들 가운데 하나인 다곤에게 패배했다는 말인가?

당시 블레셋 사람들은 그들의 신인 다곤의 힘으로 삼손을 이겼다고 생각하고 기뻐하기 위하여 다곤 신전에 모여 축제를 벌였다. 축제 장소인 집 안에 많은 사람들이 있었고, 그 지붕에도 약 3천 명 가량 있었다. 그들은 다 삼손이 재주 부리는 것을 보고 있었다(삿 16:27). 삼손은 그의 손을 붙들고 있는 사람들에게 부탁하여 그 집을 버티고 있는 기둥에다가 자기를 세워 두도록 요청했다. 그리고 삼손은 "주 여호와여 구하옵나니 나를 생각하옵소서. 하나님이여 구하옵나니 이 번만 나를 강하게 하사 나의 두 눈을 뺀 블레셋 사람에게 원수를 단번에 갚게 하옵소서"(삿 16:28)라고 기도했다. 하나님은 그의 기도를 들으시고 힘을 주셔서, 그 집안에 있는 모든 방백들과 온 백성이 죽었다(삿 16:30). 삼손이 죽을 때 죽인 자가 살았을 때 죽인 자보다 훨씬 더 많았다. 블레셋 사람들이 삼손을 잡아 그들의 신인 다곤이 이겼다고 제사하는 그 자리에서 하나님은 삼손의 기도를 들으시고 블레셋의 신 다곤이 거짓 신임을 증명해 주셨다.

삼손은 이스라엘의 사사로 20년을 지냈지만 블레셋의 손에서 이스라엘을 구원하지는 못했다. 우리는 삼손의 최후를 보면서 부르심에 합당한 삶을 살기보다는 자기 눈이 보기에 좋을 대로 행하는 것이 얼마나 비참한 결과를 가져오는지를 알게 된다. 오늘날 우리는 이 역사를 보면서 그리스도 안에서 구속받은 언약 백성이라는 거룩한 신분에 대한 인식 없이 삼손처럼 자신의 뜻과 욕망에 따라 행하는 모습은 없는가?

3. 결론(삿 17:1-21:25)

결론 부분은 두 가지 이야기를 마치 영화를 보듯이 생생하게 묘사한다. 종교적 타락상(삿 17:1–18:31)과 정치 · 사회적 타락상(삿 19:1–21:25)을 보여 주는 것으로 당시 사사시대의 시대정신에 따라 자기 소견에 옳은 대로 행하였음을 한눈에 볼 수 있게 한다. 뿐만 아니라 이 두 가지 사건을 수미쌍관법으로 연결하여 사람마다 자기 소견에 옳은 대로 행하는 사사시대의 특징을 보여 준다(삿 17:6; 21:25). 이 두 가지 사건은 사사시대 초기에 일어난 사건이다. 결론부분은 연대기적인 순서로 기록한 것이 아니라 사사시대의 특징을 잘 보여 줄 수 있는 두 가지 사건을 시간의 순서와 상관없이 기록하고 있기 때문이다. 그것을 알 수 있게 하는 두 개의 증거가 있다. 하나는, 단 자손이 자기들을 위하여 그 새긴 신상을 세웠고 모세의 손자요 게르솜의 아들인 요나단과 그 자손이 단 지파의 제사장이 되었다는 것이다(삿 18:30). 게르솜은 모세의 아들(출 2:22; 18:3; 대상 23:14–15)이고, 이 게르솜의 아들이 요나단이라면 이 사건은 사사시대 초기에 있었던 사건임을 알 수 있다. 다른 하나는, 벧엘에 여호와의 궤가 있었고 아론의 손자 엘르아살의 아들 비느하스가 제사장으로 섬기고 있었을 때였다는 것이다(삿 20:28). 이 두 가지 사건은 마치 두 폭의 그림으로 사사기 전체의 사회적 타락상과 종교적 타락상을 보여 준다.

내용 분해

(1) 종교적 타락상(삿 17:1–18:31)

(2) 정치 · 사회적 타락상(삿 19:1–21:25)

내용 해설

(1) 종교적 타락상(삿 17:1–18:31)

이 문단은 미가의 신상과 이와 연관된 레위인 요나단과 단 지파의 행위를 통해 이스라엘의 종교적 타락상을 잘 보여준다.

① 미가의 신상과 잘못된 종교행위(삿 17:1–13)

에브라임 사람 미가가 에봇과 드라빔을 두고 개인적인 성소를 세웠다. 그것은 그가 어머니의 돈인 은 천백을 훔쳤는데 그의 어머니가 저주하자 자백하므로 어머니가 그 돈으로 신상을 만듦으로 시작되었다. 미가는 또한 에봇과 점치는 도구인 드라빔도 만들고 한 아들을 제사장으로 세웠다. 이 행위에 대하여 저자는 "그때에는 이스라엘에 왕이 없었으므로 사람마다 자기 소견에 옳은 대로 행하였더라"(삿 17:6)라고 했다.

이러한 상황에서 레위인 가운데 한 청년이 유대 베들레헴을 떠나 정착할 곳을 찾고 있었다. 미가는 그가 레위인임을 알고 그를 제사장으로 세워서 복 받기를 기대했다. 이 청년이 모세의 손자 요나단이다(삿 18:30). 미가는 요나단을 고용하여 제사장으로 삼았다(삿 18:4). 레위 지파는 하나님을 기업으로 받은 특별한 위치에 있었는데도 잘못된 종교행위를 수용하고 이곳에 자기의 안일을 위하여 둥지를 틀었다.

우리는 이 사건을 보면서 오늘날 우리도 하나님이 명하신 방법이 아니라 자기 방식대로 하나님을 섬기면서 복을 기대하지는 않는지 질문해 보아야 한다. 하나님이 원하시는 방식대로 하나님을 섬기고 예배하지 않으면 절대로 하나님과 만나 교제하며, 하나님의 은혜와 축복을 기대할 수 없다는 사실을 명심해야 한다.

② 단 지파의 이동과 잘못된 종교행위(삿 18:1-31)

단 지파는 기업으로 분배받은 땅(수 19:40-46)이 있었는데도 그 땅이 아닌 다른 곳에 다섯 명의 정탐꾼을 보내어 정착할 곳을 살피게 되었다(삿 18:1-2). 이들은 미가에게 고용된 요나단에게 하나님의 뜻을 묻고 형통할는지를 물었을 때 그들이 가는 길이 여호와 앞에 있다고 말했다(삿 18:5-6). 이 말을 듣고 단 자손은 라이스에서 평화롭게 살던 백성을 죽이고 그 지역을 단이라 했다(삿 18:27-29). 그리고 단 지파 사람들은 미가 집에 있던 에봇과 드라빔과 새긴 우상을 탈취하고 요나단을 그들의 제사장으로 삼았다(삿 18:19-20, 30-31).

그러면 이러한 방식으로 죄를 범한 단 지파의 운명은 어떻게 되었을까? 사사기 18:30에는 "단 자손이 자기들을 위하여 그 새긴 신상을 세웠고 모세의 손자요 게르솜의 아들인 요나단과 그의 자손은 단 지파의 제사장이 되어 그 땅 백성이 사로잡히는 날까지 이르렀더라"라고 기록하고 있다. 단 자손이 언제, 누구에게 포로로 끌려가게 되었는지는 알 수 없다. 그러나 사사기의 역사를 기록한 시점이 왕정시대 가운데 다윗이 여부스를 점령하고 예루살렘을 수도로 정하기 이전이라는 사실을 고려한다면 그 최후를 짐작할 수 있게 한다(삿 1:21; 삼하 5:6-10). 이 본문이 교훈하는 바는 무엇일까? 하나님이 명하시지 않는 방법대로, 자기 생각대로 하나님을 섬긴 단 자손들과 이들에게 돈으로 고용된 요나단의 후손들을 하나님이 심판하셨다는 것이다. 이들의 운명은 결국 미가의 신상이 미가의 집을 보호해 주지 못한 것처럼 그들이 눈이 보기에 좋은 대로 행하는 우상숭배가 그들을 지켜주지 못했다는 것을 보여 준다.

미가의 신상을 통하여 보여 준 이상한 종교현상과 단 지파의 행동은 그리스도 안에 있는 우리에게도 동일하게 적용된다. 구약의 제사제도는 그리스도 안에서 성취가 되었다고 해서 규칙이 없는 것은 아니다. 그리스도 안에서 구속받은 자들은 성령과 진리의 말씀으로 어디에서나 시공간에 제약을 받지 않고 예배하고 교제할 수 있다. 그러나 주일을 거룩하게 지켜야 하고 하나님이 정해 주신 규칙에 따라 질서 있게 예배해야 한다(출 20:8-11; 사 56:2-7; 롬 12:1; 고전 14:40).

(2) 정치 · 사회적인 타락상(삿 19:1-21:25)

이 문단은 한 레위인과 도망간 첩의 이야기를 통해 이스라엘의 정치 · 사회적인 타락상을 잘 보여 준다.

① 발단: 한 레위인과 첩(삿 19:1-10)

처음의 장면은 아름다운 그림처럼 사건을 묘사하고 있다. 흥미로운 것은 앞의 이야기는 남쪽 베들레헴에 살던 레위인이 북쪽으로 이동하여 생긴 이야기이고, 이 문단의 이야기는 북쪽 에브라임에 살던 레위인이 남쪽으로 와서 전개되는 이야기이다(삿 17:7-8; 19:1-10). 레위 지파의 사람들은 특별히 구별되는 지파로서 주의 말씀을 준행하고 주의 언약을 지키며 주의 율례와 법도를 이스라엘에게 가르치는 자들이다(레 10:8-11; 민 8:9-19; 신 33:8-11). 그러나 이 이야기에 등장하는 레위인은 첩을 얻었다.

② 분규: 베냐민 지파의 땅에서 생긴 일(삿 19:11-20:11)

레위인의 첩은 성적인 죄를 범하고 남편을 떠나 베들레헴에 있는 친정으로 달아났다. 그러자 레위인은 그녀를 찾아 돌아오는 가운데 베냐민 지파의 땅인 기브아에서 한 에브라임 사람의 집에 머물게 되었다(삿 19:1-21). 그 밤에 기브아 사람들이 소돔에서 있었던 것과 같은 동성애를 요구했다(삿 19:22; 참조. 창 19:5). 이 과정에서 레위 사람은 자기 첩을 내어주었고, 그 성읍의 불량배들은 그녀를 밤새도록 능욕하다 새벽에 놓아주었다. 이 일로 말미암아 레위인의 첩은 죽었다(삿 19:25-28). 베냐민 지파의 땅에서 일어난 이 상황은 무엇을 보여 주는가? 이것은 사사시대의 사회상과 도덕적 타락상을 베냐민 지파의 잘못된 행동을 통하여 그대로 보여 준다. 이 시기는 자기 눈이 보기에 옳은 대로 행하는 시기였고, 가나안의 잘못된 문화가 언약 공동체인 이스라엘 백성의 삶 깊숙히 영향을 미치고 있다는 것을 알 수 있다.

레위인은 베냐민 지파의 땅에 속한 기브아에서 첩의 주검을 안고 돌아와서 그 시체를 이스라엘 열두 지파의 수대로 열두 토막을 내어서 각 지파에게 보냈다(삿 19:29). 이것은 사람의 목숨을 희생제물로 드린 것과 같은 것으로 이 시체

토막을 본 이스라엘 공동체는 결속해야 하고, 이 결속에 이탈하는 사람은 이 시체토막과 같이 되리라는 의미가 담겨 있다(Cundall & Morris 1968, 198). 이와 유사한 사례는 사울이 왕이 되기 전에도 있었다(삼상 11:7). 레위인이 첩의 시체를 보낸 의도대로 사람들은 놀라운 반응을 보이게 되었다. 이 악한 일을 행한 베냐민을 심판하기 위하여 칼을 빼는 자가 이스라엘 전역에서 미스바에 모였는데 보병만 40만 명이었다(삿 19:30–20:2). 여기서 이스라엘 백성의 총회는 기브아 사람들이 레위인의 첩에게 행한 대로 징계하기로 결정했다(삿 20:8–11).

③ 절정: 이스라엘과 베냐민의 전쟁(삿 20:12–48)

이스라엘 총회는 베냐민 지파에게 기브아에서 악한 일을 행한 사람들을 넘겨 주어서 총회가 그들을 죽여 이스라엘 중에서 악을 제거하자고 제안했다(삿 20:12–13). 그러나 베냐민 자손은 그들의 형제 이스라엘 자손의 말을 듣지 않고 도리어 그들과 싸우고자 했다(삿 20:14). 결국 이 전쟁으로 말미암아 이스라엘 사람들은 첫 번째 전쟁에서 22,000명을 잃었고, 두 번째 전쟁에서 18,000명을 잃었다(삿 20:21, 25). 세 번째 전쟁에서 이스라엘은 승리하였고, 베냐민 사람은 600명만 남아 광야로 도망가 림몬 바위에서 넉 달을 지냈다. 이스라엘 사람들은 베냐민 자손의 온 성읍과 만나는 자들을 다 죽이고 성읍을 불살랐다(삿 20:47–48).

이스라엘 백성과 베냐민이 치른 세 번의 전쟁은 공통점과 차이점이 있다. 공통점은 이 전쟁에 나갈 때 하나님께 물었다는 것이다(삿 20:18, 23, 27). 그러나 차이점은 첫 번째 전쟁에서는 이스라엘 백성이 베냐민과 전쟁할 때 이미 이들과 전쟁을 하겠다고 결정을 내리고(하나님의 뜻은 묻지 않고) "우리 중에 누가 먼저 올라가리이까?"(삿 20:18)라고 물은 것이다. 두 번째 전쟁에서는 "베냐민 자손과 싸우리이까?"(삿 20:23)라고 물었다. 그러나 세 번째 전쟁에서는 "여호와 앞에 앉아서 그날이 저물도록 금식하고 번제와 화목제를 여호와 앞에 드리고"(삿 20:26) 여호와께 물었다. 우리가 이러한 차이점들을 볼 때 이스라엘 백성이 베냐민과 전쟁을 하기 위하여 올라갔을 때 하나님께 묻지 않고 이미 뜻을 정하고 갔다는 것을 알 수 있다. 그러나 첫 번째 패배 후 전쟁을 해야 할 것인지 하나님께 물었다. 그리고 두 번째 패배 후 구체적으로 번제와 화목제를 드리고 하나님의 뜻을 물었다. 바로 여기에 이스라엘 백성이 왜 이 전쟁에서 두 번씩이나 패배하고 40,000

명이나 전사하였는지에 대한 답을 발견할 수 있다. 그것은 베냐민과 싸운 전쟁에서 일방적으로 레위인의 말만 듣고 하나님의 뜻을 묻지 않고 먼저 생각을 정하고 전쟁에 임했다는 것이다. 결과적으로 번제와 화목제를 드리고 하나님과 맺은 언약 관계를 회복한 후에야 세 번째 전쟁에서 이스라엘은 베냐민을 이기게 되었다. 이스라엘은 전과는 달리 기브아의 사면에 일단의 군대를 동원해 매복시킨 후에, 나머지 병사들을 거느리고 기브아를 정면으로 공격하는 전술을 동원했다.

흥미롭게도 세 번째 전쟁 이야기는 처음에는 개략적으로, 다음에는 좀 더 상세하게 두 번 반복하여 기록하고 있다(삿 20:29–36a, 36b–43). 언제(제 삼일), 어디에서(벧엘로 올라가는 길, 기브아의 들로 가는 길) 전쟁이 일어났으며, 전사자의 수가 얼마인지, 그리고 베냐민 지파와 이스라엘 총회의 전략과 전술을 상세하게 설명한다.

이 전쟁에서 베냐민 자손은 이전의 두 번의 승리 후에 꾀임에 빠져 성읍을 놔두고 패배하는 것처럼 보이는 이스라엘 총회를 추격하기 시작했다. 그러나 이스라엘의 복병이 사방에서 나와 베냐민 지파를 포위하고 공격하였기 때문에 이 전쟁에서 베냐민은 총 26,700명 가운데 25,100명이 전사하여 완전히 패하고 말았다(삿 20:44–46). 이 전쟁에 대하여 저자가 "여호와께서 이스라엘 앞에서 베냐민을 치시매 당일에 이스라엘 자손이 베냐민 사람 이만 오천백 명을 죽였으니 다 칼을 빼는 자였더라"(삿 20:35)라고 설명했다.[22] 이것은 여호와께서 당시 자기 소견에 옳은 대로 행한 이스라엘만이 아니라 부도덕한 베냐민의 죄도 벌하셨다는 것이다.

④ 대단원: 내전 후의 문제(삿 21:1–25)

이스라엘 총회는 이 내전 후에 베냐민 지파의 남은 600명을 어떻게 처리하였을까? 이 처리과정에도 역시 사사시대의 시대정신이 잘 나타나 있다. 그들은 "딸을 베냐민에게 아내로 주는 자는 저주를 받으리라"(삿 21:1, 18)라고 맹세했다. 이스라엘 백성은 이러한 맹세를 생각하고 이스라엘의 한 지파가 없어지게 되었기 때문에 벧엘에 모여 저녁까지 하나님 앞에 앉아서 큰 소리로 울었다(삿 21:2–3). 여기서 이스라엘 총회가 앞뒤를 생각하지 않고 감정에 이끌려 맹세했다는 사실을 알 수 있다.

22 베냐민 사람 전체의 수는 26,700명이고(삿 20:15), 사사기 20:35에서는 전사자가 25,100명이고, 20:46에는 25,000명이다. 이 차이는 성경이 설명하지 않는다.

그때 그들은 여호와 앞에 행한 맹세는 반드시 지켜야 한다는 사실도 알고 있었다. 이스라엘이 맹세를 지킬 경우에 베냐민 지파가 사라지고, 만약 맹세를 어기면 하나님의 저주가 임하게 되기 때문에 갈등할 수밖에 없었다. 이스라엘은 이 문제를 해결하는 방법을 찾았다. 그러나 정상적인 방법이 아니었다. 그들은 이 전쟁에 참여하지 않은 자는 죽이기로 맹세하였기 때문에 전쟁에 참여하지 않은 자를 확인해 보았다(삿 21:5). 그 결과 야베스 길르앗 사람들이 참여하지 않은 것을 알게 되었다. 그래서 이스라엘 총회는 처녀들만 남기고 야베스 길르앗 사람들을 모두 죽인 후에 이 처녀들을 베냐민 지파에 나누어주어 아내로 삼도록 결정했다. 그리고 큰 용사 12,000명을 보내어 야베스 길르앗 사람들 중에 남자들과 여자들과 아이들은 모두 살해하고 젊은 처녀 400명만을 남겨 두었다(삿 21:8-12).

그런데 베냐민 지파의 남은 사람이 모두 600명이었기 때문에 200명이 모자랐다. 이 문제를 해결하기 위하여 이스라엘 총회는 여호와의 절기에 춤추러 나오는 실로의 딸들을 납치해서 아내로 삼게 했다(삿 21:16-22). 이 결정에 따라 베냐민 지파의 총각들은 춤추러 나온 실로의 처녀들을 강제로 납치하여 결혼할 수 있었다. 이스라엘 총회가 제안한 방법은 정상적인 결혼 대신에 납치를 통하여 씨(후손)를 얻게 하려는 방법이었다. 이것은 사사시대가 도덕적으로 매우 혼란한 시대로 자기의 눈에 보기에 좋을 대로 행하는 잘못된 시대정신이 지배하고 있음을 보여 준다. 그래서 저자는 마지막에 "그때에 이스라엘에 왕이 없으므로 사람이 각기 자기의 소견에 옳은 대로 행하였더라"(삿 21:25)라고 설명하는 말로 끝을 맺고 있다. 이 말이 암시하는 것은 이스라엘에 왕이 있으면 자기 소견에 옳은 대로 행하는 것이 아니라 왕의 역할을 통하여 문제를 해결할 수 있다는 실마리를 제공한다. 그래서 왕정시대로 이어지면 문제가 해결되리라는 기대감을 가지게 만든다.

그러나 사사시대가 지나고 난 뒤에 곧 사울과 다윗과 솔로몬으로 이어지는 왕정시대로 이어지지만 이스라엘의 왕들은 이스라엘에 참된 평화를 제공해 주지 못했다. 심지어 이스라엘 역사에서 가장 선한 왕이라고 평가받는 다윗마저 자신의 권력으로 부하 장수 우리아의 아내를 데려와 임신시키고 그 사실을 은폐시키기 위하여 우리아를 전쟁터에서 죽게 했다(삼하 11:5, 15). 그리고 다윗은 인구조사로 하나님의 심판을 받아 백성을 70,000명이나 전염병으로 죽게 했다(삼하 24:15). 그래서 사사기가 궁극적으로 지향하고 있는 것은 완전한 왕으로 오실 그리스도를 바라보게 한다.

V. 구속사적 의미

구속사에서 사사기의 위치

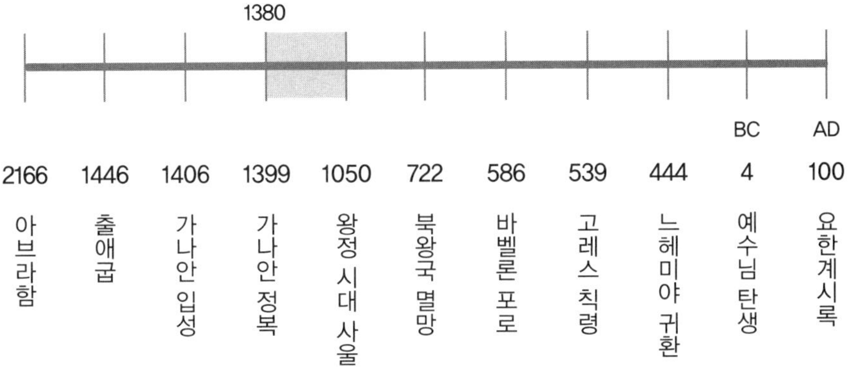

사사기는 여호수아가 죽은 해로 추정되는 주전 1390–1380년에서 멀지 않은 어느 시점부터 사울이 왕이 된 1050년 이전까지 약 300–350년 기간의 구속사를 기록하고 있다. 밴게메렌(Vangemeren 1988, 200)은 사사시대를 포함하여 사무엘서가 기록된 다윗시대까지 구속사의 특징을 다음과 같이 표현하였는데 매우 중요한 의미가 있다고 생각한다.

> 구속사에서 이 시기의 중요성은 하나님의 행동에 있다. 이 하나님의 행동은 앞의 시대의 행동과는 달랐다. 과거에 하나님은 이스라엘의 목전에 놀라운 일들을 행하셨지만 이스라엘은 그의 영광의 계시에 응답하지 못했다. 이 시기에 하나님은 이스라엘이 책임 있게 행동하도록 시험하셨다. 사사기, 룻기, 사무엘서는 사사시대의 이스라엘의 고난을 하나님께 대하여 책임 있는 반응을 보이지 못한 데 있다고 설명한다. 그 고난들(전쟁, 이방인의 지배, 기근)은 이방 종교에 빠진 데 기인해 있다. 하나님의 행동은 아버지의 마음으로 행한 징계와 관심의 표현이다.

특히 사사기를 구속사적인 관점에서 보면 출애굽기와 신명기서에서 말씀하신 언약에 따라 이루어지는 역사이며, 하나님과 언약 당사자인 이스라엘 백성의 관계에서 어떻게 하나님을 만나 교제할 수 있는지 보여 주는 역사라는 것을 알 수 있다. 이 역사를 보면 비록 언약 백성이 불순종한다고 할지라도 변함없이 하나님은 언약에 신실하시며 언약의 궁극적인 목표인 하나님 나라를 이루시는 것임을 알 수 있다. 뿐만 아니라 이스라엘 백성이 범죄할 때 하나님은 진노하여 징계하시지만 신명기 언약에 기록된 대로 회개하고 여호와를 섬기면 하나님의 약속에 따라 사사들을 세워 구원해 주셨다(참조. 신 4:29-31). 여기에는 언약의 역설적인 성격이 작용하고 있기 때문이다. 이스라엘과 맺은 하나님의 언약은 조건적이면서도 무조건적이다. 하나님은 이스라엘 백성이 죄를 범했다고 할지라도 자신의 은혜를 거두지 않으셨다. 그러나 이스라엘 백성은 약속을 상속받기 위해서 믿음과 순종으로 살아야 한다. 사사기 전체의 이야기를 끌고 가는 추진력은 바로 이 긴장이다(Dillard & Longman 1994, 127). 언약 백성으로 약속을 누리며 메시아가 오시는 축복의 통로로 살기 위해서는 언약의 말씀을 믿고 지키는 일이 중요하다. 이 점은 사사시대를 배경으로 한 룻기에서 룻과 보아스의 거룩한 삶을 통하여 보여 준다. 이러한 이유에서 성도는 언약의 무조건적인 성격에 의해 위로를 받고 언약의 조건적인 성격에 의해 계명을 지키며 거룩한 삶을 살아야 할 도전을 받는다.

이러한 긴장을 신약 시대에 적용해 본다면 더 이해하기 쉽다. 우리가 구원을 받는 것은 우리의 행위 때문이 아니라 전적인 하나님의 은혜이다. 이런 면에서는 무조건적이다. 그러나 그리스도 안에 있는 구원의 은혜를 경험하고 누리기 위해서는 주의 법도인 계명을 지켜야 한다. 이런 면에서는 조건적이다. 그래서 이 땅에서 하나님 나라의 은혜를 경험하고 그 나라를 세워가는 성도로 살아가려면 하나님의 계명을 지키며 사는 거룩한 삶은 필수적인 요소이다.

룻기

Ruth

SUMMARY

룻기

룻기는 "사사들이 치리하던 때에 그 땅에 흉년이 드니라"(룻 1:1)는 상황적인 소개로 이야기를 시작한다. 사사기의 결론 부분(삿 17:1–21:25)에는 사사시대의 특징인 사람마다 각기 자기의 소견에 옳은 대로 행하는 전형적인 두 개의 이야기가 있다. 사사기 17–18장은 종교적으로 타락한 모습을 미가와 단 지파가 제사장을 세우는 이야기를 통하여 보여 준다. 사사기 19–21장에는 정치 · 사회적으로 타락한 모습을 베냐민 땅의 기브아에서 있었던 부끄러운 이야기를 통하여 보여 준다. 그런데 룻기는 사사시대의 또 다른 시대적인 특성을 보여 주는 이야기로 시작한다. 반더발(Vanderwaal 1978c, 111)은 사사시대의 두 결론의 '부록'(appendix)으로 보고 룻기를 '사사기의 세 번째 부록'이라고 부를 수 있다고 했다. 이러한 그의 이해는 사사시대의 특징을 그대로 반영해 주는 것으로 보았기 때문이다.

그러나 룻기는 단순히 사사시대의 특징만을 반영하지 않는다. 사사시대 가운데 특이하게도 폭풍 속에서 고요를 표현한다(Fewell & Gunn 1990, 11). 룻기는 하나님이 사사시대의 암흑기에도 룻과 보아스를 통하여 언약을 성취하시기 위하여 어떻게 일하셨는지를 보여 주기 때문이다. 반더발(Vanderwaal 1978c, 112)은 성경 전체의 그림에서 하나님이 언약을 성취하시는 그림을 잘 보여 준다. "룻기는 다윗에 이르러 끝나고 있다. 이스라엘은 왕이 없었으며 모든 사람들은 자기의 소견에 옳은 대로 행했다. 그러나 여호와께서는 창세기 3:15의 약속을 부지런히 성취하고 계셨다. 왕이신 예수님께서 오고 계셨다! 모압 여인 룻이 가나안 여인 다말과 라합과 함께 참여한다. 이 세 여성은 모두 그리스도의 계보에 있다." 이 계보에 룻과 그의 시어머니 나오미의 기업을 무른 보아스도 있다. 이것은 사사기 17:6과 21:25에 기록된 대로 사람마다 자기 소견에 옳은 대로 행하는 사사시대였다고 할지라도 그 가운데서 하나님을 온전히 섬기는 자들이 있었다는 것이다. 그리고 하나님은 그들을 통하여 하나님의 언약을 이루어 가셨다는 것을 보여 준다.

I. 저자와 기록 배경

룻기의 저자가 누구인지는 알려져 있지 않다. 그러나 저자가 여성일 것이라고 추정하는 사람들도 여럿 있는데 그것은 두 명의 주요 등장인물이 여성인데다 이들은 전체 이야기를 통하여 독단적으로 행동하는 것으로 묘사하고 있기 때문이다(Hubbard 1988, 24). 그리고 여성의 심리묘사가 많이 나타나 전혀 무시할 수 없다(룻 1:12–14, 20; 2:11; 3:4, 8–9). 탈무드에는 사무엘이 사사기와 룻기를 썼다고 했다(*Baba Bathra*, 14b). 그러나 역시 증거가 있는 것은 아니다.

룻기는 짧지만 사사시대 가운데 있었던 특별한 사건을 다윗시대에 기록한 것으로 볼 수 있다. 그것은 룻기의 마지막에 기록된 계보(룻 4:18–22)에 다윗이 언급된 것을 통하여 다윗이 통치하는 어떤 기간에 쓴 것으로 볼 수 있다. 왜냐하면 그 후였다면 솔로몬의 이름도 언급될 수 있다고 보기 때문이다(Young 1953, 339). 그리고 "그때에 이스라엘에 왕이 없으므로 사람마다 자기 소견에 옳은 대로 행하였더라"(삿 17:6; 18:1; 19:1; 21:25)는 말씀을 볼 때 왕이 통치하는 시대에 썼다는 것도 알 수 있다. 룻기에 기록된 이야기의 배경은 "사사들이 치리하던 때에 그 땅에 흉년이 드니라"(룻 1:1)는 말씀으로 시작한다. 이로 볼 때 언약에 대한 반역과 도덕적 타락, 국가적 분열과 잦은 외국의 압제 등으로 특징되는 사사시대라는 것은 분명하다. 그러나 약 350년간의 사사시대 가운데 어느 시대인지 이 이야기가 명백하게 보여 주지 않기 때문에 결정하는 것은 어렵다.

그런데 이 책의 결말 부분에 소개하는 다윗의 계보가 이 시대가 언제인지 정보를 추론할 수 있다.

> 베레스의 계보는 이러하니라 베레스는 헤스론을 낳고 헤스론은 람을 낳았고 람은 암미나답을 낳았고 암미나답은 나손을 낳았고 나손은 살몬을 낳았고 살몬은 보아스를 낳았고 보아스는 오벳을 낳았고 오벳은 이새를 낳고 이새는 다윗을 낳았더라(룻 4:18–22).

이 계보는 창세기 5:3-32; 11:10-26과 같이 긴 시간 간격과 많은 사람들이 있지만 10개의 이름만 나타난다. 헤스론은 야곱이 가족들과 함께 애굽에 들어갈 때 인물이다(창 46:12). 이때가 주전 1876년이다. 암미나답은 출애굽 때의 아론의 장인이다(출 6:23). 그렇다면 약 400년 이상이 간격이 있다. 그리고 살몬은 여리고 성벽을 정복할 때 거기에서 정탐꾼을 숨겨준 라합과 결혼했다면 가나안 정복시대의 인물이다(수 2:1). 다윗부터 거꾸로 읽는다면 다윗의 증조모 룻과 결혼한 보아스는 사사시대 중기 이후에서 말기의 인물이다. 살몬과 보아스 사이 역시 긴 시간 간격이 있다. 그래서 이 계보는 그 시대 안에 있는 사람들의 이름을 다 연대기적으로 다 기록한 것이 아니라 그리스도가 오시는 통로인 다윗의 계보를 요약한 것이다. 그렇다면 룻기의 배경은 사사시대 중기 이후나 말기가 된다. 이것은 룻기가 사람마다 자기 소견에 옳은 대로 행하는 시대에서 긴 시간 동안 하나님을 경외하는 자들의 이야기라는 것을 보여 준다.

역사적으로 볼 때 룻기는 강조점의 차이에 따라 약간씩 다르게 위치해 있었다. 대다수의 히브리어 성경은 레닌그라드 사본(주후 1008-9년경의 필사본)에 기초하여 룻기는 사사기와 분리하여 잠언 다음에 나타나 있다. 이 순서에 따르면 잠언이 제시하는 '현숙한 여인'(잠 31:10-31)을 '룻'이라는 한 여성을 통하여 구체적으로 제시하려는 의도가 있다고 본 것이다. 실제로 히브리어로 룻기 3:11에 '현숙한 여자'와 동일한 단어다. 그러나 지금 성경은 칠십인 역의 구분에 따라 사사기 다음에 위치해 있다. 이것은 역사적인 관점에서 사사시대의 혼란기가 막을 내리고 왕정시대가 열리는 시대사적 전환기에서 룻기가 교량역할을 하기 때문으로 보인다. 이러한 배경은 역사적으로 룻기를 어떻게 이해하려고 하였는지를 알게 해 준다.

II. 문학적인 구조

룻기는 문학 장르적인 면에서 볼 때 구성이 잘 짜여 있다. 룻기는 완성된 기교로 잘 다듬어진 이야기 문학의 형태로 되어 있고, 전달하고자 하는 주제가 분명하며, 따뜻함, 아름다움 그리고 극적인 효과가 정교하게 잘 가공된 보석이다 (Wilson & Stek 1985, 365). 이야기의 일반적인 형식은 배경과 인물과 구성으로 이루어져 있다. 이와 같이 룻기는 그 역사적 배경이 사사시대이고, 룻과 나오미 그리고 보아스라는 인물이 나온다. 그리고 룻기는 이 인물들을 중심으로 사건의 발단, 분규(갈등의 심화), 절정(갈등의 해소), 대단원(갈등 해소 이후) 등으로 이루어져 있다. 이러한 소설적 구성 때문에 소설로 보기도 한다(차일즈 1992, 536-537; 장일선 1985, 105). 우리는 그들이 룻기의 역사성을 부인한 것을 받아들일 수 없다. 그러나 이야기로 본 것은 하나님의 계시전달방식에 대하여 통찰력을 준다.

룻기는 이야기라는 문학 장르를 가지고 있지만 허구를 바탕으로 하고 있는 이야기가 아니라 실제 일어난 역사를 토대로 기록한 역사 이야기이다. 그래서 단순한 문학작품이 아니라 역사적 사실 이야기라는 장르를 통하여 메시지를 담고 있다. 물론 이 역사는 구속사를 말한다.

흥미롭게도 룻기는 전체 이야기가 대칭적 구조(symmetrical structure)로 되어 있다. 이 이야기가 전개되는 서론에서 나오미가 모든 것을 잃어버리는 간략한 묘사(룻 1:1-5; 히브리어 성경에서 71단어)로부터 구원과 소망으로 이어지는 네 개의 삽화(揷話, episode)가 있다. 그리고 룻기는 이 삽화에 이어 모든 갈등이 해소되는 것을 간결하게 설명하는 단편적 묘사(룻 4:13-17; 히브리어 성경에는 71단어)까지 구조적으로 잘 구성되어 있다. 이 이야기의 결정적인 전환점은 히브리어 본문에서 가운데 있는 부분인 룻기 2:20에 "나오미가 자기 며느리에게 이르되 그가 여호와로부터 복 받기를 원하노라. 그가 살아 있는 자와 죽은 자에게 은혜 베풀기를 그치지 아니하도다 하고 나오미가 또 그에게 이르되 그 사람은 우리와 가까우니 우리 기업을 무를 자 중의 하나이니라 하니라"는 말씀이다. 그리고 네 개의 삽화에서 이야기의 시작을 보여 주는 신호(룻 1:1, 6; 2:1; 3:1; 4:1, 13)와 이야기를 마감하는 절(룻 1:5, 22; 2:23; 3:18; 4:12)이 다음에 나타나는 삽화를 기대하게 만들고 서로 연결시켜 주는 기능을 한다. 이 구조에 따라 룻기를 도식화하면 다음과 같이 할 수 있다.

서막	나오미가 모든 것을 잃어버림	룻 1:1-5
1막	나오미가 모압에서 돌아옴	룻 1:6-22
2막	룻과 보아스가 추수하는 밭에서 만남	룻 2:1-23
3막	나오미가 룻을 보아스의 타작마당으로 보냄	룻 3:1-18
4막	보아스가 기업을 대신 물어줌	룻 4:1-12
결말	나오미가 회복됨	룻 4:13-22

이 구조와 더불어 룻기는 대조법을 통하여 본문의 의미를 효과적으로 드러내고 있다. 예를 들면, 룻기 1:20의 기쁨의 뜻을 가진 '나오미'(נָעֳמִי)와 괴로움이라는 뜻을 가진 '마라'(מָרָא < מַר), 룻기 1:21에 '풍족하게'와 '비어' 등의 대조이다. 가장 결정적인 대조는 중요한 두 인물, 곧 룻과 보아스의 대조이다. 한 사람은 젊고 이방인이며 궁핍한 과부인 반면에 또 한 사람은 나이가 많고 당시 이스라엘 공동체에 유명한 사람이었다. 또한 각각의 등장인물에도 대조가 있다. 그것은 자기의 유익을 구하지 않는 룻과 모압으로 돌아간 오르바, 기업을 물려준 보아스와 기업 무르기를 거절한 무명의 친족의 대조이다. 이러한 대조를 통하여 등장인물과 주제를 드러내고 있다.

그리고 룻기의 저자는 독자들로 하여금 중심되는 이야기에서 벗어나지 않도록 세심하게 주의를 기울이고 있다. 예를 들면, 나오미의 이야기에서 룻과 보아스가 자기의 유익을 구하지 않는 희생과 봉사의 행동을 통하여 비어서 돌아온 상태에서 풍족하게 채워지는 과정을 묘사하는 것이다. 이 과정을 설명하기 위하여 나오미가 모압에서 약속의 땅, '베들레헴'(בֵּית לֶחֶם)으로 돌아와 회복되는 과정을 묘사하므로 독자들로 하여금 중심되는 주제에 관심을 기울이게 한다. 이러한 문학적 기법을 통하여 이야기가 하나의 초점을 향하여 움직여 간다.

III. 주제와 기록 목적

룻기의 문학적 구조에서 본 바와 같이 저자는 다양한 등장인물과 이야기의 구조를 통하여 주제를 전달하고 있다. 저자는 전체 이야기가 계보와 연관된 이야기라는 것을 보여 준다(룻 4:18–22). 이 계보는 구속사에서 중요한 다윗이 어떻게 태어났는지에 초점을 맞추고 있다. 그리고 이 계보는 다윗 왕가와 그의 후손을 통하여 오실 그리스도의 계보와 연결되어 있다(마 1:1). 룻기의 주제는 하나님께서 우리를 그리스도 안에서 구속하시기 위하여 어떤 사람을 사용하시고, 어떻게 역사를 섭리하시는지를 보여 주려는 것이다.

앳킨슨(Atkinson 1983, 27)은 룻기의 이야기가 '구속'의 개념을 정의하고 예증하기 위하여 의도적으로 이러한 주제들을 다루고 있다고 보았다. 저자는 가족의 의무와 재산권과 관련된 고대 이스라엘 백성의 다양한 법적 내용을 소개한다.

특히 저자는 주제를 '수혼법'(Levirate Law)과 '기업 무를 자'에 대한 제도를 냉랭한 율법조항이 아니라 따뜻한 이야기로 설명한다.

저자는 이러한 주제를 중심으로 룻기를 한 가지 목적이 아니라 다양한 목적을 가지고 기록하고 있다. 첫째, 저자는 하나님은 사사시대에도 우리를 구속하시기 위하여 자신의 백성을 주목하시고 일하시어 다윗을 보내셨다는 것을 보여준다. 어떤 사람은 다윗이 왕이 되는 것을 폭넓게 받아들이도록 하려는 정치적 목적이 있다고 보았다(Hubbard 1988, 42). 이 점을 무시할 수는 없지만 이 책은 그리스도가 오시는 통로인 다윗이 어떤 배경에서 태어났는지를 보여 준다.

둘째, 저자는 구속사에서 룻과 보아스의 믿음과 헌신이 중요한 역할을 한다는 것을 보여 준다. 룻의 시어머니에 대한 공경과 그의 헌신과 믿음을 가르치려는 것도 중요한 목적이다(Young 1953, 340). 그리고 보아스의 친절함 역시 하나님의 구속사를 이루어 가는 일에서 그가 얼마나 하나님의 율법에 신실한 사람이었는지를 보여 준다. 당시 사람마다 자기 소견에 옳은 대로 행하던 그 사사시대에 하나님의 법에 따라 가난한 자들과 외국인들을 위하여 베풀고(룻 2:15–16; 레 19:9–10), '기업을 무를 자'(גֹּאֵל)로서 책임을 다하는 자의 모습으로 나타나고 있다(룻 3:12; 4:4; 레 25:24–30, 47–55). 동시에 보아스는 룻과 결혼하여 엘리멜렉의 가문을 이어주는 '형사취수법'(兄死娶嫂法, Levirate)[23]도 행했다(신 25:5–10). 룻기의 저자는 이러한 보아스의 친절함에도 역시 초점을 맞추어 하나님의 법을 성취하는 자의 모델로 묘사하는 것도 중요한 목적이다(Wilson & Stek 1985, 364). 사실 보아스의 행동은 그리스도의 구속과 함께하나님의 언약 백성으로서의 삶을 잘 보여 준다.

셋째, 저자는 룻기의 등장인물을 통하여 우리에게 하나님의 섭리의 신비로움을 보여 준다. 웨스트민스터 신앙고백서 제5장 1항에 하나님의 섭리에 대하여 묘사하기를 "위대하신 만물의 창조자 하나님은 모든 피조물과 행위들과 사물들을 그 가장 큰 것에서부터 가장 작은 것에 이르기까지 보존하시고 지도하시고 처리하시며 통치하시는데, 그의 지혜와 능력과 의와 선과 자비의 영광을 찬양하기 위하여 그의 지극히 지혜롭고 거룩한 섭리에 의하여 그의 오류가 없으신 예지와 그 자신의 뜻의 자유롭고 변함없는 계획에 따라 하신다"라고 했다. 우리

23 '형사취수법'(兄死娶嫂法)은 '수혼법', '계대결혼법'이라고도 하고, 영어로는 'Levirate'라고 한다.

가 하나님의 섭리를 믿는다는 것은 세상의 피조물로서 하나님께 의존해 있다는 것을 인정하는 것이다. 또한 세상에 일어날 수 있는 우연성(contingency), 즉 하나님이 다르게도 만드실 수 있었다는 점을 인정하는 것이다. '섭리'는 하나님이 창조하신 세계에 대한 하나님의 최고 주권을 인정하면서, 동시에 하나님이 정하신 영역 내에서 책임 있게 살 수 있는 사람의 자유도 인정하는 것이다(Atkinson 1983, 13). 이러한 섭리 아래에서 이 이야기에 나오는 등장인물의 행동은 누가 보아도 하나님이 하셨다는 것을 알 수 있다. 그러나 저자는 그들의 선택을 우연에 의해 일어나는 것처럼 묘사한다. 그것은 룻이 "우연히 엘리멜렉의 친족 보아스에게 속한 밭에 이르렀더라"(룻 2:3)라고 말하는 대목에서 잘 나타난다(Howard 1993, 134). 딜러드와 롱맨(Dillard & Longman 1994, 131)은 룻기의 신학을 가장 결정적이며 직접적으로 보여 주는 구절이 룻기 2:3이라고 했다. 룻기는 하나님의 초자연적인 사건들이 기록되어 있지는 않지만 자세히 살피는 독자들은 출애굽의 이야기만큼이나 하나님의 손이 이 이야기의 사건들을 인도하고 계시다는 것을 이 이야기의 끝에서 알게 된다(Dillard & Longman 1994, 134). 이 이야기의 결말은 룻이 다윗의 증조부 오벳을 낳게 되어 다윗의 가문에 들어가 하나님의 구속사에서 결정적으로 중요한 역할을 하는 것으로 나타난다.

넷째, 저자는 룻을 통하여 구원과 구속사에 참여하는 일이 이스라엘에게만 제한되는 것이 아니라 이방인 중에서도 믿고 순종하는 자들에게도 열려 있다는 것을 보여 준다(마 1:5). 특히 다윗의 계보에서 룻의 위치는 모든 열방이 다윗의 자손으로 오시는 하나님의 아들의 나라에 들어갈 수 있다는 것을 보여 준다(Wilson & Stek 1985, 364). 영(Young 1953, 340)도 룻기는 우리가 믿는 종교인 기독교가 구원에서 초자연적이며 어떤 한 민족에게 제한되는 것이 아니라는 것을 보여 준다고 했다.

IV. 내용

내용 구조

1. 서막: 나오미가 모든 것을 잃어버림(룻 1:1-5)
2. 나오미가 모압에서 돌아옴(룻 1:6-22)
3. 룻과 보아스가 추수하는 밭에서 만남(룻 2:1-23)
4. 나오미가 룻을 보아스의 타작마당으로 보냄(룻 3:1-18)
5. 보아스가 기업을 대신 물어줌(룻 4:1-12)
6. 결말: 나오미가 회복됨(룻 4:13-22)

1. 서막: 나오미가 모든 것을 잃어버림(룻 1:1-5)

룻기는 "사사들이 치리하던 때에 그 땅에 흉년이 드니라"(룻 1:1)는 배경을 소개하므로 이야기를 시작한다. 사사시대의 특징은 사람마다 자기 소견에 옳은 대로 행하던 시대였다는 것이다(삿 17:6; 18:1; 19:1; 21:25). 이러한 시대적인 특성은 룻기를 시작하며 엘리멜렉의 가족사를 소개하는 부분에서 잘 볼 수 있다. 엘리멜렉이라는 이름은 '나의 하나님은 왕이다'(אֱלִימֶלֶךְ)라는 뜻으로 이름에 하나님을 왕으로 섬기려는 믿음이 잘 표현되어 있다. 그러나 그의 이름과 실제 삶은 달랐다. 사사시대의 특징대로 하나님이 왕이 아니라 자기 생각을 하나님이라고 생각했다. 그래서 그는 하나님이 주신 기업을 정리하고 돈과 유익을 좇아 이방 나라인 모압으로 이민을 떠났다. 역사적으로 볼 때 모압은 아브라함의 조카 롯이 소돔과 고모라가 멸망한 후에 자신의 큰딸과 관계를 맺어 낳은 아들인 모압이 그 조상이다(창 19:37). 이 모압은 가끔 주변의 나라들과 동맹을 맺고 이스라엘을 침공한 역사가 있기는 하지만 이스라엘의 속국으로 있었던 때가 많았다. 모압은 이스라엘보다 큰 나라도 아니었고, 잘사는 나라도 아니었다. 한때 모압은 에글론이 통치할 때 이스라엘을 18년 동안 지배하며 부를 누렸다(삿 3:14). 이 기간 동안에 이스라엘은 마치 우리나라가 일본의 식민통치 아래서 고통당했듯이 하나님의 심판으로 말미암아 고통스러운 시간을 보냈다. 그러나 이 시기인지는 불분명하지만 엘리멜렉은 자기 백성과 함께 고통을 받기보다는 자신과 가족의 안일만을 생각하여 하나님이 주신 기업을 다 정리하고 모압으로 이민을 갔다. 그리고 이방의 문화에 젖어 살았다. 그는 하나님의 언약 백성으로서 토지(기업)를 팔아서는 안 된다는 말씀을 어겼다(레 25:23). 뿐만 아니라 이민을 간 모압에서 그의 두 아들 말론과 기룐은 언약 백성의 법인 율법을 버리고 모압의 여인들인 오르바와 룻과 결혼했다(신 7:3–4). 그때 엘리멜렉은 하나님의 징계로 모압의 지배 아래 있었던 이스라엘을 떠나 지배국인 모압으로 가는 것이 자기에게 행복하고 유익하다고 판단했을 것이다. 그러나 그곳에서 약 10년을 사는 동안에 그도 죽고 그의 두 아들 말론과 기룐도 죽었다. 남은 사람은 그의 아내 나오미와 두 며느리였다(룻 1:1–5). 하나님은 언약 백성으로서 본분을 지키지 않고 자기의 유익만을 좇아 행하던 이 가정을 그냥 두시지 않았다. 하나님이 그 가정을 징계하신 것이다. 이것이 사건의 발단이면서 본문의 배경이다. 이러한 배경에서 이 사건이 전개되고 있다. 이 상황에서 룻의 이야기가 어떻게 전개될까?

2. 나오미가 모압에서 돌아옴(룻 1:6-22)

저자는 "그 여인이 모압 지방에서 여호와께서 자기 백성을 돌보시사 그들에게 양식을 주셨다 함을 듣고"(룻 1:6)라고 소개하면서 1막, 곧 나오미가 돌아오는 배경을 들려줌으로 이야기를 이어간다. 룻기 1:1–5에서는 엘리멜렉을 주어로 이야기를 풀어 간다. 그러나 룻기 1:6–22에서는 나오미를 주어로 이야기를 풀어 가고 있다. 나오미에게 남은 희망은 무엇이었을까? 이 본문에서 '돌보다'(파카드, פָּקַד)라는 동사는 '방문하다,' '관심을 기울이다' 등으로 사용된다. 그러나 이 단어는 언약의 말씀에 따라 은혜를 베푸시며 언약을 이행하시기 위하여 역사 가운데 개입하신다는 의미로 사용하는 의미 있는 동사이다. 나오미는 그의 인생의 막다른 골목에서 자기 백성과 언약을 맺으시고 그 언약하신 대로 역사 가운데 개입하시는 여호와 하나님을 생각했다. 이것이 회개의 출발점이다. 하나님이 어떤 분이신지를 생각하는 것이다. 하나님이 은혜 베푸시는 곳으로 마치 예수님의 비유에서 탕자가 아버지의 품을 생각하고 돌아가듯이 돌아오려고 했다

(눅 15:17–20 참조). 이것이 나오미의 회개와 믿음이었다.

나오미는 회개하고 믿음으로 약속의 땅인 베들레헴으로 돌아오면서 두 며느리에게 재혼하여 좋은 남편을 얻어서 위로를 받으며 살기를 권했다(룻 1:8–9). 처음에 며느리들은 이러한 어머니의 권고에도 떠나지 않겠다고 했다(룻 1:10). 나오미는 며느리들의 형편과 처지를 잘 알고 있었다. 며느리들은 남편의 아이가 있는 것도 아니었다. 그렇다고 재산이 있는 것도 아니고, 나오미의 남편이 살아서 아들을 낳아 대를 이어갈 자녀를 가지게 할 수 있는 상황도 아니었다. 이 상황에서 세상의 관점에서 볼 때 두 며느리들의 희망은 무엇이겠는가? 그래서 나오미는 돌아가 재혼하도록 설득했다(룻 1:11–13). 나오미의 말은 당시 사회에서 가문의 대와 기업을 잇기 위하여 행하는 '형사취수법'(Levirate, 兄死娶嫂法)을 반영한다. 이러한 예는 창세기 38장의 다말의 경우에도 나타나고, 신명기 25:5–10에는 이 규정이 나타난다. 이러한 당시 성경의 문화를 이해하고 본다면 나오미가 아들이 있어 대를 잇게 해줄 수 있는 것도 아니다. 그리고 만약 나오미가 아들이 있다고 할지라도 그 아들이 언제 자라기를 기다릴 수 있겠느냐는 말이 어떤 의미인지 이해할 수 있다. 나오미가 모압에서 얻은 며느리들을 위한 유일한 배려는 재혼을 권유하는 것이다. 이 권유를 받고 큰며느리 오르바는 그의 시어머니 나오미와 작별하고 돌아갔다(룻 1:14).

그러나 룻의 희망은 세상의 관점에서 재혼이 아니라 나오미가 섬기는 여호와 하나님이었다(룻 1:16–17). 그래서 룻은 맹세하며 어머니를 떠나지 아니할 것이라고 말하고 죽는 일 외에 어머니를 떠나면 여호와께서 벌을 내리시기를 원한다고 말했다(룻 1:16–18). 룻은 이 말을 하면서 "어머니의 백성이 나의 백성이 되고 어머니의 하나님이 나의 하나님이 되시리니"라고 신앙을 고백했다. 룻이 어머니에게 하는 말을 보면 '어머니'라는 용어를 8번 반복하여 사용한다. 이것은 시어머니 나오미와의 관계를 보여 줄 뿐만 아니라 어머니를 통하여 믿음을 가지게 되었다는 것을 보여 준다. 나오미는 그의 남편 엘리멜렉과 사랑하는 두 아들과 풍족한 재산을 잃어버린 원인을 설명하였을 것이다. 마치 오늘날 아메리칸 드림(American Dream)처럼 여겨졌던 모압 드림(Moabite Dream)이 얼마나 잘못되었는지도 설명하였을 것이다. 그리고 때마침 여호와께서 자기 백성을 찾으시며 약속의 땅 가나안에 은혜를 베풀고 계신다는 소식을 듣고는 약속의 땅으로 돌아가야 한다고 설명하였을 것이다. 이 과정에서 룻은 모압의 신 그모스가 자신의 행복을 책임진다거나, 재혼이 사회적 신분을 회복하고 행복하게 하는 것이 아니라, 시어머니 나오미가 섬기는 여호와께서 자신의 삶을 책임지신다는 믿음을 가지게 되었을 것이다. 룻은 그가 고백한 것처럼 그의 시어머니 나오미의 하나님 여호와께 자신의 삶 전부를 드렸다. 어쩌면 룻은 그녀의 시어머니 나오미가 재혼을 제안하였을 때 그의 동서 오르바가 선택한 것처럼 재혼이 희망처럼 보였는지 모른다. 그러나 룻은 그 상황에서 여호와 하나님을 바라보고 시어머니 나오미를 따라 베들레헴에 이르게 되었다(룻 1:19). 이것이 룻의 믿음이다.

그러나 룻의 현실은 남의 밭에서 떨어진 이삭을 주워서 연명하는 삶이었다. 왜냐하면 룻의 시어머니인 나오미가 말한 것처럼 자신의 이름이 '기쁨'을 의미하는 나오미라 부르지 말고 '괴로움'을 의미하는 '마라'라 부르라고 하였고, '풍족하게' 나갔으나 여호와께서 '비어' 돌아오게 하셨기 때문이다(룻 1:19-21). 나오미와 룻이 돌아왔을 때 '양식을 주는 집'이라는 뜻을 가진 베들레헴(בֵּית לֶחֶם)에서는 보리를 추수하고 있었다(룻 1:22). 이러한 설명은 하나님이 나오미와 룻에게 어떤 결과를 주실는지 기대하게 만든다.

3. 룻과 보아스가 추수하는 밭에서 만남(룻 2:1-23)

저자는 "나오미의 남편 엘리멜렉의 친족으로 유력한 자가 있으니 그의 이름은 보아스더라"(룻 2:1)는 복선(伏線)을 배경으로 제시하며 이야기를 시작한다. 룻기의 저자는 이 사람에 대한 소개를 먼저 하면서 이 사람이 어떤 일을 할 것인지 암시하며 복선을 깔아놓고 있다. 룻은 시어머니의 허락을 받아 이삭을 주우러 갔다(룻 2:2). 그런데 룻은 '우연히' 엘리멜렉의 친족 보아스에게 속한 밭에 이르렀다(룻 2:3). '우연히'라는 단어는 히브리어로 '와이케르 미크레하'(וַיִּקֶר מִקְרֶהָ)라는 두 개의 단어로 하나의 관용구를 이루고 있다. 두 단어의 원형은 '만나다' 또는 '일어난다'라는 뜻의 '카라'(קרה)이다. '와이케르'(וַיִּקֶר)는 '그가 만난다'라는 뜻이고 여기서 그는 보아스가 아니라 하나님이시다. '미크레하'(מִקְרֶהָ)는 '그녀의 만남'이다. 룻이 우연히 들어간 것처럼 보이지만 하나님의 섭리에 의해 그곳에서 하나님을 만난다는 것이다. 그래서 이 말씀은 하나님이 회개하고 돌아오는 나오미의 가정을 회복하기 위하여 보아스의 밭에서 룻을 만나기를 기다리고 계시고, 또한 룻은 하나님을 만나기 위하여 보아스의 밭으로 들어가는 것이다. 이것을 저자는 '와이케르 미크레하'(וַיִּקֶר מִקְרֶהָ, 우연히)라고 표현하고 있는 것이다. 우리가 보기에는 우연처럼 보이지만 일차적으로 하나님이 섭리하시고, 동시에 하나님의 은혜 주심을 바라보고 자신의 일에 최선을 다하고 있는 룻의 행동이 결합된 것이다. 룻이 보아스의 밭에 들어간 것은 어머니를 봉양하기 위하여 자신의 의지에 따라 들어갔지만 항상 함께 계시는 하나님이 바로 그 자리에서 만나시기 위하여 기다리고 계셨다는 것이다. 이것이 우리가 믿는 섭리교리의 진수이다. 그러므로 하나님의 말씀에 따라 자신의 일에 최선을 다하는 것은 거기에 계신 하나님을 만나는 방법이다.

이러한 하나님의 섭리 가운데 있었던 보아스는 이방 여인인 룻을 무시하지 않았다. 그리고 그 밭에서 쫓아내지도 않았다. 오히려 그의 밭을 추수하는 일꾼들에게 이 여인이 자유롭게 이삭을 줍도록 하라고 허락해 주었을 뿐만 아니라 자기 사람들에게 명령하여 곡식 단 사이에서 줍게 하고 심지어 다발에서 조금씩 뽑아 버리게 했다(룻 2:8-9, 15-16). 그는 여호와의 날개 아래 보호받기 위하여 온 자에게 하나님의 사랑을 보여 주기 위하여 룻에게 호의를 베풀었다. 보아스는 룻만이 아니라 이미 다른 가난한 자들이 이미 이 밭에서 이삭을 주울 수 있게 해 주고 있었다(룻 2:8). 이러한 보아스의 행동은 "너희가 너희의 땅에서 곡식을 거둘 때에 너는 밭 모퉁이까지 다 거두지 말고 네 떨어진 이삭도 줍지 말며 네 포도원의 열매를 다 따지 말며 네 포도원에 떨어진 열매도 줍지 말고 가난한 사람과 거류민을 위하여 버려두라. 나는 너희의 하나님 여호와이니라"(레 19:9-10)는 말씀이 생각나게 한다. 보아스는 당시 사사시대, 곧 "사람이 각기 자기의 소견에 옳은 대로"(삿 17:6; 21:25) 행하던 시대에 이웃을 사랑하라는 하나님의 율법을 실천하는 사람이었다는 것이다. 오늘날로 말하면 소득의 일부분을 가난한 자들과 고통 받는 자들을 위하여 사용하는 것을 의미한다.

룻이 밭에서 저녁까지 줍고, 주운 이삭을 시어머니 나오미에게 드리자 "어디서 주웠으며 어디에 일했느냐"(룻 2:19)라고 물었다. 룻은 일할 수 있게 해 준 사람의 이름이 보아스라고 했다. 그러자 나오미는 보아스가 '기업을 무를 자 중의 하나'(룻 2:20)라고 말해 주었다. 이 부분이 이야기의 전환점이며 중심축으로 이야기의 절정으로 나아가는 출발점이다. 나오미가 한 이 말은 저자가 복선으로 깔아놓은 "나오미의 남편 엘리멜렉의 친족으로 유력한 자가 있으니 그의 이름은 보아스더라"(룻 2:1)라고 한 것이 어떤 역할을 할 것인지 구체적으로 보여 준다.

4. 나오미가 룻을 보아스의 타작마당으로 보냄(룻 3:1-18)

저자는 나오미가 자신을 봉양하는 룻을 복되게 해야 되겠다고 룻에게 말하는 것으로 이야기를 전개한다(룻 3:1). 특히 나오미는 보아스가 기업을 물어줄 자 중의 한 사람이라는 것과 하나님의 말씀을 실천하는 자인 줄 알고 룻과 결혼하여 가문을 이어가기를 원했다. 그러나 먼저 보아스가 기업을 물어줄 의사가 있는지 확인하는 일이 필요했다. 그래서 타작마당에서 보리를 까불고 먹고 마신 후에 그가 눕는 곳을 알았다가 들어가 그의 발치 이불을 들고 거기에 누우라고 했다.[24] 그러면서 "그가 네 할 일을 네게 알게 하리라"(룻 3:4)는 말을 덧붙였다. 이것은 친족으로서 기업을 물어줄 의무를 다할 수 있는지 알아보기 위한 목적으로 한 것이다(Wilson & Stek 1985, 369). 나오미의 말대로 룻이 그렇게 하자 보아스는 밤중에 한 여인이 자기 발치에 누워 있는 것을 발견하고 "네가 누구냐?"라고 물었다. 그러자 룻은 "나는 자신의 여종 룻이오니 자신의 옷자락을 펴 자신의 여종을 덮으소서. 이는 자신이 기업을 무를 자가 됨이니이다"(룻 3:9)라고 말했다. 이것은 룻이 보아스에게 자신과 결혼하여 기업을 물어줄 수 있는지를 물어보는 행동이었다. 여기서 "자신의 옷자락을(카나파하, כְּנָפֶךָ) 펴 자신의 여종을 덮으소서"라는 말은 보아스가 룻에게 "그의 날개(커나파우, כְּנָפָיו) 아래에 보호를 받으러 온 네게 온전한 상 주시기를 원하노라"(룻 2:12)라고 한 말과 평행을 이루고 있다. 그리고 보아스를 가리켜 '기업을 무를 자'라는 말은 매우 중요한 의미를 가지고 있다. '무르다'라는 말은 히브리어로 '가알'(גָּאַל)이라는 단어로 성경에 모두 116번 나오는 말로 하나님이 자기 백성을 '구속하신다'라는 의미다. 이 단어의 개념이 무엇인지 이미지로 머리에 떠오르지 않는가? 이 말에 대하여 보아스는 룻이 엘리멜렉의 가족에게 신실하여 젊은 자를 따르지 아니하였기 때문에 "내가 네 말

24 히브리어 원문은 "너는 그의 발을 가리지 말고 누우라"(워기리트 말그로타우 워샤캅트, וְשָׁכָבְתְּ וְגִלִּית מַרְגְּלֹתָיו)이다.

대로 네게 다 행하리라. 네가 현숙한 여자인 줄을 나의 성읍 백성이 다 아느니라"(룻 3:11)라고 말했다. 그리고 자신이 기업을 무를 자이나 자기보다 더 가까운 사람이 있기 때문에 그가 기업 무를 자의 책임을 기뻐하지 아니한다면 자신이 할 것이라고 약속했다(룻 3:12-13). 룻이 돌아와 이 모든 말을 시어머니 나오미에게 하자 "내 딸아 이 사건이 어떻게 될지 알기까지 앉아 있으라. 그 사람이 오늘 이 일을 성취하기 전에는 쉬지 아니하리라"(룻 3:18)라고 말했다. 이는 나오미가 말한 대로 기업을 무르는 일을 행하기 위해 보아스가 어떤 일을 할 것이며, 회개하며 돌아온 나오미와 여호와를 믿는 믿음을 가진 룻에게 하나님이 어떻게 일하실 것인지 기대하게 만든다.

5. 보아스가 기업을 대신 물어줌(룻 4:1-12)

저자는 나오미의 말대로 보아스가 성문에 올라가 앉은 것으로 다음 이야기를 전개한다(룻 4:1). 고대 이스라엘에서 성문은 증인들을 쉽게 세울 수 있어 사업이나 법적인 거래가 이루어지는 장소로 활용되었다(Wilson & Stek 1985, 370). 여기에서 보아스가 자기보다 더 가까운 기업 무를 자가 지나가는 것을 보고 증인으로 성읍의 장로 열 명을 청하고 엘리멜렉의 기업을 무를 수 있는지 물었다. 기업 무르는 법은 레위기 25:23-28에 기록되어 있다. 이 법은 가장 가까운 친족부터 할 수 있었다. 하나님이 이 법을 제정하신 것은 하나님의 백성이 기본적인 생활을 할 수 있도록 하기 위함이었다. 사람은 기본적인 생활이 안 되면 재산의 많고 적음에 따라 서로 편견을 가지게 되고, 사회에는 삶의 불균형과 왜곡된 삶의 양상들이 나타날 수 있기 때문이다. 기업을 대신 물어주려면(대가를 지불하려면) 얼마의 돈이 들까? 많은 돈이 필요하다. 그래서 이스라엘 역사를 보면 대부분 이 일을 기피했다. 보아스가 장로 열 명을 증인으로 세워 이 일을 할 수 있는지 물었지만 그는 자기에게 손해가 된다고 생각하여 거절했다(룻 4:6). 그래서 보아스는 말론의 아내 모압 여인 룻을 아내로 삼고 그 죽은 자의 기업을 이어줄 것이라고 증인들 앞에서 말했다(룻 4:7-10). 보아스의 친족 가운데 한 사람이었던 엘리멜렉은 하나님의 말씀을 버리고 이민을 가서 거기에서 자신도 죽고, 사랑하는 아들도 죽었다. 그리고 그의 아내 나오미는 모든 것을 잃고 며느리 룻과 함께 돌아왔다. 이러한 나오미에게 보아스는 하나님의 말씀에 따라 가까운 친족마저 외면했던 기업을 다시 돈을 주고 사서 삶을 회복시켜 주었다.

오늘날 기업을 무르는 일에 대하여 어떻게 적용할 수 있는가? 만약에 어떤 사람이 생활의 가장 기본이 되는 직장을 잃거나 여러 가지 요인으로 말미암아 정상적인 생활을 할 수 없을 때 기업 무르는 일이 적용될 수 있다. 우리는 그 사람이 직장을 가지고 정상적인 가정생활을 할 수 있도록 도울 수 있다. 경제적인 문제로 말미암아 자녀 교육과 생활 문제를 해결할 수 없는 자들이 있다면 이 문제도 할 수 있다면 도와주어야 한다. 이것이 구원받은 성도들의 사명이며 하나님을 믿는 믿음의 표현이고, 구약 시대에 기업을 무르는 일의 현대적 의미이기 때문이다.

6. 결말: 나오미가 회복됨(룻 4:13-22)

보아스는 룻을 아내로 삼았다. 그런데 여호와께서 그에게 임신하게 하사 아들을 낳게 하셨다(룻 4:13). 이 아들에 대하여 여인들이 나오미에게 이르기를 "찬송할지로다 여호와께서 오늘 네게 기업 무를 자가 없게 하지 아니하셨도다. 이 아이의 이름이 이스라엘 중에 유명하게 되기를 원하노라 .이는 네 생명의 회복자이며 네 노년의 봉양자라. 곧 너를 사랑하며 일곱 아들보다 귀한 네 며느리가 낳은 자로다"(룻 4:14-15)라고 했다. 여인들이 나오미에게 아들이 태어났다 하여 '오벳'이라고 하였는데 그는 다윗의 아버지인 이새의 아버지였다(룻 4:17). 그리고 베레스의 계보를 언급하며 "살몬은 보아스를 낳았고, 보아스는 오벳을 낳았고 오벳은 이새를 낳고 이새는 다윗을 낳았더라"(룻 4:21-22)라고 했다.

그런데 여기에서 우리가 기대하는 형사취수법, 즉 계대결혼이라고 하는 것은 보아스가 말한 대로 "죽은 자의 기업을 그의 이름으로 세우는"(룻 4:5) 것이다. 그렇다면 당연히 '엘리멜렉의 아들 말론의 아들 오벳'이 되어야 한다. 실제로 본문은 나오미가 오벳의 양육자로 나타나고, "나오미에게 아들이 태어났다"(룻 4:17)라고 했다. 이것은 나오미의 가문이 끝난 것이 아니라 오벳으로 말미암아 가문이 이어지고, 나오미의 아들이 이새의 아버지라는 것을 보여 준다. 이것은 오벳은 엘리멜렉의 아들이면서 동시에 보아스의 아들이고, 다윗은 두 가문에서 나왔음을 의미한다(신득일 2012, 326). 그래서 보아스와 룻은 다윗의 조상으로 그리스도가 오시는 통로로서 구속사에서 큰 몫을 담당하였음을 알 수 있다. 여기에서 믿음의 중요성과 그 가치를 알 수 있다.

룻기는 하나님이 하나님 나라를 어떻게 이루어 가시며, 우리가 어떻게 그 나라를 경험할 수 있는지 보아스를 통하여 보여 주는 것에도 중요한 목적이 있다. 이것을 잘 보여주는 것이 책의 결말 부분에 소개하는 다윗의 계보이다.

> 베레스의 계보는 이러하니라 베레스는 헤스론을 낳고 헤스론은 람을 낳았고 람은 암미나답을 낳았고 암미나답은 나손을 낳았고 나손은 살몬을 낳았고 살몬은 보아스를 낳았고 보아스는 오벳을 낳았고 오벳은 이새를 낳고 이새는 다윗을 낳았더라(룻 4:18-22).

이 계보는 창세기 5:3-32; 11:10-26과 같이 10개의 이름만 나타날 뿐만 아니라 긴 시간 간격이 있고 그 안에 생략된 많은 이름이 있다(참조. 창 5:3-32; 11:10-26). 헤스론은 야곱이 가족들과 함께 애굽에 들어갈 때 인물이다(창 46:12). 이때가 주전 1876년이다. 암미나답은 출애굽 때의 아론의 장인이다(출 6:23). 그렇다면 약 400년 이상이 간격이 있다. 그리고 살몬은 여리고 성벽을 정복할 때 거기에서 정탐꾼을 숨겨준 라합과 결혼했다면 가나안 정복시대의 인물이다(수 2:1). 다윗부터 거꾸로 읽는다면 다윗의 증조모 룻과 결혼한 보아스는 사사시대 중기 이후에서 말기의 인물이다. 살몬과 보아스 사이 역시 긴 시간 간격이 있다. 그래서 이 계보는 그 시대 안에 있는 사람들의 이름을 다 연대기적으로 다 기록한 것이 아니라 그리스도가 오시는 통로인 다윗의 계보를 요약한 것이다.

보아스는 당시 사람마다 자기 소견에 옳은 대로 행하던 사사시대에 하나님의 언약의 말씀에 따라 살았던 사람이다. 또한 그는 자기 소득의 일부를 가난한 자들을 위하여 내어 놓았다. 자기 친척인 나오미는 기업을 잃어 남의 밭에서 이삭을 주우며 연명하였고 가까운 친척마저 외면하였지만 보아스는 자기의 재산을 내어 놓아 나오미와 룻의 가정을 회복시켜 주었다. 이러한 보아스의 믿음을 보시고 하나님은 그를 통하여 역사에서 그리스도(=메시아)가 오시는 통로가 되게 하셨고, 사람들에게 믿음의 귀한 본이 되게 하셨다. 성경의 계보를 보면 아브라함과 다윗의 가문에 태어났다고 해서 하나님의 구속계획을 이루는 일에 참여한 것은 아니다. 그러나 보아스가 하나님의 거룩한 백성에 합당하게 처신하므로 그를 통하여 당당히 다윗의 가문과 예수 그리스도의 반열에 서게 하셨다. 하나님이 구속역사에서 주권적으로 붙드시는 은혜도 있다. 그러나 하나님은 그 역사에서 믿음으로 응답하는 사람들을 통하여 하나님 나라를 이루시고, 그 나라를 누리고 경험하게 하신다는 것을 룻과 보아스의 삶을 통하여 잘 보여 준다.

V. 구속사적 의미

구속사에서 룻기의 위치

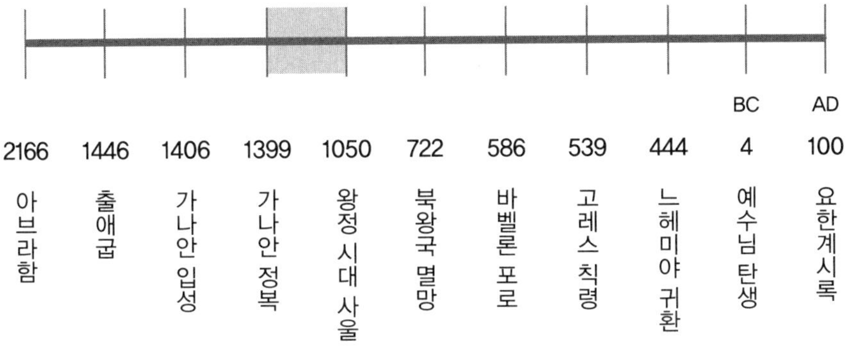

룻기는 사사시대 가운데 모압의 에글론이 통치하는 시대로 추정되는 시대부터 다윗 왕의 계보로 이어지는 구속사를 기록하고 있다. 룻기는 책의 제목으로 사용된 룻과 그의 시어머니 나오미, 룻의 동서인 오르바, 나오미의 남편 엘리멜렉의 친족인 보아스와 이름이 나타나지 않지만 더 가까운 친족도 등장한다. 이러한 등장인물들이 제각기 다른 성격을 보여 주지만 이 이야기의 목표는 단순한 가정사를 기록하고자 한 것이 아니다. 룻기는 하나님이 우리의 구원을 이루어 하나님 나라를 주시려는 구속사를 담고 있는 아주 중요한 책이다.

룻기의 핵심이 구속사라는 것은 룻기 4:18-22에 기록된 다윗 왕의 계보가 잘 보여 준다. 룻기 4:18은 "베레스의 계보는 이러하니라"는 말씀으로 시작한다. 이것은 룻기의 전체 이야기가 이 계보와 연관된 이야기로서, 마태복음 1:1의 "아브라함과 다윗의 자손 예수 그리스도의 계보라"는 말씀과 연결된다. 이 점을 이해한다면 룻기는 예수 그리스도와 그 안에서 누리게 될 하나님 나라에 대한 이야기라는 것을 알 수 있다. 그래서 이 계보는 다윗과 그의 후손을 통하여 오실 그리스도의 계보와 연결되어 있는 것이다.

룻기는 구속사에서 하나님이 사사시대에도 하나님의 언약의 목표인 하나님 나라를 이루시기 위하여 일하셨다는 것을 알 수 있다. 특히 룻이 이방의 모압 여인이었다고 할지라도 시어머니 나오미를 통하여 알게 된 여호와를 경외할 때 언약 백성이 된다는 것을 보여 준다.[25] 뿐만 아니라 하나님이 구속사에서 룻을 그리스도가 오시는 통로로 사용하시고, 모든 세대의 사람들에게 믿음의 본으로 사용하신다는 것을 보여 주셨다. 그리고 하나님의 율법을 신실하게 지키며 큰 희생을 치르고라도 친족의 기업을 대신 무른 보아스의 믿음을 사용하여 인류를 구원하시려는 하나님의 구속계획을 이루는 사람이 되게 하셨다. 이 보아스를 통하여 저자는 구속사에서 하나님의 법을 지키는 일의 중요성을 보여 준다.

25 율법은 암몬 사람과 모압 사람은 영원히 여호와의 총회에 들어오지 못한다고 하였는데(신 23:3; 느 13:1), 특이하게도 룻은 여호와의 총회에 들어왔을 뿐만 아니라 구속사에서 메시아가 오시는 통로가 되었다.

사무엘서

Samuel

S U M M A R Y

사무엘서

사무엘서는 세 인물에 대한 이야기가 주도적으로 나타나고 있다. 세 인물은 바로 이스라엘 역사에서 신정정치 시대를 끝내고 왕정정치 시대를 여는 일에 결정적인 역할을 한 선지자요 제사장인 사무엘과 이스라엘의 초대 왕인 사울, 그리고 이스라엘 역사에 가장 위대하고 사랑받는 왕인 다윗이다. 시대적으로 사무엘서는 "이스라엘에 왕이 없으므로 사람마다 각각 자기 소견에 옳은 대로 행하였던"(삿 17:6; 18:1; 19:1; 21:25) 사사시대 이후의 역사를 기록하고 있다. 사무엘서는 이스라엘의 초기 왕정시대의 역사를 다루되, 언약의 문맥이라는 큰 틀 안에서 다룬다. 그래서 사무엘서를 읽을 때 저자가 사무엘과 사울과 다윗 시대의 구속사에서 언약의 목표인 그리스도 안에서 이루실 하나님 나라를 어떻게 묘사하고 있는지 그리고 당시의 사람들은 어떻게 하나님과 교제하며 구속사역에 참여하였는지의 관점에서 읽어야 한다.

I. 저자와 기록 배경

사무엘서의 저자는 누구인지 알 수 없다. 탈무드(*Baba Bathra* 14b)에는 사무엘이 사무엘서와 사사기, 룻기를 썼다고 되어 있다. 그러나 사무엘상 25:1에 사무엘의 죽음이 기록되어 있을 뿐만 아니라 저자에 대하여 명백하게 언급하지 않는다. 다만 사무엘서의 저자는 사무엘, 나단 그리고 갓 등의 선지자들이 기록한 역사자료들을 활용하여 기록했다는 것을 알 수 있을 뿐이다(대상 29:29). 예를 들면, '야살의 책'(삼하 1:18, 참조. 수 10:13), '다윗 왕의 역대지략'(대상 27:24), '선견자 사무엘의 글'과 '선지자 나단의 글' 그리고 '선견자 갓의 글'(대상 29:29) 등이다. 사무엘하는 사무엘상과는 달리 긴 대화를 포함하여 인물과 사건에 대하여 세심하게 묘사하는 것을 볼 때 사건과 관련된 사람들이 썼을 것이라고 생각할 수 있을 뿐이다.

사무엘 상 · 하는 원래 한 권이었다. 그런데 70인역 번역자들이 둘로 나눈 후에 사무엘 상 · 하는『왕국서』1-2(바실레이오운, Βασιλειων I-II), 열왕기 상 · 하는『왕국서』3-4(바실레이오운, Βασιλειων III-IV)라고 했다. 이렇게 이해한 것은 왕정시대 이후의 역사를 시대순으로 기록했다고 보았기 때문이다. 사무엘서는 당시의 사건을 목격한 사람들이 기록한 자료들을 토대로 쓴 것은 사실이지만 최종적으로 편집된 것은 나라가 분열된 주전 930년 이후가 될 것이다. 왜냐하면 왕국을 이스라엘과 유다로 구분하여 언급한다는 점(삼상 11:8; 17:52; 18:16; 삼하 5:5; 24:1-9)과 사무엘상 27:6에서 "시글락이 오늘까지 유다 왕에게 속하니라"라는 언급 때문이다. 그리고 사마리아의 멸망에 대한 언급이 없는 것으로 보아 북 이스라엘이 앗수르에 의해 멸망한 주전 722년 이전이 될 것이다. 그러나 하워드(Howard 1993, 145)가 지적한 바와 같이 책의 대부분은 다윗과 솔로몬 시대에 기록되었고 최종 편집은 포로기나 포로기에 가까운 시기에 이루어졌다고 보는 것이 합리적일 수도 있다.

사무엘상은 사무엘의 출생 이야기로 시작하고 사울의 죽음(삼상 31:4-5)으로 끝이 난다. 그리고 사무엘하는 다윗이 왕이 되어 40년간 통치한 이야기를 기록하고 있다(삼하 5:4-5). 사무엘서에 기록된 계시는 사무엘이 출생한 것으로 추정되는 주전 약 1120년부터 다윗의 통치 말기인 970년까지 약 150년간의 역사를 기록하고 있다.

사울이 왕이 된 해는 전통적으로 주전 1050년으로 본다. 사도행전 13:21에 사울이 40년간 통치했다고 기록하고 있기 때문에 주전 1010년까지 통치했다. 그리고 사울이 왕이 될 때 사무엘이 늙었고 머리가 희어졌다고 말하는 점을 보아 70세 이상은 되지 않았을까 생각해 볼 수 있다. 그렇다면 사무엘의 출생은 1120년경 이전으로 볼 수 있다. 성경의 기록을 볼 때 사무엘과 입다와 삼손은 거의 동시대에 사역했다. 사무엘서에서 이스라엘의 가장 큰 위협은 블레셋이었다. 사사 입다 시대에 여호와께서 이스라엘을 암몬 자손에게 파시고, 동시에 블레셋에게도 파셨다(삿 10:7). 암몬의 18년 통치를 끝내기 위하여 입다를 사사로 세우셨을 때 입다는 이스라엘이 길르앗에 거주한지 300년이라고 했다(삿 11:26). 그러면 이스라엘이 아모리 왕 시혼을 치고 그 땅을 차지한 해가 주전 1406년이고 암몬 왕을 쳐서 쫓아낸 해가 주전 1106년이 된다. 그리고 이들이 18년간 통치한 점을 감안한다면 블레셋은 주전 1124년부터 미스바에서 사무엘이 물리친 주전 1084년까지 40년 동안 지배했다(삿 10:7-8; 13:1; 삼상 7:2-14)(Howard 1993, 103). 삼손은 블레셋이 40년 동안 지배할 때 사사로 세움을 받았으나 그들을 쫓아내지 못했다. 그러나 사무엘을 중심으로 이스라엘이 미스바에서 승리한 이후에도 블레셋은 수시로 이스라엘을 침략했다(삼상 13-14장, 17장, 31장 등). 그러나 다윗이 왕이 된 후에 이스라엘은 블레셋을 완전히 물리쳤다(삼하 5:17-25; 8:1, 12). 특히 다윗시대에 이스라엘은 아람, 암몬, 모압, 에돔, 아말렉 등을 다 점령하여 지배적인 국가가 되었다(삼하 8:2-12).

II. 문학적 구조

사무엘서는 이야기(narrative)라는 문학 장르를 통하여 사무엘과 사울과 다윗 시대의 구속사를 기록하고 있다. 사무엘서가 이야기라는 독특한 문학형식으로 역사를 기록했다는 점은 책의 내용 못지않게 중요하다. 왜냐하면 하나님의 계시를 전달하는 방법으로 이야기를 사용하고 있기 때문이다.

성경학자들은 사무엘서의 구조를 다양한 방식으로 구분하지만 너무 복잡하다. 사무엘서는 단순하게 중요 인물을 중심으로 보는 것이 좋다. 왜냐하면 때로는 신학적 혹은 방법론적인 선입견이 오히려 본문을 있는 그대로 보지 못하게 하는 장애 요소가 될 수 있기 때문이다(김진수 2011, 38). 사무엘서는 사사시대와 왕정시대를 잇는 가교 역할을 하는 사무엘과 초대 왕 사울과 다윗이라는 인물을 중심으로 시대순으로 기록하고 있다. 사무엘서는 구조적으로 사무엘과 엘리의 이야기(삼상 1:1-7:17), 사무엘과 사울의 이야기(삼상 8:1-15:35), 사울과 다윗의 이야기(삼상 16:1-31:13), 다윗의 이야기(삼하 1:1-24:25)로 구성되어 있다. 사무엘서는 각각의 인물들이 상호작용하면서 왕정시대의 구속사에서 하나님이 구원을 어떻게 이루시며, 어떻게 자신의 백성과 교제하시며 하나님 나라를 건설하시는지 보여 준다.

III. 주제와 기록 목적

사무엘서는 사사기에서 반복적으로 나타나고 있는 후렴구인 “그때에는 이스라엘에 왕이 없었으므로 사람마다 자기 소견(눈)에 옳은 대로 행하였더라”(삿 17:6; 18:1; 19:1; 21:25)는 말씀이 기대한 대로 왕을 세우고, 왕의 통치를 기록한다. 어떤 왕을 세워야 할 것인지에 대하여서는 이미 신명기에 기록되어 있다. 신명기에는 저자가 왕을 세울 때 왕의 자격을 명시하고 있다. 그 자격은 여호와께서 택하신 자를 세우되 형제 중에 세우고, 왕은 자신을 위하여 병마(군사력)와 은금(부)을 많이 두지 말고, 아내를 많이 두어 미혹되지 않게 해야 한다. 그리고 율법책을 옆에 두고 여호와 경외하기를 배우며 율법의 모든 말과 규례를 지켜 행해야 한다(신 17:14-20). 이러한 자격 기준은 이스라엘 왕은 자신부터 율법에 따라 여호와를 경외하고 그 이상을 실현하여 백성으로 하여금 하나님의 복을 받게 하는 일과 연관되어 있다는 것을 보여 준다. 여호와께서는 길갈에서 사울을 왕으로 세울 때 이 점을 보여 주셨다. 이때 사무엘은 왕과 백성이 여호와의 명령을 따르면 좋겠지만 만일 여호와의 명령을 거역하면 여호와가 치실 것이라고 말했기 때문이다(삼상 12:14-15, 24-25).

그러나 사울이 길갈에서 맺은 언약을 순종하지 못하므로 하나님은 다윗과 언약을 맺으셨다. 다윗과 맺은 언약에서 하나님은 다윗의 자손을 통하여 나라를 영원히 견고하게 세우실 것이라고 약속하셨다. 이러한 점에서 이 약속은 무조건적이다. 이 나라는 일차적으로는 이스라엘이지만 궁극적으로는 그리스도 안에서 이루실 하나님 나라이다. 그러나 만일 죄를 범하면 하나님은 사람의 매와 인생의 채찍으로 징계하실 것이라고 말씀하셨다. 이 점에서 하나님의 약속은 조건적이다(삼하 7:12-16). 따라서 사무엘서의 주제는 이스라엘이 제사장 나라로서 언약에 기록된 복과 은혜를 누리며 메시아가 오시는 축복의 통로로 책임을 다하려면 언약의 말씀을 지켜야 한다는 것이다.

이러한 주제를 중심으로 사무엘서는 세 가지 중요한 목적을 가지고 있다. 첫째, 사무엘서는 신명기에 기록된 율법을 사무엘과 사울과 다윗 시대에 적용하여 이스라엘이 언약의 말씀을 지켜 행하는 일이 중요하다는 것을 보여 준다. 사무엘서의 이러한 기록 목적을 이해하려면 여호수아-사사기-사무엘서-열왕기서에 이르는 역사를 고려해야 한다. 이 역사서를 가리켜 신명기적 역사라고 한다.[26] 그것은 신명기의 율법과 세계관을 이스라엘 역사에 적용하였기 때문이다(Dillard & Longman III 1994, 145). 이 역사를 보면 하나님이 주권적으로 역사의 구체적인 상황에 개입하여 그 약속하신 것을 이루시기도 하지만 동시에 사람의 불순종으로 말미암아 그 약속이 제한을 받기도 한다. 특히 길갈 언약과 다윗 언약을 통하여 하나님의 주권적인 은혜와 백성이 지켜야 할 율법, 곧 무조건적인 하나님의 은혜와 조건적인 인간의 책임 간의 긴장이 사무엘서만이 아니라 여호수아, 사사기, 열왕기서 전체를 이끌어가고 있다(Dillard & Longman III 1994, 146). 이는 하나님의 언약이 무조건적으로 적용되는 것이 아니라 조건적인 성격을 띠기 때문이다.

둘째, 사무엘서는 다윗의 자손으로 오실 그리스도 안에서 이루실 하나님 나라를 바라보게 한다. 사무엘서에 기록된 역사를 보면 하나님이 기름 부어 세우신 왕인 사울이나 다윗조차도 이스라엘 백성들을 바르게 인도하지 못하여 백성들이 고통을 받는다. 그런데도 하나님은 다윗과 언약을 맺으시며 그 나라를 견고하게 하시고, 다윗의 등불을 끄지 않겠다고 말씀하신 대로 독자로 하여금 완전한 왕으로 오시는 메시아가 세우실 하나님 나라를 바라보게 한다. 특히 다윗 언약은 역사시인 시편 89편과 역대상 17:1–27에 그 의미를 해석하거나 다른 관점에서 다시 기록하여 이 의미를 설명하고 있다. 그리고 히브리서 1:5은 사무엘하 7:14의 "나는 그에게 아버지가 되고 그는 내게 아들이 되리라"는 말씀을 그리스도에게 적용한다. 이것은 하나님이 아브라함과 다윗에게 약속한 하나님 나라에 대한 약속이 그리스도 안에서 성취된다는 것을 보여 준다.

셋째, 사무엘서는 왕정시대 이후의 사람들과 포로 시대의 백성이 이 역사를 읽음으로 하나님이 이스라엘을 선택하심과 자기 백성을 향한 공급하심과 신실하심 그리고 장차 오실 왕에 대한 그분의 약속을 기억하고 믿음을 가지도록 하는 데도 중요한 목적이 있다(페인 2015, 402).

26 1943년 마틴 노트(Martin Noth)는 여호수아부터 열왕기하에 이르는 책들을 '신명기적 역사'라고 불렀다(노트 1997, 61). 그는 신명기를 모세의 저작으로 보지 않고 바벨론 포로 시절에 상당히 창조적인 능력을 지닌 저자가 신명기 초기 형태를 토대로 권두에 신명기적 서문(신 1:1–4:43)을 첨가하고, 여러 전승들을 편집해서 신명기에서 열왕기하에 이르는 책들을 하나의 통일된 성격을 지닌 작품으로 만들어 냈다고 보았다. 그가 신명기를 모세의 저작으로 보지 않은 것은 잘못이지만 신명기의 사상이 여호수아부터 열왕기서에 반영되어 있다는 지적은 타당하다.

IV. 내용

내용 구조

1. 사무엘과 엘리의 이야기(삼상 1:1–7:17)
2. 사무엘과 사울의 이야기(삼상 8:1–15:35)
3. 사울과 다윗의 이야기(삼상 16:1–31:13)
4. 다윗의 이야기(삼하 1:1–24:25)

1. 사무엘과 엘리의 이야기(삼상 1:1-7:17)

사무엘서의 이야기가 시작되는 역사적 배경은 사사시대 말기로 블레셋의 지배 아래에 있었던 때이다(삿 10:7). 이때는 사사시대에서 왕정시대로 전환되는 시대로 저자는 변화의 시대를 이끌어갈 사무엘의 출생배경을 설명한다. 엘리와 그의 두 아들 홉니와 비느하스가 제사장으로 있었던 그 시대에 사무엘은 여호와와 사람에게 은총을 받아 선지자로 세움을 받고 블레셋의 압제에서 구원해 낸다. 특히 블레셋과 싸운 전쟁에서 언약궤를 빼앗긴 이스라엘에게 하나님이 어떤 분이심을 보여 주심과 더불어 이스라엘의 신앙의 상태를 잘 보여 준다.

내용 분해

(1) 사무엘의 출생배경과 한나의 기도(삼상 1:1–2:10)
(2) 엘리의 아들들과 사무엘의 대조(삼상 2:11–3:21)
(3) 여호와의 언약궤와 관련된 사건들(삼상 4:1–7:1)
(4) 에벤에셀(삼상 7:2–14)
(5) 사무엘의 사역 요약(삼상 7:15–17)

내용 해설

(1) 사무엘의 출생 배경과 한나의 기도(삼상 1:1-2:10)

① 사무엘의 출생 배경(삼상 1:1-28)

사무엘은 에브라임 산지 라마다임소빔에 사는 에브라임 사람 엘가나에게서 태어났다고 소개하므로 그의 가문을 4대나 소개한다(삼상 1:1). 라마다임소빔은 라마와 동일한 명칭이다(삼상 1:19).[27] 이 설명에서 엘가나는 '에브라임 사람'(에프라티, אֶפְרָתִי)이라고 하였기 때문에 에브라임 지파 사람으로 보인다. 그런데 역대기 에서는 그의 가문을 레위 지파의 고핫(=그핫) 자손으로 소개한다(대상 6:22-27). 또한 사무엘을 소개할 때도 레위 지파 사람으로 소개한다(대상 6:34-35). 그래서 사무엘상 1:1에서 말하는 에브라임 사람은 일반적으로 이해하는 에브라임 지파 사람을 말하는 것이 아니다. 그것은 다음과 같은 네 가지 중요한 이유가 있기 때문이다.

첫째는 구약성경에서 유대 땅 베들레헴을 '에브랏'이라고 불렀다. 룻기 1:2에 엘리멜렉과 그의 아내 나오미와 아들들을 가리켜 '에브랏 사람'(에프라팀 〈 에프라티, אֶפְרָתִים 〈 אֶפְרָתִי)이라고 했다. '에브라임 사람'이나 베들레헴의 '에브랏 사람'은 히브리어 원어가 같다(창 35:16, 19; 룻 4:11; 미 5:2). 둘째는 베들레헴의 레위인과 에브라임 산지는 밀접한 연관성이 있다(삿 17:7-12; 19:1-12). 엘가나가 베들레헴 사람이라면 그의 아들 사무엘이 다윗에게 기름을 붓기 위해 베들레헴에 제사를 드리러 갔다는 것은 자연스럽다(삼상 16:2-5)(Baldwin 1991, 50-51). 셋째는 성경에 가문을 소개하는 경우는 메시아가 오시는 통로를 소개할 때나 레위인이나 제사장을 소개할 때만 나타난다. 넷째는 엘가나가 에브라임 지파 사람이라면 앞에 에브라임 산지에 산다고 하면서 구태여 '에브라임 사람 엘가나'라고 쓸 필요가 없다. 그래서 엘가나는 에브라임 산지 라마에 살고 있지만 베들레헴 사람 레위인으로 보는 것이 자연스럽다.

27 '라마다임소빔'(הָרָמָתַיִם צוֹפִים)은 히브리어로 '라마'와 '소빔'으로 라마에 있는 소빔이 가장 적절하다. 특히 '라마'를 양수(dual number)인 '라마다임'으로 쓴 것을 볼 때 라마는 두 지역 또는 두 개의 다른 특성을 가진 도시라는 것을 암시한다.

그런데 엘가나는 한나와 브닌나라는 두 명의 아내를 두었다. 엘가나 가정의 문제는 두 명의 아내를 둔 것에 있다. 왜냐하면 일부일처제는 여호와께서 창조 때부터 주신 보편적 원리이기 때문이다(창 2:24). 한나의 이름이 먼저 나온 것은 첫 번째 부인이기 때문일 것이다. 당시 실로에는 엘리의 두 아들 홉니와 비느하스가 제사장으로 있었다(삼상 1:3). 이것을 밝히는 이유는 사무엘이 출생할 당시의 가정의 상황과 종교적 상황을 말하기 위함이다.

그런데 남편 엘가나가 제사를 드리는 날에 제물의 분깃을 브닌나와 모든 자녀들에게 주되 특히 한나를 사랑하여 그녀에게는 갑절을 주었다. 엘가나의 이러한 행동은 가정에 갈등을 가져왔다. 브닌나는 한나를 격분시켜 괴롭게 했다. 이 일로 말미암아 한나는 울며 먹지 않았다(삼상 1:4–8). 브닌나가 한나를 격분시킨 일을 강조하기 위하여 사무엘상 1:6에서는 히브리어 동사를 강조와 반복을 의미하는 동사 형태와 동일어근인 '카아스'(כַּעַס)를 한 번 더 사용하여 '그를 심히 격분하게 하여'(워키아사타…감–카아스, וְכִעֲסַתָּה…גַּם־כַּעַס)라고 했다. 이것은 브닌나의 격분시키는 행동이 반복적이고 정도가 심했다는 것을 뜻한다. 사무엘상 1:7의 '격분하게 하다', '울다', '먹지 아니하다'라는 동사는 모두 미완료형이다(삼상 1:7). 이것은 브닌나의 격분시키는 행동과 한나의 반응이 모두 과거 그 시점에 동작이 완료되지 않고 계속되었다는 것을 보여 준다. 이들은 어떻게 이 갈등을 풀어갈 수 있을까?

이에 한나는 마음이 괴로워 여호와께 울며 기도했다. 이때 엘리 제사장은 여호와의 전 문설주 곁에 앉아 있었다(삼상 1:9). 한나는 기도하면서 여호와께 서원하기를 아들을 주시면 '그의 평생에' 그를 여호와께 드리고 삭도를 대지 않겠다고 했다(삼상 1:10–11). 이것은 아들을 나실인으로 하나님께 드리겠다는 것이다. 나실인에 대한 많은 규정이 있으나 삭도를 대지 않겠다는 것은 전체의 규정 가운데 대표적인 것을 말한다고 보아야 한다(참조. 민 6:1–21; 레 27:1–8). 이러한 서원은 반드시 지켜야 할 명령이 아니라 더 큰 은혜를 누리게 하려고 하나님이 주신 은혜의 장치 가운데 하나로서 일종의 선택사항(option)이다. 자신의 문제를 가지고 통곡하며 서원한 것은 하나님의 은혜와 능력을 사모하는 은혜의 방편 가운데 하나다.

한나가 여호와 앞에서 오래 기도하는 동안 당시 제사장이었던 엘리는 기도

하는 모습을 보고 그녀가 술 취한 줄을 알았다. 그러나 한나는 술 취한 것이 아니라 여호와께 심정을 통한 것이라고 말하자 엘리는 그녀를 축복해 주었다(삼상 1:16-17). 한나가 여호와 앞에 경배하고 돌아온 후 엘가나는 한나와 동침하였고 여호와께서 그를 생각하고 아들을 주셨다. 이 아들이 사무엘이다. 한나는 아이의 이름을 사무엘이라 지었다. 그 이유를 "내가 여호와께 그를 구하였기 때문이다"(삼상 1:20)라고 했다. '사무엘'(שְׁמוּאֵל)이라는 이름은 '하나님이 들으셨다'는 뜻이다. 그리고 한나는 남편 엘가나와 의논하여 여호와께 서원한 대로 젖을 뗀 후 사무엘을 여호와께 드렸다(삼상 1:22, 27-28). 여호와께서는 한나에게 사무엘 외에도 세 아들과 두 딸을 주셨다(삼상 2:21). 이처럼 하나님의 능력을 믿고 기도하는 일은 갈등을 푸는 실제적인 방법이다(삼상 1:26-27; 2:2-3, 6-7).

사무엘의 출생 배경에는 사람마다 자기 소견에 옳은 대로 행하던 사사시대, 그것도 행실이 나빠 여호와를 알지 못했던 홉니와 비느하스가 제사장으로 있던 시대에 한나의 기도가 있었다. 한나는 기도를 통해 자신이 간절하게 원하던 아들을 얻었다. 그의 아들 사무엘은 후일에 블레셋의 지배 하에 40년간이나 고통당하던 이스라엘을 미스바 전투에서 구원해 내었다(삼상 7:3-14; 참조. 삿 10:7). 이뿐만 아니라 사울과 다윗에게 기름을 붓고 사사시대의 어둠을 걷어내고 왕정시대를 열었다.

그러면 한나가 당시에 실로의 성소에서 간절하게 기도할 때 블레셋의 압제에서 구원하고, 왕정시대를 열어갈 인물을 달라고 기도했을까? 아니다. 한나는 당시에 순전히 개인적인 문제로 아이를 낳게 해 달라고 기도하였지만 하나님이 그의 기도를 들으시고 이스라엘을 블레셋의 압제에서 구원하고 사울과 다윗에게 기름을 부어 왕정시대를 열 사무엘을 주셨다. 그러나 한나가 기도로 사무엘을 낳았다 할지라도 아기를 가지지 못한 여성이 기도하면 아이를 낳는다는 보편적인 규칙은 아니다. 왜냐하면 한나의 기도는 규칙이 아니라 사건에 대한 설명이기 때문이다. 그런데도 하나님의 능력을 믿고 아들을 구한 한나의 기도는 개인적인 문제가 해결되었을 뿐만 아니라 하나님의 뜻을 이루는 일에 중요한 역할을 했다는 것을 보여 준다. 오늘날에도 성도의 기도는 하나님의 뜻 가운데 자신의 문제를 풀어가는 방법이며, 구속사에서 하나님의 뜻을 이루는 방법이기도 하다.

② 한나의 기도(삼상 2:1–10)

한나의 기도는 노래 형식으로 하나님께 대한 찬양과 감사의 기도이다. 그런데도 원수들, 전쟁, 왕에 대한 언급을 통해 국가적인 차원을 띠고 있다는 것은 한나의 기도를 어떻게 읽어야 할 것인지 중요한 단서를 제공해 준다(Brueggemann 1990, 44). 특히 한나의 기도(삼상 2:1–10)와 마지막에 기록된 다윗의 노래(삼하 22:1–51; 시 18)는 내용적으로 유사하다. 예를 들면, "우리 하나님 같은 반석도 없으심이니이다"(삼상 2:2; 삼하 22:3), 하나님의 임재에 대한 표현(삼상 2:10; 삼하 22:8), 왕에 대한 축복(삼상 2:10; 삼하 22:51) 등이다. 몇 개의 유사한 부분만 있는 것이 아니라 내용적으로도 하나님의 위대하심과 기름 부음 받은 자를 왕으로 세우신 일과 그 일로 말미암아 하나님이 원하시는 하나님 나라를 이루시는 일을 언급한다는 점에서 유사하다. 한나의 기도는 다음과 같이 두 부분으로 이루어져 있다.

- 하나님이 한나 개인을 높이심(삼상 2:1–5)
- 하나님이 기름 부음 받은 자를 높이심(삼상 2:6–10)

한나의 기도는 "내 뿔이 여호와로 말미암아 높아졌으며"(삼상 2:1)로 시작하고 "자기의 기름 부음을 받은 자의 뿔을 높이시리로다"(삼상 2:10)라고 마친다. 이것은 한나가 기도 응답을 통해 개인적으로 경험한 하나님이 메시아를 보내어 하나님 나라를 이루실 것을 믿음으로 바라보았다는 것이다. 한나가 바라보았던 메시아가 이 세상에 오셔서 그리스도 안에서 우리와 함께하실 것이다. 한나를 높여 주셨던 하나님께서 우리도 높여 주실 것이고, 우리가 바라보며 기도한 새로운 세상도 열어 주실 것이다.

(2) 엘리의 아들들과 사무엘의 대조(삼상 2:11–3:21)

이 문단은 사무엘의 행동과 당시 엘리 대제사장의 가문이 멸망하는 내용을 서로 장면을 겹치게 하면서(overlap) 역사 무대에 사무엘이 등장하는 시대적 배경을 설명한다. 그리고 당시의 종교적 타락이 얼마나 심각했는지를 보여 주어 왜 사무엘을 역사 무대에 세울 수밖에 없었는지 교차대칭구조를 통하여 설명한다.

A 사무엘이 여호와 앞에서 섬김(삼상 2:11)
B 여호와의 제사를 멸시하는 엘리의 아들들(삼상 2:12–17)
C 여호와를 섬기는 사무엘(삼상 2:18–21)
X 여호와 앞에 범죄하는 엘리의 아들들(삼상 2:22–25)
C′ 여호와와 사람 앞에서 성숙해 가는 사무엘(삼상 2:26)
B′ 엘리 집안에 대한 심판의 예언(삼상 2:27–36)
A′ 사무엘을 역사 무대에 등장시키시는 하나님(삼상 3:1–21)

저자는 이러한 구조를 통해 홉니와 비느하스의 행동과 사무엘의 행동을 대조시킨다. 저자는 홉니와 비느하스가 여호와의 제사를 멸시하고 성전에서 수종드는 여인을 범하는 장면을 클로즈업(close-up)시킨다. 반면에 사무엘이 여호와께서 쓰시는 때를 위하여 준비되어 가는 장면을 클로즈업시킨다. 그리고 저자는 독자로 하여금 사무엘이 당시 캄캄한 어둠을 밝히는 불빛처럼 새 시대를 밝히게 할 것이라는 기대감을 가지게 한다.

① 엘리와 그의 아들들(삼상 2:12–17, 22–25, 27–36)

당시 제사장이었던 엘리의 아들들은 여호와께 드리는 제사를 멸시하고, 회막문에서 수종드는 여인들과 동침하는 죄를 범했다(삼상 2:13–17, 22). 이것은 사람마다 자기 소견에 옳은 대로 행하는 사사시대의 종교적 타락현상 가운데 하나임을 보여 준다. 백성이 아들들의 악행을 알고 있었고, 엘리도 듣고 책망하였으나 듣지 않았다. 그런데 이 일에 대하여 저자는 "그들이 자기 아버지의 말을 듣지 아니하였으니 이는 여호와께서 그들을 죽이기로 뜻하셨음이더라"(삼상 2:25b)라고 설명했다. 여기에 하나님의 작정과 인간의 책임 간의 관계가 나타나 있다. 『웨스트민스터 신앙고백서』 제3장 "하나님의 작정에 관하여" 1항에 보면 하나님이 모든 것을 작정하신 것은 사실이나 죄를 짓도록 인도하는 조성자도 아니시고 인간의 의지를 억제하시는 일도 없다고 고백한다. 그러므로 홉니와 비느하스가 엘리의 충고를 받아들이지 않은 것은 그들의 책임이다. 여호와께서 그들을 죽이기로 작정하셨다 할지라도 이 자체만을 볼 때 선택 여부를 결정할 수는 없다. 그러나 우리는 아무리 언약 백성이고 특별한 직분을 받았다 할지라도 부르심에 합당하게 살지 못하면 하나님이 벌하신다는 사실을 알아야 한다.

하나님의 사람이 엘리에게 와서 애굽에서 나온 때부터 제사장으로 세움을 받은 사실을 지적했다(삼상 2:27-28). 아론의 후손들은 대대로 제사장으로 있으면서 백성의 중보자이자, 에봇을 입고 그 안에 우림과 둠밈을 넣어 하나님의 뜻을 묻는 특별한 은혜를 받았다. 제사장 직분은 아론 자손만이 할 수 있었다. 아론에게는 나답, 아비후, 엘르아살, 이다말이라는 네 아들이 있었으나 나답과 아비후는 하나님이 명하시지 않은 불을 가지고 단에 들어가다가 죽었기 때문에 엘르아살과 이다말의 자손들이 제사장 직분을 행했다. 엘리는 이다말의 자손이다(대상 24:1-6; 왕상 2:27). 그런데도 하나님의 사람은 왜 엘리 집안에 심판을 예언하고 있을까? 그것은 여호와의 제물과 예물을 밟으며, 여호와보다 자기 아들을 더 중히 여겼기 때문이다(삼상 2:29). '제물과 예물을 밟는다'라는 말은 셈족의 관용구인데 여호와의 제사를 무시한다는 뜻이다. 그래서 하나님은 엘리 집안의 기력을 끊고 이스라엘에게는 복을 베풀지라도 엘리 집안은 환난을 보게 될 것이며, 슬픔이 떠나지 않고 젊어서 다 죽을 것이라고 하셨다. 그리고 이 심판을 구체적으로 이루신다는 표징(sign)으로 엘리의 두 아들 홉니와 비느하스가 한날에 죽을 것이라고 하셨다(삼상 2:31-34). 이 말씀대로 두 아들은 블레셋과 싸운 아벡 전투에서 죽었을 뿐만 아니라(삼상 4:11), 그 후의 역사를 보면 무명의 선지자인 하나님의 사람을 통하여 하신 말씀이 그대로 성취되었다(삼상 22:18-20; 왕상 2:27, 34).

우리는 이 역사를 보면서 하나님이 맡겨주신 직분을 중요하게 생각해야하고, 자녀들을 하나님의 말씀으로 잘 양육해야 할 책임이 있다는 것을 알 수 있다. 한 가정의 미래는 여호와 하나님의 말씀을 순종하는지의 여부에 달려 있기 때문이다.

② 사무엘을 선지자로 세우심(삼상 2:11, 18-21, 26; 3:1-21)

저자는 사무엘이 홉니와 비느하스가 제사장으로 있었던 그 시대에 엘리 제사장 앞에서 여호와를 섬기며 자라나 여호와와 사람들에게 은총을 더욱 받으며 단계적으로 성장하여 선지자로 세움을 받는 과정을 설명한다(삼상 2:11, 18-21, 26; 3:1-21). 사무엘이 엘리 앞에서 여호와를 섬길 때 여호와의 말씀이 희귀하여 이상이 흔히 보이지 않았다(삼상 3:1). 엘리의 눈이 어두워 잘 보지 못하는 때에 사무엘은 하나님의 궤가 있는 전에 누워 있었다. 이때 저자는 "하나님의 등불은 아직 꺼지지 아니하였으며"(삼상 3:3)라고 했다. 이것은 새벽이 가까울 뿐만 아니라(출 27:21) 예배의 중심지에 있는 하나님이 임재해 계신다는 상징이기도 하다(Bergen 1996, 86). 이때 하나님이 사무엘을 부르시자 사무엘은 하나님이 자기를 부르는 줄을 모르고 두 번이나 엘리에게 달려갔다(삼상 3:4-6). 이 일에 대하여 저자는 "사무엘이 아직 여호와를 알지 못하고 여호와의 말씀도 아직 그에게 나타나지 아니한 때라"(삼상 3:7)라고 설명했다. 여호와께서 사무엘을 세 번째 부를 때 사무엘이 또 엘리에게 가자 그때 엘리는 여호와의 부름인 줄 알고 "여호와여 말씀하옵소서 주의 종이 듣겠나이다"(삼상 3:9)라고 말하라고 했다. 다시 사무엘은 여호와께서 부르자 엘리가 알려 준 대로 대답했다. 하나님은 사무엘에게 한 무명의 선지자가 예언한 대로(삼상 2:27-36) 그것을 다 이루실 것이라고 말씀하셨다(삼상 3:10-14).

저자는 이 일 후에 사무엘이 자라고 여호와께서 사무엘과 함께 계셔서 이스라엘 전 국토를 나타내는 단에서 브엘세바까지 온 이스라엘이 사무엘이 여호와의 선지자로 세움을 받은 줄을 알게 되었다고 말한다(삼상 3:19-20). 이것은 당시 홉니와 비느하스가 제사장으로 있을 때 영적인 어둠을 걷어내고 새로운 미래를 기대하게 만든다. 여호와께서 다시 실로에서 여호와의 말씀으로 사무엘에게 자기를 나타내셨다(삼상 3:21). 그런데 무엇이라고 말씀하셨는지 말하지 않지만 선지자로 활동한다는 것을 보여 준다. 그리고 사무엘상 4:1a에 "사무엘의 말이 온 이스라엘에 전파되니라"라고 했다. 무엇을 전파하였을까?

(3) 여호와의 궤와 관련된 사건들(삼상 4:1-7:1)

개역개정판 성경은 사무엘상 4:1a인 "사무엘의 말이 온 이스라엘에 전파되니라"는 말씀을 사무엘상 3:21에 붙이고, 4:1b와 분리시키고 있다. 분리시킨다면 여호와께서 실로에서 다시 나타나시고 말씀하시고, 사무엘의 말이 온 이스라엘에 전파되는 것과 언약궤와 관련된 사건이 아무런 관련성이 없게 된다. 그러나 이 말씀을 히브리어 본문처럼 블레셋과 싸운 전쟁 기사의 첫머리에 둔다면 선지적 내용을 소개하는 일반적 방식이 된다. 그렇다면 사무엘상 4:1a은 선지적 활동을 한다는 것이고 그에 대하여 부합한 반응을 보여야 할 이스라엘 백성은 그 말씀에 귀를 기울이지 않고 먼저 전쟁을 한 것으로 볼 수 있다(Spina 1991, 65–66). 저자는 사무엘에게 임한 엘리 집안에 대한 심판의 메시지(삼상 3:11–14)를 어떻게 '하나도 땅에 떨어지지 않고' 다 이루셨는지를 보여 주려는 의도로 사무엘상 4장을 기록했다(김진수 2011, 93–94). 그래서 이 이야기는 사무엘 선지자의 사역에 대한 백성의 반응으로 블레셋과 싸운 전쟁과 그 전쟁으로 말미암아 엘리 집안에 대한 저주가 성취되고, 이 전쟁으로 말미암아 빼앗긴 언약궤와 관련된 사건을 보여 준다.

① 빼앗긴 언약궤와 엘리와 그의 아들들의 죽음(삼상 4:1–22)

이스라엘은 에벤에셀에 진을 쳤고, 블레셋 사람들은 아벡에 진을 치고 전쟁하여 이스라엘이 패해 4,000명 가량이 죽었다(삼상 4:1–2). 이스라엘 장로들은 패배의 원인을 바르게 진단하지 못하고 여호와의 언약궤를 가지고 전쟁에 나가자고 제안했다. 이스라엘 백성은 언약궤가 전쟁터에 오자 큰 소리로 외쳤고, 블레셋 사람들은 그 언약궤가 역사적으로 어떤 일을 행하였는지에 대해 알고 있었기 때문에 두려워했다(삼상 4:8–9).[28] 그러나 이 전쟁에서 이스라엘 보병 삼만 명이 죽고 언약궤를 빼앗겼으며, 엘리의 두 아들도 죽임을 당했다(삼상 3:10–11). 특히 이 전쟁에서 엘리의 두 아들이 한날에 죽은 것은 하나님의 사람이 엘리 집안에 예언한 저주가 성취될 표징이라고 말한 대로 나머지 저주도 성취될 것을 보여 준다(참조. 삼상 2:34). 이와 함께 당시 98세였던 엘리는 이러한 소식을 듣고 의자에서 뒤로 넘어져 목이 부러져 죽었다(삼상 4:17–18).

그리고 이 저주에 따라 사울 왕 시대에 다윗에게 협력했다는 이유로 85명의 제사장이 죽임을 당하고 아비아달 한 사람만 겨우 살아남았다(삼상 22:18–20). 이뿐만 아니라 다윗이 나이 많아 솔로몬으로 정권이 교체되는 시기에 아비아달은

28 블레셋은 유일하신 하나님으로 이해하기보다는 하나님을 복수로 이해하여 다신론적인 개념으로 이해했다. '이 능한 신들'(하엘로힘 하아디림 하에일레, הָאֱלֹהִים הָאַדִּירִים הָאֵלֶּה)에 사용된 원어인 '엘로힘'은 복수형태이지만 하나님을 나타낼 때는 단수로 사용하고 일반 신들을 말할 때는 복수로 사용한다.

아도니아와 모의하여 그를 왕으로 세우려다 제사장 직분을 파면당했다. 이 일에 대하여 저자는 "아비아달을 쫓아내어 여호와의 제사장 직분을 파면하니 여호와께서 실로에서 엘리의 집에 대하여 하신 말씀을 응하게 함이더라"(왕상 2:27)라고 설명했다. 이러한 엘리 집안의 패망 과정을 보면서 우리는 각 가정에 맡겨 주신 약속의 자녀들을 하나님의 말씀으로 잘 가르쳐야 한다는 무거운 책임감을 느껴야 할 것이다.

이스라엘이 언약궤를 빼앗긴 것은 단순히 엘리의 두 아들의 범죄 때문만이 아니라 이스라엘의 죄악 때문이기도 하다. 역사시인 시편 78:56-61은 이때의 역사에 대해 " 지존하신 하나님을 시험하고 반항하여 그의 명령을 지키지 아니하며 그들의 조상들 같이 배반하고 거짓을 행하여……실로의 성막을 떠나시고……그의 영광을 대적의 손에 붙이시고"라고 해석했다.

② 블레셋 땅의 언약궤(삼상 5:1-12)

실로의 장막을 떠난 하나님의 궤는 어떻게 되었을까? 블레셋 사람들은 하나님의 궤를 빼앗아 다곤 신전에 두었다(삼상 5:1-2). 이것은 그들의 신 다곤이 이스라엘의 신 여호와를 이겼다는 것을 의미한다. 그런데 이 언약궤로 말미암아 몇 가지 중요한 사건이 발생했다. 하나는 블레셋 사람들이 아스돗에 있는 그들의 신인 다곤 신전에 언약궤를 두었을 때 발생한 사건이다. 다곤 신전에 하나님의 궤를 둔 이튿날 다곤이 여호와의 궤 앞에 엎드러져 얼굴이 땅에 닿았고, 그 이튿날에는 또 다시 엎드러져 얼굴이 땅에 닿았을 뿐만 아니라 전날과 달리 머리와 두 손목이 끊어져 문지방에 있었다(삼상 5:2-4).

또 하나의 사건은 아스돗에 있는 신전 안에만 아니라 신전 바깥 그 지역에 사는 사람들에게 독한 종기의 재앙이 내린 것이다. 아스돗 사람들은 "그의 손이 우리와 우리 신 다곤을 친다"(삼상 5:7)라고 했다. 그래서 여호와의 궤를 가드와 에그론 등으로 옮겼으나 사망의 환난이 더 심해졌다. 그래서 그들은 블레셋 방백들을 모아 이스라엘의 신의 궤를 그 있던 곳으로 돌아가게 하여 죽임 당함을 면하자고 논의했다(삼상 5:11). 그러면 이 사건들이 의미하는 것은 무엇일까?

언약궤로 말미암아 블레셋의 다곤 신전과 신전 바깥에서 있었던 이 사건을 볼 때 이스라엘의 신 여호와께서 다곤에게 진 것이 어떤 의도가 있었다는 것을 알게 한다. 왜냐하면 블레셋 지역에 언약궤로 말미암아 나타난 현상을 볼 때 다곤이 참 신이 아니라 하나님이 참 신이라는 것이 증명되었기 때문이다.

③ 언약궤가 돌아옴(삼상 6:1–18)

이 문단은 여호와의 궤가 블레셋에 있던 일곱 달 동안에 있었던 사건으로 인하여 언약궤를 돌려보내는 내용이다. 여호와의 궤가 블레셋에 있었던 일곱 달 동안의 일로 말미암아 블레셋 사람들은 언약궤를 본래 있었던 이스라엘 경내로 돌려보낼 수밖에 없었다. 그래서 그들은 어떤 방법으로 여호와의 궤를 돌려보내야 할지 제사장들과 복술자들에게 물었다(삼상 6:2). 블레셋의 제사장들과 복술자들은 하나님께 금 독종 다섯과 금 쥐 다섯을 속건제로 드리도록 제안했다. 그 제물로는 몸에 난 종기 모양을 따서 만든 금 독종 다섯과 땅을 해롭게 한 금 쥐 다섯을 바치게 했다. 그것은 블레셋에 내린 재앙이 세 군데만 나타나 있지만 블레셋의 다섯 개 지방에 다 내렸기 때문으로 보인다(삼상 6:17–18).

그러나 당시 블레셋 진영에서는 이러한 제안에 대하여 반대하는 사람들도 있었다. 그것은 "애굽인과 바로가 그들의 마음을 완악하게 한 것 같이 어찌하여 너희가 너희의 마음을 완악하게 하겠느냐?"(삼상 6:6)라고 수사의문문으로 책망한 말에서 알 수 있다. 이러한 반대로 말미암아 그들은 여호와의 궤를 그냥 보내지 않고 블레셋 온 성에 나타난 재앙이 하나님이 내린 것인지, 아니면 우연히 발생한 천재지변인지 확인해 보기 위해 한 가지 실험을 하기로 했다. 그것은 새 수레와 한 번도 멍에를 메어 보지 아니한 암소, 그것도 송아지가 딸린 두 마리 암소를 선택하여 수레를 끌게 하고, 그 수레에 언약궤를 싣고 속건제로 드릴 금보물은 궤 옆에 두고 그 소들이 벧세메스로 올라가게 하는 것이었다(삼상 6:7–9). 한 번도 멍에를 메어 보지 아니한 소가 사람의 인도를 받지 않고 목적지까지 도달한다는 것은 소의 본능으로는 생각할 수 없다. 한 마리는 우연히 그렇게 될 수도 있지만 두 마리가 다 새끼까지 딸려 있기 때문에 본능적으로 새끼가 있는 곳을 돌아보게 되어 있다. 그런데도 암소는 벧세메스 길로 바로 행하여 대로로 가며 갈 때에 울고 좌우로 치우치지 아니했다(삼상 6:12). 이것이 가능했던 것은 하나님이 벧세메스로 가는 소를 붙잡으셨기 때문이다. 뒤를 따라갔던 블레셋의 다섯 방백은 소가 좌우로 치우치지 않고 벧세메스로 올라갔고, 벧세메스 사람들이 여호와께 번제를 드리는 것을 보았다(삼상 6:16). 이 실험을 통해 그들은 블레셋에 내렸던 모든 재앙들이 이스라엘의 하나님 여호와께로부터 나왔다는 사실을 알게 되었다.

저자는 법궤가 돌아온 사건과 연관된 사건을 요약하면서 블레셋 사람들이 아스돗, 가사, 아스글론, 가드, 에그론의 다섯 성읍을 위하여 속건제물로 드린 다섯 금 독종과 금 쥐를 벧세메스 사람 여호수아의 밭에 둔 사실을 언급한다(삼상 6:17-18). 이것은 법궤로 말미암은 여호와의 재앙이 블레셋 모든 성읍에 내렸다는 것을 보여 준다.

그러면 오늘날 설교자들이 실험 도구로 선택된 이 소를 오늘날의 성도의 삶과 비교하여 벧세메스로 가는 암소처럼 묵묵히 나아가야 한다고 할 수 있겠는가? 그리고 마지막에는 암소가 희생제물이 된 것처럼 자신을 희생해야 한다고 적용할 수 있겠는가? 이 문단의 핵심은 소의 충성을 보여 주는 것이 아니라 하나님이 소를 주장하여 블레셋에 임한 재앙이 여호와의 궤 때문이라는 것을 증명하려는 것이다. 또한 저자는 동물의 행동을 우리 신앙의 모범으로 제시하지 않는다.

언약궤와 관련된 사건을 기록한 것은 두 가지 중요한 목적이 있다. 하나는, 하나님이 이스라엘의 죄악을 책망하고 언약궤에 대한 잘못된 태도를 고치기 위하여 블레셋에 빼앗겨 포로가 된 것처럼 행하셨다는 것이다. 이 점은 이스라엘의 역사시인 시편 78:56-62에 기록되어 있다. 오늘날에도 많은 사람들은 교회에 출입은 하면서 그 말씀은 순종하지 않고 언약궤를 메고 나가면 하나님이 함께하실 것이라고 생각하듯이 형식적으로 교회에 다니거나 성경책이나 십자가를 부적처럼 사용한다. 이러한 신앙태도는 하나님의 능력과 도우심을 기대할 수 없다. 참으로 중요한 것은 구약의 언약궤가 상징하는 것이 하나님이 살아계셔서 자기 백성들과 함께하신다는 하나님 나라 사상에 있는 것처럼 하나님의 통치를 받아들이고 순종하는 것이 중요하다. 또 하나는, 블레셋 사람들과 관련된 것으로 언약궤를 빼앗음으로 다곤이 이스라엘의 신 여호와를 이긴 것이 아니라 여호와만이 참되시고 살아 계신 하나님이심을 보여 주려는 것이다. 그래서 언약궤가 가는 곳곳마다 재앙을 내리시고 땅을 해롭게 만드는 쥐를 보내거나, 몸에 종기가 나서 죽게 하므로 다곤 신의 허구성을 드러내셨다(삼상 6:5).

④ 언약궤를 아비나답의 집에 둔 배경(삼상 6:19–7:1)

저자는 이 문단에서 여호와의 궤가 사무엘이 에벤에셀에서 블레셋을 치기까지 벧세메스에서 기럇여아림에 있는 아비나답의 집에 머물게 된 배경을 설명한다. 그것은 벧세메스 사람들이 여호와의 궤를 들여다보았을 때 여호와께서 벧세메스 사람 칠십 명을 죽이신 사건 때문이다(삼상 6:19).[29] 이 사건 후 벧세메스 사람들이 "이 거룩하신 하나님 여호와 앞에 누가 능히 서리요"(삼상 6:20)라고 한 것을 볼 때 단순히 여호와의 궤를 들여다본 것이 아니라 궤에 대한 법을 어긴 것으로 보인다(민 4:15, 17–20). 이 사건으로 말미암아 여호와의 궤는 기럇여아림에 있는 아비나답의 집에 20년 동안 있었다(삼상 7:2). 이 20년은 사무엘이 미스바에 백성들을 모은 후 블레셋과의 전쟁에서 승리할 때까지를 말한다. 이때를 주전 1124년부터 시작된 40년간의 블레셋의 압제가 종식된 해로 본다면 주전 1084년이다(삿 10:7; 13:1)(Howard 1993, 103). 그렇다면 다윗이 왕이 되어 7년 6개월 동안 헤브론에서 다스린 후 예루살렘으로 옮길 때까지(삼하 6:2–3) 여호와의 궤는 적어도 102년 이상 아비나답의 집에 있었던 것으로 보인다.[30]

(4) 에벤에셀(삼상 7:2–14)

언약궤가 기럇여아림에 들어간 날부터 20년이 지났을 무렵에 저자는 "이스라엘 온 족속이 여호와를 사모하니라"(삼상 7:2)라고 했다. 여기서 '사모하다'라는 동사는 히브리어로 '나하'(נהה)인데 이 동사는 구약성경에 단 세 번만 나타난다(겔 32:18; 미 2:4). 이 동사의 뜻은 '슬피 운다, 울부짖는다'라는 뜻이다. 이 행동은 회개의 세 가지 단계, 곧 지적으로 동의하고 인식하는 단계, 감정적으로 슬퍼하는 단계, 그리고 의지적으로 행동으로 옮기는 단계 가운데 죄를 인식하고 슬퍼하는 단계에 이르렀다는 것이다. 이러한 단계에 이르게 된 요인은 당시에 블레셋의

29 개역개정판에는 '(오만 칠십 명)'이라고 하고, 난외주에 '오만이 없음'이라고 표기했다. 이 부분은 필사자의 오류로 보인다. 왜냐하면 문법적으로도 맞지 않기 때문이다. 게다가 작은 성읍에 그렇게 많은 주민이 살았다고 할 수 없다.

30 에벤에셀에서 블레셋과 치른 전쟁에서 승리한 해가 주전 1084년이라면 궤가 아비나답의 집에 들어간 것은 1104년이 되고, 다윗이 왕이 된 해가 1010년이라면 궤는 적어도 102년 동안 아비나답의 집에 있었다.

압제로 인한 고통도 있었겠지만 사무엘을 통한 하나님의 말씀이 있었기 때문이다(삼상 3:19–20). 사무엘은 회개의 세 단계 가운데 죄를 인식하며 슬퍼 우는 것을 보고 세 번째 단계인 의지적인 행동으로 "옮기는 이방 신들과 아스다롯을 너희 중에서 제거하고 너희 마음을 여호와께로 향하여 그만을 섬기라. 그리하면 너희를 블레셋 사람의 손에서 건져내시리라"(삼상 7:3)고 했다. 이스라엘 자손들은 이 말을 듣고 바알들과 아스다롯을 제거하고 여호와만 섬겼다(삼상 7:4).

사무엘은 온 이스라엘을 예루살렘에서 북서쪽으로 약 12km 떨어진 곳에 위치해 있는 미스바에 모이게 했다. 그리고 이스라엘은 종일 금식하며 회개했다(삼상 7:6). 금식은 고통스럽고 힘든 일이지만 우리 기도의 깊이를 더하게 하고 능력을 더하시기 위하여 하나님이 정하신 방법이다(듀엘 1994, 104). 이스라엘이 미스바에서 종일토록 금식하며 회개하고 기도할 때 블레셋 사람들이 온 이스라엘이 미스바에 모였다는 소식을 듣고 군대를 동원하여 치러 올라왔다. 이때 사무엘은 젖 먹는 어린양 하나를 가져다가 온전한 번제를 여호와께 드리고 이스라엘을 위하여 여호와께 부르짖을 때 여호와께서 응답하셨다(삼상 7:9). 그 응답은 큰 우레를 발하여 어지럽게 하는 초자연적인 방법으로 나타났다(삼상 7:10). 이 전쟁으로 말미암아 블레셋 사람들이 굴복하여 이스라엘 지역에 들어오지 못하였고, 블레셋 사람에게 빼앗겼던 성읍까지 찾았다(삼상 7:13–14). 이때는 주전 1084년으로 주전 1124년부터 시작된 40년간의 블레셋의 압제가 종식되었다(삿 10:7; 13:1)(Howard 1993, 103). 바로 이 사건으로 말미암아 사무엘상 7:3에서 "만일 너희가 전심으로 여호와께 돌아오려거든 이방 신들과 아스다롯을 너희 중에서 제거하고 너희 마음을 여호와께로 향하여 그만을 섬기라. 그리하면 너희를 블레셋 사람의 손에서 건져내시리라"는 말씀이 확실하고 믿을 만하다는 사실이 판명되었다.

사무엘은 이 사건을 기념하기 위하여 돌을 취하여 미스바와 센 사이에 세우고 그 이름을 '에벤에셀'(אֶבֶן הָעָזֶר)이라고 했다. 이 이름은 '도움의 돌'이라는 뜻으로 여호와께서 여기까지 우리를 도우셨다는 의미이다(삼상 7:12). 이 기념비를 세운 목적은 이때의 사건을 기억하고 회개하고 하나님께 도움을 구할 때 하나님께서 기적적으로 도우셨다는 것을 알게 하려는 것이다. 그리고 훗날에 여러 가지 문제로 삶이나 국가에 위기가 찾아온다 할지라도 이날의 사건을 기억하고 회개하고 하나님만을 섬길 때 하나님이 도우시고 구원해 주신다는 믿음을 가지도록 하기 위함이다.

하나님이 이스라엘 백성들에게 사무엘 선지자를 보내어 하나님의 말씀을 가르치고 회개하고 부르짖을 때 구원해 내신 목적은 이스라엘은 하나님이 선택한 언약 백성이라는 신분을 회복하여 그 사명을 감당하도록 하기 위함이다. 하나님은 바로 이 이스라엘 백성들을 통하여 약속하신 메시아를 보내시고 그를 믿는 우리를 구원하여 과거 이스라엘이 받았던 신분과 특권과 책임을 주셨다(벧전 2:9).

(5) 사무엘의 사역 요약(삼상 7:15-17)

저자는 사무엘이 사사로서 이스라엘을 다스린 사역을 요약한다. 그는 벧엘과 길갈과 미스바로 순회하며 이스라엘을 다스렸고, 라마에 있는 자기 집에서도 다스렸다. 그리고 그는 제사장으로서 라마에서 제단을 쌓았다. 이러한 요약 정보는 사무엘이 사사로서, 제사장으로서, 선지자로서 온 이스라엘을 다스렸다는 것을 보여 준다.

2. 사무엘과 사울의 이야기(삼상 8:1-15:35)

이 문단은 율법에서 예언한 내용 가운데 하나로 이스라엘의 사회적 통치 체제가 사사들과 제사장에서 왕으로 전환되는 과정과 사울이 왕으로서 어떻게 직무를 수행하고 있는지를 설명한다. 이스라엘 왕의 자격과 직무는 신명기 17:14-20에 기록하고 있다. 버건(Bergen 1996, 112)은 사무엘과 사울의 이야기를 신명기 16:18-17:20에 대한 역사적 해설이라고 했다. 이는 재판하는 직무에 왕도 포함한다고 보았기 때문이다. 실제로 사울을 왕으로 세우시는 과정을 보면 하나님은 사무엘을 통해 율법에 따라 사울을 왕으로 세우시고, 사울이 율법을 버리자 하나님도 그를 버리셨다.

내용 분해

(1) 사울을 왕으로 세우다(삼상 8:1-12:25)

(2) 사울의 실패(삼상 13:1-15:35)

내용 해설

(1) 사울을 왕으로 세우다(삼상 7:15-12:25)

이 문단은 사울을 왕으로 세우는 과정을 설명한다. 백성들이 '모든 나라와 같이'(삼상 8:5) 왕을 세워 달라고 요구하였고, 그 요구에 따라 사울을 왕으로 세운다. 여기서부터 이스라엘 역사는 사사가 통치하던 시대에서 왕이 통치하는 시대로 바뀐다.

① 왕을 요구하다(삼상 7:15-8:22)

사무엘이 사는 날 동안 이스라엘을 다스린 이후 그가 늙어 그의 아들들을 사사로 세웠다(삼상 8:1). 사사시대에 어떤 사사도 아들이 그 직분을 잇는 사례는 없었으나 사무엘이 그의 아들들을 세운 것은 특별한 이유가 있었던 것으로 보인다. 그러나 사무엘의 두 아들은 아버지의 행위를 따르지 아니하고 이익을 따라 뇌물을 받고 판결을 굽게 했다(삼상 8:2-3). 이 일은 사회 공동체의 질서를 무너뜨리는 일로 성경에 자주 언급된다(출 23:6-8; 신 16:18-20; 사 5:23; 암 5:12). 이러한 상황에서 이스라엘 장로들이 왕을 요구했다. 그 요구에 사무엘은 기뻐하지 아니하고 여호와께 기도했다. 그러자 여호와께서 이스라엘이 왕을 요구한 일은 사무엘을 버린 것이 아니라 여호와를 버려 그들의 왕이 되지 못하게 하는 것이라고 설명해 주셨다. 그리고 그들을 다스릴 세상의 왕의 제도를 가르치라고 하셨다(삼상 8:7-9).

그러면 여호와께서 이스라엘이 왕을 요구한 것은 하나님을 버리는 행위라고 하시면서도 왜 왕 제도를 허용하셨을까? 이미 하나님은 율법에 왕 제도에 대한 지침까지 주셨다(신 17:14-20). 그리고 아브라함의 후손에서 왕들이 나오게 될 것이라고 하셨다(창 17:6). 이로 볼 때 왕 제도 자체는 문제가 없다. 문제는 이스라엘이 하나님의 통치를 받아들이지 않겠다는 잘못된 태도이다. 언약궤와 관련된 사건(삼상 4:1-7:2)에서 보았듯이 이스라엘에게 중요한 것은 군사조직이나 정치체제가 아니라 하나님을 왕으로 모시고 그 뜻을 구하는 자세가 이스라엘의 운명을 결정한다(성주진 2007, 331-332). 이 점은 길갈에서 사울을 왕으로 세우며 언약을 맺는 일에서 확인할 수 있다(삼상 12:16-25).

여호와께서 사무엘을 통하여 이스라엘 백성들에게 당시 세상에서 왕 제도가 어떤 부정적인 요소가 있는지를 설명해 주셨음에도 이스라엘은 왕 제도를 선택했다(삼상 8:10-20). 이스라엘이 선택한 왕 제도는 역사적으로 볼 때 긍정적인 요소도 있었지만 부정적인 요소도 많이 있었다. 여호와의 율법을 지켜 행하는 왕이 통치하면 백성들이 평안한 삶을 살게 되지만 율법을 무시하는 왕이 통치하면 큰 위험 가운데 빠지게 되었다. 이것은 왕 제도가 중요하기는 하지만 더 중요한 것은 율법의 순종 여부에 달려 있었기 때문이다.

② 사울이 왕으로 기름 부음을 받다(삼상 9:1-11:13)

이스라엘 역사에서 중대한 전환점이 되는 권력구조가 바뀌는 시점에 저자는 어떤 사람을, 어떻게 왕으로 세웠는지를 설명한다. 그는 "베냐민 지파에 기스라 이름하는 유력한 사람이 있으니……기스에게 아들이 있으니 그의 이름은 사울이요"(삼상 9:1-2)라며 이야기를 시작한다. 베냐민 지파는 사사시대 초기에 거의 전멸하였기 때문에 약 200-300년이 지났다 할지라도 다른 지파보다 크다고 할 수 없다(삿 20:46-47). 사울은 아버지의 잃어버린 암나귀를 찾는 과정에서 사무엘을 만났다. 사울이 사무엘을 만나러 오기 전날에 여호와께서 사무엘에게 사울에게 기름을 부어 이스라엘의 지도자로 삼으라고 하셨고, 그가 블레셋의 손에서 구원할 것이라고 말씀해 주셨다(삼상 9:15). 이 말씀에 따라 사무엘은 사울의 머리에 기름을 부었다(삼상 10:1). 이뿐만 아니라 사무엘은 사울에게 왕이 될 것이라는 구체적인 증거로 세 가지 징조들이 있을 것이라고 말해 주었다. 첫째는 두 사람을 만나 암나귀를 찾았다는 소식을 들을 것이고, 둘째는 벧엘로 올라가는 세 사람이 떡 두 덩이를 줄 것이고, 셋째는 하나님의 산에서 선지자의 무리가 예언하는데 사울도 예언할 것이라는 것이다(삼상 10:2-6). 이러한 징조를 주신 목적은 하나님이 사울을 왕으로 세우신 것을 그가 받아들여야 한다는 것과 하나님이 그와 함께하신다는 것을 보여 주려는 것이다(삼삼 10:7). 그리고 길갈로 내려가서 칠일 동안 기다리라고 했다(삼상 10:8). 이 일 후에 저자는 이야기의 결론으로 하나님이 새 마음을 주셨고 그날 그 징조가 다 이루어졌다고 설명했다(삼상 10:9-13).

이 일 후에 저자는 사울이 숙부와 만난 일을 설명한다. 사울이 그의 숙부에게 사무엘을 만났다고 하자 숙부는 사무엘이 무슨 말을 했는지 물었으나 암나귀를 찾았다고 알려 준 것은 말했지만 나라의 일은 말하지 않았다(삼상 10:14–16). 사울 자신이 예언한 일은 왕이 되는 일과 연관된 특별한 체험이다. 그리고 사울이 그의 숙부에게 말하지 않았다는 것은 사무엘이 칠 일 동안 기다리라고 한 말을 순종했을 뿐만 아니라 자신이 기름 부음 받은 사실을 아무에게도 알리지 않았다는 것을 강조하기 위함이다.

특이한 부분은 하나님이 섭리하여 사울에게 기름을 부었는데도 백성들이 제비뽑기 방식으로 사울을 왕으로 선택했다는 것이다. 여호와의 말씀에 따라 사무엘은 지파대로 천 명씩 나오게 하고 지파 가운데 베냐민 지파, 그 지파 가운데 마드리의 가족, 그 가족 가운데 기스의 아들 사울이 뽑혔다(삼상 10:17–21). 기름을 부었다고 할지라도 이러한 방식을 사용한 것은 이스라엘 백성들은 제비뽑기를 하나님의 뜻을 찾는 방법으로 인식하였기 때문이다(레 16:8; 민 26:55; 잠 16:33). 사울이 뽑혔을 때 사울은 그 자리에 없었다. 그때 사울이 그 자리에 없자 여호와께서 그가 짐 보따리들 사이에 숨었다고 알려 주셨다(삼상 10:22). 이러한 점은 비록 사울이 다른 사람들보다 어깨 위만큼 컸지만 겸손하고 두려운 마음을 가졌다는 것을 알 수 있다(삼상 10:23). 이것은 여호와께서 사울을 선택하신 것은 당시 백성들의 기준에도 맞을 뿐만 아니라 겸손하고 왕의 자질을 갖춘 자로 세웠다는 것이다(삼상 10:24). 하나님이 이러한 자를 세우신 것은 언약 백성을 율법에 따라 잘 다스리게 하시려는 것이다.

사무엘은 '나라의 제도'를 백성에게 말하고 책에 기록하여 여호와 앞에 두고 백성들을 돌려보냈다(삼상 10:25). 여기서 '나라의 제도'는 히브리어로 '왕권의 통치규범'(미쉬파트 하머루카, מִשְׁפַּט הַמְּלֻכָה)을 말하는 것으로 신명기 17:14–20의 내용을 더 확대한 것으로 보인다. 이를 여호와 앞에 두었다는 것은 왕은 이 통치규범에 따라 나라를 통치해야 한다는 뜻이다.

여호와께서 사울을 왕으로 세우실 때 마음이 감동된 자들은 사울과 함께 기브아로 갔지만 불량배들은 "이 사람이 어떻게 우리를 구원하겠느냐?"(삼상 10:26–27)하고 멸시했다. 이때 하나님은 사울이 왕으로서의 자질과 능력이 있다는 사실을 입증해 주셨다. 때마침 암몬 사람 나하스가 올라와 길르앗 야베스에 진을 치고 모욕하는 사건이 있었다. 이때 사울은 하나님의 영에 감동하여 한 겨리의 소를 잡아 각을 떠서 이스라엘 모든 지역에 보냈다. 사울이 이렇게 한 것은 사울과 사무엘을 따라 전쟁에 참전하지 않으면 그의 소들도 이렇게 하겠다는 뜻이다(삼상 11:7). 이 일에 대하여 저자는 여호와의 두려움이 백성에게 임하여 그들이 한 사람같이 나왔다고 했다(삼상 11:7). 그래서 이스라엘 자손 30만 명과 유다 사람 3만 명이 참전하여 암몬 사람들을 쳐서 승리했다(삼상 11:11)

사울이 기름 부음을 받고 왕으로 세움을 받는 과정을 볼 때 하나님이 그 과정을 세심하게 섭리하셨다는 것을 알 수 있다. 이것은 하나님이 사울에게 이스라엘의 왕으로서 하나님을 경외하고 하나님의 백성을 잘 다스릴 때 왕권을 강화시켜 주시고 적들의 손에서 구원하신다는 것을 보여 주신 것이다.

③ 길갈 언약(삼상 11:14-12:25)

이 문단은 사람마다 자기 소견에 옳은 대로 행한 350년간의 긴 사사시대를 종식하고 왕정시대를 연 사울 왕의 취임식이 열린 길갈에서 언약을 맺는 내용이다. 사무엘은 백성에게 "오라 우리가 길갈로 가서 나라를 새롭게 하자"(삼상 11:14)라고 했다. 여기서 '나라를 새롭게 하자'는 말은 히브리어 원문으로는 '(거기에서) 왕권을 새롭게 하자' 또는 '(거기에서) 왕권을 재확인하자'(우너하데이쉬 샴 하머루카, וּנְחַדֵּשׁ שָׁם הַמְּלוּכָה)라는 뜻이다. 여기서 사무엘이 말하는 왕권은 사울의 왕권을 말하는 것이 아니라 여호와의 왕권을 말한다. 그래서 이 말씀은 여호와와 그의 백성 사이의 언약 관계를 회복하자는 뜻이다(Vannoy 1978, 61-68; 2002b, 391).

하나님과 언약 관계를 새롭게 하는 자리에서 사무엘은 먼저 자신이 이스라엘의 사사로서 백성을 착취하거나 압제하지 않고 속이지 않았으며, 눈을 흐리게 하는 뇌물을 받지 않았으며 정당하게 지도력을 사용했다는 것을 밝혔고, 백성들도 그것을 인정했다(삼상 12:1-5).

사무엘은 이스라엘이 애굽에 있을 때부터 사무엘 당시의 시대까지 역사를 간략하게 해석해 주었다. 먼저 야곱이 애굽에 들어간 이후 이스라엘의 조상들이 부르짖자 모세와 아론을 세워 애굽에서 인도하여 가나안에 정착하게 하신 은혜의 역사를 지적했다(삼상 12:8). 그리고 사사시대 350년의 기간 동안에 사사를 세워 이스라엘을 구원한 사실을 사사시대의 특징인 배반-보응-회개-구원의 구조로 요약했다(삼상 12:9-11). 이이서 사무엘은 최근의 역사인 암몬 자손의 왕 나하스가 치러 왔을 때 여호와께서 왕이신데도 이스라엘 백성들이 왕이 있어야 한다고 요구한 사실을 지적했다(삼상 12:12). 그래서 사무엘은 이스라엘이 구한 왕인 사울을 여호와께서 세우셨다고 말했다(삼상 12:13). 그러면서 사무엘은 왕이 세워진다 할지라도 왕이 이스라엘의 미래를 보장하는 것이 아니라 여호와를 경외하는 일에 미래가 달려 있음을 예언적으로 경고했다(삼상 12:14-15).

그리고 이때 사무엘은 하나님의 말씀을 믿고 순종하기보다는 왕을 구한 일이 왜 잘못인지 입증해 보였다. 일반적으로 밀을 베는 때는 건기로 팔레스타인에는 비가 오지 않는다. 이런 건기에 사무엘은 여호와께 아뢰어 우레와 비를 내리게 하겠다고 했다. 만약에 사무엘이 기도한 대로 여호와께서 우레와 비를 내리신다면 그것은 이스라엘 백성들이 왕을 요구한 일이 큰 죄라는 것을 보여 주시는 표적(sign)이 될 것이다. 그런데 사무엘이 기도하자 하늘에게 우레와 비가 내렸다(삼상 12:18). 이 표적을 통하여 하나님은 이스라엘 백성들이 왕을 요구한 일이 죄라는 것을 알게 하셨다. 또한 하나님은 여전히 세상의 역사를 주장하시는 능력의 주라는 것을 보여 주셨다. 그리고 사무엘은 여호와를 경외하라고 하면서 만일 악을 행하면 이스라엘과 왕이 함께 멸망하게 될 것이라고 경고했다(삼상 12:24-25). 길갈 언약을 통하여 주시는 교훈의 핵심은 신정 정치냐 왕정 정치냐의 제도상의 문제가 아니라 언약 관계를 재확인하고 언약 백성다운 삶을 살 때 하나님의 은혜를 경험할 수 있고 복된 미래가 있다는 것이다. 이 일은 이스라엘이 하나님의 사랑을 받는 백성이요 제사장 이요 거룩한 나라로 하나님의 뜻을 이루는 역사의 주체가 될 수 있다는 것이다.

(2) 사울의 실패(삼상 13:1-15:35)

이 문단은 사울이 왕으로 세움을 받았는데도 왜 실패하였는지를 설명한다. 사울은 하나님이 직접 선택하신 왕이다. 하나님의 영이 사울에게 임하심으로 하나님이 그와 함께하시고 적들의 공격으로부터 구원해낼 능력이 있다는 것을 증명해 주셨다. 사울은 왕이 된 후 많은 전쟁을 치러야 했고 승리를 거두었을 뿐만 아니라 약탈하는 자들의 손에서 이스라엘을 건졌다(삼상 14:47-48). 그러나 저자는 이러한 사울의 통치 행위는 자세히 다루지 않고 사울이 싸운 두 번의 전쟁을 통하여 사울과 그의 왕권이 왜 실패로 끝나게 되었는지 선별적으로 보여 준다. 이것은 사울이 왕의 직분을 받아 백성들을 바른길로 인도해야 했는데도 불순종하므로 버림받았다는 것을 보여 주려는 것이다. 동시에 사무엘상 13:1-15:35은 다윗이 왕으로 기름 부음 받게 된 배경을 설명해 주기도 한다.

① 사울이 여호와의 명령을 불순종함(삼상 13:1-14:52)

이 문단은 사울이 버림을 받은 첫 번째 이유를 보여 준다. 사무엘상 13:1은 사본상의 문제가 있다. 개역개정판에는 "사울이 왕이 될 때에 사십 세라. 그가 이스라엘을 다스린 지 이 년에"라고 되어 있지만 히브리어 본문은 나이와 통치 연대에 대한 기록이 없다.[31]

사울이 왕이 된지 몇 년이 흘렀는지 알 수 없지만 사울이 2천 명, 그의 아들 요나단이 1천 명의 군사를 택하여 요나단이 먼저 게바에 있는 블레셋의 수비대를 쳤다. 그러자 블레셋 사람들이 이스라엘과 싸우려고 모였는데 병거 3만과 마병 6천 명을 이끌고 벧아웬 동쪽 믹마스에 진을 쳤다(삼상 13:3-5). 이 변화된 상황으로 말미암아 백성들은 숨기도 하고 떨었다(삼상 13:6-7). 이 상황에서 백성들이 흩어지자 사울은 사무엘을 기다리지 않고 자신이 스스로 번제와 화목제를 드렸다(삼상 13:8-9). 이 일은 사무엘이 책망한 바와 같이 여호와의 명령을 지키지 않은 것이다(삼상 13:13). 이는 사울이 왕이 될 때 사무엘이 전달한 여호와의 말씀을 어긴 것이라고 볼 수도 있고(참조. 삼상 10:8, 25), 제사장만이 드릴 수 있는 번제와 화목제를 드림으로 제사법을 어겼다고 볼 수도 있다(참조. 민 18:7). 사무엘이 책망할 때 사울이 변명한 것을 보면 사울 자신도 잘못을 알고 있었던 것이 분명하다(삼상 13:11-12). 이 일로 말미암아 사울의 왕권이 길지 못하고 여호와께서 그의 마음에 맞는 사람을 그의 백성의 지도자로 삼으셨다고 했다(삼상 13:14). 만약에 사울이 여호와의 명령을 지켰다면 여호와께서 사울을 이스라엘의 왕으로 영

31 이 절을 원문대로 직역하면 "사울이 왕이 되었을 때 한 해의 아들이었고(=한 살이었고) 이스라엘을 이 년을 다스렸다"이다. NIV는 70인역의 한 사본에 따라 "사울이 왕이 되었을 때 삼십 세였고 이스라엘을 사십이 년을 다스렸다"라고 번역했다. 이 구절은 성경에 왕의 즉위와 관련하여 일반적으로 나타나는 상투적인 문구를 따른 것이다(참조. 삼하 2:10; 5:4; 왕상 14:21 등). 그러나 사본상에 중요한 결함이 있다 할지라도 억지로 맞추는 것보다 그대로 두는 것이 더 좋다. 다만 사도행전 13:21에 기록된 대로 사울이 40년간 통치한 것은 사실로 받아들인다.

원히 세우셨을 것이다(삼상 13:13). 이것이 사울이 왕권을 이어가지 못한 첫 번째 원인이다.

사무엘상 13:19–22은 당시 히브리식 문학적 장치 가운데 하나로 삽입구(parenthesis) 또는 괄호(bracket)이다. 이것은 당시 이스라엘의 무기 상황을 보여 주기 위한 것이다. 당시 이스라엘 온 땅에는 철공이 없었다. 그것은 블레셋 사람들이 철이나 그 철을 다루는 기술을 관리하고 있었기 때문이다. 사울과 요나단만이 칼과 창을 가지고 있었다.

이 상황에서 승리할 수 있는 방법은 무엇인가? 과거 역사부터 가까운 역사까지 이스라엘이 승리한 것은 무기 체계에 있었던 것은 아니다. 여기서 저자는 제사장 아히야가 에봇을 입고 그곳에 있었다는 사실을 말한다(삼상 14:3). 여기서 사무엘상 14:2–5은 삽입구(parenthesis)다. 이것은 요나단이 블레셋 부대에 들어갈 때의 상황을 보여 준다. 요나단은 자신의 무기를 든 소년에게 "여호와의 구원은 사람이 많고 적음에 달리지 아니하였느니라"(삼상 14:6)라고 말했다. 그리고 적진에 들어가서 여호와께서 이 전쟁에 함께하신다는 것을 한 표징을 통하여 알게 되었다(삼상 14:10–12). 그래서 요나단과 그의 무기를 든 자가 이십 명 가량을 죽이자 블레셋 사람들은 공포에 떨었고 땅조차 진동했다(삼상 14:15). 이로 말미암아 블레셋 사람들이 무너져 흩어지는 것을 보고 사울이 점호해 본 결과 요나단과 그의 무기를 든 자가 없다는 사실을 알게 되었다(삼상 14:16–17). 사울은 이때 함께 있었던 제사장 아히야에게 여호와의 궤를 가져오라고 했다. 이것은 여호와께 제사를 드리고 여호와께 묻기 위한 것이다. 그러나 사울은 그때 블레셋 진영에서 소동이 점점 더해지는 것을 보고 제사장 아히야에게 "네 손을 거두라"라고 했다(삼상 14:19). 이것은 자신이 명한 제사장의 행동을 중지시키는 것이다(Vannoy 2002b, 395). 이는 당시 상황의 급박함 때문에 사무엘상 13:8–12에서처럼 여호와를 의지하고 그의 명령을 지키는 것보다 자신의 생각을 앞세운 것이다. 이 전쟁 과정에서 사울은 자신이 원수에게 보복할 때까지 아무 음식물이든 먹는 사람은 저주를 받게 될 것이라고 백성들에게 맹세하게 했다(삼상 14:24).

이 상황에서 요나단은 사울이 맹세한 말을 듣지 못하고 벌집의 꿀을 찍어 먹었다(삼상 14:27). 그때 백성 중 한 사람이 사울이 한 맹세를 알려 주자 그의 아버지의 맹세가 이 땅을 곤란하게 했다고 했다. 왜냐하면 꿀을 조금만 찍어 먹어도 눈이 밝아졌기 때문이다(삼상 14:29). '눈이 밝아졌다'는 것은 성경에 종종 나타나는 표현으로 원기가 회복되었다는 뜻이다(스 9:8; 시 13:3; 19:8; 잠 29:13). 그런데 이날에 요나단만이 아니라 백성들도 너무 피곤하여 고기를 피째 먹는 것을 금한 율법을 어기고 탈취한 양과 소와 송아지를 먹었다(삼상 14:31-32; 참조. 레 7:26; 17:10-14; 신 12:16). 그러자 사울은 이스라엘이 범죄한 줄 알고 여호와께 제단을 쌓았다(삼상 14:35).

사울이 밤에 블레셋 사람을 추격하자고 할 때 제사장이 하나님께 물어보게 했다. 그 말을 듣고 사울은 계속 추격해야 할지를 물었으나 하나님이 대답하지 않으셨다(삼상 14:36-37). 그러자 사울은 죄 때문인 줄 추측하고 그 죄가 누구에게 있는지 그의 아들 요나단이라 할지라도 반드시 죽을 것이라고 맹세했다(삼상 14:36-39). 제비를 뽑은 결과 요나단이 뽑히자 꿀을 찍어 먹은 일이라는 것을 알게 되었지만 요나단은 백성들의 반대로 죽지 않게 되었다(삼상 14:43-45). 이것은 사울은 죄라고 생각했지만 하나님은 요나단의 행동을 죄로 보시지 않았다는 것을 말하는 것이 아닐까? 이것은 사울의 일련의 행동이 어떤 잘못을 범하였는지 보여 준다. 그런데도 저자는 이 전쟁에서 여호와께서 이스라엘을 구원하셨다고 말한다(삼상 14:15, 23). 그것은 이스라엘이 하나님의 언약 백성이고 그들을 통하여 메시아를 보내실 것이기 때문이다.

② 여호와께서 사울을 버리심(삼상 15:1-35)

이 문단은 사울이 버림을 받은 두 번째 이유를 보여 준다. 사울은 모세 시대에 아말렉을 진멸하라는 예언(출 17:14-16; 민 24:20)에 따라 모든 소유와 남녀와 소아까지 진멸하라는 명령을 받았으나 그 명령을 이행하지 못했다. 저자는 이 사건을 사울이 여호와로부터 버림을 받는 가장 결정적인 요인으로 기록하고 있다.

하나님은 사울에게 아말렉을 진멸하라고 하시면서 그 이유를 과거 이스라엘 백성들이 애굽에서 나올 때 뒤에서 공격한 일 때문이라고 말씀하셨다(삼상 15:1-3). 사울은 그 명령을 수행할 때 겐 사람들에게는 이스라엘이 애굽에서 올라올 때 선대하였기에 떠나라고 했다(삼상 15:6; 참조. 출 2:16, 21-22; 민 10:29). 이렇듯 하나님은 사울 왕 시대에 모세 시대의 역사를 기억하시면서 언약 백성에게 악을 행한 민족과 선을 행한 민족에 대하여 반드시 합당한 보응을 하신다는 것을 보여 주셨다.

그러나 사울은 하나님의 명령을 자기 방식대로 해석하여 온전히 순종하지 않았다. 아말렉 왕 아각을 사로잡아 왔을 뿐만 아니라 양과 소의 가장 좋은 것 또는 기름진 것과 어린양과 모든 좋은 것을 남겼다(삼상 15:9). 이때 여호와께서 사울이 그의 명령을 지키지 아니하였기 때문에 사울을 왕으로 세우신 것을 후회하신다고 하셨다(삼상 15:11). 개역개정판에 '후회하노니'라고 번역하였지만 우리 하나님은 인간이 아니시고 완전한 신이시기 때문에 잘못된 결정을 내리시거나, 그 하신 일에 대하여 후회하시는 일이 없으시다(참조. 민 23:19; 삼상 15:29). '후회하신다'에 해당하는 히브리어 단어는 '나함'(נחם)인데 '슬퍼한다'라는 뜻도 있다. 이것은 하나님이 사울을 세워 이스라엘을 다스리게 하셨으나 그 직무를 신실하게 수행하지 않는 것을 보고 가슴 아파하셨다는 것이다. 하나님이 사울을 왕으로 세우실 때 하나님은 그와 함께하신다는 수많은 증거들을 주셨다(삼상 10:7). 사울이 언약 백성의 왕으로서 하나님의 명령에 순종했다면 계속하여 그 자손들이 왕이 될 수 있었다(삼상 13:13). 하나님이 사울에게 수많은 기회들을 주셨는데도 사울은 하나님의 명령을 자기 방식대로 해석하고 이행하지 않았다.

사울이 사무엘을 만났을 때 사울은 하나님의 명령을 이행했다고 말했다. 그때 사무엘이 양의 소리를 듣고 사울이 하나님의 명령을 이행하지 않은 것에 대하여 지적했다. 그러자 사울은 '무리가' 그리고 '백성이' 제사하기 위해서 아말렉 사람에게서 끌어온 것이라고 하면서 책임을 백성들에게 전가시켰다(삼상 15:13, 15, 21). 이때 사무엘은 사울의 그 행동이 잘못이라고 설명했다(삼상 15:18-19). 그래도 사울은 자신의 행동이 정당하다는 것을 변명하며 합리화하면서 다시 백성들에게 그 책임을 전가시켰다(삼상 15:20-21). 이러한 사울의 변명에 대하여 번제와 다른 제사를 드리는 것보다 여호와의 목소리를 청종하는 것이 낫고, 순종이 제사보다 낫다고 설명했다(삼상 15:22). 제사는 하나님을 사랑하고 섬기는 방법이었고, 하나님이 자기 백성과 만나 교제하며 은혜와 능력을 공급받을 수 있게 하신 제도적 장치이지만 더 중요한 것은 하나님의 말씀을 순종하는 것이다. 이것이 왜 중요한지 비유법으로 "거역하는 것은 점치는 죄와 같고 완고한 것은 사신 우상에게 절하는 죄와 같음이라"(삼상 15:23)고 했다. 개역개정판 성경은 '~와 같다'는 직유법(simile)으로 번역하였으나 원문은 은유법(metaphor)이다. 하나님의 말씀을 듣지 않고 거역하는 것은 점치는 죄와 우상에게 절하는 죄다. 하나님의 말씀을 듣지 않고 자기 생각대로 하는 행동은 하나님 자리에 자신의 생각을 두고 그것의 지배를 받는 일이기에 우상숭배에 해당하는 죄이다.

이러한 사울의 행동은 여호와의 말씀을 버리는 일이기에 여호와께서도 왕을 버려 왕이 되지 못하게 하실 것이라고 했다(삼상 15:23). 사울이 받은 벌은 자신의 지식과 생각대로 하나님을 섬기는 행동이 하나님의 명령(=뜻)을 수행하는 자의 모습이 아님을 뜻한다. 그래서 하나님은 사울을 폐하시고 다윗에게 기름을 부어 구속사에서 하나님의 뜻을 수행하는 자가 되게 하셨다(삼상 16:13). 이뿐만 아니라 자기 생각대로 하나님을 섬긴 사울과 그의 아들들은 전쟁터에서 죽임을 당하는 비참한 최후를 맞이했다(삼상 31:2-6).

사무엘상 13:1-15:35은 사울의 통치 행위 가운데 수많은 전쟁과 이스라엘을 구원한 일도 있었지만 그가 왜 언약 백성의 왕으로서 실패하게 되었는지를 보여준다. 대신에 왜 다윗에게 기름을 부어 왕이 되게 하셨는지를 보여줌으로 하나님의 뜻(=명령)을 이루는 영광스러운 책임을 수행하는 일에 믿음과 순종이 얼마나 중요한 일인지 보여 준다.

3. 사울과 다윗의 이야기(삼상 16:1-31:13)

하나님은 사울이 이스라엘의 왕으로서 지켜야 할 명령을 지키지 못하므로 그를 버리셨다. 따라서 사울 왕과 다윗의 이야기가 함께 나타나지만 이야기의 초점은 다윗이다. 이 문단은 다윗이 기름 부음을 받고 사울에게 수많은 박해를 받지만 하나님이 다윗을 어떻게 보호하여 구속사를 이루시는지를 보여 준다. 이와 함께하나님은 구속사에서 어떤 사람과 교제하며 하나님의 뜻을 이루어 가시는지, 그리고 다윗의 믿음과 행동은 우리 삶의 여정에서 만날 수 있는 문제를 어떻게 풀어갈 수 있는지에 대한 교훈도 준다.

내용 분해

(1) 다윗과 사울의 만남(삼상 16:1–17:58)

(2) 다윗과 요나단(삼상 18:1–20:42)

(3) 도망 다니는 다윗(삼상 21:1–27:12)

(4) 블레셋과 싸운 전쟁에서 다윗과 사울(삼상 28:1–31:13)

내용 해설

(1) 다윗과 사울의 만남(삼상 16:1–17:58)

하나님이 사울을 버리고 다윗을 선택하셨다. 이 일에 대하여 버건(Bergen 1996, 176)이 하나님을 위한 사울의 사역은 끝이 났지만 하나님의 사역은 계속된다고 하였듯이 하나님은 다윗을 통하여 그의 사역을 계속하실 것이다. 그래서 다윗은 사울이 세움을 받은 동일한 방식으로 세움을 받는다. 이것은 하나님이 다윗을 선택하셨고, 이스라엘을 구원할 능력이 있다는 것을 보여 준다.

	사울	다윗
하나님의 선택	삼상 9:16	삼상 16:12
사무엘이 기름 부음	삼상 10:1	삼상 16:13
하나님의 영이 임함	삼상 10:10	삼상 16:13
구원할 능력이 있음을 입증함	삼상 11:6–13	삼상 17:1–54

① 다윗이 기름 부음을 받다(삼상 16:1–13)

하나님이 사울을 버리신 일로 말미암아 사무엘은 오랫동안 슬퍼했다(삼상 15:35). 그래서 하나님은 사무엘에게 "언제까지 슬퍼하겠느냐"고 하시며 뿔에 기름을 채워 베들레헴 사람 이새에게 가라고 하셨다. 그 이유를 그의 아들 가운데 한 왕을 보았기 때문이라고 하셨다(삼상 16:1). 사무엘은 이 말씀을 듣고 사울이 이 일을 들으면 자신을 죽일 것이라고 두려워했다(삼상 16:2). 사무엘이 있는 라마에서 베들레헴으로 가려면 사울이 있는 기브아를 통과해야 했기 때문이다. 그러자 하나님은 사무엘에게 암송아지를 끌고 여호와께 제사를 드리러 베들레헴으로 간다고 하고, 거기에서 이새를 제사에 청하라고 일러 주셨다(삼상 16:2-3). 베들레헴에 도착한 사무엘은 하나님이 말씀하신 대로 제사에 이새와 그의 아들들을 청했다. 사무엘은 이새의 장남 엘리압을 보고 여호와의 기름 부으실 자라고 생각했지만 여호와께서는 용모와 키를 보지 말라고 하시며 사람의 중심을 보신다고 하셨다(삼상 16:6-7). 외모와 키는 사울의 특징적인 모습이었다(삼상 9:2; 10:23-24). 사무엘은 이새의 일곱 아들을 다 지나가게 하였지만 그 자리에 없었던 여덟째 아들 다윗을 불러오게 하고, 그에게 기름을 부었다. 그러면 하나님은 다윗의 어떤 점을 왕의 자질이 있다고 보셨을까? 저자는 이 점을 설명하지 않는다. 그러나 다윗이 골리앗과 싸울 때 "이 할례 받지 않은 블레셋 사람"(삼상 17:26)이라고 한 것을 보아 그가 언약을 믿는 신앙을 가지고 있었음을 알 수 있다. 특이한 것은 저자가 사무엘이 다윗에게 기름을 부은 일에 대하여 "이날 이후로 다윗이 여호와의 영에게 크게 감동되니라"(삼상 16:13)라고 했다는 것이다. 이것은 여호와께서 그를 이스라엘의 구원자로 세우셨다는 것을 의미한다.

② 다윗이 왕궁에서 사울을 섬김(삼상 16:14-23)

다윗에게 여호와의 영이 임한 사실과 더불어 사울에게서는 여호와의 영이 떠났다. 그 대신 여호와께서 부리시는 악령이 그를 번뇌하게 했다(삼상 16:14). 사울에게서 여호와의 영이 떠났다는 것은 구원의 문제와는 별개다. 이 표현은 개인의 거듭남과 관련된 성령의 사역을 말하는 것이 아니라 왕의 직분을 수행하는 일과 연관되어 있다(참조. 삿 16:20). 여호와께서 부리시는 악령은 하나님의 목적을 이루기 위하여 하나님이 정하신 테두리 안에서 일한다(왕상 22:19-23; 욥 1:12; 2:6). 이러한 상황에서 신하들은 수금을 잘 타는 사람을 구하여 연주하게 하면 나을 것이라고 간언했다(삼상 16:16). 신하 중 한 사람이 다윗을 추천하며 그는 수금과 용기와 무용(武勇)과 구변이 준수한 자이며 여호와께서 함께하시는 자라고 소개했다(삼상 16:18). 실제로 다윗은 '이스라엘의 노래 잘하는 자'(삼하 23:1)이며 성경의 많은 시편을 썼고, 용기와 무용이 뛰어난 자였다. 사울은 다윗을 보고 크게 사랑하여 자기의 무기를 드는 자로 삼았다(삼상 16:21). 하나님이 부리시는 악령이 사울에게 이를 때 다윗이 수금으로 연주하였고 사울은 상쾌하여 낫게 되었다(삼상 16:23). 다윗이 수금을 연주한 일과 악령이 떠난 일이 어떤 연관이 있는지 알 수 없다. 그러나 수금을 연주할 때 악령이 떠났다는 것은 음악과 찬송이 사람들의 심리를 치료하는 도구가 될 수 있음을 시사한다. 이로 말미암아 다윗은 사울과 만나게 되고 궁전에 출입하며 왕의 최측근이 되었다. 하나님은 이를 통해 장래 이스라엘의 왕으로서 국가를 경영할 수 있도록 섭리하셨다.

③ 다윗과 골리앗(삼상 17:1–58)

블레셋 사람들이 군대를 모아 이스라엘을 공격하기 위해 올라왔다. 블레셋은 소고와 아세가 사이의 에베스담밈에 진을 치고 이스라엘은 엘라 골짜기에 진을 쳤다(삼상 17:1–2). 블레셋 진영에서 '한 장수'(אִישׁ־הַבֵּנַיִם, 개역개정판은 '싸움을 돕는 자'라고 번역함)가 나왔는데 그의 이름은 골리앗이다(삼상 17:4). 특히 저자가 그를 '가드 사람'이라고 소개한 것은 이스라엘의 정탐꾼들이 본 아낙 자손으로 가사와 가드와 아스돗에 남아 있는 거인족이었다는 것이다(민 13:22; 수 11:22). 그는 키가 여섯 규빗(45㎝×6=270㎝)이고, 몸에는 무게가 놋 오천 세겔(11.5g×5,000=57.5㎏)되는 갑옷을 입었고, 그의 창날은 철 육백 세겔(11.5g×600=6.9㎏)이었다(삼상 17:4–7). 그는 자기와 결투하여 자신들이 이스라엘의 종이 될 것인지 아니면 이스라엘이 블레셋의 종이 될 것인지를 결정하자고 했다. 이 일을 40일 동안 아침저녁으로 했다(삼상 17:8–10, 16). 이때 다윗은 아버지 이새의 말을 듣고 전쟁에 참전한 세 형의 안부를 알기 위해 왔다가 이 광경을 보았다. 다윗은 골리앗과 싸우려고 "이 블레셋 사람을 죽여 이스라엘의 치욕을 제거하는 사람에게는 어떤 대우를 하겠느냐?" (삼상 17:26, 30)라고 말했다. 이 말을 들은 다윗의 큰 형 엘리압은 다윗을 교만하다고 꾸짖었지만 이 말을 들은 어떤 사람이 사울에게 전했다. 그러자 사울은 다윗을 불렀고 다윗은 골리앗과 싸우겠다고 했다. 이때 다윗의 나이가 몇인지는 알 수 없다. 사무엘상 17:33에 '소년'이라는 단어 때문에 종종 나이 어린 소년으로 묘사되기도 한다. 그러나 '소년'으로 번역된 단어 '나아르'(נַעַר)는 성경에 사용된 단어의 용례나 이 이야기에 묘사된 내용을 볼 때 '젊은이' 또는 '청년'으로 번역해야 한다(참조. 창 37:2; 말 2:14). 또한 다윗이 아버지의 양을 칠 때 사자나 곰을 때려잡은 일이나(삼상 17:34–36), 사울이 자기 군복을 입히고 갑옷을 입혔으나 익숙하지 않음으로 벗은 일(삼상 17:38–39) 등은 그가 소년이 아님을 보여 준다. 다윗은 그에게 익숙한 물매와 목자의 제구(주머니)에 매끄러운 돌 다섯을 담아 갔다(삼상 17:40). 그리고 다윗은 돌을 물매로 던져 골리앗의 이마에 박히게 하고, 골리앗의 칼로 그의 머리를 베었다. 그러자 블레셋 사람들은 자기 용사의 죽음을 보고 도망하였고, 이스라엘은 다윗으로 말미암아 승리했다(삼상 17:48–53).

다윗이 골리앗을 이길 수 있었던 것은 그의 믿음이 중요한 요인인 것은 사실이나 더 우선적으로 고려해야 할 부분은 그가 기름 부음을 받은 자라는 것이다. 다윗이 비록 공식적으로 왕으로 취임하지는 않았지만 여호와께서 그 직분을 감당할 수 있는 여호와의 영을 부어 주셨기 때문이다(삼상 16:13). 구약 시대에 기름 부음을 받아 왕으로 세움을 받은 자는 백성을 구원하는 자로 세움을 받았다는 것일 뿐만 아니라 오실 그리스도를 예표하는 사람이다. 하나님은 다윗을 세워 이스라엘을 블레셋의 위협에서 구원해 주셨다. 하나님은 이 사건을 통하여 다윗이 골리앗에게 말한 것처럼 온 땅으로 하여금 이스라엘에 하나님이 계신 줄을 알게 하고, 여호와의 구원하심이 칼과 창에 있는 것이 아님을 알게 해 주셨다(삼상 17:46–47). 당시 이 전쟁에 참전한 이스라엘 백성들은 다윗이 기름 부음을 받은 사실을 알지 못했다고 할지라도 다윗의 말을 통하여 여호와가 구원자라는 사실을 알게 되었을 것이다.

그러면 이 사건에서 성도는 누구와 동일시하여 적용할 수 있겠는가? 다윗인가, 아니면 일반 백성들인 이스라엘 군사들인가? 만약 다윗과 동일시한다면 하나님을 의지하여 골리앗 같은 엄청난 역경을 극복해 내는 신앙의 사람이 되어야 한다고 적용할 것이다. 그리고 이스라엘 군사들과 동일시한다면 골리앗 같은 사탄의 세력 앞에서 벌벌 떠는 그리스도인이 되어서는 안 된다고 적용할 것이다. 이것은 한 가지 사실만 옳다. 다윗은 하나님을 의지하는 사람이었다는 것이고, 백성들은 두려워했다는 것이다. 그러나 이것이 이 이야기의 핵심은 아니다. 이야기의 핵심은 다윗이 하나님의 영을 받은 독특한 직분을 가진 사람으로 행했다는 것이다(참조. 삼상 16:13). 다윗이 행한 일이 사사나 왕의 직분과 같은 것이라면 그리스도로서 예수님이 행하신 유일무이한 구원사역을 하나님의 백성도 행할 수 있다고 적용할 수 없듯이 일반 백성들에게 적용할 수 없다(Goldsworthy 1987, 24–26). 다윗에게 적용한다면 하나님께서 우리의 모든 대적의 손에서 구원하시기 위하여 그리스도를 보내 주셨기 때문에 우리가 그리스도를 믿고 의지한다면 큰 승리를 주실 것이라고 할 수 있다. 또한 신약 시대에는 모든 성도들은 그리스도의 사역을 의지하여 하나님의 백성을 해하려는 골리앗과 같은 대적들을 이길 수 있다고 적용할 수 있다. 왜냐하면 모든 성도들은 왕과 선지자와 제사장의 직분을 가지고 있기 때문이다(엡 2:6-7; 벧전 2:9-10).

(2) 다윗과 요나단(삼상 18:1-20:42)

블레셋과의 전쟁 이후에 저자는 요나단과 다윗의 관계를 설명하면서 요나단의 마음이 다윗의 마음과 하나가 되었고, 요나단이 다윗을 자신의 생명처럼 사랑하였을 뿐만 아니라 언약을 맺었다고 했다(삼상 18:1, 3). 이러한 관계는 앞으로 전개될 이야기에서 요나단이 다윗을 어떻게 보호할 것인지 암시해 준다.

① 사울이 다윗을 죽이려 함(삼상 18:1-19:17)

사울은 다윗을 자기에게 머물게 했다. 사울이 다윗을 보내는 곳마다 그가 지혜롭게 행하므로 군대의 장을 삼았고 백성들과 사울의 신하들도 그것을 합당히 여겼다(삼상 18:5). 그러나 블레셋과 싸운 전쟁에서 승리하고 돌아올 때 여인들이 "사울이 죽인 자는 천천이요 다윗은 만만이로다"(삼상 18:7)라고 노래하자 사울은 이 말을 불쾌하게 여겼고 이때부터 다윗을 주목했다(삼상 18:9). 여기서 '주목하다'(오예인, עוין)는 '의심의 눈초리로 본다' 또는 '질투하는 눈으로 본다'는 의미이다. 그의 질투는 다윗을 죽이려는 여러 행동으로 나타났다.

- 수금을 타는 다윗에게 창을 두 번이나 던짐(삼상 18:10-11)
- 미갈을 주는 조건으로 블레셋 사람들의 포피 백 개를 가져오게 함(삼상 18:21, 25)
- 요나단과 그의 모든 신하들에게 다윗을 죽이라고 함(삼상 19:1).
- 단창으로 수금을 타는 다윗을 벽에 박으려고 함(삼상 19:9-10)
- 전령을 보내 다윗을 죽이려고 함(삼상 19:11-12)

이러한 일련의 행동의 이면에는 여호와께서 부리시는 악령의 작용이 있었다(삼상 18:10; 19:9). 그러나 하나님은 요나단과 미갈을 통하여 다윗으로 하여금 위험을 피하게 하셨다(삼상 19:2-7; 12-17). 여호와께서 다윗에게 기름을 부어 왕으로 세우겠다고 하셨는데도 이러한 어려움과 고난이 왜 일어났을까?

② 다윗이 라마로 도망을 감(삼상 19:18-24)

다윗은 도망하여 라마로 가서 사무엘에게 사울이 자기에게 행한 일을 다 말했다(삼상 19:18). 다윗이 라마로 간 이유는 사무엘이 그곳에 있었고, 여호와께서 그를 통하여 다윗에게 기름을 부으셨기 때문이다(삼상 16:12-13). 다윗이 기름 부음을 받았다는 것은 그가 왕이 된다는 의미인데 그는 왕이 되기는커녕 사울에게 여러 번 죽임 당할 위기에 처했다. 그래서 다윗은 기름을 부은 사무엘에게 하나님의 뜻을 물으려는 의도가 있었던 것으로 보인다.

이때 사울은 다윗이 라마 나욧에 있다는 소식을 듣고 전령들을 보냈으나 선지자 무리가 예언하는 것을 보고 하나님의 영이 임하여 사울의 전령들도 예언을 했다(삼상 19:20). 사울이 이 소식을 듣고 두 번 더 전령을 보냈으나 그들 역시 동일하게 예언했다. 그러자 사울 자신이 직접 라마 나욧으로 갔다. 그러자 그에게도 하나님의 영이 임하였고 라마 나욧으로 가는 동안 예언을 했다. 사무엘 앞에서는 옷을 벗고 하루 동안 벗은 몸으로 누웠다(삼상 19:23-24). 사울은 왕으로 기름 부음을 받았을 때 예언을 한 경험이 있었다(삼상 10:5-7, 9-11). 당시 사울이 예언한 것은 하나님이 그와 함께하신다는 증거였다. 그러나 이때 하나님의 영은 다윗을 잡으러 온 전령들에게 예언을 하게 하고, 사울에게는 그의 왕복을 벗기고 왕의 위엄까지 빼앗아 버렸다. 이 현상을 본 다윗은 하나님의 영이 기름 부음 받은 자인 자신을 보호하신다는 것을 알게 되었을 것이다.

③ 요나단이 다윗을 돕고 그와 언약을 맺음(삼상 20:1-42)

다윗은 사울이 정말 자신을 죽일 것인지 확인하기 위하여 요나단을 찾아갔다(삼상 20:5-8). 이때 요나단은 아버지가 정말로 다윗을 죽일 것인지를 알고도 알려주지 않으면 여호와께서 자기에게 벌을 내리기를 원한다고 하면서 "여호와께서 내 아버지와 함께하신 것 같이 너와 함께하시기를 원하노니"(삼상 20:13)라고 했다. 이것은 여호와께서 사울에게 기름을 부어 함께하시며 왕이 되게 하셨던 것처럼 다윗과도 함께하여 왕이 되게 하시기를 원한다는 것으로 여호와께서 다윗에게 기름을 부었다는 사실을 안다는 것이다. 그러면서 요나단은 다윗에게 여호와의 인자하심을 베풀어 자기를 죽지 않게 해 줄 뿐만 아니라 인자함을 요나단의 집에서 영원히 끊지 말아달라고 하며 다윗의 집과 언약을 맺었다(삼상 20:14-16). 순수한 우정은 언약을 맺을 필요가 없지만 당시 상황에서 다윗을 도울 수 있는 위치에 있었던 요나단이 언약을 맺은 것은 다윗의 미래에 더 관심이 있었다고 볼 수 있다(페인 2015, 428). 이러한 언약을 맺은 요나단은 자기 아버지 사울이 다윗을 죽이려는 의향을 확인한 후에 다윗을 도와 도망가게 했다(삼상 20:34, 41-42).

사울은 이러한 요나단에게 "패역무도한 계집의 소생아"(삼상 20:30)라고 하면서 책망했다. 사울의 이 말은 히브리 관용어법으로 우리나라에서 쓰는 호래자식과 같은 종류의 욕이다. 요나단이 이렇게 욕을 들으면서까지 다윗을 도운 것은 다윗이 왕이 될 것이라는 하나님의 섭리를 믿었기 때문이다.

(3) 도망 다니는 다윗(삼상 21:1-27:12)

이 문단은 사울에게서 도망쳐 온 다윗이 갖가지 어려움에 처한 사건을 기록하고 있다. 여기서 저자는 다윗이 그 어려움을 어떻게 극복하였으며, 하나님이 어떻게 섭리하셨는지 보여 준다.

① 진설병을 먹은 다윗(삼상 21:1-9)

다윗은 요나단과 헤어진 이후에 놉에 갔다. 놉은 제사장 마을이다(삼상 21:1; 22:19). 다윗이 놉에 간 이유는 그와 함께한 사람들이 먹을 음식과 무기를 얻기 위함이다(삼상 21:3, 8). 이때 제사장 아히멜렉은 여자를 가까이하지 않았다는, 곧 의식적으로 깨끗하다는 전제하에 제사장만 먹는 진설병을 주었다(삼상 21:6). 신약 시대에 예수님의 제자들이 안식일에 이삭을 잘라 먹은 일로 바리새인들이 제자들을 비난할 때 예수님은 이 사건을 예로 들어 율법을 형식에 얽매어 적용해서는 안 된다는 원리를 예증하는데 사용하셨다(마 12:3-8). 그리고 아히멜렉은 다윗이 골리앗을 죽일 때 사용한 골리앗의 칼을 주었다(삼상 21:9). 그런데 저자는 이 자리에 사울의 목자장인 에돔 사람 도엑이 있었다는 사실을 지적한다(삼상 21:7). 이것은 복선으로 앞으로 일어날 그의 불의한 행동을 예상하게 만든다(참조. 삼상 22:9–10).

② 아기스 앞에서 도망친 다윗(삼상 21:10–15)

다윗은 사울을 두려워하여 블레셋의 가드 왕 아기스에게로 도망을 갔다(삼상 21:10). 그런데 아기스의 신하들이 다윗이 골리앗을 물리친 후 무리들이 노래한 내용을 인용하며 아기스에게 이야기했다. 다윗이 그 말을 듣자 위험을 느끼고 미친 체하고 대문짝에 그적거리며 침을 수염에 흘리자 아기스는 다윗을 미치광이라고 하며 쫓아냈다(삼상 21:13–15). 이 문단에 기록된 사건은 구속사에서 여호와께서 그의 기름 부음을 받은 자인 다윗을 보호하여 메시아가 오시는 통로가 되게 하신 사건 가운데 하나이다.

다윗이 이 사건을 배경으로 쓴 시가 시편 34편과 56편이다. 이 시편은 다윗이 기름 부음을 받은 자의 삶이 아니라 하나님을 섬기는 한 개인의 삶을 모든 성도에게 적용하여 쓴 시이다. 다윗이 당시의 역사적 상황에서 단순히 미친 체한 것으로 나타나 있지만 이 시에서는 다윗이 가드에서 위기를 느끼고 여호와께 기도할 때 응답하신 사건으로 설명한다(시 34:3–6). 특히 다윗은 모든 믿는 자에게 이 상황을 적용하여 의인은 고난이 많지만 여호와께서는 그 모든 고난에서 건지시는 분으로 묘사한다(시 34:17–19). 위기를 만날 때 하나님의 백성들이 위기를 극복할 수 있는 보편적인 원리는 기도다. 기도는 하나님을 의지하는 구체적인 표현이다(시 56:4, 10–11).

③ 아둘람 굴과 모압으로 도망간 다윗(삼상 22:1–5)

가드에서 도망쳐 나온 다윗은 아둘람 굴로 갔다(삼상 22:1). '아둘람'(עֲדֻלָּם)은 '피난처', '요새' 등의 지역 명칭이 암시해 주듯 자연적으로 피할 수 있는 곳이 많은 곳이다. 여기에 다윗의 형제들과 아버지의 형제들과 환난을 당한 자, 빚진 자, 마음이 원통한 자 등이 모여들어 처음에는 400명 가량이었으나 숫자가 불어 600명 가량이 되었다(삼상 22:2; 23:13; 25:13; 27:2; 30:9–10). 그리고 다윗은 모압 왕에게 자신의 부모의 안위를 요청했다(삼상 22:3–4). 이때 선지자 갓이 다윗에게 요새에 있지 말고 유다 땅으로 들어가라고 하였기 때문에 다윗은 헤렛 수풀에 거했다(삼상 22:5). 이처럼 다윗은 비록 쫓기는 신분이었지만 하나님이 당시 사회에서 여러 가지 이유로 고통을 받는 사람들을 통해 다윗을 돕게 하셨고, 선지자 갓도 다윗을 돕게 하셨다는 것을 알 수 있다.

④ 사울의 위협(삼상 22:6-23)

사울은 다윗이 나타났다는 소식을 들었다. 그는 기브아에서 신하들에게 다윗은 밭과 포도원과 같은 재산과 천부장, 백부장 등과 같은 사회적인 지위를 줄 수도 없는데 왜 다윗이 있는 곳을 고발하지 않느냐고 말했다(삼상 22:6-8). 사울의 이 말은 다윗을 고발하는 자에게 재산과 사회적 지위를 줄 수 있다는 뜻이다. 동시에 그가 권력을 사유화하여 자신의 목적을 이루는 일에 썼다는 것이다. 그때 그 자리에 다윗이 제사장 성읍인 놉에서 아히멜렉에게 왔을 때 그곳에 있었던 도엑이 아히멜렉이 다윗에게 음식도 주고 골리앗의 칼도 준 사실을 말했다(삼상 22:9-10). 그러자 사울은 아히멜렉과 그의 아버지의 온 집을 소환하여 다윗과 협력하고 도망간 것을 알리지 아니한 죄를 적용하여 다 죽이게 했다. 그러나 호위병들이 제사장들을 죽이기를 꺼려했다. 그래서 사울은 도엑에게 명하였고 도엑은 놉에서 85명을 죽였다(삼상 22:17-19). 그런데 사울이 죽인 제사장들을 소개할 때 '아히둡의 아들'(삼상 22:9, 12)이라고 했다. 아히둡은 엘리의 아들 비느하스가 죽었다는 소식을 듣고 낳은 아들인 이가봇의 형제였다(삼상 14:3). 하나님은 엘리의 집을 심판하시겠다고 하시고 그 표징으로 홉니와 비느하스가 한날에 죽을 것이라고 말씀하신 바가 있다(삼상 3:13; 4:11). 그런데 사울 왕 시대에 다윗에게 협력했다는 이유로 엘리의 후손 85명이 죽임을 당하고 아비아달 한 사람만 살아남았다(삼상 22:18-20). 그리고 아비아달은 다윗이 나이가 많아 정권이 교체되는 시기에 아도니야를 왕으로 세우려다 제사장 직분에서 파면당했다. 이에 대하여 해설자는 "여호와께서 실로에서 엘리의 집에 대하여 하신 말씀을 응하게 함이더라"(왕상 2:27)라고 했다. 이 역사를 통해 우리는 하나님은 그 말씀하신 것을 반드시 이루시는 분이라는 것을 알 수 있다. 결과적으로 사울이 도엑에게 명하여 제사장 85명을 죽인 일은 누구든지 다윗을 돕거나 알고도 알려 주지 않는 자는 제사장이라 할지라도 죽는다는 경고를 주었다.

이 사건을 배경으로 다윗이 쓴 시가 시편 52편이다. 이 시에서 다윗은 도엑을 하나님을 자기 힘으로 삼지 아니하고 재물 때문에 악을 행한 자로 묘사했다(시 52:7). 다윗은 기름 부음 받은 자이기도 했지만 한 개인으로 이러한 위험 가운데 하나님의 인자하심을 의지하는 일이 중요하다는 것을 보여 주었다.

⑤ 사울의 위협으로 어려움에 빠진 다윗(삼상 23:1–28)

누구든지 다윗을 돕거나 숨겨 주는 자는 제사장이라도 죽임을 당할 것이라는 사울의 경고는 다윗을 어려움에 빠지게 했다. 그것을 그일라 사람들과 십 사람들의 행동을 통하여 보여 준다.

그일라는 헤브론에서 남서쪽으로 약 12.8km 아래 떨어져 있는 곳으로 블레셋과 접경지대에 위치해 있다. 사람들은 다윗에게 블레셋 사람들이 그일라를 쳐서 타작마당을 탈취해 가는 소식을 전해 주었다. 이 소식을 듣고 다윗은 블레셋 사람을 쳐야 할는지 여호와께 두 번이나 물었고, 여호와께서는 두 번 다 블레셋 사람을 치고 그일라를 구원하라고 하셨다(삼상 23:2–4). 그래서 다윗은 블레셋 사람을 크게 쳐서 죽이고 그일라 주민을 구했다(삼상 23:5). 다윗이 하나님의 뜻을 물을 수 있었던 것은 제사장 아히멜렉의 아들 아비아달이 에봇을 가지고 왔기 때문이다(삼상 23:6). 율법은 제사장의 옷인 에봇에 우림과 둠밈을 넣어 제사장으로 하여금 하나님의 뜻을 묻게 했다(민 27:21). 개역개정판은 사무엘상 23:6을 사무엘상 23:7부터 나오는 사건과 연결시켜 다윗이 하나님의 뜻을 찾는 일(삼상 23:1–5)과 에봇이 관계없는 것처럼 문단을 나누었다. 다윗에게 에봇을 가진 제사장이 있다는 것은 다윗이 하나님의 인도를 따라 행한다는 것을 보여 준다(삼상 23:9; 30:7–8).

다윗이 그일라에 온 것을 어떤 사람이 사울에게 알리자 사울은 모든 군사를 동원하여 그일라에 내려오려고 했다(삼상 23:7). 이 소식을 들은 다윗은 제사장 아비아달에게 에봇을 가져와서 사울이 내려올 것인지, 온다면 그일라 사람들이 내어줄 것인지를 물었다. 여호와께서 사울이 내려올 것이고, 그일라 사람들이 내어줄 것이라고 하셨다(삼상 23:10–12). 여기에 아이러니(irony)가 있다. 다윗으로 말미암아 블레셋에서 구원함을 받은 그일라는 다윗을 보호해 주어야 하는데 오히려 내어주려고 했다. 그래서 다윗과 그 일행은 그일라를 떠나 사울의 위협에서 벗어났다. 그리고 저자는 사울이 매일 다윗을 찾았지만 "하나님이 그를 그의 손에 넘기지 아니하시니"(삼상 23:14b)라고 하므로 하나님이 다윗을 지키시고 인도해 가신다는 것을 보여 준다.

이러한 상황에서 요나단이 다윗을 찾아와 다윗이 이스라엘의 왕이 될 것이라고 말해 주었다(삼상 23:16-17). 이는 요나단이 다윗을 도운 일련의 행동은 자신이 왕이 되는 것을 포기하고 하나님의 뜻을 좇았기 때문이라는 것을 알게 한다. 그때에 십 사람들이 기브아에 가서 사울에게 다윗이 숨은 곳을 알려 주었다(삼상 23:19-20). 요나단과 십 사람의 행동이 대조를 이루고 있다. 십 사람들의 밀고로 위기에 빠진 다윗은 마온 광야 아라바에 있었고 사울에게 잡힐 위험에 처해 있었다. 그때 블레셋 사람들이 쳐들어와 사울은 더 이상 다윗을 쫓을 수 없는 상황이 되었다(삼상 23:26-27).

이 사건을 배경으로 다윗이 쓴 시편 54편과 57편은 다윗이 기름 부음을 받은 자이기도 하였으나 한 개인으로서 기도했다는 것을 보여 준다(시 54:1-2; 57:2-3). 다윗은 하나님의 작정 가운데 기름 부음을 받고 왕이 될 것이라는 약속을 받은 자이다. 그런데도 다윗은 계속되는 어려움 가운데 있었다. 이 상황에서 다윗은 기도했다. 여기서 하나님의 약속과 인간의 책임간의 관계를 볼 수 있는데, 하나님이 약속하셨다고 할지라도 그 약속을 성취하는 방법은 믿음과 기도라는 것이다. 시편 54편에 보면 세상적인 유익을 좇아 다윗을 밀고한 십 사람들은 사울에게서 유익을 얻은 것이 아니라 주의 심판을 받았다(시 54:7).

⑥ 하나님께 속한 문제(삼상 23:29-26:25)

이 문단은 하나님께 속한 문제인 여호와께서 기름 부은 자와 복수하는 일에 대한 것을 설명한다. 다윗은 사울에게 쫓기는 중에 두 번이나 사울을 죽일 수 있는 기회가 있었지만 죽이지 않았다. 그것은 사울이 하나님이 기름 부어 세우신 자였기 때문이다. 그리고 원수를 갚는 것은 사람에게 속한 일이 아니었기 때문이다. 바로 이 점을 나발의 이야기를 통하여 연결시키고 있다.

A 사울을 살려주는 다윗(삼상 23:29-24:22)
  X 나발의 이야기(삼상 25:2-42)
A′ 사울을 다시 살려주는 다윗(삼상 26:1-25)

• **사울을 살려주는 다윗(삼상 23:29–24:22)**: 어떤 사람이 다윗이 엔게디에 있다고 말하자 사울은 군사 3천 명을 거느리고 다윗과 그의 사람들을 찾으러 왔다. 염해 왼쪽에 위치해 있는 엔게디는 많은 동굴들이 있다. 다윗과 그를 따르던 사람들은 그중의 한 동굴에 숨어 있었는데 사울이 그 동굴에 뒤를 보러 들어갔다(삼상 24:1–3). '뒤를 보다'라는 말은 문자적으로 '그의 발을 가린다'는 말이다. 이 말은 히브리어 관용어법으로 용변을 본다는 뜻이다(참조. 신 23:13)(Bergen 1996, 238). 여기서 다윗과 함께한 사람들은 사울이 뒤를 보기 위해 굴에 들어온 일을 여호와께서 원수를 다윗에게 넘기신 일로 보았다(삼상 24:4). 그러나 다윗은 사울의 옷자락을 가만히 베고 여호와께서 기름 부은 자를 치는 것은 여호와께서 금하신 것이라고 하면서 사울을 해하지 못하게 했다(삼상 24:4–7, 10).

다윗은 사울이 굴에서 나간 후에 그를 죽일 수 있는 기회가 있었는데도 죽이지 않은 이유를 설명해 주었다(삼상 24:8–10). 그리고 왕의 옷자락을 보여 주면서 그 사실을 입증하며 여호와께서 다윗과 왕 사이에 판단해 주시기를 원한다고 말했다(삼상 24:11–12). 그리고 일시적으로 뉘우친 사울은 다윗이 이스라엘의 왕이 될 것을 말했고, 왕이 되면 자신의 후손을 멸하지 않을 것을 여호와의 이름으로 맹세하게 했다(삼상 24:20–21). 다윗의 행동은 사울을 죽일 수 있는 좋은 기회였다고 할지라도 그러한 상황이 하나님의 뜻보다 우선할 수 없다는 것을 보여 준다. 상황이 유리하게 작용한다고 해서 그것이 반드시 하나님의 뜻을 보여 주는 구체적인 증거로 생각해서는 안 된다(월키 1999, 176). 또한 이 사건을 통하여 여호와께서 기름 부어 세운 자만 아니라 원수라도 자신이 복수하려고 하지 말고 하나님이 심판하시도록 해야 한다는 사실을 배워야 한다(롬 12:19; 참조. 신 32:35). 저자는 이 점을 나발의 사례를 통하여 설명한다.

여기서 저자는 사무엘의 죽었고 라마에 있는 그의 집에서 장사한 사실과 이 일 후 다윗이 바란 광야로 내려간 사실을 언급한다(삼상 25:1). 이 사실을 기록한 것은 사무엘의 죽음이 사울과 다윗에게 어떤 영향을 미쳤으며, 언제 다음 사건이 일어났는지를 보여 주려는 것처럼 보인다. 그리고 사무엘의 죽음은 사무엘상 28:3과 연관되어 있다.

• **나발의 이야기(삼상 25:2–42)**: 마온에 갈렙 족속인 '나발'이라는 사람이 있었는데 양 삼천 마리와 염소 천 마리를 가지고 있었다. 그의 아내 아비가일은 총명

하고 용모가 아름다웠으나 그는 완고하고 행실이 악했다(삼상 25:2–3). 다윗은 갈멜에서 그의 양 떼들을 지켜 주었다. 어느 날 다윗은 나발이 양털을 깎는다는 소식을 들었다(삼상 25:4). 양털을 깎는 날은 고대 농경사회에서 축제일이고 좋은 날이었다(삼상 25:8; 삼하 13:23–24). 그리고 다윗은 그와 함께한 사람들을 보내며 나발의 양떼를 지켜 주었다는 것을 상기시키며 좋은 날에 '네 아들 다윗'에게 은혜를 베풀어 주기를 원한다고 나발에게 전했다(삼상 25:7–8). '네 아들 다윗'이라는 표현은 경외심과 존경심을 보여 주는 관용어법이다(왕하 8:9; 16:7)(Klein 1983, 248). 그러나 나발은 거절하며 다윗을 주인을 반역하고 떠난 종이라고 모욕했다(삼상 25:10–11). 그러자 다윗은 군사 400명을 무장시켜 복수하려고 했다(삼상 25:13).

이때 나발의 하인들 가운데 하나가 다윗이 선대한 일과 밤낮 담이 되어 주었지만 나발이 다윗을 모욕한 일을 그의 부인인 아비가일에게 알렸다(삼상 25:14–17). 총명한 아비가일은 다윗을 달래기 위해 남편에게 알리지 않고 많은 식량을 가지고 다윗에게 갔다. 아비가일은 다윗을 만나 엎드려 얼굴을 땅에 대고 "그의 이름이 '나발'(나발, נָבָל)이라. 그는 '미련한 자'(너바라, נְבָלָה)니이다"(삼상 25:25)라고 말했다. 아비가일은 언어유희를 통하여 나발이 미련한 자라는 것을 강조했다. 그리고 아비가일은 여호와께서 다윗이 친히 보복하는 일을 막으셨을 뿐만 아니라, 하나님이 다윗을 이스라엘의 왕으로 세우실 때 친히 보복한 일로 마음에 걸리는 것이 없을 것이라고 말했다(삼상 25:26, 30–31). 보복하는 것은 하나님께 속한 일이다(신 32:35). 신약의 히브리서 저자도 신명기 32:35의 말씀을 인용하여 복수를 금한다(히 10:30). 이로 볼 때 아비가일은 율법을 잘 알고 있었다는 것을 알 수 있다. 아비가일은 그의 지혜로 다윗의 복수를 막았다(삼상 25:33). 그리고 아비가일이 나발에게 돌아왔을 때 나발은 왕의 잔치와 같은 잔치를 배설하고 크게 취하여 마음에 기뻐하므로 아비가일은 그에게 아침까지 아무 말도 하지 않았다. 그 다음날 나발이 포도주에서 깬 후에 아비가일이 이 일을 말하자 그는 낙담하여 몸이 돌과 같이 되었다(삼상 25:37). '낙담하여'라는 말은 히브리어로 '그의 마음이 그 안에서 죽었다'(와야못 리보 버킬보, וַיָּמָת לִבּוֹ בְּקִרְבּוֹ)는 뜻이다. 그리고 '몸이 돌같이 되었다'라는 말은 신체에 나타나는 심장마비나 뇌출혈을 가리킨다고 보기도 한다(Alter 1999, 160). 그러나 이 말을 의학적으로가 아니라 윤리적으로도 볼 수 있다. 클라인(Klein 1983, 252)은 돌과 같은 완고한 마음을 말하는 것으로 보았다(겔 36:26). 저자는 "한 열흘 후에 여호와께서 나발을 치시매 그가 죽으니라"(삼상 25:38)라고 했다. 다윗은 나발이 죽었다는 소식을 듣고 원수 갚는 악한 일을 하지 않게 하신 여호와를 찬송했다(삼상 25:39). 이 일을 계기로 지혜롭고 아름다운 아비가일은 다윗의 아내가 되었다(삼상 25:42). 이 나발의 이야기는 복수하는 일이 사람에게 속한 문제가 아니라 하나님께 속한 문제라는 것을 보여 준다. 이뿐만 아니라 이 사건은 다윗으로 하여금 더욱 깊은 믿음의 안목을 갖게 해 주었을 것이다(김진수 2011, 190).

• **사울을 다시 살려주는 다윗(삼상 26:1-25)**: 이후 사울은 십 사람이 다윗이 하길라 산에 숨었다고 고발하자 3천 명의 군사를 이끌고 하길라산 길가에 진을 쳤다(삼상 26:1-2). 사무엘상 24장의 사건에서는 다윗이 숨어 있는 동굴에 사울이 우연히 왔지만 26장의 사건에서는 다윗이 적극적으로 사울에게 들어갔다. 다윗은 사울의 진영으로 들어가 함께 들어간 아비새가 하나님이 원수를 넘겨 주었기 때문에 죽이자고 하여도 여호와께서 기름 부은 자를 치면 죄가 된다고 하며 하나님의 손에 맡기고 사울의 창과 물병만 가지고 왔다(삼상 26:8-12). 저자는 이것이 가능했던 이유를 "이는 여호와께서 그들을 깊이 잠들게 하셨으므로 그들이 다 잠들어 있었기 때문이었더라"(삼상 26:12)고 했다. 이때 다윗은 왕을 충동시켜 자기를 해하려는 이가 여호와시면 당연히 죽어야 하겠으나 만약 자신을 해하려는 사람이라면 그는 여호와 앞에 저주를 받을 것이라고 했다. 그러면서 다윗은 자신에게 죄가 없고 왕의 행동이 옳지 않다고 말했다(삼상 26:18-20). 이 사건을 배경으로 쓴 시편 54편을 보면 십 사람들이 사울을 충동하였을 것으로 보인다. 이 상황에서 다윗은 하나님을 의지하고 기도했다(시 54:3-4). 하나님은 다윗의 기도를 들으시고 위험에서 건져 주셨을 뿐만 아니라 사울을 부끄럽게 하셨다(삼상 26:21). 이 사건은 기름 부은 자를 해하는 일이나 원수를 갚는 일은 사람에게 속한 것이 아니라 하나님께 속한 문제라는 것을 보여 준다.

⑦ 다윗의 침체기(삼상 27:1-12)

다윗은 사울을 죽일 수 있는 두 번의 기회와 나발의 사건을 통하여 하나님이 자신을 보호하시고 인도하신다는 사실을 알게 되었다(삼상 26:12; 시 52:8; 54:1-2). 그런데도 다윗은 그와 함께한 사람들을 이끌고 블레셋의 아기스에게 망명하여 시글락에서 일 년 사 개월 동안 살았다(삼상 27:7). 이 사건을 어떻게 이해해야 할까? 브루그만(2000, 286)은 다윗이 블레셋으로 내려간 사건을 블레셋과 연대하므로 이스라엘의 정치적 미래를 위하여 자신이 위험을 무릅쓰고 독창적인 기지를 발휘한 것으로 보았다. 그의 지적대로라면 다윗이 얻은 것은 무엇인가? 세속적인 관점에서 볼 때 다윗은 두 아내와 그와 함께한 사람들의 안전과 식량문제를 해결했는지는 모르지만 아기스 아래에 있으면서 기름 부음 받은 자로서 두 가지 문제를 야기했다. 하나는 다윗이 시글락에서 군대를 거느리고 그술과 기르스와 아말렉을 쳐서 약탈하여 살았지만 아기스에게는 유다를 친 것처럼 속이며 살았다(삼상 27:8-12). 이 일을 어떻게 정당화할 수 있겠는가? 또 하나는 다윗은 두 차례나 사울을 죽일 수 있는 기회가 있었는데도 하나님이 기름 부어 세우신 왕을 죽이지 않았으나 이스라엘과 치른 전쟁에 참전하여 사울을 죽일 수도 있는 상황에 직면했다(삼상 28:1-2). 그래서 다윗이 블레셋에 가서 보호를 요청한 것은 그가 침체기에 빠졌다는 것이다. 다윗이 침체기에 빠지게 된 것은 제사장 아비아달이 가져온 에봇이 있었는데도 여호와께 묻지 않았기 때문 이다.(삼상 23:6) 하나님의 보호 아래에 살아야 할 다윗이 아기스의 보호 아래에 살게 되었다.

(4) 블레셋과 싸운 전쟁에서 다윗과 사울(삼상 28:1-31:13)

저자는 블레셋과 전쟁을 앞두고 있는 다윗과 사울의 행동을 서로 대비하며 보여 준다. 저자는 다윗이 이 전쟁에 참전을 권유받는 내용부터 사울의 죽음까지의 상황을 한 화면에다 양쪽을 같이 두어 비교하는 방식으로 이야기한다. 동시적인 역사의 평면에서 시간적으로는 A-A′와 B-B′로 연결된다.

A 다윗이 이스라엘과 싸울 전쟁에 참전해야 함(삼상 28:1-2)
  B 사울이 신접한 여인을 찾음(삼상 28:3-25)
A′ 다윗이 이스라엘과 싸울 전쟁에서 제외됨(삼상 29:1-30:31)
  B′ 사울의 죽음(삼상 31:1-13)

① 다윗이 이스라엘과 싸울 전쟁에 참전해야 함(삼상 28:1-2)

다윗은 일 년 사 개월 동안 블레셋에서 살았다(삼상 27:7). 그 마지막에 블레셋 사람들이 이스라엘과 전쟁하려고 군대를 모집했다. 이때 아기스는 다윗에게 전쟁에 참전하라고 했다. 그런데 이 전쟁은 기름 부음을 받은 자로서 장차 이스라엘을 다스릴 자가 이스라엘과 전쟁을 하게 될 상황에 처하게 되고, 두 차례나 사울을 죽일 수 있는 기회가 있었는데도 하나님이 기름 부어 세운 왕을 죽이지 않았으나 이스라엘과 싸울 전쟁에 참전하여 사울과 장차 다스려야 할 이스라엘 백성들을 죽일 수도 있는 상황에 직면했다(삼상 28:1-2).

② 사울이 신접한 여인을 찾음(삼상 28:3-25)

이 문단은 다윗의 이야기에서 괄호에 넣고 읽더라도 흐름에는 아무런 문제가 없다. 그런데도 이 이야기를 넣은 것은 길보아에서 블레셋과 싸울 전쟁을 앞두고 사울의 행동(삼상 28:3-25)과 다윗의 행동(삼상 29:1-30:31)을 대조적으로 보여 주어 사울의 죽음의 원인이 어디에 있었는지를 보여 주기 위해서다.

사무엘이 죽었기 때문에 온 이스라엘이 그를 라마에 장사했다는 이야기(삼상 28:3)는 이미 사무엘상 25:1에 동일한 방식으로 언급했다. 저자가 이미 사무엘이 죽었고 사울이 신접한 자와 박수를 쫓아냈다는 사실을 기록한다(삼상 28:3). 이 사실을 언급한 것은 사울이 신접한 여인을 찾은 행동을 설명하기 위한 것이다. 이때 블레셋은 집결지였던 아벡에서 올라와 수넴에 진을 치고 있었다(삼상 28:4). 그런데 블레셋이 침공하여 수넴에 진을 친 것은 사무엘상 29:1-11에 기록된 사건보다 뒤에 일어난 사건이다. 왜냐하면 사무엘상 29:1은 블레셋이 전쟁하기 위하여 수넴보다 남쪽에 있는 아벡에 군대를 모으고 있었고, 이스라엘은 이스르엘에 있는 샘 곁에 진을 치고 있었다고 기록하고 있기 때문이다.[32]

블레셋과의 전쟁을 앞두고 사울은 두려워 마음이 크게 떨렸다(삼상 28:4-5). 사울은 여호와의 말씀이 선지자와 꿈과 우림과 둠밈으로도 없었기 때문에 그가 쫓아낸 신접한 여인을 찾았다(삼상 28:6-7, 15). 이때 사울은 자신의 신분을 속이기 위해 다른 옷을 입고 변장하고 갔다(삼상 28:8). 이때 사울은 신접한 술법, 곧

32 왕정시대 지도에서 블레셋의 집결지인 아벡과 전쟁하기 위해 진을 쳤던 수넴과 이스라엘이 진을 쳤던 이스르엘의 위치를 찾아보라.

강신술로 사무엘을 불러올리라고 했다(삼상 28:8, 11). 이때 신접한 여인은 사무엘을 보고 큰 소리로 외치며 사무엘을 불러올리라고 한 사람이 사울이라고 했다(삼상 28:12). 이때 사울은 신접한 여인에게 두려워하지 말라고 하면서 그가 무엇을 보았는지를 물었다(삼상 28:13). 이것은 이때 사울은 신접한 여인이 본 사무엘을 보지 못했다는 것이다. 그때 사울이 땅에서 올라온 영의 모양이 어떠한지 물었고 한 노인이 겉옷을 입고 올라온다고 말해 주었다. 그러자 사울은 그가 사무엘인 줄을 알고 그의 얼굴을 땅에 대고 절했다(삼상 28:14).

이때 사무엘은 사울이 여호와의 목소리를 청종하지 않았기 때문에 다윗에게 나라를 주었고, 이 전쟁에서 사울과 그의 아들들이 죽게 될 것과 이스라엘을 블레셋 사람들의 손에 넘기게 될 것을 말해 주었다(삼상 28:17-19). 그런데 사울이 이 말을 신접한 여인을 통하여 들었는지, 아니면 사무엘이 그에게 나타나 말해 주었는지는 분명하지 않다. 사울은 이 말을 듣고 땅에 엎드러졌다. 이는 그가 사무엘의 말로 인해 두려워하였을 뿐만 아니라 하루 밤낮을 음식을 먹지 못하여 기력이 다하였기 때문이다(삼상 28:20). 특이한 것은 이 신접한 여인을 통하여 한 예언대로 다 이루어졌다(삼상 31:1-6).

그러면 이 사건을 어떻게 이해해야 할까? 문제는 신접한 여인이 죽은 자, 그것도 하나님의 선지자 사무엘을 불러낼 수 있는 능력과 이러한 자들을 통하여 하나님의 뜻을 나타낼 수 있느냐는 것이다. 그러나 신접한 여인이 자신의 능력으로 불러낸 것은 아니다. 본문은 신접한 여인이 사무엘을 불렀다고 언급하지 않을 뿐만 아니라 그 여인이 사무엘을 보고 '큰 소리로 외치며'(삼상 28:12)라고 기록했다. 이것은 크게 놀랐다는 표현이다. 만약에 여인이 그의 능력으로 불러 올렸다면 놀랄 이유가 없다. 여인이 큰 소리로 외친 것은 자신도 감당할 수 없는 일이 일어났다는 것으로, 자신이 행한 일이 아니라는 것을 암시한다. 그리고 그 영이 올라와 한 말은 여호와의 목소리를 순종하지 아니하고 아말렉에게 쏟지 아니하였기 때문이라고 했다(삼상 28:18; 참조. 삼상 15:22-23). 또한 여호와께서 내일 이스라엘 군대를 블레셋 사람들의 손에 넘기실 것이라고 하셨고, 그 말씀대로 이루어졌다(삼상 28:19; 참조. 31:1-6). 그렇다면 이 일은 심리적인 현상이나 환상도 아니고 또 사탄이나 신접한 여인이 강신술(降神術)을 행하거나 심리적인 환상이 아니다. 이 일은 이성으로는 이해할 수 없다 할지라도 하나님이 사무엘의 영을 통하여 계시를 주셨다고 볼 수 있다(신득일 2015, 118–119; 김진수 2011, 193–196). 하나님은 때때로 인간이 이해할 수 없는 방식으로 계시하기도 하신다(참조. 창 30:27; 왕상 22:19–23).

하지만 이 일은 단순한 문제가 아니다. 여기에는 몇 가지 문제와 상충되기 때문이다. 첫째, 사람이 죽으면 다시 돌아올 수 없는데 어떻게 죽은 자가 나타나 말할 수 있는가(전 3:21; 눅 16:19–31)? 둘째, 신접한 여인을 죽이라고 말씀하신 하나님이 신접한 여인을 통해 사무엘을 보내어 말씀하실 수 있는가(레 19:31; 신 13:3, 5)? 셋째, 하나님은 사무엘의 영을 신접한 여인에게 보내어 사울이 보지 못할 채 신접한 여인을 통해 말할 수 있는가(삼상 28:14)? 그래서 신접한 여인은 사무엘의 모습을 한 악한 영과 접촉했다고 보기도 한다. 이러한 문제를 고려한다면 악한 영이 말한 대로 다 이루어진 일은 어떻게 설명할 수 있겠는가? 이 본문의 핵심은 하나님의 기름부음을 받은 사울이 하나님의 말씀을 순종하지 않고 배반할 때 얼마나 비참한 최후를 맞이하는지 보여 준다. 사울이 여호와의 말씀을 지키지 아니할 뿐만 아니라 여호와를 찾지 않고 신접한 여인에게 구한 행동은 그가 죽은 결정적인 원인이다.

> 사울이 죽은 것은 여호와께 범죄하였기 때문이라 그가 여호와의 말씀을 지키지 아니하고 또 신접한 자에게 가르치기를 청하고 여호와께 묻지 아니하였으므로 여호와께서 그를 죽이시고 그 나라를 이새의 아들 다윗에게 넘겨 주셨더라(대상 10:13–14).

③ 다윗이 이스라엘과 싸울 전쟁에서 제외됨(삼상 29:1–30:31)

이 이야기는 블레셋이 북쪽으로 가서 수넴에 진을 치기 전 아벡에서 일어난 사건이다(삼상 29:1, 11; 참조. 삼상 28:1, 3). 그래서 문맥적으로 사울이 신접한 여인을 만난 사건(삼상 28:3–25)을 괄호 안에 넣어 사무엘상 28:1–2과 29:1–11을 연결시켜 읽어도 흐름에 문제가 없다.

사무엘상 29:1–11은 다윗이 블레셋의 군대로 이스라엘과의 전쟁에 참여하게 될 위기에서 어떻게 제외되는지를 보여 준다. 블레셋 사람들은 군사들을 아벡에 모았고 이스라엘은 이스르엘에 있는 샘 곁에 진을 쳤다(삼상 29:1). 다윗은 아기스의 요청으로 어쩔 수 없이 참전하게 되었다. 그러나 블레셋 사람들의 방백들은 다윗이 참전하는 것을 반대했다. 그들이 반대한 이유는 그가 전장에서 대적이 될 수 있기 때문이었다(삼상 29:3-5). 아기스가 블레셋 방백들이 반대한다는 이유로 다윗을 설득하자 다윗은 블레셋으로 돌아갔다(삼상 29:9-11). 이것이 상황적으로 다윗이 이스라엘과 싸울 전쟁에서 제외된 이유이다. 여기에 저자는 어떤 신학적 의미도 설명하지 않지만 하나님의 섭리적 손길이 있었다고 보아야 한다(Klein 1983, 278). 왜냐하면 다윗이 이 전쟁에 참전했다면 장차 이스라엘의 왕이 될 자로서 이스라엘 백성들을 보호해야 할 자가 도리어 죽여야 할 상황에 빠질 수 있었기 때문이다. 그리고 다윗은 사울을 죽일 수 있는 기회가 두 번이나 있었는데도 죽이지 않았던 사울을 죽일 수 있는 상황에 빠질 수 있었기 때문이다.

이스라엘과의 전쟁에서 제외된 다윗과 그와 함께한 사람들은 사흘 만에 그들의 거주지 시글락에 이르렀다(삼상 30:1). 아벡에서 시글락까지 거리는 약 80km이다. 다윗 일행이 돌아오는데 사흘이 걸렸다는 것은 사울이 블레셋과 싸운 전쟁에서 죽는 사건과 거의 동일한 시간대라는 것을 보여 준다(참조. 삼상 28:19). 다윗이 시글락에 도착했을 때 아말렉 사람들이 시글락을 불사르고 젊거나 늙은 여인들을 한 사람도 죽이지 아니했다(삼상 30:1-2). 여기에는 하나님의 섭리적 보호가 있었음을 시사한다. 당시 이 상황을 접한 다윗과 함께한 사람들은 다윗을 돌로 치자고 하였고, 다윗은 크게 낙담했다(삼상 30:6).[33] 그런데 갑자기 상황이 반전되어 "그의 하나님 여호와를 힘입고 용기를 얻었더라"(삼상 30:6)고 했다. 볼드윈(Baldwin 1991, 166-167)은 이 상황에서 신실하신 언약의 하나님을 바라보고 기도한 것으로 이해했다. 어떤 어렵고 힘든 상황이 있다 할지라도 언약의 하나님을 바라보고 기도하는 것은 그 상황을 해결할 수 있는 실제적인 방법이다.

다윗은 여호와를 힘입어 제사장 아비아달에게 에봇을 가져오게 하여 아말렉 군대를 추격하면 따라잡을 수 있는지를 물었다. 이에 여호와께서 따라잡을 뿐만 아니라 도로 찾을 것이라고 말씀해 주셨다(삼상 30:7-8). 그래서 다윗은 그와 함께한 600명을 데리고 추격하다가 브솔 시내에서 피곤하여 건너지 못하는 200명을 남겨두고 400명을 거느리고 추격했다(삼상 30:9-10). 다윗 일행이 추격하다

33 개역개정판에 '다급하다'라고 번역한 동사는 '차랄'(צרר)인데, 성경의 용례를 보면 '답답하다'(창 32:8), '에워싸다'(왕상 8:37) 등으로 나타난다. 여기서는 '두려움이 그를 에워싸므로 낙담하다'는 의미가 적절하다.

가 굶주려 쓰러진 한 사람을 만나 떡과 물을 주었는데 그는 아말렉 사람이 병이 들었다고 버리고 간 애굽 사람이었다(삼상 30:11-13). 그때의 급박한 상황으로 볼 때 쓰러진 사람을 보고 그냥 지나쳐 갈 수도 있었지만 이 한 사람을 도움으로 아말렉이 머물고 있던 진영을 찾아 아말렉 사람들이 빼앗아갔던 모든 것을 찾고 두 아내도 구할 수 있었다(삼상 30:14-20). 아말렉 사람이 버리고 간 애굽 사람으로 말미암아 추격할 수 있었지만 이 사람을 발견한 것은 클라인(Klein 1983, 285)이 지적한 것처럼 분명 전능자인 여호와께 다윗이 행한 질문에 대한 응답의 일부이다. 그렇지만 쓰러진 한 사람을 발견하고 떡과 물을 주어 도운 일 역시 추격하여 승리한 중요한 한 요인임에는 틀림이 없다.

다윗이 승리하고 돌아왔을 때 피곤하여 자기를 따라오지 못했던 200명을 만났다. 이때 악한 자와 불량배들은 처자만 돌려주고 전리품은 나누기를 거부했다. 그러나 다윗은 여호와께서 보호하시고 아말렉을 넘겨 주신 사실을 상기시키며 동일하게 전리품을 분배하게 하였고 이것을 이스라엘의 규례로 삼았다(삼상 30:21-25). 이뿐만 아니라 전리품을 그의 친구 유다 장로들과 벧엘, 아로엘, 헤브론 등에 있는 사람들에게도 보내었다. 일반적으로 왕은 자신의 권력을 위해 전리품을 취한다(삼상 8:11-18). 그러나 여호와의 기름 부음을 받은 다윗은 백성들에게 그 전리품을 나누어 주었다(삼상 30:26-31). 이러한 다윗의 행동은 왕은 정의롭게 통치할 것이며 백성들을 위해 봉사하는 자라는 것을 보여 준다.

④ 사울의 죽음(삼상 31:1-13)

블레셋 군대는 수넴에, 사울이 이끄는 이스라엘의 군대는 길보아산에 진을 치고 있었다(삼상 28:4). 이 전쟁에서 사울의 세 아들 요나단과 아비나답과 말기수아가 죽었고, 사울 역시 활 쏘는 자에 의해 중상을 입고 스스로 목숨을 끊었다(삼상 31:1-4). 이로 말미암아 그곳에 있었던 이스라엘 백성들은 성읍을 버리고 도망을 갔고, 대신 블레셋 사람들이 그곳에 살았다(삼상 31:7). 블레셋 사람들은 사울이 죽은 것을 보고 그의 머리를 베고 시체는 벧산 성벽에 못을 박아 달아두었다. 길르앗 야베스 주민들이 블레셋 사람들이 행한 일을 듣고 사울과 그의 아들들의 시체를 내려가지고 야베스로 가서 불사르고 그의 뼈를 야베스 에셀 나무 아래에 장사했다(삼상 31:7-13).

사무엘상 31:1-13에서 저자는 사울이 어떻게 죽었는지 객관적으로 묘사한다. 이 기사는 사울이 신접한 여인에게 갔을 때 여호와께서 사무엘을 통하여 말씀하신 대로 사울과 그의 아들들의 최후를 보여 줌으로 독자들의 심금을 울린다(참조. 삼상 28:19). 사울의 죽음에 대해 역대기는 여호와의 말씀을 지키지 아니한 것과 신접한 여인에게 가르치기를 청하고 여호와께 묻지 않았기 때문이라고 했다(대상 10:13-14). 그러나 사무엘서의 저자는 사울의 죽음을 여호와의 목소리를 순종하지 아니하고 그의 진노를 아말렉에게 쏟지 아니하였기 때문이라고 했다(삼상 28:18). 이것은 거의 동시적 시간대에 아말렉을 진멸한 다윗의 행동과 대비하여 보여 주려는 것으로 보인다. 사울이 기름 부음을 받고 왕이 되었을 때 길갈 언약에서 말씀하신 대로 순종했다면 하나님은 사울의 왕위를 영원히 세우셨을 것이고 오실 참된 왕이신 메시아의 예표로서 구속사에서 크게 사용하셨을 것이다(삼상 12:14-15; 13:13; 15:26). 언약에 따라 이스라엘 백성을 통하여 오실 그리스도 안에서 행하시는 일은 무조건적이지만 언약적인 복을 누리며 구속사에 참여하는 일은 조건적이다.

4. 다윗의 이야기(삼하 1:1-24:25)

현재 성경은 사무엘상 · 하를 사울의 죽음을 중심으로 나누고 있다. 사무엘하는 다윗이 사울이 죽었다는 소식을 듣는 일로부터 시작한다. 사무엘하는 사울의 죽음 이후에 다윗이 온 이스라엘의 왕이 되는 과정을 설명한다(삼하 1:1-5:3). 그리고 다윗은 여부스를 정복하여 예루살렘을 다윗 성이라고 불렀다. 또한 다윗은 법궤를 예루살렘으로 옮겨왔다. 그것은 하나님과 교제하며 하나님의 통치를 받는 것을 중요하게 생각한다는 것이다. 그리고 하나님은 다윗과 언약을 맺었다(삼하 5:6-8:18). 이 두 가지는 다윗의 통치이념을 법궤에 임재하신 하나님과 하나님이 주신 언약에 두고 있다는 것이다. 또한 다윗이 범죄하므로 말미암아 나타나는 결과가 무엇인지를 보여 준다. 특히 다윗의 이야기를 통하여 언약이 무조건적인 특성과 조건적인 특성을 가지고 있다는 것과 언약의 말씀을 믿고 순종하는 일이 중요하다는 점을 보여 준다(삼하 9:1-20:26). 부록에서는 사무엘서 전체의 요약으로 하나님 나라가 하나님의 은혜로 세워진다는 것을 보여 준다(삼하 21:1-24:25).

내용 분해

(1) 다윗이 온 이스라엘의 왕이 되는 과정(삼하 1:1–5:3)

(2) 다윗의 통치 이념(삼하 5:4–8:18)

(3) 다윗의 통치가 흔들림(삼하 9:1–20:26)

(4) 부록(삼하 21:1–24:25)

내용 해설

(1) 다윗이 온 이스라엘의 왕이 되는 과정(삼하 1:1–5:3)

이 문단은 사울의 죽음 이후에 일어난 일을 다룬다. 사울이 죽은 이후에 다윗이 자연스럽게 온 이스라엘의 왕이 될 것으로 예상할 수 있지만 그는 유다 지파의 왕으로만 7년 6개월 동안 있었다. 그것은 사울이 죽은 이후에 사울의 군 사령관 아브넬이 사울의 아들 이스보셋을 왕으로 세웠기 때문이다(삼하 2:8–10). 그리고 사울의 집과 다윗의 집 사이에 전쟁이 있었고, 그 과정에서 아브넬과 이스보셋이 어떻게 죽임을 당하고, 다윗이 어떻게 온 이스라엘의 왕이 되었는지를 보여 준다.

① 사울의 전사 소식(삼하 1:1–16)

다윗이 시글락에 머물고 있을 당시에 이스라엘 진영에서 도망쳐 온 한 사람을 통하여 다윗은 사울과 그의 아들 요나단이 죽었다는 소식을 들었다(삼하 1:1–4). 다윗은 이 청년의 보고를 듣고 사울이 죽은 사실을 어떻게 아는지 묻자 그는 사울이 자기를 죽여 달라고 하여 죽이고 그 증거물로 왕관과 팔에 있는 고리를 가져왔다고 했다(삼하 1:5–10). 그러나 그의 보고는 사울이 자기 칼 위에 엎드러져 죽었고, 그의 무기를 든 자도 사울의 죽음을 보고 자결한 기록과 일치하지 않는다(참조. 삼상 31:4–5). 사울이 칼에 엎드러진 후에 잠깐 살아 있었을 가능성도 있지만 성경은 여기에 대하여 설명하지 않고 사울이 죽었다고 말한다. 다윗과 그와 함께한 사람들은 사울이 죽었다는 소식을 듣고 슬퍼하며 울며 금식했다(삼하 1:11–12). 다윗에게 그 소식을 전한 청년은 다윗이 싸웠던 아말렉 사람인데 그의 말의 사실 여부를 떠나 다윗은 그의 증언을 받아들이고 기름 부음 받은 자를 죽인 죄를 물어 처형했다(삼하 1:13–16). 저자는 다윗을 사울의 죽음을 슬퍼하고 기름 부음 받은 자를 죽인 자를 처단한 사람으로 묘사한다.

② 사울과 요나단을 위한 다윗의 애가(삼하 1:17–27)

다윗은 사울과 그의 아들 요나단의 죽음을 슬퍼하며 애가를 지었다. 개역개정판에 '활 노래'라고 번역되어 있지만 히브리어 본문에 '케쉐트'(קֶשֶׁת)를 의역한 것인데 무엇을 의미하는지 분명하지 않다. 이 노래는 '야살의 책'에 기록된 것을 인용한 것이다. '야살의 책'(סֵפֶר הַיָּשָׁר)은 '의인의 책'이라는 뜻으로 이스라엘 백성들과 지도자들의 업적을 기록한 책일 것이다. 다윗은 "오호라 두 용사가 엎드러졌도다"(삼하 1:19, 25, 27)라는 반복구를 중심으로 썼는데 두 용사의 죽음을 애도하며 썼다는 것을 알 수 있다. 이 두 용사를 평행법으로 '네(이스라엘의) 영광'(삼하 1:19)과 '싸우는 무기'(삼하 1:27)라고 표현했다. 이 노래의 전반부(삼하 1:19–24)는 길보아산에서 패한 이스라엘의 아픔과 사울과 요나단의 영웅적인 행동을 묘사하고, 후반부(삼하 1:25–26)는 요나단의 죽음을 슬퍼하고 그가 보여 준 사랑을 회상한다.

다윗이 사울의 죽음을 애도한 이유는 무엇인가? 다윗은 여호와의 살아 계심을 두고 맹세하며 여호와께서 사울을 치시기를 원했다(삼상 26:10). 그런데도 사울을 가리켜 '이스라엘의 영광'과 '싸우는 무기'라고 표현하며 슬퍼한 것은 위선적이고 사람들에게 보여 주기 위한 행동일까? 단순히 개인적인 애도가 아니라 이 애가에 '이스라엘', '네 (이스라엘의) 영광', '블레셋의 성읍인 가드와 아스글론, 할례 받지 못한 자들의 딸들이 개가를 부를까 염려한다'는 등의 표현은 두 용사의 죽음만이 아니라 언약 백성인 이스라엘의 패배를 슬퍼한 것이다. 그리고 "유다 족속에게 가르치라"(삼하 1:18)라고 한 것은 두 용사를 기억할 뿐만 아니라 이 날의 패배를 잊지 않게 하려는 것이다.

③ 다윗과 이스보셋(삼하 2:1–5:3)

사울이 죽은 후에 다윗이 여호와의 인도하심을 받기 위해 여호와께 물었을 때 여호와께서는 다윗에게 헤브론으로 가라고 하셨다(삼하 2:1–2). 다윗은 제사장 아비아달이 가져온 에봇을 통하여 물었을 것이다(삼상 23:6). 다윗이 그 말씀대로 헤브론으로 올라가자 유다 사람들이 다윗에게 기름을 부어 유다 족속의 왕으로 삼았다(삼하 2:3–4). 다윗은 왕으로 기름 부음을 받았는데도 순탄하게 온 이스라엘의 왕이 되지 못했다. 성경은 명백한 하나님의 뜻이며 인도가 있었다 할지라도 갖은 시련이 있음을 보여 준다(예를 들면, 스 4:1–24; 느 2:10–6:14). 이것은 타락 이후 하나님의 섭리 가운데 있는 사탄의 후손과 여자의 후손 사이의 싸움의 하나로 보아야 할 것이다(참조. 창 3:15).

다윗은 길르앗 야베스 사람들이 사울을 장사했다는 소식을 전하는 것을 듣고 전령을 보내어 칭찬하며 여호와의 복을 빌고 다윗 자신도 은혜를 베풀 것이라고 말하며 자신이 유다의 왕이 되었음을 밝혔다(삼하 2:4b–7). 그러나 길르앗은 사울의 군사령관 아브넬이 사울의 아들 이스보셋을 이스라엘의 왕으로 삼았을 때 거기에 합류했다(삼하 2:8–9). 이스보셋은 사십 세에 왕이 되어 2년간 다스렸다(삼하 2:10). 이스보셋(אִישׁ־בֹּשֶׁת)이 실명이었는지는 알 수 없다. 왜냐하면 그의 이름은 '수치스러운 사람'이라는 뜻이고, 또한 역대상 8:33에는 '에스바알'(אֶשְׁבַּעַל), 곧 '주의 사람'으로 나타나기 때문이다. 다윗은 유다 족속의 왕으로 헤브론에서 7년 6개월 동안 다스렸다(삼하 2:11). 두 사람의 통치 연대를 비교해 보면 이스보셋이 2년을 다스렸다면 처음부터 왕이 된 것이 아니라 사울이 죽은 후 처음 5년은 아브넬이 통치하다가 자신의 통치의 정당성을 부여하기 위해 이스보셋을 세운 것으로 보인다. 아브넬은 사울의 숙부인 넬의 아들이기 때문에 사울과는 사촌관계다(삼상 14:50).

언제인지 알 수 없지만 기브온에서 이스보셋의 신복들과 다윗의 신복들이 전쟁하였으나 다윗의 신복들이 이겼다(삼하 2:12–17). 이 전쟁에서 스루야의 세 아들 요압과 아비새와 아사헬이 있었는데 들노루처럼 발이 빨랐던 아사헬은 도망가던 아브넬의 뒤를 쫓아가다가 아브넬에게 도리어 죽임을 당했다(삼하 2:18, 23). 이 전쟁에서 다윗의 신복 19명과 아사헬이 죽었고, 아브넬에게 속한 자는 360명이 죽었다(삼하 2:30–31). 이 이야기에서 다윗의 군대가 이겼다는 것도 중요하지만 아사헬이 어떻게 죽었는지 언급하는 것은 이 일이 앞으로 요압과 아브넬 사이에 어떤 일이 있을 것인지를 보여 주는 복선이다.

저자는 사울의 집과 다윗의 집 사이에 전쟁이 계속되었지만 다윗의 집은 강하여 가고 사울의 집은 점점 약해졌다고 소개한다(삼하 3:1). 저자는 이 사실을 사무엘하 3:2–4:12에서 대조적으로 설명한다. 저자는 다윗의 집이 강해지는 것을 다윗이 헤브론에서 낳은 6명의 아들을 소개하므로 설명한다(삼하 3:2-5). 이와 대조적으로 사울의 집이 어떻게 약해졌는지 아브넬과 이스보셋의 죽음을 통하여 보여 준다.

아브넬이 죽게 된 것은 사울의 첩을 취한 일로 말미암아 이스보셋과 관계가 깨진 것과 아사헬을 죽인 일에 대하여 요압이 감정을 품고 있었기 때문이다. 고대 근동의 세계에서 전임 왕의 첩은 그 계승자의 합법적인 소유였고 왕권을 잡으려는 행동으로 이해했다(삼하 12:8; 16:21; 왕상 2:22)(Tsevat 1958, 241). 이스보셋이 아브넬에게 "네가 어찌하여 내 아버지의 첩과 통간하였느냐?"(삼하 3:7)라고 책망한 것은 이러한 의미를 이해하였기 때문이다. 이에 대하여 아브넬은 이 말을 분하게 여기며 "내가 유다의 개 머리냐"(삼하 3:8)라고 반문하며 여호와께서 맹세하신 대로 이 나라를 사울의 집에서 다윗의 집으로 옮겨서 단에서 브엘세바(이스라엘의 전 국토를 지칭하는 표현)까지 다스리게 하시겠다는 명령을 반드시 이루겠다고 말했다(삼하 3:8-10). '유다의 개 머리'라는 말은 경멸적인 표현으로 아브넬은 이스보셋이 자기에게 한 책망을 자신을 경멸한 것으로 이해했다(참조. 삼상 17:43; 24:14 등).

아브넬은 이스보셋의 일로 나라를 다윗에게 넘기겠다고 맹세한 일을 즉각 실행에 옮겼다. 그는 다윗에게 언약을 맺자고 제안하고, 다윗은 제안을 받아들이는 조건으로 아내 미갈을 돌려보내라고 했다. 아브넬은 다윗의 요구를 받아들이고 신속하게 그 일을 처리했다(삼하 3:12-16). 그리고 아브넬은 이스라엘 장로들을 설득하고 자신이 직접 헤브론으로 가서 다윗과 언약을 맺었다(삼하 3:17-21). 그러나 전쟁에서 돌아온 요압은 아브넬이 왕과 대면하고 평안히 갔다는 말을 듣고 다윗 몰래 아브넬을 다시 불러 배를 찔러 죽였다. 저자는 그 이유를 동생 아사헬을 죽였기 때문이라고 설명했다(삼하 3:27, 30). 다윗은 후에 이 소식을 듣고 요압의 집에 백탁병자나 나병 환자나 지팡이를 의지하는 자나 칼에 죽는 자나 양식이 떨어진 자가 끊어지지 아니하게 해 달라고 저주하며 아브넬을 애도했다(삼하 3:29-31, 39).

아브넬이 이스보셋에게 한 말(삼하 3:9-10)이나 이스라엘의 장로들을 설득하는 말(삼하 3:18-19)을 볼 때 그는 하나님이 다윗에게 기름을 부어 왕이 되게 하실 것이라는 사실을 알고 있었다. 그런데도 아브넬은 하나님의 뜻을 순종하지 않았다. 이러한 사실을 미루어 볼 때 아브넬이 죽은 것은 요압의 아우 아사헬을 죽인 것이 직접적인 원인처럼 보이지만 하나님이 이러한 모든 행동의 이면에서 섭리하셨기 때문으로 보아야 한다. 하나님의 뜻을 알고도 자신의 유익을 위하여 행한 일이 잘못임을 하나님이 아브넬의 최후를 통하여 보여 주셨다. 그리고 동생을 죽인 일에 대한 복수심으로 아브넬을 죽인 요압도 최후에 솔로몬이 다윗의 유언대로 그가 흘린 피의 값을 찾았다(왕상 2:31–32). 저자는 이 역사를 통하여 하나님의 뜻을 거스르고 자신의 유익을 위해 악을 행하는 사람의 최후가 어떠한지 보여 준다.

아브넬이 죽었다는 소식에 이스보셋은 손의 맥이 풀렸고 온 이스라엘은 놀랐다(삼하 4:1). 이때에 군지휘관인 레갑과 바아나가 낮잠을 자는 이스보셋을 죽이고 그의 머리를 가지고 다윗에게 갔다(삼하 4:2, 5–8). 그렇지만 다윗은 사울이 죽었다는 소식을 전한 것만으로도 전령을 죽였는데 하물며 악인이 의인을 죽인 것을 그냥 둘 수 없다는 이유로 바아나와 레갑을 죽였다(삼하 4:10–12). 결국 저자는 다윗의 집은 강해지고 사울의 집은 약해진다고 설명한 대로 어떻게 이루어졌는지를 보여 준다. 이 사건 이후 이스라엘의 모든 지파가 다윗에게 나아와 그에게 기름을 붓고 이스라엘의 왕으로 삼았다(삼하 5:1–3).

(2) 다윗의 통치 이념(삼하 5:4–8:18)

이 문단은 다윗이 왕이 되어 다윗의 통치에서 제일 중요하게 생각한 것이 무엇이었는지를 보여 준다. 그것은 하나님이 약속하신 땅의 가장 중심인 예루살렘을 정복하여 왕도로 정하고, 법궤를 옮겨 하나님의 성전을 세울 기초를 마련한 일과 이 일이 계기가 되어 여호와께서 다윗과 영원한 언약을 세우신 일이다. 이뿐만 아니라 다윗은 나라를 잘 다스리기 위한 효과적인 행정체계를 마련했다.

① 다윗이 예루살렘을 정복하고 왕도로 정함(삼하 5:4–12)

저자는 왕이 된 다윗의 이야기를 기록하면서 열왕기서에서 각 왕들의 이야기를 시작할 때 사용하는 형식적 문구로 시작한다(삼하 5:4–5). 이것은 다윗이 왕이 되는 과정의 결론이면서 동일한 문구로 끝맺는 열왕기상 2:11까지로 연결되는 이야기의 이음매 역할을 한다.

다윗이 온 이스라엘의 왕이 되어 행한 중요한 일 가운데 하나는 국가의 수도를 유다 지파의 성읍인 헤브론에서 예루살렘으로 옮긴 것이다. 예루살렘은 아브라함 당시에 멜기세덱과 관련된 왕도로 나타난다(창 14:18). 이곳은 거룩한 곳으로 아브라함이 모리아산에 제단을 쌓아 이삭을 바쳤던 장소였고(창 22:1-19; 대하 3:1), '여호와의 산'(창 22:14)이라고 부르던 곳이었다. 당시 예루살렘은 유다 지파와 베냐민 지파의 경계에 위치해 있는 성읍으로 어느 지파에도 속하지 않았다. 가나안 정복 당시에 이 성을 정복하고 불태웠으나 다시 여부스족에게 빼앗긴 것으로 보인다(수 15:63; 삿 1:8, 21). 그래서 다윗이 온 이스라엘 왕이 될 때까지 여부스족이 이 성을 차지하고 있었다. 예루살렘은 가파른 언덕에 위치해 있으며 세 개의 골짜기, 곧 기드론, 힌놈, 중앙 골짜기로 둘러싸여 있었기 때문에 천연(天然)의 요새였다. 다윗이 그 성을 치려고 하자 여부스 사람들이 "네가 결코 이리로 들어오지 못하리라. 맹인과 다리 저는 자라도 너를 물리치리라"(삼하 5:6)라고 한 것은 이러한 배경을 가지고 있기 때문이다. 그러나 다윗은 물 긷는 데로 들어가 정복했다(삼하 5:8). 히브리어로 '물 긷는 데'(치노르, צִנּוֹר)는 일종의 수로(水路)다. 그렇다면 이곳은 기혼 샘으로부터 물이 흘러들어가는 곳으로 오늘날 '워런 터널'(Warren's tunnel)[34]로 볼 수 있다(Bergen 1996, 321). 다윗은 이 수로를 통하여 예루살렘을 정복하고 다윗 성이라 불렀다(삼하 5:9).

그리고 다윗은 성을 빼앗고 "맹인과 다리 저는 사람은 집에 들어오지 못하리라"(삼하 5:8)라고 했다. 그렇다면 이곳에는 맹인과 자리 저는 자와 같은 장애인은 집에 들어올 수 없다는 뜻인가? 브루그만(2000, 360)은 옛 예루살렘은 맹인과 다리 저는 자를 제외시키고 경멸하였지만 복음서에서 꿈꾸는 새로운 예루살렘은 맹인과 다리 저는 자라 할지라도 온전한 자로 변형될 것이며, 환영받는 참여자가 될 것이라고 했다. 그러나 다윗은 요나단과 맺은 언약에 따라 양쪽 다리를 다 저는 므비보셋을 예루살렘에 살게 했다(삼하 9:3, 13). 이 점을 고려한다면 맹인과 장애인이 들어올 수 없다는 의미가 아니라 맹인과 다리 저는 자들이 지켜도 차지할 수 없는 시온산성을 하나님의 은혜로 차지하게 되었다는 것을 기억하기 위

34 1838년에 미국의 로빈슨이 이 굴을 발견하였고, 1867년에 워런이 수로로 내려가는 통로를 발견했다. 이 통로는 기혼 샘 근처에서 수직으로 11m 정도 올라가는데, 그는 이 통로를 통해 다윗의 부하인 요압이 성으로 들어간 것으로 추정한다.

한 속담으로 보는 것이 타당하지 않을까? 저자는 이 사건과 관련하여 "만군의 하나님 여호와께서 함께 계시니 다윗이 점점 강성하여 가니라"(삼하 5:10)라고 했다. 그리고 두로 왕 히람이 백향목과 목수와 석수를 보내어 왕궁을 짓게 하였고, 이러한 일을 통하여 다윗은 여호와께서 자신을 세우시고 이스라엘을 위하여 높이신 것을 알았다(삼하 5:11–12).

다윗이 차지한 이 성을 성경은 '하나님의 성', '거룩한 산', '큰 왕의 성' 등으로 부른다(시 48:1–2). 예루살렘 역시 단순히 지역적인 이름으로 부르는 것이 아니라 언약 백성과 장차 그리스도 안에서 들어가게 될 나라 등으로 부르기도 한다(시 122:2–3; 137:6; 147:12; 히 12:22; 계 3:12; 21:2, 10). 예루살렘이 이러한 의미를 가지고 있다는 것은 우리의 구원과 관련된 교훈을 주려는 하나님의 섭리가 작용했다는 것이다. 그 교훈은 이곳에 하나님이 임재하신다는 것만이 아니라 종말론적으로도 우리가 들어가게 될 새 예루살렘인 하나님 나라를 예표적으로 보여 준다는 것이다.

② 다윗이 블레셋을 쳐서 이김(삼하 5:17–25)

블레셋은 이스라엘이 다윗에게 기름을 부어 이스라엘 왕으로 삼았다는 소식을 듣고 두 번이나 르바임 골짜기에 가득하게 올라왔다(삼하 5:18, 22). 그때마다 다윗은 여호와께 물었다. 첫 번째는 올라가게 하셨고, 두 번째는 올라가지 말고 뒤로 돌아가 기습하라고 하셨다(삼하 5:19, 23). 이 사건을 통하여 저자는 다윗이 사울과 대조적으로 여호와께 물었다는 것을 보여 준다. 이뿐 아니라 저자는 여호와께서 다윗을 왕으로 세우신 것은 언약 백성들을 보호하고 지키시기 위한 것임을 보여 준다.

③ 여호와의 궤를 다윗 성으로 옮김(삼하 6:1–23; 참조. 대상 13:1–14; 15:25–16:6, 43)

다윗은 백성들 가운데 삼만 명을 뽑아 하나님의 궤를 옮겨오려고 했다. 사무엘하 6:1–15을 자세히 읽어 보면 '하나님의 궤'가 7회(삼하 6:2, 3, 4, 6, 7, 12×2), '여호와의 궤'가 5회(삼하 6:9, 10, 11, 13, 15)가 나온다. 이 본문에 이렇게 많이 나오는 것은 중심 주제와 연관되어 있기 때문이다.[35] 다윗이 하나님의 궤를 옮겨오

35 구약성경에 보면 '여호와의 언약궤'(민 10:33; 신 10:8 등), '증거궤'(출 25:22; 26:33, 34 등) 등의 이름으로도 나온다.

려고 했던 것은 하나님의 궤가 "그룹들 사이에 좌정하신 만군의 여호와의 이름으로 불리는 것이라"(삼하 6:2)고 말한 것처럼 온 우주와 역사를 통치하시는 하나님이 '좌정하신'(요쉐입, יֹשֵׁב), 곧 거주하시는 곳이기 때문이다. 하나님의 궤의 가장 중요한 개념은 두 가지다. 하나는 하나님이 그곳에 임재하여 자기 백성과 만나시고 그들에게 말씀하신다는 것이고(출 25:22), 또 하나는 하나님이 이곳에 임재하여 온 세상을 통치하신다는 것이다. 다윗이 하나님의 궤를 예루살렘으로 옮기겠다고 하는 것은 예루살렘에 성막을 세우고, 하나님과 교제하며 하나님의 임재와 통치를 받겠다는 것이다. 이러한 다윗의 믿음과 의도는 역대상 13:3에도 나타나 있다.

> 우리가 우리 하나님의 궤를 우리에게로 옮겨오자 사울 때에는 우리가 궤 앞에서 묻지 아니하였느니라.

하나님의 궤가 아비나답의 집에 머무르게 된 것은 아벡에서 있었던 블레셋과 싸운 전쟁에서 빼앗겼다가 블레셋 사람들이 그들에게 내린 재앙이 법궤 때문이라는 것을 알고 돌려보낸 후부터다(삼상 4:11;7:1).

다윗은 이스라엘 백성들 가운데 3만 명의 무리를 구별하여 하나님의 궤를 옮길 때 궤를 새 수레에 싣고 아비나답의 아들 웃사와 아효가 그 수레를 몰았다(삼하 6:1-3). 그런데 나곤의 타작마당에 이르러 소들이 뛰자 웃사가 하나님의 궤를 붙들었다. 이 일에 대하여 저자는 "여호와 하나님이 웃사가 잘못하므로 말미암아 진노하사"(삼하 6:7)라고 했다. 이 특별한 사건이 일어난 장소를 '베레스 웃사'(פֶּרֶץ בְּעֻזָּה)라고 불렀다(삼하 6:8). 이는 "웃사의 몸을 찢으셨다"(대상 13:11)는 뜻이다. 이러한 이름을 지은 것은 오랫동안 이 사건을 기억하게 하려는 것이다. 다윗은 이 장면을 보고 두려워하여 궤를 가드 사람(הַגִּתִּי < גַּת) 오벧에돔의 집에 옮겼다(삼하 6:9-10). 그런데 하나님의 궤가 있었던 오벧에돔의 집과 그 소유에 하나님이 복을 내리셨다(삼하 6:11). 그리고 그 뒤의 역사를 보면 그와 그의 가문은 여호와의 궤를 지키는 은혜를 누렸다(대상 15:18-24; 26:4-8). 여기 '가드 사람'은 블레셋의 가드 사람일 수도 있고, 스불론 지파의 땅인 '가드 림몬'(수 19:45; 21:24)이나 '가드 헤벨'(수 19:13)에 사는 레위인일 수도 있다.

그러면 왜 하나님이 하나님의 궤가 있었던 오벧에돔의 집에 복을 주셨을까? 그것은 하나님의 궤를 예루살렘에 옮기는 일은 큰 복이라는 것을 당시 다윗과 이스라엘 백성들이 알도록 하기 위함이다. 그래서 다윗은 여호와께서 하나님의 궤로 말미암아 오벧에돔의 집과 그의 모든 소유에 복을 주셨다는 소식을 듣고 궤를 옮겨오게 되었다. 그리고 궤를 수레에 실은 것이 아니라 어깨에 메었다(삼하 6:12). 율법은 여호와의 궤를 레위 지파의 제사장들이 어깨에 메도록 규정하고 있기 때문이다(민 4:15; 신 31:9). 역대기는 이 사건을 더 자세하게 묘사한다(대상 15:13-15).

오늘날 여호와의 궤는 없어졌고, 더 이상 제한된 공간인 예루살렘에 있는 성전에서 제사를 지내지 않지만 우리는 여호와의 궤가 의미하는 것보다 더 풍성하게 하나님과 교제하며 그의 통치를 수행한다(렘 3:15-17; 히 10:19-20; 벧전 2:9). 하나님은 '살아 계신 하나님의 성전'(고후 6:16)이고 교회인 성도에게 임재하사 교제하시며, 성도인 우리는 그의 통치를 경험하면서 동시에 수행한다(마 18:20; 고전 3:16-17). 이러한 특권을 받은 사람들은 하나님이 정해 주신 규칙을 지켜야 한다. 그중에 하나가 주일성수와 교회가 정한 법과 질서를 지켜야 한다는 것이다. 규칙적인 예배는 하나님이 정하신 은혜의 방편이다(Foster 1992, 105-106). 우리 믿음의 선배들도 규칙적으로 예배하는 날을 중요하게 생각했다.

> 일반적으로 하나님을 예배하기 위해 적정한 비율의 시간을 구별하는 것이 자연적 법칙이거니와, 하나님께서는 자기의 말씀에서 적극적이고 도덕적이며 항구적인 계명으로 모든 시대 모든 사람에게 부과하시사 특별히 칠 일 중에 하루를 안식일로 지정하시고 자기를 위하여 거룩하게 지키라고 하셨다. 이날은 창세로부터 그리스도의 부활까지는 한 주간의 마지막 날이었는데, 그리스도의 부활부터는 주간의 첫날로 바뀌었으며, 성경은 그날을 주일이라 부르며 세상 끝날까지 기독자의 안식일로 계속된 것이다(웨스트민스터 신앙고백서 21장 "예배와 안식일" 7항).

다윗은 하나님의 궤를 메어오면서 춤을 추고 기뻐하였고 온 이스라엘 족속도 즐거이 환호했다(삼하 6:14-15). 여호와의 궤가 다윗 성으로 들어올 때 '사울의 딸 미갈'이 창으로 보고 다윗이 노래하며 춤추는 것을 업신여겼고, 다윗이 돌아왔을 때 왕의 신분에 어울리지 않는다고 말했다(삼하 6:16, 20). 저자는 이러한 미갈을 '다윗의 아내'라고 하지 않고 의도적으로 '사울의 딸 미갈'이라고 하면서 죽는 날까지 자식이 없었다고 했다(삼하 6:23). 이 설명은 단순히 자식이 없었다는 개념이 아니다. 이것은 미갈이 자식을 낳으면 사울의 자손이 왕이 될 수 있는 가능성이 있기 때문에 하나님의 말씀대로 사울의 집은 영영 이스라엘의 왕이 되지 못하게 하셨다는 뜻이다. 하나님은 하나님의 궤 앞에서 즐거워하는 다윗의 행동을 멸시한 미갈을 심판하심으로 사울의 집을 완전히 심판하셨다.

④ 다윗 언약(삼하 7:1–29)

이 문단은 다윗 언약을 기록하고 있다. 저자는 "여호와께서 주위의 모든 원수를 무찌르사 왕으로 궁에 평안히 살게 하신 때에"(삼하 7:1)라고 이 문단을 시작한다. 그때 다윗은 나단에게 자신이 살고 있는 백향목 궁과 비교하며 하나님의 궤를 둘 수 있는 '성전'을 짓고자 하는 마음을 전했다(삼하 7:2). 나단은 다윗의 의견을 기뻐하며 마음에 있는 모든 것을 행하라고 했다(삼하 7:3). 그러나 하나님은 나단의 생각과 달리 그 밤에 다윗에게 하실 말씀을 주셨다. 이때 여호와께서 다윗에게 주신 말씀은 사무엘서에서 가장 중요한 말씀일 뿐만 아니라 구약 전체에서 핵심적인 본문으로 예루살렘 성소와 다윗 왕정의 미래에 대한 것이다. 사무엘하 7장에 보면 '언약'이라는 명칭이 나오지 않지만 성경 곳곳에 이 사건을 가리켜 다윗과 맺은 언약이라고 말한다(삼하 23:5; 대하 7:18; 시 89:3, 28, 34, 39; 132:11). 이 언약의 중요성에 대하여 김정우(2001, 72)는 다윗 언약은 '모든 질서의 시작에 관한 언약을 담고 있는 창조 언약'(창 1–2장), '창조 질서의 보존을 약속한 노아 언약'(창 8:20–9:17), '후손과 땅을 약속한 아브라함 언약'(창 15장), '계명의 언약인 시내산 언약'(출 19–24장)과 밀접하게 이어지며, 나아가 구약에서 마지막으로 구원사의 완성을 위하여 주신 '새 언약'(렘 31:31–34)으로 나아가는 주요 발판이 되기 때문으로 이해했다.[36] 다윗 언약은 시내산 언약의 큰 틀 속에서 주어짐으로 이전 언약을 폐

36 김정우가 모세의 시내산 언약을 '계명 언약'이라고 이름 붙인 것은 이 언약에서 주님의 계명이 두드러지게 강조되기 때문이며, '계명을 지켜야 구원을 얻는다'는 뜻으로 사용한 것은 아니라고 했다. 시내산 언약은 주님의 주권적인 의지로 시작되었을 뿐 아니라, 이스라엘 백성들이

기하지 않으며 강화시키고 있다(김정우 2001, 73). 구약성경에 나타나는 언약들은 하나님의 구원의 경륜을 이루는 하나님의 계획으로서 통일성을 이루며, 예수 그리스도를 통한 구원사의 완성을 이루어 가는 주된 과정으로서 역할을 한다. 이런 관점에서 보면 사무엘하 7장은 단지 이스라엘 역사의 한 단면만을 보여 주는 이야기가 아니라, 성경 전체의 맥을 이어주는 중요한 장이다(김정우 2001, 73).

다윗이 여호와의 집을 지으려고 할 때 여호와께서는 나단을 통하여 "네가 나를 위하여 내가 살 집을 건축하겠느냐?"(삼하 7:5)라고 물으셨다. 여호와께서는 자신을 위하여 성전을 짓고자 한 다윗을 기뻐하시며 그의 이름을 존귀하게 하시고, 아들을 통하여 성전을 건축하게 하실 것이라고 약속하셨다(삼하 7:9, 12–13).[37] 그러면서 하나님은 그에게 몇 가지 중요한 약속을 주셨다.

- 내가 너(다윗)를 내 백성 이스라엘의 주권자로 삼고 네 이름을 위대하게 할 것이다(삼하 7:8–9; 창 12:2)
- 땅을 차지하게 할 것이다(삼하 7:10; 창 15:18)
- 내가 너를 위하여 집을 지을 것이다(삼하 7:11)
- 네 씨를 네 뒤에 세워 그의 나라 왕위를 영원히 견고하게 할 것이다(삼하 7:12–13, 16; 창 15:4)
- 네 씨가 내 이름을 위하여 집(성전)을 건축할 것이다(삼하 7:13)
- 나는 그에게(네 씨에게) 아버지가 되고 그는 내게 아들이 될 것이다(삼하 7:14a)
- 만일 죄를 범하면 사람의 매와 인생의 채찍으로 징계할 것이다 (삼하 7:14b)

이 약속 가운데 '너를 위하여 집을 짓는다'는 표현은 특별한 의미가 있다. 언

구원을 받은 후 하나님의 백성의 도리를 따라 살도록 율법과 계명을 선물로 주신 언약이었으므로 기본적으로 '은혜 언약'의 틀 속에 있다고 볼 수 있으며 무엇보다도 시내산 언약은 아브라함 언약의 큰 틀 속에서, 이제 아브라함의 후손이 나라와 백성을 이룬 후, 참된 하나님의 백성으로서의 삶의 내용에 관한 법도와 계명들이 주어지고 있는 것으로 이해해야 한다고 했다(김정우 2001, 73).

37 여호와께서 다윗으로 하여금 성전을 짓지 못하게 한 이유에 대해서는 역대상 22:6–19의 설명을 참조하라.

어유희를 통하여 다윗이 여호와의 '집'을 짓겠다고 하였을 때 하나님은 "네가 나를 위하여 내가 살 '집'을 건축하겠느냐?"(삼하 7:5)라고 반문하시며 다윗을 위하여 '집'을 지어 주겠다고 하셨다. '집'은 거주지 이상의 의미를 가지고 있는 것으로 모든 가족을 포함한 가문을 말한다(창 7:1). 다윗의 경우에 집은 그의 왕조를 말한다(삼하 7:12, 16, 19, 26, 29). 그리고 이 약속은 하나님은 아브라함에게 그의 이름을 창대하게 하며, 땅을 주고 자손을 주어 큰 나라가 되게 하실 것이라고 하신 약속을 더 구체화한 것이다(창 12:2; 15:4, 18).

이 약속이 단순히 다윗 개인과 국가적인 이스라엘에게만 제한되어 있다면 우리가 여기에 관심을 기울일 이유가 없다. 다윗은 이 약속이 어떤 의미인지 알았다. 이 약속은 인간이 범죄한 후에 여자의 후손을 보내어 구원하실 것이고, 아브라함과 맺은 언약에서는 그의 자손을 통하여 그리스도를 보내실 것이라는 약속을 이제 다윗의 씨(자손)을 통하여 이루신다는 것이다. 그래서 그는 나단을 통하여 이 약속을 듣고 "주 여호와여 나는 누구이오며 내 집은 무엇이기에 나를 여기까지 이르게 하셨나이까 주 여호와여 주께서 이것을 오히려 적게 여기시고 또 종의 집에 있을 먼 장래의 일까지도 말씀하셨나이다 주 여호와여 이것이 사람의 법이니이다"(삼하 7:18-19)라고 했다. 다윗의 응답을 볼 때 이 약속은 다윗의 자손을 통하여 오실 그리스도와 그를 통하여 이루실 하나님 나라에 대한 약속이라는 것을 알 수 있다. 특히 '주 여호와여 이것이 사람의 법이니이다'(조트 토라트 하아담 아도나이 야웨, זֹאת תּוֹרַת הָאָדָם אֲדֹנָי יְהוִה)라는 다윗의 고백은 전 인류를 구원하는 법으로 보고 주의 은혜에 감탄한 것이라고 할 수 있다. 그래서 카이저(Kaiser 1974, 315)는 이 말씀을 이렇게 번역했다. "이것이 모든 인류를 위한 대헌장입니다 주 여호와여!"

이 약속이 우리와 어떤 연관성이 있을까? 사무엘하 7장에 기록된 다윗 언약에서 여러 차례에 걸쳐서 '영원히'(삼하 7:13, 16, 24, 25, 26, 29)라는 단어를 반복한다. 사무엘하 23:5에서 동일한 언약을 회상하면서 '영원한 언약'이라고 말했다. 이러한 면에서 다윗 언약은 무조건적이다. 그리고 "그가 만일 죄를 범하면 내가 사람의 매와 인생의 채찍으로 징계하려니와"(삼하 7:14)라고 하셨다. 이것은 다윗의 후손이 하나님 나라의 복을 누리기 위해서는 하나님의 법을 지켜야 한다는 조건적인 성격이 있다는 것이다. 다윗 언약에서 보여 준 바와 같이 하나님이 그리스도 안에서 영원히 그의 나라를 세우시고, 영원히 안식할 새 하늘과 새 땅을 주신다는 약속은 인간의 조건과 상관없이 무조건적이다. 그러나 이 약속에 들어 있는 복을 삶의 현장에서 누리는 문제는 하나님의 법을 지켜야 한다는 점에서 조건적이다.

다윗 언약은 다윗 왕과 그의 왕국에 대한 소망을 담고 있는데 한 명의 이상적인 왕에게서 이루어질 것을 바라보고 있다. 따라서 사무엘하 7장에 담긴 메시아적 기대는 이후 시편과 선지서와 신약성경으로 이어지면서 더 분명해진다(시 78:70; 89:20; 132:10; 사 9:7; 22:22; 55:3; 렘 17:25; 호 3:5; 슥 13:1; 마 1:1; 9:27; 눅 1:32; 계 5:5; 22:16). 성경의 역사를 볼 때 다윗 언약은 구속 역사의 발전 속에서 점차 분명해진다. 그러므로 다윗 언약은 그리스도 안에서 이루실 하나님 나라에 대한 약속과 그 약속이 어떻게 성취될 것인지를 보여 준다.

⑤ 다윗이 모든 대적들을 쳐서 승리함(삼하 8:1–14)

문맥적으로 사무엘하 8:1의 다윗이 블레셋을 쳐서 항복을 받는 사건은 사무엘하 5:17–25의 사건과 연결되는 것처럼 보인다. 사무엘하 6:1–7:29은 삽입구다. 삽입구에 기록된 내용은 여호와의 궤를 옮겨 오는 사건과 다윗과 언약을 맺는 일이다. 사무엘하 5:25에서 바로 8:1 이하를 읽어도 문맥은 통한다. 삽입구 내용은 다윗이 주변의 모든 대적들을 정복할 수 있었던 근거를 보여 준다.

A 블레셋 정복(삼하 5:17–25)
  X 삽입구: 궤를 옮기는 일과 다윗 언약(삼하 6:1–7:29)
A′ 블레셋과 주변 대적들을 정복함(삼하 8:1–14)

다윗이 이스라엘 주변국을 쳐서 정복하는 지역을 보면 남쪽 경계는 블레셋의 메덱 암마(삼하 8:1; 대상 18:1), 북쪽 경계는 아람(삼하 8:3–12), 동남쪽 경계는 모압과 에돔이다(삼하 8:2, 13–14). 저자는 다윗이 이 전쟁에서 승리한 배경을 "다윗이 어디로 가든지 여호와께서 이기게 하셨더라"(삼하 8:6, 14)라고 설명했다. 이것은 다윗이 여호와의 궤를 예루살렘으로 옮긴 일과 언약을 지킨 일과 연관되어 있음을 보여 준다.

⑥ 다윗이 정의를 행하기 위하여 사람을 세움(삼하 8:15-18)

다윗은 온 이스라엘을 정의(미쉬파트, מִשְׁפָּט)와 공의(처다카, צְדָקָה)로 다스렸다(삼하 8:15). 버건(Bergen 1996, 351)은 이 두 가지 요소는 하나님의 속성이기도 하지만 여호와를 기쁘시게 하는 사람들과 사회에 특징적으로 나타나야 할 기본적인 덕목으로 언약적 약속과 복을 받는 방법이기 때문에(시 106:3; 잠 21:3; 사 1:27; 9:7; 56:1; 겔 18:5, 27; 33:14-19) 다윗은 온 이스라엘이 여호와의 복을 받을 수 있는 길을 열었다고 보았다. 그리고 다윗은 이것을 실현하기 위하여 관리들을 세웠다. 요압은 군사령관이 되어 일반 군대를 통솔했고, 여호사밧은 사관이 되었다. 사관(마즈키르, מַזְכִּיר)은 문자적으로는 '기억하게 하는 사람'으로 왕 옆에서 정보를 전달하고 공적인 기록을 관리하는 사람이다. 스라야는 서기관(소페이르, סֹפֵר)이 되어 여호사밧을 도왔던 것으로 보인다. 사독과 아비아달의 아들 아히멜렉은 제사장으로 있었다. 다윗의 용사들 가운데 한 명이었던 브나야(삼하 23:20-22)는 그렛 사람과 블렛 사람들을 관할했다. 그렛 사람은 네겝에 살고 있었고(삼상 30:14), 블렛 사람은 불확실하다. 이들은 용병으로 왕의 친위부대 역할을 했던 것으로 보인다(삼하 20:7; 왕상 1:38). 다윗이 이러한 사람들을 세운 것은 정의와 공의를 실현하여 하나님의 백성들을 보호하고 복된 삶을 살게 하려는 기본 행정체계를 확립한 것이다.

(3) 다윗의 통치가 흔들림(삼하 9:1-20:26)

벨하우젠(2011, 322)은 사무엘하 9:1부터 열왕기상 2장까지 예루살렘의 궁중에서 있었던 사건을 다루며, 솔로몬이 어떻게 왕위를 계승하는지의 문제를 다루고 있다고 했다. 이후로 많은 성경학자들은 이 문단을 '왕위 계승 이야기'라고 이해해 왔다. 이렇게 이해한 것은 이 문단에서 다루는 내용이 다윗의 후계자 문세와 관련이 있다고 보았기 때문이다. 특히 저자는 솔로몬이 어떻게 태어났는지 밧세바와 관련하여 자세히 설명할 뿐만 아니라, 솔로몬이 태어날 때부터 여호와께서 그를 사랑하셨다고 말한다(삼하 12:24). 이것은 저자가 솔로몬에게 특별한 관심을 두고 이야기를 전개한다는 것을 의미한다.

그러나 이것도 중요한 요소인 것은 틀림이 없으나 이 문단은 다윗 언약이 어떻게 적용되는지를 보여 준다. 사무엘하 9–20장에 기록된 내용의 대부분은 다윗의 죄로 말미암아 그에게 얼마나 큰 비참함과 괴로움이 발생하게 되었는지를 설명한다. 그러나 하나님은 결코 그에게서 사랑을 거두지 않으신다(페인 2015, 444). 이것은 사무엘하 7:12–16에 기록된 대로 다윗의 몸에서 날 씨(자손)를 세워 그 나라를 견고하게 하시겠다는 무조건적인 성격의 언약과 만일 죄를 범하면 사람의 매와 인생의 채찍으로 징계하신다고 말씀하신 조건적인 성격의 언약이 어떻게 적용되는지를 보여 주려는 것이다.

① 다윗과 므비보셋(삼하 9:1–13)

다윗은 사울의 집에 남은 사람이 있는지 물었다. 그 이유는 요나단으로 말미암아 은총을 베풀려는 것이다(삼하 9:1). 사울의 종 가운데 한 사람인 시바를 통하여 두 발을 다 저는 므비보셋이 있다는 사실을 알고 그에게 할아버지 사울의 밭을 주고 예루살렘에서 그의 상에서 먹게 될 것이라고 했다(삼하 9:3, 7, 13). 다윗이 므비보셋에게 이러한 은혜를 베푸는 것은 요나단과 사울에게 인자함을 베풀어 그들의 자손을 멸절시키지 않겠다고 약속했기 때문이다(삼상 20:14–17, 42; 24:21–22). 그래서 다윗이 므비보셋을 돌보는 일은 언약 백성의 왕으로서 사람들과 맺은 약속도 지키는 이상적인 통치를 이루는 것으로 보아야 한다.

하지만 어떤 사람은 다윗의 호의를 자기의 왕권에 위협이 될 수 있는 사울 왕의 후계자를 궁정에 데려다가 자기 감시하에 두므로 만약에 있을 수 있는 반란을 미연에 방지하기 위한 것으로 보기도 한다(이태훈 2014, 205; 김지찬 1999b, 339; Vannoy 2002b, 437). 이는 오랫동안 사무엘하 9장부터 20장까지를 왕위 계승 이야기로 보았기 때문일 것이다. 그러나 그렇게 볼 수도 있지만 성경이 명확하게 설명하지 않는 점을 굳이 정치적인 관점에서 볼 필요가 없다. 그래서 사무엘하 9:1–13은 다윗의 이상적인 통치 문맥에 두는 것이 좋다.

② 암몬과의 전쟁(삼하 10:1–12:31)

사무엘하 10장에 기록된 암몬과의 전쟁은 예루살렘에서 일어난 다윗과 밧세바 사건과 밧세바의 남편 우리아가 이 전투에서 죽임을 당한 사건과 연관된 연결고리 역할을 한다(페인 2015, 444). 사무엘하 10장에 기록된 사건은 암몬과 전쟁을 하게 된 배경을 기록하고 있다. 사무엘하 11:1에 암몬의 왕성 랍바를 에워싼 상황을 기록하고 있고, 사무엘하 12:26-31은 그 성을 점령한 사건을 기록하고 있다. 다윗이 밧세바를 취하는 사건을 기록한 사무엘하 11:2-12:25을 괄호(parenthesis) 안에 넣으면 이 사건이 암몬과 싸운 전쟁과 어떤 연결 고리를 가지고 있는지 알 수 있다. 그리고 저자는 암몬과 싸운 전쟁을 수미쌍관법으로 연결하여 랍바를 정복하는 사건 안에 다윗이 밧세바를 취한 사건을 기록하므로 랍바를 정복하는 일과 어떤 연관성이 있는지를 보여 준다.

A 랍바를 에워쌈(삼하 11:1)
　　X 삽입구: 다윗이 밧세바를 취함(삼하 11:2-12:25)
A′ 랍바를 점령함(삼하 12:26-31)

이 구조에서 보듯이 다윗은 나라가 전쟁을 하는 동안 밧세바를 취하고, 그 전쟁을 이용하여 밧세바의 남편 우리아를 교살했다. 동시에 저자가 의도적으로 다윗이 범죄한 사건을 자세히 다루는 것은 솔로몬이 어떻게 태어났는지를 보여 주기 위한 것이다.

암몬 족속의 기원은 아브라함의 조카 롯이다(창 19:38). 이들은 요단 동편에 거주하면서 이스라엘과 적대적인 관계로 있었다(삿 10:17-18; 삼상 11:1-11). 그러나 다윗이 암몬의 왕 나하스가 죽고 그의 아들 하눈이 대신 왕이 된 후에 "내가 나하스의 아들 하눈에게 은총을 베풀되 그의 아버지가 내게 은총을 베푼 것 같이 하리라"(삼하 10:2)라고 한 것을 볼 때 다윗은 암몬과 우호적인 관계를 가졌던 것처럼 보인다. 다윗은 이러한 관계를 유지하기 위해 나하스를 조상(弔喪)하기 위해 신하들을 보냈지만 하눈과 그의 관리들은 그들을 모욕하고 돌려보냈다(삼하 10:3-5). 그리고 암몬 사람들은 아람 군대 보병 2만 명, 마아가 왕과 그의 사람 1천 명, 돕 사람 1만2천 명 등을 고용했다(삼하 10:6). 그 전쟁에서 암몬은 그들이 고용한 아람 사람들이 요압 앞에서 도망가는 것을 보고 아비새 앞에서 도망하여 성읍으로 들어가고(삼하 10:13-14), 다윗은 하닷에셀이 불러낸 아람의 병거 7백 대와 마병 4만 명을 죽였다. 그러자 하닷에셀이 이스라엘과 화친하고 섬겼다(삼하 10:15-19).

다윗은 암몬 사람들이 성읍에 들어가자 요압과 그의 부하들을 보내어 왕성이었던 랍바를 에워쌌다(삼하 11:1). 이러한 상황에서 다윗은 목욕을 하던 밧세바를 보고 데려오게 하였는데, 그녀는 '헷 사람 우리아의 아내'였다. 다윗은 그 여자가 '그 부정함을 깨끗하게 하였으므로'(삼하 11:4) 동침했다. 이것은 월경과 관련된 정결의식(레 15:19–24)을 말하는 것으로 보이는데 밧세바가 임신한 것은 다윗으로 말미암았다는 것을 입증해 준다(삼하 10:5). 다윗은 이 사실을 감추기 위해 암몬과 싸우는 전쟁터에 나가 있는 밧세바의 남편 우리아를 불렀다. 이것은 밧세바가 임신한 아이를 우리아의 아이로 조작하여 덮으려는 행동이었다. 그러나 우리아는 다윗의 예상과는 달리 왕궁 문에서 부하들과 함께 잤다(삼하 11:9). 그 이유는 자신의 부하들이 전쟁터에 있다는 것이었다(삼하 11:11). 이 계획이 실패하자 다윗은 우리아를 불러 먹고 마시고 취하게 하여 집으로 보냈지만 그는 다시 부하들과 함께 잤다(삼하 11:13). 저자는 이렇게 이방인에서 개종한 것으로 보이는 헷 사람 우리아의 충성스러운 행동과 다윗의 간악한 행동을 대조적으로 세밀하게 묘사한다.

다윗은 이러한 시도가 실패로 끝나자 요압에게 편지를 써서 맹렬한 싸움에 우리아를 앞세우고 아군은 뒤로 물러나 적들이 죽이도록 지시했다. 아이러니하게도 다윗은 이 편지를 우리아의 손에 들려 보낸다(삼하 11:14–15). 우리아를 통해 이 편지를 받은 요압은 어떤 반응을 보일까? 요압은 다윗의 명령대로 하여 우리아를 죽였다(삼하 11:16–17). 그리고 요압은 전령을 보내어 전쟁의 상황을 보고하지만 그 전쟁에서 우리아가 죽었다는 것을 말하라고 했다(삼하 11:19–21). 그런데 저자는 전령이 요압이 일러 준 대로 보고했다고 하면 될 텐데도 전령의 입을 통하여 우리아가 어떻게 죽었는지 다시 설명한다(삼하 11:23–24). 이것은 다윗이 그의 죄를 은폐하기 위해 우리아를 어떻게 죽였는지를 드러내고 강조하기 위한 성경의 문학기법이다. 우리아의 아내는 남편 우리아가 죽었다는 소식을 듣고 울었고, 다윗은 우리아의 장례를 마친 다음에 우리아의 아내 밧세바를 아내로 삼았고 그녀는 아들을 낳았다(삼하 11:26–27). 그런데 저자는 다윗의 이 모든 행위에 대하여 "다윗이 행한 그 일이 여호와 보시기에 악하였더라"(삼하 11:27b)라고 설명했다. 이것은 이 사건을 하나님이 어떻게 다루실 것인지에 대하여 관심을 가지게 만든다.

여호와께서 다윗의 모든 악한 행동을 보시고 나단 선지자를 보내셨다(삼하 12:1). 이때가 다윗이 밧세바를 취하여 아들을 낳은 후라고 본다면 최소한 1년은 되었을 것이다. 다윗은 자신의 죄를 완전히 은폐했다고 생각했을지 모른다. 그러나 나단은 왕의 죄가 무엇인지 한 비유를 들어 말했다. 그 비유는 큰 부자가 가난한 자가 딸처럼 여긴 양을 빼앗아 자기 손님을 대접했다는 것이다(삼하 12:1–4). 이 비유를 들은 다윗은 이 일을 행한 사람은 마땅히 죽어야 하고, 그 양 새끼를 네 배나 갚아야 한다고 말했다(삼하 12:5–6). 그러나 나단은 다윗에게 "자신이 그 사람이라"(삼하 12:7)라고 말하며, 다윗이 우리아를 암몬 자손의 칼로 죽이고 그의 아내를 빼앗아 아내로 삼은 것은 여호와의 말씀을 업신여긴 악한 행동이라고 지적했다(삼하 12:9–10). 다윗은 그가 행한 악한 행동을 완전히 은폐했다고 생각했지만 여호와께서는 다 보고 계셨다! 우리아는 억울하게 죽었다 할지라도 하나님이 그것을 보셨다는 것은 모든 하나님의 백성들에게 큰 위로가 된다.

여호와께서는 이 책망 이후에 다윗이 암몬의 칼로 우리아를 죽였던 것처럼 칼이 다윗의 집에서 영원토록 떠나지 아니할 것이고, 이웃들이 다윗의 눈앞에서 백주에 아내들과 동침하게 될 것이라고 심판을 선언하셨다(삼하 12:10–12). 여기서 왕의 아내들이 백주에 동침을 당한다는 것은 왕권이 다른 사람의 손에 넘어갈 수도 있다는 것이다(참조. 삼하 3:7; 12:8; 16:21–23).

그러나 다윗은 여호와께서 나단 선지자를 통하여 죄를 지적하고 심판을 선언하는 말을 듣고 "내가 여호와께 죄를 범하였노라"(하타티 라도나이, חָטָאתִי לַיהוָה ס, 삼하 12:13)라고 하면서 회개한다. 맛소라 사본(Masoretic Text)에 이 말씀 다음에 문단 분리 표시인 여백(s)이 있다.[38] 이 점에 대하여 앤더슨(Anderson 1989, 163)은 그 여백에 시편 51편이 참조 본문으로 삽입될 수 있다고 했다. 시편 51편이 바로 이 때를 배경으로 쓴 시라는 점을 고려한다면 다윗은 나단을 통하여 여호와의 말씀을 듣고 회개했다는 것을 알 수 있다. 이것이 다윗의 위대한 점이다. 그리고 여백이 있다는 것은 다윗이 회개할 때 나단이 여호와의 말씀을 대언하여 죄를 사하고 죽지 아니하겠지만 다윗이 낳은 아이가 죽게 될 것이라는 말씀 사이에 어느 정도의 시간적 간격이 있었음을 암시하기도 한다(삼하 12:13–14). 아이가 죽게 되는 것은 다윗이 밧세바를 취한 일이 여호와의 원수로 하여금 크게 비방할 거리를 얻게 하였기 때문이다(삼하 12:14).

나단 선지자가 돌아간 후에 여호와께서 우리아의 아내가 낳은 아이를 치시매

38 히브리어 성경에서 닫힌 문단으로 분리할 경우는 '사멕'(ס)으로 표현하고, 열린 문단으로 분리한 경우 '페'(פ)로 표현한다.

심히 앓게 되었다(삼하 12:15). 그래서 다윗은 아이를 위하여 이레 동안 금식하며 기도하였지만 아이는 죽었다(삼하 12:16–18). 다윗은 아이가 죽었다는 것을 알고 몸을 씻고 금식을 그치고 음식을 먹었다. 그 이유를 신하들이 묻자 여호와께서 불쌍히 여겨 아이를 살려 주실는지 알 수 없기 때문이라고 대답했다. 이러한 다윗의 태도는 하나님의 자비를 바라보고 기도하는 일이 중요하다는 것을 보여 준다. 그리고 다윗이 기도했는데도 여호와께서 아이를 데려가신 것은 여호와께서 나단 선지자를 통하여 하신 말씀이 확실하다는 것을 보여 주는 증거가 되기도 한다.

아이가 죽은 후에 다윗은 우리아의 아내가 아니라 '그의 아내 밧세바'를 위로하고 그에게 들어가 동침하여 낳은 아들을 솔로몬이라고 했다. 저자는 특히 솔로몬을 가리켜 여호와께서 그를 사랑하셨고, 나단 선지자를 보내어 '여호와께 사랑을 입는다'는 뜻인 '여디디야'(יְדִידְיָהּ)라는 이름을 주셨다고 설명한다(삼하 12:24–25). 이것은 다윗이 비록 범죄하여 징계를 받아 언약적인 복을 누리는 일에 제한을 받는다 할지라도 다윗의 왕위가 영원히 견고하게 되리라는 무조건적인 성격의 언약은 계속된다는 것을 보여 준다.

저자는 다윗이 밧세바를 취한 일과 이 일에 대하여 선지자 나단을 통하여 책망을 받고 회개한 사건 이후에 요압이 암몬 자손의 왕성인 랍바를 점령한 사건을 기록한다(삼하 12:26–31). 다윗이 범죄할 때 랍바를 포위하고 있었지만 정복하지 못하고 있었다(삼하 11:1). 그런데 암몬의 왕성인 랍바를 포위하고 정복한 사건을 수미쌍관법으로 기록한 것은 다윗이 우리아의 아내 밧세바를 취한 사건이 랍바를 차지하는 일과 어떤 연관성이 있는지를 보여 주고자 한 것이다. 다윗이 블레셋과 아람과 에돔을 정복한 것에 대하여 저자가 여호와께서 이기게 하셨기 때문이라고 하였듯이(삼하 8:6, 14) 암몬을 정복한 것도 여호와께서 이기게 하셔야 한다는 것을 보여 주려는 것이다. 왜냐하면 다윗이 범죄하였을 때는 랍바를 차지하지 못했지만 다윗이 죄에 대하여 회개하고 용서받은 이후에 랍바를 쳐서 정복하였기 때문이다.

하나님이 나단 선지자를 보내어 다윗을 책망하신 것은 이스라엘의 신정적인(theocratic) 성격을 말하는 것으로 이스라엘의 진정한 왕은 언약의 주인 여호와라는 것을 보여 주려는 것이다(성주진 2009a, 238–239). 하나님이 이스라엘 백성들이 왕을 세워 달라고 요구할 때 세상 왕들은 백성들의 것을 '취할' 것이라고 경고한 대로(삼상 8:11-17) 다윗은 그의 권력을 사용하여 그 일을 한 것이다. 하나님은 다윗에게 하나님의 백성을 섬기라고 힘을 주셨으나 다윗은 그 힘을 남용하여 백성의 소유나 아내를 취했다. 그러나 하나님은 이 모든 일을 보시고 심판하셨다. 그리고 이 사건 전체에 나타난 언약의 무조건적인 성격과 조건적인 성격을 통하여 구원은 전적으로 하나님의 은혜에 달린 것이지만 구원의 은혜를 누리는 일은 믿음과 순종에 달려 있다는 것을 알게 한다.

③ 압살롬의 반역(삼하 13:1-19:39)

이 문단은 압살롬의 반역에 대한 이야기다. 브루그만(2000, 427)은 다윗이 우리아의 아내를 빼앗음으로 자신의 가족의 미래를 곤궁에 빠트린 이야기로 보았다. 성주진(2009a, 239)은 다윗이 밧세바를 취하였을 때 나단 선지자의 비유를 듣고 빼앗은 양 새끼를 네 배나 갚아 주어야 한다고 판결한 율법 규정에 따른 이야기로 보았다. 그리고 이 규정에 따라 밧세바에게서 난 아들, 암논, 압살롬, 아도니야가 죽은 것으로 해석했다. 버건(Bergen 1996, 379)도 사무엘하 13장부터 시작되는 사건은 다윗의 범죄가 어떤 불행한 결과를 가져올 것인지에 대하여 예언한 선지적 말씀이 참되다는 것을 논증하는 것으로 보았다. 이러한 관점에서 본다면 압살롬의 반역은 나단이 예언한 대로 다윗이 밧세바를 취한 죄에 대한 심판으로 보아야 한다(삼하 12:10-12).

그러나 다윗이 회개할 때 여호와께서 죄를 사하셨다(삼하 12:13). 그런데도 그 죄에 대한 심판을 받아야 한다고 본다면 죄 용서를 받는 것이 어떤 의미가 있겠는가? 누구든지 여호와로부터 죄 용서함을 받아도 그 벌을 다 받아야 한다면 다윗이 시편 51편에서 죄를 회개하는 일과 그 결과로 죄 사함을 받은 일의 기쁨을 설명할 수가 없고, 그리스도 안에 있는 대속의 의미도 설명할 수 없다. 김진수(2011, 284)는 이 점을 인정하면서도 죄의 심각성을 보여 주어 그와 그의 뒤를 이를 자들로 하여금 하나님의 뜻에 순종하여 올바르게 왕권을 행사하게 하려는 훈육의 방편으로 보아야 한다고 했다. 이 설명에 따르면 하나님이 가르치시는 방식으로 아들을 빼앗는 잔인한 방법을 선택해야 할까 하는 의문이 든다. 압살롬의 반역과 그 행태가 나단 선지자가 예언한 대로 이루어진 것처럼 보인다(삼하 12:10-12; 16:22). 그래서 우리는 이 사건을 다윗의 통치를 흔든 또 다른 유형의 사건으로 보아야 한다. 다윗은 백성을 인도해야 할 왕이기 때문이다. 압살롬의 반역으로 인해 쫓기는 상황을 배경으로 쓴 시편 3편이 고통의 원인을 죄의 결과라고 말하지 않는 점을 주목해 볼 필요가 있다.

• **압살롬의 누이 다말이 강간을 당함(삼하 13:1–22)**: 압살롬에게는 아름다운 누이 다말이 있었다. 다윗의 장자 암논은 그녀를 사랑하나 처녀이기 때문에 차지할 수 없었다. 그러나 간교한 요나답이 낸 꾀로 암논은 다말을 침실로 불러 동침하자고 했다(삼하 13:1–11). 다말은 자신을 욕되게 하지 말라고 하면서 이스라엘에서 마땅히 행하지 못할 것이라고 권면했다(삼하 13:12). 그러나 암논은 다말보다 힘이 세므로 억지로 동침했다(삼하 13:14). 이 일 후에 암논은 다말을 심히 미워하고 박대했다. 압살롬은 이 일을 듣고 잠잠히 있고 근심하지 말라고 했다(삼하 13:20). 다윗은 이 모든 일을 듣고 심히 노했다(삼하 13:21). 그러나 이 일에 대하여 어떤 책망도 하지 않았다. 이 일은 다윗의 통치에 어떤 영향을 미치게 될까?

• **압살롬의 복수(삼하 13:23–38)**: 만 2년이 지난 후에 압살롬이 양털을 깎는 일이 있었다(삼하 13:23). 이때는 대개 잔치를 베풀었다(삼상 25:4–8). 압살롬은 다윗 왕과 신하들을 청하였으나 다윗은 거절하며 복을 빌었다. 압살롬이 암논을 보내달라고 간청하자 다윗은 암논과 왕의 모든 아들을 보내었다. 압살롬은 그의 종들에게 미리 명령하여 신호를 보내면 치라고 하고 암논을 죽였다(삼하 13:28). 그리고 압살롬은 그의 어머니 마아가의 아버지 그술 왕 달매에게로 도망갔다. 그는 거기에서 삼 년을 지냈다(삼하 13:38).

• **압살롬이 예루살렘으로 돌아옴(삼하 14:1–33)**: 압살롬이 도망간 후에 요압은 다윗의 마음이 압살롬을 향하고 있음을 알았다. 그래서 그는 꾀를 내어 그술로 가서 압살롬을 데리고 예루살렘으로 왔다. 그러나 다윗이 그를 만나주지 않음으로 압살롬은 왕의 얼굴을 보지 못했다(삼하 14:24).

그런데 여기서 저자는 삽입구로 사무엘하 14:25–27에서 압살롬이 어떤 사람인지 소개한다. 이 부분을 괄호에 넣고 사무엘하 14:24과 14:28을 연결해도 전혀 무리가 없다. 저자는 이 삽입구에서 압살롬의 용모와 머리털과 가족 관계를 설명한다. 특히 머리털을 깎을 때 머리털 무게가 왕의 저울로 200 세겔(11.5g×200세겔 = 2,300g)이었다. 여기서 압살롬의 머리털을 설명하는 것은 그의 죽음과 연관된 복선이다(삼하 18:19).

압살롬이 그술에서 돌아온 후 이태 동안 예루살렘에 있어도 왕의 얼굴을 보지 못했다(삼하 14:28). 그래서 요압에게 두 번이나 사람을 보내어 불러도 오지 않자 요압의 밭에 불을 질러서 오게 했다. 그리고 압살롬은 요압에게 왕의 얼굴을 보게 해 줄 것을 요청하였다. 요압은 왕에게 이 뜻을 전하였고, 왕은 압살롬을 불러 만났다(삼하 14:29–33). 압살롬은 엎드려 절하고 다윗은 아들에게 입을 맞추지만 의례적인 행위로만 보인다(Alter 1999, 282). 왜냐하면 아무런 대화가 없고 그 후에 압살롬은 반역을 도모하였기 때문이다. 사무엘하 13–14장은 압살롬이 다윗에게 반역하게 된 원인이 어디에 있는지 보여 준다. 다윗은 그의 자녀들의 문제를 바르게 다루지 못한 것이다. 압살롬이 다윗에게 반역하여 왕이 되려고 한 배경에는 암논이 압살롬의 누이 다말을 강제적으로 강간했는데도 정의를 세우지 못한 다윗의 행동이 있었다.

• **압살롬이 반역함(삼하 15:1–12)**: 압살롬은 자기를 위하여 병거와 말들을 준비하고 호위병 50명을 세웠다(삼하 15:1). 그리고 압살롬은 다윗에게 재판을 청하러 오는 사람들에게 왕이 송사를 들을 사람을 세우지 아니했다고 말했다. 그러면서 자신이 정의를 베풀기를 원한다고 말했다. 저자는 이러한 압살롬의 행동을 "이스라엘 사람의 마음을 압살롬이 훔치니라"(삼하 15:6)라고 부정적으로 말했다. 특히 '훔친다'(여가네이브, וַיְגַנֵּב 〈 גנב)는 히브리어 동사를 강조와 반복을 의미하는 피엘(Piel)형으로 말하고 있다. 이것은 압살롬이 반역적인 행동을 반복해서 행했다는 것을 말한다. 그렇다면 다윗은 이러한 압살롬의 반역적인 행동을 몰랐을까? 압살롬이 4년 만에 다윗에게 찾아가 헤브론에 가서 서원을 이루게 해 달라고 청원하였다. 압살롬은 허락을 받고 헤브론에 가서 스스로 왕이 되었고 이스라엘 각 지파에게 알렸다. 그리고 다윗의 모사였던 아히도벨도 이 일에 가담했다(삼하 15:10–12). 아히도벨은 다윗이 아내로 삼은 밧세바의 조부이기도 하다(삼하 11:3; 23:34). 저자는 반역하는 일이 커가매 압살롬에게 돌아오는 사람들이 많아졌다고 말한다(삼하 15:12). 이것은 당시 민심이 다윗에게서 압살롬으로 상당수 옮겨 갔다는 것을 뜻한다. 암논이 압살롬의 누이 다말을 강제적으로 동침한 사건부터 압살롬이 반역하기까지 모두 11년이 걸렸다.[39] 이 점을 고려한다면 압살롬의 반

39 압살롬은 암논이 다말을 범한 후 2년 뒤에 암논을 죽이고(삼하 13:13), 그술 왕에게로 3년간 도망을 갔다(삼하 13:38). 그는 예루살렘에 돌아와 2년 동안 왕을 보지 못했다(삼하 14:28).

역은 다윗 통치 후기에 일어난 사건으로 보인다.

• **다윗이 도망감(삼하 15:13-16:14)**: 압살롬의 반역으로 민심이 압살롬으로 기울었다. 그러자 다윗은 신하들의 청으로 후궁 10명을 남기고 도망갔다(삼하 15:13-16). 다윗이 왜 후궁 10명을 남겼는지는 설명하지 않는다. 그러나 이 일은 결과적으로 나단의 예언 가운데 하나가 성취될 수 있도록 준비한 일이 되었다(Vannoy 2002b, 448). 다윗이 도망가면서 가드 사람 잇대(삼하 15:19-22), 제사장 사독과 아비아달(삼하 15:24-29), 아렉 사람 후새(삼하 15:32-37), 므비보셋의 종 시바(삼하 16:1-4), 시므이(삼하 16:5-13) 등을 만나 대화하는 이야기가 나타난다. 그리고 다윗이 압살롬의 반역을 진압하고 예루살렘으로 돌아올 때 시므이(삼하 19:16-23), 므비보셋(삼하 19:24-30), 바르실래(삼하 19:31-39) 등을 만나 대화하는 이야기가 나타난다. 이러한 대조는 다윗이 도망갈 때의 상황과 돌아올 때의 상황을 잘 보여 준다.

다윗은 도망을 갈 때 따라간 사람들을 열거하면서 용병인 그렛 사람과 블렛 사람, 블레셋 가드에서 온 사람 600명을 언급한다(삼하 15:18). 이와 함께 다윗은 가드 사람 잇대에게 돌아갈 것을 권유해도 그는 죽어도 다윗과 함께 있겠다고 대답했다(삼하 15:20-21). 사독과 그와 함께한 레위인들과 아비아달도 함께 가려고 하나님의 궤를 메고 나왔으나 다윗은 그들에게 다시 돌아가게 했다. 다윗은 이들에게 만일 여호와 앞에서 은혜를 입으면 여호와께서 자신을 인도하여 이 궤를 보게 하시리라는 믿음을 고백했다(삼하 15:25). 그리고 특별히 사독에게 두 제사장의 아들인 아히마아스와 요나단을 통하여 예루살렘 소식을 전해 줄 것을 부탁했다(삼하 15:29). 다윗이 도망가는 중에 아히도벨이 모반한 자들 가운데 있다는 소식을 듣고 "여호와여 원하옵건대 아히도벨의 모략을 어리석게 하옵소서"(삼하 15:31)라고 기도했다.

이때 후새가 다윗을 맞으러 오자 다윗은 그에게 아히도벨의 모략을 패하게 하도록 요청했다(삼하 15:32-34). 후새와 사독과 아비아달이 어떤 역할을 하게 될 것인지 기대하게 만든다. 다윗의 태도를 보면 하나님께 맡기는 모습을 보이면서도 동시에 훗날을 도모하기 위한 방법을 모색한다. 이와 함께 므비보셋의 종 시

그리고 다윗을 본 후 4년 만에 반역을 했다(삼하 15:7).

바가 다윗에게 거짓말로 므비보셋이 아버지의 나라를 그에게 돌리려 한다고 모함하였다. 다윗은 경위를 자세히 알아보지도 않고 므비보셋의 소유를 시바에게 주었다(삼하 16:1–4). 시므이는 도망가는 다윗을 향하여 사울의 족속의 피를 흘린 일에 대한 하나님의 심판으로 해석하며 저주했다(삼하 16:7–8). 저자는 왕과 그와 함께 있는 백성들이 다 피곤하여 한곳에 쉬고 있었다고 말하므로 당시의 상태를 소개한다(삼하 16:14).

• **후새와 아히도벨(삼하 16:15–17:23)**: 다윗의 무리와 대조적으로 압살롬과 그를 지지하는 모든 이스라엘 백성들이 예루살렘에 이르렀다. 아히도벨과 후새도 압살롬의 곁에 있었다(삼하 16:15–19). 아히도벨이 다윗이 남겨 두고 간 후궁들과 동침을 권하자 압살롬은 그 말대로 행했다. 이것은 압살롬이 왕의 권리를 가졌다는 것을 나타내는 행위일 뿐만 아니라 아버지와 아들 사이의 관계가 끊어졌다는 것을 의미하는 행동이다(Vannoy 2002b, 450). 이렇게 나단 선지자가 예언한 말씀이 성취된다(삼하 12:11–12). 아히도벨은 여기서 그치지 않고 군대 12,000명을 택하여 다윗의 뒤를 추격하자고 제안했다. 다윗이 피곤하고 힘이 빠져 있을 때 기습하면 그와 함께 있는 백성들이 도망갈 것이라는 계략이다(삼하 17:1–3). 저자가 다윗과 그와 함께한 사람들의 상태를 소개하는 상황을 비교해 보면 아히도벨의 계략이 맞다. 그러나 이때 압살롬은 다윗이 보낸 후새의 말을 듣자고 제안하였다. 후새는 다윗과 그의 추종자들이 다 용사이며 싸움에 익숙한 사람들임을 먼저 상기시켰다. 그리고 단에서 브엘세바까지 온 이스라엘을 다 모아 전장에 나가는 것이 좋다는 계략을 제안했다(삼하 17:5–13). 압살롬과 그와 함께한 백성들은 후새의 계략이 더 낫다고 했다. 후새의 계략을 택한 일에 대하여 저자는 “이는 여호와께서 압살롬에게 화를 내리려 하사 아히도벨의 좋은 계략을 물리치라고 명령하셨음이더라”(삼하 17:14)라고 설명했다. 이것은 하나님이 다윗의 기도를 들으셨다는 것이다. 하지만 더 중요한 점은 다윗에게 영원히 그의 왕위를 견고하게 하시겠다고 하신 무조건적인 언약 때문이다(삼하 7:13, 16, 24, 25, 26, 29; 15:31).

아히도벨의 계략이 채택되지 않았다고 해서 끝난 것은 아니다. 후새는 상황을 사독과 아비아달 제사장에게 말하고 다윗에 전하게 했다. 그래서 오늘 밤에 광야 나루터에서 머물지 말고 요단을 건너가라고 재촉했다(삼하 17:15–16). 이 소식을 어떤 무명의 여종이 요나단과 아히마아스에게 전하고 그들은 다윗에게 알렸다(삼하 17:17). 그런데 저자는 이 상황이 매우 긴박한 상황이었음을 자세히 설명한다. 한 청년이 이를 보고 압살롬에게 이야기하였다. 압살롬은 종들을 보내어 찾았으나 바후림에 사는 한 무명의 여인의 기지로 우물 속에 숨게 하고 덮개로 덮었다. 그리고 그 위에 찧은 곡식을 널어 피하게 하였다. 그들은 후새의 소식을 다윗에게 전하였다(삼하 17:18–21). 이 긴급한 상황을 설명하는 부분을 괄호에 넣고 사무엘하 17:17과 17:22을 연결해도 흐름을 방해하지 않는다. 그런데도 초점을 이들에게 맞추어 이 사건을 자세히 설명하는 것은 당시의 상황이 긴급함을 묘사하기 위함이다. 결과적으로 아히도벨은 자신의 계략이 시행되지 못함을 보고 고향에 돌아가 목매어 죽었다(삼하 17:23).

다윗은 마하나임에 이르고, 압살롬은 요단을 건너 길르앗 땅에 진을 쳤다. 압살롬은 요압을 대신하여 군지휘관으로 아마사를 세웠다(삼하 17:24–26). 아마사는 나하스의 딸로 다윗의 이복 누이 아비갈의 아들이다. 아비갈은 요압의 어머니 스루야의 동생으로 요압이나 아마사는 다윗의 조카들이다(삼하 17:25). 다윗이 압살롬에게 쫓겨 마하나임에 이르렀을 때 암몬 사람 나하스의 아들 소비와 마길과 로글림, 길르앗 사람 바르실래가 군수품과 각종 식량을 공급했다(삼하 17:27–29). 마길은 므비보셋을 자기 집에서 보호하던 사람이다(삼하 9:4). 특히 바르실래는 이 일로 말미암아 그의 후손이 주전 539년에 바벨론 포로 생활에서 돌아온 사람의 명단 가운데 있고, 또한 제사장 가문에 속해 있다는 것을 주목해 볼 필요가 있다(스 2:61; 느 7:63). 바르실래가 다윗에게 행한 봉사는 구속사에 참여하여 하나님 나라를 세우는 일이고, 그의 자손들도 복을 받는 일이라는 것을 잘 보여 준다.

• **압살롬이 패함(삼하 18:1–19:8a)**: 다윗은 이 전쟁을 할 때 백성들을 찾아가서 백부장과 천부장으로 세우고, 세 대로 나누어 요압과 아비새와 잇대에게 맡겼다. 그리고 그들에게 압살롬을 너그러이 대우해 줄 것을 부탁하였다. 백성들도 그 말을 다 들었다(삼하 18:1–5). 이들은 에브라임 수풀에서 전쟁을 하였다. 이 전쟁에서 이스라엘 백성이 다윗의 군대에게 패하여 전사자가 20,000명이나 되었다(삼하 18:7). 그리고 압살롬은 그의 자랑거리인 머리털이 상수리나무 아래로 노새를 타고 지나갈 때 걸려 공중에 달리게 되고 노새는 아래로 빠져나감으로 상수리나무에 달리게 되었다(삼하 18:9–10). 어떤 한 사람이 그것을 요압에게 보고하였다. 그러자 요압은 다윗의 당부를 무시하고 살아서 상수리나무에 걸려 있

는 압살롬의 심장을 찔러서 죽였다(삼하 18:15). 그리고 요압은 압살롬을 옮겨다가 수풀 가운데 구멍에다 던지고 돌무더기를 쌓았다. 그리고 그 자리에 압살롬이 살아 있을 때 마련한 비석을 세웠다. 그가 비석을 준비한 이유는 자기 이름을 전할 아들이 없기 때문이다(삼하 18:17-18). 압살롬은 아들이 셋이나 있었으나 딸의 이름은 밝히고 아들의 이름은 밝히지 않은 것은 먼저 죽은 것으로 볼 수 있다(삼하 14:27). 다윗은 압살롬의 죽음을 듣고 크게 슬퍼했다. 그래서 그날의 승리가 모든 백성에게 슬픔이 되었다(삼하 18:33-19:3).

압살롬의 반역이 진압되고 난 뒤에 다윗은 자신을 위하여 싸운 부하들에 대한 배려가 없이 아들을 잃은 슬픔 때문에 슬퍼했다(삼하 19:2-4). 이때 요압이 다윗에게 들어가 왕과 왕의 자녀들과 처첩과 비빈들의 생명을 구한 부하들을 부끄럽게 한다고 말하자 성문에 앉았다(삼하 19:8). 이것은 왕의 직무를 수행하기 시작했다는 뜻이다(신 25:7; 룻 4:11; 왕상 22:10 등).

• **다윗의 귀환(삼하 19:8b-39):** 이스라엘 모든 지파 백성들이 왕을 모셔 오는 일을 의논했다. 그런데 다윗은 사독과 아비아달 두 제사장에게 말하여 유다 장로들에게 왕을 모셔 오게 하고, 반역자의 편에 섰던 아마사를 맹세까지 하며 다윗의 군대 지휘관으로 삼겠다는 것을 전하게 했다(삼하 19:11-13). 이러한 일로 유다 사람들의 마음을 하나같이 기울게 하여 유다 족속이 왕을 맞아 요단을 건너가게 하려고 길갈로 모였다(삼하 19:15). 다윗이 도망갈 때 저주하였던 시므이도 베냐민 사람 천 명과 함께 왕을 맞으러 왔다(삼하 19:16-17). 그리고 사울의 손자 므비보셋이 내려와 왕을 맞았다. 이때 다윗이 도망갈 때 함께 가지 못한 이유를 물을 때 그의 종 시바가 속였다는 것을 알고 시바와 밭을 나누게 했다(삼하 19:24-30). 이러한 다윗의 통치 행위는 분명 정당하지 못하다. 저자는 다윗의 이러한 모습을 여과없이 보여 줌으로 이스라엘 역사에서 가장 위대한 왕도 완전하지 못하다는 것을 보여 준다. 그래서 독자들로 하여금 참된 왕이신 메시아를 기다리게 만든다. 이때 다윗이 마하나임에 머물 때 봉사한 바르실래와 함께 가려 했다. 그러나 바르실래는 자신이 늙어 나이가 팔십 세이고 오히려 누를 끼칠 수도 있다고 말했다. 그는 대신 김함을 천거하여 보낸다(삼하 19:37; 참조. 삼하 17:27; 19:32). 다윗은 후에도 이러한 바르실래를 잊지 않았다(왕상 2:7).

④ 세바의 반역(삼하 19:40–20:22)

압살롬의 반역을 진압한 후 왕이 길갈로 건너오는 과정에서 유다 지파 사람들과 나머지 열 지파의 사람들 사이에 갈등을 빚었다(삼하 19:41–43). 이 과정에서 베냐민 사람 세바는 불만을 품고 나팔을 불며 "우리는 다윗과 나눌 분깃이 없으며 이새의 아들에게서 받을 유산이 우리에게 없도다. 이스라엘아 각각 장막으로 돌아가라"라고 했다. 그러자 온 이스라엘 사람들이 다윗 따르기를 그치고 세바를 따랐다(삼하 20:1–2). 이러한 구호는 솔로몬이 죽은 후에 여로보암이 사용했다는 점을 고려한다면 오랫동안 갈등이 있었던 것처럼 보인다(왕상 12:16). 이 상황에서 다윗은 왕궁을 지키게 한 후궁 10명을 별실에 가두었다(삼하 20:3). 이 10명의 후궁이 압살롬과 동침했다고 할지라도 그들의 책임이라고 할 수 있겠는가?

이때 다윗은 세바가 반역한 일이 심각하다는 사실을 인지하고 압살롬을 따랐던 아마사에게 삼 일 내로 유다 사람들을 불러 모으라고 했다. 그러나 아마사는 유다 사람을 모으는 일에 왕이 정한 기일을 지키지 못했다(삼하 20:5). 그러자 아비새에게 세바가 견고한 성에 들어가 피하기 전에 해결하도록 명령했다(삼하 20:4–5). 이 과정에서 요압이 아마사를 만나 과거 아브넬에게 하였던 것처럼 아마사를 암살했다(삼하 20:8–10). 이러한 요압의 행동은 자신의 지위를 위하여 이종사촌간인 형제를 죽이면서까지 자신의 권좌를 지키려고 한 사람임을 보여 준다(참조. 삼하 17:25; 대상 2:16–17). 이 요압은 세바가 숨었던 성읍을 포위하고 토성을 쌓아 성을 허물려고 하였다. 그때 한 지혜로운 여인의 행동으로 세바의 머리를 베어 요압에게 주었다. 이로써 요압이 세바의 반란을 진압했다(삼하 20:15, 22).

⑤ 다윗의 관리들(삼하 20:23–26)

다윗의 관리들 목록은 다윗의 왕권이 다시금 안정되었다는 것을 의미한다. 이 목록은 다윗이 전체 이스라엘 왕이 된 후에 세운 관리들과 거의 동일하다(참조. 삼하 8:16–18). 차이점이 있다면 아도람(아도니람)이 공사의 감독관으로 들어와 있다는 것이다.

아도람은 솔로몬의 통치 전 기간에도 감독관으로 있었다(왕상 4:6; 12:18). 이 관리들의 목록을 볼 때 세바의 반역은 다윗 통치의 후기에 해당한다는 것을 알 수 있다.

다윗은 이스라엘의 왕으로서 하나님의 정의와 공의를 시행해야 하고, 언약의 말씀을 지켜야 했다. 그러나 우리아의 아내 밧세바를 취하는 일과 암논이 다말을 강제적으로 동침하였을 때 공의를 시행하지 못했다. 그 결과 그의 통치가 흔들리고 사람의 매와 인생의 채찍으로 자신과 백성이 큰 고통을 받았다. 이러한 것들은 인간 통치자인 다윗의 한계다. 이러한 인간의 연약함 가운데서도 하나님이 다윗을 보호하신 것은 그와 왕위를 영원히 견고하게 하신다는 무조건적인 성격의 약속 때문이다. 이 약속은 다윗의 씨(자손)를 통하여 참된 왕이신 메시아가 와서 의와 평화와 기쁨이 특징인 하나님 나라를 세우실 것이기 때문이다. 그러므로 다윗을 포함한 모든 하나님의 백성들이 구원을 얻게 되는 것은 전적인 하나님의 은혜다.

(4) 부록(삼하 21:1-24:25)

이 문단은 종종 사무엘서의 부록이라 부른다(Bergen 1996, 441; 브루그만 2000, 495). 그것은 대개 사무엘하 9-20장에서 열왕기상 1-2장으로 연결되는 흐름과 다른 내용이고 앞의 이야기와 분리되고 있기 때문이다. 여기에 기록된 내용은 주제와 문학 양식에서 정교한 교차대칭구조로 되어 있다(김진수 2011, 314; Bergen, 페인 등).

A 사울: 지도력의 역할(삼하 21:1-14)	이야기
B 다윗의 용사들 1(삼하 21:15-22)	목록
C 다윗의 감사(삼하 22:1-51)	시
C′ 다윗의 마지막 말(삼하 23:1-7)	시
B′ 다윗의 용사들 2(삼하 23:8-39)	목록
A′ 다윗: 지도력의 역할(삼하 24:1-25)	이야기

이 문단은 문학적 구성이나 신학적 주제면에서 전체 사무엘서와 긴밀히 연결되어 있고 이 책을 종결짓는 결론 역할을 한다(김진수 2011, 315). 이 구조는 왕의 역할이 이스라엘 백성들의 복과 연결되어 있다는 점을 역사적 실례를 통하여 보여 준다. 특히 사울과 다윗이 왕권을 남용하므로 온 백성들의 생명이 위태롭게

되는 일을 보여 줌으로 저자는 왕이 하나님을 경외하는 가운데 나라를 공의롭게 다스려야 미래가 보장된다는 메시지를 전한다(김진수 2011, 315–316).

① 사울: 지도력의 역할(삼하 21:1–14)

다윗의 시대에 3년 동안 기근이 있었다. 다윗이 여호와 앞에 기도할 때 그 기근의 원인이 사울과 그의 집이 기브온 사람들을 죽인 일과 연관되었다는 것을 알았다(삼하 21:1). 기브온은 원래 이스라엘 민족이 아니라 아모리 사람들 중에 남은 자다. 이들은 여호수아 당시에 언약을 맺음으로 이스라엘 가운데 거할 수 있었다(수 9:15, 18–21). 사울이 이들을 죽인 이유는 성경 어디에도 설명하지 않는다. 이 사건은 과도한 민족주의와 연관된 것처럼 보인다. 지파주의도 관련되었을 것이다. 왜냐하면 기브온 사람들이 베냐민 지파가 기업으로 받은 땅을 부분적으로 차지하고 있었기 때문이다. 그리고 사울의 조상들은 기브온이기 때문이다(대상 8:29–33; 9:35–39)(Vannoy 2002b, 457).

당시 지도자인 사울 한 사람의 범죄로 말미암아 온 이스라엘이 3년 동안 기근으로 고통을 받았다. 그래서 다윗은 언약 관계를 회복하는 일이 중요하기 때문에 기브온 사람을 불렀다. 그리고 어떻게 속죄를 해야 여호와의 기업을 위해 복을 빌 수 있는지를 물었다(삼하 21:2–3). 그러자 기브온 사람들은 그들을 학살하였고, 영토 내에서 머물지 못하게 하려고 모해한 사울의 자손 일곱 사람을 달라고 요구했다(삼하 21:5–6). 다윗은 기브온 사람의 요구를 듣고 사울의 자손 일곱을 내어주었다(삼하 21:8–9). 다윗은 사울의 아들 요나단 사이에 여호와를 두고 맹세한 언약을 지키기 위하여 므비보셋을 아꼈다(삼하 21:7). 이것은 사울이 기브온과 맺은 언약을 지키지 않은 일과 다윗이 요나단과 맺은 언약을 지킨 일을 대조하므로 언약을 지키는 일이 중요하다는 것을 보여 준다. 다윗이 속죄를 위해 사울의 자손 일곱을 내어주고 기브온과 맺은 언약 관계를 회복하였다. 이 일 후에 저자는 "그 후에야 하나님이 그 땅을 위한 기도를 들으시니라"(삼하 21:14)라고 했다. 여기서 강조되는 것은 이스라엘의 왕은 법 집행자로서 언약을 이행하는 자가 되어야 한다는 것이다. 그리고 이 사건은 언약의 완성자로 오실 참된 왕이신 그리스도를 바라보게 한다. 그리고 그들이 바라본 참된 왕이신 그리스도께서 오신 이후부터는 모든 믿는 자들이 그리스도와 동역하는 왕 같은 제사장이다. 그러므로 그리스도인들이 민족주의나 혈연, 학연, 지연 등의 고리로 차별하는 것은 하나님의 은혜를 받지 못하고 제사장 나라로서 사명을 감당할 수 없다.

② 다윗의 용사들 1(삼하 21:15–22)

이 문단은 블레셋의 거인족을 물리친 다윗의 용사들 목록을 기록하고 있다. 그런데 이 목록은 다윗을 피곤하고 죽을 위기에 놓이는 모습으로 묘사하기도 하고, 이스라엘의 등불로 묘사한다(삼하 21:15–17). 다윗을 가리켜 이스라엘의 등불이라고 한 것은 은유적인 표현으로 다윗 왕조의 영속성을 의미하며 그 왕조를 통해서 참빛 예수 그리스도로 이어진다(신득일 2014b, 33–56).[40] 저자가 이 목록을 기록한 것은 다윗의 승리는 다윗 자신의 능력이 아니라 하나님의 무조건적인 성격의 언약에 따른 은혜요, 또한 그와 함께한 용사들에 의한 것임도 보여 주려는 것이다. 오늘날 우리의 구원도 하나님의 은혜에 달린 것이지만 하나님 나라를 세우는 일은 함께 돕는 사람이 필요하다는 것을 보여 준다.

③ 다윗의 감사(삼하 22:1–51)

이 문단은 시(poetry)로 되어 있는데 시편 18편과 동일하다. 이 시의 구조는 다음과 같다.

• 표제(삼하 22:1–2a)		
• 다윗의 믿음과 기도(삼하 22:2b–7)		
• 여호와의 응답(삼하 22:8–25)	여호와 3인칭(I–He)	
• 여호와에 대한 믿음 1(삼하 22:26–28)	여호와 2인칭(I–You)	
• 여호와에 대한 믿음 2(삼하 22:29–37)	여호와 3인칭(I–He)	
• 여호와에 대한 믿음의 결과(삼하 22:38–46)		
– 다윗이 한 일(삼하 22:38–39)	1인칭(I)	A
– 여호와가 하신 일(삼하 22:40–41)	2인칭(You)	B
– 대적들의 상태(삼하 22:42)	3인칭(They)	C

40 신득일(2014b)은 '등불'(니르, נִיר)이라는 단어의 의미를 폭넓게 다루고 있다.

– 다윗이 한 일(삼하 22:43)	1인칭(I)	A′
– 여호와가 하신 일(삼하 22:44)	2인칭(You)	B′
– 대적들의 상태(삼하 22:45–46)	3인칭(They)	C′

• 결론: 여호와의 은혜에 대한 감사(삼하 22:47–51)

이 시의 표제에 이 시를 쓴 배경이 나타나 있다. 그 배경은 "여호와께서 다윗을 모든 원수의 손과 사울의 손에서 구원하신 그 날에"(삼하 22:1)이다. 이것만 볼 때 다윗이 사울이 죽고 난 뒤에 썼는지, 아니면 그의 통치 마지막에 썼는지 분명하지 않지만 그가 이 사건을 경험한 후에 썼다는 것은 분명하다. 이 시는 다윗이 자신이 믿었던 하나님을 경험한 내용을 기초로 하나님이 기름 부음 받은 자인 다윗과 그의 후손에게 영원토록 자비를 베푸실 것을 믿음으로 끝맺는다(삼하 22:51). 이것은 하나님이 다윗과 언약을 맺으며 그의 왕위와 나라를 영원히 견고하게 세우실 것이라고 하신 약속을 바라본 것이다(참조. 삼하 7:12–13, 17). 이러한 점에서 이 시는 하나님이 다윗 언약에 약속하신 하나님 나라를 이루실 것을 찬양하는 시이다. 그의 노래에서 보여 준 것처럼 기름 부음 받은 자인 그리스도가 오셨다. 그리스도를 믿는 자들은 다윗이 바라보았던 것처럼 그 나라를 꿈꾸고 경험할 수 있고, 언젠가 그리스도가 세우시는 완전한 나라에 들어가게 될 것이다.

이 시의 구조를 보면 여호와를 3인칭으로 설명하기도 하지만 2인칭으로 설명하므로 서로 교제하는 관계임을 보여 준다. 여호와를 '자신은'이라는 2인칭으로 부르는 것은 친밀하고도 서로 교제하는 관계임을 보여 주는 히브리식 표현이다.[41] 예를 들어, 사무엘하 22:10에 "그가 또 하늘을 드리우고 강림하시니 그의 발 아래는 어두캄캄하였도다"와 같은 3인칭으로 표현된 초월적이며 전능하신 하나님을 2인칭 '주'(원문은 '자신은')라고 부른 것은 그 하나님이 다윗 개인과 만나 교제하는 분이시라는 것이다. 다윗이 여호와를 가리켜 "나의 반석이시요 나의 요새시요 나를 위하여 나를 건지시는 자시요 내가 피할 나의 반석의 하나님이시요 나의 방패시요 나의 구원의 뿔이시요 나의 높은 망대시요 그에게 피할

41 개역개정판에는 여호와를 2인칭으로 표현할 때는 '주'라고 표현하였지만 공동번역은 '자신은'이라고 번역했다. 우리 문화에서 '자신은'이라는 표현은 윗사람에게 사용할 때 적절하지 못하기 때문에 '주'라고 표현한 것으로 보인다.

나의 피난처시요 나의 구원자시라"(삼하 22:2-3)라고 말한 것은 하나님은 자신이 만나고 교제하는 분이라는 것이다. 이뿐만 아니라 이 시에서 반복적으로 강조하고 있는 것처럼 주의 규례와 법도를 지키며 주를 의지하는 자와 만나시고 구원해 주시는 하나님으로 묘사한다(삼하 22:26-28).

특히 이 노래를 시편 18편에 똑같이 기록하고 있다는 것은 이스라엘 역사에서 예배에 사용했다는 것이다. 이것은 다윗이 경험한 하나님은 그와 언약을 맺은 대로 하나님 나라를 이루실 뿐만 아니라 그를 믿는 모든 성도들과도 만나시고 교제하신다는 것은 보여 주려는 것이다. 이는 모든 세대의 성도들도 다윗이 믿은 하나님을 만나고 교제하며 다윗처럼 여호와께서 반석이시고 요새시고 건지시는 분임을 알게 하려는 것이다.

④ 다윗의 마지막 말(삼하 23:1-7)

다윗의 마지막 말은 시(poetry)로 되어 있는데 다음과 같은 구조로 되어 있다.

- 표제(삼하 23:1a)
- 서론(삼하 23:1b-2)
- 왕권의 정당한 사용에 대한 복(삼하 23:3-5)
- 왕권의 부당한 사용에 대한 경고(삼하 23:6-7)

이스라엘의 왕이 사람을 공의로, 여호와를 경외하므로 다스릴 때 어떤 은혜를 받게 될 것인지 그림 언어로 묘사하기를 "그는 돋는 해의 아침 빛 같고, 구름 없는 아침 같고, 비 내린 후의 광선으로 땅에서 움이 돋는 새 풀 같이"(삼하 23:4) 될 것이라고 했다. 다윗의 왕권이 이 같은 은혜를 누리는 것은 하나님이 다윗과 더불어 언약을 세우셨기 때문이다(삼하 23:5). 왕이 왕권을 바르게 수행할 때 백성들이 언약에 따라 복을 받게 된다는 것이다. 그러나 언약을 버리고 악을 행하는 왕은 다 내버려질 가시나무 같다고 했다(삼하 23:6). 이것은 왕권을 오용하는 자에 대한 경고의 말씀이다. 이 말씀은 요담의 비유를 연상하게 하는 방식으로 왕권의 남용을 경고한다(삿 9:7-15)(김진수 2011, 347).

⑤ 다윗의 용사들 2(삼하 23:8-39)

이 문단은 저자가 다윗이 통치할 때 그를 도왔던 용사들의 목록을 소개한다. 동일한 목록이 역대상 11장에 기록되어 있다. 큰 차이점이라면 사무엘하 23:8-39에는 헷 사람 우리아로 끝나지만 역대상 11장에는 우리아 다음에 16명의 용사를 더 기록하고 있다. 우리아를 용사들의 목록 끝에 배치한 것은 다윗이 왕권을 부당하게 사용한 것을 부각시키는 문학적 장치다(김진수 2011, 341). 우리아는 다윗이 왕권을 남용하므로 희생된 용사이기 때문이다. 독자들은 우리아라는 이름을 들을 때 자연스럽게 그 사건을 상기하게 된다.

이 목록에서 다윗의 용사들의 무용담을 간략하게 소개하고 있다. 사무엘하 23:13-17에는 한 가지 이야기가 들어 있다. 다윗의 용사들 중 삼십 명의 두목 가운데 세 사람이 아둘람 굴에 있는 다윗에게 갔을 때 블레셋의 한 무리가 르바임에서 진을 치고 있었고, 블레셋 사람의 요새가 베들레헴에 있었다. 이때 다윗은 베들레헴 성문 곁 우물물을 마시고 싶다고 하였다. 그러자 이 세 용사는 블레셋 진영을 지나 물을 가져왔다. 이때 다윗은 물을 마시기를 기뻐하지 않고 여호와께 부어드렸다. 이 삽화(揷話, episode)는 다윗의 용사 가운데 충성스럽고 용맹스러운 사람들이 있다는 것을 소개하는 목적도 있지만 다윗이 자신의 지도력을 남용할 때 백성들이 생명을 잃을 수 있다는 것을 보여 준다.

다윗의 용사들의 목록에는 유다 사람들만이 아니라 헷 사람과 암몬 사람 등의 이방인들도 있다. 이 목록은 다양한 사람들이 이스라엘을 위해 헌신했다는 사실을 보여 준다. 또한 이 목록은 나라의 번영은 다윗 한 개인의 능력에 달린 것이 아니라 하나님의 은혜와 그가 보내신 사람들의 헌신도 있었다는 것을 알게 하려는 것이다.

⑥ 다윗: 지도력의 역할(삼하 24:1-25)

이 문단은 다윗의 인구조사를 기록하고 있다. 이 문단은 우리를 어렵게 만드는 부분이 여럿 있다. 그중에서도 다윗이 인구조사를 하게 된 것을 "여호와께서 다윗을 격동시키사"(삼하 24:1)라고 한 부분이다. 이 기록과 평행을 이루고 있는 역대상 21:1에서는 "사탄이 일어나 다윗을 충동하여"라고 했다. 하나님은 악을 행하시지 않는다. 그러나 하나님은 때로 자신의 뜻을 이루기 위하여 악한 도구들을 사용하기도 하신다(삼상 16:14; 막 14:21; 행 4:28 등). 안타깝게도 다윗은 사탄의 유혹을 이기지 못했다.

다음으로는 다윗이 인구조사를 한 것이 왜 잘못되었는지에 대한 구체적인 설명이 없다. 그런데도 하나님은 진노하셨다(삼하 24:1). 그리고 다윗은 "내가 이 일을 행하므로 큰 죄를 범하였나이다"(삼하 24:10)라고 말했다. 또한 여호와께서 이스라엘을 향하여 진노하시고 그들을 치시기 위하여 다윗을 격동시켰다고 하시면서도 그 죄가 무엇인지 대한 설명이 없다(삼하 24:1).

인구조사가 왜 잘못되었는가? 광야 생활을 시작할 때와 가나안에 들어갈 때 여호와께서 이스라엘 자손의 회중의 총수를 계수하라고 하셨다(민 1:18; 26:1–2). 이때 싸움에 나갈 만한 자를 계수했다(민 1:45–46; 26:2). 그 외에도 생명의 속전을 위하여 계수했다(출 30:11–16). 인구조사는 출애굽 당시부터 성경의 역사에 자주 기록되어 있기 때문에 합법적인 것처럼 보인다(출 38:26; 민 1:46 등). 요압이 다윗의 명령에 따라 인구조사의 대상을 '칼을 빼는 담대한 자'(삼하 24:9)라고 했다. 9개월 20일 만에 요압이 보고한 수는 칼을 빼는 담대한 자가 80만 명이고 유다 사람이 50만 명이다(삼하 24:9). 이 수는 역대상 21:5에 칼을 뺄 만한 수가 110만 명이고, 유다 사람은 47만 명이라는 보고와 비교하면 다르다. 여기에는 여러 설명이 있는데 110만 명 가운데 유다 사람들이 포함되었을 것이라고 보기도 한다. 복사상의 실수라고 보기도 하고 레위와 베냐민을 계수하지 않았기 때문으로 보기도 한다. 또 인구조사가 최종적으로 끝나지 않았을 것이라고도 본다.

그렇다면 다윗의 경우는 왜 문제가 되는가? 요압은 이러한 다윗의 명령이 부당하다고 생각하고 여호와 하나님이 백성의 수를 백 배나 더하여 눈으로 보게 하시기를 원한다고 말했다(삼하 24:3). 요압의 말은 하나님이 원하시면 백성들의 수효의 많고 적음이나 군사적인 힘에 있는 것이 아니라는 뜻이다. 성주진(2009b, 384)은 이 경우 요압의 항의는 다윗의 '대적자'가 아니라 저자와 하나님의 관점을 간접적으로 알려 주는 대변자라고 했다. 그런데도 성경이 명확하게 설명하지 않기 때문에 알 수 없다.

다윗이 인구조사 후에 그의 마음에 자책하고 죄를 범한 것을 깨닫고 죄를 사해 주시도록 기도했다(삼하 24:10). 무엇이 다윗의 마음을 자책하고 회개하게 하였는지 알 수 없다. 그러나 하나님은 갓 선지자를 보내어 7년간의 기근이나 원수에게 석 달 동안 도망을 다닐 것인지, 땅에 사흘 동안 전염병이 있을 것인지 선택하게 하셨다(삼하 24:13). 여기에 나오는 저주인 기근, 전쟁, 전염병은 신명기 28:15-25에 언약을 버렸을 경우에 나타나는 저주다. 다윗이 어떤 선택을 하더라도 벌을 피할 수는 없다. 이 상황에서 다윗은 여호와의 손에 빠지는 것이 사람의 손에 빠지는 것보다 낫다고 생각하고 전염병을 선택하였다. 이때 죽은 자의 수가 7만 명이었다(삼하 24:14-15). 그런데 이 재앙은 단순히 다윗의 죄만은 아니다. 여호와께서 이스라엘을 향하여 진노하사 그들을 치기 위하여 다윗을 격동시키셨기 때문이다(삼하 24:1). 그리고 다윗이 재앙을 선택할 때 '우리가 여호와의 손에 빠지고'와 '내가 사람의 손에 빠지지 아니하기를' 원한다고 말하므로 다윗과 이스라엘이 함께 받을 벌로 간주하기 때문이다(삼하 24:14).

천사가 백성들을 치자 여호와께서 재앙을 내리시는 것을 뉘우치사 재앙을 그치게 하셨다. 그리고 다윗은 백성을 치는 천사를 보고 회개했다(삼하 24:16-17). 하나님은 재앙을 거두라고 하시고, 다윗은 백성을 위한 기도를 드렸다. 이 상황에서 이미 하나님이 재앙을 그치게 하셨다면 기도하지 않아도 되지 않는가라고 생각할 수 있다. 그러나 하나님이 작정하셨다고 할지라도 기도해야 한다. 왜냐하면 작정과 기도는 서로 모순되는 것이 아니라 역설적인(paradoxical) 진리로 작정을 이루시는 방법이기 때문이다. 이 기도를 들으시고 하나님은 갓을 통하여 여부스 사람 아리우나의 타작마당에서 제단을 쌓으라고 하셨다(삼하 24:18). 다윗은 은 50세겔을 주고 아리우나의 타작마당과 소를 사서 여호와를 위하여 제단을 쌓고 번제와 화목제를 드렸다(삼하 24:24-25). 그리고 저자는 이 일에 대하여 "이에 여호와께서 그 땅을 위한 기도를 들으시매 이스라엘에게 내리는 재앙이 그쳤더라"(삼하 24:25)라고 했다. 하나님의 작정과 기도는 모순되는 것이 아니라 역설적인 진리인 것이다.

특히 우리는 제단을 쌓은 땅이 여부스 사람 아리우나의 타작마당이라는 점을 주목할 필요가 있다. 역대상 21:25에서는 '그 터 값으로 금 600세겔'을 주었다고 했다. 이곳은 모리아산이고 바로 예루살렘 성전 터가 되었다(대상 22:1; 대하 3:1). 이스라엘과 모든 그리스도인의 희망은 성전에 있다. 왜냐하면 성전은 인간의 모든 문제의 근원인 죄가 그리스도의 속죄사역으로 사함을 받고 구원을 얻게 되는 일이 어떻게 가능한지를 보여 주는 그림자이기 때문이다(히 9:1-28). 그리고 이 성전은 마지막 날 하나님과 완전한 교제가 이루어지는 하늘 성전을 예표하기 때문이다(계 21:9–22:5).

이 사건에서 여호와께서 이스라엘을 치시려는 이유가 명확하게 제시되지 않았다. 다윗은 사탄에게 격동되어 하나님의 진노가 온 이스라엘에 내려 전염병으로 7만 명이나 죽었다. 그러나 다윗이 회개하고 기도하므로 재앙이 그쳤다. 여기에 왕, 곧 지도력이 어떤 역할을 하는지 알 수 있다. 다윗과 이스라엘이 죄를 범하므로 온 이스라엘이 고통을 받지만 동시에 다윗이 회개하고 기도하므로 재앙이 그친다. 이것은 지도력의 역할이 얼마나 중요한지 알게 한다. 그리고 이 역사를 읽을 때 이스라엘 역사에서 다윗이 위대한 왕이라 할지라도 인간이기에 하나님의 언약이 아니라면 언제라도 그의 통치와 백성들에게 위기가 올 수 있다는 것을 알게 한다. 그래서 우리는 다윗의 자손으로 오셔서 완전한 의와 평화와 기쁨을 주실 참된 왕이신 그리스도를 바라보아야 한다. 그리고 그리스도를 믿는 자들은 완전한 나라가 이 땅에 세워지는 그날까지 왕 같은 제사장으로 올바른 지도력을 사용하여 온 땅이 복을 누리게 해야 할 책임이 있다.

V. 구속사적 의미

구속사에서 사무엘서의 위치

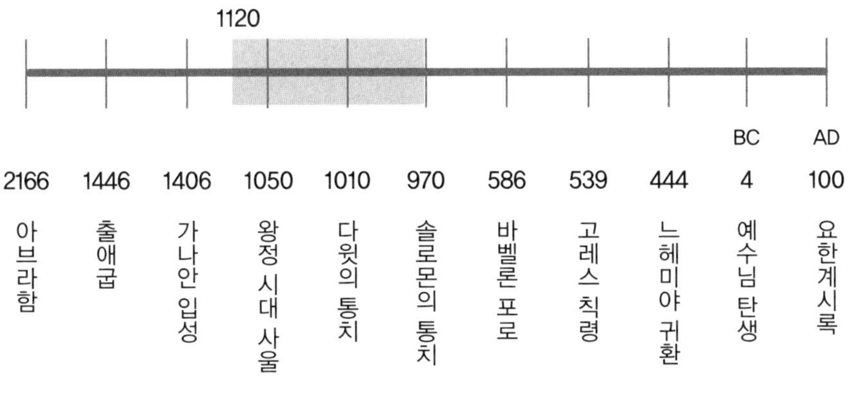

사무엘서는 사무엘이 출생한 배경인 한나의 기도로 사무엘을 얻을 때(주전 약 1120년)부터 다윗이 왕이 되어 40년간 통치한 때(주전 970년)까지 약 150년간의 구

속사를 기록하고 있다(삼상 1:1–20; 삼하 5:4–5).

하나님은 아브라함과 이삭과 야곱과 맺은 언약을 사사시대에 이어 사무엘을 통하여 왕정시대를 열고 사울과 다윗을 세워 언약 백성들이 안전하고 복된 삶을 살게 하셨다. 하나님은 이스라엘 백성들과 길갈에서 언약을 맺었으나(삼상 12:14–15, 24–25) 지키지 못했다. 그래서 다윗과 언약을 맺어 그의 자손을 통하여 나라를 영원히 견고하게 세우실 것이라고 약속하셨다. 동시에 만일 죄를 범하면 사람의 매와 인생의 채찍으로 징계하실 것이라고 하셨다(삼하 7:1–19). 이 언약은 다윗이 고백한 대로 전 인류를 위한 율법이다(삼하 7:19). 그러나 이 언약은 하나님이 언약에 약속하신 대로 다윗의 자손을 통하여 오실 그리스도 안에서 하나님 나라를 세우신다는 것은 무조건적인 은혜이지만 그 말씀을 믿고 순종하지 않는다면 사람의 매와 인생의 채찍으로 징계하신다는 것은 조건적이다. 사무엘서에 기록된 구속사는 하나님의 무조건적인 성격의 은혜와 인간의 책임적인 영역인 조건적인 성격의 언약 사이의 긴장을 보여 준다.

이러한 긴장관계는 결국 완전한 왕으로 오시는 메시아를 바라볼 수밖에 없도록 인도한다. 왜냐하면 하나님이 언약 백성들을 보호하기 위하여 사울을 세웠으나 그는 직분을 바르게 수행하지 못했다. 심지어 다윗조차도 언약 백성들을 보호해야 할 위치에 있었는데도 우리아를 죽였고, 인구조사를 한 결과로 7만 명의 백성들이 전염병으로 죽게 만들었다(삼하 24:15). 그래서 이 책은 참된 왕으로 오실 그리스도 안에서 이루실 하나님 나라를 소망 가운데 바라보도록 인도한다. 무엇보다도 다윗 언약을 개인과 공동체의 삶에 적용한 시편 89편은 하나님의 인자하심과 성실하심에 근거하여 하나님 나라를 세우실 것을 찬양한다(시 89:1–4, 49). 그리고 신약성경 히브리서 1:5에 사무엘하 7:14 “나는 그에게 아버지가 되고 그는 내게 아들이 되리니”라는 말씀을 인용하여 그리스도에게 적용한다. 이것은 다윗 언약이 그리스도와 그리스도 안에서 이루실 하나님 나라에 대한 이야기라는 것을 알게 한다. 동시에 하나님과 교제하며 언약 백성으로서의 책임을 다하려면 언약의 말씀을 믿고 순종해야 한다는 것을 강조한다. 특히 이 부분의 중요성을 엘리의 아들들과 사무엘, 약속을 받은 사울과 다윗을 대조하는 방법으로 보여 주고, 다윗의 통치 행위에 나타난 다양한 사건들을 통하여서도 보여 준다.

열왕기서

Kings

S U M M A R Y

Ⅰ. 저자와 기록 배경

Ⅱ. 문학적 구조

Ⅲ. 주제와 기록 목적

Ⅳ. 내용

1. 솔로몬의 등극과 통일 왕국 시대(왕상 1:1-11:43)
2. 르호보암/여로보암 시대부터 엘리야, 엘리사 이전의 분열 왕국 시대(왕상 12:1-16:34)
3. 선지자 엘리야, 엘리사 시대(왕상 17:1-왕하 13:25)
4. 아마샤/요아스 시대부터 이스라엘 멸망까지의 분열 왕국 시대(왕하 14:1-17:41)
5. 히스기야 시대부터 바벨론 포로로 끌려가는 시대(왕하 18:1-25:30)

Ⅴ. 구속사적 의미

열왕기서

열왕기서는 솔로몬의 즉위년(왕상 1:1–2:12)인 주전 970년경부터 바벨론 왕 느부갓네살의 아들 에윌므로닥의 즉위년이며 여호야긴이 옥에서 풀려난 해(왕하 25:27–30)인 주전 561년까지의 구속사를 기록하고 있다. 특히 저자는 다윗의 죽음과 솔로몬의 즉위부터 시작하여 예루살렘이 바벨론에 의해 멸망당할 때까지의 역사를 연대기 순서에 따라 기록하고 있다. 열왕기서는 신명기에 기록된 모압 언약과 사무엘하 7장에 기록된 다윗 언약이 이스라엘 역사에 어떻게 적용되어 구속사를 이루어 가고 있는지를 보여 준다. 또한 이스라엘이 하나님의 택한 백성으로 하나님의 구속사에서 하나님과 교제하며 하나님의 작정을 이룰 수 있는 특권을 가지고 있었는데도 왜 바벨론 포로로 끌려가는 수치스러운 역사로 마칠 수밖에 없었는지를 보여 준다. 그리고 열왕기서는 하나님께서 여전히 자기 백성들과 함께하시며 그들에게 희망을 가지고 계신다는 것을 보여 준다.

I. 저자와 기록 배경

열왕기서에서 저자가 누구인지 알려주는 결정적인 증거는 없다. 그럼에도 유대 전통은 바벨론 탈무드에서 “예레미야가 자신의 책, 열왕기, 애가를 썼다”(*Baba Bathra*, 15a)라고 한 전통을 중요하게 생각하여 예레미야를 저자로 보기도 한다. 그들은 그 중요한 근거로 열왕기하 25:18–21, 27–30이 예레미야 52:24–27, 31–34이 같다는 점에서 찾는다. 예레미야는 예루살렘이 파괴될 당시에 활동했으며 그가 쓴 책인 ‘예레미야’는 열왕기의 많은 장으로부터, 혹은 두 책이 공통으로 의존하고 자료로부터 많은 내용을 인용한다. 그런데도 예레미야는 저자가 될 수 없다. 왜냐하면 예레미야는 예루살렘이 멸망된 후에 애굽으로 갔기 때문이다(렘 43:4-7). 그래서 그는 열왕기서 마지막 부분에 기록된 사건인 여호야긴이 석방되어 에윌므로닥에 의해 높임을 받는 사건을 기술할 수 없다(왕하 25:27). 이 사건은 예레미야가 요시야 13년(주전 627년)에 선지자로 부름을 받은 후(렘 1:2) 약 66년이 지난 후에 일어났기 때문이다.[42] 그가 부름을 받았을 때의 나이를 정확하게 추정할 수 없다고 할지라도 선지자로 부름 받는 나이인 30세를 기준으로 잡아도 96세가 된다. 그래서 저자를 예레미야로 보기 어렵다.

열왕기서의 저자 문제는 한 저자가 기록했다고 보는 단일 저자설과 두 사람 이상의 편집자들이 기록했다고 보는 설이 있다(House 2003, 29). 이 문제는 역사비평이 활기를 띤 이후부터 계속 논의된 문제이나 단일 저자에 의해 기록되었다고 보아야 한다. 저자가 누구인지 알 수 없지만 많은 자료들을 사용하여 일관된 사상이 흐르도록 한 점을 보아 한 저자가 썼다고 보아야 한다. 기록자가 자료들을 선택하고 생략하는 과정에서 일관된 사상이 흐르도록 뼈대를 형성하여 책 전체에 통합적인 관점이 흐르도록 했다면 그를 '편찬자'나 '편집자'가 아니라 '저자'로 간주해야 한다(Long 1984, 14-21).

저자는 왕정시대의 역사를 기록한 다양한 자료를 사용했다. 열왕기서에는 세 가지 중요한 자료들이 나타난다. 첫 번째 자료는 '솔로몬의 실록'(왕상 11:41)으로 성경에 단 한 번 나타난다. 두 번째 자료는 '이스라엘 왕 역대지략'인데, 모두 18번 나타난다.[43] 세 번째 자료는 '유다 왕 역대지략'으로 모두 15번 나타난다.[44] 이것은 저자가 이 자료들을 사용했다는 것이다. 그리고 저자는 이러한 자료들을 신명기에 기록된 복과 저주의 말씀에 따라 역사를 해석했다. 그래서 많은 성경학자들은 여호수아부터 열왕기서까지의 역사기록을 '신명기적 역사'라고 부른다.

---

42 여호야긴은 사로잡혀 간지 37년, 곧 에윌므로닥 원년인 주전 561년에 자유롭게 되었다. 예레미야 선지자는 요시야 13년에 선지자로 부름을 받았다(렘 1:2). 요시야의 통치 기간이 31년(왕하 22:1)인 점을 감안하면 예레미야는 요시야 18년 동안 사역했고, 여호아하스 석 달(왕하 23:31), 여호야김 11년(왕하 23:36), 여호야긴 석 달(왕하 24:8)을 다스리다가 바벨론으로 사로잡혀 갔기 때문에 18년+11년+37년을 합하면 66년이 된다.

43 왕상 14:19; 15:31; 16:5, 14, 20, 27; 22:39; 왕하 1:18; 10:34; 13:8, 12; 14:15, 28; 15:11, 15, 21, 26, 31.

44 왕상 14:29; 15:7, 23; 22:45; 왕하 8:23; 12:19; 14:18; 15:6, 36; 16:19; 20:20; 21:17, 25; 23:28; 24:5.

열왕기서는 포로 시대 중에 썼다. 이러한 관점은 다음의 몇 가지 사실에 근거한다. 첫째, 열왕기서 맨 마지막에 포로된 지 37년인 주전 561년에 여호야긴 왕이 바벨론 감옥에서 풀려나온 일을 기록한다(왕하 25:27-30). 이것은 이 책이 적어도 이 사건 이후에 기록이 되었다는 것을 증거해 준다. 둘째, 열왕기서에 모두 14번 나오는 '오늘까지' 또는 '지금까지'라는 표현이다.[45] 이러한 표현은 그 사건의 결과가 저자가 이 책을 쓴 당시까지 계속되었음을 의미한다. 저자는 솔로몬이 즉위한 주전 970년부터 바벨론 왕 에윌므로닥 즉위년이며 여호야긴이 옥에서 풀려난 해(왕하 25:27-30)인 주전 561년까지 약 400년간의 역사를 기록하고 있다. 이러한 역사기록은 포로기에 있는 백성들을 염두에 두고 이스라엘 역사를 해석해야 한다는 것이다.

이 책을 기록할 때 언약 백성들은 포로로 끌려갔고, 남은 자들은 그 땅의 비천한 자들뿐이었다(왕하 25:11-12; 참조. 렘 39:10; 52:16). 하나님이 자기 백성과 함께 계시며 임재해 계신다는 것을 상징하는 예루살렘 성전은 파괴되었다. 저자는 이스라엘 백성들에게 왜 이러한 일이 있었는지 역사적인 설명을 하려고 했다.

뿐만 아니라 열왕기서는 애굽과 수리아, 앗수르, 바벨론의 역사와도 밀접한 연관이 있다. 왜냐하면 하나님은 구속사에서 언약 백성들을 징계하기 위하여 이들을 사용하셨기 때문이다. 그리고 열왕기서는 각 시대마다 활동한 선지자들이 기록한 선지서가 그때의 사회적 배경과 종교적 배경을 보여 준다. 예를 들면, 북왕국의 여로보암 2세 시대의 사회적 배경과 종교적 배경은 이사야, 아모스, 호세아, 요나 선지자의 글에 나타나 있다. 다음의 두 도표는 유다와 이스라엘 왕들의 연대기와 그 시대에 활동한 선지자들과 메소포타미아 지역의 왕들의 연대기다.

45 '오늘까지'(아드 하욤 하제, עַד הַיּוֹם הַזֶּה): 왕상 8:8; 9:13, 21; 10:12; 12:19; 왕하 2:22; 8:22; 10:27; 14:7; 16:6; 17:23, 34, 41; '지금까지(이때까지)'(아드-아타, עַד־עַתָּה): 왕하 13:23.

이스라엘과 유다의 왕들의 연대기(주전 931–586)

이스라엘			연도	유다		
왕		선지자		선지자		왕
I	여로보암 1세(931–910)		931			르호보암(931–913)
	나답(910–909)					아비야(913–911)
II	바아사(909–886)		900			아사(911–870)
	엘라(886–885)					
III	시므리(885)					
IV	오므리(885–874)		875			
	아합(874–853)	엘리야				여호사밧(872–848)
	아하시야(853–852)	엘리사				
	요람=여호람(852–841)		841			여호람=요람(848–841)
V	예후(841–814)					아하시야(841)
						아달랴(841–835)
	여호아하스(814–798)		800			요아스(835–796)
						아마샤(796–767)
	여호아스=요아스(798–782)					웃시야=아사랴(792–740)
	여로보암 2세(793–753)	요나				
		아모스				
		호세아				
	스가랴(753)			이		
VI	살룸(752)					
VII	므나헴(752–742)		750	사		요담(750–735)
	브가히야(742–740)			야	미가	아하스(735–715)
VIII	베가(740–732)					
IX	호세아(732–722)					히스기야(715–686)
	사마리아 멸망		722			
			700			므낫세(697–642)
			650		나훔	아몬(642–640)
					스바냐	요시야(640–609)
				예		여호아하스(609)
				레	하박국	여호야김(609–598)
			600	미 야		여호야긴(598–597)
					에스겔 다니엘	시드기야(597–586)
			586			**예루살렘 멸망**

※ 고딕체로 된 유다의 연대는 공위(공동으로 통치함) 또는 연구되어야 할 부분

메소포타미아 지역 왕들의 연대기

	왕	연대
앗수르 Assyria	티글랏빌레셀 3세(Tiglath–Pileser III)	745–727
	살만에셀 5세(Shalmaneser V)	727–722
	사르곤 2세(Sargon II)	721–705
	산헤립(Sennacherib)	705–681
	에살핫돈(Esarhaddon)	681–669
	아수르바니팔(Ashurbanipal)	669–627
	아수르에델리아니(Ashu–etel–ilani)	
	신수무리시르(Sin–shumu–lishir)	
	신사르이스쿤(Sin–shar–ishkun)	? –612
	아수르우발리트 2세(Ashur–uballit 2세)	611–609
바벨론 Babylonia	나보폴라살(Nabopolassar)	625–605
	느부갓네살 2세(Nebuchadnezzar II)	604–562
	에윌–므로닥(Evil–Merodach)	561–560
	내리글리사르(Neriglissar)	559–556
	라바쉬–마르둑(labashi–Marduk)	556
	나보니더스(Nabonidus)	556–539
	벨사살(Belshazzar) 나보니더스와 공위	553(?)–539
페르시아 Persia	고레스(Cyrus the Great)	559–530
	캄비세스(Cambyses)	530–522
	다리우스 1세(Darius I the Great)	522–486
	아하수에르(Xerxes / Ahasuerus)	486–465
	아닥사스다(Artaxerxes)	465–424
	다리우스 2세(Darius II)	423–404

II. 문학적 구조

저자는 이스라엘 왕들의 역사를 연대기에 따라 이야기 방식으로 기술한다. 열왕기상 12장부터 기록한 두 왕국 이야기는 거의 200년 동안 평행을 이루기도 하고, 때로는 서로 맞물리기도 한다. 저자는 두 왕국이 서로 맞물린 기간(왕상 12:25-왕하 17:41)의 역사를 기술할 때 일정한 규칙을 가지고 기록했다. 저자는 왕국이 분열된 이후에 여로보암 통치하의 북 왕국의 이야기를 하고, 여로보암이 통치할 때 즉위한 유다 왕들의 이야기, 곧 르호보암, 아비야, 아사 등의 이야기를 기록하고 있다. 그리고 유다의 아사 왕 통치 기간에 즉위한 북 이스라엘 왕들의 이야기, 곧 나답, 바아사, 엘라, 시므리, 오므리, 아합 등의 이야기를 기록하고 있고, 아합의 통치 기간에 즉위한 유다의 여호사밧이 통치하는 이야기를 기록하고 있다(Olley 2011, 21). 이러한 규칙을 염두에 둔다면 저자는 열왕기서를 연대기 순서로 기록하되 왕들의 통치시점을 연결고리로 삼아 차례로 역사를 기록하고 있다는 것을 알 수 있다.

저자는 왕들의 통치와 관련하여 기술하되, 왕들의 등극과 죽음에 대한 형식적 문구(formula)를 사용하여 이야기의 시작과 끝을 보여 주는 구조를 사용한다. 왕들의 등극과 죽음에 대한 형식적 문구는 선형구조의 각 단계를 보여 준다.

• 등극에 관한 문구(왕상 14:21; 15:1-2, 9, 25-26, 33-34 등)

시대적 연대(호세아까지)
등극시의 나이(유다만 해당)
통치 기간
수도
모친의 이름
신학적 평가

• 죽음에 관한 문구(왕상 11:41-43; 14:19-20, 29-31 등)

출처 인용
사망 사실 및 묻힌 장소
후계자에 대한 언급

이러한 기본적인 틀에 나타난 문구는 왕조에 따라 약간씩 차이가 나지만 기본적인 구조는 같다. 성경 이야기가 읽기 위한 것이 아니라 읽어 주기 위한 것임을 고려한다면 이러한 구조적 장치는 구어적 요소들을 반영하고 있다(Parunak 1984, 153–168). 특히 저자가 왕들의 등극에 관한 문구에서 신학적 평가는 이 책을 어떤 목적으로 취사선택하여 기록하였는지를 알게 한다.

그런데 저자는 연대기적으로 역사를 기록하고 있지만 여러 왕들의 역사를 형평성에 맞게 다루지는 않는다. 예를 들어, 오므리는 이스라엘에서 정치적으로 중요하고 힘 있는 왕으로서 성경 외의 문헌에는 많이 언급되어 있으나 단지 몇 절만 언급한다(왕상 16:21–28). 그리고 오므리 왕조에 활동한 선지자 엘리야와 엘리사의 이야기를 책의 중심부에 두어 그 활동을 자세하게 기록한다. 그것은 저자가 가진 관점과 목적에 따라 자료들을 취사선택하여 기록하고 있기 때문이다.

일반적으로 성경 저자들은 글을 쓰기 전에 먼저 의미를 전달하기 위해 가장 적합한 구조를 선택한다(Bar–Efrat 1980, 172–173). 이처럼 이 책의 저자도 왕들의 연대기 순서에 따라 선지자 엘리야, 엘리사 이야기가 중심축을 이루는 대칭구조(symmetric schemes)로 기록하고 있다.[46] 열왕기서는 남북 왕조의 긴 시간 가운데 선지자 엘리야와 엘리사의 사역을 중심에 놓고 역사를 기술하고 있다.

A 솔로몬의 등극과 통일왕국 시대(왕상 1:1–11:43)
  B 르호보암/여로보암 시대부터 선지자 엘리야 이전까지의 분열 왕국 시대(왕상 12:1–16:34)
    X 선지자 엘리야, 엘리사 시대(왕상 17:1–왕하 13:25)
  B′ 아마샤/요아스 시대부터 북 왕국 이스라엘의 멸망까지의 분열 왕국 시대(왕하 14:1–17:41)
A′ 히스기야 시대부터 바벨론 포로로 끌려가는 시대(왕하 18:1–25:30)

46 선형구조(liner patterns)는 사건 순서나 장면을 열거하는 A–B–C–D 형태로, 평행구조(parallel patterns)는 A–B–C–A′–B′–C′ 형태로, 대칭구조(symmetric patterns)는 A–B–X–B′–A′ 형태로 나타난다. 이 기본 구조에서 변형된 구조들도 있다(Dorsey 1999, 26–35). 이 점은 이 책의 전체 서론에 있는 '문학적 장치'를 참조하라.

A와 A′는 통일왕국을 기술하는데 A는 솔로몬 시대로 나라가 최고의 절정기에 이르게 되는 내용을 보여 준다. A′는 북 왕국 이스라엘이 멸망한 후이지만 하나의 통일된 왕국으로 나라가 바벨론에 의해 멸망해 가는 과정을 보여 주어 A와 A′가 서로 대칭을 이루고 있다. B와 B′는 남북 왕조를 함께 다루기는 하지만 B는 북 왕국이 멸망하게 된 원인이 어디에 있는지를 기술하고 있고, B′는 북 왕국이 멸망하기까지의 역사를 기술한다. X는 남북 왕조가 서로 결혼으로 동맹관계를 유지하고 있지만 열왕기서의 핵심주제인 언약의 말씀을 지키는 일의 중요성을 선지자 엘리야와 엘리사의 사역을 통하여 보여 준다. 이러한 구조의 중심부에 선지자 엘리야와 엘리사의 이야기가 놓여 있다. 이것은 이스라엘이 하나님의 택한 백성이었는데도 왜 앗수르와 바벨론에게 멸망을 당해야 했는지 그 이유를 보여 준다. 그것은 이스라엘이 언약의 말씀과 선지자를 통하여 하신 말씀을 듣지 않았기 때문이다.

III. 주제와 기록 목적

열왕기서는 주제나 목적에 대하여 구체적으로 진술하는 내용이 없다. 그러나 열왕기서는 사무엘서를 이어 왕정시대의 역사를 기술하되 다윗의 죽음과 솔로몬의 즉위부터 기록한다. 이것은 저자가 사무엘서에 이어 신명기 율법(=모압 언약)과 다윗 언약의 관점에서 왕정시대 역사를 기술하고 있다는 것이다. 특히 열왕기서는 이스라엘이 언약에 불순종하므로 포로로 끌려가지만 여호야긴이 감옥에서 나오는 이야기로 마치고 있다(왕하 25:27-30). 이것은 하나님의 언약이 무조건적으로 적용되는 것이 아니라 하나님 말씀의 순종 여부에 따라 조건적으로 적용되기 때문이다(삼하 7:14b). 하나님이 다윗과 맺은 언약은 다윗의 집과 나라를 영원히 보전한다는 의미에서는 무조건적이다(삼하 7:12-13, 16). 열왕기서는 이 관점에서 역사를 기술한다. 이 점은 북 왕국 이스라엘의 멸망의 원인을 기술하고 있는 데서도 볼 수 있다(왕하 17:7-23). 그러므로 열왕기서의 주제는 유다와 이스라엘이 택함을 받은 백성으로 메시아가 오시는 통로로서 제사장 나라로서의 책임을 받은 것은 무조건적 성격의 하나님의 은혜이지만, 동시에 그 은혜를 누리며 제사장 나라로 책임을 다하려면 약속을 믿고 순종해야 할 조건적인 성격이 있다는 것이다.

이러한 주제를 중심으로 열왕기서는 이스라엘이 택한 백성이며 제사장 나라로 세움을 받았는데도 왜 앗수르와 바벨론에 의해 멸망을 당하고 포로로 끌려갈 수밖에 없었는지 보여 줄 목적으로 기록했다. 이 점을 설명하기 위하여 이 책의 중심부에 있는 선지자 엘리야와 엘리사의 이야기를 통하여 언약의 말씀을 믿고 순종하지 못한 것이 원인이라는 것을 보여 준다. 이러한 문학적 구조는 이스라엘이 언약 백성인데도 바벨론 포로로 끌려가게 된 이유가 무엇인지 보여 주어 미래에 대한 희망이 어디에 있는지 보여 준다. 그래서 열왕기서는 이스라엘 백성들로 하여금 바벨론 포로로 끌려가게 된 원인이 언약을 배반한 일에 있다는 것을 알게 하고, 동시에 그들의 미래가 언약을 믿고 순종하는 일에 있다는 것을 알게 한다.

저자는 다윗 언약의 중요성을 인식하고 다윗 왕조가 영원히 지속될 것을 곳곳에서 강조한다(왕상 11:36; 15:4; 왕하 8:19). 이에 덧붙여 저자는 다윗의 삶과 통치를 다윗 이후 유다 왕들의 삶을 평가하는 중요한 표준으로 사용했다(왕상 9:4; 11:4, 6, 9, 11, 33, 38; 14:8; 15:3, 5, 11; 왕하 16:2; 18:3; 22:2). 이것은 저자가 이 책의 역사를 신학적인 관점, 특별히 신명기 언약(= 모압 언약)과 다윗 언약의 관점에서 자료를 선택하고 배열하여 전체적으로 한 그림으로 보도록 제시했다는 것을 알 수 있게 한다.

또한 저자는 열왕기서에 기록된 사건을 기록할 때 신명기 언약과 그 연장선상에 있는 다윗 언약이 이스라엘 역사에서 어떻게 적용되는지의 관점에서 역사를 서술하고 있다. 특히 엘리야와 엘리사 시대에 일어난 수많은 기적들을 신명기적 관점에서 기술하고 있다. 예를 들면, 엘리야 시대에 비와 이슬이 내리지 않는 일(왕상 17:1; 참조. 신 28:23–24), 사르밧 과부에게 은혜를 베푼 일(왕상 17:8–24; 참조. 신 32:21), 아람 군대가 사마리아를 포위했을 때 백성들이 자기 자식을 먹은 일(왕하 6:28–29; 참조. 신 28:57) 등이다. 이것은 신명기적 관점에서 역사를 해석하고 있음을 보여 준다. 특히 저자는 이스라엘과 유다가 땅을 빼앗기고 포로로 끌려가게 된 원인을 여호와와 맺은 언약을 배반하였기 때문이라고 역사를 해석했다(왕하 17:7–23).

이뿐만 아니라 저자는 다윗 언약에 기록된 무조건적인 성격의 언약과 조건적인 성격의 언약을 강조하고 있다(왕상 3:14; 참조. 삼하 7:14-16). 이것은 언약적 복을 누리려면 언약을 지켜야 한다는 것을 보여 주려는 것이다. 그러나 언약 자체는 결코 폐기될 수 없다. 왜냐하면 하나님이 그리스도 안에서 맺으신 언약은 영원하기 때문이다. 그래서 저자는 무조건적인 성격의 언약에 의해 위로를 받게 하고, 동시에 조건적인 성격의 언약에 의해 언약을 지켜야 한다는 것을 보여 줌으로 긴장하게 한다.

IV. 내용

내용 구조

1. 솔로몬의 등극과 통일왕국 시대(왕상 1:1-11:43)
2. 르호보암/여로보암 시대부터 엘리야, 엘리사 이전의 분열 왕국 시대(왕상 12:1-16:34)
3. 선지자 엘리야, 엘리사 시대(왕상 17:1-왕하 13:25)
4. 아마샤/요아스 시대부터 이스라엘 멸망까지의 분열 왕국 시대(왕하 14:1-17:41)
5. 히스기야 시대부터 바벨론 포로로 끌려가는 시대(왕하 18:1-25:30)

1. 솔로몬과 통일왕국 시대(왕상 1:1-11:43)

이 문단은 솔로몬의 통치 행위를 자세하게 설명한다. 무엇보다 솔로몬이 다윗의 왕위를 계승하여 다윗이 소망하였던 성전을 건축한 기사를 자세히 설명한다(왕상 5:1-9:28). 그리고 솔로몬의 통치 가운데 그의 지혜와 부의 원천이 하나님과 맺은 언약을 지키는 일과 밀접한 연관성이 있음을 보여 준다. 또한 이 문단은 솔로몬이 언약을 순종하므로 그와 온 나라가 큰 번영을 누리고 있지만(왕상 4:1-34; 10:1-29), 솔로몬이 여호와의 명령을 버리고 다윗의 길을 따르지 아니하므로 나라가 분열될 것이라고 설명한다(왕상 11:4, 6, 9, 11, 33, 38).

내용 분해

(1) 솔로몬의 왕위 계승(왕상 1:1–53)

(2) 솔로몬의 왕위가 확립됨(왕상 2:1–46)

(3) 솔로몬의 왕정 정책(왕상 3:1–28)

(4) 솔로몬의 정치와 지혜(왕상 4:1–34)

(5) 솔로몬과 성전 건축(왕상 5:1–9:28)

(6) 솔로몬의 지혜와 국가적인 번영(왕상 10:1–29)

(7) 솔로몬이 언약을 배반함과 그 결과(왕상 11:1–43)

내용 해설

(1) 솔로몬의 왕위 계승(왕상 1:1–53)

이 문단은 노쇠한 다윗의 왕위를 계승할 때 일어난 이야기로 시작하여 솔로몬이 왕이 된 이야기를 설명한다. 특히 저자는 이 이야기를 솔로몬이 어떻게 왕위를 계승하게 되었는지에 초점을 맞추어 설명한다(Nelson 1987, 15).

① 발단: 다윗의 노쇠함(왕상 1:1–4)

한때 다윗은 위대한 전사요 정치인이요 시인이었지만 나이가 들어 '이불을 덮어도 따뜻하지 않은'(왕상 1:1) 상태가 되었다. 이러한 상태에 있는 다윗을 위하여 그의 시종들이 왕의 몸을 따뜻하게 하려고 젊은 처녀 하나를 구했다. 그의 이름이 수넴 여인 아비삭이다(왕상 1:2–3). 이것은 젊은 육체의 건강과 체온을 늙은 왕에게 전달하려는 원시적 의식으로 본다(그레이 1993, 126–127). 이러한 다윗의 상태는 그의 죽음이 임박했기 때문에 누군가 그의 왕위를 계승해야 한다는 것을 보여 준다. 이것은 다윗 왕위를 계승하려는 자들의 갈등을 예견하게 한다.

② 분규: 아도니야 vs 나단 선지자와 밧세바(왕상 1:5–27)

다윗이 노쇠하므로 왕위 계승 문제가 대두될 때 아도니야는 스스로 높이고

"내가 왕이 되리라"(왕상 1:5)라고 말했다. 그리고 병거와 기병과 호위병 오십 명을 준비했다(왕상 1:5). 또한 아도니야는 스루야의 아들 요압과 제사장 아비아달과 모의했고, 이들은 아도니야를 지지하고 도왔다(왕상 1:7).[47] 그러나 아도니야는 제사장 사독과 여호야다의 아들 브나야와 선지자 나단과 시므이와 레이와 다윗의 용사들과 솔로몬은 청하지 않았다(왕상 1:8–10). 그리고 이때 아도니야는 왕위를 차지할 모든 계획을 다 세웠을 뿐만 아니라 즉위식도 준비한 것처럼 보인다(왕상 1:11, 25). 아도니야는 당시의 병권(兵權)을 쥐고 있었던 요압과 종교권을 쥐고 있었던 아비아달을 모의에 끌어들임으로 세상적인 시각에서 볼 때 이미 권력을 잡은 것처럼 보였다.

이 상황에서 나단은 밧세바를 찾았다. 그것은 다윗 왕에게 이 상황을 전달하기 위한 것이다. 나단 선지자는 다윗이 성전을 짓고자 하는 마음을 전달했을 때 하나님이 다윗에게 주신 언약을 전달했던 사람이다(삼하 7:1–17). 그리고 다윗이 밧세바의 관계에서 간음죄를 범하였을 때 책망했고(삼하 12:1–15), 솔로몬이 태어났을 때 하나님이 그를 사랑하여 '여디디야'라고 부르게 한 사람이다(삼하 12:24–25). 이 나단은 밧세바에게 다윗이 한 약속을 상기시키고 솔로몬을 왕위에 앉히리라 말하지 아니했는지 물어보라고 했다(왕상 1:13). 그리고 나단 자신도 뒤이어 들어가서 밧세바의 말을 확증할 것이라고 했다(왕상 1:14). 이것은 나단이 다윗을 이을 인물이 솔로몬이라는 것을 알았다는 것을 보여 준다. 이 말을 듣고 밧세바는 다윗의 침실에 들어가 다윗이 한 약속을 상기시키고 아도니야가 한 일을 설명했다(왕상 1:17–21). 이어서 나단 선지자가 들어와 다윗 왕에게 와서 아도니야와 그를 지지한 사람들이 한 행동을 설명했다(왕상1:25).

솔로몬을 왕으로 세우는 것이 하나님의 뜻이라면 나단과 밧세바가 한 행동은 하나님 나라를 섬기기 위하여 선택한 일이라고 본다(Ryken 2011, 20). 그러면 아도니야와 그를 돕는 자들과 나단 선지자와 밧세바 사이에 일어난 갈등은 어떻게 해소될까?

---

47 개역개정판에는 '그들이 따르고 도우나'라고 번역하였으나 히브리어는 '그들이 아도니야를 지지했다'(וַיַּעְזְרוּ אַחֲרֵי אֲדֹנִיָּה)라고 되어 있다.

③ 절정: 솔로몬의 즉위식(왕상 1:28–40)

다윗은 나단 선지자의 말을 들은 후에 밧세바를 불러 이전에 이스라엘 하나님 여호와를 가리켜 맹세한 대로 솔로몬을 왕위에 앉게 할 것이라고 말했다(왕상 1:30). 다윗은 솔로몬을 왕으로 세우는 일에 대하여 하나님 앞에서 맹세한 일이라고 했다. 그렇다면 이 갈등을 푸는 열쇠는 다윗이 하나님 앞에서 한 맹세를 지키는 것이다. 다윗은 제사장 사독과 선지자 나단과 여호야다의 아들 브나야를 불렀다(왕상 1:32). 다윗이 이들을 부른 것은 솔로몬을 왕으로 세우기 위한 것이다. 그것을 알 수 있는 세 가지 요소가 있다. 첫째, 다윗은 솔로몬을 자기 노새에 태우게 했다(왕상 1:33). 이것은 다윗이 자신의 권한을 솔로몬에게 이양했음을 증거하기 위한 것이다(드 브리스 2006, 150). 둘째, 다윗은 제사장 사독과 선지자 나단에게 명하여 솔로몬에게 기름을 붓게 했다(왕상 1:34). 셋째, 뿔나팔을 불며 '솔로몬 왕은 만세수를 하옵소서'라고 외치게 했다(왕상 1:34). 이것은 솔로몬의 왕위 계승을 공적으로 알리는 선포행위다(왕상 1:39; 왕하 11:14; 삼하 15:10)(Wiseman 1993, 72). 저자는 다윗의 말에 따라 '그대로 행했더라'라고 하지 않고 실제로 그 명령대로 행하였음을 반복하여 기록하고 있다(왕상 1:38–39). 이러한 반복은 다윗의 명령을 수행했다는 것과 이 행동의 중요성을 강조하기 위한 히브리 어법이다. 이에 모든 백성은 솔로몬을 따라 올라와 피리를 불며 크게 즐거워했다(왕상 1:40).

④ 대단원: 아도니야의 반란이 실패하다(왕상 1:41–53)

아도니야와 그를 지지하던 사람들은 솔로몬의 즉위 소식을 듣고 어떤 반응을 보였을까? 아도니야와 함께한 손님들은 다 놀라 일어나 각기 갈 길로 갔다(왕상 1:49). 이것은 아도니야의 반란이 실패로 끝났다는 것을 의미한다. 아도니야는 솔로몬이 왕이 되었다는 소식을 듣고 두려워하여 가서 제단 뿔을 잡았다(왕상 1:50). 제단 뿔은 번제단의 네 모퉁이에 있는 것으로 제사를 드리는 동안 제물의 피를 바르는 곳이다(출 27:2; 29:12; 레 4:7). 아도니야는 제단 뿔을 잡으면 성소에서는 죽임을 당하지 않을 수 있다는 기대가 있었다. 솔로몬은 사람을 보내어 아도니야에게 선한 사람이면 죽지 않고 악한 것이 보이면 죽일 것이라고 말하고 집으로 가게 했다(왕상 1:52–53).

솔로몬이 다윗을 이어 왕위를 계승한 일은 여호와께서 다윗과 맺은 언약에서 성전을 건축하고 나라의 왕위를 영원히 견고하게 하시겠다는 약속이 성취되는 일과 연관되어 있음을 의미한다(삼하 7:12-13). 그리고 이 일은 다윗보다 의롭고 솔로몬보다 지혜로운 분이신 메시아로 연결되기 때문에 중요하다(드 브리스 2006, 158).

(2) 솔로몬의 왕위가 확립됨(왕상 2:1-46)

이 문단은 솔로몬을 위한 다윗의 유언(왕상 2:1-9)과 다윗의 죽음(왕상 2:10-12), 그리고 다윗의 통치 기간에 처리하지 못했던 일을 시행하고 정적들을 제거하는 일(왕상 2:13-46)로 이루어져 있다. 특히 솔로몬이 즉위한 후 다윗이 솔로몬에게 한 당부는 왕위와 나라의 미래가 어디에 달려 있는지를 보여 준다.

① 다윗의 유언(왕상 2:1-9)

다윗은 죽음이 임박하여 유언할 때 두 가지 내용을 당부했다. 첫째, 모세 율법에 기록된 대로 여호와의 명령을 지키라. 다윗은 솔로몬에게 율법에 기록된 대로 여호와의 법을 지켜 행하면 형통하게 될 것이고 왕위가 계속될 것이라고 권면했다(왕상 2:2-4). 다윗의 당부는 열왕기서 나머지 왕들의 행적과 사건을 해석하고 평가하는 열쇠이며 기준이다. 나아가 이 당부는 모든 세대의 독자들, 특히 구원을 위하여 다윗의 후손을 통하여 오실 메시아를 기다리는 모든 성도들에게도 중요하다(House 2003, 96). 왜냐하면 이 당부는 언약의 목표인 성도의 구원을 이루는 일 뿐만 아니라 그리스도 안에서 언약의 복을 누리고 그 사명을 다하는 일과 연관되어 있기 때문이다.

둘째, 다윗이 통치할 때 요압과 바르실래와 시므이가 다윗에게 행한 대로 갚으라(왕상 2:5-9). 요압은 다윗의 누이 스루야의 아들이었고(대상 2:16), 다윗이 왕이 된 후에 군대장관으로 세움을 받았다(삼하 8:16; 대상 11:6). 그런데도 다윗은 죽음을 앞두고 이스라엘 군대의 두 사령관 넬의 아들 아브넬과 예델의 아들 아마사에게 행한 일로 말미암아 그의 백발이 평안히 스올에 내려가지 못하게 하라고 당부했다(왕상 2:5-6). 요압이 아브넬을 죽이고(삼하 3:25-32) 아마사를 죽인(삼하 20:10) 행동은 율법이 금한 불법적인 살해행위다(신 19:1-13; 21:1-9). 특히 요압이 아브넬을 죽인 것은 자기 동생 아사헬을 죽인 일에 대한 복수였다(삼하 3:30). 당시에 다윗이 이 일을 처리하지 못한 것은 그가 비록 기름 부음을 받은 왕이 되었으나 힘이 없어 요압을 제어할 수 없었기 때문이다(삼하 3:39). 아마사를 죽인 일은 요압이 권력욕에 사로잡혀 자신이 가지고 있었던 군대장관의 지위를 지키기 위함이었다. 왜냐하면 다윗이 아마사에게 요압을 이어 군대장관이 되게 하겠다고 약속하였기 때문이다(삼하 19:13). 따라서 다윗이 죽기 전에 솔로몬에게 '네 지혜대로 행하여'(왕상 2:6) 요압의 문제를 처리하도록 당부한 것은 공의를 세울 뿐만 아니라 정권의 안정과 백성들의 안위를 위한 일이었다.

다윗은 바르실래의 아들들에게 은총을 베풀어 솔로몬의 상에서 먹는 자 중에 참여하도록 당부했다(왕상 2:7). 저자는 이 당부를 요압과 시므이의 악한 행동에 대하여 보응하도록 당부하는 내용 사이에 기록하고 있다(왕상 2:7). '솔로몬의 상에서 먹는다'는 의미는 왕의 식탁에 앉는다는 의미라기보다는 왕이 책임지고 보호하여 생활이 어렵지 않게 하라는 의미이다. 몽고메리(Montgomery 1951, 90)는 사무엘하 9:7, 19:28과 '이세벨의 상에서 먹는 바알의 선지자'(왕상 18:19) 등과 페르시아와 애굽의 여러 자료들을 예를 들면서 '연금을 받는다'(to be pensioned)는 의미라고 보았다. 바르실래는 다윗이 압살롬에게 쫓겨 도망갈 때 음식과 잠자리를 제공한 사람이다(삼하 17:27-29). 바르실래의 후손은 주전 539년에 바벨론 포로 생활에서 돌아온 사람의 명단 가운데 있고, 또한 제사장의 가문에 속해 있다(스 2:61; 느 7:63). 이것은 그때 바르실래가 다윗을 도운 일은 구속사에서 하나님 나라를 세우는 일이고, 그의 자손들도 복을 받는 일임을 보여 준다.

바르실래와 대조적으로 다윗은 압살롬에게 쫓길 때 악한 말로 자기를 저주한 시므이의 죄를 물을 것을 당부했다(왕상 2:8-9; 참조. 삼하 16:5-14). 다윗이 그를 죽이지 않았던 것은 반란 세력을 진압하고 돌아올 때 영접하자 그를 죽이지 않겠다고 하였기 때문이다(삼하 16:10-12; 19:23).

그러면 솔로몬은 그의 지혜로 다윗이 당부한 문제를 어떻게 처리할까? 저자는 이야기의 전개상 앞으로의 일에 궁금증을 가지게 만든다.

② 다윗의 죽음(왕상 2:10-12)

다윗은 30세에 왕이 되어(삼하 5:4) 헤브론에서 7년 동안 다스렸고 예루살렘에서 33년 동안 다스리고 다윗 성에 장사되었다(왕상 2:11). 그리고 저자는 "솔로몬이 그의 아버지 다윗의 왕위에 앉으니 그의 나라가 심히 견고하니라"(왕상 2:12)라고 했다. 이것은 하나님이 다윗과 언약을 맺은 대로 주의 약속이 성취되고 있을 뿐만 아니라 솔로몬이 하나님의 명령을 지켜 행했다는 것을 보여 준다(삼하 7:1-29; 왕상 2:3).

③ 다윗의 유언 실행(왕상 2:13-46)

아도니야는 밧세바를 찾아왔다. 그는 밧세바에게 자신이 원래 왕위를 차지해야 할 위치였다는 사실을 상기시키며 솔로몬 왕에게 수넴 여자 아비삭을 아내로 삼을 수 있도록 말해 달라고 했다(왕상 2:13-17). 이 일은 무엇을 의미할까? 그것은 사울의 군대장관 아브넬이 사울의 첩 리스바를 취한 일이나(삼하 3:7), 다윗이 밧세바를 범하였을 때 나단 선지자가 사울의 아내들을 다 주었다고 하는 말에서도 알 수 있다(삼하 12:8). 그것은 아도니야가 왕이 되려는 야심을 품었거나 적어도 왕의 지위에서 영향력을 가지고 싶어 했다는 것이다. 이 일은 드러난 반역이라기보다는 적어도 왕에 상응한 힘과 지위를 가지고 있다는 것을 과시하려는 것이다. 특히 이 일과 관련하여 솔로몬은 제사장 아비아달을 파면하여 추방하고, 이 소식을 들은 요압이 여호와의 장막으로 들어가 제단 뿔을 잡았다. 이것은 이들이 아도니야의 요구에 개입되어 있다는 것을 알게 한다(왕상 2:26-28). 그래서 솔로몬은 다윗의 심복이자 장차 군사령관이 될 브나야를 시켜 그들을 처형하게 했다(왕상 2:25; 참조. 삼하 8:18; 왕상 4:4).

그러나 솔로몬은 이 일에 개입된 아비아달을 죽이지 않고 아나돗으로 추방했다. 그것은 다윗 앞에서 여호와의 궤를 멘 제사장이라는 지위 때문이고, 또한 다윗이 환난을 당할 때 함께 환난을 당한 것을 고려했기 때문이다(왕상 2:26). 아나돗은 예루살렘에서 동북쪽으로 약 4km 정도 떨어진 곳에 위치해 있는데 베냐민 지파의 땅이면서 레위 사람들에게 기업으로 준 제사장의 성읍이었다(수 21:18-19). 그런데 저자는 그의 추방과 관련하여 과거에 여호와께서 실로에서 하나님의 집 제사를 멸시한 홉니와 비느하스의 일로 엘리 대제사장에게 한 예언이 성취된 것으로 설명했다(왕상 2:27; 참조. 삼상 2:27-36). 이 설명은 하나님의 집을 멸시한 엘리 가문에 대한 예언을 역사 가운데 이루셨다는 것을 보여 준다.

요압은 아도니야가 처형되고 아비아달이 추방당한 사건이 무엇을 뜻하는지 알고 있었다. 그래서 여호와의 장막으로 도망가서 제단 뿔을 잡았다(왕상 2:28). 솔로몬은 요압이 여호와의 장막 안에 있는 제단에 있다는 소식을 듣고 브나야를 보내어 치게 했다. 그러나 요압은 "내가 여기서 죽겠노라"(왕상 2:30)고 하면서 나오지 않았다. 그러자 솔로몬은 브나야에게 그의 말과 같이 죽이라고 명령했다(왕상 2:31). 솔로몬이 어떤 구실로 요압을 죽일 수 있었을까? 아도니야가 다윗 왕이 첩 아비삭을 달라고 간청한 사건과 연관되어 있었기 때문이다. 저자는 요압이 제단 뿔을 잡은 이유를 "이는 그가 다윗을 떠나 압살롬을 따르지 아니하였으나 아도니야를 따랐음이더라"(왕상 2:28)라고 설명한다. 솔로몬은 이 사건을 계기로 다윗의 유언을 성취했다(왕상 2:5–6).

그러면 솔로몬은 시므이를 어떻게 처리할까? 솔로몬은 시므이에게 예루살렘을 떠나지 말라고 명령하고, 만약 떠나게 된다면 반드시 죽임을 당하게 될 것이라고 했다. 오늘날의 '가택연금'(家宅軟禁)과 유사하다. 만약에 시므이가 이 법을 지킨다면 생명을 얻을 수 있다. 시므이는 당시 1000명의 군사를 거느릴 수 있는 정치적 힘을 가지고 있었지만 여기에 동의할 수밖에 없었다(참조. 삼하 19:17). 그러나 3년 후 시므이가 이 법을 어겼다. 그것은 시므이가 부리는 두 명의 종이 블레셋의 가드 왕 아기스에게 도망을 갔기 때문이다(왕상 2:39–40). 시므이는 이 종을 찾기 위해 제한된 구역을 벗어나 가드에 갔기 때문에 죽게 되었다(왕상 2:41–46).

저자는 이 사건 이후에 "이에 나라가 솔로몬의 손에 견고하여지니라"(왕상 2:46b)라고 말했다. 이 일은 아도니야와 그와 연루된 제사장 아비아달과 요압, 그리고 시므이를 처리한 결과도 있을 것이다. 다윗이 임종 전에 당부한 대로 솔로몬이 여호와의 명령을 지켰기 때문이다(왕상 2:3–4; 대하 1:1).

(3) 솔로몬의 왕정(王政) 정책(왕상 3:1–28)

이 문단은 솔로몬의 왕정이 어떤 정책 기조 위에 두었는지를 설명한다. 넬슨(Nelson 1987, 31)은 이 문단 가운데 열왕기상 3:1–15의 제목을 "왕정(王政) 정책"이라고 붙였다. 실제로 열왕기상 3장은 앞의 1–2장과 뒤의 4–11장까지 기록된 솔로몬의 행적을 이어주는 연결 고리 역할을 할 뿐만 아니라 솔로몬의 이야기 전체에서 그의 왕정 정책을 어디에 두고 있는지를 보여 준다.

① 솔로몬의 통치 시작(왕상 3:1–3)

저자는 솔로몬 이야기에서 앞으로 발생할 일과 관련하여 미리 암시적으로 보여 주는 복선(伏線)으로 솔로몬의 왕정 정책이 어떻게 나타날 것인지를 보여 주는 세 가지 중요한 배경을 보여 준다.

첫째, 솔로몬은 바로와 혼인 관계를 맺었다. 이것은 단순한 혼인 관계가 아니라 외교상의 동맹을 전제로 한 결혼이다. 일반적으로 이러한 결혼 제도는 강대국 애굽을 동맹으로 혹은 보호자로 삼으려는 정치적인 목적을 가지고 있다(드 브리스 2006, 205). 이때 애굽의 바로는 시아문(Siamun, ca. 978–959)이었다(Soggin 1977, 375; Bright 1981, 212). 저자는 솔로몬이 바로의 딸 외에 이방의 여인들을 얻은 일에 대하여 "여호와께서 일찍이 이 여러 백성에 대하여 이스라엘 자손에게 말씀하시기를 너희는 그들과 서로 통혼하지 말며 그들도 너희와 서로 통혼하게 하지 말라. 그들이 반드시 너희의 마음을 돌려 그들의 신들을 따르게 하리라 하셨으나 솔로몬이 그들을 사랑하였더라"(왕상 11:2)라고 설명했다.

둘째, 당시 성전을 아직 건축하지 아니하였기 때문에 백성들은 산당에서 제사했다(왕상 3:2). 이것은 솔로몬의 왕정 정책에서 성전을 건축하는 일이 그의 중요한 과업이 될 것을 보여 주는 복선이다. 저자는 열왕기서에서 성전이 세워진 후에 산당에서 제사를 드리는 문제를 대부분 부정적으로 기록한다(왕상 14:23; 15:14; 22:43; 왕하 12:3; 14:4 등). 그리고 산당이 종교적인 배교와 혼합주의로 이어졌기 때문에 강하게 비난하고 있다(왕하 17:7–18; 21:2–9). 산당에 대한 해석은 단순하지 않다. 제단은 하나님이 인정하신 곳에서만 세워져야 한다(출 20:24; 신 12:5, 13–14). 그런데 성경은 제단이 예루살렘 한 곳에만 있었던 것이 아니라 여러 곳이었을 가능성을 보여 준다. 성경은 솔로몬이 예루살렘에 성전을 건축하기 전에 백성들이 산당을 포함하여 다양한 곳에서 제사를 드렸다고 기록한다(레 26:30–31; 신 12:21; 삿 6:24; 삼상 7:17; 9:12; 왕상 19:10, 14). 솔로몬이 성전을 건축하기 전에 다양한 장소에서 제사를 드리는 일은 정상적이다(Vannoy 2002a, 476–477). 성경에는 산당 제사를 부정적으로 보는 곳도 있고, 긍정적으로 보는 곳도 있다(왕상 15:14; 대하 14:3). 반노이(Vannoy 2002a, 476, 505)는 이 점에 대해 역대하

14:3에 설명하고 있는 산당은 이방의 가나안의 신들에게 제사하는 곳이고, 열왕기상 15:14과 역대하 15:17은 하나님을 예배하는 곳으로 보았다. 그리고 저자는 솔로몬이 산당에서 제사드리는 일을 부정적으로 묘사하지 않는다. 솔로몬이 기브온 산당에서 제사드릴 때 하나님이 응답하셨다. 이것은 성전을 건축하기 전에는 산당이 긍정적인 의미로 사용되었음을 보여 준다. 이 점은 솔로몬의 왕정 정책에 성전 건축이 중요한 특징이 될 것임을 보여 준다.

셋째, 솔로몬은 여호와를 사랑하고 다윗의 법도를 지키려고 했다(왕상 3:3). 솔로몬이 이 일을 계속 잘 지킨다면 그와 이스라엘의 미래를 밝게 할 것이다.

② 솔로몬의 일천 번제와 하나님의 응답(왕상 3:4–15)

이 문단은 히브리 성경의 언어관습 가운데 하나인 교차대칭구조로 이루어진 한 문학단위인 것을 설명해 줄 뿐만 아니라 본문의 핵심이 어디에 있는지를 보여 준다. 그 구조는 다음과 같다.

A 솔로몬이 일천 번제를 드림(왕상 3:4b)
    B 여호와께서 솔로몬의 꿈에 나타나심(왕상 3:5a)
        X 꿈에서 들은 하나님의 말씀(왕상 3:5b–14)
    B′ 솔로몬이 꿈에서 깨어남(왕상 3:15a)
A′ 솔로몬이 번제와 감사의 제물을 드림(왕상 3:15b)

솔로몬 당시 기브온에는 큰 산당이 있었다. 이 산당에는 여호와의 종 모세가 광야에서 지은 회막이 있었고, 브살렐이 만든 놋 제단도 있었다(대상 21:29; 대하 1:2–5). 솔로몬은 이곳에 있는 제단에서 '일천 번제'를 드렸다. 여기서 '일천 번제'는 문자적으로 '일천 번 드리는 번제'를 의미하는 것이 아니라 '일천 마리의 번제물'을 의미한다.[48] 역대기 기록을 보면 "이스라엘의 천부장들과 백부장들과 재판관들과 온 이스라엘의 방백들과 족장들"이 함께 기브온 산당에서 일천 번제를 드린 것으로 기록되어 있다. 따라서 일천 번제는 솔로몬 개인의 제사로 볼 수 없

48 '일천 번제'는 '一千 番祭'로 오해할 가능성이 있고, 실제로 그렇게 오해하는 사례들이 많다. 그러나 히브리어 '에레프 오로트'(אֶלֶף עלוֹת)는 일천 마리의 번제물을 의미한다.

고 국가적인 제사로 보아야 한다(대하 1:2). 그리고 동일한 히브리어 단어를 역대하 1:6에서는 '천 마리 희생'이라고 번역했다. 이 국가적인 제사를 한 번에 천 마리를 번제로 드렸는지, 아니면 백 마리씩 열 번을 나누어서 드렸는지는 알 수 없지만 많은 수의 번제물을 드린 것임에는 틀림이 없다. 그레이(1993, 191)는 '천 마리나 되는 번제물'은 객관적 역사가 아니라 전설의 특징에 속한 과장법이라고 했다. 그러나 일천 마리의 번제는 과장이 아니다. 솔로몬이 성전을 완공하고 낙성식을 행할 때 소가 이만 이천 마리요 양이 십이만 마리를 바쳤다(왕상 8:63; 대하 7:5). 아사는 칠백 마리의 소와 칠천 마리의 양을 드렸다(대하 15:11).

하나님은 솔로몬이 일천 번제를 드린 일을 기뻐하셨다. 이는 여호와께서 밤에 솔로몬의 꿈에 나타나 "내가 네게 무엇을 줄꼬 너는 구하라"(왕상 3:5)라고 하셨기 때문이다. 꿈은 하나님이 계시하시는 방법 가운데 하나이다(창 28:12; 31:11; 46:2; 민 12:6; 삿 7:13; 단 2:4; 7:1). 저자는 하나님이 꿈으로 솔로몬에게 말씀하신 이유를 설명하지 않는다. 그러나 문맥 구조에서 중심축(X)에 있는 말씀을 볼 때 하나님이 솔로몬의 꿈에 나타나신 것은 솔로몬과 그의 나라가 번영하는 길이 어디에 있는지 가르쳐 주려는 것이다.

솔로몬이 하나님의 제안에 대하여 "주의 종 내 아버지 다윗이 성실과 공의와 정직한 마음으로 주와 함께 주 앞에서 행하므로 주께서 그에게 큰 은혜를 베푸셨고……그의 자리에 앉을 아들을 그에게 주셨나이다"(왕상 3:6; 참조. 삼하 7:14)라고 말한다. 이는 그가 왕이 된 것은 다윗이 하나님과 맺은 언약 때문이라는 것이다. 솔로몬은 이 언약에 근거하여 그의 소원을 구했다. 솔로몬이 언약에 근거하여 구했다는 것은 개역개정판에는 번역되어 있지 않은 '그래서 이제'(וְעַתָּה)라는 단어가 잘 보여 준다(왕상 3:7). 이 단어는 상황의 진술로부터 적절한 행동을 나타내는 결과적인 연결구이기 때문이다(드 브리스 2006, 207). 솔로몬은 그에게 '듣는 마음'(שֹׁמֵעַ לֵב)을 주어 주의 백성을 재판하여 선악을 분별하게 해 달라고 구했다(왕상 3:8–9). 그때 하나님은 그의 간구를 들으시고 '송사를 듣고 분별하는 지혜'(왕상 3:11)와 '지혜롭고 총명한 마음'(왕상 3:12)을 주실 것이라고 하셨다. 이 문맥에서 솔로몬이 구한 '듣는 마음'은 '송사를 듣고 분별하는 지혜'와 '지혜롭고 총명한 마음'과 의미상으로 동일한 것이다. 솔로몬이 '듣는 마음'을 구한 것은 하나님의 백성들을 잘 다스리기 위함이다.

저자는 이러한 솔로몬의 간구에 대하여 "그 말씀이 주의 마음에 든지라"(왕상 3:10)라고 설명한다. 히브리어 원문은 "그 말이 여호와 보시기에 좋았다"(וַיִּיטַב הַדָּבָר בְּעֵינֵי אֲדֹנָי)라고 할 수 있다. 이것은 여호와의 관점에서 볼 때 좋았다는 뜻이다. 솔로몬의 간구에 대하여 좋은 평가를 내린 저자의 설명은 하나님이 은혜를 베푸실 것을 기대하게 만든다.

하나님은 솔로몬에게 지혜와 총명한 마음을 주시되 솔로몬 앞에도 없었고 뒤에도 없을 것이라고 약속하실 뿐만 아니라, 그가 구하지 아니한 부귀와 영광도 주실 것이라고 약속하셨다(왕상 3:12-13). 그러나 하나님은 만일 솔로몬이 다윗이 행함같이 주의 법도와 명령을 지키면 솔로몬의 날을 길게 할 것이라고 약속하셨다(왕상 3:14). 이것은 조건적인 성격의 약속이다. 이 약속은 다윗 언약에 근거를 두고 있다(삼하 7:14). 하나님은 왜 장수의 문제를 조건적으로 제시하셨는가? 그것은 아무리 탁월한 지혜와 엄청난 부귀와 영화를 누려도 하나님이 생명을 데려가시면 의미가 없다는 것을 보여 주심으로 하나님의 법도와 명령을 지켜 행하는 일이 중요하다는 것을 가르치기 위함이다. 열왕기서는 무조건적인 약속과 조건적인 약속들이 함께 나란히 나타나 긴장을 이루며 하나님이 자기 백성과 어떻게 교제하시는지를 설명한다. 특히 이 이야기는 두 개의 서로 반대되는 신학적 원리가 어떻게 조화될 수 있는지 하나의 가능한 방법을 제시한다. 무조건적인 약속은 하나님의 은혜에 근거해 있고, 조건적인 약속은 부차적인 성격을 가지고 있다. 성도들은 무조건적인 성격의 약속에 의해 위로를 받고 조건적인 성격의 약속에 의해 도전을 받는다(Nelson 1987, 35). 솔로몬이 장수의 복을 누리려면 언약의 말씀을 믿고 순종해야 한다. 그러나 솔로몬은 그의 통치 후기에 하나님의 법도와 명령을 순종하지 못하므로 장수의 복을 누리지 못했다.

솔로몬은 기브온 산당에서 제사를 드리고 난 후 그가 꿈을 꾸었다는 사실을 알았다. 그리고 그는 예루살렘으로 돌아와 여호와의 궤 앞에서 번제와 감사의 제물을 드리고, 모든 신하들을 위하여 잔치를 했다(왕상 3:15). 이 일들은 솔로몬이 이 꿈을 하나님의 계시로 받아들였다는 것이다. 이뿐만 아니라 솔로몬이 하나님과 신하들 앞에서 언약을 믿고 그 안에 기록된 모든 명령을 지키겠다고 결단한 행동이라고 할 수 있다.

③ 솔로몬의 재판(왕상 3:16–28)

이 문단은 성경에서 가장 많이 알려진 내용 가운데 하나이다. 이 재판은 하나님이 솔로몬이 구한 '듣는 마음'(왕상 3:9)과 '송사를 듣고 분별하는 지혜'(왕상 3:11)를 주셨다는 것을 보여 주는 한 사례다(Nelson 1987, 37). 이 사례를 보면 창기 두 여자가 솔로몬 앞에 섰다. 창기 제도(매춘 행위)는 윤리적인 면에서 정당화될 수 없다. 그러나 고대 매춘부들은 대개 그들의 부모에 의해 팔린 딸들로 노예였거나, 결혼할 기회를 가지지 못했거나, 남편을 잃은 가난한 여인들이었다. 그렇다면 이들은 사회적으로 가엽고 불쌍한 사람들이다(드 브리스 2006, 218). 이러한 비천한 사회적 신분에 있는 사람들이라 할지라도 왕 앞에서 재판을 받을 수 있다는 것은 의미가 있다. 그것은 비천한 자들이라 할지라도 지혜로운 왕의 통치를 받고 있다는 것을 보여 주기 때문이다. 이들 중에 한 여인이 먼저 해산하고 사흘 뒤에 또 한 여인이 해산했다. 두 여인 외에 집에 다른 사람은 없었다. 이는 다른 증인이 없었다는 것이다. 이 상황에서 한 여인이 아들 위에 누우므로 아들이 죽었다. 이 경우는 질식사였을 것이다. 그런데 이때 질식사를 시킨 여인은 다른 여인이 낳은 아들을 자기 품에 두고서 자기 아들이라고 했다. 그러자 부당한 혐의를 받은 여인은 그녀의 주장을 부인하고 살아 있는 아들이 자기 아들이라고 했다. 그래서 왕에게 재판을 의뢰하게 된 것이다. 오늘날의 재판이라면 유전자 검사를 통하여 단번에 알 수 있는 사건이다. 그러나 그때는 이러한 과학적 수사 장치가 없었다. 그렇다면 법정진술만으로 이 사건을 어떻게 판결할 수 있는가?

증인이 없어 판결하기 어려운 사건의 경우 율법은 여호와께 맹세를 시키거나(출 22:10–11), 기억의 소제를 드리고 여호와 앞에 세워 토기에 물을 담고 저주의 맹세를 한 다음에 성막의 바닥 티끌을 취하여 물에 넣어 물을 마시게 하는 규정이 있었다(민 5:11–28). 이 법은 하나님의 주권을 믿고 판결해 주시기를 구하는 것이다. 그러나 이 여인들의 사건은 언약 백성을 다스리고 보호해야 할 책임이 있는 왕인 솔로몬이 하나님이 주신 지혜로 판결할 것이다. 솔로몬은 양측의 주장을 다 듣고 그것을 토대로 "칼을 내게로 가져오라"(왕상 3:24)고 했다. 그리고 "산 아이를 둘로 나누어 반은 이 여자에게 주고 반은 저 여자에게 주라"(왕상 3:25)고 판결했다. 이러한 왕의 판결에 대하여 두 여인은 상반된 태도를 보였다. 아이의 어머니인 여인은 "산 아이를 그에게 주시고 아무쪼록 죽이지 마옵소서"(왕상

3:26)라고 간청했다. 그러나 다른 여인은 "내 것도 되게 말고 네 것도 되게 말고 나누게 하라"(왕상 3:27)고 했다. 이러한 상반된 태도를 보고 솔로몬은 "저가 그의 어머니이니라"(왕상 3:7)라고 최종적으로 판결했다. 이러한 솔로몬의 판결은 일반적인 어머니가 가지고 있는 모성애에 근거한 것이다. 진짜 어머니라면 자식의 생명을 구하기 위하여 아기를 포기하는 희생을 감수하기 때문이다.

저자는 솔로몬이 심리하여 재판한 것을 온 이스라엘이 듣고 왕을 두려워하였는데, 그 이유를 "하나님의 지혜가 그의 속에 있어 판결함을 봄이더라"(왕상 3:28)고 했다. 이러한 평가는 하나님이 솔로몬의 간구를 들으시고 약속하신 대로 '지혜롭고 총명한 마음'(왕상 3:12)을 주셨음을 증언하는 기능을 한다. 이 재판으로 솔로몬은 하나님이 주신 지혜를 사용하여 백성들을 잘 다스릴 수 있다는 것을 보여 주었다. 특히 사회적으로 가장 비천한 신분에 있는 자라 할지라도 왕이 잘 재판하므로 공의가 시행되리라 기대할 수 있다.

(4) 솔로몬의 정치와 지혜(왕상 4:1-34)

이 문단은 하나님이 지혜를 주셔서 왕국의 행정을 조직하는 일과 더불어 왕국이 크게 번영하고 평화를 누리는 모습을 보여 준다. 이것은 솔로몬이 언약을 지킬 때 큰 복을 주셔서 나라가 부강해졌다는 것을 보여 준다. 특히 솔로몬 시대에 유다와 이스라엘의 인구가 바닷가 모래 같이 많게 되고, 그 영토가 유브라데 강에서 블레셋 사람의 땅과 애굽 지경까지 이르게 된 것은 하나님이 조상들에게 하신 약속이 성취된 것이다(왕상 4:20-21; 참조. 창 22:17; 32:12; 창 15:18-21).

① 솔로몬의 행정(왕상 4:1-19)

이 문단은 중앙정부를 담당하는 자들(왕상 4:1-6)과 지방정부를 담당하는 자들(왕상 4:7-19)의 명단을 소개한다. 다윗의 중앙정부 조직과 비교해 본다면 솔로몬의 조직은 제사장이 먼저 나오지만 다윗의 조직은 군사령관이 먼저 나온다(참조. 삼하 8:15-18; 20:23-26). 이것은 다윗과 솔로몬 시대의 정부가 어디에 강조점을 두고 있느냐의 차이이다.

특히 솔로몬은 이스라엘을 열두 구역으로 나누고 열두 지방을 다스리는 관장을 두어, 이들이 왕과 왕실을 위하여 일 년에 한 달씩 양식을 공급하게 했다(왕상 4:7, 27). 당시 행정구역을 열두 지방으로 분류한 것은 지형적인 위치에 따라 효율적인 통치를 위한 것이다.

② 솔로몬 왕국의 번영과 평화(왕상 4:20-28)

저자는 솔로몬 왕국의 번영과 평화를 열왕기상 4:20-25에서 교차대칭구조로 보여 준다. 중심축(X)은 저자가 말하고자 하는 핵심을 드러내는 수사적 장치이다(Throntveit 1992, 5).

A 온 나라가 번영과 평화를 누림(왕상 4:20)
  B 강 이편의 나라들을 다스리고 조공을 받음(왕상 4:21)
    X 솔로몬이 하루에 소비하는 음식물(왕상 4:22-23)
  B′ 강 저편의 나라들을 다스림(왕상 4:24)
A′ 온 나라가 번영과 평화를 누림(왕상 4:25)

이러한 교차대칭구조는 솔로몬 시대에 큰 번영과 평화를 누렸고, 어떻게 누리게 되었는지 보여 준다. 교차대칭구조의 중심부 X는 상단부 A-B, 그리고 하단부 A′-B′와 연관이 있다. 이 구조의 중심축 X는 왕궁에서 하루에 소비되는 밀가루와 고기에 대한 양이 기록되어 있다. 저자는 하루에 소비되는 양이 밀가루 삼십 고르, 굵은 밀가루 육십 고르, 살진 소 열 마리, 초장의 소 스무 마리, 양 백 마리 이 외에 수사슴과 노루와 암사슴과 살진 새들이라고 소개한다(왕상 4:22-23). 여기에 사용된 '고르'(כֹּר)는 양을 나타내는 단위이다. 현대단위로 약 100갈론(약 350-400l)이다. 이 정도의 음식이 소비되려면 솔로몬의 왕궁에 있었던 사람들은 어림잡아 14,000명에서 32,000명 정도로 추산된다(Skinner 1904, 95). 이 수치는 솔로몬 시대가 얼마나 부요했는지를 보여 준다.

특히 저자는 솔로몬 시대의 번영과 평화를 묘사하면서 "각기 포도나무 아래와 무화과나무 아래에서 평안히 살았더라"(왕상 4:25)라고 했다. 이 표현은 그리스도가 오심으로 이루어지게 될 완전한 하나님 나라의 번영과 평화를 묘사하는 종말론적인 의미로 사용된다(미 4:4; 슥 3:10). 이것은 솔로몬 시대의 번영과 평화를 보여 주기도 하지만 그리스도 안에서 이루어지게 될 완전한 하나님 나라의 이상을 예표하기 때문이다. 신약 시대에 예수님이 나다나엘에게 "빌립이 너를 부르기 전에 네가 무화과나무 아래에 있을 때에 보았노라"(요 1:48)고 하신 것은 나다나엘이 이 나라를 소망하고 있다는 것을 보셨다는 것이다.

③ 솔로몬의 지혜(왕상 4:29-34)

저자는 하나님이 솔로몬에게 '지혜와 총명'을 '심히 많이' 주시고, '넓은 마음'을 '바닷가의 모래 같이' 주셨고, '동쪽 모든 사람'들의 지혜와 비교하며 설명한다. 이들은 성경에 보면 미디안과 시리아, 아랍 등을 말하는 것으로 보인다(삿 6:33; 7:12; 렘 49:28; 겔 25:10). 동쪽 사람의 지혜가 무엇인지 불분명하지만 길가메쉬 서사시(Epic of Gilgamesh)나 아다파(Adapa) 신화와 여러 격언 수집록에 나오는 메소포타미아의 지혜를 말하는 것처럼 보인다(그레이 1993, 224). 하나님이 솔로몬에게 주신 지혜의 탁월함에 대하여 저자는 좀 더 구체적으로 설명한다. 솔로몬은 잠언 삼천 가지와 노래 천다섯 편을 지었다(왕상 4:32). 초목과 짐승과 새와 기어 다니는 것과 물고기에 대한 지식도 가지고 있었다(왕상 4:33). 그때 고대 근동에서 문학, 식물학, 생물학, 조류학, 어류학 등과 같은 백과사전식의 지혜는 매우 중요한 가치를 가지고 있었다. 하나님이 솔로몬에게 이러한 지혜를 주신 것은 기도 응답이기도 하지만 백성들을 잘 다스려 평화로운 삶을 살게 하려는 것이다.

그런데 저자는 솔로몬의 지혜를 설명하며 "사람들이 솔로몬의 지혜를 들으러 왔다"(왕상 4:34)고 끝을 맺는다. 솔로몬의 지혜를 들으러 오는 사람에 대한 사례는 열왕기상 10:1-13에 기록된 스바 여왕의 방문이다. 이러한 이야기 전개를 볼 때 성전 건축기사인 열왕기상 5:1-9:28을 괄호(parenthesis) 안에 넣고, 이 문단을 빼고 읽어도 흐름상 문제가 없다.[49] 이는 솔로몬의 지혜와 번영이 성전 건축과 연관성이 있다는 것을 보여 준다.

49 이것은 히브리 성경의 언어관습 가운데 하나인 삽입구다. 책 전체의 서론에서 '반복적 재개'를 참조하라.

A 사람들이 솔로몬의 지혜를 들으러 옴(왕상 4:34)

X 삽입구: 성전 건축(왕상 5:1-9:28)

A′ 스바 여왕이 솔로몬의 지혜를 들으러 옴(왕상 10:1-13)

(5) 솔로몬과 성전 건축(왕상 5:1-9:28)

성전 건축 기사는 열왕기서 전체의 중심 부분을 이루고 있을 뿐만 아니라 성경 전체에도 매우 중요하다. 성막은 하나님이 임재하시는 장소였을 뿐만 아니라 하나님이 통치하신다는 것을 보여 주는 장소였다(출 25:8, 22; 29:42-46). 또한 출애굽기 문맥에서 볼 때 하나님은 성막을 시내산 언약(출애굽기 19-24장)에 기록된 복을 누리며 언약의 궁극적인 목적인 하나님 나라를 성취하는 방법으로 주셨다. 저자는 성전 건축의 중요성을 기록 방식을 통해서도 보여 준다. 열왕기서에 409년간의 긴 역사를 기록하고 있지만 7년(주전 966-959) 동안 건축했던 성전 기사를 열왕기상 5:1부터 9:9까지 자세하게 기록하기 때문이다. 이것은 성전 건축이 열왕기서만이 아니라 구약 역사에서 가장 핵심적인 내용을 담고 있기 때문이다. 이후의 역사를 보면 이스라엘 모든 역사에서 활동한 선지자들도 성전을 중요하게 다루고 있다(사 1:11-20; 겔 11:36; 37:21-28; 학 1:4-11; 슥 4:1-14 등). 그리고 신약성경은 그리스도와 그리스도의 사역의 결과를 성전과 관련하여 설명한다(막 15:37-38; 고전 3:16; 고후 6:16; 히 10:19-20 등). 이러한 성전과 연관된 기록은 신구약 성경 전체에서 중요한 의미를 가지고 있다는 것을 보여 준다.

① 성전 건축을 위한 준비(왕상 5:1-18)

이 문단은 솔로몬이 성전을 건축하기 위하여 필요한 부분을 준비하는 내용이다. 하나는 두로 왕 히람과 교역을 통하여 건축에 필요한 백향목과 잣나무를 구비하는 일이며(왕상 5:1-12), 또 하나는 부역에 참여할 자를 준비시키는 일이다(왕상 5:13-18). 그런데 저자는 이 사건을 가리켜 "여호와께서 그의 말씀대로 솔로몬에게 지혜를 주신 고로 히람과 솔로몬이 친목하여 두 사람이 함께 약조를 맺었더라"(왕상 5:12)라고 설명했다. 이것은 여호와께서 솔로몬이 구한 대로 지혜롭고 총명한 마음을 주신 결과로 보고 있다는 것이다(왕상 3:9-12).

② 성전 건축(왕상 6:1–38)

저자는 성전을 건축하는 일에서 외장의 규모와 자재, 내장의 배치, 사용된 자재 등을 설명하면서 이야기 흐름에 맞지 않는 것처럼 보이는 성전 건축이 의미를 가지는 조건을 기록한다(왕상 6:11–13). 그것은 중심축(X)을 중심으로 위아래로 연관된 내용을 A, B와 B′, A′ 형태로 된 교차대칭구조로 메시지의 핵심을 전달하기 때문이다. 그 구조는 다음과 같다.

A 성전 건축의 시작일(왕상 6:1)

B 성전 건축의 외장 공사(왕상 6:2–10)

X 성전 건축이 의미를 가지는 조건(왕상 6:11–13)

B′ 성전 건축의 내장 공사(왕상 6:14–36)

A′ 성전 건축의 완공일(왕상 6:37–38)

이 구조는 성전 건축에서 가장 중요한 요소가 무엇인지를 보여 준다. 그것은 성전 건축이 의미를 가지려면 주의 계명을 지켜야 할 조건이 충족되어야 한다는 것이다. 또한 이 구조는 성전 건축이 계명을 지키는 일과 연관되어 있다는 것을 보여 준다. 저자는 솔로몬이 성전을 건축하기 시작한 해를 “이스라엘 자손이 애굽 땅에서 나온 지 사백팔십 년”이라고 하면서 동시에 “솔로몬이 이스라엘 왕이 된 지 사 년 시브월 곧 둘째 달”(왕상 6:1)이라고 기록한다. 솔로몬이 왕이 된 해가 주전 970년이기 때문에 왕이 된지 4년은 주전 966년이다. 성전을 건축하면서 출애굽 연대를 기준으로 삼았다는 것은 이스라엘 백성으로 하여금 애굽에서 구원해 내신 사건을 상기하게 만든다. 또한 성전 건축은 출애굽 당시 하나님께서 성막을 짓게 하신 목적과 연결되어 있음을 보여 준다.

그런데 ‘애굽 땅에서 나온 지 사백팔십 년’이라는 연대는 많은 논쟁을 불러 일으켰다. 이 연대를 문자적으로 정확하다고 보고 출애굽 연대를 주전 1446년으로 보는 전통적인 견해와, 480을 성경의 상징수인 4×12×10으로 보아 주전 1250년경으로 보는 견해가 있다.[50] 이러한 견해에 대하여 나름대로 타당한 이

50 주전 15세기의 초기 연대로 보는 관점은 J. J. Bimson, G. L. Archer, E. H. Merrill 등의 학자들이 있고, 주전 13세기의 후기 연대로 보는 관점은 R. K. Harrison, K. A. Kitchen 등이 있다.

유가 있지만 우리는 480년이라는 숫자를 문자적으로 본다. 그러면 솔로몬이 성전 건축을 시작한 해인 주전 966년부터 계산한다면 출애굽은 초기 연대인 주전 1446년이 된다(주전 966+480=1446년).

저자는 성전의 외장 규모와 내장을 자세하게 설명한다. 성전 외장은 길이 60규빗[51](27m), 폭 20규빗(9m), 높이 30규빗(13.5m)이다. 성전의 성소 앞 주랑의 길이는 성전 너비와 같이 20규빗(9m), 주랑의 너비는 성전 앞에서부터 10규빗(4.5m)이다(왕상 6:2-3). 지성소 안은 길이 20규빗(9m), 너비 20규빗(9m), 높이 20규빗(9m)의 정방형이고 정금으로 입혔다(왕상 6:20). 이 성소와 지성소의 벽을 돌아가며 연결된 골방[52]은 층마다 크기를 달리 만들었다. 하층 다락은 너비 5규빗(2.25m), 중층 다락은 너비 6규빗(2.7m), 셋째 층 다락은 너비 7규빗(3.15m)이다(왕상 6:5-6). 중층 골방으로 올라가는 문은 성전 오른쪽에 있고, 나사 모양의 층계로 하층에서 중층, 중층에서 셋째 층으로 올라가게 했다(왕상 6:8). 성전 건축에 대하여 왜 이렇게 자세하게 설명할까? 그것은 두 가지 이유가 있다. 하나는 성전의 이미지를 생생하게 그려지게 하므로 성전이 의미하는 바를 기억하게 하려는 것이다. 또 하나는 하나님께 예배하는 일은 인간의 생각 대로가 아니라 하나님이 정해 주신 규칙 대로 해야 한다는 것을 보여 주려는 것이다. 다음에 나오는 성전과 관련된 세 개의 도면은 와이즈맨의 주석을 참조했다(Wiseman 1993, 107-108).

저자는 열왕기상 6:11-13에서 특이하게도 성전의 외장과 내장의 규모와 모습을 설명하면서 성전 건축이 의미를 가지는 조건을 말하고 있다. 그것은 '만일로 시작하는 조건문이다. 여호와께서 솔로몬에게 "네가 만일 내 법도를 따르며 내 율례를 행하며 내 모든 계명을 지켜 그대로 행하면 내가 네 아버지 다윗에게 한 말을 네게 확실히 이룰 것이요"(왕상 6:12)라고 말씀하셨다. 이것은 성전의 외장 공사와 내장 공사가 중요하지만 성전 건축이 의미를 가지려면 법도와 율례와 계명을 지켜야 한다는 것이다. 여기서 "내 법도를 따르며, 내 율례를 행하며, 내 모든 계명을 지키고"라는 표현은 히브리어 문학관습으로 다양한 어휘들과 동의

51 규빗은 히브리어로 '암마'(אַמָּה)로 팔꿈치에서 가운데 손가락 끝의 길이를 말한다. 45cm로 보기도 하고, 50cm로 보기도 한다. 이 책에서는 45cm로 통일하여 사용한다.

52 개역개정판에 '골방'이라고 번역된 단어는 '체이라'(צֵלָע)로 성전의 측면을 따라 만든 방을 말하는 것으로 다양한 용도로 사용되었다.

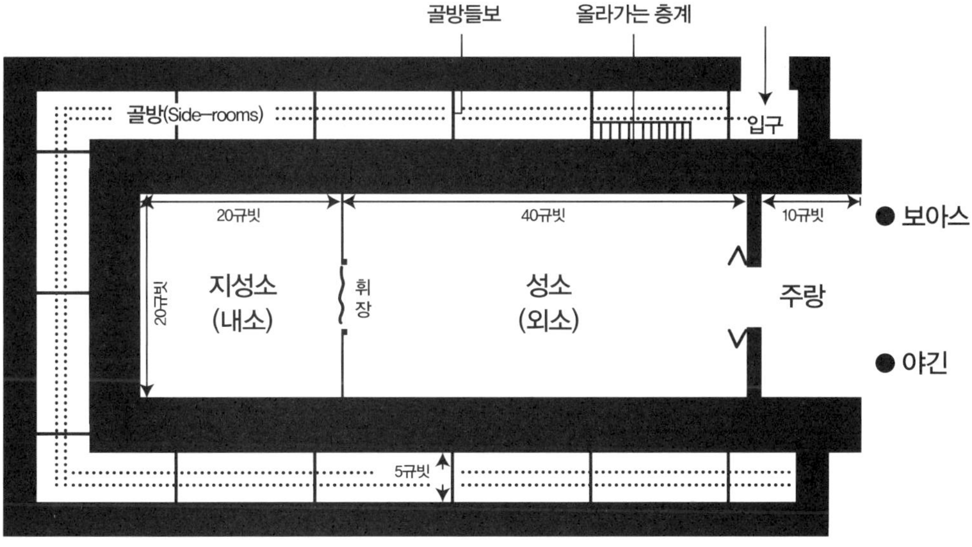

성전 바닥 구조

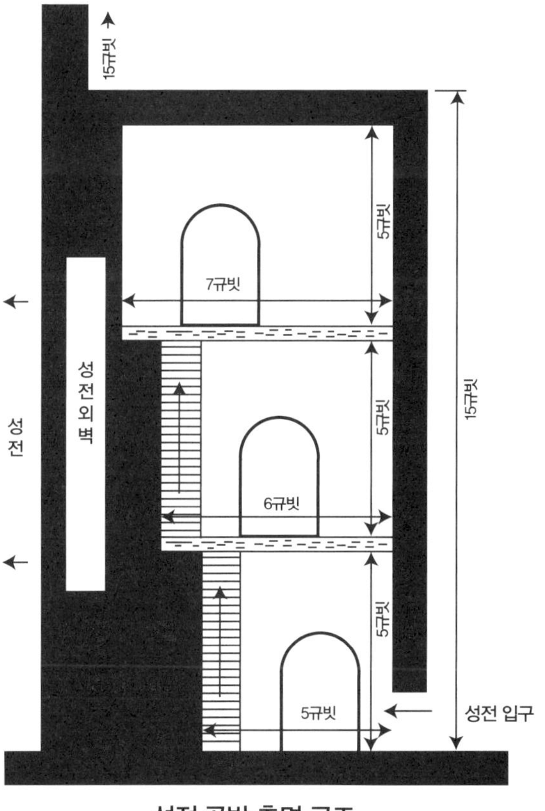

성전 골방 측면 구조

어를 반복하여 개념을 풍성하게 하는 효과가 있다(Throntveit 1982, 6). 법도와 율례와 계명은 언약 백성의 삶의 규범이다. 이 조건이 충족되면 "내가 이스라엘 자손 가운데에 거하며 내 백성 이스라엘을 버리지 아니하리라"(왕상 6:13)라고 하셨다. 이 말씀은 신명기 언약을 상기시키기도 하지만(참조. 신 31:6, 8), 성전을 지으라고 하신 목적인 여호와께서 이스라엘 가운데 거하실 것을 상기시킨다(참조. 출 25:8). 이것은 성전 건축이 단순히 건물을 짓는데 있는 것이 아니라 언약에 따라 주의 계명을 지키는 일과 밀접하게 연관되어 있다는 것을 보여 준다. 이 조건이 충족되지 않으면 성전 건축이 의미하는 것을 누릴 수 없다. 실제로 이스라엘 역사를 보면 이스라엘이 언약을 버릴 때 이렇게 건축한 성전은 바벨론에 의해 불살라지고, 바벨론은 성전 기둥과 중요한 기구들과 장식들을 자기 나라로 가져갔다(참조. 왕하 25:13-17).

저자는 성전의 안벽인 내장 공사도 어떤 자재로, 어떻게 만들었는지 자세하게 설명한다. 솔로몬은 성전의 안벽을 백향목으로 입히고 마루는 잣나무로 하였으며, 지성소와 성소를 금으로 입혔다(왕상 6:14-22). 그는 내소와 외소 사방 벽에는 모든 그룹들과 종려와 핀 꽃 형상을 아로새겼고, 내외 성전 마루도 금으로 입혔고 심지어 문짝에도 그룹들과 종려와 핀 꽃을 새기고 모두 금으로 입혔다(왕상 6:23-36). 특히 내소(지성소)의 길이와 너비와 높이는 모두 똑같이 20규빗(9m)이다(왕상 6:20). 사도 요한이 이 지성소의 크기와 의미를 가지고 그가 본 새 하늘과 새 땅의 크기, 곧 길이와 너비와 높이를 12,000스다디온(12,000×192=2,304km)[53]으로 묘사한 것은 무엇을 의미하는 것일까? 또한 그룹이나 종려나무나 핀 꽃 등의 묘사는 아담과 이브가 죄의 결과로 쫓겨났던 에덴동산을 생각나게 한다(창 3:24). 그것은 새 하늘과 새 땅이 지성소의 의미인 하나님이 임재하시고 하나님과 만나 교제하는 일이 완전히 이루어지는 곳임을 보여 주기 위함이다(출 25:8, 22; 시 80:1). 장차 우리가 들어가게 될 나라가 지성소가 보여 주는 바와 같이 하나님과 교제하는 일과 통치가 완전히 실현되는 곳이라면 얼마나 영광스러울까?

성전 기초를 놓은 해는 솔로몬의 통치 '넷째 해 시브(זו)월', 곧 주전 966년 두 번째 달이다(왕상 6:37). 성전이 완공된 해는 솔로몬의 통치 '열한째 해 불(בול)월'

53 1스다디온은 약 192m이다(참조. 계 14:20).

곧, 주전 959년 여덟째 달이다(왕상 6:38). 이 기록을 보아 성전 건축 기간은 모두 7년 6개월이 걸렸다는 것을 알 수 있다. 솔로몬이 지은 이 성전은 바벨론에 함락되어 불에 탄 주전 586년까지 존속되었다(참조. 왕하 25:8-17).

솔로몬의 성전(외부 모습)

이 책의 저자는 솔로몬의 성전 공사를 기록하면서 교차대칭구조로 주의 법도와 율례를 지키는 일이 더 중요한 일이라는 것을 보여 주었다(왕상 6:11-13). 이 뒤의 역사를 보면 여호와께서 솔로몬에게 하신 말씀과 같이 이스라엘 백성이 성전에 열심히 출입은 하였으나 언약 백성다운 도덕적인 삶이 없음을 보시고 여러 선지자들을 통하여 책망하셨다(사 1:11-12). 그리고 저자가 북 왕국 이스라엘이 멸망한 이유를 기술할 때도 하나님과 맺은 언약을 버렸기 때문으로 설명했다(왕하 17:6-8). 하나님은 이스라엘 백성이 언약을 버릴 때 바벨론 포로로 끌려가게 하시고 성전을 다 헐어 버리셨다(왕하 25:13-17).

특히 저자는 왜 열왕기서에서 긴 장을 할애하면서 성전 건축에 대하여 기록했을까? 그것은 성전의 중요성 때문이다. 하나님이 성전을 주신 목적은 하나님이 이곳에 임재하여 자신의 백성들과 만나 교제하시려는 것이다. 그리고 하나님은 이들에게 은혜와 능력을 주셔서 능히 언약의 말씀을 지키고 행하여 천하 만민이 구원을 얻는 통로로 살게 하시려는 것이다. 또한 자신의 백성이 언약의 말씀을 지켜 행하지 못했다 할지라도 용서하시고 항상 새롭게 출발할 수 있는 기회를 제공해주시려는 것이다.

③ 왕궁 건축(왕상 7:1–12)

이 문단은 왕국 건축에 대한 설명이다. 왕궁 건축은 건축 기간에 대한 기록(왕상 7:1), 외적인 규모와 모습에 대한 기록(왕상 7:1–8), 그리고 사용된 자재에 대한 기록(왕상 7:9–12) 등으로 구분할 수 있다. 왕궁은 성전을 건축한 기간인 7년 후에 건축했다(왕상 9:10; 6:38; 대하 8:1). 솔로몬의 왕궁 규모를 성전 규모(왕상 6:2–3)와 비교한다면 상당히 크다. 왕궁은 길이 100규빗(45m), 너비 50규빗(22.5m), 높이 30규빗(13.5m)이고, 왕궁 앞에 기둥을 세워 만든 주랑은 길이 50규빗, 너비 30규빗이다(왕상 7:2, 6). 이 건축물에 사용된 자재들은 모두 귀하고 다듬은 돌로 지었고 톱으로 켠 것을 사용했다(왕상 7:9). 여기에 사용된 초석(기초석)의 크기가 10규빗(4m50)도 있고, 8규빗(3m60)도 있다. 이러한 왕궁의 규모와 사용된 자재를 볼 때 솔로몬은 왕궁을 크고 아름답고 귀한 자재로 지었음을 알 수 있다. 저자는 왜 왕궁 건축 기사를 성전 건축 기사 사이에 기록하였을까? 그것은 성전 건축과 나라의 부강이 서로 연결되어 있다는 것을 보여 주려는 것이다.

④ 성전의 기구들을 만듦(왕상 7:13–51)

솔로몬은 성전 공사를 완공하기 위하여 두로에 사람을 보내어 히람을 데려왔다. 그의 아버지는 두로 사람이고, 어머니는 납달리 지파의 과부였기 때문에 혼혈아다. 그는 놋을 사용하는 일에 탁월한 재능을 가진 장인이었다. 그를 가리켜 '지혜와 총명과 재능을 구비한 자'라고 했다(왕상 7:14). 이 기술적인 능력은 광야 시대에 성막의 기구를 만든 브살렐과 오홀리압을 생각나게 한다(출 31:1–11; 35:30ff).

히람이 만든 첫 번째 작품은 성전 밖에 놋으로 된 두 기둥이다. 이 두 기둥은 높이가 각각 18규빗(8m10)이고, 그 둘레가 12규빗(5m40)이다(왕상 7:15). 둘레가 12규빗이라는 것은 그 지름이 약 1m72(540÷3.14)이기 때문에 기둥은 결코 작은 것이 아니다. 성전 주랑 앞에 세운 두 기둥 가운데 오른쪽에 있는 것을 '야긴'(יָכִין)이라고 하였고, 왼쪽에 있는 것을 '보아스'(בֹּעַז)라고 했다(왕상 7:21). 이 두 기둥 꼭대기에는 백합화 형상을 새겼다(왕상 7:22). '야긴'의 뜻은 '그가 세운다'는 뜻이고, '보아스'는 '그에게 능력이 있다'는 뜻이다.

히람이 만든 두 번째 작품은 놋 바다다. 그 규모는 직경이 10규빗(4m50), 높이가 5규빗(2m25)이고 원둘레는 30규빗(13m50)이다. 그런데 원둘레는 전문적으로 말하면 31.416규빗(14m13)이다.[54] 바다의 가장 자리 아래는 박이 매 규빗에 10개씩, 모두 30규빗이기에 300개의 박이 바다 주위를 둘렀다(왕상 7:24). 또한 그 바다를 소 열두 마리가 받쳤는데 셋은 북쪽, 셋은 서쪽, 셋은 남쪽, 셋은 동쪽을 향했다(왕상 7:25). 바다의 두께는 한 손 너비만 하고 그 주위는 백합화 양식으로 잔가와 같이 만들었다. 놋 바다는 2천 밧(בַּת, 1 bath는 40–45l)의 물을 담을 수 있었다(왕상 7:26). 놋 바다의 기능은 출애굽 때 당시에 성막을 위하여 놋으로 만든 물두멍과 같은 것으로 제사장의 정결의식을 위한 것이다(출 30:17–21; 38:8; 대하 4:6).

히람이 만든 세 번째 작품은 받침 수레와 이동이 가능한 10개의 놋으로 만든 물두멍(키요르, כִּיּוֹר)이다. 받침 수레는 10개를 만들었는데 길이 4규빗(1m80), 너비 4규빗(1m80), 높이 3규빗(1m35)이다. 받침 수레는 사면 옆 가장자리 가운데는 판이 있고, 거기에 사자와 소와 그룹들을 새겨 놓았고, 그 가장자리 위에 놓는 자리가 있고, 사자와 소 아래에 화환 모양이 있다(왕상 7:27–37). 물두멍도 10개를 만들었는데 직경 4규빗(1m80)이고 40밧(בַּת, 1 bath는 40–45l이므로 1600–1800l)의 물을 담을 수 있다(왕상 7:38). 이동이 가능한 물두멍 가운데 다섯은 성전 오른쪽에 두었고, 다섯은 성전 왼쪽에 두었다(왕상 7:39). 이 물두멍의 기능은 놋 바다가 제사장들의 정결의식을 위한 것과는 달리 번제에 속한 물건(동물을 포함한 모든 것)을 씻기 위함이다(대하 4:6).

히람이 만든 네 번째 작품은 물두멍과 부삽과 대접들이다(왕상 7:40). '물두멍'(키요르, כִּיּוֹר)은 크기가 나와 있지 않다. 그런데 역대하 4:11에는 '솥'을 만든 것으로 되어 있다. 이 모두는 성전에서 제사를 드리는 일에 사용되는 물건들이다. 사소하게 보이지만 이 중에 어느 하나도 없이는 제사를 정상적으로 수행할 수 없다는 점을 고려해 본다면 결코 사소한 것이라 할 수 없다.

⑤ 성전 봉헌식(왕상 8:1–66)

저자는 성전을 완공한 후에 봉헌 기사를 열왕기상 8장에 길게 설명한다. 열왕기상 8장은 다음과 같은 교차대칭구조로 되어 있다.[55] 이러한 교차대칭구조는

54 원둘레는 항상 지름의 3.14배이다. 그래서 원주율은 지름×3.14가 되는 것이다.

55 이러한 교차대칭구조는 학자들마다 보는 관점에 따라 약간의 차이가 있다. 넬슨(Nelson

성전의 핵심 개념이 무엇인지 솔로몬의 봉헌 기도를 통하여 잘 표현한다. 이뿐만 아니라 이 기도가 어떤 구조로 이루어져 있고, 문단이 어떻게 구분되는지를 보여 주기도 한다는 점에서 중요하다.

A 서론: 모든 백성이 모임, 연대기 언급(8:1-2)
  B 봉헌식: 희생제사와 언약궤 안치(8:3-13)
    C 솔로몬이 백성들을 축복하며 신학적 의미 설명(8:14-21)
      X 솔로몬의 봉헌 기도(8:22-54)
    C′ 솔로몬이 백성들을 축복하며 신학적 의미 설명(8:55-61)
  B′ 봉헌식: 희생제사(8:62-64)
A′ 결론: 모든 백성이 흩어짐, 연대기 언급(8:65-66)

• **모든 백성이 모임, 연대기 언급(왕상 8:1-2)**: 저자는 성전 봉헌 시기를 구체적으로 "에다님월 곧 일곱째 달 절기에"(왕상 8:2)라고 기록하고 있다. 성전이 완공된 해는 솔로몬 재위 열한 번째 해인 주전 959년 여덟째 달이다(왕상 6:37). 이 점을 감안하면 성전 봉헌은 완공 후 열한 달을 기다렸고 솔로몬 재위 십이 년 일곱째 달 곧 주전 958년이라는 것을 알 수 있다. 성전봉헌을 위해 백성들이 모인 때는 '일곱째 달 절기'라고 기록하고 있다. 일곱째 달 절기는 일곱째 달 1일인 나팔절(레 23:23-25), 10일인 속죄일(레 23:26-32), 15일부터 한 주간인 초막절(레 23:33-43)이 있다. 이 절기 중 어느 절기를 말하는지 명시하지 않지만 14일 동안 지킨 것을 생각하면 속죄일부터 모였을 것이다(참조. 느 8:65).

• **희생제사와 언약궤 안치(왕상 8:3-13)**: 이스라엘의 모든 백성들이 모인 가운데 장로들이 이르자 제사장들이 여호와의 궤와 성막 안의 모든 기구들을 메고 올라갔다(왕상 8:3-4). 그때까지 여호와의 궤와 성막의 기구들은 기브온에 있었다(대하 1:2-5). 그리고 그 궤 앞에서 솔로몬과 이스라엘 회중들이 셀 수 없이 많은 양과 소로 희생제사를 드렸다(왕상 8:5). 그리고 여호와의 궤를 성전의 내소인 지성소 그룹들의 날개 아래에 두었다(왕상 8:6; 6:27). 그런데 여호와의 궤를 제사장들

1987, 50)은 다른 구조로 보았다. 그러나 여기에 제시된 구조는 돌시(Dorsey 1999, 138)의 견해를 참조했다.

이 지성소에 메어 들이고 나올 때 한 특별한 현상이 나타났다. 그것은 구름이 여호와의 성전에 가득하게 된 것이다(왕상 8:10). 해설자는 이 현상의 의미를 "이는 여호와의 영광이 여호와의 성전에 가득함이었더라"(왕상 8:11)라고 설명했다. 이러한 현상은 모세 시대에 성막을 완성하고 여호와의 언약궤를 넣은 후에도 나타났다(출 40:33-35). 그래서 이 현상은 여호와께서 솔로몬이 지은 성전에 임재해 계신다는 것을 가시적으로 보여 주고 있는 것이다. 이 영광에 대하여 사도 요한은 예수님을 가리켜 "말씀이 육신이 되어 우리 가운데 거하시매 우리가 그의 영광을 보니 아버지의 독생자의 영광이요 은혜와 진리가 충만하더라"(요 1:14)라고 하였다. 이는 예수님이 구약의 성전에 임재하신 하나님이 육신의 몸을 입으시고 오셔서 우리와 만나고 교제하기 위해 오신 분이라는 것이다.

• **솔로몬의 축복과 신학적 의미(왕상 8:14-21)**: 솔로몬은 이스라엘을 축복하며 성전을 건축하고 언약궤를 넣는 일에 대한 신학적 의미를 설명한다. 솔로몬은 성전 건축의 의미를 애굽 땅에서 인도하여 내실 때 시내산에서 맺은 여호와의 언약을 담은 그 궤를 위하여 처소를 예비한 것으로 설명한다(왕상 8:21). 이것은 출애굽한 이후에 하나님이 자신의 백성과 맺은 언약을 계속 이어가고 있다는 것이다.

• **솔로몬의 봉헌 기도(왕상 8:22-54)**: 솔로몬의 봉헌 기도는 신명기 언약과 다윗 언약에 근거하여 호소함(왕상 8:22-26), 주의 이름이 계신 곳 성전에서 기도하면 들어주실 것을 호소함(왕상 8:27-30), 일곱 가지 상황을 가정하여 기도하면 들어주실 것을 호소함(왕상 8:31-53) 등의 구조로 이루어져 있다. 이 중 일곱 가지 상황은 다음과 같다.

– 이웃에게 범죄했을 때(왕상 8:31-32; 참조. 출 22:7-12; 민 5:11-31)
– 범죄로 말미암아 적국에게 패했을 때(왕상 8:33-34; 참조. 신 28:25)
– 범죄로 말미암아 비가 내리지 않을 때(왕상 8:35-36; 참조. 신 28:23-24)
– 기근, 전염병, 자연재해, 질병 등으로 고통 당할 때(왕상 8:37-40; 참조. 신 28:21-22, 38)
– 이방인들이 기도할 때(왕상 8:41-43; 참조. 왕하 5:1-7)
– 적국과 싸우려고 할 때(왕상 8:44-45; 왕하 3:1-27)
– 범죄하므로 적국에 사로잡혀 갔을 때(왕상 8:46-53; 참조. 신 28:36-37)

솔로몬이 일곱 가지 상황에서 드린 기도와 간구는 A–B–C–D의 구조로 되어 있다. 이러한 형태의 글을 '평행구조'(parallel structure)라고 한다(Throntveit 1992, 6). 이러한 구조는 일종의 반복으로 의미를 강화시키는 효과가 있다.

A '만일'이라는 가정
B 죄와 기타 사항으로 말미암아 처하게 된 이스라엘의 상황
C 회개와 기도
D 응답

이 기도의 핵심은 성전에 임재해 계신 하나님께서 자신의 백성과 만나 교제하신다는 것이다. 솔로몬의 봉헌 기도는 기도에 대한 보편적인 진리도 보여 준다. 첫째, 성전이라는 제한된 장소만이 아니라 어디서든지 기도할 수 있다. '주의 제단 앞에서'(왕상 8:31, 33), '성전/이곳을 향하여'(왕상 8:35, 38, 42), '원근을 막론하고'(왕상 8:46), '사로잡혀 간 땅에서'(왕상 8:47) 등의 표현이 그것을 보여 준다. 둘째, 누구나 하나님께 기도할 수 있다. 성전에서 기도할 수 있는 자는 왕을 포함한 주의 종들이나 백성들, 심지어 이방인들도 포함된다. 셋째, 어떤 문제든지, 즉 억울한 일을 당할 때, 경제적인 고통이나 기근, 자연재해, 질병, 사고 등으로 고통 당할 때, 그리고 언약의 말씀을 지키지 못하여 징계를 받을 때 등 모든 상황에서 구할 수 있다.

• **솔로몬의 축복과 신학적 의미(왕상 8:55–61)**: 솔로몬은 축복의 말과 함께 언약 백성의 책임인 주의 법도와 계명을 지켜야 한다고 권면한다(왕상 8:61). 이것은 자동적으로 하나님이 성전에 임재하여 복을 베푸시는 것이 아니라 언약 백성이 지켜야 할 책임적 요소가 있다는 것이다.

• **희생제사(왕상 8:62–64)**: 봉헌식을 시작할 때 제사장이 언약궤를 메고 성전 지성소에 메어 들였을 때 양과 소로 셀 수 없이 많은 제물을 드렸다(왕상 8:5). 그런데 언약궤를 안치시키고 솔로몬이 봉헌 기도를 드리고, 축복의 말로 성전 건축의 의미를 설명한 후에 여호와께 드린 희생제물은 "소가 이만 이천 마리요 양이 십이만 마리"(왕상 8:63)이다. 이 봉헌식에 '왕과 모든 이스라엘 백성'(왕상 8:62–63)이 참석하였고, 또한 십사 일간 절기를 지켰다(왕상 8:65). 이스라엘 역사에서 일

곱 번째 달은 속죄일이 있는 달이고 초막절이 있는 달이었기에 의미 있는 축제였을 것이다.

• **모든 백성이 흩어짐, 연대기 언급(왕상 8:65-66)**: 이때 '도합 십사 일간'(왕상 8:65)을 여호와 앞에서 절기로 지켰다. 역대하 7:9에 "낙성식을 칠 일 동안 행한 후 이 절기를 칠 일 동안 지켰느니라"라고 기록하였고, 역대하 7:10에는 "일곱째 달 제이십삼일에 왕이 백성을 그들의 장막으로 돌려보냈다"고 기록했다. 이로 볼 때 봉헌식은 속죄일이 있는 주간인 여덟째 날부터 시작된 것으로 추정할 수 있다.

특히 저자는 봉헌식과 초막절 절기에 참여한 사람들에 대하여 "하맛 어귀에서부터 애굽 강까지의 온 이스라엘의 큰 회중"(왕상 8:65)이라고 했다. 저자가 이 지역을 언급한 것은 특별한 의미가 있다. 그것은 하나님이 아브라함에게 "애굽 강에서부터 그 큰 강 유브라데까지"(창 15:18) 주실 것이라고 하신 땅에 대한 약속이 솔로몬 시대에 성취되었다는 것을 보여 주기 때문이다.

⑥ 여호와께서 솔로몬에게 다시 나타나심(왕상 9:1-9; 대하 7:11-22)

솔로몬이 성전과 왕궁 건축하기를 마친 때에 여호와께서 '전에 기브온에서 나타나심과 같이' 다시 나타나셨다(왕상 9:1-2; 참조. 왕상 3:5). 이때는 솔로몬 재위 24년(4+7+13=24), 주전 946년이다(왕상 6:1, 37-38; 7:1; 9:10). 그런데 여호와께서 성전을 구별하여 여호와의 이름을 '영원히' 둘 것이라고 하셨고, 여호와의 눈길과 마음이 '항상' 거기에 있을 것이라고 하셨다(왕상 9:3). 이 말씀은 주의 계명과 법도를 지키지 않으면 "내가 그들에게 준 땅에서 끊어 버릴 것이요", "내 앞에서 던져 버리리니", "모든 민족 가운데에서 속담거리와 이야깃거리가 될 것이며"(왕상 9:7)라는 말씀과 논리적으로 맞지 않는 것처럼 보인다. 이것은 다윗 언약이 무조건적인 면과 조건적인 면을 함께 가지고 있기 때문이다. 특히 우리 눈에 그림이 생생하게 그려지도록 지나가는 행인들이 질문하고, 그 질문에 대하여 대답하는 방식으로 설명했다.

A "여호와께서 무슨 까닭으로 이 땅과 이 성전에 이같이 행하셨는고?"(왕상 9:8)

B "그들이 그들의 조상들을 애굽 땅에서 인도하여 내신 그들의 하나님 여호와를 버리고 다른 신을 따라가서 그를 경배하여 섬기므로 여호와께서 이

모든 재앙을 그들에게 내리심이라."(왕상 9:9)

당시 바벨론 포로로 있었던 이스라엘 백성들이 이 말씀을 들었을 때 생생하게 머리에 영상이 재생되는 느낌을 받지 않았을까? 여호와께서 솔로몬에게 두 번째로 나타나셔서 말씀하신 내용은 열왕기서 나머지 부분에 기록된 왕조와 왕들의 흥망성쇠, 배교와 개혁, 보상과 형벌을 이해하는 일을 평가하는 열쇠 역할을 한다. 포로 시대 독자들은 왜 그들이 포로로 끌려오게 되었는지에 대하여 설명이 되었을 것이다. 왜냐하면 왕들만이 아니라 그들도 율법을 지키지 않았기 때문이다(Nelson 1987, 61).

⑦ 성전 건축을 마침(왕상 9:10-28)

이 기사도 성전 건축과 연관된 이야기다. 여기에는 몇 가지 중요한 이유가 있다. 첫째, 열왕기상 9:10에 "솔로몬이 두 집 곧 여호와의 성전과 왕궁을 이십 년 만에 건축하기를 마치고"라고 시점을 기록하고 있기 때문이다. 둘째, 성전 건축 기사가 솔로몬과 두로 왕 히람이 관계를 시작한 것과 마찬가지로(왕상 5:1-18) 이 기사는 그들 사이의 관계로 마무리되고 있기 때문이다. 셋째, 열왕기상 9:25b에 "이에 성전 짓는 일을 마치니라"라고 기록하고 있기 때문이다. 이 말의 문자적 의미는 '그가 집을 마쳤다'(וְשִׁלַּם אֶת־הַבָּיִת)이다. 여기서 '집'은 열왕기상 9:10에서 말한 성전과 왕궁을 말한다. 열왕기상 5:1-9:28에는 성전 건축만 기록되어 있는 것이 아니라 왕궁 공사(왕상 7:1-12)도 기록되어 있기 때문이다.

저자는 솔로몬의 성전과 왕궁 공사에 대한 이야기를 마치면서 솔로몬이 에시온게벨에서 배를 건조하고 오빌과 무역하므로 금을 얻은 사실을 말한다(왕상 9:26-28). 에시온게벨은 홍해, 곧 아카바만의 일부였다(Cohen 1989, 213-214). 히람은 바다에 익숙한 사공들과 솔로몬의 종들을 보내었고, 그들은 오빌에서 금 사백이십 달란트를 얻어 솔로몬에게 가져왔다(왕상 9:28). 오빌은 당시 금 생산지로 알려져 있었다. 텔-카실(Tell-Qasile)에서 주전 약 589/588년경으로 추정되는 오지그릇 파편(ostracon)이 발견되었는데 거기에 새겨진 글에 "오빌의 금을 벧 호론으로……30세겔"이라고 되어 있다(Van Beek 1989, 605-606). 다윗은 성전 건축을 위하여 오빌의 금 삼천 달란트를 준비한 바가 있다(대상 29:4). 솔로몬이 배를 건조하고 오빌에서 금을 얻었다고 기록한 것은 솔로몬 시대에 나라가 부유했다는 것을 보여 준다.

(6) 솔로몬의 지혜와 국가적인 번영(왕상 10:1–29)

저자는 솔로몬의 지혜와 국가적인 번영에 대하여 열왕기상 4:1–34에 자세하게 설명한 바가 있다. 특히 열왕기상 4:34에서 "사람들이 솔로몬의 지혜를 들으러 왔으니"라고 하고 삽입구로 열왕기상 5:1–9:28에 성전 건축에 대한 이야기를 한다. 그리고 열왕기상 4:43을 10:1과 연결하여 솔로몬의 지혜를 들으러 온 스바 여왕을 소개한다. 성전 건축 다음에 스바 여왕의 방문과 솔로몬의 재산과 지혜를 언급한 것은 이것이 성전 건축과 연관되어 있음을 보게 하려는 것이다.

① 스바 여왕의 방문(왕상 10:1–13)

스바 여왕의 방문은 솔로몬의 부귀와 지혜의 근원이 어디에 있는지를 보여 준다. '스바'(שְׁבָא)는 여왕의 이름이 아니라 나라 이름이다. 성경에 '스바'는 여러 군데 나타난다(창 10:7; 욥 1:15; 6:19; 시 72:15; 사 60:6 등). 특히 시편 72:15과 이사야 60:6은 금이 많이 나는 지역을 소개한다. 스바의 여왕이 솔로몬을 찾은 목적은 여왕이 솔로몬의 명성이 사실인지 그리고 그의 명성이 '여호와의 이름으로 말미암은' 것인지 알아보기 위함이다(왕상 10:1, 6). 스바 여왕은 이 사실을 확인하기 위하여 자기 마음에 있는 것을 다 말하였으나 솔로몬은 다 대답했다(왕상 10:3). 이 일 후에 스바 여왕은 솔로몬에게 그의 지혜와 왕궁과 상의 식물과 신하들의 좌석과 여호와의 성전에 올라가는 층계 등을 보고 소문이 사실이라고 말했다(왕상 10:4–6). 그리고 그의 지혜와 명성의 근원을 여호와께서 이스라엘을 사랑하셨고, 솔로몬을 왕으로 세워 정의와 공의를 행하게 하셨기 때문이라고 말했다(왕상 10:9). 역대기 저자는 스바 여왕이 "하나님이 당신을 기뻐하시고 그 자리에 올리사 당신의 하나님 여호와를 위하여 왕이 되게 하셨도다"(대하 9:8)라고 말한 것으로 기록했다. 여기서 '그 자리에'(알– 키스오, עַל־כִּסְאוֹ)라는 말은 '그의 보좌에' 곧 '하나님의 보좌에'라는 뜻이다. 이것은 솔로몬이 왕으로 다스리지만 하나님이 보좌에 앉아서 다스리시는 것으로 보았다는 것이다.

스바 여왕이 한 말을 볼 때 솔로몬은 스바 여왕에게 무엇을 가르쳐 주었을까? 솔로몬은 스바 여왕에게 지혜의 근원이 여호와를 경외하는 일에 있다는 사실(잠 1:7)과 다윗 언약과 그 언약을 재확인한 일, 성전과 관련된 일 등을 설명하지 않았을까? 이뿐만 아니라 성전이 궁극적으로 보여 주는 메시아를 설명해 주지 않았을까? 예수님께서는 스바 여왕을 솔로몬의 말을 듣고 복음을 믿은 실례로 사용하셨다(마 12:42). 이때 예수님께서는 심판 때에 남방 여왕이 일어나 이 세대 사람들을 정죄할 것이라고 하셨다. 왜냐하면 남방 여왕이 솔로몬의 말을 들으려고 땅 끝에서 와서 복음을 듣고 믿었는데 하물며 솔로몬보다 더 큰 예수님이 지금 복음을 전하고 있는데도 믿지 않는다고 말씀하셨기 때문이다. 이 말씀을 볼 때 스바 여왕은 솔로몬을 통하여 지혜의 근원인 복음을 듣고 믿었다고 할 수 있다.

② 솔로몬의 부귀와 지혜(왕상 10:14–29)

이 문단은 솔로몬 시대에 세입금과 무역흑자로 큰 부를 누렸다는 것을 설명한다. 특히 솔로몬 시대의 부귀가 다시스로 가는 배들을 두어 금, 은, 상아, 공작 등을 실어왔기 때문이라고 설명한다(왕상 10:22). 그리고 솔로몬의 지혜가 세상의 그 어느 왕보다 크고 온 세상 사람들이 솔로몬의 지혜를 들으며, 그의 얼굴을 보기 위하여 각종 예물을 들고 찾아왔다고 말한다(왕상 10:23–25). 또한 저자는 솔로몬이 병거가 1,400대요 마병이 12,000명이고, 예루살렘에서 은이 돌 같이 흔했다고 하였으며 백향목을 평지의 뽕나무 같이 많게 했다고 소개한다(왕상 10:26–27). 이것은 솔로몬 시대에 나라가 부강했다는 것을 보여 주는 지표 역할을 한다.

바벨론에서 포로 생활 중이었던 백성들이 이 말씀을 들었을 때 솔로몬 시대의 부와 번영을 어떻게 이해했을까? 솔로몬과 백성들이 언약의 말씀을 믿고 순종했을 때 이토록 큰 번영을 누렸지만, 언약의 말씀을 버릴 때 어떤 결과를 얻게 되었는지 생각해 보았을 것이다.

(7) 솔로몬이 언약을 배반함과 그 결과(왕상 11:1-43)

저자는 솔로몬 이야기를 시작하면서부터 복선(伏線)으로 바로의 공주와 결혼한 사실을 배치해 두었다(왕상 3:1; 9:24). 동시에 언약을 지켜야 할 중요성 역시 반복적으로 보여 주었다(왕상 3:14; 6:11-13; 9:4-9). 솔로몬 통치 말기를 기록하고 있는 이 문단은 바로의 딸과 혼인한 일이 결국 솔로몬에게 어떤 결과를 가져오게 되었는지 설명한다. 또한 언약에 신실함을 보이는 것은 복과 안전이 따르지만 언약을 배반하는 것은 하나님의 심판이 따른다는 것을 보여 준다.

① 솔로몬의 우상숭배(왕상 11:1-13)

저자는 복선으로 배치해 놓은 바로의 딸 솔로몬이 외에 이방의 많은 여인들, 곧 모압, 암몬, 에돔, 시돈과 헷 여인들을 사랑한 사실을 설명한다(왕상 11:1). 저자는 이 일을 하나님의 율법과 대비시켜 이방 여인과 혼인을 금한 하나님의 율법을 어긴 일이라고 평가한다(왕상 11:2; 참조. 출 34:15-16; 신 7:3-4). 솔로몬의 "후궁이 칠백 명이요 첩이 삼백 명"(왕상 11:3)인데 이들 대부분은 애굽 바로의 공주와 같이 정치적인 이유에서 비롯되었을 것이다(Bright 1981, 212). 이들은 시돈의 아스드롯, 모압의 그모스, 암몬의 밀곰과 몰렉 등을 가지고 들어왔다(왕상 11:5-7). 솔로몬은 그모스와 몰렉을 위하여 예루살렘 앞 산에 산당을 지었다. 이 일에 대하여 해설자는 "솔로몬이 여호와의 눈앞에서 악을 행하여 그의 아버지 다윗이 여호와를 온전히 따름 같이 따르지 아니하고"(왕상 11:6)라고 말했다.

솔로몬이 마음을 돌려 여호와를 떠나므로 여호와께서 진노하셨다(왕상 11:9). 그리고는 나라를 빼앗아 솔로몬의 신하에게 주겠다고 하셨다. 이 일은 여호와께서 과거에 두 번이나 나타나 다른 신을 섬기지 말라고 하셨는데도 언약의 말씀을 지키지 않았기 때문이다(왕상 11:9-11; 참조. 왕상 3:5; 9:2). 그런데 솔로몬 당대에는 이 일을 하지 않겠다고 하셨다(왕상 11:12-13). 이러한 점은 다윗 언약이 왜 무조건적이면서도 조건적인지 그 이유를 보여 준다.

② 솔로몬에 대한 반역(왕상 11:14-25)

여호와께서 솔로몬 생전에 왕의 자리를 빼앗지 않는다고 해서 그의 죄를 징계하시지 않는 것은 아니다. 왜냐하면 여호와께서 두 사람을 일으켜 솔로몬의 대적자가 되게 하셨기 때문이다(왕상 11:14, 23). 한 사람은 에돔의 왕족 가운데 유일하게 살아남은 하닷이다. 그가 애굽으로 피신하여 바로의 보호를 받았을 뿐만 아니라 왕비 다브네스의 아우를 아내로 삼기까지 했다(왕상 11:19).

또 한 사람은 르손인데 다윗이 소바 왕 하닷에셀을 칠 때 다메섹으로 도망하여 거기에서 왕이 되었던 사람이다(왕상 11:23-25). 독자들은 하닷에 대한 설명을 보고 사무엘하 8:13-14을 상기하게 되었을 것이고, 르손의 이야기를 들었을 때는 사무엘하 8:3-9의 사건을 상기하였을 것이다. 하나님은 솔로몬의 죄를 징계하시기 위하여 역사적으로 다윗 시대에 거의 완전히 힘을 잃었던 자들을 세우셨다. 하나님은 다윗 언약(삼하 7:1-17)에 기록된 대로 사람의 매와 인생의 채찍으로 하닷과 르손을 사용하셨다.

③ 아히야 선지자의 나라 분할에 대한 예언(왕상 11:26-40)

하나님은 또한 솔로몬의 죄에 대한 징계 수단으로 여로보암을 들어 대적하게 하셨다. 여로보암은 에브라임인 스레다 사람이고 어머니는 스루아였는데 과부였다. 그는 큰 용사였고 솔로몬은 그의 부지런함을 보고 요셉 족속의 일을 감독하게 했다(왕상 11:26-28). 저자는 여로보암이 대적한 이유를 열왕기상 11:29-39에 한 이야기로 설명한다. 아히야 선지자는 자신이 입은 새 옷을 열두 조각으로 찢고 열 조각을 여로보암에게 주면서 여호와께서 솔로몬의 손에서 찢어 열 지파를 줄 것이라고 했다(왕상 11:30-32). 아히야 선지자가 여호와의 말씀을 설명할 때 "이는 그들이 나를 버리고 시돈 사람의 여신 아스다롯과 모압의 신 그모스와 암몬 자손의 신 밀곰을 경배하며 그의 아버지 다윗이 행함 같지 아니하여 내 길로 행하지 아니하며"(왕상 11:33)라고 했다. 여기에 솔로몬 개인의 죄를 언급하지 않고 '그들이 나를 버렸다'라고 했다. 이것은 솔로몬의 죄가 나라 전체에 영향을 미쳤음을 의미하는 것이다. 그러므로 나라가 분열되는 직접적인 원인은 솔로몬과 언약 백성들이 다 여호와를 버리고 우상을 숭배하며 그의 율례를 지키지 아니했다는 것이다.

그런데도 하나님은 다윗이 주의 명령을 지켰기 때문에 온 나라를 빼앗지 않고 한 지파를 주어 주의 이름을 두기 위하여 택한 예루살렘에서 다윗이 항상 여호와 앞에서 등불을 가지고 있게 할 것이라고 하셨다(왕상 11:34-36). 하나님은 다윗 왕조를 위하여 예루살렘에 영원히 비치는 '등불'(니르, נִיר)을 약속하셨다(왕상 11:36; 15:4; 왕하 8:19). 여기서 '등불'이 상징하는 것에 대하여 신득일(2014b, 33-56)은 이 단어를 다윗 왕조에 대한 은유적인 표현으로 보고 다윗의 끊어지지 않는 후손을 가리킨다고 했다(왕상 15:4; 왕하 8:19; 대하 21:9).

그는 이 단어를 언어적으로나 신학적으로 볼 때 '등불'보다는 '빛'이 더 나은 번역이라고 보았다. 그리고 이 빛은 다윗 왕조의 영속성을 의미하며 이 왕조를 통해서 참 빛 예수 그리스도로 이어지고 그 결과로 다윗의 통치 곧 메시아의 통치가 이루어진다고 보았다.[56]

그리고 아히야는 여로보암이 이스라엘 왕이 되어 어떻게 해야 할 것인지에 대한 지침과 약속을 설명해 주었다. 여로보암이 받은 약속은 기본적으로 다윗이 받은 약속과 동일한 약속이다(왕상 11:38). 특히 하나님은 "내 종 다윗이 행함같이 내 율례와 명령을 지키면 내가 너와 함께 있어 내가 다윗을 위하여 세운 것같이 너를 위하여 견고한 집을 세우고 이스라엘을 네게 주리라"라고 약속하심으로 다윗과 동일한 기준을 제시했다.

송제근(2008a, 258)은 하나님이 한 민족이지만 두 나라 체제를 세우심으로 언약적 충성을 위한 선의의 경쟁을 유도하기 위한 것이라고 보았다. 그리고 이 땅에 임하는 하나님 나라에서 선대의 성취물이 중요한 것이 아니라 현재를 사는 자신이 어떻게 하나님의 뜻에 따라 사는가의 여부가 중요하다는 것을 나타내는 것이라고 했다. 이 점에 대하여 하나님이 북 왕국 이스라엘도 언약 백성으로 간주하시는 것은 틀림이 없다. 하나님은 북 왕국에 엘리야, 엘리사 선지자를 위시하여 요나, 호세아, 아모스 등의 선지자를 세워 말씀을 전하게 하셨기 때문이다. 그렇다면 이것은 두 체제를 세워 서로 선의의 경쟁을 유도하기 위한 것이 아닐까?

56 신득일(2014b, 33-56)은 '등불'(נִיר)이라는 단어의 의미를 폭넓게 다루고 있다. 특별히 핸슨이 '등불'을 '멍에'로 번역해야 한다는 주장을 아카드어와 탈굼 등의 번역을 면밀히 분석하여 '멍에'라고 번역한 것을 비판했다. 넬슨(Nelson 1987, 76)은 이 단어를 '통치권'이라고 번역했다.

④ 솔로몬의 죽음(왕상 11:41–43)

이 문단은 열왕기서의 시작과 끝을 보여 주는 형식적 문구를 사용하여 솔로몬의 죽음과 더불어 그의 이야기가 끝났다는 것을 보여 준다.[57] 솔로몬 이야기, 그의 사역과 행한 일(업적)과 지혜를 담은 정보의 출처가 어디인지 밝히고 있다. 그 출처는 '솔로몬의 실록'[58]이다(왕상 11:41). 이스라엘 역사에서 솔로몬의 부귀와 영광보다 더 큰 영광을 누린 왕이 없었지만 그도 사십 년을 통치하고, 다윗성에 장사되었고 그의 아들 르호보암이 왕위를 계승했다(왕상 11:40).

솔로몬이 언약을 버리고 이방 여인들을 하나님을 사랑한 것처럼 사랑한 일이 얼마나 치명적인 결과를 가져올 수 있는지 보여 준다(왕상 11:1–2; 9–13). 비록 당시 중혼정책이 적대적인 나라와 관계를 맺는 것이었다 할지라도 언약 백성은 세상의 방법이 아니라 계명을 지키는 일이 더 중요하다는 사실을 배워야 했다. 이 점은 오늘날 그리스도 안에서 구속함을 받아 성도가 된 우리도 유념해야 할 진리이다.

성도는 믿지 않는 자와 멍에를 함께 메지 말아야 한다(고후 6:14–18). 심지어 믿지 않는 자와 결혼하여 신분 상승이나 기타 세상적인 유익을 얻을 수 있다 할지라도 그들과 멍에를 메지 말고 약속을 믿고 계명을 지키는 자가 되어야 한다.

---

57 어떤 왕의 이야기를 끝내는 종결의미를 가지고 있는 이 형식적 문구는 "열왕기서 서론"을 참조하기 바란다.

58 '세페르 디버레이 셔로모'(סֵפֶר דִּבְרֵי שְׁלֹמֹה)라는 히브리어 표현은 솔로몬의 말과 행동을 담은 책이라는 뜻이다.

2. 르호보암/여로보암 시대부터 선지자 엘리야, 엘리사 시대 이전까지의 분열 왕국 시대(왕상 12:1-16:34)

이 문단은 솔로몬 이후 나라가 남북으로 분열된 이야기와 분열 이후에 북 왕국 여로보암의 종교정책(왕상 12:1–33)과 그의 종교정책에 대하여 하나님이 극적으로 평가하시고 다루시는 이야기(왕상 13:1–14:20)와 이 이후 남북 왕조의 이야기를 담고 있다. 특히 여로보암 통치 이후 다윗 시대에 경험했던 것과는 다르게 급격히 이스라엘 백성들의 삶이 변화되어 가는 이야기를 담았다. 그리고 여로보암이 죽은 이후에 저자는 남북 왕국의 이야기를 서로 얽혀 교차하는 방식으로 기술한다. 그래도 여기에는 일정한 규칙이 있다. 저자는 왕국이 분열된 이후에 먼저 여로보암 통치하의 북 왕국 이야기를 하고, 여로보암이 통치할 때 즉위한 유다 왕들, 곧 르호보암, 아비야, 아사 등의 이야기를 풀어가고 있다. 그리고 유다 아사 왕의 통치 기간에 즉위한 이스라엘 왕들, 곧 나답, 바아사, 엘라, 시므리, 오므리, 아합 등의 이야기를 풀어가고 있고, 아합의 통치 기간에 즉위한 유다 여호사밧의 이야기를 풀어가고 있다(Olley 2011, 21). 이러한 규칙을 염두에 둔다면 저자는 열왕기서를 연대기 순서로 기록하되, 왕들의 통치 시점을 연결 고리로 삼아 역사를 기록하고 있다는 것을 알 수 있다(이 점에 대하여 '이스라엘과 유다 왕들의 연대기 도표'를 참조해 보라).

그런데 흥미로운 것은 북 왕국의 바아사, 시므리, 오므리는 쿠데타(coup d'etat)를 통하여 왕이 되었다는 것이다. 이들 후에 오므리의 계승자인 아합과 유다의 여호사밧과 선지자 엘리야의 이야기가 나온다. 이 이야기는 왜 하나님이 엘리야와 엘리사 선지자를 보내시게 되었는지 그 중요한 배경과 발전과정을 보여 준다.

***분열 왕국 이후 이스라엘과 유다왕들(B.C. 931–586)을 중심한 열왕기서 배열**

기록 순서	관련 본문	이스라엘		
		왕		선지자
1	왕상 12:25–14:20	I	여로보암 1세(931/930–910/909)	
3	왕상 15:25–32		나답(910/909–909/908)	
	왕상 15:33–16:7	II	바아사(909–886)	
	왕상 16:8–14		엘라(886–885)	
	왕상 16:15–20	III	시므리(885)	
	왕상 16:21–28	IV	오므리(885–874)	
	왕상 16:29–22:40		아합(874–853)	엘리야
5	왕상 22:51–왕하 1:18		아하시야(853–852)	엘리사
	왕하 3:1–9:26		요람=여호람(852–841)	
7	왕하 9:13–10:36	V	예후(841–814)	
9	왕하 13:1–9		여호아하스(814–798)	
	왕하 13:10–13		여호아스=요아스(798–782)	
11	왕하 14:23–29		여로보암 2세(793–753)	요나
				아모스
				호세아
13	왕하 15:8–12		스가랴(753)	
	왕하 15:13–16	VI	살룸(752)	
	왕하 15:17–22	VII	므나헴(752–742)	
	왕하 15:23–26		브가히야(742–740)	
	왕하 15:27–31	VIII	베가(740–732)	
15	왕하 17:1–6	IX	호세아(732–722)	
			사마리아 멸망	

유다		관련 본문	기록 순서
선지자	왕		
	르호보암(931/930–913)	왕상 14:21–31	2
	아비야(913–911/910)	왕상 15:1–8	
	아사(911/910–870/869)	왕상 15:9–24	
	여호사밧(872–848)	왕상 22:41–50	4
	여호람=요람(848–841)	왕하 8:16–24	6
	아하시야(841)	왕하 8:25–9:29	
	아달랴(841–835)	왕하 11:1–20	
	요아스(835–796)	왕하 11:21–12:21	8
	아마샤(796–767)	왕하 14:1–22	10
	웃시야=아사랴(792–740)	왕하 15:1–7	12
이사야			
미가	요담(750–735)	왕하 15:32–38	14
	아하스(735–715)	왕하 16:1–20	
	히스기야(715–686)	왕하 18:1–20:21	16
	므낫세(697–642)	왕하 21:1–18	17
나훔	아몬(642–640)	왕하 21:19–25	18
스바냐	요시야(640–609)	왕하 22:1–23:30	19
예레미야	여호아하스(609)	왕하 23:31–35	20
하박국	여호야김(609–598)	왕하 23:36–24:7	21
	여호야긴(598–597)	왕하 24:8–17	22
에스겔 다니엘	시드기야(597–586)	왕하 24:18–25:7	23
	예루살렘 멸망		

내용 분해

(1) 나라의 분열(왕상 12:1–24)

(2) 이스라엘 왕 여로보암의 잘못된 종교정책(왕상 12:25–32)

(3) 여로보암의 종교정책과 행위에 대한 하나님의 평가(왕상 12:33–14:20)

(4) 유다 왕 르호보암, 아비야, 아사의 통치(왕상 14:21–15:24)

(5) 이스라엘 왕 나답, 바아사, 엘라, 시므리, 오므리, 아합의 통치(왕상 15:25–16:34)

내용 해설

(1) 나라의 분열(왕상 12:1–24)

이 문단은 르호보암을 왕으로 삼는 것으로부터 시작하여(왕상 12:1) 나라가 분열하여 여로보암을 왕으로 세우는 것으로 끝이 난다(왕상 12:20). 상황 설명(왕상 12:1–3), 극적 갈등(왕상 12:4–15), 절정(왕상 12:16), 그리고 결말(왕상 12:17–24)로 구성되어 있다(Nelson 1987, 78).

① 발단: 새 왕에 대한 백성들의 요구(왕상 12:1–5)

솔로몬이 죽은 후 르호보암은 세겜으로 갔다. 그것은 모든 백성들이 거기에서 그를 왕으로 세우기 위함이다. 세겜은 북쪽 에브라임 지파에 속한 지역으로 아브라함이 약속의 땅에 처음으로 도착한 장소이기도 하고, 요셉의 뼈가 묻힌 곳이기도 하다. 이곳에서 여호수아가 이스라엘과 맺은 언약을 갱신하기도 하고, 사사시대에는 아비멜렉을 왕으로 삼은 곳이기도 하다(창 12:6; 33:18–20; 수 8:30–35; 24:25, 32; 삿 9:6). 온 백성들이 이곳에 모인 것은 다윗이 헤브론에서 왕이 될 때 백성들과 언약을 맺은 것처럼(삼하 5:3) 그들이 져야 할 짐을 가볍게 해 주도록 새 왕과 언약을 갱신하고 협상하려는 것이다(Vannoy 2002a, 497). 실제로 이 상황에서 북쪽 지파의 대표인 여로보암은 노동과 세금의 짐을 솔로몬 시대보다 가볍게 해 줄 것을 요구했다(왕상 12:4).

② 분규: 백성들의 요구에 대하여 자문을 받음(왕상 12:6–15)

여로보암의 요구에 대하여 르호보암은 솔로몬 시대에 섬겼던 '노인들'에게 먼저 자문을 구했다. 여기서 '노인들'을 수식하는 말인 '솔로몬의 생전에 그 앞에 모셨던'이라는 말을 볼 때 '원로들' 또는 '장로들'이다. 왜냐하면 '모셨다'라는 말은 히브리어로 '오머딤'(עֹמְדִים)인데 '신하로 서 있었던'이라는 뜻이기 때문이다. 이들은 왕이 백성을 섬기면 백성들이 왕을 섬길 것이라고 자문했다(왕상 12:7). 그러나 르호보암은 이들의 자문을 버리고 자기와 함께 자라난 어린 사람들의 자문을 따라 솔로몬은 '채찍으로' 통치하였으나 자기는 '전갈로' 통치할 것이라고 했다(왕상 12:10-11, 14). 그는 이스라엘 왕의 특성인 종의 자세를 버리고(신 17:14-20 참조) 고대 근동의 전제군주 방식을 선택했다. 그런데 저자는 왕이 백성들의 말을 듣지 않은 것은 "여호와께로 말미암아 난 것이라 여호와께서 전에 실로 사람 아히야로 느밧의 아들 여로보암에게 하신 말씀을 이루게 하심이더라"(왕상 12:15)라고 해설한다. 이 설명은 르호보암의 결정에 자신의 책임을 무시할 수 없지만 성경에 널리 기록된 하나님의 주권과 인간의 책임 사이의 긴장을 유지한다(House 2003, 182). 인간적인 요소들과 개인의 성향들이 분열로 나아가게 한 것은 분명하다고 할지라도 저자는 선지자 아히야를 통하여 예언된 하나님의 뜻과 심판으로 해석하고 있는 것이다(Wiseman 1993, 141). 하나님의 뜻과 인간의 책임이 동일하게 작용하기 때문에 역설(paradox)이다. 그래서 르호보암의 잘못된 결정이 하나님의 뜻을 이루는 일이라 할지라도 도덕적 책임이 없는 것은 아니다.

③ 절정: 왕국의 분열(왕상 12:16)

르호보암이 노인들의 자문을 버리고 어린 자들의 말을 듣고 어리석은 결정을 내리므로 왕국이 남과 북으로 분열되는 결과를 가져오게 되었다(왕상 12:16).

④ 대단원: 여로보암을 왕으로 세움과 나라의 분열(왕상 12:17-24)

북쪽 지파는 르호보암의 결정을 듣고 더 이상 그의 통치를 받지 못하겠다고 의사를 밝혔다. 그런데도 르호보암은 역꾼의 감독 아도람을 보냈다. 이것은 르호보암이 계속하여 백성들을 힘으로 다스리겠다는 의사를 표시한 것이다. 그러나 백성들이 아도람을 돌로 쳐 죽임으로 르호보암은 도망갈 수밖에 없었다(왕상 12:18). 결과적으로 이 사건은 왕국의 분열을 확인하는 결과를 가져오게 되었다. 그리고 온 이스라엘은 애굽에서 돌아온 여로보암을 공회로 청하여 왕으로 세웠다(왕상

12:20). 그러자 유다 왕 르호보암은 그의 왕국을 회복하기 위하여 군사적인 힘으로 제압하려고 했다(왕상 12:21). 그러나 하나님의 말씀이 하나님의 사람 스마야에게 임하여 싸우지 말고 돌아가라고 하면서 "이 일이 나로 말미암아 난 것이라"(왕상 12:24)고 전하게 했다. 이것은 나라의 분열은 르호보암과 그를 지지하는 어린 사람들에 의해 이루어진 것처럼 보이지만 하나님의 섭리 가운데 있는 일이라는 것이다. 하나님의 섭리 가운데 나라가 분열되었다면 르호보암의 책임은 없는가? 그렇지 않다. 비록 하나님이 솔로몬이 언약을 배반하므로 왕국을 분열시킬 것이라 말씀하셨다 할지라도 노인들의 자문을 버리고 어리석게 판단하고 결정한 르호보암의 책임도 있다(웨스트민스터 신앙고백서 3장 "하나님의 영원한 작정" 1항; 5장 4항).

> 하나님께서 일어날 모든 일들을 영원부터 지극히 지혜롭고 거룩한 뜻을 자유롭게 불변하게 정하셨다. 그렇다 하여도 죄의 조성자가 아니실 뿐만 아니라, 피조물의 의지에 폭력을 가한 것도 아니시며 제2원인들의 자유나 우연성을 제거하지 않고 오히려 세우신다(웨스트민스터 신앙고백서 3장 "하나님의 영원한 작정" 1항).

> 이 모든 일들을 지극히 지혜롭고 강력하게 제한하고 때로는 조정하고 통치하신다. 그럼에도 모든 허물은 하나님이 아니라 오직 피조물에게서 비롯된다(웨스트민스터 신앙고백서 5장 "섭리" 4항).

하나님이 여로보암을 왕으로 세워 한시적으로 다윗의 자손을 괴롭게 하겠지만 영원히 하지 않겠다는 점을 제외하고는 다윗에게 준 약속과 크게 다르지 않다(왕상 11:37-39). 하나님은 다윗이 행함같이 하나님의 율례와 명령을 지키면 다윗을 위하여 세운 것 같이 여로보암을 위하여 견고한 집을 세우고 이스라엘을 주실 것이라고 약속하셨다(왕상 11:38). 그러면 북 왕국 이스라엘도 하나님 나라와 그 나라를 이루기 위하여 하나님이 선택하신 공동체라면 하나님이 남과 북의 두 체제로 나뉘게 하신 목적은 무엇인가? 그것은 두 체제의 공존을 통하여 선의의 경쟁을 유도하신 것이다(송제근(2008b, 14-15), 특히 북 왕국에도 하나님이 선지자들을 보내어 기적을 행하시기도 하고, 말씀을 전하신 것은 그들도 하나님이 선택하신 언약 백성이라는 것을 보여 준다.

분열 왕국
시돈
다메섹
사르밧
헬몬산
레바논산
아람
두로
단
바산
하솔
악코
갈릴리 바다
아르묵 와디
갈멜산
므깃도
이스라엘
디르사
사마리아
지중해
암몬
이스라엘
세겜
부느엘
아벡
실로
욥바
벧엘
아이
길갈
미스바
베스본
깁브돈
라마
기브온
여리고
느보산
어나돗
에글론
예루살렘
베드바
아스돗
벳세메스
베들레헴
바알므온
아세가
아스글론
드고아
라기스
디본
헤브론
염해
아로엘
가사
유다
아르논 와디
갓
브엘세바
모압
네겝
소알
세렛 와디
아라바
에돔
보스라
Scale of Miles
0 5 10 20

(2) 이스라엘 왕 여로보암의 잘못된 종교정책(왕상 12:25-32)

이 문단은 여로보암이 세겜과 부느엘을 건축하여 요새화하고, 남 유다의 영향력을 두려워하여 단과 벧엘에 단을 세우고 제사제도를 왜곡시킨 내용을 기록하고 있다.

① 나라의 요새를 강화함(왕상 12:25)

여로보암은 왕이 된 후 에브라임 산지에 세겜을 건축하고 거기서 살며, 또 거기서 나가서 부느엘을 건축했다(왕상 12:25). 이것은 여로보암이 세겜을 수도로 정하고, 나라를 견고하게 하려고 성읍을 건축했다는 것이다. 에브라임 산지에 위치해 있는 세겜은 북 왕국의 첫 수도로 삼을 정도로 역사적으로 의미 있는 장소일 뿐만 아니라(창 12:6; 33:18-20; 수 8:30-35; 24:25, 32; 삿 9:6), 그리심산과 에발산이 위치해 있고 므낫세에서 브엘세바로 이어지는 도로를 포함하고 있기 때문에 전략적으로도 중요했다. 여로보암은 디르사로 수도를 옮기기 전까지는 이곳을 수도로 정하여 살았다(왕상 14:17 참조). 부느엘(פְּנוּאֵל)은 얍복강 가에 위치해 있는 곳으로 대상 무역로에 있었다.[59] 또한 이 길은 길르앗에서 다메섹으로 연결되었다(창 32:30; 삿 8:8). 여로보암이 이곳을 건축하여 요새화한 것은 이러한 지리적인 이유가 있었을 뿐만 아니라 길르앗 지역을 적군의 침입으로부터 방어하고자 한 것으로 보인다(카일 1988, 216). 이러한 여로보암의 행동은 당시 왕국이 분열된 후 불안정한 현실을 잘 파악하고 군사적인 목적과 경제적인 목적을 고려하여 내린 적절한 조치다.

② 여로보암의 잘못된 종교정책(왕상 12:26-32)

이 문단은 여로보암의 잘못된 종교정책이 무엇인지 설명한다. 그의 종교정책은 그의 왕권을 강화하려는 의도에서 비롯되었다. 그의 의도는 독백 형태로 "나라가 이제 다윗의 집으로 돌아가리로다. 만일 이 백성이 예루살렘에 있는 여호와의 성전에 제사를 드리고자 하여 올라가면 이 백성의 마음이 유다 왕 된 그들

---

59 부느엘은 창세기 32:30의 브니엘과 동일 지명이다.

의 주 르호보암에게로 돌아가서 나를 죽이고 유다의 왕 르호보암에게로 돌아가리로다"(왕상 12:26–27)라고 한 말에 잘 나타나 있다. 그가 이렇게 생각한 것은 하나님이 아히야 선지자를 통하여 주신 약속을 믿지 못했기 때문이다. 그 약속은 그가 만일 하나님이 명령한 모든 것을 지켜 행하면 다윗을 위하여 세운 것과 너를 위하여 같이 견고한 집을 세우고 이스라엘을 주신다는 것이다(왕상 11:38). 하나님의 약속을 믿지 못하면 결국 인간적인 방법을 의지할 수밖에 없다. 여로보암의 종교정책은 전체 이스라엘 역사에 치명적인 결과를 가져왔다. 그 정책은 네 가지로 정리할 수 있다.

첫째, 두 금송아지를 만들어 벧엘과 단에 두었다(왕상 12:28–29). 이는 여로보암이 북쪽에 사는 백성들이 예루살렘에 제사하는 문제로 야기될 수 있는 문제를 염려하였기 때문이다. 이곳에 제단을 세운 것은 여로보암 2세 시대에 아마샤가 벧엘을 가리켜 '왕의 성소요 나라의 궁궐'(암 7:13)이라고 말한 것으로 보아 왕의 공적인 통치철학을 반영하는 곳이라고 할 수 있다(그레이 1993, 468). 벧엘은 이스라엘의 예배 역사에서 중요한 위치를 차지하고 있었다(창 12:8; 28:11–19; 35:6–7; 삿 20:26–28; 삼상 7:16). 단은 헤르몬산 가까이에 위치해 있으며 이스라엘 땅 맨 북쪽에 위치해 있었고, 이방화된 예배가 사사시대에 시행되었던 곳이다(삿 18:30–31). 그런데 이 일에 대하여 저자는 "이 일이 죄가 되었으니 이는 백성들이 단까지 가서 그 하나에게 경배함이더라"(왕상 12:30)라고 했다. 이 정책은 십계명 가운데 두 번째 계명을 범하는 죄를 지었다(출 20:4–6). 그리고 첫 번째 계명(출 20:3)을 범하게 하였고, 특히 이방의 제사 의식이 들어오는 문을 열어 놓았다. 여로보암은 정치적 입지와 왕권강화라는 편의주의를 위하여 하나님을 섬기는 원리를 버렸다.

둘째, 산당들을 지었다(왕상 12:31). 이 산당들은 그때 지역적 예배 처소로 이스라엘 전역에 세운 것으로 보인다. 이 산당이 초기에는 긍정적인 기능을 한 것처럼 보이는 요소들도 있다. 그러나 저자가 여로보암의 행적 가운데 산당을 설명하고 있다.

셋째, 제사장을 세울 때 하나님이 정하신 레위 사람이 아니라 보통 사람들을 세웠다(왕상 12:31). 원래 하나님은 이스라엘 지파 가운데 아론의 자손을 제사장으로 삼도록 규칙을 주셨다(출 28:1–4; 신 18:1–8). 그러나 여로보암은 이러한 규칙을 무시하고 일반 사람을 제사장으로 세웠다. 이것은 그때 이스라엘 사회가 신정정치라는 점을 고려할 때 여로보암이 정치뿐만 아니라 종교에도 영향을 미치고, 왕의 행동을 지지해 줄 어용(御用) 제사장을 세운 것으로 볼 수 있다. 이 일은 대다수의 레위 지파 사람들이 조상들로부터 받은 기업을 버리고 유다로 내려갈 수밖에 없는 빌미를 제공했다(대하 11:14-15).

넷째, 하나님께 예배드리는 절기를 마음대로 바꾸었다(왕상 12:32). 이스라엘 절기는 크게 세 가지의 역사 절기가 있다. 그것은 유월절과 칠칠절과 초막절이다(참조. 신 16:1, 10, 13). 여로보암은는 절기를 여덟째 달 곧 그 달 열다섯째 날로 절기를 바꾸었다. 절기 가운데 어느 절기를 바꾸었는지는 명확하지 않으나 일곱째 달 15일에 드리는 초막절 절기를 대표적으로 말한 것 같다.

이러한 여로보암의 종교정책은 북 왕국이 멸망할 때까지 영향을 미쳤다. 이는 북 왕국 왕들의 행적을 평가할 때 '여로보암의 길로 행하며' 또는 '느밧의 아들 여로보암의 죄에서 떠나지 아니하였더라'라고 반복적으로 말하고 있기 때문이다(왕상 15:34; 왕하 10:29). 관심을 끄는 부분은 북 왕국의 왕들 가운데 이 죄에서 떠난 왕이 한 명도 없었다는 것이다.

(3) 여로보암의 종교정책과 행위에 대한 하나님의 평가(왕상 12:33-14:20)

이 문단은 여로보암의 잘못된 종교정책과 그의 행위에 대하여 하나님이 평가하시고 심판하시는 내용을 극적인 방법으로 설명한다.

① 여로보암의 종교정책에 대한 하나님의 사람의 예언(왕상 12:33-13:6)

여로보암은 자신이 세운 종교정책에 따라 벧엘에 쌓은 제단에 올라가 분향하고 있었다(왕상 12:33). 바로 그때에 하나님의 사람이 여호와의 말씀으로 말미암아 유다로부터 벧엘에 이르게 된 일을 소개한다(왕상 13:1).[60] 특이한 점은 이 이야기 안에서 '하나님의 사람'이라는 표현이 열다섯번이나 반복된다는 것이다. 이것은 히브리식 어법으로 볼 때 그가 하나님이 보내신 선지자 가운데 한 사람

---

60 '하나님의 사람'(אִישׁ אֱלֹהִים)이라는 용어는 성경에 선지자의 명칭으로 사용되는 '나비'(נָבִיא, 창 20:7, 선지자), '로에'(רֹאֶה, 대하 16:7, 선견자), '호제'(חֹזֶה, 삼하 24:11, 선견자)와 같은 의미이다.

이라는 것을 보여 주려는 것이다(왕상 13:1, 4, 5, 6×2, 7, 8, 11, 14×2, 21, 26, 29, 31). 이 하나님의 사람이 여호와의 말씀으로 말미암아 벧엘에 이르게 되었을 때 때마침 여로보암이 벧엘의 제단에서 분향하고 있었다(왕상 13:1). 하나님의 사람은 이 제단을 향하여 왕국이 분열된 이후 거의 300년이 지나 유다 왕이 되는 요시야(주전 640–609) 시대에 산당 제사장을 제물로 바칠 것이고 또 사람의 뼈를 그 제단 위에 사르게 될 것이라고 예언했다(왕상 13:2). 그리고 이 예언이 확실하다는 사실을 알려주는 징조로 "제단이 갈라지며 그 위에 있는 재가 쏟아지리라"(왕상 13:3)라고 했다. 바로 이때에 단을 향하여 저주하는 선지자를 본 여로보암은 손을 펴면서 "그를 잡으라"(왕상 13:4)라고 말했다. 그런데 여로보암의 편 손이 말라 다시 거두지 못했다(왕상 13:4). 그리고 바로 그 순간에 선지자를 통하여 하신 말씀을 확실히 이루실 것을 보여 주는 징조가 나타났다(왕상 13:5). 이러한 징조가 나타난 것은 이 단은 하나님이 미워하시는 것이고, 때가 되면 반드시 무너지게 되리라는 예언이 성취된다는 것을 보여 준다. 여로보암이 그의 편 손이 말라 다시 거두지 못한 채로 하나님의 사람(한 무명의 선지자)에게 하나님께 기도해 주도록 요청하자 손이 성하여 다시 회복되었다(왕상 13:6). 여기에 선지자가 예언한 메시지가 확실히 이루어진다는 것을 보여 주는 징조가 두 번이나 나타났다. 이후 역사에서 유다 왕 요시야는 산당 제사장을 제단 위에서 죽이고 뼈를 불살랐다(왕하 23:20).

② 말씀을 어긴 하나님의 사람이 죽임을 당함(왕상 13:7–32)

하나님은 선지자가 전한 예언을 확실히 이루신다는 것을 보여 주기 위하여 한 가지 사건을 준비하셨다. 그것은 한 사건을 통하여 하나님의 사람을 죽이신 일이다. 여로보암은 벧엘에서 일어난 사건을 보고 하나님의 사람을 초대하여 음식을 대접하고 예물을 주려고 하였다. 그때 하나님의 사람은 여호와께서 떡도 먹지 말며 물도 마시지 말고 왔던 길로 되돌아가지 말라고 하셨다는 이유로 거절했다(왕상 13:9). 이 소식을 벧엘에 사는 한 늙은 선지자가 그 아들을 통하여 듣고는 유다에서 온 선지자에게 자기와 함께 집으로 가서 음식을 먹자고 권하였다. 그때도 하나님의 사람은 여로보암에게 했던 동일한 말로 거절했다(왕상 13:17). 이 이야기에서 여호와께서 하신 말씀인 "떡도 먹지 말며 물도 마시지 말고 왔던 길로 되돌아가지 말라"는 말씀을 세 번이나 반복한다(왕상 13:9, 17, 22). 이 반복은 이 말씀의 중요성을 강조하기 위한 히브리식 문학적 표현양식이다. 그때 벧엘에 사는 나이 많은 선지자는 자신도 선지자라고 하면서 유다에서 온 선지자를 영접하여 음식을 먹여서 보내라는 계시를 받았다고 말했다. 그러나 이 일은 늙은 선지자가 유다에서 온 선지자를 속이기 위한 것이었다(왕상 13:18). 유다에서 온 하나님의 사람은 벧엘에 사는 늙은 선지자에게 속아 집에 가서 음식을 먹었다. 이때 여호와의 말씀이 늙은 선지자에게 임하여 여호와의 명령을 지키지 않고 떡을 먹고 물을 마셨기에 죽임을 당할 것이라고 예언했다(왕상 13:21–22). 그리고 이 예언의 말씀대로 하나님의 사람은 길을 가다가 사자(獅子)에게 죽임을 당했다(왕상 13:24). 이 일을 듣고 늙은 선지자는 의미심장한 말을 했다. "이는 여호와의 말씀을 어긴 하나님의 사람이로다. 여호와께서 그에게 하신 말씀과 같이 여호와께서 그를 사자에게 넘기시매 사자가 그를 찢어 죽였도다"(왕상 13:26; 참조. 왕상 13:22). 그런데 늙은 선지자가 하나님의 사람이 죽임 당한 현장에 가서 보니 사자는 시체를 먹지도 아니했고 나귀도 찢지 아니한 것을 발견했다(왕상 13:28).

왜 벧엘에 있는 늙은 선지자는 유다에서 온 하나님의 사람(한 무명의 선지자)을 속여서 죽게 하였을까? 어떤 사실을 보여 주기 위한 것일까? 그것은 유다에서 온 하나님의 사람이 벧엘과 모든 산당에 대하여 한 예언이 확실하게 성취가 된다는 것을 실물로 보여 주려는 것이다(왕상 13:31–32). 하나님의 말씀을 거역할 때 하나님의 종이라고 할지라도 죽이신 것을 생각할 때 여로보암은 어떤 생각을 가졌을까? 이 모든 사건은 여로보암이 단과 벧엘에 금송아지를 만든 일과 하나님이 정한 규칙대로 제사장을 세우지 않거나 절기를 바꾼 잘못된 종교정책에 대하여 주신 메시지다.

실제로 이러한 몇 가지 사건을 통하여 예언한 대로 이 예언은 요시야 시대에 성취가 되었다(왕하 23:15–20). 여로보암(주전 931/930–910)이 왕이 된 해는 주전 931/930년으로 추정할 때 요시야(주전 640–609) 18년(주전 622)에 율법책을 발견한 후에 성취가 되었다는 점을 고려한다면 300년이 지난 후에 성취되었다.

③ 하나님의 예언에 대한 여로보암의 반응(왕상 13:33–34)

하나님의 사자를 통하여 주신 징표들과 그에게 일어난 변화를 보고 여로보암은 회개하고 단과 벧엘에 있었던 금송아지를 철거하고 하나님의 말씀대로 제사를 회복하였을까? 불행히도 그는 이러한 실물교훈과 말씀의 확실함을 보았는데도 회개하지 못했다. 그래서 이 이야기를 하면서 저자는 "여로보암이 이 일 후에도 그의 악한 길에서 떠나 돌이키지 아니하고 다시 일반 백성을 산당의 제사장으로 삼되 누구든지 자원하면 그 사람을 산당의 제사장으로 삼았으므로 이 일이 여로보암 집에 죄가 되어 그 집이 땅 위에서 끊어져 멸망하게 되니라"(왕상 13:33–34)라고 했다. 이 뒤의 역사를 보면 저자가 설명한 대로 그와 그 온 집이 멸문을 당했다. 여로보암의 아들 가운데 하나인 아비야는 병들어 죽었고(왕상 14:1, 17), 그가 죽은 후 나답이 왕이 되었으나 바아사가 여로보암 온 집을 쳐서 멸했다(왕상 13:34; 15:29–30).

④ 여로보암의 아들의 죽음과 관련된 선지자 아히야의 예언(왕상 14:1–18)

이 문단은 여로보암의 아들 아비야가 병든 이야기와 이와 관련하여 아히야 선지자가 한 예언을 담고 있다. 여로보암의 아들 아비야가 병이 들었다(왕상 14:1).[61] 그때 여로보암은 자기 아내를 변장하게 하여 실로에 있는 선지자 아히야에게 가게 했다. 이것은 선지자 아히야가 나이가 많아 육체적으로 눈이 어두워 보지 못한다는 것을 염두에 둔 것처럼 보인다(왕상 14:4). 그러나 선지자 아히야는 육체적인 눈은 어두웠지만 여호와께서 그 모든 사실을 미리 알게 해 주셨다. 이러한 사례는 성경 여러 곳에 나타난다(삼상 9:15–17; 왕하 6:32). 선지자 아히야가 한 예언은 다섯 가지로 요약할 수 있다. 첫째, 하나님의 명령을 지키지 않고 우상을 숭배한 일을 정죄했다(왕상 14:8–9). 둘째, 여로보암의 가문에 날 남자는 예외 없이 다 죽을 것이다(왕상 14:10). 셋째, 병든 아들 아비야도 죽을 것이다. 그러나 아비야는 여호와를 향하여 선한 뜻을 품었기 때문에 온 이스라엘이 슬퍼할

61 열왕기상 14:12에서는 '아이'가 히브리어로 '예레드'(יֶלֶד)로 나타나 있는데 르호보암을 자문했던 어린 사람들과 같은 단어이고, 열왕기상 14:17에서도 '아이'라고 되어 있으나 히브리어로 '나아르'(נַעַר)인데 무기를 들고 싸울 수 있는 청년을 지칭하는 단어이다(창 14:24; 삼상 30:17). 그래서 아비야는 젊은 청년으로 이해할 수 있다.

것이며 유일하게 묘실에 들어가게 될 것이다(왕상 14:12-13). 넷째, 여로보암 왕조는 끊어지고 새 왕조가 들어서게 될 것이다(왕상 14:14). 다섯째, 여로보암의 죄로 말미암아 유브라데강 너머로 포로로 끌려가게 될 것을 예언했다(왕상 14:15-16).

선지자 아히야의 예언대로 세 번째 예언은 여로보암의 아내가 디르사에 있는 집으로 돌아가자마자 즉시 현실로 이루어졌다(왕상 14:17). 이 일에 대하여 저자는 "여호와께서 그의 종 선지자 아히야를 통하여 하신 말씀과 같이 되었더라"(왕상 14:18)라고 설명했다. 당시 바벨론 포로로 끌려가 있었던 언약 백성들은 이 역사를 읽고 어떤 생각을 하게 되었을까?

⑤ 여로보암의 죽음(왕상 14:19-20)

저자는 한 왕의 이야기를 끝내는 형식적 문구로 여로보암이 어떻게 싸웠고, 어떻게 통치했는지에 대한 정보는 '이스라엘 왕 역대지략'에 기록되었으며, 22년 동안 통치하다 죽었고(주전 930-909), 그의 아들 나답이 대신하여 왕이 되었다고 하면서 여로보암의 이야기를 끝맺는다(왕상 14:19-20). 하우스(House 2003, 185)는 열왕기서에 나오는 여로보암을 솔로몬과 히스기야, 그리고 요시야보다 더 중요한 인물이라고 했다. 그것은 그가 솔로몬의 범죄를 벌하기 위한 하나님의 도구였을 뿐만 아니라 그의 종교정책은 이스라엘과 유다에 부정적인 영향을 주어 나라를 멸망하게 만드는 요인이 되었기 때문이다.

(4) 유다 왕 르호보암, 아비야, 아사의 통치(왕상 14:21-15:24)

이 문단은 북 왕국 여로보암이 통치할 때 시기적으로 맞물려 있는 유다의 르호보암과 아비얌(=아비야)과 아사의 행적에 대한 내용이다. 저자가 열왕기서를 기록할 때 르호보암이 왕이 되어 분열하게 된 표면적인 원인을 제공한 어리석은 결정을 내리는 사건(왕상 12:1-20) 이후에 북 왕국 여로보암이 통치할 때 남 왕국을 통치했던 유다의 왕들의 행적을 여기서부터 기록하고 있다. 특히 유다는 북 왕국 이스라엘과 달리 배교와 개혁의 구조가 반복된다는 특징이 있다.

① 유다 왕 르호보암의 통치(왕상 14:21–31)

르호보암이 왕위에 오를 때의 나이는 41세였고, 17년 동안(주전 930–913) 통치했다. 특히 저자는 그가 통치한 나라를 설명하면서 "여호와께서 자기 이름을 두시려고 이스라엘 모든 지파 가운데에서 택하신 성읍 예루살렘"(왕상 14:21)이라고 했다. 이 표현은 신명기적인 특징으로(신 12:5, 11, 21; 14:23; 16:6; 왕상 8:16; 대하 12:13; 시 132:13 등), 신명기의 핵심 사상인 언약을 준수해야 개인의 미래와 국가의 미래가 있다는 것을 보여 주기 위한 것이다. 그리고 유다 왕들을 소개하는 특징 가운데 하나는 어머니의 이름을 소개한다는 것이다. 저자는 르호보암의 어머니를 '나아마요 암몬 사람'(왕상 14:21)이라고 소개하고 있는데, 신앙적인 영향을 누구에게 받았느냐를 보이기 위한 것이다. 저자는 르호보암의 통치의 특징을 신명기 언약에 근거하여 판단하기를 "유다가 여호와 보시기에 악을 행하되"(왕상 14:22)라고 하면서 그 악을 "산 위에와 모든 푸른 나무 아래에 산당과 우상과 아세라 상을 두었고, 남색하는 자도 있었다"(왕상 14:23–24)라고 기록하고 있다. 여기서 '남색하는 자'는 히브리어로 '카데이쉬'(קָדֵשׁ)인데, 열왕기상 15:12에서는 복수로 사용했다. 이 단어는 '거룩'을 의미하는 '코데쉬'(קֹדֶשׁ)와 같은 어근을 가지고 있다. 이것은 언어유희(word play)로 동일 어근이나 유사발음을 사용하여 원래 용법과 다르게 사용하여 의미를 전달한다. 언약 백성이 거룩한 삶을 살아야 하는데 남색하는 자로 살고 있다는 것이다.

르호보암 5년에 애굽 왕 시삭이 올라와 예루살렘을 쳤다(왕상 14:25). 이 일로 말미암아 르호보암은 성전과 왕궁의 보물을 빼앗겼고, 특히 솔로몬이 만든 금 방패(들)도 빼앗겼다. 그래서 그는 금 방패 대신 놋으로 만든 방패를 만들었다(왕상 15:27–28). 이는 이 전쟁으로 말미암아 나라가 경제적으로 큰 어려움에 빠졌음을 보여 준다. 이 사건의 원인은 여호와를 버렸기 때문이다. 역대기에 선지자 스마야를 통하여 르호보암과 방백들에게 여호와를 버리므로 여호와께서도 유다를 버려 시삭의 손에 넘겼다고 말했다(대하 12:5). 이 일로 말미암아 일시적이긴 하지만 유다가 여호와께 겸비하여 여호와 신앙을 회복하기도 했다(대하 12:7, 12).

솔로몬의 죽음에 대한 기록(왕상 11:41–43) 이후에 유다 왕으로는 처음으로 왕의 통치 행위에 대한 축약된 형식적 문구가 나타난다(왕상 14:29–31). 저자는 르호보암의 남은 사적은 '유다 왕 역대지략'에 기록되었다고 하면서도, 북 왕국과 계속하여 전쟁을 했다는 사실을 간략하게 소개한다. 르호보암을 대신하여 왕이 된 사람은 그의 아들 '아비얌'이다(왕상 14:31; 15:1, 7, 8). 역대기에서는 그의 이름이 '아비야'로 나타나 있다(대하 12:16; 13:1 등).

② 유다 왕 아비야(=아비얌)의 통치(왕상 15:1–8)

르호보암의 뒤를 이어 유다 왕이 된 아비얌은 불과 3년(주전 913–911)이라는 짧은 기간 동안 통치했다(왕상 15:1). 그런데 아비얌은 그의 마음이 그의 조상 다윗의 마음과 같지 아니하여 여호와 앞에 온전하지 못했다(왕상 15:3). 그러한 데도 저자는 여호와께서 그로 하여금 다윗의 뒤를 잇게 하시고 예루살렘을 견고하게 하신 것은 다윗이 헷 사람 우리아의 일 외에 평생에 여호와 보시기에 정직하게 행하고 그 명령을 지켜 행하였기 때문이라고 했다(왕상 15:4–5). 이러한 저자의 설명은 여호와께서 다윗에게 주신 약속 때문에 유다를 붙드셨다는 것을 알게 한다.

③ 유다 왕 아사의 통치(왕상 15:9–24)

아비얌이 죽은 후 아사가 유다 왕이 되어 41년 동안(주전 910–869) 통치했다(왕상 15:9–10). 그런데 아사의 어머니가 마아가로 나오고 있다(왕상 15:10). 아비얌과 아사의 어머니가 동일인으로 나온다는 것은 아비얌의 아들이 아니라 형제라고 볼 수 있다. 그런데 열왕기상 15:8에는 아사를 '그의 아들', 곧 아비얌의 아들이라고 했다. 그러면 마아가는 아사의 어머니가 될 수 없다. 맛소라 본문의 '임모'(אִמּוֹ)는 단순히 '그의 어머니'이기 때문에 아사의 어머니로 보아야 한다. NIV에는 '할머니'(grandmother)로 번역했고, NASB는 '국모'(queen mother)로 번역했다.

저자는 아사의 통치 행위를 "그의 조상 다윗 같이 여호와 보시기에 정직하게 행했다"(왕상 15:11)고 하면서 긍정적인 빛으로 평가했다. 아사는 당시에 '남색하는 자들'(하커디쉼, הַקְּדֵשִׁים)을 쫓아내었고, '우상들'(하길루림, הַגִּלֻּלִים)을 없앴다. 우상은 어원학적으로 원형으로 조각된 것을 의미한다(그레이 1993, 518). 그리고 당시 태후였던 마아가가 가증스러운 아세라 상을 만들었기 때문에 태후의 위를 폐했다(왕상 15:13). 그러나 아사는 산당들을 제거하지 않았다. 이스라엘 백성들은 여호와를 예배하기 위하여 이방의 신전이나 산당을 사용해서는 안 된다(민 33:52; 신 7:5; 12:3). 하나님이 허락하신 곳에서만 예배해야 한다. 그러나 솔로몬 시대(왕상 3:2)나 아사 시대까지는 이방의 산당이 여호와 하나님을 예배하기 위하여 사용되기도 했다. 특히 아사의 통치 행위를 다른 시각에서 묘사하고 있는 역대하 14:3에서는 산당을 없앴다고 기록하고 있는 반면에 역대하 15:17에서는 산당을 제거하지 않았다고 기록하고 있다. 반노이(Vannoy 2002a, 476, 505)는 역대하 14:3에서 설명하는 산당은 이방의 가나안의 신들에게 제사하는 곳이고, 열왕기상 15:14과 역대하 15:17은 여호와 하나님을 예배하는 곳으로 보았다. 이것은 열왕기서에 나오는 산당을 모두 부정적으로 보아서는 안 된다는 것이다. 그리고 아사는 우상을 제거할 뿐만 아니라 성전의 기능을 잘 수행할 수 있도록 성전의 기물들을 지원했다(왕상 15:15). 우상을 제거하는 일과 함께 성전에서 하나님을 예배하는 일이 정상적으로 수행되도록 하는 일도 중요하기 때문이다.

이러한 아사의 종교개혁과 함께 저자는 그의 통치 말년에 있었던 국경분쟁과 관련된 한 불행한 사건을 기술한다(왕상 15:16–22). 역대기 사가는 이 사건을 좀 더 자세하게 설명한다(참조. 대하 16:1–14). 저자는 이 사건이 언제 일어났는지 기록하지 않지만 역대하 16:1에 보면 아사 왕 36년, 곧 주전 876년에 발생한 사건으로 나타나 있다. 르호보암과 여로보암 이후인 아사와 바아사 시대에도 유다와 이스라엘 사이에 계속 전쟁이 있었다(왕상 15:16). 그중에 바아사는 유다를 치러 와서 라마를 건축하여 유다 왕 아사와의 왕래를 막으려고 했다(왕상 15:17). 이때 아사 왕은 아람 왕 벤하닷에게 사람을 보내어 당시 북 왕국 이스라엘과 맺고 있었던 조약관계를 파기하는 조건으로 여호와의 성전 곳간과 왕궁 곳간에 남은 은금을 보냈다(왕상 15:18–19). 이에 벤하닷은 아사 왕의 제안을 받아들이고 그의 군대 지휘관들을 보내어 이스라엘 성읍들을 치되 이욘과 단과 아벨벧마아가와 긴네렛 온 땅과 납달리 온 땅을 쳤다. 라마는 남쪽 유다와 경계 지역에 위치해 있었는데, 북쪽 이스라엘 편에서 보면 최남단에 위치해 있어 북쪽을 공격하였기 때문에 군사를 돌이키는 일은 당연하다. 그래서 바아사는 라마에 성을 세우는 일을 중단하지 않을 수 없었다(왕상 15:21). 이 상황에서 아사 왕은 바아사가 라마를 건축하던 돌과 재목을 운반하여 베냐민의 게바와 미스바를 건축했다(왕상 15:22).

이 일은 인간적인 관점에서 볼 때 매우 훌륭한 전술로 보인다. 그러나 역대하 16:1–14에서 선지자 하나니는 이 행동에 대하여 과거의 역사 가운데 아사가 직접 경험한 구스 사람과 룹 사람이 큰 군대를 이끌고 쳐들어왔을 때의 역사를 실례로 들어 책망했다(대하 16:8; 참조. 대하 14:9–15). 그것은 하나님이 아사의 행동을 하나님을 찾는 행동으로 보지 않았다는 것이다. 그리고 그는 하나님을 찾는 대신에 이방인의 세력을 끌어들였다. 그 결과 아사는 왕이 된지 39년, 곧 주전 871년에 발이 병들어 심각한 상태가 되었다. 그런데도 아사는 여호와께 구하지 아니하고 의원들에게 구했다(대하 16:12). 열왕기서 저자는 이 사실을 기록하지 않고 "늘그막에 발에 병이 들었더라"(왕상 15:23)라고만 기록하고 있다. 이 병행 본문을 보아 우리는 아사가 그의 통치 말년에 하나님을 의지하지 않았고, 그 결과 어떻게 되었는지 알 수 있다.

(5) 이스라엘 왕 나답, 바아사, 엘라, 시므리, 오므리, 아합의 통치(왕상 15:25–16:34)

이 문단은 남 왕국 아사(주전 911–870)가 통치할 때 북 왕국 이스라엘을 통치하던 나답, 바아사, 엘라, 시므리, 오므리, 아합의 이야기이다. 특히 북 왕국은 잦은 쿠데타로 말미암아 정권이 자주 바뀌고, 이와 함께 선지자 역할이 두드러지게 나타나고 있다는 특징을 보이고 있다. 북 왕국의 아홉 왕조 가운데 첫 번째 왕조를 연 여로보암을 제외하곤 나머지 여덟 왕조가 모두 쿠데타에 의해 정권이 바뀌었다. 쿠데타를 통하여 새로운 왕조를 연 왕들은 바아사(왕상 15:27–28), 시므리(왕상 16:9–10), 오므리(왕상 16:17), 예후(왕하 9:24), 살룸(왕하 15:10), 므나헴(왕하 15:14), 베가(왕하 15:25), 호세아(왕하 15:30) 등이다. 특별히 저자는 이들에 대해 하나님이 선지자를 보내어 말씀하시고 그 말씀하신 대로 성취하게 되었다거나, 여호와 보시기에 악을 행했다고 기술한다.

① 이스라엘 왕 나답의 통치(왕상 15:25–32)

나답은 북 왕국 이스라엘의 초대 왕이었던 여로보암의 아들이었으며 2년 동안 이스라엘을 다스렸다(왕상 15:25). 저자는 그의 통치 행위를 평가할 때 그가 다스리는 동안에 많은 일들이 있었지만 "그가 여호와 보시기에 악을 행하되 그의 아버지의 길로 행하며 그가 이스라엘에게 범하게 한 그 죄 중에 행한지라"(왕상 15:26)라고 했다. 그는 아버지가 행한 잘못된 종교정책을 따라갔다(참조. 왕상 12:26–33). 그런데 잇사갈 자손 중에 바아사가 전쟁 중 모반을 하여 블레셋 사람의 땅에 있는 나답을 깁브돈에서 죽였다(왕상 15:27). 깁브돈은 여호수아 시대에 단 지파가 분배받은 지역이었다(수 19:44). 그런데 그때 블레셋 사람이 이 땅을 차지하고 있었기 때문에 나답은 이 땅을 정복하기 위하여 깁브돈을 포위하고 있었다. 바아사는 이 틈을 타서 나답을 죽이고 왕이 되어, 여로보암의 온 집을 쳐서 생명 있는 자들을 다 죽였다(왕상 15:28–29).

이 상황을 볼 때 나답이 바아사의 쿠데타로 죽임을 당한 것은 정치적이거나 군사적인 요인이 작용하였을 수 있다. 그러나 저자는 "여호와께서 그의 종 실로 사람 아히야를 통하여 하신 말씀과 같이 되었다"(왕상 15:29)라고 설명한다. 이것은 여로보암이 하나님을 버린 것이 원인이 되어 하나님이 심판하신 것으로 보았다는 것이다. 그렇다고 해서 나답이 여호와 앞에 악을 행하고 그의 아버지의 길로 행한 책임이 없는 것은 아니다.

② 이스라엘 왕 바아사의 통치(왕상 15:33–16:7)

유다의 아사 왕 셋째 해, 곧 주전 909년에 바아사가 왕이 되어 24년간 통치하였다. 그는 이스라엘 역사에서 쿠데타로 정권을 잡은 첫 번째 왕이다. 그는 디르사에서 왕이 되었다. 디르사는 오므리가 사마리아로 수도를 옮길 때까지 북 이스라엘의 수도였다(왕상 16:23). 그리고 저자는 바아사의 많은 행적 가운데 하나님과 맺은 언약관계에서 그의 행적을 평가한다. 그것은 "여호와 보시기에 악을 행하되 여로보암의 길로 행하며 그가 이스라엘에게 범하게 한 그 죄 중에 행했다"(왕상 15:34)는 것이다. 이것은 여로보암의 죄가 얼마나 치명적이고 광범위하게 영향을 미쳤는지 알 수 있게 한다.

바아사가 여로보암의 길을 따랐기 때문에 하나님이 그를 정죄하기 위하여 선지자 예후를 보내셨다. 여호와께서 선지자 예후를 통하여 "내가 너를 티끌에서 들어 내 백성 이스라엘 위에 주권자가 되게 하셨다"(왕상 16:2)고 하셨다. 이로 볼 때 하나님이 그를 들어 하나님의 백성들을 잘 다스리도록 세우셨다는 것을 알 수 있다. 그러나 바아사는 이스라엘 백성들로 하여금 여로보암의 길로 행하게 하고, 범죄하게 하였기 때문에 여호와께서는 여로보암의 집 같이 되게 하실 것이라고 하셨다(왕상 16:3-4). 이후의 역사를 보면 선지자 예후를 통하여 하신 말씀이 성취되었음을 알 수 있다(왕상 16:11-12).

③ 이스라엘 왕 엘라의 통치(왕상 16:8-14)

엘라는 아버지 바아사의 대를 이어 이스라엘 왕이 되어 2년 동안(주전 886-885) 통치했다(왕상 16:8). 엘라는 천박하게 죽임을 당했다. 왜냐하면 그가 당시의 수도였던 디르사에서 '왕궁 맡은 자 아르사의 집에서 마시고 취할 때' 병거의 절반을 거느린 신하 시므리가 쿠데타로 그를 죽였기 때문이다(왕상 16:9-10). 당시 이스라엘 군대가 블레셋 사람에게 속한 깁브돈을 향하여 진을 치고 전쟁 중에 있었다는 점을 고려한다면(왕상 16:16) 엘라의 행동은 왕으로서 바른 처신이 아니었다. 시므리는 엘라를 죽일 뿐만 아니라 바아사 온 집안 사람들을 한 사람도 남기지 않고 다 죽였다. 이렇게 함으로 선지자 예후를 통하여 하신 예언을 성취했다(왕상 16:12).

④ 이스라엘 왕 시므리의 통치(왕상 16:15-20)

술에 취한 엘라를 쿠데타로 죽이고 왕이 되었던 시므리는 이스라엘의 세 번째 왕조를 열었으나 불과 7일 동안 통치하였다. 그는 이스라엘 역사에서 가장 짧은 기간 동안 통치했다. 시므리가 술에 취한 엘라를 죽이고 왕이 되었다는 소식을 듣고 당시 블레셋 사람에게 속한 깁브돈에 주둔해 있었던 군대가 오므리를 왕으로 옹립하고 깁브돈에서 수도 디르사를 포위했다(왕상 16:16-17). 그러자 시므리는 성읍이 함락됨을 보고 왕궁 요새로 들어가서 왕궁에 불을 지르고 죽었다(왕상 16:18). 이 일은 북 왕국 이스라엘이 수도를 옮기는 중요한 요소로 작용했다.

⑤ 이스라엘 왕 오므리의 통치(왕상 16:21-28)

블레셋 땅에 있는 깁브돈에서 회군한 군대가 오므리를 왕으로 세워 디르사를 함락하고 시므리가 자살하므로 오므리가 곧바로 왕이 된 것은 아니다. 왜냐하면 이스라엘 백성들이 둘로 나뉘어 내전에 돌입하게 되었기 때문이다(왕상 16:21). 이 내전의 상대는 기낫의 아들 디브니였다. 이 내전의 결과 오므리가 디브니를 따르는 백성들을 이기고 왕이 되었다. 이때가 '유다의 아사 왕 제 삼십일년'(왕상 16:23)으로 주전 880년이다. 오므리는 시므리가 죽은 후 아사 왕 27년, 곧 주전 884년에 왕이 되었다. 그러나 실제로 전체 이스라엘의 왕이 된 것은 주전 880년이기 때문에 약 5년간의 내전이 있었다는 것을 알 수 있다(왕상 16:15). 그는 내전과 디르사에서 통치한 6년을 포함하여 12년 동안 통치했다(왕상 16:23).

오므리는 디르사에서 6년을 통치한 후에 은 2달란트로 세멜에게서 산을 사서 수도를 사마리아로 옮겼다. 이 일은 시므리가 죽을 때 수도의 왕궁을 불태웠기 때문에 필요성 때문이기도 하였지만 지리적인 위치도 중요하다. 와이즈맨(Wiseman 1993, 161)은 세겜(현대의 Nablus)에서 북서쪽으로 8km 정도 떨어진 현대의 세바스티예(Sebastiyeh)인 사마리아를 발굴한 결과 100m 높이의 언덕에 오므리가 첫 건축자였다는 것을 보여 준다고 하면서 이곳은 여러 번의 포위에도 견뎌 낼 수 있을 정도로 좋은 선택이었다고 했다(왕상 20:1–21; 왕하 6:24–25; 18:9–10). 지리적 여건으로 볼 때 사마리아는 두로와 시돈과 교역하여 지중해로 연결할 수 있는 위치에 놓여 있었다. 사마리아는 주전 722년에 앗수르에 멸망하여 파괴될 때까지 북 왕국 이스라엘의 수도였다.

오므리가 이러한 정치적인 능력을 발휘하여 새로운 수도를 건설했다고 할지라도 저자는 그의 신앙적인 행적을 중심으로 평가한다. 특히 오므리가 여호와 앞에 악을 행하되 "그 전의 모든 사람보다 더욱 악하게 행했다"(왕상 16:25)고 평가했다. 그가 행한 악한 일 가운데 무엇이 여로보암의 길을 따른 것보다 더 악한 행동이었을까? 그것은 가나안의 신인 바알을 받아들인 일일 것이다. 그것은 여로보암의 길로 행한 일과 함께 두로와 시돈의 왕 엣바알과 동맹을 맺고 그의 아들 아합과 엣바알의 딸 이세벨과 결혼했기 때문이다(왕상 16:31). 반노이(Vannoy 2002a, 476, 508)는 이 일을 그의 통치 초기로 보고 디브니와 그를 지지하던 세력들과 싸운 내전에서 엣바알의 힘을 빌렸을 것으로 본다. 오므리가 이스라엘에 가나안의 신인 바알 숭배를 확산시킨 일이 그 앞의 다른 왕들보다 더 여호와 앞에 악을 행한 것이다.

오므리의 남은 사적과 그가 부린 권세는 '이스라엘 왕 역대지략'에 기록되었다(왕상 16:27). 이 기록 외에 오므리에 대한 기록은 '모압 석비'(The Moabite Stone)에도 있다. 여기에 보면 그들의 신 그모스(Ghemosh)의 분노로 말미암아 이스라엘의 오므리가 통치할 때 이스라엘의 지배를 받았다는 사실을 기록하고 있다

(Williams 1989, 419). 이것은 당시 세계에서 오므리가 큰 영향력을 행사했다는 것이다.

⑥ 이스라엘 왕 아합의 통치(왕상 16:29–34)

오므리가 죽은 후에 유다 아사 왕 제삼십팔년, 곧 주전 874년에 그의 아들 아합이 왕이 되어 사마리아에서 22년간(주전 874–853) 다스렸다(왕상 16:29). 그런데 저자는 그의 많은 일들 가운데 특별히 종교정책에 대하여 설명한다. 그는 아합의 종교정책 가운데 여로보암의 죄를 오히려 가볍게 여기고 시돈 사람의 왕 엣바알의 딸 이세벨을 아내로 삼고 바알을 섬길 뿐만 아니라 사마리아에 바알 신전을 건축하고 제단을 쌓으며 아세라 상을 만들었다고 기록하고 있다(왕상 16:30–33). 그 결과 풍요와 다산을 주관한다고 생각한 가나안의 바알 숭배가 이스라엘에 들어오게 되었다. 이때에 제도화된 우상숭배가 과거보다 훨씬 강력하게 영향을 미쳤다(House 2003, 203–204).

그런데 아합의 아들들의 이름을 볼 때 그가 여호와 신앙을 완전히 버렸다고 볼 수 없는 요소들도 있다. 아합 다음에 왕이 된 그의 아들 '아하시야'(אחזיהו)는 '여호와께서 붙잡으신다'라는 뜻이고, 아하시야가 아들이 없이 죽자 왕이 된 아합의 또 다른 아들인 여호람(יהורם)은 '여호와께서 높이신다'는 뜻이다. 이러한 이름은 아합이 여호와를 예배하는 것을 바알 숭배로 대치하고자 한 것이 아니라 혼합주의적 방법으로 양자를 함께 취하려는 의도를 가졌음을 보여 준다(Vannoy 2002a, 476, 509).[62] 이러한 아합의 태도는 나봇의 포도원을 빼앗는 사건에서 잘 볼 수 있다(왕상 21:1–5). 박철현(2008, 57–73)은 이러한 아합을 가리켜 '성경의 햄릿, 아합'이라고 했다. 이렇게 말한 것은 그의 우유부단함과 여호와를 예배하는 일과 바알 숭배 사이에 어정쩡한 모습으로 서 있는 그의 태도를 비유적으로 묘사한 것이다.

아합의 배교 행위는 여호수아가 저주한 내용을 무시하고 여리고를 재건축하는 모습으로 나타났다. 이때 성의 기초를 쌓을 때에 맏아들 아비람을 잃었고, 그

62 이러한 이름의 분석을 통하여 특정 시대의 종교–사회적인 현상을 연구하는 방법론을 프로소포그라피(prosopography)라고 한다. 그레이(Gray 1896)는 이러한 방법론을 히브리인들의 이름 분석에 적용했다.

성문을 세울 때 막내아들 스굽을 잃었다. 저자는 이 사건을 가리켜 "여호와께서 눈의 아들 여호수아를 통하여 하신 말씀과 같이 되었다"(왕상 16:34)고 설명했다. 이러한 설명은 이스라엘이 가나안을 정복할 때 여리고 성을 무너뜨린 후에 여호수아가 "누구든지 일어나서 이 여리고 성을 건축하는 자는 여호와 앞에서 저주를 받을 것이라. 그 기초를 쌓을 때에 그의 맏아들을 잃을 것이요 그 문을 세울 때에 그의 막내아들을 잃으리라"(수 6:26)라고 저주한 말씀이 성취된 것으로 해석한 것이다.

이 말씀은 여리고에 집을 짓고 거주하며 생활하지 못하게 하셨다는 것을 의미하지는 않는다. 왜냐하면 이 땅은 역사적으로 베냐민 지파가 기업으로 받은 땅이며(수 18:21), 모세의 장인 겐 사람의 자손이 유다 지파와 함께 거주한 땅이기 때문이다(삿 1:16). 그리고 다윗 시대에 암몬 왕에게 보낸 신하들이 모욕을 당하고 돌아왔을 때 머물게 한 곳이기도 하다(삼하 10:5).

여호수아가 저주한 것은 가나안 정복 당시 하나님의 은혜와 능력으로 무너진 여리고 성을 다시 건축하지 못하게 무너진 채로 둘 것을 명한 것이다. 그런데 아합 시대에 벧엘 사람 히엘이 여리고를 건축하였고, 이 과정에서 맏아들 아비람을 잃었고 그 성문을 세울 때에 막내아들 스굽을 잃었다. 이것은 여호수아의 저주가 성취되었다는 것이다.

여호와께서 무너진 여리고 성을 재건하지 않고 폐허로 남겨 두게 하신 것은 중요한 목적이 있다. 그것은 여호와의 백성은 오직 믿음으로 하나님의 은사를 받는다는 것을 보여 주려는 것이다. 이스라엘이 가나안을 정복한 것은 군사적인 능력이나 무기의 힘이나 병법이 아니라 오직 믿음으로(히 11:30) 여리고 성이 무너지게 되었다는 것을 무너진 성벽에 새겨 놓으신 것이다(Van't Veer 1980, 14–15). 그러나 아합은 주전 1406년에 여리고 성이 무너진 채로 그때까지 532년 이상 지속되어 왔던 하나님의 은혜를 지워 버린 것이다.[63] 이것은 이 시대에 여호와 신앙이 단순히 혼합주의를 넘어 완전히 무시되었다는 것이다.

신약 시대에 하나님의 은혜를 기억하게 만드는 특별한 장치는 성경과 성찬만 있다. 성경은 주께서 여러 부분과 여러 모양으로 자기 자신을 계시하시고 교회

63 아합의 통치 기간은 주전 874–853년이기 때문에 여리고 성이 무너진 지 최소 532년 이상은 되었을 것이다.

를 향한 자기의 뜻을 선포하시고, 이 진리를 잘 보존하고 보급하며, 육신의 부패와 사탄과 세상의 악의에 대항하여 교회를 보다 확실하게 세우고 위로하실 목적으로 그 동일한 내용을 전부 기록하신 책이다(웨스트민스터 신앙고백서 1장 "성경" 1항). 그리고 성찬은 주께서 자기 몸과 피의 성례를 제정하시어 자기 교회에서 세상 끝날까지 준행하게 하셨다(웨스트민스터 신앙고백서 29장 "성찬"). 이는 주님께서 죽으심으로 자기 자신을 제물로 바치신 일을 항구적으로 기억하게 하며, 참 신자에게 미치는 그 희생의 은덕들, 그분 안에서 그들이 누리는 영적 양식과 성장, 그들이 그분께 다하여야 할 모든 의무를 이행하는 데까지 나아갈 것을 인치려함이다(웨스트민스터 신앙고백서 29장 1항).

그래서 오늘날 교회는 성경을 규칙적으로 읽고 공부하므로 하나님이 어떤 분이신지를 배우고 무엇을 기억해야 하며, 구속받은 성도들이 어떻게 살아야 하나님과 교제하며 사탄과 세상의 악의에 대하여 승리할 수 있는지를 배울 수 있다. 그리고 성찬을 규칙적으로 바르게 수행하여 십자가에 죽으신 은혜를 항상 기억하고, 그로 말미암아 받은 은혜들을 누리고 성도로서 합당한 삶을 살아야 한다.

3. 선지자 엘리야, 엘리사 시대(왕상 17:1-왕하 13:25)

아합의 혼합주의와 바알 숭배가 확장되어 하나님과 맺은 언약이 무시될 때 하나님은 두 사람의 위대한 선지자 엘리야와 엘리사를 세우셨다. 선지자 엘리야와 엘리사 이야기는 열왕기서 전체 구조에서 가장 중심 부분을 차지한다(왕상 17:1-왕하 13:25).[64] 이것은 선지자의 사역을 통하여 언약을 지키는 일의 중요성과 거기에 따른 복과 저주를 보여 주므로 언약의 백성들로 하여금 여호와 신앙을 회복하기 위한 것이다. 이 이야기는 선지자 엘리야 시대의 이야기(왕상 17:1-왕하 2:11)와 엘리사 시대의 이야기(왕하 2:12-13:25)로 구분할 수 있다.

64 열왕기서 구조에 대하여서는 "열왕기서 서론"의 문학적 구조에서 자세히 설명했다. 그런데 역사를 다른 시대에 다른 관점으로 기술한 역대기의 중심 부분과 비교해 보면 흥미로운 점이 있다.

내용 분해

(1) 엘리야와 바알의 갈등(왕상 17:1–18:46)

(2) 엘리야의 탈진과 회복(왕상 19:1–21)

(3) 아합이 아람과 전쟁함(왕상 20:1–43)

(4) 나봇의 포도원 이야기(왕상 21:1–29)

(5) 아합의 종말(왕상 22:1–40)

(6) 유다 왕 여호사밧의 통치(왕상 22:41–50)

(7) 이스라엘 왕 아하시야의 통치(왕상 22:51–왕하 1:18)

(8) 엘리사가 엘리야를 계승함(왕하 2:1–25)

(9) 엘리사와 이스라엘과 모압의 전쟁(왕하 3:1–27)

(10) 엘리사가 행한 기적들(왕하 4:1–6:23)

(11) 엘리사와 포위된 사마리아(왕하 6:24–7:20)

(12) 수넴 여인의 땅을 회복함(왕하 8:1–6)

(13) 엘리사가 아람 왕 하사엘의 압제를 예언함(왕하 8:7–15)

(14) 유다의 여호람과 아하시야(왕하 8:16–29)

(15) 이스라엘의 예후(왕하 9:1–10:36)

(16) 유다의 요아스(왕하 11:1–12:21)

(17) 이스라엘의 여호아하스와 요아스(왕하 13:1–25)

내용 해설

(1) 엘리야와 바알의 갈등(왕상 17:1–18:46)

선지자 엘리야는 북 왕국의 아합(주전 874–853)과 아하시야(주전 853–852) 시대에 주로 활동하다가 여호람(주전 852–841) 시대에 하늘로 올라갔다(왕하 1:17; 2:11). 당시 이스라엘은 혼합주의와 바알 숭배가 깊숙하게 영향을 미치고 있었다. 이러한 시대 상황에서 엘리야는 이들과 대적하고 여호와 하나님을 섬기고 하나님과 맺은 언약의 말씀에 따라 살아야 한다는 것을 여러 기적들을 행하므로 보여 주었다.

① 엘리야의 가뭄 선포(왕상 17:1)

엘리야(אֵלִיָּהוּ)라는 이름의 뜻은 '나의 신은 야웨(=여호와)다'이다. 그의 이름 자체가 그가 전하는 메시지의 핵심을 담고 있다(왕상 18:21, 39). 그것은 당시 아합과 이세벨의 신은 바알이지만 엘리야의 신은 여호와라는 것이다. 그는 바알 숭배와 거기에 빠진 백성들을 책망하며 언약 백성의 정체성을 회복하도록 하기 위해 보냄을 받은 선지자였다. 그는 하나님의 말씀에 따라 비와 이슬이 내리지 않을 것이라고 선포했다(왕상 17:1). 비와 이슬은 사람의 생명을 유지하고 농사하는 일에 절대적으로 필요하다. 구약성경에 익숙한 자라면 이 말씀이 언약에 기록된 저주라는 것을 알 수 있다. 왜냐하면 율법에 언약의 말씀을 지켜 행하면 비와 이슬을 내리겠지만, 언약을 버리면 이 모든 것을 거둘 것이라고 선언하셨기 때문이다(레 26:3-4; 신 28:23-24). 또한 당시 아합과 이세벨과 이스라엘 백성들이 섬겼던 바알은 가나안의 대표적인 신으로 생산과 농사와 연관된 비와 이슬을 주장하는 신으로 알려져 있었다. 이 점을 이해한다면 엘리야가 전한 말씀은 바알이 비와 이슬을 주장하거나 풍요를 주장하는 신이 아니라는 것을 보여 주는 것이다.

그런데 야고보서 5:17-18에 보면 "엘리야는 우리와 성정이 같은 사람이로되 그가 비가 오지 않기를 간절히 기도한즉 삼 년 육 개월 동안 땅에 비가 오지 아니하고 다시 기도하니 하늘이 비를 주고 땅이 열매를 맺었느니라"라고 했다. 이것은 야고보가 그때의 역사에서 엘리야가 기도한 것이라고 본 것이다. 이는 하나님의 주권과 기도의 관계를 잘 보여 준다. 그것은 하나님이 주권적으로 작정하고 계획하셨다고 할지라도 기도를 통하여 작정을 시행하신다는 것이다.

② 엘리야와 까마귀(왕상 17:2-7)

하나님은 엘리야를 그릿 시냇가에 숨기시고 거기서 까마귀를 통하여 떡과 고기를 먹이셨다. 그러나 땅에 비가 내리지 않아 시내가 말랐다(왕상 17:3-6). 율법의 말씀에 따라 언약의 말씀을 배반하면 비와 이슬을 거둘 것이라고 선언한 대로 언약의 저주가 시작된 것이다(레 26:3-4; 신 11:16-17; 28:23-24; 왕상 8:35-36). 하나님이 엘리야를 숨기신 것은 아합과 이세벨을 피하여 숨게 하신 의미도 있지만 자신의 백성들에게 선지자의 말씀을 듣는 복을 누리지 못하게 하시려는 것이다. 왜냐하면 이스라엘에 선지자가 있다는 것은 큰 복이기 때문이다(시 74:9).

③ 엘리야와 사르밧 과부(왕상 17:8–24)

하나님이 언약의 저주를 선포하시므로 그릿 시냇가가 마르자 하나님은 엘리야에게 바알 숭배의 본거지인 시돈에 속한 사르밧[65]으로 가게 하셨다(왕상 17:9). 왜 하나님이 이곳으로 보내셨을까? 바알 숭배의 중심지도 극심한 가뭄에 시달리고 있었다. 사르밧 과부가 가루 한 움큼과 기름 조금 남은 것으로 자신과 아들을 위하여 먹고 죽으려고 했다는 것은 이러한 상황을 알게 한다(왕상 17:12). 이것은 바알 숭배의 중심지도 하나님의 저주가 임하여 고통을 당하고 있고, 바알이 참된 신이 아니라는 것을 증거한다.

하나님은 엘리야 선지자가 가뭄 기간 동안 사르밧 과부로 하여금 음식을 공급받을 수 있도록 섭리하셨다(왕상 17:9). 그런데 하나님이 이렇게 계획하셨다 할지라도 사르밧 과부가 엘리야의 말을 믿고 순종하므로 엘리야만이 아니라 자신과 그녀의 아들도 가뭄 기간 동안 통의 가루가 떨어지지 아니하고 병의 기름이 없어지지 않게 하셨다(왕상 17:13–16). 당시 언약의 저주를 받아 가뭄이 심각한 상태에 놓여 있었을 때 이방 여인이 복을 받고 있다. 이것은 오직 그녀의 믿음으로 말미암아 언약적 축복에 참여하고 있는데, 이는 인간의 이성적인 표현으로는 설명할 수 없다(Van't Veer 1980, 103).

그러면 왜 이방 여인인 사르밧 과부에게 이러한 은혜를 주셨는가? 그것은 하나님과 맺은 언약의 말씀, 곧 신명기 32:21에 "그들이 하나님이 아닌 것으로 내 질투를 일으키며 허무한 것으로 내 진노를 일으켰으니 나도 백성이 아닌 자로 그들에게 시기가 나게 하며 어리석은 민족으로 그들의 분노를 일으키리로다"라는 말씀을 생각나게 하시려는 것이다. 바울은 "그들이 넘어짐으로 구원이 이방인에게 이르러 이스라엘로 시기나게 함이니라"(롬 11:11)는 말씀을 근거로 이방인이 구원을 받는다고 적용했다. 예수님께서도 고향 나사렛에서 복음을 전하셨

65 구약에서 '사르밧'이라고 한 지명을 신약에서 '사렙다'라고 번역하였지만(눅 4:26) 잘못된 음역이다. 히브리어 '차르파타'(צָרְפָתָה)의 음역으로 ה는 방위격이다. 이는 방향을 나타내는 것으로 '사르밧으로'라는 뜻이다.

으나 그들이 거부하자 엘리야를 시돈 땅에 있는 사르밧의 한 과부에게 보낸 사실을 언급하셨다(눅 4:26). 예수님이 왜 이 사실을 언급하셨을까? 그것은 이스라엘이 선지자의 말을 듣지 않으므로 하나님이 선지자를 이방인에게 보내셨고, 그의 말을 믿고 순종하는 자가 구원을 얻게 된 것 같이 복음을 믿고 순종하는 자가 구원을 얻는다는 사실을 보여 주시려는 것이다.

특이한 것은 하나님은 선지자 엘리야와 그에게 음식을 공급한 사르밧 과부를 보호하시는 은혜의 시간에 과부의 아들을 병들어 죽게 하셨다(왕상 17:17). 이 일은 과부에게 큰 슬픔을 안겨 주었다. 이때 과부는 엘리야에게 원망 섞인 말로 "하나님의 사람이여, 자신이 나와 더불어 무슨 상관이 있기로 내 죄를 생각나게 하고 또 내 아들을 죽게 하려고 내게 오셨나이까?"(왕상 17:18)라고 했다. 이때 엘리야가 아이를 위하여 간절하게 기도하므로 하나님이 들으시고 아이의 혼이 돌아오게 했다(왕상 17:20-23). 이 사건을 통하여 과부는 이미 가뭄 기간에 엘리야를 통하여 하나님의 은혜를 경험적으로 배운 바 있지만 엘리야를 하나님의 사람일 뿐만 아니라 여호와의 말씀이 진실한 줄 알게 되었다(왕상 17:24). 하나님은 왜 사르밧 과부에게 이러한 일들을 행하셨을까? 그것은 선지자가 있다는 것과 그 선지자가 전하는 말씀을 믿고 순종하며, 그에게 부르짖는 일이 큰 복이라는 것을 배우게 하시려는 것이다. 하나님이 이방인이라 할지라도 선지자에게 구할 때 병으로 죽은 자까지 살려 내신 것이 사실이라면 하물며 언약 백성이 구할 때 고침을 받지 않았겠는가!

④ 엘리야와 바알의 대결(왕상 18:1-40)

하나님은 가뭄을 선포하신지 거의 삼 년이 지났을 때 가뭄을 끝내고 비를 내릴 것이라고 작정하시고 엘리야에게 가서 아합에게 보이라고 하셨다(왕상 18:1-2; 참조. 왕상 8:35-36). 엘리야가 하나님의 말씀에 따라 아합에게 보이려고 갈 때 사마리아에 가뭄이 심했다(왕상 18:1). 그것은 아합이 왕궁을 맡은 자인 오바댜와 함께 물 근원을 찾는 일을 통하여 잘 보여 준다(왕상 18:5-6). 오바댜는 여호와를 지극히 경외하는 자였고, 이세벨이 여호와의 선지자를 멸할 때에 선지자 100명을 50명씩 굴에 숨기고 떡과 물을 먹인 자였다(왕상 18:3-4, 13).

엘리야는 오바댜를 만나 "엘리야가 여기 있다"(왕상 18:8)라고 전하게 하였고 아합은 엘리야를 만나기 위해 갔다(왕상 18:16). 아합은 엘리야를 만나자 아이러니(irony)하게도 "이스라엘을 괴롭게 하는 자여 너냐"(왕상 18:17)라고 말했다. 그러자 엘리야는 이스라엘을 괴롭게 하는 자는 자기가 아니라 오므리와 아합 때문이라고 책망했다. 그리고 그 원인은 그들이 여호와의 명령을 버리고 바알을 따랐기 때문이라고 하였다(왕상 18:18). 그리고 엘리야는 이스라엘과 이세벨의 상에서 먹는 바알 선지자 450명과 아세라의 선지자 400명을 갈멜산으로 부르게 하였다(왕상 18:19). 여기서 '상에서 먹는다'라는 말은 고대 세계에서 왕이 집과 땅과 더불어 음식과 의복을 규칙적으로 제공한다는 뜻이다(삼하 9:7; 왕상 2:7; 18:19; 왕하 25:29-30)(Wiseman 1993, 77). 이것은 당시 바알 종교가 국가 종교가 되어 그 선지자들이 국고와 이세벨의 지원을 받아서 활동하고 있었다는 것이다.

엘리야의 제안을 받은 아합은 바알 선지자들을 갈멜산으로 모았고, 백성들도 모였다. 이때 엘리야는 백성들에게 "너희가 어느 때까지 둘 사이에서 머뭇머뭇하려느냐. 여호와가 만일 하나님이면 그를 따르고 바알이 만일 하나님이면 그를 따를지니라"라고 도전했다(왕상 18:21). 엘리야는 송아지 한 마리를 각을 떠서 불을 붙이지 않고 바알 선지자들은 그들의 신의 이름을 부르고 자신은 여호와의 이름을 불러 불로써 응답하는 신을 참 신으로 인정하고 그 신을 섬겨야 할 것이라고 제안했다(왕상 18:22-24). 바알 선지자들은 아침부터 낮까지 바알의 이름을 불러도 응답이 없으므로 그들이 만든 단 주위에서 신의 주의를 끌기 위하여 뛰놀았다(왕상 18:26). 바알 선지자들은 그들의 규례에 따라 피가 흐르기까지 칼과 창으로 그들의 몸을 상하게 했다. 이 일에 대하여 저자는 흥미롭게도 "정오가 지났고 그들이 미친 듯이 떠들어 저녁 소제 드릴 때까지 이르렀으나 아무 소리도 없고 응답하는 자나 돌아보는 자가 아무도 없더라"(왕상 18:29)라고 설명했다. 이것이 우상의 실체다.

바알 선지자들의 기도에 아무런 응답이 없자 엘리야 차례가 되었다. 그는 이스라엘 지파의 수효에 따라 돌 열두 개를 취하여 무너진 여호와의 제단을 쌓고 물까지 세 차례나 부었다(왕상 18:31-35). 그리고 엘리야는 주께서 이스라엘 가운데 하나님이신 것과 엘리야 선지자가 주의 종인 것, 그리고 이렇게 행하고 있는 모든 것이 주의 말씀대로 행한다는 것과 여호와는 하나님이신 것과 주께서 그들의 마음을 돌이키게 하려는 것임을 알게 해 달라고 기도했다(왕상 18:36-37). 이

기도는 하나님의 하나님 되심, 선지자 사역의 정당성, 언약 백성들의 안녕이 포함되어 있다(House 2003, 220). 하나님은 엘리야의 기도를 들으시고 불로써 응답하심으로 이를 입증해 주셨다(왕상 18:38). 온 이스라엘 백성들은 "여호와 그는 하나님이시로다. 여호와 그는 하나님이시로다"(왕상 18:39)라고 고백했다. 그리고 바알 선지자들을 모두 기손 시내에서 죽였다(왕상 18:40). 이 사건의 가장 중요한 목적은 바알의 허구성을 드러내고 여호와가 참 신이 되신다는 사실을 입증하여 이스라엘 백성들로 하여금 여호와 신앙으로 돌아오게 하는 것이다.

⑤ 엘리야가 비 오기를 기도함(왕상 18:41-46)

이 문단은 엘리야가 가뭄을 선포하므로 시작된 하나님의 저주가 어떻게 풀리는지 설명한다. 엘리야는 아합에게 "먹고 마시소서"(왕상 18:41)라고 하면서 그 이유를 "큰 비 소리가 있나이다"(왕상 18:41)[66]라고 말했다. 저자는 이 점을 엘리야의 기도와 연관시켜 설명한다. 엘리야는 갈멜산 꼭대기로 올라가 땅에 꿇어 엎드려 그의 얼굴을 무릎 사이에 넣었다. 이 행동은 간절하게 기도한다는 것이다. 엘리야는 이러한 방식으로 기도하면서 일곱 번이나 그의 사환에게 폭풍이 몰려올 바다 쪽을 바라보게 했다(왕상 18:43). 마침내 일곱 번째 이르러서 사환은 "바다에서 사람의 손 만한 작은 구름이 일어나나이다"(왕상 18:44)라고 말했다. 이 말을 듣자 엘리야는 그의 사환에게 아합이 비에 막히지 않도록 마차를 갖추고 내려가게 했다.

이 사건의 결말은 매우 신비하고 극적이다. 왜냐하면 아합이 마차를 타고 이스르엘로 들어갈 때 여호와의 능력이 엘리야에게 임하여 이스르엘로 들어가는 곳까지 아합 앞에서 달리는 초자연적인 기적을 보여 주었기 때문이다(왕상 18:46). 갈멜산에서 이스르엘까지의 거리가 약 25.75km이다. 엘리야가 이 거리를 아합의 전차 앞에서 달려가게 한 이유는 무엇이었을까? 이것은 아합에게 여호와가 참된 신이라는 것을 다시 한 번 증명하고 여호와를 섬기게 하려는 것이다.

하나님이 비를 내리시겠다고 말씀하신 일과 엘리야가 기도한 일은 어떤 연관이 있는가? 이것은 하나님의 작정과 통치 행위를 수행하는 중요한 수단이 성도의 기도와 무관하지 않음을 보여 준다. 기도는 하나님의 작정을 시행하는 방법

66 이 말씀은 이유를 말하는 접속사 '키'(כִּי)로 시작한다.

이다. 또한 신약 시대에 야고보는 엘리야를 우리와 성정이 같은 사람으로 일반화시켜 의인의 간구는 역사하는 힘이 많다는 사실을 예증하는 사건으로 기록하고 있다(약 5:17-18). 이것은 우리도 엘리야와 같이 기도하면 기도의 결과가 있다는 것을 보여 주려는 것이다.

(2) 엘리야의 탈진과 회복(왕상 19:1-21)

이 문단은 엘리야가 자신의 직무를 내려놓으려 할 때 하나님이 그를 위로하여 다시금 선지자의 직무를 수행하도록 사명을 고취시켜 회복시키는 내용이다.

① 도망가는 엘리야(왕상 19:1-8)

아합이 엘리야가 갈멜산에서 행한 일과 바알의 선지자를 죽인 이야기를 그의 아내 이세벨에게 전하자 이세벨은 하나님을 두려워하지 않고 더 악해졌다. 그녀는 오히려 엘리야에게 사신을 보내어 내일 이맘때에 그가 죽인 바알 선지자들 가운데 한 사람처럼 엘리야를 죽이지 않으면 신들이 그녀에게 벌을 내리는 것이 마땅하다는 메시지를 보냈다(왕상 19:1-2). 엘리야는 이 소식을 듣고 자기의 생명을 구하려고 도망하여 유다 지역 최남단인 브엘세바로 갔다(왕상 19:3). 여기에 나타난 엘리야의 도망은 이야기의 국면을 완전히 전환시키고 있다. 승리가 패배인 것처럼 보이고, 용감한 선지자가 움츠린 도망자로 바뀌었다(Hauser & Gregory 1990, 63). 엘리야는 자기의 사환을 브엘세바에 두고 광야로 하룻길쯤 가서 한 로뎀나무 아래에 앉아서 죽기를 구하고 그 나무 아래에서 잤다(왕상 19:4-5). 이 현상을 어떻게 설명할 수 있는가? 넬슨(Nelson 1987, 122-129)이나 이형원(2008, 313-324) 등은 엘리야가 탈진했다고 본다. 그가 열심히 사역했지만 백성들의 변화를 이루어내지 못한 것처럼 보였고, 오히려 이세벨에 의해 생명의 위협을 받은 상황이 되었기 때문이다(참조. 왕상 19:10, 14). 그런데 엘리야가 로뎀나무에서 죽기를 구하며 잘 때 천사가 두 번이나 숯불에 구운 떡과 한 병의 물을 마시게 하여 격려했다(왕상 19:5-7). 엘리야는 일어나 먹고 그 음식물의 힘을 의지하여 사십 주 사십 야를 가서 하나님의 산 호렙에 이르게 되었다(왕상 19:8). 이것이 엘리야 자신의 결단인지, 아니면 하나님의 인도가 있었는지는 분명하지 않다.

엘리야는 하나님의 산 호렙에 가서 한 굴에 머물렀다. 이때 하나님은 엘리야에게 "엘리야야 네가 어찌하여 여기에 있느냐?"(왕상 19:9b)라고 물어셨다. 이에 대하여 엘리야는 이세벨의 위협 때문이라고 말하지 않고 이스라엘 자손들이 주의 언약을 버리고 주의 제단을 헐며 칼로 주의 선지자들을 죽였고 자신만 남았으며 그들이 자신의 생명을 찾는다고 말했다(왕상 19:10). 엘리야의 이 대답을 볼 때 그는 갈멜산에서 불로써 응답하심을 보고 여호와 신앙을 회복하신 일을 잊어버리고 있다(왕상 18:39).

저자는 이때 엘리야의 믿음이 심각한 위기에 놓여 있다는 것을 수미쌍관법으로 설명한다.

A a (엘리야가 그곳 굴에 들어가 거기서 머물더니 여호와의 말씀이 그에게 임하여 이르시되) "엘리야야 네가 어찌하여 여기 있느냐?"(왕상 19:9)

b (그가 대답하되) "내가 만군의 하나님 여호와께 열심이 유별하오니 이는 이스라엘 자손이 주의 언약을 버리고 주의 제단을 헐며 칼로 주의 선지자들을 죽였음이오며 오직 나만 남았거늘 그들이 내 생명을 찾아 빼앗으려 하나이다."(왕상 19:10)

X (여호와께서 이르시되) "너는 나가서 여호와 앞에서 산에 서라" 하시더니 여호와께서 지나가시는데 여호와 앞에 크고 강한 바람이 산을 가르고 바위를 부수나 바람 가운데에 여호와께서 계시지 아니하며 바람 후에 지진이 있으나 지진 가운데에도 여호와께서 계시지 아니하며 또 지진 후에 불이 있으나 불 가운데에도 여호와께서 계시지 아니하더니 불 후에 세미한 소리가 있는지라.(왕상 19:11-12)

A′ a′ (엘리야가 듣고 겉옷으로 얼굴을 가리고 나가 굴 어귀에 서매 소리가 그에게 임하여 이르시되) "엘리야야 네가 어찌하여 여기 있느냐?"(왕상 19:13)

b′ (그가 대답하되) "내가 만군의 하나님 여호와께 열심이 유별하오니 이는 이스라엘 자손이 주의 언약을 버리고 주의 제단을 헐며 칼로 주의 선지자들을 죽였음이오며 오직 나만 남았거늘 그들이 내 생명을 찾아 빼앗으려 하나이다."(왕상 19:14)

성경에 나타나는 수미쌍관법은 대부분의 경우 앞과 뒤에 반복되는 구와 문장이 주제이고 그 안의 내용은 그 주제를 입증하는 방식으로 기록되어 있다.[67] 저자가 이러한 형태로 설명하는 것은 그 중간에 놓인 하나님의 특별한 행동(왕상 19:11–13)을 보고도 엘리야가 자신의 위치를 깨닫지 못하고 있었다는 것이다. 하나님이 엘리야에게 보여 주신 특별한 행동은 폭풍(시 18:12–14; 나 1:3), 지진(삿 5:5; 시 68:8; 나 1:5), 불(사 30:27) 등의 자연적인 현상들로서 하나님이 자신을 나타내시는 방법이다(Nelson 1987, 124). 그리고 지진 후에 불이 있으나 불 가운데도 계시지 않고 '세미한 소리'가 있었다고 했다. 이것이 하나님의 음성인지, 아니면 자연적인 현상인지는 분명하지 않다. 만약 '세미한 소리'가 하나님의 음성이었다면 하나님이 이 특별한 하나님의 현현(顯現)을 보여 주신 후에 엘리야에게 "엘리야야 네가 어찌하여 여기에 있느냐?"(왕상 19:13)라는 질문을 할 때 열왕기상 19:10(b)과 19:14(b′)에서 왜 동일한 불평을 반복하였는지 설명하기 어렵다. 엘리야가 이렇게 불평한 것은 하나님이 특별한 현상을 보여 주셨는데도 그것이 그의 믿음에 변화를 가져오지 못했다는 것이다(Nelson 1987, 125). 이것은 당시 엘리야의 믿음이 심각한 위기에 빠졌다는 것이다.

하나님은 이러한 엘리야를 어떻게 설득하고 위로하여 그의 믿음을 회복시키고 사역에 복귀시키실까? 그것은 하사엘에게 기름을 부어 아람의 왕이 되게 하고, 님시의 아들 예후에게 기름을 부어 이스라엘 왕이 되게 하고, 엘리사에게 기름을 부어 선지자가 되게 하라는 것이다(왕상 19:15–16). 하사엘을 통하여 이루시는 일은 열왕기하 10:32–33에 기록하고 있고, 예후가 바알과 아합의 집을 멸하는 사건은 열왕기하 10:17, 28에 기록되어 있다. 하사엘과 예후에게 기름을 붓는 것은 엘리야가 승천한 후의 일이다. 이로 보아 하나님이 엘리야에게 주신 말씀은 바알의 멸망과 아합의 집을 멸하게 될 것이라는 약속이다. 그리고 엘리야가 이스라엘 자손이 언약을 버렸다고 하였지만 하나님은 바알에게 무릎을 꿇지 않고 입을 맞추지 아니한 자 7,000명을 남겨 두었다고 하셨다(왕상 19:18). 하나님이 엘리야의 믿음을 회복시키신 방법은 새로운 과업을 주신 일과 선지자 자신의 성공과 실패를 초월한 미래에 대한 확실한 약속이다. 이 미래에 대한 약속은 엘

67 예를 들면, 시편 8편과 할렐루야 시편인 146–150편의 처음과 끝, 신약성경 마태복음 19:30; 20:16에서 잘 볼 수 있다.

리야가 이 땅에 살 때 이루어질 일이 아니라 하늘로 승천한 이후에 이루어질 일이다. 하나님은 엘리야에게 새로운 과업을 주시고 미래에 대한 약속을 주심으로 그의 삶을 회복시켜 사역을 계속할 수 있게 하셨다.

② 엘리사를 부르는 엘리야(왕상 19:19–21)

엘리야는 소로 밭을 갈고 있는 사밧의 아들 엘리사에게 그의 겉옷을 던졌다(왕상 19:19). 이러한 행동은 선지적 능력이 한 사람으로부터 다음 사람에게 이어지는 상징적인 방법이다(House 2003, 225). 이 일에 대하여 엘리사가 설명을 요구하지 않은 것은 이 행동이 어떤 의미인지 알고 있었다는 것이다(Hubbard 1985, 103).

(3) 아합이 아람과 전쟁함(왕상 20:1–43)

이 문단은 두 개의 의미 있는 전쟁 이야기(왕상 20:1–21; 20:22–34)를 통하여 아합과 이세벨이 통치하는 배교 시대에 여호와가 어떤 분이신지 알게 하는 내용이다.

① 아합과 아람의 첫 번째 전쟁(왕상 20:1–21)

아람의 벤하닷은 32명의 왕들로 구성된 연합군과 말과 병거들을 앞세워 사마리아를 치려고 포위했다(왕상 20:1). 벤하닷이 은금과 아내들과 자녀들을 요구하자 아합은 그것들을 주기로 동의하였으나 벤하닷은 더 많은 것을 요구했다(왕상 20:2–6). 그래서 아합이 이스라엘의 장로들을 다 불러 의논한 결과 '듣지도 말고 허락하지도 말 것'(왕상 20:8)을 결의하고 두 번째 요구 사항을 이행할 수 없다고 말했다. 그러자 벤하닷은 교만하게도 "사마리아의 부스러진 것이 나를 따르는 백성의 무리의 손에 채우기에 족할 것 같으면 신들이 내게 벌 위에 벌을 내림이 마땅하니라"(왕상 20:10)라고 했다. 이에 대해 아합은 히브리어로 네 개의 단어로 된 당시의 속담인 "갑옷 입는 자가 갑옷 벗는 자 같이 자랑하지 못할 것이라"[68](왕상 20:11)는 말로 응수했다. 이 말은 '병아리가 부화하기도 전에 너의 병아리를 세

68 이 말씀은 히브리어로 '알–이트하레일 호게이르 킴마테이아흐'(אַל־יִתְהַלֵּל חֹגֵר כִּמְפַתֵּחַ)라는 말인데 개역개정판은 작은 글씨로 '갑옷'이라는 단어를 첨가했다. 이것은 원문에 없는 것을 의미를 전달하기 위하여 넣은 것이다.

지 말라'는 뜻과 유사한 뜻이다(Wiseman 1993, 176).

이 전갈을 받고 벤하닷은 전쟁 준비에 들어가게 된다(왕상 20:12). 이때 이 첫 번째 아합과 아람의 전쟁 이야기에 중요한 반전이 일어난다. 그것은 한 무명의 선지자가 아합에게 아람의 군대를 넘겨 주실 것이고, 이를 통하여 "너는 내가 여호와인 줄을 알리라"(왕상 20:13)는 여호와의 말씀을 전했기 때문이다. 이들이 나가서 아람 군대를 치자 한 무명 선지자의 말대로 큰 승리를 얻게 되었다(왕상 20:20-21). 비록 아합이 이 위기의 순간에 하나님을 찾지 않았다 할지라도 여호와는 은혜롭게도 왕과 백성들에게 여호와가 참된 하나님이심을 보여 주셨다.

② 아합과 아람의 두 번째 전쟁(왕상 20:22-34)

아람과 싸운 첫 번째 전쟁에서 승리하게 될 것이라고 예언한 그 선지자가 해가 바뀌면 아람 왕이 다시 치러 올 것이기 때문에 아합에게 힘을 기르고 준비해야 할 것이라고 말했다(왕상 20:22). 하나님의 사람이 말한 대로 아람이 다시 치러 오자 하나님의 사람은 이스라엘 왕에게 "여호와의 말씀에 아람 사람이 말하기를 여호와는 산의 신이요 골짜기[69]의 신은 아니라 하는도다. 그러므로 내가 이 큰 군대를 다 네 손에 넘기리니 너희는 내가 여호와인 줄을 알리라 하셨나이다"(왕상 20:28)라고 전했다. 선지자는 첫 번째 전쟁에서와 같이 이 전쟁을 통하여 아합과 온 백성들이 "내가 여호와인 줄을 알리라"(왕상 20:28; 참조. 왕상 20:13)라고 말했다. 이 말씀대로 이스라엘은 큰 승리를 얻었다. 이로써 하나님은 다시금 자신이 모든 만물과 역사를 통치하시는 분이며, 그들과 언약을 맺은 여호와이심을 증명해 주셨다.

그런데 아합은 패전한 아람의 왕 벤하닷이 패배를 인정하고 이스라엘에게서 빼앗은 성읍들을 돌려줄 것이라는 말을 듣고 조약을 맺고 본국으로 돌려보냈다(왕상 21:31-34). 그 이유가 무엇일까? 아합은 벤하닷과 조약을 맺으면 이들이 이스라엘의 미래를 지켜 줄 수 있다고 생각했을까?(빔슨 2015, 489-490). 아이러니하게도 아합은 벤하닷의 아람 군대와 싸운 전쟁에서 죽었다(왕상 22:34).

그러면 아합과 이스라엘 백성들은 아람과 싸운 두 번의 전쟁에서 선지자를

69 히브리어로 골짜기는 '에멕'(עֵמֶק)으로 '평지'라고 번역해야 한다.

통하여 하신 말씀대로 여호와를 알게 되었을까?(왕상 20:13, 20) 바벨론 포로로 잡혀간 이스라엘 백성들은 이 기록을 보면서 무엇을 생각하였을까?

③ 아합의 행동에 대한 한 무명 선지자의 책망(왕상 20:35–43)

아합이 벤하닷을 평안히 돌려보내자 무명의 선지자는 이 일이 미래에 어떤 결과로 나타나게 될 것인지 아합에게 말하기 위하여 두 가지 퍼포먼스(performance)를 준비했다. 첫 번째는 선지자인 그의 친구에게 여호와의 말씀으로 "너는 나를 치라"(왕상 20:35)고 하였는데 치기를 싫어하자 그가 여호와의 말씀을 듣지 아니하였기 때문에 사자가 죽일 것이라고 말한 대로 사자가 그를 죽였다. 이 이상하고 납득하기 어려운 사건은 열왕기상 13:1–32에 한 선지자의 죽음을 생각나게 한다. 그리고 또 다른 사람을 만나 "너는 나를 치라"(왕상 20:37)고 하자 이번에는 그를 치되 상하도록 쳤다(왕상 20:35–37).

두 번째는 변장한 선지자가 아합에게 하나의 '재판 비유'(juridical parable)를 들려줌으로 왕이 부지중에 스스로 재판하도록 의도한 것이다(House 2003, 135). 선지자는 수건으로 자신의 눈을 가리어 변장하고 아합을 만나 한 비유를 들려주었다. 어떤 사람이 전쟁터에서 돌아오는 길에 한 포로를 잘 지켜 달라고 자기에게 부탁하면서 만일 이 사람을 놓치면 목숨을 내어 놓든지, 은 한 달란트를 내놓아야 한다고 했는데 그만 그 사람을 놓치고 말았다는 것이다. 이 말을 들은 아합은 "네가 스스로 결정하였으니 그대로 당하여야 하리라"(왕상 20:40)라고 말했다. 그러자 선지자는 가린 수건을 벗고 재판 비유의 의미를 설명해 주었다(왕상 20:42). 그것은 여호와께서 벤하닷을 죽이기로 작정한 사람인데 아합이 살려 주었기 때문에 그 대신에 아합과 이스라엘 백성이 그의 목숨을 대신해야 한다는 것이다. 이 말을 들은 아합은 '근심하고 답답하여'(왕상 20:43)[70] 그의 왕궁으로 돌아갔다. 이 표현의 원문은 매우 언짢고 화가 났다는 뜻이다. 이와 동일한 반응이 뒤따라 나오는 열왕기상 21:4의 말씀과 같은 것으로 그때 아합의 감정 상태를 잘 보여준다. 그래서 아합은 선지자가 보여 준 두 가지 퍼포먼스 가운데 첫 번째 퍼포먼스를 보지 못했겠지만 이 이야기를 읽는 독자들은 하나님의 말씀을 듣고 순종하

70 이 말의 히브리어 '사르 버자에프'(סַר וְזָעֵף)는 개역개정판과 다른데 '언짢고 화가 난다'는 뜻이다.

는 일이 중요함을 배웠을 것이다.

(4) 나봇의 포도원 이야기(왕상 21:1-29)

이 문단은 나봇이 하나님의 말씀에 따라 기업을 팔지 않음으로 발생하는 이야기다. 나봇의 포도원 이야기는 갈멜산에서 여호와가 참된 신이심을 불로써 응답하심으로 증명해 보이신 사건과 아람과 싸운 두 번의 전쟁에서 승리를 주심으로 여호와가 역사를 통치하는 분이심을 증명해 주신 사건과 무관하지 않다. 왜냐하면 나봇의 행동은 이러한 사건의 결과로 여호와 신앙이 회복되어 '기업을 팔아서는 안 된다'는 여호와의 법을 지키기 위한 것이기 때문이다(레 25:23; 민 36:7; 겔 46:18).

① 아합이 나봇의 포도원을 팔 것을 요구함(왕상 21:1-4)

아합은 그의 왕궁 가까이에 있는 이스르엘에 나봇이라는 사람이 소유한 포도원을 가지기를 원하여 그에게 팔도록 요청했다(왕상 21:1-2). 그러나 나봇은 "내 조상의 유산을 왕에게 주기를 여호와께서 금하셨다"(왕상 21:3)라고 하면서 거절했다. 하나님은 토지를 팔지 못하게 하셨기 때문이다(레 25:23-28). 이러한 나봇의 대답을 들은 아합은 '근심하고 답답하여' 왕궁에 돌아와 침상에 눕고 식사도 하지 않았다(왕상 21:4). 여기서 '근심하고 답답하여'라는 표현은 아람과 싸운 두 번째 전쟁 이후에 무명의 선지자로부터 책망의 말을 듣고 보인 반응(왕상 20:43)과 동일한 것으로 아합이 몹시 불쾌하고 화가 났다는 것을 보여 준다. 그러나 아합은 왕이 가진 힘으로 폭력을 사용하지는 않았다.

② 아합의 행동에 대한 이세벨의 반응(왕상 21:5-16)

나봇의 포도원을 얻지 못하고 돌아와 누운 아합에게 이세벨이 그 연유를 묻자 아합은 자초지종을 설명했다(왕상 21:6). 아합을 위시한 이스라엘 왕들은 고대 근동의 왕들과 같이 힘으로 빼앗을 수 없다. 그러나 이세벨은 페니키아 도시국가들의 전제주의적 전통에서 훈련을 받았다. 그러한 이세벨에게 아합은 무능하게 보였다(드 브리스 2006, 538). 아합에게 사건의 전말을 들은 이세벨은 그에게 "왕이 지금 이스라엘 나라를 다스리시나이까"(왕상 21:7)[71]라고 비꼬듯이 말하고 나봇의 포도원을 왕에게 드릴 것이라고 말했다(왕상 21:7). 이세벨은 악랄하게도 하나님의 법을 악용하여 금식을 선포하고 두 사람의 거짓 증인을 세웠다. 그들은 나봇이 "하나님과 왕을 저주하였다"라고 증언하였고 무리가 그 죄목으로 나봇을 돌로 쳐 죽였다(왕상 21:13). 하나님의 법은 어떤 사람에게 사형을 선고하기 위해 두 사람 이상의 증인을 세우게 하였고(민 35:30; 신 17:6), 하나님의 이름을 저주하면 돌로 쳐 죽이도록 규정한다(레 24:16). 나봇은 율법을 지키려다가 율법을 악용한 자들에게 억울하게 죽임을 당했다.

③ 아합의 행동에 대한 엘리야의 책망(왕상 21:17–26)

하나님은 율법을 지키려다 죽은 나봇의 억울함을 보셨다. 그래서 엘리야에게 여호와의 말씀이 임하여 "네가 죽이고 또 빼앗았느냐?"라고 책망하게 하고, "개들이 나봇의 피를 핥은 곳에서 개들이 네 피 곧 네 몸의 피도 핥으리라"(왕상 21:19)는 말씀을 전하게 하셨다. 또한 그에게 느밧의 아들 여로보암의 집처럼 되게 할 것이고, 아히야의 아들 바아사의 집처럼 되게 할 것이라고 전하게 하셨다(왕상 21:22; 참조. 왕상 15:29; 16:3, 11). 아합이 나봇을 죽인 데는 이세벨의 충동이 있었다(왕상 21:25). 그런데도 엘리야가 "네 자신을 팔아 여호와께 악을 행했다"라고 책망함으로 아합의 책임임을 강조한다(왕상 21:20). 여기에 '네 자신을 팔아'(히트마케르카, הִתְמַכֶּרְךָ)라는 뜻은 히브리어로 재귀태이며 강조형이다. 이 표현을 사용한 것은 아합이 자신의 의지대로 행하지도 못하고 언약 백성을 보호해야 할 왕의 직분도 수행하지 못했다는 것이다. 그렇다고 이세벨의 책임이 없는 것은 아니다. 왜냐하면 하나님이 이세벨이 충동한 것을 아시고 개들이 이스르엘 성읍 곁에서 그를 먹을 것이라고 심판을 선언하셨기 때문이다(왕상 21:23). 하나님은 이세벨이 아합을 충동했다는 것을 아셨다는 것이다.

이 말씀대로 아합이 죽어서 개들이 피를 핥았고(왕상 22:38; 왕하 9:26), 이세벨 역시 죽어서 개들이 그의 시체를 먹었다(왕하 9:36). 하나님은 나봇이 언약 백성으로서 율법대로 살려고 하다가 억울하게 모함을 받아 죽은 것을 아시고 그들을

71 이 말씀은 히브리어로 '아타 아타 타아세 머루카 알–이스라엘'(אַתָּה עַתָּה תַּעֲשֶׂה מְלוּכָה עַל־יִשְׂרָאֵל)로 "자신은 지금 이스라엘에서 왕권을 행사하고 있느냐?"라는 말이기 때문에 비꼬는 말이다.

심판하셨다.

④ 아합의 회개(왕상 21:27-29)

아합은 엘리야로부터 책망하는 말을 듣자 그의 옷을 찢고 굵은 베로 몸을 동이고 금식했다(왕상 21:27). 여호와께서는 아합이 겸비한 모습을 보이자 의외의 반응을 보이시고 재앙을 그 아들의 시대에 내릴 것이라고 하셨다(왕상 21:29). 이것은 우리가 지은 죄에 대하여 진심으로 회개하면 하나님이 은혜를 베푸시는 분이심을 보여 주신 사건이다. 회개로 인하여 심판이 당대에 이루어지지 않거나 연기될 수 있다는 것은 누구에게나 중요한 회복의 기회로 작용할 수 있다는 소망을 가지게 한다.

(5) 아합의 종말(왕상 22:1-40)

이 문단은 열왕기상 16:29부터 시작된 아합의 이야기가 어떻게 종결되는지 보여 준다. 아합이 종말을 맞게 된 중요한 사건은 아람과의 전쟁이다. 이 전쟁은 당시 결혼동맹을 맺었던 남쪽 유다 왕 여호사밧의 방문이 계기가 되었다. 이 사건에 적어도 네 개의 갈등이 있다. 첫 번째는 이스라엘과 아람 간의 전쟁이다. 이 갈등은 다른 세 갈등을 비롯한 모든 행동의 상황을 설명해 준다. 두 번째는 여호사밧과 하나님의 갈등이다. 그는 하나님의 뜻이 무엇인지 알아보려 했다. 세 번째는 미가야와 시드기야 사이의 갈등이다. 시드기야는 모든 거짓 선지자들을 대표하며, 미가야는 여호와의 선지자를 대표한다. 네 번째는 아합과 미가야 사이의 갈등이다. 아합은 선지자의 말을 듣지 않는 사람을 대표한다. 따라서 아합과 미가야 사이의 갈등은 이스라엘 왕과 하나님 사이의 갈등인 셈이다. 이 갈등 관계의 해소를 통하여 하나님은 엘리야 선지자와 미가야 선지자를 통해 하신 말씀을 성취하신다는 것을 보여 주신다.

① 이스라엘과 아람의 전쟁(왕상 22:1-28)

아람과 이스라엘 사이에 전쟁이 없이 삼 년을 지내었다(왕상 22:1). 그런데 세 번째 해에 여호사밧이 아합을 방문하자 아합은 자기 신하들에게 길르앗 라못은 원래 우리 것이니 도로 찾자고 하였고, 여호사밧에게 같이 치자고 제안했다(왕상 22:2-4). 아합이 여호사밧에게 제안을 한 것은 여호사밧이 아합과 동맹을 맺었기 때문이다(대하 18:1). 이 제안을 들은 여호사밧은 이스라엘 왕에게 하나님의 뜻을 묻기를 제안했다(왕상 22:5). 그러나 선지자 400명을 모아놓고 묻자 그들은 하나같이 올라가면 승리하게 될 것이라고 말했다. 그러자 여호사밧은 하나님의 뜻을 물어볼 다른 선지자가 없는지를 물었다. 그때 아합은 길한 일은 예언하지 않고 흉한 일만 예언하는 미가야가 있다고 하자 여호사밧은 그를 불러오게 했다(왕상 22:7-9). 미가야가 어떤 예언을 할지 400명의 선지자들 사이의 갈등이 있다. 동시에 미가야와 아합 사이에도 갈등이 있다.

미가야는 아합이 흉한 일만 예언한다고 생각한 대로 이 전쟁에서 죽게 될 것이지만, 백성들은 평안히 돌아오게 될 것이라고 예언했다(왕상 22:35-36). 미가야는 그가 본 환상을 들려주며 여호와께서 거짓말하는 영을 모든 선지자들의 입에 넣었기 때문에 거짓 예언을 한다고 설명했다(왕상 22:21-23). 이때 400명의 선지자들 가운데 시드기야는 격노하여 미가야의 뺨을 치며 "여호와의 영이 나를 떠나 어디로 가서 네게 말씀하시더냐?"(왕상 22:24)라고 했다. 미가야 선지자와 400명의 선지자들 사이의 갈등이 절정에 이르게 된다. 이 갈등은 미가야가 시드기야에게 "네가 골방에 들어가서 숨는 그날에 보리라"(왕상 22:25)고 한 말이 실현될 때 풀리게 될 것이다. 그리고 미가야의 말을 듣고 아합은 "이 놈을 옥에 가두고 내가 평안히 돌아올 때까지 고생의 떡과 고생의 물을 먹이라"(왕상 22:27)고 말했다. 이 갈등 역시 미가야가 "왕이 참으로 평안히 돌아오시게 될진대 여호와께서 나를 통하여 말씀하지 아니하셨으리이다"(왕상 22:28)는 말이 실현될 때 풀리게 될 것이다. 여호사밧은 하나님의 뜻을 묻기 위하여 미가야를 데려오게 하였다. 그리고 그에게서 하나님의 뜻을 들었을 때 아이러니하게도 그 뜻을 무시하고 아합과 함께 전쟁터로 갔다(왕상 22:29).

② 아합의 죽음(왕상 22:29-40)

미가야 선지자를 통하여 하나님의 뜻을 들었는데도 이스라엘 왕 아합과 유다의 왕 여호사밧은 길르앗 라못 땅을 되찾기 위한 전쟁에 참전했다(왕상 22:29). 시드기야를 중심으로 한 선지자 집단은 아합의 승리를 예언하였으나, 미가야 선지자는 아합의 죽음을 예언했다. 이 두 예언은 서로 배타적이기 때문에 이 전쟁의 결과로 옳고 그름이 밝혀지게 될 것이다. 아합은 이 상황에서 미가야를 옥에 가두고 시드기야의 예언을 택하지만 자신은 변장하고서 전쟁터에 들어가고 여호사밧에게는 왕복을 입게 했다(왕상 22:30). 아합의 이러한 행동은 미가야의 예언이 사실이 될 수 있다는 것을 알았기 때문으로 보인다. 아람 왕은 그의 병거 지휘관들에게 작은 자나 큰 자, 곧 일반 병사들과 싸우지 말고 오직 이스라엘 왕과 싸우라고 명령하였다. 이 명령은 미가야 선지자가 전쟁터에 나간 백성들은 평안히 돌아오게 될 것이라고 한 예언이 실현될 것이라고 예상하게 한다(왕상 22:31; 참조. 왕상 22:28). 그리고 여호사밧이 이스라엘 왕처럼 변장을 하고 싸울 때 그가 이스라엘 왕이 아님을 보고 돌이키는 행동 역시 미가야의 예언이 실현될 것이라고 예상하게 한다(왕상 22:32–33).

아합은 여호사밧을 이스라엘 왕인 것처럼 변장시키고 자신은 변장하고 들어갔으나 한 사람이 '무심코' 활을 당겼는데 그의 갑옷 솔기를 맞혔다(왕상 22:34). 여기서 '무심코'[72]라는 히브리어 단어는 활 쏘는 자가 아합을 죽이려는 의도가 없이 쏘았다는 것을 강조한다. 이 일은 활을 쏜 자에게는 우연한 사건이었으나 아합의 운명에는 미리 예정된 필연으로 작용한 것이다(박철현 2008, 71–72). 이 전쟁으로 말미암아 마침내 아합은 미가야가 예언한 대로 죽었다(왕상 22:35). 백성들은 미가야가 예언한 대로 각기 성읍과 본향으로 평안히 돌아갔다. 해설자는 아합의 시체를 메어 사마리아에 장사하고 그 병거를 개들이 핥는 일에 대하여 "여호와께서 하신 말씀과 같이 되었더라"(왕상 22:38)라고 했다. 이것은 아합의 행동에 대하여 하나님이 하신 말씀대로 심판하셨다는 것이다.

저자는 열왕기상 16:29부터 시작된 아합의 이야기를 종결짓는 형식적 문구로 끝을 맺는다(왕상 22:39–40). 그의 행적과 행한 모든 일들과 그가 건축한 상아궁과 모든 성읍은 이스라엘의 역대지략에 기록되었고 그의 아들 아하시야가 왕이 되었다. 우리는 그의 왕조가 멸망하게 되리라는 예언이 성취되리라 예상할 수 있다(참조. 왕상 21:17–29). 왜냐하면 지금까지 선지자들이 예언한 내용이 다 성취되었기 때문이다.

---

72 히브리어로 '러투모'(לְתֻמּוֹ)라는 단어는 불분리 전치사 '러'(לְ)와 '완전함'이라는 뜻인 '톰'(תֹּם)과 대명사 접미사 '오'(וֹ)가 결합된 말로 NIV와 NASB는 'at random'(무작위로)이라고 번역했다.

(6) 유다 왕 여호사밧의 통치(왕상 22:41-50)

저자는 이스라엘과 유다 왕들의 연대기 순서에 따라 아합의 죽음 이후에 아합 시대에 유다 왕으로 통치하였던 여호사밧의 행적을 간략하게 불과 10절(왕상 22:41-50)만 기록하고 있다. 여호사밧 이야기를 역대하 17:1-21:1에 길게 서술하고 있는 것과 비교해 보면 상당히 대조적이다. 여호사밧에 관한 내용은 열왕기서에 문단 구분의 중요한 기준점이 되는 등극과 죽음과 관련된 형식적 문구(formula)로 시작하고 있고(왕상 22:41-43), 또한 마치고 있다(왕상 22:50). 특히 저자는 그의 삶을 신학적으로 평가하면서 그가 그의 아버지 아사의 길로 행하였고, 여호와 앞에서 정직하게 행했다고 평가한다(왕상 22:43). 그러나 산당은 폐하지 않았기 때문에 백성들이 여전히 산당에서 제사를 드렸다. 저자는 열왕기서에서 산당을 일부 긍정적으로 묘사하기도 하였지만 여기서는 부정적으로 본다.

저자는 여호사밧의 정치적인 행동에 대하여는 매우 간략하게 언급한다. 그는 "이스라엘의 왕과 더불어 화평하니라"(왕상 22:44)라고 말한다. 그 이유는 아합의 딸과 혼인하므로 인척관계가 되었기 때문이다(대하 18:1 참조). 저자는 이 평화에 균열을 가져오게 된 사건만 간략하게 기록한다. 그것은 선박을 제조하여 오빌로 금을 얻기 위하여 간 배가 에시온게벨에서 파선하자 아합의 아들 아하시야가 함께하기를 요청하였으나 여호사밧이 거절한 사건이다(왕상 22:48-49). 저자는 이 이야기를 자세히 설명하지 않는다. 그러나 역대기 사가는 아하시야를 심히 악을 행하는 자라고 소개하면서 엘리에셀이 "왕이 아하시야와 교제하므로 여호와께서 왕이 지은 것들을 파하시리라"라고 예언한 내용을 기록한다(대하 20:35-37). 이 말씀을 고려한다면 두 나라가 연합하여 배를 만들었지만 에세온게벨에서 파선한 것은 아하시야와 교제하지 말라는 메시지였다. 그래서 배가 파선한 후에 아하시야가 여호사밧에게 "내 종으로 자신의 종과 함께 배에 가게 하라"(왕상 22:49)라고 하였을 때 여호사밧이 거절한 것은 더 이상 북 왕국 이스라엘의 왕 아하시야와 관계를 가져서는 안 된다는 것을 알았기 때문이다. 그리고 저자는 "그 때에 에돔에는 왕이 없고 섭정 왕이 있었더라"(왕상 22:47)라고 말한다. 저자가 이 사실을 설명한 것은 앞으로 이 에돔이 유다에게 어떻게 행동할 것인지 암시적으로 보여 주기 위한 복선이다(왕하 3:9; 8:20-22).

여호사밧은 아합의 딸과 혼인한 일이 얼마나 치명적인 결과를 가져올 수 있는지 여호사밧 시대의 역사와 그 후 역사를 통하여 잘 보여 준다. 특히 다윗 왕가의 대가 끊어질 위기에 처한 사건이 아합의 딸 아달랴로 말미암아 발생하여 하나님의 구속사에 치명적인 위기가 찾아왔다(왕하 11:1). 불신자와의 결혼이나 동맹이 정치나 경제적으로 유익이 있다 할지라도 하나님의 법을 어겨서는 안 된다.

(7) 이스라엘 왕 아하시야의 통치(왕상 22:51–왕하 1:18)

저자는 이스라엘 왕 아하시야의 통치의 시작을 보여 주는 형식적 문구(formula)로 시작한다. 이것은 열왕기서 구조에서 여기서부터 새로운 문단이 시작한다는 것을 보여 주는 신호다. 아하시야의 이야기는 왕들의 이야기를 시작하는 형식적 문구인 열왕기상 22:51에서 시작하여 열왕기하 1:18에서 마친다. 그리고 열왕기상 17:1부터 시작된 엘리야의 이야기는 열왕기하 2:11에서 마친다. 이러한 구분은 이야기의 흐름을 단절시키는 결과를 가져왔다.[73]

① 이스라엘 왕 아하시야의 통치(왕상 22:51–53)

아하시야는 유다의 왕 여호사밧 제십칠년에 이스라엘의 왕이 되어 사마리아에서 2년을 다스렸다(왕상 22:51). 저자는 그가 그의 통치 기간에 어떤 업적을 남겼는지는 설명하지 않는다. 그러나 그가 여로보암의 길로 행하며 바알을 섬기고 그에게 예배하여 이스라엘의 하나님 여호와를 노하게 했다고 했다(왕상 22:52–53). 이 평가는 여로보암의 잘못된 종교정책과 아합 때부터 제도화된 바알 숭배가 이스라엘에 얼마나 심각한 영향을 미쳤는지 보여 준다.

② 엘리야가 아하시야를 책망함(왕하 1:1–18)

아하시야가 왕이 된 후 그에게 두 가지 어려운 문제가 생겼다. 하나는 모압이 이스라엘을 배반한 일이다(왕하 1:1). 모압은 다윗에게 점령되어 조공을 바치는 나라가 되었다(삼하 8:2). 그러나 남 왕국과 북 왕국이 분열되면서 북 왕국의

73 이것은 성경의 장절 구분이 중요하지만 반드시 합당한 것은 아니라는 것이다.

지배를 받았던 것으로 보인다. 『모압 석비』에 따르면 모압은 그들의 신 그모스(Chemosh)가 그 땅을 진노했기 때문에 오므리와 그 아들(아합) 시대까지 40년 동안 지배당했다는 사실을 기록하고 있다(Pritchard 1969, 320). 그런데 모압이 배반한 이야기는 열왕기하 3:4-27에 다시 기록하고 있다. 또 하나는 아하시야가 다락 난간에서 떨어지는 사고로 병이 들게 된 일이다(왕하 1:2). 그가 어떻게 난간에서 떨어졌는지는 기록하지 않는다.

이때 아하시야는 다락 난간에서 떨어져 병이 든 일로 말미암아 그의 사자를 에그론의 신 바알세붑에게 보내어 병이 낫겠는지 그 여부를 물어보게 했다(왕하 1:2). 바알세붑(Baal-Zebub)의 뜻은 '파리들의 주(인)'라는 뜻인데 이 이름은 성경 전체에서 열왕기하 1장에서만 네 번 나온다(왕하 1:2, 3, 6, 16). 바알은 농사와 사람의 생명을 담당하는 신으로 알려져 있다. 바알세붑이라고 한 것은 파리와 같이 의미가 없고 헛된 신이라는 사실을 드러내기 위한 반어법이다. 아하시야가 바알세붑에게 물은 것은 바알(Baal)이 병을 치료할 수 있는 것처럼 믿었다는 것이다(Cogan & Tadmor 1988, 11, 25). 그러나 바알은 그의 병을 치료할 수가 없다.

이때 하나님은 엘리야를 보내서 "이스라엘에 하나님이 없어서 너희가 에그론의 신 바알세붑에게 물으러 가느냐? 그러므로 여호와의 말씀이 네가 올라간 침상에서 내려오지 못할지라. 네가 반드시 죽으리라"(왕하 1:3-4)라고 전하라고 하셨다. 엘리야는 왕의 사자를 만나 이 말을 전하였고, 아하시야는 이 말을 전한 이가 엘리야라는 사실을 알게 되었다(왕하 1:8).

저자는 아하시야가 엘리야가 전한 말을 듣고 어떻게 반응했고 그 결과가 무엇인지 세 개의 평행구조로 반복하여 기록한다. 특히 핵심 단어인 '내려오다'(야라드, ירד")라는 단어를 사용하여 대조(contrast)의 효과를 보여 준다. 그 구조를 도식화하면 다음과 같다.

A 첫 번째 평행구조(왕하 1:9-10)
B 두 번째 평행구조(왕하 1:11-12)
C 세 번째 평행구조(왕하 1:13-15)

첫 번째 구조에서 아하시야는 엘리야에게 오십부장과 오십 명의 군사를 보내었다(왕하 1:9). 이때 엘리야는 어떤 산인지 명시하지 않지만 산꼭대기에 앉아 있었다. 오십부장은 "하나님의 사람이여 왕의 말씀이 내려오라 하셨나이다"(왕하 1:9)라고 했다. 이 말을 들은 엘리야는 오십부장에게 "내가 만일 하나님의 사람이면 불이 하늘에서 내려와 너와 너의 군사 오십 명을 사르지로다"(왕하 1:10, 12)라고 했다. 엘리야의 말대로 불이 내려와 오십부장과 그의 군사를 살랐다(왕하 1:10, 12). 이것은 엘리야가 하나님의 사람임을 입증하는 것이다. 저자는 이 일을 두 번째 구조(왕하 1:11–12)에서 반복한다. 성경에 사용되고 있는 반복은 여러 가지 기능을 가지고 있지만 그중에 핵심 단어의 반복은 인물, 구성, 상황, 신학 등의 한 특징적인 면을 강조하거나 드러내는 일을 한다(Howard 1993, 56).

세 번째 구조는 앞의 두 평행구조와 대조를 이루고 있다. 앞의 두 오십부장은 '내려오라'(רְדָה, יָרַד)라고 명령하였지만(왕하 1:9, 11), 세 번째 오십부장은 '올라가서' 엘리야 앞에 '이르러,' '무릎을 꿇어 엎드려 간구하며' 자신의 생명과 오십 명의 군사들의 생명을 귀하게 여겨 달라고 했다(왕하 1:13). 이러한 오십부장의 행동은 앞의 두 오십부장과는 대조적으로 엘리야를 하나님의 종으로 인정한다고 할 수 있다. 이때 여호와의 사자가 엘리야에게 "두려워하지 말고 함께 내려가라(רֵד < יָרַד"(왕하 1:15)고 말하자 엘리야는 일어나 함께 내려갔다(וַיֵּרֶד, יָרַד).

엘리야는 내려가서 이미 아하시야가 에그론의 신 바알세붑에게 묻기 위해 가는 사자에게 했던 동일한 말씀을 반복하여 전했다(왕하 1:16; 참조 1:3–4, 6). 이러한 반복은 본문의 중심되는 메시지를 전달하는 장치 가운데 하나이다. 이것은 바알은 참된 신이 아니라 여호와만이 참된 신이시며 치료해 주는 분이신 것을 알게 하려는 것이다.

저자는 이 이야기의 결론으로 한 왕의 이야기를 끝내는 형식적 문구(formula)로 끝을 맺고 있다(왕하 1:17–18). 특히 아하시야가 '엘리야가 전한 여호와의 말씀대로' 죽었다는 사실을 기록하므로 저자가 의도적으로 세 번이나 반복하여 기록한 말씀대로 성취되었다는 것을 강조한다(참조. 왕하 1:3–4, 6, 16). 그리고 아하시야가 아들이 없이 죽었기 때문에 그의 동생이며 아합의 아들인 여호람이 대신 왕이 되었는데 이때가 유다의 여호사밧의 아들 여호람의 둘째 해라고 소개한다(왕하 1:17; 참조. 왕하 3:1). 흥미로운 것은 남과 북이 동일한 이름을 가진 다른 왕이 통치했다는 것이다. 이것은 아합과 여호사밧 사이의 결혼동맹의 결과였다. 그리고 엘리야가 아합에게 한 예언이 어떻게 성취될 것인지 남아 있다는 것을 알게 한다. 왜냐하면 하나님이 아합의 아들 시대에 재앙을 내릴 것이라고 하셨기 때문이다(참조. 왕상 21:19, 29).

(8) 엘리사가 엘리야를 계승함(왕하 2:1–25)

이 문단은 엘리사가 엘리야를 이어 선지자 직무를 계승하는 이야기를 기록하고 있다.

① 엘리사가 엘리야의 직무를 계승함(왕하 2:1–18)

여호와께서 회오리바람[74]으로 엘리야를 하늘로 올리고자 하셨다(왕하 2:1). 벧엘과 여리고에 있는 제자들도 이 일을 알고 있었다(왕하 2:3, 5). 다음 세 개의 평행구조가 보여 주듯이 엘리야는 왜 길갈과 벧엘과 여리고로 장소를 옮기면서 엘리사로 하여금 동일한 말을 하게 하였을까? 이것은 엘리야가 하늘로 간다는 것과 그 후에 엘리사가 선지자 직무를 계승한다는 것을 제자들에게 보여 주려는 것이다.

• 길갈

A (여호와) 엘리야를 하늘로 올리고자 하심(왕하 2:1)

B (엘리야) "너는 여기 머물라. 여호와께서 나를 벧엘로 보내시느니라"(왕하 2:2a)

C (엘리사) "여호와께서 살아 계심과……맹세하노니 내가 자신을 떠나지 아니하겠나이다"(왕하 2:2b)

• 벧엘

A′ (제자들) "여호와께서 자신의 선생을……데려가실 줄을 아시나이까?(왕하 2:3)

B′ (엘리야) "너는 여기 머물라. 여호와께서 나를 여리고로 보내시느니라"(왕하 2:4a)

74 히브리어로 '서아라'(סְעָרָה)는 '큰 바람' 또는 '회오리 바람' 등으로 번역될 수 있다.

C′ (엘리사) "여호와께서 살아 계심과……맹세하노니 내가 자신을 떠나지 아니하겠나이다"(왕하 2:4b)

• 여리고

A″ (제자들) "여호와께서 자신의 선생을……데려가실 줄을 아시나이까?(왕하 2:5)

B″ (엘리야) "너는 여기 머물라. 여호와께서 나를 요단으로 보내시느니라(왕하 2:6a)

C″ (엘리사) "여호와께서 살아 계심과……맹세하노니 내가 자신을 떠나지 아니하겠나이다"(왕하 2:6b)

엘리야는 제자 50명이 보는 가운데 겉옷으로 물을 갈라 엘리사와 함께 마른 땅 위로 건너갔다(왕하 2:7–8). 이것은 엘리사가 엘리야를 대신한 선지자라는 것을 제자들에게 보여 주려는 것이다. 엘리야는 요단강을 건넌 후 엘리사에게 "내가 네게 어떻게 할지를 구하라"라고 하자 엘리사는 엘리야의 영의 역사가 갑절이 있게 해 달라고 구했다(왕하 2:9). 엘리야는 이 일이 어려운 일이라 말하고 여호와께서 자기를 데려가시는 것을 보면 그 일이 이루질 것이라고 말했다. 그리고 엘리사는 엘리야가 회오리바람으로 하늘로 올라가는 것을 보았다(왕하 2:10–11). 이때 엘리사가 "자신의 성령[75]이 하시는 역사가 갑절이나 내게 있게 하소서"(왕하 2:9)라고 구한 것은 엘리야가 하나님의 사람으로서 가지고 있는 이해력이나 능력을 구한 것이다(House 2003, 258). 그런데 '갑절의 몫'이 신명기 21:17에 기록된 장자가 받을 권리를 말한다면 엘리야의 계승자로서의 특권과 선지자 공동체의 지도자를 요구한 것으로 볼 수 있다(Jones 1994, 385). 그런데 엘리야가 그러한 엘리사의 요청에 대하여 "네가 어려운 일을 구하는도다"(왕하 2:10)라고 한 말과 연관지어 생각해 본다면 선지자직을 수행하는 데 필요한 영적인 능력을 구한 것으로도 볼 수 있다. 왜냐하면 엘리야가 '어려운 일'이라고 말한 것은 영적인 능력은 엘리야에게 속한 문제가 아니라 하나님만이 각 사람에게 주실 수 있는

75 개역개정판에 '자신의 성령'이라고 번역한 것은 적절하지 못하다. 왜냐하면 삼위 하나님 가운데 한 분이신 '성령'이라고 한다면 '자신의 성령', 곧 엘리야가 소유하고 있는 성령이 된다. 이것은 논리적으로 맞지 않다. 대부분의 영어 성경이 대문자로 Spirit라고 번역하지 않고 소문자로 spirit라고 번역했다.

은사이기 때문이다(Wiseman 1993, 195). 그러나 엘리야가 여호와께서 자신을 데려가시는 것을 보면 그 일이 이루질 것이라고 말한 대로 엘리사는 엘리야가 회오리바람으로 하늘로 올라가는 것을 보았다(왕하 2:11). 그렇다면 엘리사가 엘리야에게 구한 것이 이루어질 것이다.

이 일로 말미암아 엘리사는 엘리야의 계승자가 되었고, 또한 엘리야가 가진 능력을 가진 자가 되었다. 그것을 잘 볼 수 있는 부분이 엘리사가 엘리야의 몸에서 떨어진 겉옷을 가지고 물을 칠 때 물이 이리저리 갈라졌다는 것이다(왕하 2:6, 14). 이뿐만 아니라 맞은편에 있던 선지자의 제자들도 엘리야의 영이 엘리사 위에 임했다고 인정한다(왕하 2:15).

이제 엘리야가 떠난 이후 엘리사가 언약의 백성들을 어떻게 가르치고 인도해 갈 것인지 기대하게 만든다. 엘리야가 승천한 이후 엘리사는 “내 아버지여 내 아버지여, 이스라엘의 병거와 그 마병이여”(왕하 2:12)라고 했다. 이것은 이스라엘을 지키는 자가 이스라엘의 왕이 아니라 엘리야 선지자라는 것을 의미한다. 후에 엘리사가 죽을 때 이스라엘의 왕 요아스가 동일한 말을 했다(왕하 13:14). 이것은 이스라엘을 지키는 참된 병기는 선지자와 그가 전하는 하나님의 말씀이라는 것을 보여 준다.

② 엘리사가 행한 기적 두 가지(왕하 2:19-25)

저자는 두 가지 이야기를 들려줌으로 지도력의 계승이 성공적으로 이루어졌다는 것을 증명해 준다(김정우 2008, 159; House 2003, 260). 첫 번째 이야기는 엘리사가 여리고에 머무는 중에 있었던 사건으로 물이 나빠 토산이 익지 못하고 떨어지는 것을 회복시킨 일이다. ‘토산이 익지 못한다’(וְהָאָרֶץ מְשַׁכָּלֶת)라는 표현에 사용된 ‘익지 못한다’(מְשַׁכֶּלֶת < שׁכל)라는 히브리어 단어는 ‘불임’과 ‘유산’을 뜻할 때(창 31:38; 42:36; 출 23:26; 호 9:14; 욥 21:10)와 어린아이를 잃을 때 사용되기도 한다(신 32:25; 삼상 15:33). 이와 무관하지 않은 것은 여호와께서 “다시는 죽음이나 열매 맺지 못함이 없을지니라”(왕하 2:21)라고 말씀하셨기 때문이다. 엘리사는 땅을 치유하는 방법으로 새 그릇에 소금을 담아 가져오게 하여 물 근원에 소금을 뿌렸다. 소금이 특별한 의미가 있다기보다는 제사에서 정결의식으로 사용되었기 때문에(출 30:35; 레 2:13; 겔 43:24) 선지자로서 행한 상징적 행위 가운데 하나로 보아

야 한다. 원래 여리고는 종려나무 성읍으로 알려졌고(신 34:3), 여리고 샘(수 16:1)이 있었다는 표현으로 볼 때 물이 풍부하고 비옥한 곳이었다. 이 샘은 지금 아인 에스-술탄(Ain es-Sultan)이다. 여호수아가 이곳에 성을 다시 재건하지 못하도록 저주하였는데(수 6:26), 아합 시대에 히엘이 성을 건축하므로 저주가 이루어졌다(왕상 16:34). 그래서 여리고에 사는 사람들이 언약의 저주 아래 놓여 있었던 것으로 보인다(출 23:25-26; 레 26:9; 신 28:15-18). 그러나 엘리사로 말미암아 죽음과 불임의 땅이 생명과 생산이 가능한 땅으로 회복되었다. 이를 통하여 엘리사는 엘리야를 계승한 선지자임이 입증되었다.

엘리사가 엘리야를 계승한 선지자라는 것을 입증하는 또 하나의 증거는 벧엘에서 '작은 아이들'이 엘리사를 "대머리여 올라가라 대머리여 올라가라"(왕하 2:23)라고 조롱하자 엘리사가 여호와의 이름으로 저주하여 수풀에서 암곰 둘이 나와서 아이들 중의 사십이 명을 찢은 일이다(왕하 2:24). 이 일은 너무 가혹한 일처럼 보인다. 그러나 여기서 '작은 아이들'은 일반적인 아이들보다는 비교적 젊은이에 가까운 아이들을 말한다.[76] 그리고 이들이 집단적으로 엘리사 선지자를 조롱했다는 것은 의도적이다. 왜냐하면 벧엘은 북 왕국 이스라엘의 우상숭배의 중심지였기 때문이다(왕상 12:25-13:34). 율법에 들짐승이 아이들을 공격하는 것은 하나님의 심판이다(레 26:22). 따라서 이 아이들이 집단적으로 엘리사를 조롱할 때 암곰이 나와 이들을 죽인 사건은 엘리사가 하나님의 종이라는 것을 증명하는 일이다. 이뿐만 아니라 엘리사를 선지자로 세우신 하나님을 모독하는 행위에 대한 심판이다.

(9) 엘리사와 이스라엘과 모압의 전쟁(왕하 3:1-27)

이 문단은 이야기의 시작을 보여 주는 형식적 문구로 아합의 아들 여호람이 유다의 여호사밧 18년에 왕이 되어 12년을 다스렸다고 기록한다(왕하 3:1).[77] 여호

---

76 히브리어로 '너아림 커타님'(נְעָרִים קְטַנִּים)으로 '너아림'은 이삭이 20세 초반이었을 때(창 22:12), 요셉이 17세였을 때(창 37:2)를 말한다. 그러나 '작다'는 뜻의 '커타님'은 어린아이를 가리키는 말로 볼 수도 있다.

77 열왕기하 1:17에 보면 여호사밧의 아들 여호람 2년에 왕이 되었다고 설명한다. 이것은 유다의

람은 여호와 보시기에 악했고, 여로보암의 길에서 떠나지 아니했다(왕하 3:2–3).

저자는 여호람을 소개한 후에 모압 왕 메사와 전쟁을 하게 된 이야기를 한다. 저자는 모압 왕 메사를 '양을 치는 자'(노케이드, נֹקֵד)라고 소개했다. 이 단어는 아모스 1:1에 '목자'와 동일한 단어로 대규모 목축업을 하는 자라는 뜻으로 저자가 모압 왕에게 이 용어를 적용한 것은 목축이 모압의 중요한 국가산업이라는 것이다. 그는 새끼 양 10만 마리의 털과 숫양 10만 마리의 털을 이스라엘 왕에게 조공으로 바쳤다(왕하 3:4). 모압은 다윗 때부터 이스라엘의 속국이 되어 조공을 바쳤다(삼하 8:2). 그러나 모압은 아합이 죽은 후에는 이스라엘을 배반하고 조공을 바치지 않았다(왕하 3:5). 이 상황에서 여호람은 모압을 응징하기 위해 여호사밧과 에돔과 함께 갔다(왕하 3:7–9). 이것이 앞에서 아무런 설명도 없이 아합이 죽은 후 모압이 배반한 일(왕하 1:1)과 여호사밧의 행적에 에돔에 당시 섭정왕이 있었다(왕상 22:47)고 복선을 설정한 이유다.

아합이 죽은 후에 모압이 배반하였지만 아하시야는 해결할 수 없었다. 그래서 여호람은 여호사밧과 유다가 섭정왕을 세운 에돔과 함께 모압을 치기 위하여 갔다. 그런데 여호람과 함께한 연합군은 모압을 치기 위하여 간지 7일에 군사와 따라가는 가축을 먹일 물이 없어 위험에 처하게 되었다(왕하 3:9). 여호사밧이 선지자를 찾자 이스라엘 왕의 신하 중 한 명이 엘리사가 있다고 하였다. 이스라엘 왕과 여호사밧과 에돔 왕은 그에게 갔다(왕하 3:11–12). 엘리사는 이 세 왕에게 골짜기에 개천을 파면 거기에 물이 가득하게 될 것이라고 하면서 "이것은 여호와께서 보시기에 작은 일이라"(왕하 3:18)라고 하였다. 그리고 여호와께서 모압 사람도 넘겨줄 것이라고 예언했다. 이 예언의 말씀대로 아침이 되어 물이 에돔 쪽에서 흘러와 그 땅에 가득하게 되었다(왕하 3:14–20). 여기서 '골짜기'(나할, נַחַל)는 이스라엘 지형에서 볼 수 있는 와디(wadi)다. 엘리사의 예언에 대하여 해설자는 "거문고 타는 자가 거문고를 탈 때에 여호와의 손이 엘리사 위에 있더니"(왕하 3:15)라고 했다. 이것은 여호와께서 엘리야의 계승자인 엘리사에게도 함께하여 이스라엘을 지키신다는 것을 보여 준다. 여호와의 손이 엘리사 위에 있을 때 모압 군대가 일찍 일어나 해가 물에 비치므로 그들은 맞은편 물이 붉어 피와 같음

여호람이 여호사밧 통치 말기에 공동으로 통치하였음을 의미한다. 유다 왕 여호람이 단독으로 통치한 것은 북 왕국 요람(여호람)의 통치 5년이 되는 해였다(왕하 8:16).

을 보았다. 그들은 연합군이 서로 싸워서 죽인 것이라고 생각하고 이스라엘 진으로 갔다. 그때 이스라엘 사람들이 일어나 모압 사람을 치고 엘리사의 말대로 돌로 밭을 메우고 샘을 메우고 좋은 나무를 베었다(왕하 3:19, 25). 이 승리는 여호와가 얼마나 위대한 분이시며, 이스라엘에 선지자가 있다는 것이 얼마나 큰 복인지 알게 한다(시 74:9; 렘 7:25; 암 3:7).

그러나 해설자는 전쟁 끝에 모압 왕이 자기 왕위를 이을 맏아들을 성 위에서 번제로 드리자 "이스라엘에게 크게 격노함이 임하매 그들이 떠나 각기 고국으로 돌아갔더라"(왕하 3:27)라고 했다. 이 부분은 이해하기가 어렵다. NIV 번역처럼 모압이 왕위를 이을 맏아들을 번제로 드리고 이스라엘에 대한 분노가 일어나 싸울 결의를 새롭게 했는지, 아니면 이스라엘 군대가 인신제사를 보고 두려워서 돌아갔는지 두 해석이 다 가능하기 때문이다(빔슨 2015, 495).

(10) 엘리사가 행한 기적들(왕하 4:1-6:23)

이 문단은 엘리사 선지자의 사역을 집중적으로 기록한다. 이 문단에 기록된 엘리사가 행한 기적은 여호와께서 각 나라와 개인의 삶 등 모든 영역을 통치하시며 그를 찾고 구하는 자에게 은혜를 베푸신다는 것을 보여 주어 선지자 엘리사의 말을 듣는 일이 얼마나 중요한 일인지 보여 준다. 엘리사가 행한 기적은 이스라엘에 하나님이 계시고 그를 찾는 자들에게 은혜를 주신다는 증거이다(시 74:9). 특히 이 책의 1차 독자인 바벨론 포로로 끌려온 이스라엘 백성들은 이스라엘에 선지자가 있고, 그 말씀을 듣는 것이 얼마나 중요한 일인지 이 기적들을 통하여 배웠을 것이다.

① 엘리사가 과부의 기름 그릇을 채움(왕하 4:1-7)

선지자 제자들의 아내 중 한 여인이 엘리사에게 찾아와 남편이 죽고, 빚을 준 사람이 자신의 두 아이를 데려가 종으로 삼을 수밖에 없는 형편을 이야기했다(왕하 4:1). 언약 백성은 빚을 갚을 수 없을 때 채무를 변제하는 수단으로 빚을 준 자의 종이 되어 섬길 수 있었다(레 25:39-41). 이 경우에 가까운 친족이 무를 수 있었다(레 25:24-30, 47-55). 그러나 이 과부는 가정의 빚을 해결해 줄 수 있는 사람이 없었다. 그래서 엘리사 선지자에게 찾아와 구했다.

엘리사는 과부가 기름 한 그릇 외에는 없다는 사실을 알고 이웃에게 그릇을 빌릴 수 있는 대로 빌려 문을 닫고 빌려온 모든 그릇에 기름을 부으라고 했다(왕하 4:2–4). 이 말을 들은 여인은 두 아들과 함께 엘리사의 말대로 그릇을 빌릴 수 있는 대로 다 빌려 가지고 있는 기름을 부었다. 그리고 기름이 모든 그릇에 다 차자 그쳤다. 엘리사는 그 기름을 팔아 빚을 갚고 남은 것으로 생활하라고 했다(왕하 4:5–7). 당시 기름은 화폐수단이기도 했다.

이 일은 개인의 가정사에 해당하는 일이라 할지라도 누구든지 선지자에게 구할 때 채우시고, 또한 그가 선지자의 말을 믿고 순종할 때 채무와 생활의 문제를 해결할 수 있다는 것을 보여 준다.

신약 시대에 그리스도께서 그리스도 안에서 무엇이든지 구하면 들으신다고 약속하셨기 때문에 우리는 구할 수 있는 특권을 가지고 있다(요 15:7). 오늘날 경제 문제나 갑작스런 사고나 질병으로 고통당하는 경우들이 있다. 이때 엘리사에게 구한 과부처럼 그리스도 안에서 하나님께 무엇이든지 구할 수 있다. 이것은 성도의 큰 특권이다.

② 엘리사와 수넴 여인(왕하 4:8–37)

하루는 엘리사가 수넴에 이르렀을 때 이름이 나타나지 않는 한 귀한 여인이 간권하여 음식을 먹으므로 엘리사는 그곳을 지날 때마다 음식을 먹으러 들어갔다. 여인은 그의 남편에게 엘리사가 '하나님의 거룩한 사람'이기에 '작은 방을 담위에 만들고' 그가 오면 거기에 머물게 하자고 하였다(왕하 4:8–10). 수넴은 잇사갈 지파가 받은 땅으로 이스르엘 근처에 위치해 있다(수 19:18). 여인이 만든 '담위에 작은 방'(알리야트–키르 커타나, עֲלִיַּת־קִיר קְטַנָּה)은 '지붕에 있는 작은 방'이다. 고대 이스라엘의 지붕은 평평하여 생활공간으로 사용되었고, 숙박 시설로 사용되기도 했다(참조. 수 2:6–8; 삼상 9:26; 삼하 11:2 등). 이 여인은 열왕기하 4:1–7에 묘사된 과부와 달리 경제적으로 여유가 있었다. 엘리사는 그녀의 세심한 배려에 이 집에 아이가 없다는 사실을 알고 한 해가 지나 아들을 안게 될 것이라고 말했고, 그가 말한 대로 한 해가 지나 아들을 얻게 되었다(왕하 4:16–17).

그런데 그 아이가 자라 어느 날 "내 머리야 내 머리야"(왕하 4:19) 하다 죽었다.

그러자 그 여인은 갈멜산에 있는 엘리사를 찾아가 아들을 구하지도 않았고 아들을 주신다고 할 때 속이지 말라고 한 말을 상기시켰다(왕하 4:16, 28). 엘리사는 아들이 죽을 줄을 몰랐던 것처럼 보인다. 그는 "여호와께서 내게 숨기시고 이르지 아니하셨도다"(왕하 4:27)라고 말하는 것을 볼 때 여호와께서 다른 뜻이 있는 줄을 암시한다. 엘리사가 그 여인에게 자신의 지팡이를 아이의 머리에 놓으라고 했다. 여인은 맹세하며 그래도 같이 가야 한다고 하여 엘리사가 함께 갔다. 엘리야는 가서 아이를 다시 살려서 여인에게 주었다(왕하 4:29–36).

엘리사는 엘리야가 아이를 살렸던 것처럼 다시 살렸다(참조. 왕상 17:7–24). 엘리사의 사역은 여호와께서 죽음을 주장하시고, 궁핍한 자와 고통당하는 자들을 돌보신다는 것을 입증한 것이다. 또한 이 사건은 선지자들은 죄와 회개에 대해서만 말하는 자가 아니라 하나님의 치료하시는 은혜와 돌보심을 보이는 대리인이라는 것을 보여 준다(House 2003, 268). 이 사건을 듣고 당시 이스라엘 백성들은 언약의 말씀에 순종했을까? 선지자가 있다는 것이 얼마나 큰 복인지 알았을까?(참조. 렘 7:25; 25:4; 35:15) 바벨론 포로로 잡혀간 언약 백성들은 이 사건을 보고 무엇을 생각했을까?

③ 엘리사가 독이 들어간 국을 먹을 수 있게 함(왕하 4:38–41)

엘리사가 길갈에 갔을 때 그 땅에 흉년이 들었다. 그때 그는 제자들을 먹이기 위해 국을 끓이게 하였는데 그 안에 독이 있었다. 그러자 엘리사가 어떤 가루인지 알지 못하지만 가루를 솥에 넣음으로 독이 없어졌다. 이것은 흉년이 들어 어려움 가운데 있을 때 여호와께서 엘리사와 다른 선지자들을 먹이심으로 여호와의 신실하심을 보여 주고 여호와께 소망이 있다는 것을 보여 준다(House 2003, 268).

④ 엘리사가 100명을 먹임(왕하 4:42–44)

한 사람이 '처음 익은 곡식'으로 만든 보리떡 20개와 자루에 담은 곡식을 하나님의 사람에게 드렸다. 사환이 이것을 100명에게 어떻게 줄 수 있겠느냐고 하자 엘리사는 주어 먹게 하고 여호와께서 먹고 남게 될 것이라고 말씀하셨다고 했다. 그런데 저자는 "여호와께서 말씀하신 대로 먹고 남았더라"(왕하 4:44)라고 했다. 엘리사의 이 기적은 예수님께서 큰 무리를 먹이신 일을 생각나게 한다(마

14:13-21; 막 6:30-44; 8:1-21; 눅 9:10-17; 요 6:1-15). 예수님이 행하신 기적은 기적을 행하신 분이 그리스도이심을 믿고 생명을 얻게 하려는 것이다. 이와 같이 엘리사가 행한 기적도 이러한 일을 통하여 언약을 믿고 순종하여 그 나라의 풍성함을 누리게 하려는 것이다. 이러한 기적들은 하나님의 나라가 역사 안에 들어온 표적이며, 많은 사람들이 무시한다 할지라도 이스라엘의 남은 자들은 그 나라에 들어간다는 것을 보여 준다(House 2003, 269).

⑤ 엘리사가 나아만의 나병을 치료함(왕하 5:1-27)

아람 왕의 군대 장관 나아만은 그의 주인 앞에 크게 존귀한 자였다. 그런데 저자는 그가 존귀한 자가 된 것은 "여호와께서 전에 그에게 아람을 구원하게 하셨음이라"(왕하 5:1)라고 설명했다. 여호와는 이스라엘 외에 다른 민족과 나라들의 흥망성쇠도 주장하신다. 그는 큰 용사였지만 나병 환자였다. 그때 나아만은 이스라엘 땅에서 포로로 잡혀온 어린 소녀 하나가 사마리아에 있는 선지자에게 가면 나병을 고칠 수 있다고 하는 말을 들었다. 나아만은 이 말을 듣고 아람 왕에게 허락을 받았고, 아람 왕은 이스라엘 왕에게 글을 보냈다(왕하 5:2-6). 이때 이스라엘 왕은 아람 왕의 글을 받고 옷을 찢었다(왕하 5:7). 포로로 잡혀간 소녀는 선지자가 고칠 수 있다는 사실을 알았으나 이스라엘 왕은 고칠 수 없다고 생각했다(왕하 5:7). 당시 이스라엘 왕이 여호람이라면 모압과 싸웠던 전쟁에서 선지자 엘리사를 기억할 수 있었을 것이라 기대한다(참조. 왕하 3:4-27). 그러나 그는 나아만 집에 있는 어린 소녀와 대조적으로 이스라엘에 선지자가 있다는 것이 어떤 의미인지 알지 못했다. 나아만의 집에 있는 소녀가 사마리아에 있는 선지자에게 가면 고칠 수 있다는 말을 했다는 것은 그가 듣고 보았다는 것이다.

엘리사는 아람 왕의 편지를 받고 이스라엘 왕이 옷을 찢었다는 소식을 듣고 나아만을 자기에게 보내라고 했다. 그러면서 엘리사는 "그가 이스라엘 중에 선지자가 있는 줄을 알리이다"(왕하 5:8)라고 말했다. 그래서 나아만은 말들과 병거를 거느리고 엘리사 집 문에 섰지만 엘리사는 그의 종을 보내어 요단강에 몸을 일곱 번 씻으라고 했다. 이 말을 들은 나아만은 그의 기대와는 달라 분노하며 돌아가려 했다. 그때 그의 종들은 선지자가 나아만에게 이보다 더 어려운 일도 행하라고 했으면 했을 것인데 하물며 씻어 깨끗하게 하라고 한 말을 듣는 것이 당연한 일이 아니냐고 말했다. 나아만이 이 말을 듣고 엘리사의 말대로 요단강에 일곱 번 몸을 잠그자 그의 살이 어린아이의 살같이 회복되었다(왕하 5:11–14). 이를 통하여 엘리사가 한 말대로 그는 이스라엘에 선지자가 있다는 것이 어떤 의미인지 알게 되었을 것이다(왕하 5:8).

나아만은 자신의 몸이 치료되었음을 알고 "이제 이스라엘 외에는 온 천하에 신이 없는 줄을 아나이다"(왕하 5:15)라고 고백했다. 그리고 예물을 드리려고 했지만 엘리사는 받지 않았다(왕하 5:16). 이는 하나님이 치료하신 것이 아니라 엘리사 자신의 능력으로 치료했다는 오해를 불러일으킬 수 있기 때문이다. 그러자 나아만은 노새 두 마리에 실을 수 있는 흙을 요구했다. 이것은 여호와 외에 다른 신에게 희생제사를 드리지 아니하고 여호와만 섬기겠다고 한 것을 볼 때 제단을 만들려고 한 것처럼 보인다(왕하 5:17). 그리고 자신의 주인이 림몬 신전에 들어갈 때 자기의 손을 의지하기 때문에 몸을 굽히는 것을 용서해 달라고 하자 엘리사는 평안히 돌아가라 했다(왕하 5:18–19). 엘리사는 나아만의 양심의 문제를 직접 언급하지는 않았지만 이교적인 환경과 관리로서의 책임 등을 무시하지 않았다. 그러나 성경이 설명하지 않는다 할지라도 엘리사의 말은 이원적인 삶을 살도록 허용하는 것은 아니다.

엘리사의 사환 게하시는 엘리사가 나아만이 가지고 온 것을 아무것도 받지 않은 것을 보고 그를 따라갔다. 그리고 게하시는 지금 선지자 제자들 중 두 사람이 왔다고 속이고 그들에게 줄 은 한 달란트와 옷 두 벌을 요구했다. 그러자 나아만은 은 두 달란트를 주었고 게하시는 이것을 집에 감추었다(왕하 5:22–24). 이스라엘 왕 오므리가 은 두 달란트로 사마리아산을 산 일이 있을 정도로 그가 받은 것은 큰 가치가 있었다(왕상 16:24). 엘리사는 게하시가 돌아오자 "네가 어디서 오느냐?"(왕하 5:25)라고 물었다. 게하시는 아무데도 가지 않았다고 말했다. 그러나 엘리사는 "한 사람이 수레에서 내려 너를 맞이할 때에 내 마음이 함께 가지 아니하였느냐?"(왕하 5:26)라고 말했다. 이것은 엘리사가 이미 영적인 눈으로 게하시의 행동을 다 보았다는 것이다. 그런데도 "네가 어디서 오느냐?"라고 물은 것은 게하시에게 잘못을 고백할 수 있는 기회를 주기 위한 것으로 보인다(고재수 1991, 68). 그러나 게하시가 은혜 받을 기회를 거절했을 때 나아만에게 있었던 나병이 그에게 임했다.

엘리사가 나아만의 나병을 고친 사건은 엘리사의 말대로 이스라엘에 선지자가 있다는 사실을 알게 하려는 것이다(왕하 5:8). 특히 아람 사람 나아만의 나병을 고치신 일을 통하여 이방인이라 할지라도 선지자에게 구하면 들으신다는 것을 보여 준다. 그리고 이 사건은 당시 이 책의 1차 독자들인 포로 생활하는 이스라엘 백성들에게 선지자의 말을 듣는 일이 얼마나 중요한 일인지 깨닫게 하기 위함이다. 예수님께서도 선지자가 고향에서 환영을 받지 못한다고 하면서 "선지자 엘리사 때에 이스라엘에 많은 나병 환자가 있었으되 그중의 한 사람도 깨끗함을 얻지 못하고 오직 수리아 사람 나아만 뿐이었느니라"(눅 4:27)라고 하셨다. 예수님은 이 사건을 이스라엘에게 선지자의 말을 믿고 순종하는 일이 중요하다는 것을 가르치려는 것으로 해석하셨다. 그리고 신약 시대에 살고 있는 우리에게 참 선지자이시며 메시아이신 예수님을 믿고 순종하는 일이 중요하다는 사실을 나아만의 예를 들어 가르치신 것이다. 그것은 나아만에게 일어난 기적이 보편적으로 일어나는 것은 아니라 할지라도 오늘날에도 주를 믿는 자에게 일어나기 때문이다.

⑥ 엘리사가 쇠도끼를 떠오르게 함(왕하 6:1–6)

선지자의 제자들은 그들이 거주하는 공간이 좁아 더 큰 집을 짓기로 결정하고 재목을 베기 위하여 갔다. '자신과 함께 거주하는 이곳'이라는 표현을 볼 때 당시 엘리사 선지자는 제자들과 함께 일하고 생활했던 것으로 보인다. 그런데 나무를 벨 때에 빌려온 쇠도끼가 물에 떨어졌다(왕하 6:5). 구약 성경 시대에 철은 비쌌고, 선지자의 제자들은 가난했다(Hubbard 1985, 157). 이때 엘리사는 나뭇가지를 물에 던져 쇠도끼를 떠오르게 했다(왕하 6:6). 쇠도끼가 물에서 떠오르는 사건은 매우 신비스러운 일이다. 이 신비로운 사건은 '하나님의 사람'(왕하 4:7, 25; 5:8 등)이 있다는 것이 어떤 의미가 있는지 보여 준다. 또한 하나님이 가난한 선지 학교에 긍휼을 베푸신다는 것을 보여 준다.

⑦ 엘리사가 아람 군대를 잡음(왕하 6:8–23)

엘리사는 이스라엘과 아람이 전쟁을 하고 있을 때 아람이 진을 치면 왕에게 미리 알려주어 방비하게 했다(왕하 6:8–10). 이 일에 대하여 아람 왕은 신복 중에 내

통하는 자가 있다고 생각했다. 그때 신하 중의 한 사람이 왕에게 이스라엘의 선지자 엘리사가 침실에서 한 말도 이스라엘 왕에게 고한다고 말했다. 아람 왕은 이 말을 듣고 엘리사가 도단에 있다는 사실을 알고 군대를 보냈다(왕하 6:12-14).

엘리사의 사환이 아람 군대가 엘리사를 잡기 위해 도단을 포위하고 있는 것을 보고 "아아, 내 주여 우리가 어찌하리이까"(왕하 6:15)라고 했다. 그때 엘리사가 기도하여 "그의 눈을 열어서 보게 하옵소서"라고 하자 여호와께서 사환의 눈을 열어 불말과 불병거가 산에 가득한 것을 보게 하셨다(왕하 6:17). 엘리사가 다시 기도하여 "저 무리의 눈을 어둡게 하옵소서"(왕하 6:18)라고 하자 여호와께서 그들의 눈을 어둡게 하셨다. 그러자 엘리사는 그들을 인도하여 사마리아로 갔다(왕하 6:19). 이들을 보고 이스라엘 왕이 쳐야 할는지를 물었을 때 엘리사가 떡과 물을 주어 그들의 주인에게 돌려보내라고 했다. 왕은 엘리사의 말대로 그들을 돌려보냈다(왕하 6:21-23). 이 사건 역시 이스라엘에 선지자가 있다는 사실이 어떤 의미가 있는지 보여 준다.

엘리사는 당시 물에 빠진 쇠도끼를 떠오르게 하는 개인적이고 작은 문제부터 전쟁과 같은 크고 사회적인 문제까지 도왔다. 이러한 엘리사의 사역은 선지자가 이스라엘 중에 있다는 것이 얼마나 복된 일인지 알게 한다. 신약 시대에 왕과 선지자와 제사장 기능을 가진 교회가 어떤 지역이나 나라에 있다는 것은 얼마나 복된 일일까?

(11) 엘리사와 포위된 사마리아(왕하 6:24-7:20)

이 문단은 아람 왕 벤하닷이 사마리아를 포위하고 있었을 때 나타난 특별한 사건이다.

① 아람 군대의 포위로 발생한 성중 상황(왕하 6:24-30)

아람 군대가 사마리아 성을 완전히 포위하였을 때 성 안의 상황은 아들을 잡아먹어야 하는 심각한 식량난이 있었다. 성 안 사람들은 크게 굶주렸다. 나귀 머리 하나에 은 팔십 세겔, 비둘기 똥 1/4갑에 은 다섯 세겔이었다(왕하 6:24-25). 당시 식용 가치가 가장 없었던 나귀 머리가 은 80세겔이었다. 족장 시대인 야곱과 요셉 시대에 형들이 요셉을 미디안 상인들에게 팔 때 은 20세겔에 팔았다(창 37:28). 이와 비교한다면 성중에 심각한 경제대공황이 있었다는 것이다. 또한 이스라엘 백성들은 모세 율법에 따라 나귀는 부정한 동물로 간주하였기 때문에 먹을 수도 없었고 먹지도 않았다(레 11:2-7; 신 14:4-8). 비둘기 똥(개역한글판은 '합분태')은 1/4갑에 은 다섯 세겔이었다. 여기서 '갑'(cab)은 1.3l로 1.5l PET병 하나 정도되는 양이다. 더욱 기가 막힌 것은 사람들이 먹을 것이 없어서 그들이 낳은 자녀들까지 먹었다. 이로 말미암아 자녀를 먹은 두 여인 사이에 다툼이 생기게 되었다(왕하 6:28-29). 그래서 그들은 왕에게 갔고, 왕은 그들의 이야기를 듣고 옷을 찢었다. 왕은 이러한 굶주림이 엘리사 때문이라고 생각하고 엘리사를 죽이려고 작정하고 있었다(왕하 6:31).

② 왕의 사자를 엘리사에게 보냄(왕하 6:32-7:2)

왕이 엘리사를 죽이려고 작정하고 그의 사자(使者)를 엘리사에게 보냈을 때 엘리사는 그의 집에 장로들과 앉아 있었다. 엘리사는 왕이 사자를 보내어 자기를 잡으러 온 줄을 알고 있었다(왕하 6:32). 왕의 사자가 엘리사를 찾아와 왕의 말을 전하기를 "이 재앙이 여호와께로부터 나왔으니 어찌 더 여호와를 기다리리요"(왕하 6:33)라고 말했다. 이때 엘리사가 여호와께서 하신 말씀을 전하기를 "내일 이맘때에 사마리아 성문에서 고운 밀가루 한 스아를 한 세겔로 매매하고 보리 두 스아를 한 세겔로 매매하리라"(왕하 7:1)라고 했다. 여기에 나오는 '스아'는 용량을 나타내는 단위로서 오늘날의 미터법에 따른 용량으로 바꾸면 약 7.3l인데, 우리가 잘 쓰는 1.5l PET병 다섯 개 정도라고 할 수 있다. 엘리사는 빵을 만들 수 있는 질이 좋은 가루 한 스아에 한 세겔, 보리 두 스아에 한 세겔이 될 것이라고 했다. 이것은 지금까지 있었던 모든 경제적인 대공황이 종료되고 정상적인 시장가격이 형성될 것이라는 뜻이다. 이 일은 성을 포위하고 있는 아람 군대가 물러가야 가능하다.

엘리사 선지자의 말은 당시 상황에서 인간의 논리와 이성으로는 믿어지지 않는다. 그래서 왕의 심복장관 가운데 한 장관이 하나님의 종 엘리사의 말을 빈말로 듣고 여호와께서 하늘에 창을 내신들 어떻게 이러한 일이 가능하겠느냐고 빈정대듯이 말했다. 그러자 엘리사는 "네가 네 눈으로 보리라. 그러나 그것을 먹지는 못하리라"(왕하 7:2)라고 말했다. 엘리사의 이 말이 무엇을 의미하는 것인지 궁금증을 가지게 한다.

③ 아람 군대가 물러가고 성중 상황이 회복됨(왕하 7:3-20)

때마침 성문 어귀에 나병 환자 네 사람이 있었다. 그들은 앉아서 죽기보다 성읍에 들어가면 거기서 굶주려 죽을 것이고, 아람 군대에 항복하면 그들이 살려주면 살 수 있고 죽이면 죽을 것이라고 의논하고 아람 군대로 갔다. 그런데 아람 군대 진영에 아무도 없었다. 이 상황에 대하여 저자는 "이는 주께서 아람 군대로 병거 소리와 말 소리와 큰 군대의 소리를 듣게 하셨으므로 아람 사람이 서로 말하기를 이스라엘 왕이 우리를 치려 하여 헷 사람의 왕들과 애굽 왕들에게 값을 주고 그들을 우리에게 오게 하였다 하고 해질 무렵에 일어나서 도망하되 그 장막과 말과 나귀를 버리고 진영을 그대로 두고 목숨을 위하여 도망하였음이라"(왕하 7:6-7)라고 설명했다. 주께서 어떤 방식으로 그들의 귀에 큰 군대의 소리를 듣게 하였는지 알 수 없다. 나병 환자들은 이 상황을 보고 '아름다운 소식'이라고 하고 이것을 보고도 침묵하면 벌이 미치리라고 생각하고 궁에 알렸다(왕하 7:9-10). 이들의 말을 들고 왕은 혹시라도 매복하여 공격할 수도 있다고 생각하고 사람들을 보냈다. 그들이 아람 군대 뒤로 정탐한 결과 의복과 병기를 두고 도망한 것을 확인하게 되었다(왕하 7:15). 이 소식을 왕에게 알리자 백성들은 나가서 아람 사람의 진영을 노략했다. 저자는 이 일에 대하여 "고운 밀가루 한 스아에 한 세겔이 되고 보리 두 스아에 한 세겔이 되니 여호와의 말씀과 같이 되었고"(왕하 7:16)라고 했다. 그때 왕은 그의 장관을 세워 성문을 지키게 했다. 이 장관은 전에 선지자 엘리사의 말을 믿지 않고 비웃었던 사람이다. 백성들이 아람 군대가 물러갔다는 소식을 듣고 식량을 얻기 위하여 성문을 나갈 때 그 장관은 사람들에게 밟혀 죽었다(왕하 7:16-20). 엘리사가 "네가 네 눈으로 보리라. 그러나 그것을 먹지는 못하리라"라고 한 말처럼 이루어진 것이다(왕하 7:19-20; 참조. 왕하 7:2).

④ 성중 상황의 원인과 의미

성중 상황의 원인은 어디에 있고 그 의미는 무엇일까? 역사학자들이나 사회학자들은 당시의 시대적인 상황과 백성들의 상태를 보면서 나름대로 해석할 것이다. 또 구약성경에 익숙한 성도라면 단번에 언약의 말씀이 연상될 수 있다. 이는 하나님과 맺은 언약의 말씀대로 저주를 받고 있기 때문이다. 저자는 이 역사를 기술할 때 사건의 원인과 의미가 무엇인지 단번에 알 수 있도록 기술했다. 모압 언약에 기록된 복과 저주의 내용을 보면 언약의 말씀을 버리면 적군이 에워싸 먹을 것이 없어 자기가 낳은 자식을 몰래 먹을 것이라고 했다(신 28:57). 그래서 아람 군대의 침공으로 그 낳은 자녀들까지 먹는 상황이 발생하게 된 것은 언약의 저주다. 하나님이 이스라엘 백성들에게 선지자들을 보내어 수많은 기적들을 통하여 말씀의 확실함을 보여 주었는데도 언약의 말씀을 버렸기 때문이다. 이 사건은 선지자의 말을 듣는 것이 중요하다는 것을 알게 한다. 특히 저자는 선지자의 말을 듣고 비웃었던 한 장관의 죽음을 통해서도 생생하게 전달해 준다.

오늘날 하나님도 성령의 초자연적이고 다양한 능력으로 말씀의 확실함을 체험하게 하신다. 하나님이 이러한 체험을 주시는 것은 기록된 하나님의 말씀을 붙들고 믿음으로 살게 하려는 것이다(히 2:1-4).

(12) 수넴 여인의 땅을 회복함(왕하 8:1-6)

이 문단은 수넴 여인의 땅을 회복하는 이야기다. 이 이야기에 엘리사 몰래 나아만에게 예물을 받아 나병이 든 게하시가 등장한다(왕하 8:4; 참조. 왕하 5:27). 이것은 엘리사 이야기가 연대기적으로 기록된 것이 아니라는 것을 알게 한다. 이 사건은 나아만의 치유 이전에 일어난 일이고, 열왕기하 8:1에 예언된 기근은 열왕기하 4:38-41에 대한 배경을 제공하는 것 같다(빔슨 2015, 499). 7년 기근이 아람이 사마리아를 포위하기 전인지 후인지는 분명하지 않다(Vannoy 2002a, 536). 엘리사가 7년 기근이 있을 것이라고 예언한 것은 언약의 저주다(레 26:19-20, 26; 신 28:18, 23-24). 7년 기근이 있을 것이기 때문에 엘리사는 수넴 여인이 그를 배려한 일에 대한 호의로 가족들과 함께 거주할 만한 곳으로 가서 거주하라고 말했을 것이다. 수넴 여인은 엘리사의 말대로 그의 가족들과 함께 블레셋에 내려갔다(왕하 8:1-2). 그리고 7년의 기근이 끝나고 돌아와 집과 땅을 찾기 위해 왕에게 갔다(왕하 8:3, 5). 그때 왕은 게하시를 불러 엘리사가 행한 일을 물었고, 게하시가 왕에게 호소한 여인을 보고 엘리사가 다시 살린 아이의 어머니라고 말했다(왕하 8:5). 왕은 한 관리를 세워 그 여인에게 속한 모든 것을 다 돌려주라고 했다(왕하 8:6).

엘리사가 이 여인을 돕기 위해 나타나지 않았어도 엘리사의 명성과 게하시의 증언으로 그녀에게 집과 땅을 회복시켜 주었다. 이 사건은 7년 기근으로 그때까지 살았던 곳을 떠나라는 엘리사의 권고가 확실하다는 것을 입증해 준다. 이 사건을 통하여 한 여인이 하나님의 사람인 엘리사를 배려하고 그가 한 말을 듣고 순종하는 일이 어떤 의미가 있는지 보여 준다.

(13) 엘리사가 아람 왕 하사엘의 압제를 예언함(왕하 8:7-15)

이 문단은 엘리사가 하사엘이 아람의 왕이 될 것이며, 그가 이스라엘에게 악을 행할 것을 예언하는 내용이다. 아람 왕 벤하닷이 병이 들었고 엘리사가 다메섹에 와 있다는 소식을 들었다. 벤하닷은 하사엘에게 다메섹의 좋은 물품을 예물로 낙타 40마리에 실어 엘리사를 맞이하고 "내가 이 병에서 살아나겠는지"(왕하 8:8) 그를 통하여 여호와께 물으라고 했다. 벤하닷의 질문은 흥미롭게도 아하시야가 "내가 이 병에서 낫겠는지"(왕하 1:2) 물으라고 한 질문과 같다. 저자는 이 비교를 통하여 이스라엘 왕은 바알세붑에게 물었고, 이방의 왕은 이스라엘의 신 여호와께 물은 사실을 서로 비교해 보게 한다(빔슨 2015, 499).

엘리사가 다메섹에 온 것은 여호와께서 엘리야에게 명령하여 하사엘에게 기름을 부어 아람 왕이 되게 하라는 말씀을 성취하기 위한 것이다(참조. 왕상 19:15). 엘리사는 하사엘에게 왕이 반드시 나을 것이라고 말하라 하면서도 여호와께서 그가 반드시 죽으리라는 사실을 알게 하셨다고 말했다(왕하 8:10). 그러고서 엘리사는 하사엘을 보고 울며 그가 아람 왕이 되어 이스라엘에게 악을 행하되, 잔혹하게 어린아이를 메치며 아이 밴 부녀를 가르게 될 것이라고 예언했다(왕하 8:12). 이것은 이미 엘리야를 통하여 예언한 대로 하사엘은 아합의 집과 이스라엘을 심판하시기 위한 하나님의 도구였기 때문이다(참조. 왕상 19:15-17).

하사엘은 엘리사를 떠나 왕이 반드시 살아난다는 소식을 전했다. 그리고 그는 그 이튿날 이불을 물에 적시어 왕의 얼굴을 덮어 죽이고 왕이 되었다(왕하 8:14-15). 하사엘이 왕을 죽이고 권력을 빼앗은 일은 살만에셀 연대기 단편에 "하닷 에셀이 죽었다. 무명의 아들인 하사엘이 보좌를 차지했다"라고 되어 있다

(Pritchard 1969, 280–281). 하사엘은 약 40년 동안 아람을 다스리며 이스라엘을 고통스럽게 한 왕이었다. 엘리사는 여호와를 통하여 하사엘이 할 행동을 다 알고 있었다. 이것은 여호와께서 선지자를 통하여 말씀하신 것을 성취하며 세속의 역사까지 통치하는 분이심을 보여 준다.

(14) 유다의 여호람과 아하시야(왕하 8:16–29)

이 문단은 아합의 아들 요람 5년에 유다 왕이 된 여호람과 아하시야 시대 이야기를 소개한다. 이 이야기는 여호사밧의 결혼동맹이 유다에 어떤 결과를 가져오게 되었는지를 보여 준다.

① 유다의 여호람(왕하 8:16–24)

저자는 여호람이 아합의 아들 요람 5년이면서, 동시에 여호사밧이 유다 왕으로 있을 때 왕이 되었다고 기록한다(왕하 8:16). 이것은 여호사밧이 섭정을 했다는 것이다. 여호람이 왕이 될 때 32세였고, 8년 동안 통치했다. 여호람은 아합의 집처럼 여호와 보시기에 악을 행했다. 그것은 아합의 딸이 그의 아내가 되어 바알을 섬겼기 때문이다(왕하 8:18). 그런데도 여호와께서 다윗의 집을 멸하지 않으신 것은 다윗과 그의 자손에게 항상 등불을 주겠다고 약속하셨기 때문이다(참조. 왕상 11:34–39; 15:3–5). 이 약속은 다윗 왕조의 영속성을 의미하며 그 왕조를 통해서 참 빛 예수 그리스도로 이어진다는 것이다(신득일 2014, 33–56).

저자는 여호사밧 때에 섭정 왕을 세워 에돔을 통치하였으나 여호람 때에 에돔이 유다의 손에서 배반하여 자기 위에 왕을 세운 사실을 기록한다(왕하 8:20; 참조. 왕상 22:47; 왕하 3:8–9). 그래서 에돔을 제압하기 위하여 여호람이 모든 병거를 거느리고 사일로 가서 이들을 포위하고 에돔을 쳤다. 그러나 여호람의 백성이 도망하므로 이 역사를 기록할 때까지도 에돔을 정복하지 못했다(왕하 8:22). 그리고 립나도 배반했다. 왜 에돔이 배반하였을까? 역대기 사가는 에돔과 립나가 배반한 이유를 "이는 그가 그의 조상들의 하나님 여호와를 버렸음이더라"(대하 21:10)라고 말한다. 엘리야 선지자는 여호람에게 글을 보내어 왕이 이스라엘 왕들의 길로 행했기 때문에 창자가 빠져나와 죽을 것이라고 예언하였다. 그리고 그는 그 예언대로 2년 만에 죽었다(대하 21:12–15, 19).

② 유다의 아하시야(왕하 8:25–29)

이스라엘 왕 아합의 아들 요람 12년에 유다 왕 여호람의 아들 아하시야가 왕이 되었다(왕하 8:25). 저자는 아하시야가 1년간 통치하였고 그의 어머니 아달랴는 오므리의 손녀라고 소개한다. 이뿐만 아니라 아합의 집과 같이 악을 행한 것은 그가 아합의 사위가 되었기 때문이라고 말한다(왕하 8:26–27). 이것은 북 왕국과 맺은 결혼동맹이 유다에 큰 영향을 미쳤음을 의미한다. 흥미로운 것은 이러한 관계가 유다 왕조의 왕들의 이름도 동일하게 사용했다는 것이다. 북 이스라엘은 왕들의 이름을 아하시야(주전 853–852, 왕상 22:51–왕하 1:18), 요람(주전 852–841, 왕하 3:1–9:26) 그리고 남 유다는 요람(주전 848–841, 왕하 8:16–24), 아하시야(주전 841, 왕하 8:25–9:29)로 사용했다.

유다 왕 아하시야는 이스라엘 왕 요람과 함께 길르앗 라못으로 올라가 아람 왕 하사엘과 전쟁을 하였고, 요람은 이 전쟁에서 부상을 당했다(왕하 8:28). 그래서 부상을 치료하기 위해 요람은 이스르엘로 돌아왔고 유다 왕 아하시야는 요람을 문병하기 위해 왔다(왕하 8:29). 이 상황은 오므리의 집이 멸망하는 사건의 배경을 제공해 준다.

(15) 이스라엘의 예후(왕하 9:1–10:36)

이 문단은 하나님이 엘리야에게 아람의 하사엘과 이스라엘의 예후에 대하여 예언한 내용 가운데 마지막 퍼즐인 예후에 관한 내용이 성취되는 사건이다(참조. 왕상 19:15–18). 예후는 왕이 되어 이스라엘 왕 요람(왕하 9:17–26), 유다 왕 아하시야(왕하 9:27–29), 이세벨(왕하 9:30–37), 아합의 아들 70명(왕하 10:1–11), 유다 왕 아하시야의 친족들(왕하 10:12–14), 아합에게 속한 자들(왕하 10:15–17), 바알 숭배자들(왕하 10:18–28) 등을 죽이는 내용을 담고 있다.

① 예후가 이스라엘의 왕이 됨(왕하 9:1–16)

선지자 엘리사는 그의 제자 중 한 사람을 불러 길르앗 라못으로 가 예후를 골방으로 데려가서 기름을 부어 이스라엘 왕으로 삼노라 말하고 도망하라고 했다(왕하 9:1–3). 그 선지자는 예후를 골방으로 데려가 그에게 기름을 부어 아합의 집을 여로보암의 집과 바아사의 집과 같이 하라고 말했다. 그리고 엘리사가 말한 대로 문을 열고 도망을 갔다(왕하 9:4–10). 선지자의 이 말은 하나님이 엘리야에게 하신 예언을 이루려는 것이다(왕상 19:16; 21:21–23). 예후가 선지자가 한 말과 그에게 기름 부은 것을 이스라엘 왕 요람의 신복들에게 말하자 그들은 예후를 왕으로 세웠다(왕하 9:12–13). 이로 보아 하나님이 엘리야 선지자를 통하여 말씀하신 대로 하사엘을 아람의 왕으로 세웠고, 이제 예후를 왕으로 세워 그로 하여금 아합의 집을 벌하실 것을 예상할 수 있다.

② 예후가 요람, 아하시야 그리고 이세벨을 죽임(왕하 9:17–37)

이스라엘 왕 요람의 신하들이 예후를 왕으로 세웠을 당시에 요람은 하사엘과 싸운 전쟁에서 부상당한 것을 치료하기 위해 이스르엘로 내려가 있었다(왕하 9:14–15). 또한 유다 왕 아하시야는 요람을 보기 위해 내려와 있었다(왕하 9:16). 이때 예후는 군대를 거느리고 갔다. 파수꾼이 이스르엘 망대에서 보고 요람에게 보고하고(A), 요람이 사람을 보내어 “평안하냐”라고 묻고(B), 예후가 “평안이 네게 상관이 있느냐 내 뒤를 따르라”라고 했다(C). 파수꾼의 보고와 요람이 묻고 예후가 대답하는 A–B–C 구조가 세 번 나타난다.

A 파수꾼의 보고(왕하 9:17a)
B 요람이 “평안하냐”라고 물음(왕하 9:17b–18a)
C 예후가 “내 뒤로 물러나라” 함(왕하 9:18a)

A′ 파수꾼의 보고(왕하 9:18b)
B′ 요람이 “평안하냐”라고 물음(왕하 9:19a)
C′ 예후가 “내 뒤를 따르라” 함(왕하 9:19b)

A″ 파수꾼의 보고(왕하 9:20)
B″ 요람이 “평안하냐”라고 물음(왕하 9:22)

이 구조를 보면 세 번째 구조에서 이스라엘 왕 요람이 직접 만나 "평안하냐"라고 묻자(B) 마지막 예후의 대답은 처음 두 개의 구조가 깨지면서 예후가 "네 어머니 이세벨의 음행과 술수가 이렇게 많으니 어찌 평안이 있으랴"(왕하 9:20-22)라고 말했다. 그래서 이 본문은 A-B-C / A′-B′-C′ / A″-B″ 형태로 마지막이 다르다. 이것은 본문의 핵심을 전달하는 히브리 문학적 특성 가운데 한 가지이다(Parunak 1984, 165-167). 이러한 구조는 이스라엘이 평안하지 못한 것은 이세벨의 음행과 술수 때문이고, 예후가 왕이 되는 일이 정당하다는 것을 보여 준다. 예후의 말을 들은 이스라엘 왕 요람은 반역인 줄 알았지만 예후가 쏜 화살에 의해 죽었고 그의 시체를 나봇의 밭에 던졌다(왕하 9:24-25). 그리고 예후는 자신의 행동이 하나님이 말씀하신 것을 성취하는 행동이라고 말했다(왕하 9:26; 참조. 왕상 21:21-24). 이 과정에서 예후는 유다 왕 아하시야도 므깃도에서 죽였다. 그의 신복들이 다윗 성에서 그의 조상들과 함께 그의 묘실에 장사했다.[78]

예후가 이스르엘로 오자 이세벨이 듣고 눈을 그리고 머리를 꾸몄다(왕하 9:30). 창문으로 바라보다가 예후가 들어오자 "주인을 죽인 너 시므리여 평안하냐"(왕하 9:31)라고 했다. 이세벨이 예후를 시므리라고 부른 것은 그가 반역을 일으켰지만 시므리처럼 성공하지 못하고 죽은 것처럼 되리라고 비꼬는 말이라 할 수 있다(참조. 왕상 16:8-20). 이때 예후가 "내 편이 될 자가 누구냐"라고 하자. 두세 명의 내시가 예후를 보았다. 예후가 그들에게 "그를 내려던지라"고 하자 그들이 내려던졌고, 그의 피가 담과 말에게 튀었다(왕하 9:32-33). 그리고 이세벨을 장사하려 하였지만 두골과 발과 그의 손 외에는 찾지 못했다(왕하 9:34-35). 예후는 엘리야가 예언한 대로 이스르엘 토지에서 개들이 이세벨을 먹을 것이라고 말하므로 그 예언이 성취되었다고 말한다(왕하 9:36; 참조. 왕상 21:23). 하나님은 우상을

78 아하시야는 아합의 아들 요람 제십일년에 유다 왕이 되었다고 기록하고 있다(왕하 9:29). 그런데 열왕기하 8:25에는 "아합의 아들 요람 제십이년에" 왕이 되어 일 년을 통치했다고 했다. 이 차이는 역법의 차이로 열왕기하 9:29은 유다의 역법인 즉위년을, 열왕기하 8:25은 무즉위년을 사용한 것으로 보인다. 원래는 열왕기하 8:25은 유다의 기록이기 때문에 즉위년을 써야 하고, 열왕기하 9:29은 이스라엘의 기록이기 때문에 무즉위년을 써야 한다. 아하시야의 대조 연대를 이중으로 사용하고 있는 것은 연대방식을 바꿔 사용했다는 증거가 된다. 유다와 이스라엘 왕들이 요람(여호람)과 아하시야라는 이름을 같이 사용한 것은 양국 간의 긴밀한 우호관계를 나타내는 것으로 같은 맥락이다(틸레 1990, 138). 이것은 아합과 여호사밧이 결혼동맹을 맺은 이후에 혼합주의 형태로 나타난 것으로 보인다.

숭배하고 무고한 나봇을 죽인 이세벨에 대하여 말씀하신 것을 이루셨다.

③ 예후가 아합과 관련된 자들을 다 죽임(왕하 10:1–28)

이 일이 있은 후에 예후는 사마리아에 아합의 아들 70명이 있다는 사실을 알고 사마리아 지도자들에게 편지를 써서 그 아들 중에 가장 어질고 정직한 자를 선택하여 왕으로 삼고 싸우자고 했다(왕하 10:1–3). 이것은 아합의 집을 선택할 것인지 아니면 예후를 선택할 것인지에 대한 요구다. 그들은 편지를 받고 싸워서 이기지 못한다는 사실을 알고 예후에게 "우리는 자신의 종이라"라고 말하면서 좋은 대로 행하라고 전했다(왕하 10:5). 예후가 그 소식을 듣고 다시 편지를 보내어 예후의 편이 되려면 왕자 70명의 머리를 가져오라고 했다(왕하 10:6). 그러자 그들은 왕자 70명을 죽여서 그 머리를 가져왔다(왕하 10:8). 예후는 이 일을 가리켜 엘리야를 통하여 하신 말씀을 성취하신 것으로 말했다(왕하 10:10; 참조. 왕상 21:19, 21, 29).

예후는 사마리아로 가던 중에 유다의 왕 아하시야의 형제 42명을 만나 하나도 남기지 않고 다 죽였다(왕하 10:12–14). 그리고 레갑의 아들 여호나답을 만났다. 예후는 여호나답과 손을 잡고 사마리아에 이르러 아합에게 속한 자들을 다 죽였다(왕하 10:15–16). 이 사건을 저자는 여호와께서 엘리야에게 이른 말씀과 같이 되었다고 했다(왕하 10:17). 그리고 예후는 계책을 써서 바알을 위하는 대회를 열어 바알 섬기는 자들을 바알 신당에 모으고 다 죽였다(왕하 10:18–25). 또한 그는 바알 신당과 목상을 헐고 변소를 만들었다(왕하 10:26–27).

④ 예후의 신학적 평가와 죽음(왕하 10:28–36)

예후에 대한 신학적 평가는 이중적으로 나타난다. 긍정적인 평가는 이스라엘 중에 바알을 멸한 일(왕하 10:28)과 여호와 앞에서 정직하게 행한 일과 아합의 집에 대한 예언을 성취한 일이다(왕하 10:30). 그 결과 예후의 자손이 이스라엘 왕위를 이어 4대를 지내리라는 약속을 받았다(왕하 10:30). 그러나 예후에 대한 부정적인 평가는 전심으로 여호와의 율법을 지켜 행하지 아니하고 여로보암이 이스라엘에게 범하게 한 죄에서 떠나지 아니했다는 것이다(왕하 10:29, 31). 이때 여호와는 이스라엘의 땅을 잘라내기 시작했다. 그것은 하사엘이 이스라엘 요단 동쪽의 땅을 공격하되 이스라엘의 최남단에 있는 아르논 골짜기(와디)에 있는 아로엘까지 정복한 일이다(왕하 10:32-33). 이것은 이스라엘이 바알을 숭배한 일로 말미암아 엘리야에게 예언한 일이다(참조. 왕상 19:15-18). 이 사건을 통하여 하나님께서 언약을 버린 이스라엘을 어떻게 징계하시는지 보여 주셨다. 예후는 28년 동안 북 왕국 이스라엘을 다스리다가 사마리아에서 장사되고 그의 아들 여호아하스가 대신 왕이 되었다(왕하 10:35-36).

(16) 유다의 요아스(왕하 11:1-12:21)

여호사밧이 아합과 결혼동맹을 맺은 후부터 남 유다와 북 이스라엘 왕조의 왕들의 이름도 동일하게 사용했다.[79] 그의 결혼동맹은 유다 요람 왕의 아내요 아하시야의 어머니인 아달랴로 말미암아 다윗의 등불이 꺼질 위기에 처하게 된다. 그러나 이 문단은 다윗의 등불을 끄지 아니하시는 하나님의 신실하심을 보여 준다(왕상 11:36; 15:4; 왕하 8:19).

① 아달랴의 악행과 통치(왕하 11:1-3)

유다 왕 아하시야의 어머니 아달랴는 그의 아들이 죽은 것을 보고 왕의 자손을 모두 멸절하고 6년간 통치했다(왕하 11:1, 3). 그 가운데 아하시야의 누이 여호세바는 아하시야의 아들 요아스를 숨겨 그와 그의 유모를 침실에 숨겼다가 여호와의 성전에 6년 동안 숨겼다(왕하 11:2-3). 다윗의 후손이 끊어질 중요한 위기에 여호와께서 항상 다윗에게 등불을 주시겠다고 약속하신 대로 그를 지켜주심으로 구속사를 잇게 하셨다(참조. 왕상 11:36). 이것이 북 왕국 이스라엘과의 결정적인 차이점이다. 여기에는 여호세바의 용기와 믿음이 있었음을 놓쳐서는 안 된다. 이 역사에서 다윗의 등불이 꺼질 위기에 처하게 된 것은 여호사밧이 아합과 결혼동맹을 맺은 데서 비롯되었다. 여호사밧이 생각한 대로 정략결혼은 왕조와 나라의 안전을 지켜 주지 못했다.

79 연대기 도표에서 아합과 여호사밧 이후의 왕들의 이름을 참조하라.

② 여호야다가 요아스를 왕으로 세우고 언약을 맺음(왕하 11:4-20)

아달랴가 통치한지 7년이 되는 해에 제사장 여호야다는 가리 사람(Carites) 백부장과 호위병 백부장들을 불러 여호와의 성전으로 들어가 언약을 맺고 안식일에 요아스를 왕으로 세우려는 전략을 짰다(왕하 11:4-8). 여호야다는 전략을 짠 대로 요아스에게 왕관을 씌우며 율법책을 주고 기름을 부어 왕으로 세웠다. 그러자 무리들이 박수하며 왕의 만세를 불렀다(왕하 11:9-12). 이때 요아스에게 준 율법책은 십계명이나 시내산 언약일 수도 있고, 신명기 17:14-20에 왕의 언약적 책임을 기록한 문서일 수도 있는데, 여기서는 세 번째일 가능성이 크다(Vannoy 2002a, 543). 아달랴가 호위병과 백성들의 소리를 듣고 성전에 들어가 보니 요아스를 왕으로 세운 줄을 알고 옷을 찢으며 반역이라고 외쳤다. 그러나 여호야다의 명령에 따라 백부장들은 그녀를 성전 밖으로 쫓아내었고, 무리들은 왕궁에서 그를 칼로 죽였다(왕하 11:14-16, 20).

여호야다는 왕과 백성에게 여호와와 언약을 맺어 여호와의 백성이 되게 하고, 왕과 백성 사이에도 언약을 세웠다(왕하 11:17). 언약을 세웠다는 것은 언약 백성의 정체성을 회복했다는 의미다(House 2003, 299). 특히 하나님과 왕 사이에 맺은 언약은 다윗 언약을 새롭게 한 것이기도 하지만 고대 통치자들의 표준이 아니라 신명기 17:14-20에 기록된 법전으로 여호와의 표준에 따라 백성들을 다스리겠다는 왕의 책임을 상기시키는 것이다(House 2003, 299). 그리고 온 백성들은 바알 신당을 허물고 제단들과 우상들을 깨뜨리고, 바알의 제사장 맛단을 죽였다. 제사장은 관리들을 세워 여호와의 성전을 지키게 했다(왕하 11:17-18).

③ 요아스가 성전을 수리함(왕하 11:21-12:16)

요아스가 왕이 될 때의 나이는 7세였고, 예루살렘에서 40년간 통치했다(왕하 11:21-12:1). 아쉽게도 그의 통치를 요약하는 내용에 "제사장 여호야다가 그를 교훈하는 모든 날 동안"(왕하 12:2)이라는 단서가 있다. 이것은 여호야다가 죽은 후에 달라졌음을 의미한다. 열왕기서는 이 점에 대하여 설명하지 않지만 역대기는 여호야다가 죽은 후에 요아스가 유다 방백들의 말을 듣고 여호와의 전을 버리고 아세라 목상과 우상을 섬겼다고 기록한다(대하 24:17-18). 그래서 하나님이 여호야다의 아들 스가랴를 보내어 여호와의 명령을 거역한 일을 책망하였으나 요아스는 여호와의 전 뜰에서 스가랴를 돌로 쳐 죽였다(대하 24:20-21). 스가랴가 죽은 지 1년 후에 요아스는 아람 군대에 의해 큰 부상을 당했다. 그때 그는 신하들에 의해 죽임을 당했다(대하 24:25).

요아스는 제사장들에게 명하여 성전에 드리는 헌금(은)을 사용하여 파손된 곳을 수리하게 하였다. 그러나 그들은 요아스가 통치한지 제이십삼년이 되도록 하지 못했다(왕하 12:4-6). 아달랴가 6년간 통치할 때 성전을 파괴하고 성물들을 바알을 위해 사용했기 때문에 성전은 다시 수리가 되어야 한다(참조. 대하 24:7). 그런데 당시 제사장들은 그 일을 하지 않았다(왕하 12:8). 그래서 제사장 여호야다를 중심으로 성전을 수리하였고, 성전 기능을 잘 수행할 수 있도록 속건제와 속죄제의 은을 제사장들에게 주었다(왕하 12:16). 요아스가 성전을 돌보게 된 것은 제사장 여호야다의 교훈을 받았기 때문으로 볼 수 있다.

요아스가 성전을 수리한 것은 유다가 성전에 임재하신 하나님과 교제하며 그의 말씀대로 살고자 하는 이상을 담았다고 할 수 있다. 왜냐하면 성전은 하나님이 이곳에 임재하여 이스라엘과 교제하며 제사장 나라로서 사명을 다할 수 있도록 주신 제도이기 때문이다.

④ 요아스가 아람 왕 하사엘을 달램(왕하 12:17-18)

저자는 갑자기 논리적 연계성이 없어 보이는 사건을 기록하고 있다. 그 사건은 아람 왕 하사엘이 올라와서 가드를 치고 예루살렘으로 올라오고자 한 일이다(왕하 12:17). 요아스는 당시 아람 왕을 막아 낼 힘이 없었던 것으로 보인다. 그래서 그는 성전과 왕궁의 곳간에서 금을 주어 돌려보냈다(왕하 12:18). 이 사건은 요아스의 통치 말기로 보이는데 그 이유는 역대기 사가가 유다 왕 요아스가 여호야다가 죽은 후 우상을 숭배하는 것을 지적한 스가랴를 죽인 후 1년이라고 기록하기 때문이다(대하 24:23). 그리고 저자는 이 사건의 원인을 설명하지 않지만 역대기 사가는 아람 군대가 적은 무리로 왔으나 여호와께서 큰 군대를 넘기신 것은 유다 사람들이 하나님을 버렸기 때문이라고 했다(대하 24:24).

⑤ 요아스의 죽음(왕하 12:19-21)

요아스의 신복들이 일어나 반역하고 밀로궁에서 요아스를 죽였다(왕하 12:20).

역대기는 "제사장 여호야다의 아들들의 피로 말미암아"(대하 24:25) 반역했다고 기록하고 있다. 요아스가 만약 제사장 여호야다의 교훈을 따라 왕이 될 때 맺은 언약의 말씀을 지켰다면 이렇게 죽지 않았을 것이다. 그러나 여호야다의 죽음 이후에 요아스가 유다 방백들의 말을 듣고 성전을 버리고 아세라 목상과 우상을 섬긴 일은 자신만이 아니라 유다 공동체를 위험에 빠트렸다.

(17) 이스라엘의 여호아하스와 요아스(왕하 13:1-25)

이 문단은 유다 왕 요아스 시대에 이스라엘 왕이 된 여호아하스와 요아스 시대에 일어난 일을 기록하고 있다. 특히 엘리사의 마지막 사역과 죽음을 기록하고 있다.

① 이스라엘의 여호아하스(왕하 13:1-9, 22)

예후의 아들 여호아하스는 유다 왕 요아스 23년에 이스라엘 왕이 되어 17년간 다스렸다(왕하 13:1). 그리고 유다 왕 요아스 37년, 곧 그의 14년에 여호아하스의 아들 요아스가 사마리아에서 왕이 되었다(왕하 13:10). 이것은 여호아하스의 17년 통치 중에 3년은 아들과 함께 섭정을 했다는 뜻이다. 그는 17년간 이스라엘을 다스리며 악을 행하였고 여로보암의 죄에서 떠나지 아니했다(왕하 13:1-2). 그래서 여호와께서 이스라엘에게 진노하사 아람 왕 하사엘과 벤하닷에게 넘기셨다. 하나님은 하사엘과 벤하닷을 징계의 수단으로 선택하셨다. 그러나 그때 여호아하스가 여호와께 간구하므로 여호와께서 구원자를 이스라엘에게 주셔서 아람 사람의 손에서 벗어나게 하셨다(왕하 13:4-5).

그러면 여호아하스의 간구로 여호와께서 주신 구원자는 누구인가? 여러 견해들이 있는데 요아스와 주전 약 805년에 아람을 침공한 앗수르의 아닷니라리 3세(Adad-Nirari)와 엘리사 등으로 보기도 한다(Cogan & Tadmor 1988, 143). 구원자가 사사기와 같은 언어와 이미지로 나타나기 때문에 엘리사로 보기도 한다(Gray 1980, 538). 그런데 열왕기상 13:22-25에 근거하여 여호아하스에 대한 이야기가 끝이 났는데도 요아스에 대한 이야기 마지막 부분에서 하사엘에게 학대당하는 것을 언급하는 것은 열왕기하 13장의 본문을 여호아하스와 요아스의 통치를 하나로 읽게 만들기 때문에 요아스를 구원자로 본다(강정주 2013, 187). 요아스를 구원자로 본다면 여호아하스의 간구는 요아스를 왕으로 세우고 난 뒤 섭정을 할 때가 되기 때문에 적절해 보이지 않는다. 요아스가 엘리사를 가리켜 "이스라엘의 병거와 마병이여"(왕하 13:14)라고 부르고 있고, 아람에 대한 승리를 예언하고 있기 때문에(왕하 13:17) 엘리사가 구원자라고 보는 것이 더 적절하다(House 2003, 306). 여호와께서 구원자를 세워 구원해 주셨는데도 여호아하스는 여로보암의 죄에서 떠나지 아니하고 아세라 목상을 그대로 두었다(왕하 13:6).

② 이스라엘의 요아스와 엘리사의 죽음(왕하 13:10–25)

유다 왕 요아스 37년에 여호아하스의 아들 요아스가 이스라엘 왕이 되었다(왕하 13:10). 이스라엘의 여호아하스는 유다 왕 요아스 23년에 왕이 되어 17년을 다스렸기 때문에 이스라엘의 요아스는 여호아하스 14년에 왕이 되었고 3년은 섭정왕으로 있었다. 특이한 것은 저자가 요아스의 통치가 끝나지 않았는데도 끝난 것처럼 기록하고 있다는 것이다. 또한 그가 행한 모든 일과 유다 왕 아마샤와 싸운 그의 업적이 이스라엘 왕 역대지략에 기록되었다고 했다. 이것은 아합과 여호사밧의 결혼동맹 이후 이스라엘과 유다의 관계가 깨어졌음을 보여 준다.

이스라엘 왕 요아스가 통치할 때 엘리사가 죽을병이 들었다(왕하 13:14). 엘리사에 대한 마지막 언급은 이스라엘의 예후(주전 841–814)에게 기름을 부었을 때가 주전 841년이고 요아스(주전 798–782)가 주전 798년에 왕이 되었다면 그 간격은 적어도 43년이 된다. 그리고 엘리야에 의해 기름 부음을 받은 시점(왕상 19:16, 19)을 기준으로 한다면 아합(주전 874–853) 통치 말년이다. 이로 보아 엘리사는 선지자로 최소한 55년간(주전 853–798) 사역하였다. 또한 선지자가 될 수 있는 나이인 30세를 고려한다면 엘리사는 죽을 때 85세 이상은 되었으리라 추정할 수 있다. 요아스는 엘리사에게 와서 "내 아버지여 내 아버지여, 이스라엘의 병거와 마병이여"(왕하 13:14)라고 했다. 요아스가 이렇게 말한 것은 엘리사가 이스라엘의 군사적인 힘보다 더 큰 힘을 가지고 있다는 것을 의미한다. 그러자 엘리사는 활과 화살을 가져오게 하고 동쪽 창문을 열고 쏘게 하였다. 엘리사는 그 화살은 여호와를 위한 구원의 화살, 곧 아람에 대한 구원의 화살이 되어 왕이 아람을 아벡에서 칠 것이라고 했다(왕하 13:16–17). 그리고 엘리사가 요아스에게 화살을 집어 땅을 치라고 하자 왕은 세 번 치고 그쳤다. 엘리사가 화를 내며 대여섯 번을 쳤으면 아람을 진멸하기까지 하였겠지만 세 번만 칠 것이라고 했다(왕하 13:18-19). 여기서 엘리사는 몇 번 치라고 하지 않았는데도 왜 화를 냈을까? 그것은 첫 번째 화살을 쏘라고 했을 때 그 화살을 가리켜 "여호와를 위한 구원의 화살, 곧 아람에 대한 구원의 화살"(왕하 13:17)이라고 했는데도 요아스가 그 구원을 간절히 갈망하지 않았다고 보았기 때문이다.

엘리사가 구원의 소망을 주고 죽자 사람들은 그를 장사했다(왕하 13:20). 해가 바뀌어 이스라엘에 모압의 도적 떼들이 들어오자 사람을 장사하는 사람들이 도적 떼를 보고 놀라 시체를 엘리사의 묘실에 던져 시체가 엘리사의 뼈에 닿자 놀랍게도 회생하여 일어났다(왕하 13:20-21). 이것은 하나님이 생명을 주는 능력을 가지고 계신 분이심을 엘리사를 통하여 논증하는 것이다(Vannoy 2002a, 546).

저자는 이스라엘 왕 여호아하스 시대에 하사엘이 학대하였으나 여호와께서 아브라함과 이삭과 야곱과 세우신 언약 때문에 이스라엘에 은혜를 베풀고 멸하기를 즐겨하지 않으셨다고 말한다(왕하 13:23). 그리고 엘리사가 활과 화살을 가지고 예언한 대로 여호아하스의 아들 요아스가 아람의 벤하닷을 세 번 쳐서 무찌르고 이스라엘 성읍을 회복했다(왕하 13:25). 포로 중에 있었던 1차 독자들인 이스라엘은 이 기록을 보면서 그들이 받은 복이 무엇이며, 선지자가 있고 그의 말을 듣는 것이 얼마나 중요한지 알게 되었을 것이다.

4. 아마샤/요아스 시대부터 이스라엘의 멸망까지의 분열 왕국 시대(왕하 14:1-17:41)

저자는 유다의 아마샤부터 앗수르에 멸망하는 이스라엘의 호세아에 이르는 74년간의 역사를 간략하고 빠르게 전개한다. 특히 이스라엘의 멸망과 더불어 그 원인이 무엇인지 자세히 설명한다. 그 내용을 다음의 '도표'로 정리해 볼 수 있다.

나라	왕	통치 기간	참조 본문	선지자	공위
유다	아마샤	주전 796-767	14:1-22		아사랴
이스라엘	여로보암	주전 793-753	14:23-29	요나 아모스 호세아	
유다	아사랴	주전 792-740	15:1-7	이사야	요담
이스라엘	스가랴	주전 753	15:8-12		
	살룸	주전 752	15:13-16		
	므나헴	주전 752-742	15:17-22		
	브가히야	주전 742-740	15:23-26		
	베가	주전 750-732	15:27-31		
유다	요담	주전 750-735	15:32-38	이사야 미가	
	아하스	주전 735-715	16:1-20		
이스라엘	호세아	주전 732-722	17:1-41		

내용 분해

(1) 유다의 아마샤(왕하 14:1-22)

(2) 이스라엘의 여로보암 2세(왕하 14:23-29)

(3) 유다의 아사랴(왕하 15:1-7)

(4) 이스라엘의 스가랴, 살룸, 므나헴, 브가히야, 베가(왕하 15:8-31)

(5) 유다의 요담, 아하스(왕하 15:32-16:20)

(6) 이스라엘의 호세아(왕하 17:1-41)

내용 해설

(1) 유다의 아마샤(왕하 14:1–22)

유다의 아마샤는 이스라엘 왕 요아스 2년에 25세에 왕이 되어 주전 796–767년 동안 29년을 다스렸다(왕하 14:1–2). 그는 그의 통치 기간 중 24년을 그의 아들 아사랴와 함께 통치했다.[80] 그것은 이스라엘 왕 요아스와의 전쟁에서 잡혀 감옥에 있었기 때문으로 보인다(왕하 14:13). 저자는 아마샤가 여호와 보시기에 정직히 행하였으나 다윗과는 같지 아니하였고 아버지 요아스처럼 행하기는 하였으나 산당은 제거하지 아니하였으므로 백성들은 산당에서 분향했다고 말한다(왕하 14:3–4). 아마샤는 나라의 왕권이 견고해진 후에 부왕인 요아스를 죽인 신복들은 죽였으나 모세의 율법책에 따라 그 자녀들은 죽이지 않았다. 모세의 율법책은 각 사람은 자기 죄에 따라 자신이 책임져야 한다고 기록하고 있기 때문이다(왕하 14:6; 참조. 신 24:16). 그리고 아마샤는 소금 골짜기에서 에돔 사람 10,000명을 죽이고 셀라를 취했다(왕하 14:7). '셀라'는 '바위'(rock)를 의미하는 것으로 에돔 사람의 강력한 요새로 헬라어로 '페트라'(Petra)다(삿 1:36; 사 16:1; 42:11)(Vannoy 2002a, 547).

이 전쟁 후 아마샤는 이스라엘의 왕 여호아하스의 아들 요아스에게 편지를 보내어 만나자고 제안하였으나 요아스는 중요한 백향목이고 아마샤는 중요하지 않은 가시나무로 비유하며 거절했다(왕하 14:8–9). 그러나 아마샤는 듣지 않고 유다 벧세메스에서 요아스와 싸운 전쟁에서 패하였고, 요아스는 이 전쟁에서 아마샤를 사로잡고 성전 일부를 헐고 성전과 왕궁의 보물과 사람들을 볼모로 잡아갔다(왕하 14:11–14). 역대기 사가는 아마샤가 요아스에게 패한 원인을 에돔과 싸

80 아마샤의 통치는 이스라엘 왕 요아스 2년 주전 796년에 시작하여 여로보암 27년 주전 767년에 끝난다(왕하 14:1; 15:1). 여로보암은 41년간 통치했다(왕하 14:23). 아마샤는 이스라엘 왕 요아스가 죽은 후 15년을 더 살았다(왕하 14:17). 요아스(주전 798–782)가 죽었을 때가 주전 782년이라면 아마샤는 여로보암 27년 주전 767(782–15)년에 죽었다. 여로보암이 죽고 그의 아들 스가랴가 왕이 되었을 때 아사랴는 이미 38년을 통치하고 있었다(왕하 15:8). 이때가 주전 753년이다. 그러면 아사랴는 주전 791(753+38)년부터 왕위에 있었다. 이 기록을 받아들인다면 아사랴가 단독으로 통치한 해가 북 이스라엘의 왕 여로보암 27년, 곧 주전 767년이라면 그는 주전 791년부터 주전 767년까지 24년간 섭정한 것이다(틸레 1990, 85).

운 전쟁에서 이기고 세일의 신들을 가져오고 에돔의 신들에게 구하였기 때문이라고 기록하고 있다(대하 25:14–16, 20). 그런데 저자는 흥미롭게도 이 기사 이후에 이스라엘 왕 요아스의 행적의 마지막을 열왕기하 13:12–13과 동일한 내용을 다시 기록하여 수미쌍관법으로 연결한다는 것이다(왕하 14:15–16). 이것은 유다 왕 아마샤의 이야기를 요아스가 살아 있을 때까지의 이야기 안에 넣고 있다는 것이다.

아마샤는 이스라엘 왕 요아스가 죽은 후에 15년간을 더 생존했다(왕하 14:17). 그러나 아마샤는 예루살렘에서 무리가 그를 반역하므로 라기스로 도망을 갔다. 그러자 반역한 무리는 라기스로 사람을 보내어 그를 죽였다(왕하 14:18–19). 역대기 사가는 아마샤가 여호와를 버린 후부터 예루살렘에서 무리가 반역했다고 기록하고 있다(대하 25:27). 그래서 유다 온 백성은 아마샤를 대신하여 아사랴(=웃시야)를 왕으로 세웠다(왕하 14:21).

(2) 이스라엘의 여로보암 2세(왕하 14:23–29)

유다 왕 아마샤 15년에 여로보암 2세가 왕이 되어 41년간 이스라엘을 다스렸고 느밧의 아들 여로보암의 죄에서 떠나지 아니했다(왕하 14:23–24). 그런데도 여호와께서 선지자 요나를 통하여 말씀하신 것처럼 하맛 어귀부터 아라바 바다까지 영토를 확장했다. 그 이유는 여호와께서 이스라엘을 도울 자가 없음을 보셨을 뿐만 아니라 이스라엘을 천하에서 없이 하겠다고 아니하셨기 때문에 여로보암의 손으로 구원하게 하신 것이다(왕하 14:25–27). 이러한 기록은 나라의 안전은 하나님의 은혜 때문인 것을 알게 한다. 그리고 요나가 어떤 시대적 배경에서 요나서를 기록하였는지 알게 한다. 포로 중에 있는 이스라엘 백성들은 이 말씀을 들으며 여호와께서 숱한 기회를 주셨는데도 회개하지 못한 자신들을 돌아보며 이스라엘의 미래가 어디에 있는지 알게 되었을 것이다. 요나 선지자 외에도 하나님은 아모스와 호세아 선지자를 보내셨다(암 1:1; 호 1:1). 이것은 하나님이 이스라엘을 사랑하여 자신에게 돌아오기를 원하셨음을 보여 준다.

(3) 유다의 아사랴(왕하 15:1-7)

이스라엘의 여로보암 27년에 아마샤의 아들 아사랴가 16세에 유다 왕이 되어 주전 792-740년 동안 52년을 다스렸다(왕하 15:1-2). 그는 24년을 그의 아버지 아마샤와 함께 통치했다. 이는 이스라엘의 왕 요아스와의 전쟁에서 그의 아버지 아마샤가 잡혀 감옥에 있었기 때문으로 보인다(왕하 14:13). 그의 이름은 웃시아로 부르기도 하는데 동일한 문맥 안에서도 나타난다(왕하 15:13). 저자는 그가 52년간 다스리며 그의 아버지 아마샤처럼 여호와 앞에 정직하게 행하였으나 산당을 제거하지 않으므로 백성들이 산당에서 제사했다고 설명한다(왕하 15:3-4).

그런데 열왕기서 저자는 이유를 설명하지 않고 여호와께서 아사랴를 치셨으므로 죽는 날까지 나병 환자가 되어 별궁에 거하고 아들 요담이 다스렸다고 기록하고 있다(왕하 15:5). 요담은 아사랴 통치의 남은 기간(주전 750-740)을 다스린 것으로 보인다(Vannoy 2002a, 549). 역대기 사가는 아사랴가 하나님의 묵시를 아는 스가랴가 사는 날에 하나님을 찾았고 이 기간에 하나님이 형통하게 하셨다고 기록하고 있다(대하 26:5). 그러나 아사랴는 하나님의 기이한 도우심을 얻어 강성하게 되었지만 교만해져서 여호와의 성전에 들어가 분향하려고 하였기 때문으로 나병 환자가 된 것으로 설명한다(대하 26:15-16, 19). 아사랴의 생애를 볼 때 교만이 그의 삶에 얼마나 치명적인 결과를 가져왔는지 알 수 있다.

(4) 이스라엘의 스가랴, 살룸, 므나헴, 브가히야, 베가(왕하 15:8-31)

이스라엘 왕 스가랴는 사마리아에서 불과 여섯 달 동안 이스라엘을 다스렸고 여로보암의 죄에서 떠나지 아니했다(왕하 15:8-9). 살룸이 스가랴를 반역하여 백성 앞에서 쳐 죽이고 대신하여 왕이 되었다(왕하 15:10). 특히 저자는 살룸에 대하여 여호와께서 예후에게 4대 동안 이스라엘 왕위에 있으리라고 말씀하신 대로 되었다고 말한다(왕하 15:12; 참조. 왕하 10:30). 그 4대는 예후 이후에 여호아하스-요아스-여로보암 2세-스가랴이다.

이스라엘 왕 살룸은 사마리아에서 불과 한 달 동안 다스렸다. 가디의 아들 므나헴이 반란을 일으켜 디르사에서 군대를 이끌고 사마리아로 올라와서 살룸을 죽이고 왕이 되었기 때문이다(왕하 15:14). 그때 므나헴이 디르사에서 와서 딥사와 그 가운데 있는 모든 사람과 사방을 치고 아이를 밴 부녀까지 갈랐다. 그 이유를 그들이 성문을 열지 아니하였기 때문이라고 설명한다(왕하 15:16). 이 부분은 다윗의 시에 "문들아 너희 머리를 들지어다 영원한 문들아 들릴지어다 영광의 왕이 들어가시리로다 영광의 왕이 누구시냐 강하고 능한 여호와시요 전쟁에 능한 여호와시로다"(시 24:7-8)라는 말씀을 생각나게 한다. 왕이신 여호와의 통치를 받아들이지 않고 문을 열지 않으면 어떻게 될 것인지 므나헴에게 성문을 열지 않아 다 죽은 일은 한 실례가 된다.

므나헴은 사마리아에서 10년간 다스리며 여로보암의 죄에서 떠나지 아니했다(왕하 15:17-18). 므나헴은 앗수르 왕 불(Pul, Tiglath-Pileser이라고 부르기도 함)이 이스라엘을 치려 하자 은 천 달란트를 주어 그로 하여금 자기를 도와주게 하여 자신의 정권을 세우려고 했다. 그는 그 은을 부자에게 은 50세겔씩 강탈하여 주었다(왕하 15:19-20). 이러한 행동에 대하여 동시대 선지자 호세아는 앗수르의 도움을 받으려고 하지만 문제를 해결하지 못할 것이라고 책망했다(호 5:13-14).

므나헴의 아들 브가히야는 사마리아에서 2년을 다스렸지만 여전히 여로보암의 죄에서 떠나지 아니했다(왕하 15:23-24). 그의 장관 르말랴의 아들 베가가 반역하여 왕과 아르곱과 아리에를 죽이고 왕이 되었다(왕하 15:25).

브가히야를 반역한 베가는 유다 왕 아사랴 52년에 왕이 되어 이스라엘을 20년 통치했다(왕하 15:27).[81] 이때 앗수르의 디그랏 빌레셀은 이욘, 하솔, 갈릴리, 납달리 등을 점령하고 백성을 사로잡아 앗수르로 옮겼다(왕하 15:29). 유다 왕 요담 20년에 호세아는 베가가 왕을 반역했던 것처럼 반역하여 베가를 죽이고 이스라엘의 마지막 왕이 되었다(왕하 15:30-31).

(5) 유다의 요담, 아하스(왕하 15:32-16:20)

이스라엘 왕 베가 2년에 웃시아의 아들 요담이 유다 왕이 되어 16년을 다스렸다(왕하 15:33). 요담은 주전 750-735년을 다스렸으나 그의 아버지 아사랴의 남

81 반노이(Vannoy 2002a, 552)는 베가는 요단 동쪽을 다스린 것으로 가정하고 므나헴과 같이 통치한 것으로 보아 주전 752-732년까지 20년을 다스린 것으로 보았다.

은 통치 기간인 주전 750–740년을 함께 다스렸다(Vannoy 2002a, 553). 요담은 여호와 보시기에 정직하게 행하였으나 산당은 제거하지 아니하므로 백성들이 산당에서 제사를 드렸다(왕하 15:34–35). 요담은 성전의 윗문을 건축했다(왕하 15:35). 역대기에서는 오벨 성벽을 증축하고 유다에 성읍과 망대를 건축하고 암몬과 싸워 이겨 조공을 받은 것으로 기록하고 있다(대하 27:3–5). 그러나 여호와께서 아람 왕 르신과 베가를 보내어 치게 하셨다(왕하 15:37). 저자는 그 원인을 기록하고 있지 않지만 여호와의 진노의 결과로 보인다(참조. 대하 28:9).

베가 17년에 요담의 아들 아하스는 유다 왕이 되어 16년을 다스렸다. 그는 여호와 보시기에 정직히 행하지도 않고 여호와께서 이스라엘 자손 앞에서 쫓아내신 이방 사람들의 가증한 일을 따라 자기 아들을 불 가운데 지나게 하고, 산당들과 작은 산 위와 푸른 나무 아래에서 제사를 드렸다(왕하 16:3–4). 모세는 아들이나 딸을 불 가운데 지나게 하여 여호와의 이름을 욕되게 하지 않도록 엄하게 경고한 바가 있다(레 18:21; 신 18:10). 그런데도 아하스는 왜 자기 아들을 불로 제사를 드렸을까? 일반적으로 사람들이 우상을 숭배하는 것처럼 아하스는 그렇게 하는 것이 자신의 왕권과 나라를 지켜 준다고 믿었기 때문이다.

이때 아람 왕 르신과 이스라엘 왕 베가가 동맹을 맺고 예루살렘으로 와서 에워쌌으나 이기지 못했다(왕하 16:5; 참조. 사 7:1). 아하스가 승리했다기보다는 이들이 정복하지 못했다. 이때 왕의 마음과 백성들의 마음이 숲이 바람에 흔들림같이 흔들렸다(사 7:2). 당시 아람은 엘랏을 정복하고 아람 사람이 거기에 거주했다(왕하 16:6). 이사야 선지자는 이 상황에서 이들의 동맹은 성공하지 못할 것이고 나라가 패망할 것이기 때문에 여호와의 말씀을 굳게 믿지 못하면 서지 못하리라고 경고했다(사 7:7–9). 그런데도 아하스는 하나님의 말씀을 믿지 않고 앗수르의 디글랏 빌레셀에게 사자를 보내어 "나는 왕의 신복이요 왕의 아들이라"(왕하 16:7)고 했다. 이것은 하나님의 언약 백성의 대리자로서의 위치를 망각한 행위이면서 다윗 왕조의 정체성을 부정하는 결과를 초래한 행위다(Bruggmann 1982, 468). 그러면서 아하스는 앗수르 왕에게 아람과 이스라엘을 쳐서 구원해 줄 것을 요청하고 성전과 왕궁 곳간에 있는 은금을 내어다가 예물로 보냈다(왕하 16:7–8). 앗수르 왕은 아하스의 예물을 받고 아람 왕 르신을 치고 죽였다(왕하 16:9).

아하스는 앗수르 왕을 만나기 위해 다메섹에 가서 거기에 있는 제단을 보고 그 모든 구조와 제도의 양식을 그려 제사장 우리아에게 보냈고, 그는 왕의 명령대로 행했다(왕하 16:10–16). 심지어 그는 앗수르 왕을 두려워하여 왕이 바깥에서 들어가는 낭실을 성전에 세웠다(왕하 16:18).

아하스는 위급한 상황이 발생하였을 때 이사야가 권면한 대로 하나님을 의지하지 않고 앗수르를 의지했다(참조. 사 7:7–9). 이 일로 그는 잠시 위기를 벗어나지만 다시 앗수르의 공격을 당하여 큰 위기 가운데 빠지게 되었다(왕하 18:13).

(6) 이스라엘의 호세아(왕하 17:1–41)

이 문단은 솔로몬 이후 남 유다와 북 이스라엘로 분열되고 여로보암(주전 931–910)부터 호세아(주전 732–722)까지 209년간 아홉 왕조와 열아홉 명의 왕이 다스리던 이스라엘이 멸망한 역사를 기술한다. 그리고 저자는 멸망의 원인이 무엇인지 언약의 관점에서 평가한다.

① 이스라엘의 멸망(왕하 17:1–6)

유다 왕 아하스 12년에 엘라의 아들 호세아가 사마리아에서 이스라엘 왕이 되어 9년을 다스렸다(왕하 17:1).[82] 호세아는 9년간 다스리는 동안 당시 국제 정세에서 큰 세력으로 부상하고 있었던 앗수르의 살만에셀(주전 726–722)이 공격해 왔기 때문에 호세아는 그의 종이 되어(신하의 나라가 되어) 그에게 조공을 바쳤다(왕하 17:3). 그런데 호세아는 그의 재위 6년에 앗수르와 봉신 관계를 버리고 조공을 보내지 아니하고 애굽의 왕인 소(סוֹא)에게 사자를 보내었다(왕하 17:4). 앗수르 왕은 호세아가 배반함을 보고 그를 옥에 감금해 두고 3년간 사마리아를 포위하다 호세아 9년에 점령하고 이스라엘 사람들을 사로잡아 앗수르로 끌고 갔다(왕하 17:4–6).

82 그런데 동일한 저자는 호세아(주전 732–722)가 북쪽 이스라엘의 마지막 왕인데 요담 20년에 베가(Pekah)를 죽이고 반역하여 정권을 잡았다고 기록하고 있다(왕하 15:30). 이 두 기록을 요담 20년에 즉위한 것과 비교하면 12년 차이가 난다. 이 문제 해결의 열쇠는 주전 752년에 북 왕국의 므나헴이 사마리아에서, 베가가 길르앗에서 다스렸다는 것이다. 베가의 통치 20년 중 초기 12년(주전 752–740)은 므나헴과 10년간, 또 브가히야와 2년간 중복된다. 베가는 주전 740–732에 홀로 8년간 다스렸다. 이때가 대조연대로 아사랴 52년이라고 했다(왕하 15:27). 이 모든 것은 베가의 이중연대에 기인한다(틸레 1990, 181–183).

여기서 앗수르 왕이 호세아를 '옥에 감금하여 두고'(왕하 17:4)라는 말을 어떻게 이해해야 할 것인가? 나라가 멸망하지도 않았는데 호세아가 감옥에 갇힌다는 것은 논리적으로 맞지 않다. 그래서 이 일은 사마리아가 포위되기 이전에 일어난 것 같지 않다고 보기도 한다(빔슨 2015, 510; Keil 1996, 292–293). 그러나 저자는 열왕기서 대부분을 연대기적으로 기록하고 있기 때문에 특별한 설명이나 신호기능이 없이 연대기를 바꾸지 않는다. 따라서 호세아가 왜 앗수르에 조공을 바치지 못하는지 그 이유를 설명하러 갔다가 감금되었을 가능성이 있다(강정주 2013, 199–200; Gray 1980, 639–640). 살만에셀은 사마리아를 점령한 후 죽고 그의 아들 사르곤 2세(주전 722–705)가 왕이 되었는데 사르곤의 비문에 사마리아 사람 27,290명을 포로로 잡아갔다고 기록하고 있다(Gray 1980, 644). 이것은 사마리아가 앗수르에 의해 멸망당하였음을 보여 준다.

② 이스라엘의 멸망의 원인에 대한 평가(왕하 17:7–23)

북쪽 이스라엘은 왜 멸망을 당하였을까? 관점에 따라 호세아가 당시 세계의 정치 역학관계를 읽지 못하여 앗수르와 맺은 외교 관계를 저버리고 애굽과 외교 관계를 맺은 일에서 그 원인을 찾을 수 있을 것이다. 존 브라이트(Bright 1981, 275)는 당시 애굽은 여러 군소국가들로 나뉘어져 있었기 때문에 누구도 도와줄 처지가 못 되었는데도 호세아가 그와 조약을 맺은 것은 자살 행위라고 했다. 경제학자나 사회학자는 경제사회학적인 관점에 따라 호세아가 쿠데타로 정권을 잡고 왕이 되었기 때문에 경제가 위기에 빠지게 되고, 민심 이반(民心 離反) 현상이 생겨 국력을 집결시킬 수가 없었을 것이라고 설명할 수 있다. 그런데 저자는 이스라엘 멸망의 원인을 평가하는 열왕기하 17:7–23에 정치, 경제, 외교, 군사력 등의 문제는 한 마디도 언급하지 않는다.

저자는 이스라엘이 멸망한 사건을 하나님과 맺은 언약의 관점에서 설명했다. 열왕기하 17:7–8은 전체적인 요약이고, 17:9–23은 그에 대한 설명이다. 그런데 흥미롭게도 저자는 이스라엘 멸망의 원인을 설명하면서 유다가 멸망한 원인도 함께 설명한다(왕하 17:13, 19–20). 그 원인을 출애굽 당시에 맺었던 언약을 버리고 다른 신들을 경외하고 여호와께서 이스라엘 앞에서 쫓아내신 이방 사람들의 규례와 이스라엘 여러 왕이 세운 율례를 행하였기 때문이라고 진단한다(왕하

17:7–8). 더 구체적으로 이 일에 대하여 여호와께서 여러 선지자들을 통하여 경고하셨는데도 두 송아지 형상과 아세라 목상을 만들고 바알을 섬기고 자기 자녀를 불 가운데로 지나가게 하고, 복술과 사술을 행하였기 때문으로 설명한다(왕하 17:13–18). 특히 저자가 북 왕국 이스라엘이 여로보암이 행한 모든 일을 따랐다고 지적한 것은 여로보암의 영향이 가장 컸다는 것을 알려 준다(왕하 17:21–22). 이것이 이스라엘과 유다가 멸망한 원인이다.

이러한 역사기술 방법을 볼 때 저자는 이스라엘의 멸망을 당시 팔레스타인과 메소포타미아와 애굽이 위치해 있는 지형이나 국제정치적 관점에서 기록하지 않았다. 그는 하나님과 맺은 언약 관점에서 역사를 해석하여 기록했다.

③ 이스라엘의 멸망 이후 사마리아의 상황(왕하 17:24–41)

앗수르 왕은 바벨론과 구다 등 앗수르 제국에 있는 사람들을 옮겨다가 살게 했다(왕하 17:24). 이러한 정책은 앗수르의 일반적인 관행으로 민족적 정서를 흐리게 하여 반역의 가능성을 차단하려는 것이었다(빔슨 2015, 511). 이들이 처음 거주할 때 여호와를 경외하지 아니하였기 때문에 여호와께서 사자들(lions)을 보내어 죽이셨다(왕하 17:25). 이에 어떤 사람은 이 땅의 신의 법을 알지 못하기 때문이라고 말했다(왕하 17:26). 그러나 앗수르 왕은 그곳에서 사로잡아 온 제사장 중 한 사람을 보내어 여호와 경외하기를 가르치게 하였다. 그러나 각 민족들은 여호와도 경외하고 어디서부터 옮겨 왔는지 그 민족의 풍속대로 자기의 신들을 섬기는 다신론과 혼합주의 형태로 나타났다(왕하 17:27–33). 저자는 이 사건을 빗대어 야곱 자손들도 동일하게 여호와를 경외하고 다른 신들도 섬겼다고 말한다(왕하 17:34–41). 저자는 이러한 기술 방식을 통하여 여호와를 경외하며 동시에 혼합주의 형태로 여호와를 섬기는 일이 얼마나 잘못되었는지 보여 준다.

당시 앗수르가 이스라엘을 멸망시킨 것은 앗수르가 선해서도 아니고 그들의 신들이 강해서도 아니다. 앗수르는 여호와께서 이스라엘의 죄를 징계하기 위하여 잠시 역사에서 사용하신 진노의 막대기였다(참조. 사 10:5–19). 그들이 당시 세계에게 가장 강력한 나라였다 할지라도 그들은 하나님이 잠시 쓰시는 작은 막대기에 불과하다.

구약의 이스라엘 백성들이 언약 백성이었던 것처럼 우리는 언약의 말씀에 따라 오신 그리스도께서 우리를 대속하심으로 그리스도 안에서 새 언약 백성이 되었다. 그래서 오늘날 성도들은 그리스도 안에서 맺은 언약에 따라 하나님을 온전히 섬기며 그의 계명을 지키고 있는지의 관점에서 삶을 조명해 보아야 한다. 자신의 배(belly)가 신이 되어서는 안 된다(빌 3:19). 권력과 세상의 쾌락이 신이 되어서도 안 된다. 또한 여호와도 섬기고 이들도 함께 섬겨서도 안 된다. 왜냐하면 하나님이 당시 앗수르라는 제국을 사용하여 징계하셨던 것처럼 다양한 도구를 사용하여 징계하실 수도 있기 때문이다. 우리 하나님의 세계경영은 얼마나 놀라우신가!

5. 히스기야 시대부터 바벨론 포로로 끌려가는 시대 (왕하 18:1-25:30)

이 문단은 북 왕국 이스라엘이 멸망한 이후에 남은 남 왕국 유다가 바벨론에 멸망할 때까지 약 130년간의 구속사와 바벨론에서 여호야긴이 사로잡혀 간 지 37년, 곧 주전 561년까지의 구속사를 기록하고 있다. 여기에 기록된 유다 왕들과 그들의 연대와 이때 활동한 선지자들은 다음과 같다.

유다 왕	통치 기간	참조 본문	선지자
히스기야	주전 715–686(?)	18:1–20:21	이사야
므낫세	주전 697–642	21:1–18	이사야
아몬	주전 642–640	21:19–25	나훔
요시야	주전 640–609	22:1–23:30	예레미야, 스바냐
여호아하스	주전 609	23:31–35	예레미야
여호야김	주전 609–598	23:36–24:7	예레미야, 다니엘, 하박국
여호야긴	주전 598–597	24:8–17	예레미야, 에스겔, 다니엘
시드기야	주전 597–586	24:18–25:7	예레미야, 에스겔, 다니엘

내용 분해

(1) 히스기야(왕하 18:1-20:21)

(2) 므낫세와 아몬(왕하 21:1-26)

(3) 요시야(왕하 22:1-23:30)

(4) 여호아하스와 여호야김(왕하 23:31-24:7)

(5) 여호야긴(왕하 24:8-17)

(6) 시드기야(왕하 24:18-25:21)

(7) 결말(왕하 25:22-30)

내용 해설

(1) 히스기야(왕하 18:1-20:21)

이 문단은 유다 왕 히스기야의 이야기다. 히스기야는 유다 왕들의 역사에서 여호와를 온전히 섬긴 대표적인 왕이다. 이 문단은 히스기야의 통치 평가(왕하 18:1-12), 앗수르 왕 산헤립의 침략과 유다의 승리(왕하 18:13-19:37), 히스기야가 기적적으로 병에서 치유를 받은 일(왕하 20:1-11)과 히스기야의 교만함과 그 결과(왕하 20:12-21) 등의 내용을 담고 있다. 히스기야 왕의 통치와 연관된 사건은 독특하게도 이사야 36:1-39:8에 거의 유사하게 나타난다. 저자가 이사야의 말과 행동을 사용하는 것은 선지적 역사를 기록한 저술에 영향을 받았고, 선지적 활동과 강한 연대 의식을 가지고 있다는 것을 보여 준다(House 2003, 357).

① 히스기야의 통치 평가(왕하 18:1-8)

이 문단은 히스기야의 통치를 평가하는 내용으로 다음과 같은 구조로 되어 있다.

- 유다 왕의 통치에 관한 형식적 문구(왕하 18:1-3)
- 왕의 업적에 관한 확장된 해설(왕하 18:4-8)

히스기야는 북 왕국 이스라엘의 호세아 3년, 그의 나이 25세에 유다의 왕이 되어 예루살렘에서 29년을 다스렸다(왕하 19:1–2).[83] 히스기야는 다윗의 모든 행위와 같이 여호와 보시기에 정직하게 행하였고, 산당들을 제거하고 주상을 깨뜨렸다(왕하 18:3–4). 심지어 모세가 만들었던 놋뱀을 이스라엘이 분향하므로 부수었다(참조. 민 21:4–9). 그리고 히스기야는 그것을 깨뜨리고 '느후스단'(נְחֻשְׁתָּן)이라고 불렀다.[84] 이것은 개역개정판 난외주에 '놋 조각'이라고 한 것처럼 숭배의 대상이 아니고 단순히 놋 조각에 불과하다는 것이다. 히스기야가 역사적으로 의미가 있어 보이는 놋뱀조차 깨뜨린 것은 이 책의 저자가 평가하는 대로 여호와께 연합하여 그에게서 떠나지 아니하고 계명을 지키는 행동으로 보아야 한다(왕하 18:6). 그가 종교개혁을 한 것은 역대기 자료에 따르면 재위 1년부터 했다(대하 29:3). 여호와께서 함께하시므로 히스기야는 그의 아버지 아하스와는 달리 앗수르를 섬기지 아니하고 블레셋 사람들을 쳐서 가사와 그 사방 망대와 견고한 성까지 이르게 되었다(왕하 18:7–8).

② 이스라엘의 멸망 요약(왕하 18:9–12)

이 문단은 열왕기하 17:1–23에 기록된 이스라엘의 멸망을 요약한 것이다. 이 요약은 이스라엘의 멸망을 되새겨 준다. 이 요약이 여기에 놓인 데는 두 가지 이유가 있다. 하나는 이 문단은 사마리아의 멸망과 히스기야의 통치를 동시대적으로 나란히 놓아두려는 것이다. 또 하나는 히스기야부터 이어지는 사건들을 위한 역사적 무대를 설정해 주려는 것이다(홉스 2013, 485). 이 요약은 이스라엘이 하나님의 말씀을 순종하지 않아 멸망한 반면 유다는 히스기야가 하나님 말씀에 따라 종교를 개혁하고 순종하였기 때문인 것을 보여준다.

그런데 이 사건은 연대기에 문제가 있다. 열왕기하 18:9에 "히스기야 왕 제사년 곧 이스라엘의 왕 엘라의 아들 호세아 제칠년에 앗수르의 왕 살만에셀이 사마

83 히스기야의 연대를 정하는 일은 어려운 일이다. 왜냐하면 열왕기하 18:9에는 히스기야 왕 4년과 이스라엘의 호세아 왕 7년을 서로 비교하고 있기 때문이다. 틸레의 연대기를 따르면 히스기야가 왕이 되기 전에 호세아는 죽었고, 히스기야는 주전 715–686년이 된다(틸레 1990, 243–246).

84 열왕기하 18:4에 '느후스단이라 일컬었더라'는 말씀은 원어로는 '와이크라–로 느후스탄'(וַיִּקְרָא־לוֹ נְחֻשְׁתָּן)이다. 당시 이스라엘 백성이 '느후스단'이라고 부르고 '뱀 신상'(snake idol)이라고 부를 수도 있다.

리아로 올라와서 에워쌌더라"라고 기록한다. 대부분의 연대기 계산에서 히스기야의 통치는 그의 아버지가 죽은 시점인 주전 715년에 시작되었다고 본다. 호세아는 히스기야가 왕위에 오르기 전에 죽었고 이스라엘 왕국은 더 이상 존재하지 않았다(Bright 1981, 278; 틸레 1990, 243-244). 그렇다면 이 기록을 어떻게 이해하는가? 이러한 연대는 편집자가 자료를 잘못 이해했기 때문이다(틸레 1990, 278-285).[85]

③ 앗수르 왕 산헤립의 침입과 유다의 승리(왕하 18:13-19:37)

이 문단은 앗수르 왕 산헤립의 1차 침입과 2차 침입 사건을 담고 있다. 왜냐하면 앗수르의 1차 침입은 앗수르가 성공한 역사를 기록하고, 2차 침입은 앗수르가 패배한 역사를 기록하기 때문이다.

- **산헤립의 1차 침입(왕하 18:13-16)**: 히스기야 왕 14년에 앗수르 왕 산헤립이 올라와서 유다의 견고한 성읍들을 쳐서 점령했다(왕하 18:13). 이사야 38:1-22과 열왕기하 20:1-11에 의하면 히스기야는 병들어 죽게 되었을 때 회개하고 기도함으로 15년을 더 살게 되었다. 그는 주전 715년에 즉위하여 주전 686년에 죽었다. 그래서 히스기야 왕 14년은 주전 701년이 된다. 이때 히스기야는 라기스로 사람을 보내어 "내가 앗수르 왕에게 범죄하였나이다 나를 떠나 돌아가소서 왕이 내게 지우시는 것을 내가 다 당하리이다"(왕하 18:14)라고 했다. 그러자 산헤립은 은 300달란트, 금 30달란트를 정하여 내게 하자 히스기야는 성전과 왕궁의 곳간에 있는 은을 다 주었고, 성전 문의 금과 기둥에 입힌 금을 다 주었다(왕하 18:14-16). 이것은 히스기야가 항복했다는 것이다. 이 침략과 관련된 이야기는 앗수르 왕 산헤립의 기록에도 나타나 있다(Pritchard 1969, 287-288). 이것이 산헤립의 1차 침입이다.
- **산헤립의 2차 침입(왕하 18:17-19:37)** : 산헤립은 1차 침입 후에 다르단과 랍사리스와 랍사게로 하여금 대군을 거느리고 예루살렘으로 올라왔다(대하 18:17). 이것은 산헤립이 두 번째 침입한 것이다.[86] 앗수르 왕이 거느리고 온 사람들이 개

85 성경의 연대기를 재구성하는 일은 쉬운 일이 아니다. 그러나 열왕들의 정확한 기록이 존재하였기 때문에 후대의 편집자들이 잘못 이해한 것도 바로 잡을 수 있다(틸레 1990, 285). 그래서 성경기록 자체에 문제가 있는 것이 아니다.

86 히스기야의 기록은 어려운 난제들이 여럿이 있다. 그 중에 가장 중요한 문제 가운데 하나는

역개정판에는 마치 사람 이름으로 보이나 실제로는 직위명이다. NIV는 이 이름을 직위명으로 번역했다. '다르단'(תַּרְתָּן)은 군대장관, '랍사리스'(רַב־סָרִיס)의 '사리스'(סָרִיס)는 내시라는 뜻이고 '랍'(רַב)은 최고책임자라는 뜻이므로 궁중의 최고관리라고 할 수 있다. '랍사게'(רַב־שָׁקֵה)는 야전군 사령관이라는 뜻이다. 이를 통해 산헤립이 행정부와 군대 전체를 이끌고 침략해 왔다는 것을 알게 한다. 이때 랍사게(야전군 사령관)는 히스기야에게 "네가 이제 누구를 의뢰하고 나를 반역하였느냐"(왕하 18:20)라고 했다. 심지어 그는 "히스기야가 '여호와께서 너희를 건지시리라'라고 하여도 듣지 말라"(왕하 18:32)고 하면서 모욕했다. 히스기야는 이 말을 듣고 옷을 찢고 굵은 베옷을 입고 여호와의 전에 들어가 이사야에게 하나님을 비방한 내용을 전하고 기도를 부탁했다(왕하 19:1-4). 이사야 선지자는 그에게 여호와의 말씀을 전하기를 "나를 모욕하는 말 때문에 두려워하지 말라. 내가 한 영을 그의 속에 두어 그로 소문을 듣고 그의 본국으로 돌아가게 하고 또 그의 본국에서 그에게 칼에 죽게 할 것"(왕하 19:6-7)이라고 전했다. 이 여호와의 말씀과 "내가 나와 나의 종 다윗을 위하여 이 성을 보호하여 구원하리라"(왕하 19:34)라고 말씀하신 대로 여호와의 사자가 나와서 하룻밤 사이에 18만5천 명을 죽였다.(왕하 19:35).

이후에 장면(scene)이 유다에서 니느웨로 바뀐다. 전쟁에 패한 산헤립은 돌아가 니느웨에 거주하였다(왕하 19:36). 여기서 '거주하였다'(와예이쉡, וַיֵּשֶׁב)라는 동사는 일정 기간 지냈다는 것을 의미한다. 그가 죽은 것은 주전 681년이고 그의 아들 에살핫돈이 대신 왕이 되었다(Bright 1981, 311; Pritchard 1969, 289). 이때 산헤립이 그의 신 니스록 신전에서 경배할 때 그의 아들들인 아드람멜렉과 사라셀이

산헤립이 한 번 침입했느냐, 아니면 두 번 침입했느냐(왕하 18:13-16)와 그의 저항과 기적적인 구원(왕하 18:17-19:37; 사 36:1-37:38) 사이에 있는 긴장을 어떻게 해결하느냐 하는 것이다(Dillard 1987, 227). 이 문제는 열왕기하 18:17부터 2차 침입으로 보아야 논리적으로 맞다. 여기에는 몇 가지 이유가 있다. 첫째, 열왕기하 18:13-16에는 히스기야가 항복하고 많은 공물을 바쳤는데도 산헤립이 랍사게를 보내어 항복을 권유하고 있다(왕하 18:17-35). 둘째, 앗수르의 산헤립의 실록에는 그가 유다를 침입하여 크게 승리하고 많은 공물과 포로들을 잡아 돌아왔다고 기록한다. 셋째, 성경에는 산헤립의 군대가 예루살렘을 3년 간 에워싸고 있는 것으로 나타난다(사 37:30). 넷째, 히스기야가 재위 14년, 곧 주전 701년에 병들어 죽게 되었을 때 회개하고 기도하자 하나님이 생명을 15년 연장하시겠다고 하시며 앗수르 왕의 손에서 구원하실 것이라고 하셨다(왕하 20:6). 이것은 산헤립이 1차에 이어 약 10년 뒤에 있었던 2차 침입한 것으로 보아야 한다(한정건 2006, 413-416).

그를 칼로 쳐 죽였다(이사야 37:38; 홉스 2013, 521). 그리고 그의 아들 에살핫돈이 대신 왕이 되었다(왕하 19:37).

이 특별한 사건은 우리가 어떤 상황에 놓인다 할지라도 인간의 지혜와 힘을 의지하지 않고 하나님을 의지하고 다른 사람에게 기도를 부탁하며 함께 기도하는 일이 얼마나 중요한 일인지 알게 한다. 포로기에 있었던 언약 백성들은 이 사건을 들으면서 다윗에게 하신 약속을 반드시 이루신다는 것과 하나님의 신실하심과 열심이 이루신다는 것을 알았을 것이다.

④ 히스기야가 기적적으로 병에서 치유 받은 일(왕하 20:1–11)

히스기야가 어떤 병에 걸렸는지 모르지만 병들어 죽게 되었다(왕하 20:1). 히스기야는 언제, 왜 병이 들었을까? 여기서 '그 때에'가 알려주는 것은 언제인가? 히스기야는 29년 동안 유다를 통치하였다. 그가 병이 나은 후 15년간을 더 살았다면 그의 통치 14년에 병이 들었다는 것을 알게 한다(참조. 왕하 20:6). 히스기야의 통치 14년은 앗수르가 유다를 침입했던 때이며 주전 701년이다(왕하 18:13). 그러면 히스기야가 병든 것은 앗수르의 1차 침입 이전인가, 아니면 그 이후인가? 열왕기하 20:12에 바벨론 왕 므로닥 발라단이 히스기야가 병에서 낳았다는 소식을 듣고 사신을 보내었다고 기록한다. 바벨론 왕 므로닥 발라단은 주전 721–710년간 통치하다가 사르곤 사망 이후 주전 703–702년에 다시 반란을 일으켜 통치하였다. 므로닥 발라단이 찾아온 것은 그가 퇴위된 뒤다(Bright 1981, 280–287).

그러면 기록순서에 따라 산헤립의 2차 침입 이후에 산헤립이 패하여 돌아간 후에 병이 생긴 것이라면 우리는 의문을 가지게 된다. 히스기야가 전쟁 중에 하나님께 신실하였고, 그 결과 하나님이 예루살렘을 구원해 주셨는데 왜 하나님이 병이 들게 하셨는가? 그래서 히스기야의 이 병이 앗수르와의 전쟁과 연관되어 있지만 산헤립이 두 번째 침입하여 패하고 돌아간 후가 될 수 없다(한정건 2006, 439–440). 열왕기하 20:6에 이 성을 앗수르의 손에서 구원해 주실 것이라고 한 말씀을 볼 때 이 약속은 열왕기하 19장의 사건들 이후라기보다는 이전이기 때문에 연대기 순서로 연결된 것은 아니다(빔슨 2015, 516; 강정주 2013, 217). 그래서 앗수르가 1차 침입한 기간이나 직후에 일어났다고 보는 것이 낫다(홉스 2013, 555; House 2003, 373). 그가 병이 든 것은 산헤립의 1차 침입 이후다.

그러면 히스기야는 왜 병이 들었는가? 성경에는 하나님께서 징계하신 결과로 병이 든 경우가 많이 있다(대하 16:1-2; 24:18-25; 26:16-21). 모든 경우를 죄와 연계시킬 수는 없지만 히스기야의 경우는 죄와 연계되어 있다. 하나님은 선지자 이사야를 보내어 죽을 것이라고 하셨다(왕하 20:1). 또한 히스기야가 병이 나은 때에 기록한 글에 "내 모든 죄를 주의 등 뒤에 던지셨나이다"(사 38:17)라고 고백하였다. 이것들은 히스기야의 병은 하나님이 죄에 대하여 징계하신 것임을 보여 준다.

히스기야의 죄는 무엇인가? 산헤립이 은 300달란트와 금 30달란트를 요구하였을 때 왕궁과 성전 곳간의 보물들과 성전 문과 기둥에 입혀진 금까지 벗겨 주었다(왕하 18:15-16). 하나님은 이러한 히스기야의 행동을 기뻐하실 수가 없다. 그는 산헤립이 침입하여 온 나라를 황폐하게 하였을 때 이 위기에서 하나님을 의뢰하지 못하고 하나님의 성전 기물까지 바치고 항복하였다. 이것이 하나님의 노여움을 산 것이다(한정건 2006, 440). 이뿐만 아니라 그는 산헤립의 1차 침입 이후 이사야 선지자가 말한 것을 듣지 않고 애굽에게 도움을 구하였다(참조. 왕하 18:21; 사 31:1). 그래서 히스기야의 죄는 언약 백성의 왕으로서 하나님을 신뢰하지 못한데 있다.

그러나 히스기야는 이 말씀을 듣고 히스기야는 여호와께 통곡하며 기도했다(왕하 20:2-3). 그러자 여호와는 이사야 선지자를 보내어 15년을 더 살게 하겠다는 치유의 약속과 앗수르 왕의 손에서 구원해 주시겠다는 약속을 주셨다(왕하 20:6). 이 일은 여호와께서 히스기야의 기도와 눈물을 보았기 때문이라고 말씀하셨다(왕하 20:5). 특히 히스기야는 이 약속을 듣고 그것을 알 수 있는 징표를 달라고 했다. 그러자 이사야는 여호와께로부터 한 징표를 응하게 하실 것인데 해 그림자를 10도를 나아갈 것인지, 10도를 물러갈 것인지 물었다. 그러자 히스기야는 해 그림자를 10도 뒤로 물러가기를 구하자 아하스의 해시계 위에 나아갔던 해 그림자를 10도 물러가게 하시는 초자연적인 기적을 보여주셨다(왕하 20:8-11). 히스기야가 징표를 구한 것을 믿음이 없다고 보기보다는 말씀의 확실함을 알기 위한 절박함에서 나온 믿음의 행동으로 보아야 한다.

히스기야의 병과 관련된 사건은 우리가 하나님을 신뢰하고 그 약속을 믿는 것이 얼마나 중요한 일인지 알게 한다. 또한 우리 하나님을 신뢰하지 못하여 죄를 범하고 그 일로 말미암아 징계를 받는다 할지라도 회개하고 기도하는 일이 중요하다는 것을 알게 한다. 히스기야가 회개하며 기도할 때 그의 눈물을 보신 하나님께서 그리스도 안에서 우리 성도가 간구하는 것도 들으실 것이기 때문이다.

⑤ 히스기야의 교만함과 그 결과(왕하 20:12-21)

바벨론 왕 므로닥 발라단(브로닥은 므로닥으로 수정해야 함)은 히스기야가 병들었다는 소식을 듣고 편지와 예물을 보냈다(왕하 20:12). 므로닥 발라단(Merodach-Baladan)은 앗수르에 의해 주전 701년에 이전에 퇴위되었고 자신의 왕국을 되찾기 위한 모종의 도움을 얻기 위한 목적이 있었던 것으로 보인다(홉스 2013, 562; Bright 1981, 284; House 2003, 374). 히스기야는 사자들의 말을 듣고 자기 보물고의 금은과 향품과 군기고와 창고의 모든 것을 보여주었다(왕하 20:13). 이 일은 산헤립의 1차 침입 이후에 전쟁을 준비하며 국고를 채운 뒤에 일어났을 것이다. 특히 '자기 보물고'와 '그의 군기고' '그의 나라' 등에 나타난 인칭 대명사의 접미사는 히스기야의 오만을 나타내주는 의미를 가지고 있다(홉스 2013, 562-563). 역대기는 "히스기야가 마음이 교만하여 그 받은 은혜를 보답하지 아니하므로"(대하 32:25)라고 기록했다. 히스기야는 이 일로 말미암아 이사야 선지자가 여호와께서 날이 이르면 쌓아두었던 모든 것이 바벨론으로 옮겨가게 될 것이고 왕의 몸에서 난 아들은 사로잡혀 왕의 환관이 될 것이라고 하신 말씀을 전했다(왕하 20:16-18). 히스기야는 여호와 앞에 정직한 왕이었고 그의 기도와 눈물을 보시고 치유도 행하시고 표적도 주셨으나 교만할 때 그의 자손들이 바벨론 포로로 끌려가게 될 것이라는 예언의 말을 들어야 했다. 그리고 역사 가운데 실제 이루어진 사실을 알고 있었던 포로 중의 이스라엘 백성들은 어떤 생각을 하게 되었을까?

(2) 므낫세와 아몬(왕하 21:1-26)

이 문단은 다윗의 뒤를 이은 왕들이 여호와 앞에 정직하게 행하지 못했어도 다윗과 맺은 언약에 근거하여 등불을 끄지 않으신 내용을 설명한다. 또한 므낫세로 말미암아 유다가 멸망할 수밖에 없는 이유도 설명한다.

① 므낫세(왕하 21:1-16)

므낫세는 12세에 유다 왕이 되어 예루살렘에서 55년간 다스렸다(왕하 21:1).[87] 그는 아버지 히스기야 왕이 여호와 앞에 정직하게 행하는 모습과 그와 관련된 기적을 보고 듣고 자랐지만 여호와 앞에 악을 행하는 대조적인 모습을 보여준다.

므낫세가 행한 죄는 히스기야가 헐어 버린 산당을 다시 세우고 바알 제단을 쌓으며, 하늘의 일월성신을 섬기고 아들을 불 가운데로 지나게 하며, 점치는 자와 사술을 행하는 자와 신접한 자를 신임하고 아세라 목상을 성전 안에 두었다는 것이다(왕하 21:3-9). 이 외에도 그는 무죄한 자들의 피를 흘리고 죽이기까지 했다(왕하 21:16). 그가 죽인 선지자 가운데 이사야가 있다. 이사야는 톱으로 잘려 죽었다고 전해진다(Charlesworth 2009, 163-164).

므낫세가 행한 가증한 일의 정도는 아모리 사람의 행위보다 더욱 심하였고(왕하 21:11), 무죄한 자들의 피를 흘린 것은 예루살렘 이 끝에서 저 끝까지 가득하게 했다(왕하 21:16). 이러한 므낫세의 죄에 대하여 재앙을 내릴 것인데 '듣는 자마다 두 귀가 울리리라'(왕하 21:12)라고 했다. 이 말은 선포되는 것이 매우 충격적이라는 뜻이다(Youngblood 2002, 1171). 여호와는 비유적인 언어로 사마리아를 잰 줄과 아합의 집을 다림 보던 추를 예루살렘에 베풀고 사람이 그릇을 씻어 엎음 같이 예루살렘을 씻어 버릴 것이라고 하셨다(왕하 21:13).

그런데 역대기 저자는 여호와께서 므낫세가 하나님의 말씀을 듣지 않으므로 앗수르 왕의 군대 지휘관들이 그를 사로잡아 쇠사슬로 결박하여 바벨론으로 끌고 갔다고 기록한다. 그가 환난을 당하자 여호와께 간구하고 크게 겸손하여 기도하므로 여호와께서 그의 기도를 들으시고 예루살렘에 돌아오게 하셨다고 했

87 므낫세부터 여호야긴까지 통치기간은 99년 6개월이다(므낫세 55년, 아몬 2년, 요시야 31년, 여호아하스 3개월, 여호야김 11년, 여호야긴 3개월). 동시대인 바벨론 연대는 89년이다. 서로 조화를 이루려면 10년 혹은 11년 전임 왕과 함께 통치하는 기간이 있어야 한다. 이 중에 요시야는 전임자 아몬이 살해되어 백성에 의해 왕위에 올랐고, 여호아하스는 요시야가 죽은 후에 왕이 되었다. 여호야김은 애굽의 바로 노그에 의해 왕이 되었다. 아몬은 2년을 왕위에 올랐지만 므낫세가 죽은 후에 통치하였다(대하 33:23). 여호야긴은 불과 3개월 통치하였다. 이들은 전임자와 함께 통치할 수 없다. 그래서 므낫세는 55년간의 통치 가운데 히스기야와 10-11년을 함께 통치하였다. 그 이유는 히스기야가 생명을 15년 연장 받은 후에 자기 아들을 지도자로 훈련하기 위해 함께 왕위에 올려 배우게 하였기 때문이다. 그래서 그는 22세나 23세에 왕이 되었다고 보아야 한다(틸레 1990, 242-243).

다(대하 33:10-13). 이것은 역대기 저자가 하나님은 므낫세가 악한 왕이었어도 죄를 회개하면 언제든지 용서해 주시기를 기뻐하시는 하나님의 마음을 보여 주려고 기록한 것이다. 그러나 열왕기서 저자는 이 점을 언급하지 않는다. 이는 열왕기서 저자가 유다가 멸망한 이유가 어디에 있으며, 어디에 이들의 미래가 있는지 보여 주려는 관점에서 역사를 기술하였기 때문이다.

② 아몬(왕하 21:19-25)

아몬은 22세에 유다 왕이 되어 예루살렘에서 2년을 다스렸다(왕하 21:19). 아몬은 그의 아버지 므낫세가 행한 모든 길로 행하고 여호와를 버리고 그 길로 행하지 아니했다. 그래서 그의 신복들이 반역하여 궁에서 아몬을 죽였다. 그러나 국민들은 반역한 자들을 다 죽이고 그의 아들 요시야를 왕으로 삼았다(왕하 21:21-24).

(3) 요시야(왕하 22:1-23:30)

이름 없는 하나님의 사람이 느밧의 아들 여로보암이 왕이 되어 벧엘에서 분향할 때 요시야가 일어나 산당의 제단을 헐 것이라고 예언한 바가 있다(왕상 13:2). 이 문단은 그 예언대로 요시야가 왕이 되어 아사와 히스기야가 했던 것처럼 종교를 개혁한 내용을 기록한다. 특히 요시야가 즉위한 후에 율법책을 발견하고 그 책에 따라 개혁을 이루는 과정을 설명한다.

① 율법책의 발견과 종교개혁(왕하 22:1-23:27)

요시야는 8세에 유다의 왕이 되어 예루살렘에서 31년간을 다스렸다. 요시야는 여호와 보시기에 정직하게 행하고 좌우로 치우치지 아니했다(왕하 22:1-2). 요시야 13년에 선지자 예레미야가 부름을 받았다. 예레미야는 요시야가 죽을 때까지 18년 동안 요시야의 개혁운동을 도왔다(참조. 렘 1:2). 요시야가 왕위에 있은 지 18년에 요시야는 서기관 사반을 보내 성전을 수리하게 했다(왕하 22:3-7). 므낫세가 55년, 아몬이 2년 통치하는 동안 성전이 더럽혀졌기 때문에 성전을 수리하여 본래적인 기능을 다하게 하는 것은 당연하다. 이 시대에 활동하던 선지자 스바냐는 하늘의 일월성신을 섬기고, 우상을 숭배하는 자들이 있었고, 폭력과 부정이 있었다고 말한다(습 1:1, 5, 9; 3:1-7). 그리고 여호와의 능력을 의심하는 자들도 있었다고 말한다(습 1:12). 요시야는 그의 재위 8년, 곧 16세에 "그의 조상 다윗의 하나님을 비로소 찾고"(대하 34:3), 그의 재위 12년, 곧 20세에 므낫세가 들여온 우상들을 제거하고 예루살렘과 유대 땅을 정결하게 했다(대하 34:3-7). 요시야가 이 일을 할 수 있었던 요인을 주변 상황에서 찾기도 한다. 브라이트(Bright 1981, 317)는 요시야의 재위 12년, 곧 628년에 앗술바나팔(Asshurbanapal)이 나이가 들어 그의 아들 신 사르 이스쿤(Sin-shar-ishkun)이 공동 통치자로 왕위에 올라 있었기 때문에 서부 지역에 대한 실질적인 지배력이 느슨해져 더 이상 유다에 간섭할 처지가 되지 못하여 개혁을 시작할 수 있었다고 보았다. 그러나 우리는 요시야가 언약의 말씀을 믿고 순종할 때 주변의 정치적 상황까지 하나님의 뜻을 이루기 위한 방편으로 삼으신다고 보아야 한다.

특히 요시야가 왕위에 있은지 18년, 곧 26세에 성전을 수리하다가 율법책을 발견했다. 율법책이 발견될 당시에 성전이 수리 중이었다는 것은 이미 종교개혁이 진행 중이었음을 암시한다. 왜냐하면 성전을 수리하고 깨끗하게 하는 일 자체가 개혁이었기 때문이다. 제사장 힐기야가 발견한 그 책을 서기관에게 주어 그것을 요시야 왕 앞에서 읽게 하였다. 그때 왕은 옷을 찢으며 회개하였고(왕하 22:11; 대하 34:19), 역대기 기록을 보면 요시야는 온 백성들과 함께 여호와 앞에 언약을 세워 하나님만을 섬기기로 서약했다(대하 34:29-33). 과거에 히스기야 때보다 요시야의 개혁은 더 철저했다. 그때는 솔로몬이 세웠던 가증한 산당들이 요시야 왕 때까지 내려왔으나 이때에야 비로소 다 제거했다(왕하 23:13). 요시야의 종교개혁은 남쪽 유다에서는 솔로몬 때부터 있었던 모든 우상과 산당과, 또 북쪽 이스라엘에서는 느밧의 아들 여로보암 때 세웠던 모든 우상의 제단을 헐고 불살랐다. 이렇게 하므로 여로보암 당시에 무명의 선지자가 예언한 내용을 다 성취한 것이다(왕하 23:15-20; 참조. 왕상 13:2).

요시야는 이 모든 우상을 헐고 불사르고 난 뒤에 모세 율법에 따라 유월절을 지켰다(왕하 23:21-23; 대하 35:1-19). 요시야 왕 때처럼 유월절을 크게 지킨 것은 이스라엘 역사에서 사사시대 이후 처음이라고 열왕기 저자나 역대기 저자가 함께 평가하였다(왕하 23:22; 대하 35:18). 요시야가 하나님의 말씀에 따라 개혁했는데도 저자는 여호와께서는 므낫세가 여호와를 격노하게 한 일로 말미암아 유다에 내리기로 작정한 진노를 돌이키지 아니하셨고, 이스라엘을 물리치신 것같이 유다도 물리치며 성전을 버리실 것이라고 하셨다고 설명한다(왕하 23:26–27).

② 요시야의 죽음(왕하 23:28–30)

앗수르 왕 앗술바나팔(Asshurbanapal)이 주전 627년에 죽자 앗수르의 거대한 국가 조직은 그 토대부터 흔들려 와해되었다. 그 경위는 앗술바나팔이 죽자 어떤 장군이 반란을 일으켜, 수년 동안(주전 627–624) 내전이 계속된 연고로 앗수르의 영향력이 약화되었다. 이러한 역사적 상황에서 바벨론은 나보폴라살(Nabopolassar, 주전 626–605)의 영도 아래에 메대 왕국의 왕이었던 키악세레스(Cyaxares)의 도움을 받아 앗수르를 격파했다. 이 상황에서 앗수르는 애굽과 동맹을 맺어서 바벨론과 그 동맹군과 전쟁을 하였다. 하지만 주전 612년에 수도 니느웨가 함락되었고, 앗술바나팔의 아들 신 사르 이스쿤은 도망하다가 죽었다. 그 후에 앗술–우발리트 2세가 애굽의 후원을 받아 하란을 탈환하려 하였지만 항전하다가 결국 주전 609년에 완전히 멸망했다(Bright 1981, 314–316). 이때 애굽의 바로 느고(Necho II, 주전 610–594)는 하란에서 싸우는 앗수르의 앗술–우발리트(Asshur–uballit)를 도우려고 군대를 유프라테스 강변의 갈그미스(Carchemish)로 출정시켰다(Bright 1981, 324–325).

이때 유다 요시야 왕은 공식적으로 바벨론의 동맹국이 되었는지 확실하지는 않지만 결과적으로 바벨론을 도우려다 이 전쟁에서 전사하게 되었다(왕하 23:29–30; 대하 35:23–24). 이 상황에 대하여 열왕기하 23:29에 애굽 왕 바로 느고가 '앗수르 왕을 치고자 하여' 유브라데 강으로 올라가므로 요시야 왕이 맞서 나갔다가 므깃도에서 죽었다고 기록한다. 여기서 '앗수르 왕을 치고자 하여'는 히브리어 성경 본문을 '앗수르 왕을 돕기 위하여'(알–멜렉 아슈르, עַל־מֶלֶךְ אַשּׁוּר)라고 이해해야 논리적으로도 맞다. 브라이트도 '알'(עַל)을 against로 번역해서는 안 되고, to로 번역해야 한다고 했다(Bright 1952, 109). 그리고 KJV는 우리 개역한글판처럼 against the king of Assyria라고 번역하였으나, 현대의 NIV는 이 본문의 의미를 살려서 to help the king of Assyria라고 번역했다.

당시 역사 상황을 볼 때 애굽이 앗수르를 치기 위하여 갔다기보다는 무너지는 앗수르를 돕는다는 명분으로 이 지역의 영향력을 확대하려는 의도가 있다고 보아야 한다. 이 점을 이해한다면 요시야가 므깃도에서 애굽의 느고를 맞아 전쟁을 한 것은 정치적으로 친 바벨론적인 관점을 가지고 있었다는 것을 알 수 있다. 이때에 느고의 지휘로 군대를 몰고 가던 애굽의 군대를 요시야가 므깃도에서 막으려고 하다가 전사한 것이다(틸레 1990, 252–253). 열왕기하 23:29–30에는 요시야 왕이 므깃도에서 죽은 것으로 되어 있으나, 역대기는 므깃도에서 부상을 당하고 예루살렘으로 돌아와서 죽은 것으로 기록하고 있다(대하 35:23–24). 그 이유는 그의 전사를 훌다의 예언이 성취된 것으로 보기 때문으로 보인다(대하 34:28). 특히 역대기의 기록은 요시야가 겸비하여 옷을 찢으며 통곡할 때 여선지자 훌다를 통하여 여호와께서 "네 말을 들었노라"(대하 34:27)고 하시면서 "내가 이곳과 그 주민에게 내리는 모든 재앙을 네가 눈으로 보지 못하리라"(대하 34:28)고 하셨다. 이 말씀을 볼 때 역대기 저자는 요시야의 죽음을 부정적으로 보지 않고 하나님의 섭리 가운데 있는 은혜로 보고 있다.

③ 요시야 당시의 선지자들

요시야 당시에 예레미야, 스바냐, 나훔, 하박국 선지자가 활동했다. 예레미야는 요시야 13년(주전 627년)에 활동을 시작하였고(렘 1:2), 주전 586년 예루살렘이 바벨론에게 함락된 후에도 계속해서 선지자로 활동했다. 스바냐가 그 땅에 있는 우상을 말하는 것으로 보아(습 1:4) 요시야의 종교개혁 이전에 주로 활동하였던 것으로 보인다. 나훔은 주로 주전 612년에 멸망한 니느웨의 멸망을 예언한 것으로 보아 요시야 시대에 활동한 선지자로 볼 수 있다. 그리고 하박국은 바벨론의 침략이 가까이 왔음을 알고 있었기 때문에(합 1:5–6) 요시야 말기로 본다(한정건 2012, 88).

(4) 여호아하스와 여호야김(왕하 23:31–24:7)

이 문단은 요시야의 죽음 이후 유다가 애굽과 바벨론의 간섭과 침략으로 정치, 경제적으로 어려움을 당하고 멸망해 가는 과정을 기록하고 있다.

① 여호아하스(왕하 23:31–35)

여호아하스는 23세에 유다의 왕이 되어 예루살렘에서 불과 3개월을 다스렸다(왕하 23:31). 요시야에게는 네 아들이 있었던 것으로 성경에 기록되어 있다. 역대상 3:15에 보면 "요시야의 아들들은 맏아들 요하난과 둘째 여호야김과 셋째 시드기야와 넷째 살룸이요"라고 했다. 그런데 요시야가 죽자 넷째 살룸이 왕이 되었다(렘 22:11). 이 살룸이 여호아하스이다. 첫째 아들부터 셋째 아들까지 있었는데도 넷째인 살룸이 왕이 된 이유는 명확하지 않다. 선한 왕 요시야 밑에 왕이 된 세 아들이 왜 악하게 행했는지는 알 수 없다.

여호아하스가 왕이 되었을 당시에 애굽의 느고가 유프라테스로 진격하여 앗수르와 연합하여 하란을 공격하는 일에 실패하였다. 바로 느고는 당시 리블라에 임시 본부를 설치하고 팔레스타인과 수리아에서 자신의 지위를 굳게 하기 시작했다. 그 조치의 하나로 느고는 불과 3개월 통치한 여호아하스를 수리아 리블라(Riblah)에 자리잡은 임시 본부로 소환하여 왕위를 박탈하고 애굽으로 끌고 갔다. 여호아하스는 거기에서 죽었다(왕하 23:31-35; 참조. 렘 22:10-12). 그 대신에 여호아하스의 형제인 엘리아김(하나님이 세우신다)의 이름을 여호야김(여호와께서 세우신다)으로 바꾸고 애굽의 봉신으로 유다의 왕위에 올렸다(Bright 1981, 324). 그리고 은 100달란트와 금 한 달란트를 벌금으로 내게 했다(왕하 23:33). 여호야김은 애굽의 바로 느고의 명령에 따라 조공을 바치기 위하여 각 사람의 힘대로 은과 금을 징수하여 바로에게 바쳤다(왕하 23:35). 당시 유다는 정치, 경제적으로 매우 어려웠다는 것을 알 수 있다.

② 여호야김(왕하 23:36-24:7)

여호야김은 25세에 왕이 되어 예루살렘에서 11년간 다스렸다(왕하 23:36). 애굽의 바로 느고는 여호야김을 세워 애굽의 봉신으로 세우고, 은 100달란트와 금 한 달란트를 공물로 바치게 했다. 그래서 여호야김은 느고에게 공물을 바치기 위해 세금을 많이 부과했다(왕하 23:33, 35). 게다가 그는 지금까지의 궁전에 만족하지 않고 많은 재물을 소비하고 백성들에게 부역을 강요하여 궁전을 크게 지었다. 그리고 백성들을 압제하여 무죄한 피를 많이 흘렸다(왕하 24:4; 렘 22:13-19). 그때에 예레미야 선지자는 이러한 여호야김의 행동을 책망하며 심판을 예언하였다(렘 22:18). 그래도 여호야김은 선지자 우리야를 죽였다(렘 26:20-23). 그는 또 예레미야도 죽이려고 하였으나 예레미야는 하나님의 특별한 보호로 살았다(렘

26:34; 36:26). 이뿐만 아니라 여호야김은 예레미야가 받은 계시의 두루마리를 빼앗아 찢어 불사르기도 했다(렘 36:23).

여호야김의 통치 아래에서 요시야 시대부터 시작된 종교개혁이 수포로 돌아갔다. 브라이트(Bright 1981, 326)가 지적한 것처럼 요시야의 비극적인 죽음과 거기에 뒤이은 유다의 고통과 굴욕은 개혁 뒤에 일어난 사건이기 때문에 많은 사람들은 언약의 말씀을 부정하는 쪽으로 갔을 수도 있다. 왜냐하면 언약의 말씀대로 회개하고 개혁했는데도 약속된 말씀대로 재앙을 막아주지 못했기 때문이다. 결과적으로 이방의 관습들이 살아나기 시작했다(렘 7:16-18; 11:9-13). 윤리도 타락했다(렘 5:26-29; 7:1-15). 다윗과 맺은 영원히 변하지 않는 언약이 왜곡된 형태로 나타나 성전과 도시와 나라는 안전할 것이라는 잘못된 확신을 가지기도 했다(렘 5:12; 7:4; 14:13 등). 여기에는 당시 거짓 선지자들도 큰 역할을 했다.

그런데 열왕기서 저자는 애굽 왕이 다시 그 나라에서 나오지 못하게 되었다고 말한다. 그 이유를 바벨론 왕이 애굽강에서부터 유브라데강까지 점령했다고 기록하고 있다(왕하 24:7). 그것은 바벨론의 나보폴라살은 그의 재위 제25년, 곧 주전 605년에 느부갓네살과 그의 군대를 갈그미스로 보내었고, 느부갓네살은 갈그미스에서 애굽 군대를 갑자기 습격하여 완전하게 승리하였기 때문이다(렘 46:2; Bright 1981, 326). 이 전투는 여호야김 4년에 있었다. 이때는 바벨론 기록에 의하면 나보폴라살 21년이고, 그 연대는 주전 605년이다. 이로 말미암아 느부갓네살이 핫티 전 지역을 휩쓸게 되었다. 이것은 아람 전체와 애굽 국경에 이르는 남부 지역까지 포함한다. 이 사건은 다니엘 1:1에 언급되어 있고, 다니엘의 기록에 따르면 여호야김 3년에 발생한 공격이었다. 이때 다니엘과 그의 동료들이 바벨론으로 끌려갔다(단 1:1, 6; 틸레 1990, 257).

갈그미스 전쟁 이후 느부갓네살은 핫티 전 지역을 장악했다. 이때에 여호야김은 바벨론의 봉신이 되어 3년을 섬겼다(왕하 24:1). 그러나 여호야김은 주전 601년경에 바벨론에게 조공을 거부하고 다시 느부갓네살에게 도전하기로 결심했다. 바벨론 연대기에는 여호야김이 어리석어 보이는 조치를 취하게 된 이유가 나타나고 있다.

> 제4년(주전 601/600년)에 아카드 왕(느부갓네살)은 군대를 소집하여 핫티 땅

> 으로 진격했다. 핫티 땅에서 그는 아무런 저항을 받지 않고 진군했다. 기슬래월에 그는 군대를 이끌고 애굽으로 진군했다. 교전에서 그들은 서로의 심장부를 쳤고 서로에게 큰 손실을 입혔다. 아카드 왕과 그의 군대는 회군하여 바벨론으로 돌아왔다(Pritchard 1969, 564).

이 전투에서 양측은 막대한 손실을 입었다. 이 전투 이후에 느부갓네살은 본국으로 돌아와서 이듬해 한 해를 군대를 재조직하는 일로 보냈다. 이로 보아 이때 바벨론이 승리하지 못했던 것은 확실하다. 이에 고무된 여호야김은 바벨론에 반기를 들었다. 이것은 그의 치명적인 과오였다(Bright 1981, 327). 이듬해 느부갓네살은 자신의 주력부대를 이끌고 원정에 나섰다. 바벨론 연대기에서는 유다의 반란을 진압한 사건에 대하여 다음과 같이 기록하고 있다(Pritchard 1969, 564).

> 제7년(주전 598/597년) 기슬래월(주전 598년 12월 18일–597년 1월 15일)에 아카드 왕(느부갓네살)은 군대를 이끌고 핫티 땅으로 진격하여 유다성(예루살렘)을 포위하고 아달월 제2일에 그 성을 함락시키고 왕을 사로잡았다. 그는 그곳에 자신이 좋아하는 왕을 임명하였고 거기에서 많은 전리품을 바벨론으로 가져왔다.

이 일이 유다에 임하게 된 것에 대하여 저자는 여호와의 말씀대로 유다를 물리치시기 위함이라고 했다. 그리고 그 이유를 므낫세의 지은 죄와 그가 무죄한 자들의 피를 흘려 예루살렘에 가득하게 하였기 때문이라고 했다(왕하 24:3–4; 참조. 왕하 21:12–16).

(5) 여호야긴(왕하 24:8–17)

여호야김의 뒤를 이어 여호야긴이 왕위에 올라 불과 3개월 10일 동안 왕위에 있었다(왕하 24:8; 대하 36:9).[88] 왜냐하면 이듬해 주전 597년 3월 16일에 느부갓네

88 역대하 36:9에서는 왕위에 오를 때의 나이가 8세라고 되어 있으나, 열왕기하 24:8에서는 18세이다. 70인역과 라틴역에 8세라고 되어 있으나, 그가 왕위에 올라 악을 행했다는 기록(왕하

살이 침공해 와서 예루살렘을 함락하고 왕과 모후, 고관들, 지도층 인사들과 여호와의 전의 보물들과 함께 바벨론으로 끌고 갔기 때문이다(왕하 24:10-17). 이때에 선지자 에스겔도 포로로 끌려갔다(겔 1:1-3). 여호야긴이 단지 3개월만 왕위에 있었으나, 그의 연대는 특별히 중요하다. 그의 연대는 성경 기사와 일치하는 바벨론 서판에서도 충분히 입증된다. 바벨론 서판은 느부갓네살이 제7년 기슬래월에 핫티 땅을 향하여 출발했다고 말한다(주전 598년 12월 18일-597년 1월 15일). 그는 예루살렘을 포위하고 공격하여 주전 597년 아달월 2일(3월 16일 토요일)에 함락시켰다. 예루살렘 왕은 포로로 끌려가고 새로운 왕을 세웠다.

> 제7년(주전598/597년) 기슬래월에 아카드 왕은 군대를 소집하여 핫티 땅으로 진격하여 유다 성을 마주보고 진을 쳤고(즉, 포위하였고), 아달월 제2일에 그는 그 성읍을 함락시키고 왕을 사로잡았다. 그는 거기서 자기가 선택한 왕을 임명하고 많은 조공을 받아 바벨론으로 보냈다(Pritchard 1969, 564).

여기서 사로잡힌 왕은 여호야긴을 말하고, 느부갓네살이 선택한 왕은 여호야긴의 숙부이며 요시야의 아들인 시드기야다. 그런데 성경 기록에 따르면 예루살렘 함락은 느부갓네살 제8년이다(왕하 24:12).[89]

그런데 당시 여호야긴은 사로잡혀 간 지 37년, 곧 바벨론 왕 에윌므로닥의 즉위한 원년 12월 27일에 풀려 나왔다(왕하 25:27). 이 기록을 볼 때 여호야긴과 그의 동포들이 주전 597년에 바벨론으로 끌려간 후 포로민들은 그들이 끌려가기 시작한 때부터 연수를 세어 나갔던 것 같다. 그들의 1년은 주전 598년 니산부터 시작했다. 따라서 여호야긴이 감옥에서 풀려난 제37년은 주전 561년이 된다(틸레 1990, 262).

25:9)과 부왕 여호야김이 25세에 왕이 되어 36세에 죽었던 점을 고려하면 18세가 옳다.

89 여기에 대해 바벨론 기록은 제7년이라고 했다. 이 차이는 성경은 유대인의 월력인 티쉬리 월력으로 느부갓네살의 연도를 계산하였고, 바벨론은 니산으로 계산하였기 때문이다(틸레 1990, 260).

(6) 시드기야(왕하 24:18-25:21)

시드기야는 여호야긴의 삼촌이었고 본래의 이름은 '맛다니야'(Mattaniah)였다. 느부갓네살은 그를 왕으로 삼아 이름을 시드기야로 고쳤다(왕하 24:17). 그는 21세에 유다 왕이 되어 예루살렘에서 11년간 다스렸다. 그런데 그가 유다 왕이 되었다 할지라도 당시 백성들의 일부는 여호야긴을 진정한 왕으로 여기고 있었고, 그가 풀려나 복원되리라 기대하고 있었던 것 같다. 왜냐하면 선지자들의 기록에 여호야긴이 잡혀간 해를 기준으로 연대 계산을 하고 있기 때문이다(왕하 25:27; 겔 1:2).

시드기야는 바벨론의 느부갓네살에 의해 왕이 되어 그의 봉신이 되었는데도 바벨론을 배반하게 되었다(왕하 24:20; 대하 36:13). 그가 왜 바벨론을 배반하게 되었는지 알 수 없다. 당시 예루살렘에 반(反)바벨론파들이 지배하였던 것 같다. 당시 상황으로 볼 때 처음에는 바벨론이 예루살렘을 포위하고 있었지만 바로의 군대가 애굽에서 나온다는 소문을 듣고 일시적으로 철수한 듯하다(렘 37:3-5). 이 당시 애굽의 바로는 프사메티쿠스 2세(주전 594-589년)의 후계자인 호브라(Hophra, 주전 589-570년)였다(참조. 렘 44:30) . 그는 다시 아시아에 간섭하려는 정책을 쓰고 있었다(Bright 1981, 329). 이러한 상황에 대하여 반바벨론파들이 힘을 얻어 애굽과 동맹을 맺으려고 하였고, 실제로 당시 에돔과 모압과 베니게의 여러 나라들이 반바벨론 동맹을 형성하려고 했다(렘 27:1-3; 겔 21:18-23). 그리고 이 상황에 대하여 예레미야 선지자와 여러 차례 협의하였던 것으로 보인다(렘 37:3-10, 17; 38:14-23). 예레미야는 결국 바벨론에게 멸망할 수밖에 없기 때문에 바벨론에게 항복하면 왕이 살게 될 것이라고 권고했다(렘 38:17-18). 특히 애굽이 올라오는 문제를 지적하면서 "너희를 도우려고 나왔던 바로의 군대는 자기 땅 애굽으로 돌아가겠고 갈대아인이 다시 와서 이 성을 쳐서 빼앗아 불사르리라"(렘 37:7-8)고 했다.

그런데도 당시에 거짓 선지자들이 나타나서 하나님은 반드시 예루살렘을 지키실 것이고 바벨론에 잡혀간 동포들은 반드시 돌아올 것이라고 했다. 그리고 바벨론 왕 느부갓네살의 멍에는 두 해가 가기 전에 하나님이 꺾어 버리실 것이라고 했다(렘 28:1-12). 그들은 '평안하다'라고 외치며 여호와께서 그의 성전을 반드시 지키신다고 했다(렘 7:4). 이 상황에서 시드기야는 예레미야의 말을 거부하고 반바벨론파들과 거짓 선지자들의 말을 듣고 바벨론을 배반한 것으로 보인다.

이 상황에서 바벨론의 느부갓네살은 그가 봉신(vassal)으로 세운 시드기야를 그대로 둘 수는 없었다. 시드기야 9년 10월 10일부터 전쟁이 시작되었다(왕하 25:1; 렘 39:1; 52:4). 이때는, 곧 주전 588년 1월 15일이 된다(틸레 1990, 265–266). 느부갓네살의 군대가 유다 땅에 당도하여 예루살렘을 에워싸고(참조. 렘 21:3–7), 외곽의 거점들을 차례로 점령해 나가기 시작하였다. 그 해 말에는 예루살렘과 라기스와 아세가만 남게 되었다(렘 34:6–7). 당시 라기스와 아세가가 지리적으로 중요한 의미를 가지고 있었던 것은 애굽이 예루살렘으로 들어올 수 있었던 길목에 위치해 있었기 때문이다. 라기스 편지 제4신에 의하면 라기스 성 밖에서 지휘하는 지휘관인 호사야(Hoshaiah)는 예루살렘 성중의 수비대장 야오쉬(Yaosh)에게 "(내 주)여 내 주께서 주신 지시에 따라 우리가 라기스의 신호를 지켜보고 있음을 아십시오. 왜냐하면 우리가 아세가를 볼 수 없기 때문입니다"라고 했다(Pritchard 1969, 321–322). 라기스 서신의 일부를 볼 때 아세가의 봉화신호를 더 이상 볼 수 없다는 사실을 언급하므로 이때 이미 아세가도 바벨론에 함락되었다는 것을 알 수 있다.[90]

이듬해(주전 587년) 예레미야는 유다 왕 궁중의 시위대 뜰에 있는 옥에 갇혔다(렘 32:1–2). 이때는 시드기야 10년이며, 느부갓네살 18년이다(렘 32:1). 시드기야는 항복하고 싶었지만(렘 38:14–23) 그렇게 할 엄두를 내지 못했다. 주전 587년 7월에(왕하 25:2f.; 렘 52:5f.) 도성의 식량이 바닥나자 바벨론군은 성벽을 뚫고 들어왔다. 시드기야는 군사들과 함께 밤중에 아라바 길로 도망갔지만 여리고 부근에서 붙잡혀 하맛 땅 립나에 있는 바벨론 왕에게 끌려갔다. 시드기야는 자기의 아들들이 처형되는 것을 목격해야 했고, 자신의 눈알도 뽑혀 앞을 보지 못한 채로 사슬에 묶여 바벨론으로 끌려가 거기에서 죽었다(왕하 25:3–7; 렘 52:7–11). 이는 에스겔 선지자가 행동을 통하여 예언한 내용이 그대로 성취된 것이다(겔 12:6, 13). 이러한 사건을 통하여 에스겔 선지자는 이 일을 행하신 분이 여호와인 줄을 알게 될 것이라고 했다(겔 12:6).

약 한 달 후인 바벨론 왕 느부갓네살 19년 5월 7일에 바벨론의 어전 시위대

90 라기스 도편문서(*The Lachish Ostraca*)는 팔레스타인 남부 텔 에드–두에이르(Tell ed–Duweir)에서 발견되었는데 성경의 라기스일 가능성이 높다. 학자들은 이 문서의 연대를 라기스가 바벨론 군대에 의해 포위되기 직전인 주전 589년 가을로 본다(Pritchard 1969, 321–322).

장관인 느부사라단이 예루살렘에 이르러 여호와의 전과 왕궁을 불사르고 예루살렘에 있는 모든 집을 불태우고, 성벽을 무너뜨렸다. 그리고 성전 두 놋기둥을 위시하여 기물들을 가져갔다. 그리고 대제사장 스라야와 부제사장 스바냐와 문지기, 장관, 왕의 시종, 다수의 백성들을 바벨론의 하맛 땅 립나에서 쳐 죽였다(왕하 25:8-21; 렘 52:12-27). 바로 이때가 곧 주전 586년 8월 14일이다. 이때는 느부갓네살 19년이었고, 바벨론 계산법으로 주전 586년 니산에서 주전 585년 니산까지, 유대 연대법으로 주전 587년 티쉬리에서 주전 586년 티쉬리까지이다(틸레 1990, 266).

(7) 결말(왕하 25:22-30)

이 문단은 예루살렘이 바벨론에 의해 멸망된 이후의 상황과 여호야긴이 감옥에서 나와 신분이 회복되는 내용을 담고 있다. 예루살렘이 바벨론에 의해 멸망된 후 약간의 기사가 성경에 기록되어 있다. 느부갓네살은 귀족 출신의 인물인 그달리야를 총독으로 임명했다. 그의 아버지 아히감은 전에 예레미야의 목숨을 구해 준 일이 있었고(렘 26:24), 조부 사반은 요시야의 국무대신으로(왕하 22:3) 개혁의 주도적인 역할을 했다. 그달리야라는 이름이 새겨진 라기스에서 발견된 한 인장에서 "왕가를 다스리는 그달리야에 속한다"라고 적힌 문구에서 보여 주는 바와 같이 그달리야는 시드기야 내각에서 총리를 지냈다. 그는 흩어졌던 유다 백성들이 왔을 때 유다 땅에 거하면서 조용히 바벨론을 섬기면 평안하게 될 것이라고 권했다(왕하 25:24). 그는 왕족의 한 사람인 이스마엘에 의해 암살당했다. 그가 몇 년을 통치했는지 알 수 없다. 예루살렘이 느부갓네살 19년 5월 7일에 함락을 당하였고(왕하 25:8), 7월에 암살을 당했다고 하였기 때문에(왕하 25:25) 약 2달간으로 보인다. 이 점에 대해 브라이트(Bright 1981, 331)는 예레미야 41:1이나 열왕기하 25:25에 보면 그의 재임 기간이 언제까지 지속되었는지 진술하고 있지 않기 때문에 그의 재임 기간이 1년이나 2년 더 길었을 수도 있지만 불과 2-3개월 동안 지속되었다고 했다.

그달리야가 죽은 후 백성들은 바벨론의 보복이 두려워 애굽으로 도망갔다. 특히 이스마엘과 함께 주변 국가에서 돌아온 사람들은 예레미야를 데리고 애굽으로 피신했다(렘 43:5–6). 유다의 피난민들은 애굽의 동쪽 삼각지대인 다바네스(Tahpanhes)에서 임시로 거주했다. 예레미야는 거기에서 계속 선지자로 활동하면서 그 지역이 바벨론에게 정복되어 장막을 치리라고 예언하였다. 그 예언의 말씀대로 느부갓네살 37년(주전 567/6)에 성취가 되었다(한정건 2012, 90). 그리고 예레미야는 그들이 하나님께 돌아오기를 거절하였기 때문에 아무도 유다 땅으로 돌아오지 못할 것이라고 경고했다(렘 44:11–14).

그런데 열왕기서 저자는 마지막으로 바벨론으로 옮겨진 여호야긴이 사로잡혀 간 지 37년, 곧 바벨론의 왕 에윌므로닥 즉위 원년에 여호야긴을 옥에서 나오게 하고, 죄수의 의복을 벗게 한 사실을 기록하고 있다. 여기서 '벗다'(쉬나, שׁנא)는 '바꾼다'라는 의미로 시편 127:2에 '잠'이라는 용어와 같다. 이 단어는 신분을 변화시킨다는 뜻이다.[91] 이것은 저자가 열왕기서를 희망적으로 끝을 맺고 있다는 것이다. 바벨론의 포로가 된 것은 이스라엘 백성들을 멸망시키는 것으로 끝나는 것이 아니라 다윗의 집에 관한 하나님의 약속이 남아 있다는 것을 보여 준다(삼하 7:14–16). 이러한 이유에서 마지막 기록은 이스라엘 백성들이 언약의 말씀을 배반하여 심판을 받아 바벨론 포로로 끌려왔어도 하나님은 다윗과 맺은 언약을 이행하시기 위하여 역사 가운데 일하신다는 것을 보여 주는 빛이다.

유다의 멸망의 역사를 통하여 볼 때 우리는 그들이 하나님과 맺은 언약의 말씀을 버리므로 바벨론 포로라는 수치스러운 역사를 경험할 수밖에 없었다는 것을 알 수 있다. 그리고 유다 멸망과 관련된 주변의 나라들인 애굽이나 바벨론도 하나님이 자기 백성을 징계하여 바르게 세우기 위해 역사 가운데 잠시 사용하신 도구였다는 것을 알 수 있다. 이것은 역사 중심에 언약 백성이 있고, 신약 시대에는 교회가 있다는 것을 보여 준다. 그래서 저자는 이스라엘 역사를 기록하면서 구약 시대 언약 백성이나 신약 시대 그리스도 안에 있는 성도가 하나님과 교제하며 제사장 나라로 사는 길은 언약의 말씀을 지키는 일에 달려 있음을 보여 준다.

91 시편 127:2에 이 단어를 '잠'이라고 번역한 것은 잘못된 번역이다. 바른 번역은 '복'이라고 번역해야 한다(참조. 시 128:1, 4).

V. 구속사적 의미

구속사에서 열왕기서의 위치

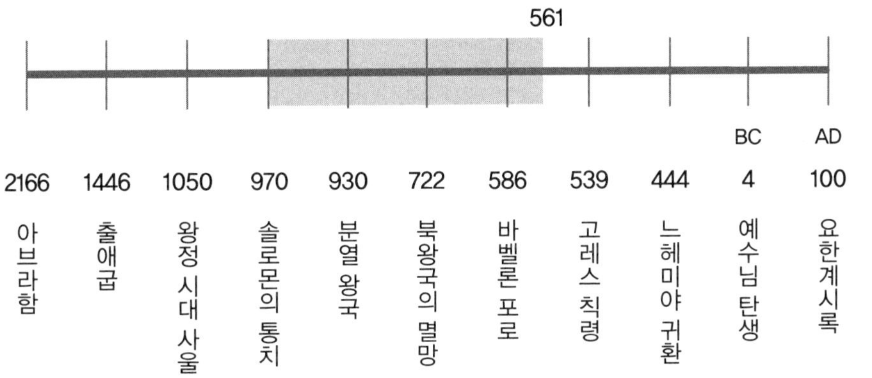

열왕기서는 솔로몬의 즉위년(왕상 1:1–2:12)인 주전 970년경부터 바벨론의 왕 에윌므로닥의 즉위년이며 여호야긴이 옥에서 풀려난 해(왕하 25:27–30)인 주전 561년까지 약 400년 동안의 구속사를 기록하고 있다.

열왕기서는 시내산 언약과 모압 언약의 연장선에 있는 다윗 언약과 관련하여 그 언약이 어떻게 역사 가운데 적용되는지의 관점에서 역사를 서술한다. 특히 하나님이 이 역사에서 시내산 언약과 모압 언약에 들어 있는 복과 저주를 어떻게 적용하여 언약의 목표인 하나님 나라를 이루시는지 여러 왕들을 통하여 보여 주셨다. 솔로몬 시대에는 하나님이 언약의 말씀에 순종할 때 약속하신 복을 누리며 조상들에게 땅과 자손을 약속하신 내용을 성취하신다는 것을 보여 주셨다(왕상 4:20–21; 참조. 창 15:18–21; 22:17; 32:12). 동시에 하나님은 왕들과 백성들이 언약의 말씀을 지키지 못하므로 신명기 28:15–68에 기록된 저주를 성취하신다는 것도 보여 주셨다(왕상 17:1; 왕하 6:29; 참조. 신 28:23, 55, 57 등). 이러한 이유에서 저자는 열왕기서의 중심부에 선지자 엘리야와 엘리사의 사역을 비중 있게 다룬다. 그것은 저자가 언약 백성들로 하여금 여호와의 신앙을 회복하게 하여 하나님이 본래 작정하신 구속사에서 축복의 통로로 살아야 한다는 것을 강조하기 위함이다.

특히 열왕기서는 성전을 건축하고 봉헌하는 과정을 자세히 설명한다(왕상 5:1–9:9). 이것은 하나님이 성전을 구속사에서 자신의 백성들과 교제하며 언약을 성취하는 방법으로 주셨다는 사실을 보여 주기 위함이다(왕상 6:11–13).

또한 저자는 이 역사에서 다윗 언약에 기록된 언약의 특성 가운데 무조건적인 성격의 언약(삼하 7:15–16)과 언약에 약속된 복을 누리기 위해서는 언약의 말씀을 이행해야 하고, 이행하지 못할 때는 사람의 막대기와 인생의 채찍으로 징계하시겠다는 조건적인 성격의 언약(삼하 7:14)에 따라 역사를 해석한다. 이 역사 해석에 따라 구속사에서 하나님의 택한 백성인 이스라엘 백성들이 왜 바벨론 포로로 끌려갈 수밖에 없었는지를 설명한다. 이 구속사에서 언약 백성들은 하나님과 교제하며 복을 누리고 제사장 나라로서 사명을 다하려면 언약의 말씀을 믿고 순종해야 한다는 것을 보여 준다. 이를 위해 하나님은 많은 북 왕국 이스라엘이 멸망할 때부터 남 왕국 유다가 멸망할 때까지 많은 선지자를 보내셨다. 이것은 언약 백성들이 말씀을 듣고 제사장 나라로서 복을 누리며, 또한 구속사에서 제사장 나라로서 사명을 다하게 하려는 하나님의 마음을 보여 준다.

그러나 하나님은 아브라함과 다윗과 맺은 언약을 결코 폐기하지 않으신다. 왜냐하면 이 언약은 하나님이 다윗에게 말씀하신 대로 무조건적이며 영원한 언약이기 때문이다. 그래서 저자는 이 책 마지막에 여호야긴이 감옥에서 나온 사건을 기록하므로 독자들로 하여금 다윗의 등불을 끄지 않으시고 그의 자손으로 오실 그리스도 안에서 하나님 나라를 이루신다는 소망을 가지게 한다(왕상 11:36; 15:4; 왕하 8:19; 25:27–30).

역대기서

Chronicles

S U M M A R Y

역대기서

역대기는 히브리 성경의 마지막 책이며 성문서의 마지막에 위치해 있다. 지금처럼 역대상 · 하로 분리되어 열왕기상 · 하 다음에 위치하게 된 것은 70인역을 따른 것이다. 역대기는 거의 절반에 가까운 본문이 사무엘서와 열왕기서에 나오는 사건과 내용을 다룬다. 사건과 내용이 동일하다면 왜 다시 기록하고 있는가? 동일한 사건과 내용을 다르게 묘사하는 무엇인가? 그래서 역대기는 쉬운 것처럼 보이지만 실제로는 쉽지 않은 책이다.

이 책의 히브리 명칭은 '그날들의 사건들'(디브레이 하요밈, דִּבְרֵי הַיָּמִים)로 열왕기서에 '역대지략'으로 번역되어 있다. 이 단어는 거의 유다 왕이나 이스라엘 왕 등과 같은 수식어가 따른다(왕상 14:19, 29; 15:7, 23, 31; 16:5, 14, 20, 27; 22:45; 대상 27:24 등). 이러한 제목은 그 왕들의 통치하는 시대와 관련된 역사를 다룬다는 것을 암시한다. 이 책의 70인역 명칭은 '생략된 것' 또는 '빠진 것' 등을 의미하는 '파라레이포메노운'(Παραλειπομενων)이다. 이 명칭은 사무엘서와 열왕기서에서 생략된 자료들을 많이 보충해 넣었다는 것을 의미하는 것으로 오해할 수 있다. 이러한 명칭은 이 책의 가치와 기원을 경시하게 만들고, 교회에서 상대적으로 무시하게 만들었다(Howard 1993, 232). 그러나 이 명칭이 완전히 틀린 것은 아니다. 왜냐하면 역대기서는 실제로 사무엘서와 열왕기서에서 빠트리거나 생략된 것을 보충하고 어떤 부분은 좀 더 자세하게 다루기 때문이다.[92]

92 책의 성격을 비교하는 일에 반드시 적절하다고 할 수는 없지만 우리나라 삼국시대의 역사와 문화를 기록한 『三國史記』와 『三國遺事』를 비교해 보는 것은 도움이 된다. 『삼국유사』는 '유사'(遺事)라는 이름에서 볼 수 있듯이 『삼국사기』에서 빠뜨린 것을 기워 보완한다는 성격을 가지고 있다(한국 브리태니커사 편, "삼국유사", 『브리태니커 백과사전』 15판).

오늘날 이 책을 역대기라고 번역한 것은 영어 성경의 영향이다. 영어 성경의 명칭인 Chronicles는 제롬(Jerome, 주후 347–420)이 번역한 라틴어 성경의 사무엘서와 열왕기서의 번역 서론에 '전체 거룩한 역사의 연대기'(*Chronicon totius historioe divinoe*)를 포함한다는 진술에서 왔다(Dillard & Longman 1994, 169). 이 진술은 역대기는 사무엘서와 열왕기서와 더불어 거룩한 역사, 곧 구원 역사를 기록하고 있다는 점을 보여 준다.

역대기는 사무엘서와 열왕기서와 같은 시대의 구속사를 보여 준다. 그러나 같은 시대의 구속사라 할지라도 다른 관점에서 역사를 기록하여 이스라엘이 어떤 위치에 있고, 어떤 미래가 있는지 보게 한다. 특히 히브리 성경에서 역대기는 성문서의 맨 마지막에 위치해 있다. 이것은 선지자적인 관점에서 기록한 히브리 성경의 사무엘서와 열왕기서와 다른 관점에서 보았다는 것을 의미한다.

I. 저자와 기록 배경

역대기는 저자가 누구인지 알 수 없다.[93] 탈무드(*Baba Bathra* 15a)는 서기관 에스라가 이 책을 기록하고 느헤미야가 완성했다고 했다. 이 견해는 유대인이나 그리스도인이나 중세 시대까지 이어져왔다. 일부 학자들은 어휘와 문체가 같거나 비슷하기 때문에 에스라가 썼을 것이라고 보기도 한다(Driver 1929, 534–540). 그런데 이러한 견해는 현대에 와서 야펫(Japhet 1968, 330–371)과 윌리암슨(Williamson 1982, 5–11) 등에 의해 도전을 받았다. 특히 야펫은 역대기와 에스라–느헤미야가 저자가 같다고 생각하는 네 가지 현상을 주목했다. (1) 역대기의 끝(대하 36:22–23)과 에스라의 시작(스 1:1–3)이 같다. (2) 외경 에스드라 1서가 역대하 35–36장과 에스라의 상당 부분을 인용하며 시작한다. (3) 동일한 어휘, 문체, 구문 등 유사한 특징을 사용한다. (4) 여러 자료들에 표현된 신학적 개념이 유사하다. 그러나 포로 이후에 신학적 주제나 어휘, 문체 등이 유사하게 사용될 수 있기 때문에 저자를 결정하는 결정적인 사유는 될 수 없다고 보았다. 무엇보다도 그녀는 신학적 주제에서 중요한 차이점이 있다고 보았다. 예를 들어, 에스라–

93 역대기 저자는 일반적으로 '저자'라는 표현을 사용하지 않고, '역대기 편찬자' 또는 '역대기 사가'(chronicler)라는 표현을 사용한다.

느헤미야에서 중요하게 취급하던 안식일 문제가 역대기에는 언급이 없다. 그리고 역대기는 다윗의 왕위 계승 문제가 중요한 주제이지만 에스라-느헤미야에서는 언급이 없다. 그래서 그녀는 역대기를 에스라가 아닌 다른 누군가가 자신의 신학적 주제에 따라 기술했다고 보았다.

이 책은 아담으로부터 시작하여 고레스가 칙령을 반포하는 해(주전 539년)까지의 긴 역사를 담고 있다. 이 긴 역사를 저작한 시기에 대하여서는 논란이 있다. 역대기가 언제 쓰여졌는지, 그 저작 시기를 잡을 수 있는 중요한 실마리를 몇 개의 본문에서 발견할 수 있다. 첫째, 역대하 36:22-23의 고레스 칙령이다. 이 칙령은 바벨론 포로에서 돌아오게 되는 해인 주전 539년 이후에 기록되었다는 것을 시사해 준다. 둘째, 스룹바벨 이후의 두 세대까지의 기록이다(대상 3:17-21). 이 계보는 스룹바벨의 1대 자손인 므술람과 하나냐, 2대 자손인 블라댜와 여사야까지 기록되어 있다.[94] 스룹바벨이 바벨론 포로에서 돌아와 성전을 재건한 해가 주전 516년이라면 그 뒤의 두 세대는 주전 약 450년이 될 것이다. 셋째, 역대상 29:7에서 성전 건축을 위하여 백성들이 바친 헌물 가운데 일부의 단위를 '다릭'(아다르코님, אֲדַרְכֹנִים)으로 기록하고 있다. '다릭'은 다리우스 1세(주전 522-486)의 이름을 따서 만든 동전으로 주전 515년 이전에는 주조되지 않았다. 이 동전이 유다에서 통화의 기준으로 널리 받아들여지기 위해서는 상당한 기간이 필요했을 것이다. 그래서 이 본문을 근거로 주전 450년 전후로 추정한다.

그러나 이러한 실마리가 결정적인 증거를 주지 않기 때문에 관점에 따라 다르게 이해될 수도 있다. 학자들의 견해는 포로 초기부터 주전 200년까지 다양하다(Harrison 1999, 1153-1157). 로디 브라운(2006, 36-37)은 역대기가 주전 515년에 처음 기록되었으며 계속하여 내용이 보완되다가 주전 350-300년에 와서 최종 형식에 이르게 되었다고 보았다. 야펫(Japhet 1993, 27-28)은 페르시아 말기나 헬라 시대 초기인 주전 4세기 말로 보았다. 그러나 스룹바벨 후손의 2대가 기록되어 있는데, 한 세대를 30년으로 본다고 가정할지라도 주전 400년을 넘었다고 보기 어렵다. 이 책에 성전 봉사자의 명단이 열거된다든지, 성전에 대한 자세한 규례가 나오는 것으로 보아 성전이 완공된 해인 주전 516년(스 6:15)은 훨씬 더 지난 것처

94 역대상 3:21은 본문 자체가 어려움이 있으나 역대상 3:21b에 '르바야의 아들'은 스룹바벨의 계보와 연관이 없다(Thompson 1994, 70).

럼 보인다. 이러한 저작 시기는 이 책의 의미를 결정하는 중요한 요소가 된다.

II. 문학적 구조

역대기는 인간 존재의 시작인 아담부터 시드기야 통치 때 이스라엘이 멸망한 일과 고레스 칙령까지의 역사를 기술하고 있다. 이것은 역사를 기술할 때 연대기적으로 기술했다는 것이다. 특별히 저자는 역대상 10:1부터 이스라엘 왕들의 연대기, 특히 남 유다 왕들의 연대기에 따라 시대순으로 기록했다. 그리고 역사를 기록할 때 왕들의 연대기에 따라 균형 있게 다루기보다는 다윗과 솔로몬 시대를 제일 많이 다루고 있다. 다윗과 솔로몬 시대를 다루면서도 성전 건축과 관련된 내용을 집중적으로 다루고 있다. 이것은 저자가 어떤 목적을 가지고 역사를 취사선택하여 기록했다는 것을 보여 준다. 야펫(Japhet 1993, 8)은 이 책이 포괄적으로 다음과 같이 세 부분으로 구성되어 있다고 보았다. 그녀는 이렇게 구분한 근거로 내용과 문학적 형태, 그리고 주요한 역사적이며 신학적인 강조점에 따른 것이라고 했다.

- 서론(대상 1:1–9:44)
- 다윗과 솔로몬 시대의 역사(대상 10:1–대하 9:31)
- 북쪽 지파의 분리부터 유다 왕국의 역사(대하 10:1–36:23)

이 구조에 따라 역대기를 보면 다윗과 솔로몬의 통치에 집중되어 있다는 것을 알 수 있다. 이스라엘의 긴 역사 가운데 왜 다윗과 솔로몬의 통치 기간에 있었던 사건을 집중적으로 기록하고 있을까?

또 다른 시각인 연대기적인 측면에서 역대기를 본다면 구조를 다음과 같이 구분할 수 있다.

- 아담부터 유다에 정착한 귀환자들까지의 계보(대상 1:1–9:44)
- 다윗의 통치(대상 10:1–21:27)
- 솔로몬의 통치(대하 1:1–9:31)

• 르호보암부터 포로 귀환까지의 역사(대하 10:1-36:23)

그런데 다윗과 솔로몬의 통치를 기록하고 있는 역대상 10:1부터 역대하 9:31을 보면 성전 재건과 관련된 내용이 역대상 21:28부터 역대하 8:16까지 차지한다. 이러한 구조는 저자가 특별히 성전에 초점을 맞추고 있다는 것을 알게 한다. 이것은 바벨론 포로에서 돌아온 자들이 성전을 재건한 일이 이스라엘 역사에서 어떤 의미가 있는지 보여 주려는 것이다. 그리고 역대기를 기록할 때 창조부터 시작하여 포로 귀환까지의 계보와 역사를 기록한 것은 이스라엘과 성전이 여호와의 계획의 중심에 있다는 것을 보여 준다.

III. 주제와 기록 목적

역대기의 문학적 구조를 볼 때 이스라엘의 역사를 창조까지 거슬러 올라가는 것은 구속사에서 이스라엘 민족의 특별한 위치를 강조한다는 것을 보여 준다. 그리고 성막을 특별히 강조하고 있는 것은 하나님이 이스라엘 가운데 임재하시며 그들과 교제하신다는 것을 보여 주려는 것이다. 역대기의 주제는 이스라엘은 여호와께서 창조 때부터 계획하신 것을 이루시기 위하여 선택받은 민족이라는 것이다. 특히 역대기의 서론인 계보(대상 1:1-9:44)는 이스라엘의 조상을 아담에 이르기까지 추적한다. 이것은 하나님이 천지를 창조하실 때부터 이스라엘은 하나님의 목적의 중심에 놓여 있다는 사실을 상기시켜 주는 역할을 한다(켈리 2014, 821). 역대기는 하나님의 목적의 중심에 있는 이스라엘의 역사를 기록하고 있다. 그래서 역대기는 이스라엘이 어떤 민족이며, 하나님이 그들에게 어떤 은혜를 베풀어 주셨고 얼마나 사랑하셨는지를 긴 역사를 통하여 다양한 방법으로 논증한다.

그러면 왜 저자는 이스라엘의 역사를 기록하면서 이 부분을 강조하고 있을까? 딜러드(Dillard 2002, 577-579)는 핵심적인 이슈는 과거와 어떻게 연결되는지 밝히는 문제라고 했다. 그리고 그는 당시 포로 이후의 이스라엘 백성들이 가졌을 수 있는 몇 가지 질문을 했다. 하나님은 여전히 우리에게 관심이 있는가, 하나님의 언약은 여전히 유효한가, 우리는 다윗과 같은 왕도 없고 페르시아에게 종속되어 있는데 하나님이 다윗에게 하신 약속은 여전히 우리에게 의미가 있는가, 나라와 예루살렘과 성전이 멸망을 당하는 심판 이후에 옛 이스라엘과 우리는 어떤 연관성이 있는가 등이다. 딜러드(Dillard 2002, 577–579)는 역대기를 기록한 목적은 이 질문에 대하여 답을 주어 구속사에서 포로에서 돌아온 이스라엘의 위치를 알게 하여 미래에 대한 소망을 가지게 하려는 것으로 보았다. 역대기의 기록 목적은 이스라엘은 창조 때부터 택함을 받은 하나님의 백성으로 하나님은 이들과 교제하며 제사장 나라로 세워 하나님이 작정하신 구속사를 이루신다는 것을 보여 주려는 것이다.

실제로 역대기는 이스라엘은 여전히 하나님의 택한 백성이며, 이들을 통하여 하나님이 작정하신 구속사를 이루신다는 것을 보여 주기 위하여 자료를 선택하고 세심하게 배열했다. 이 점은 다음과 같은 역대기의 기록 특징들이 잘 보여 준다.

첫째, 역대기를 일반적으로 신명기 역사라 부르는 사무엘서와 열왕기서와 비교해 보면 신명기 역사에 기록되지 아니한 많은 자료들을 발견할 수 있다. 열왕기서는 '솔로몬의 실록'(왕상 11:41)이 한 번, '이스라엘 왕 역대지략'이 18번,[95] '유다 왕 역대지략'이 15번[96] 언급되고 있다. 그런데 역대기에는 32개의 자료들이 나온다. 우리는 그 자료들을 크게 공식적인 연대기, 계보에 대한 기록 및 선지적 기록 등으로 구분할 수 있다(Howard 1993, 238).[97] 저자는 이러한 자료들을 사용하

95 왕상 14:19; 15:31; 16:5, 14, 20, 27; 22:39; 왕하 1:18; 10:34; 13:8, 12; 14:15, 28; 15:11, 15, 21, 26, 31.

96 왕상 14:29; 15:7, 23; 22:45; 왕하 8:23; 12:19; 14:18; 15:6, 36; 16:19; 20:20; 21:17, 25; 23:28; 24:5.

97 예를 들면, 공식적인 연대기는 '다윗 왕의 역대지략'(대상 27:24), '이스라엘과 유다 열왕기'(대하 27:7; 35:27; 36:8), '유다와 이스라엘 열왕기'(대하 16:11; 25:26; 28:26; 32:32), '이스라엘 열왕기(왕조실록)'(대상 9:1; 대하 20:34), '이스라엘 왕들의 행장'(대하 33:18), '열왕기 주석'(대하 24:27), '이스라엘 왕 다윗의 글과 다윗의 아들 솔로몬의 글'(대하 35:4) 등이 있다. 그리고 선지적인 글은 '선견자 사무엘의 글'(대상 29:29), '선지자 나단의 글'(대상 29:29; 대하 9:29), '실로 사람 아히야의 예언'(대하 9:29), '선견자 잇도의 묵시 책'(대하 9:29), '선지자 스마야의 족보책'(대하 12:15), '선지자 잇도의 족보책'(대하 12:15), '선지자 잇도의 주석책'(대하 13:22), '이스라엘 열왕기에 오른 하나니의 아들 예후의 글'(대하 20:34), '아모스의 아들 선지자 이사야가 기록한 웃시야의 시종 행적'(대하 26:22), '유다와 이스라엘 열왕기에 기록된 아모스의 아들 선지자 이사야의 묵시책'(대하 32:32), '호새의 사기'(대하 33:19) 등이 있다. 이 외에도 저자는 선지자들의 설교를 포함시키고 있다. 예를 들면, '오뎃의 아들 아사랴가 아사에게 행한 설교'(대하 15:1–7), '선견자 하나니가 아사에게 행한 설교'(대하 16:7–9), '엘리야가 여호람에게 보낸 글'(대하 21:12–15), '익명의 선지자가 아마샤에게 한 연설'(대하

여 광범위한 성경의 자료와 여러 자료들을 자신의 관점에 따라 결합하여 편찬했다(Selman 1994, 27). 그 관점은 하나님이 이스라엘을 선택하시고 그들과 교제하시며, 하나님의 목적을 이루셨다는 것이다.

둘째, 역대기에는 성전과 제사에 대한 기록이 많다. 예를 들면, 성전을 건축하려는 계획과 준비(대상 17, 22-29장)와 성전 건축(대하 2-7장) 그리고 성전에 관계된 여러 개혁조치들(대하 29-31장) 등에 대하여 자세하게 기록되어 있다. 저자는 여호와께서 다윗에게 보여 준 모형을 따라 성전을 자세하게 기록했다(대상 28:11-21). 성막의 식양(式樣)은 하나님이 산에서 모세에게 보여 주신 것이다(출 25:9, 40; 민 8:4). 저자는 성막의 식양을 역대상 28장에서 네 번이나 언급했다(대상 28:11, 12, 18, 19). 특히 역대상 28:19에서 "다윗이 이르되 여호와의 손이 내게 임하여 이 모든 일의 설계를 그려 나에게 알려 주셨느니라"라고 했다. 성전은 하나님이 자기의 이름을 두시겠다고 약속한 곳이다(대하 6:10-11, 20; 신 12:11). 그리고 예루살렘은 하나님이 자기의 이름을 두시려고 이스라엘 모든 지파 중에서 택하신 곳이다(대하 12:13). 언약궤는 하나님의 보좌요(대상 13:6; 참조. 삼상 4:4; 삼하 6:2) 하나님이 자기 백성들을 만나시고 말씀하시는(출 25:22) 실질적인 장소이다. 이러한 성전의 중요성으로 말미암아 성전을 건축하고 유지하는 일은 관심의 대상이 되었다(Howard 1993, 261). 이것이 사무엘서와 열왕기서의 관점과 다른 특이성이다. 역대기 신학의 구심점은 성전과 제사장이고, 열왕기 신학의 구심점은 선지자이다. 그리고 역대기는 제사장직에 관심을 기울이고 있고, 열왕기는 구속사 속에서 선지자의 위치에 관심을 기울이고 있다.

특히 역대기에 다윗에 관한 이야기를 기록한 역대상 11-29장을 조사해 보면 저자는 역대상 13장과 15-16장은 언약궤를 예루살렘에 옮겨 오는 일을, 역대상 21-29장은 성전 건축을 위하여 준비하는 일을 기록하고 있다. 이뿐만 아니라 성전에서 봉사하며 성전 기능을 수행할 인물들을 자세하게 열거하고 있다.

예를 들면, 여호와의 언약궤를 아비나답의 집에서 옮겨 오는 과정이 기록된 역대상 13:14과 15:1-16:3의 내용을 사무엘하 6:12-19과 비교해 보면 저자는 레위인들과 그들의 역할을 부각시키고 있다. 언약궤를 운반하는 레위인들의 이

25:7-9) 등이 있다.

름(대상 15:4-15), 노래하는 레위인들의 이름(대상 15:16-22), 문을 지키는 레위인들의 이름(대상 15:23) 등을 기록하고 있다.

역대상 13:14; 15:1-16:3	사무엘하 6:12-19
13:14 하나님의 궤가 오벧에돔의 집에서 그의 가족과 함께 석 달을 있으니라 여호와께서 오벧에돔의 집과 그의 모든 소유에 복을 내리셨더라 … 15:2 다윗이 이르되 레위 사람 외에는 하나님의 궤를 멜 수 없나니 이는 여호와께서 그들을 택하사 여호와의 궤를 메고 영원히 그를 섬기게 하셨음이라 하고 … 24 제사장 스바냐와 요사밧과 느다넬과 아미새와 스가랴와 브나야와 엘리에셀은 하나님의 궤 앞에서 나팔을 부는 자요 오벧에돔과 여히야는 궤 앞에서 문을 지키는 자이더라 25 이에 다윗과 이스라엘 장로들과 천부장들이 가서 여호와의 언약궤를 즐거이 메고 오벧에돔의 집에서 올라왔는데 …	12 어떤 사람이 다윗 왕에게 아뢰어 이르되 여호와께서 하나님의 궤로 말미암아 오벧에돔의 집과 그 모든 소유에 복을 주셨다 한지라 다윗이 가서 하나님의 궤를 기쁨으로 메고 오벧에돔의 집에서 다윗 성으로 올라갈새

이뿐만 아니라 역대기는 레위인들의 역할을 상세하게 설명한다. 역대상 23-26장까지 제사장, 노래하는 자, 문지기의 반차와 역할을 기록하고 있다. 특히 레위인들은 제사장들의 지도 하에 직무를 수행하지만 성전에서 봉사하는 일에 매우 중요한 역할을 하고 있는 인물들이다(대상 23:27-32).

그러면 저자는 왜 성전 제사와 레위인들의 역할에 대하여 관심을 기울이고, 강조하고 있을까? 그것은 성전 제사를 이스라엘의 과거와 연결짓고, 또한 미래와 연결짓기 위함이다. 신약성경은 다윗의 후손으로 오신 그리스도를 구약의 성전이 의미하는 바가 성취된 것으로 설명한다(요 2:19-22; 계 21:22). 이뿐만 아니라 하나님과 자신의 백성들이 어떻게 만나고 교제할 수 있는지를 성전 제사를 통하여 설명한다. 그것은 성경에서 성전을 과거에 아브라함과 다윗과 맺은 언약을 이어가는 중요한 방편으로 묘사하기 때문이다.

셋째, 저자는 '온 이스라엘'을 위한 역사를 쓰고 있다.[98] 그러나 저자는 남 왕국 유다를 중심으로 역사를 기록하고 있는 것처럼 보인다. 어떤 사람은 북 왕국은 왕위의 정당성을 가지지 못하였거나, 바벨론 포로에서 돌아온 사람들이 북 왕국 사람들을 회복에 참여할 사람으로 간주하지 않았기 때문이라고 설명한다. 그러나 이러한 이해는 북 왕국을 언약과 관계 없는 나라로 오해할 수 있다. 북 왕국이 언약과 관계 없다면 하나님이 왜 엘리야, 엘리사, 요나 그리고 아모스 등의 선지자를 보내어서 회개를 촉구하셨겠는가? 그리고 르호보암 시대에 북 왕국에 있었던 레위인들이 예루살렘으로 왔다(대하 11:14). 아사 왕이 가증한 물건을 제거하고 종교를 개혁할 때 에브라임과 므낫세와 시므온에서 나와 유다와 베냐민 가운데 머물러 사는 자들이 아사에게 돌아왔다(대하 15:9). 히스기야 시대에는 에브라임, 므낫세, 잇사갈, 스불론의 많은 무리가 유월절에 참여했다(대하 30:1–2, 10–11, 18–20). 이러한 증거를 볼 때 저자는 회복된 공동체를 사마리아가 멸망한 후부터 온 이스라엘의 남은 자로 보고 있다(Dillard 2002, 579). 사실 우리는 저자가 '온 이스라엘'을 대상으로 역사를 기술하면서도 남 왕국을 중심으로 기술하고 있는지 설명하지 않기 때문에 알 수 없다. 그런데 다윗의 자손을 통하여 메시아를 보내실 것이라는 약속을 강조한다(대상 17:11–14; 대하 13:5, 8; 21:7; 23:3). 이것은 여호와께서 다윗에게 약속한 언약을 다시 확신시키고, 어떤 사람들이 그 언약에 참여할 수 있는지를 보여 주기 위한 것이다. 그래서 저자가 말하는 온 이스라엘은 언약을 믿는 남은 자라고 할 수 있다.

넷째, 저자는 역대상 1:1–9:44에서 길게 계보를 기록하고 있다. 특히 이 계보를 창조 시대의 아담까지 연결하여 이스라엘이 하나님의 목적의 중심에 위치해 있다는 것을 보여 준다. 그래서 회복된 이스라엘은 결코 페르시아에 종속된 것이 아니라 역사의 중심에 있다는 것을 보여 준다.

다섯째, 저자는 즉각적인 보응의 신학을 강조한다. 특별히 분열 왕국 시대에 많이 적용하고 있다(대상 28:8–9; 대하 12:5; 15:2; 20:20). 이 특징을 가장 잘 볼 수 있는 구절이 성전 봉헌시의 솔로몬의 기도와 그 기도에 대한 하나님의 응답이다(대하 6:1–7:22). 이 말씀은 이후의 역사에 대한 하나님의 헌장(憲章)이라고 할 수

98 예를 들면, 대상 9:1; 11:1–4; 12:38–40; 16:1–3; 18:14; 21:1–5; 대하 1:1–3; 7:8–10 등이다.

있다. 솔로몬의 기도에 대한 하나님의 응답은 열왕기상 9:1–9과 평행을 이루고 있지만, 저자는 여기에 역대하 7:13–15의 말씀을 덧붙였다. 이 구절에 사용된 어휘들은 저자가 자신의 즉각적인 보응의 신학의 타당성을 증명하고자 할 때 반복하고 있다(Dillard & Longman 1984, 176). 이 점은 다윗 언약의 조건성과 무조건성, 그리고 사무엘서부터 언급된 하나님의 약속과 통치 방식의 긴장에 대한 중요한 신학적 이유를 설명하는 것이다.

> 혹 내가 하늘을 닫고 비를 내리지 아니하거나 혹 메뚜기들에게 토산을 먹게 하거나 혹 전염병이 내 백성 가운데에 유행하게 할 때에, 내 이름으로 일컫는 내 백성이 그들의 악한 길에서 떠나 스스로 낮추고 기도하여 내 얼굴을 찾으면 내가 하늘에서 듣고 그들의 죄를 사하고 그들의 땅을 고칠지라. 이제 이곳에서 하는 기도에 내가 눈을 들고 귀를 기울이리니(대하 7:13–15).

역대기에서 '하나님을 찾는다'라는 주제는 행복과 불행의 시금석이 된다.[99] 이와 마찬가지로 '낮춘다'라는 주제는 하나님의 반응을 결정짓는다.[100] 그리고 기도(대상 4:10; 5:20; 21:26; 대하 13:12–15)와 돌이킴(대하 15:4; 30:6, 9; 36:13) 등도 역사의 중요한 전환점에서 등장한다(Dillard & Longman 1994, 176–177). 그러면 왜 역대기에는 즉각적인 보응의 신학이 강조되고 있는가? 그것은 저자가 유다 왕조를 긍정적으로 묘사하였는데도 왜 바벨론 포로 생활을 할 수밖에 없었는지 그 이유를 설명하기 위함이다. 저자는 유다의 왕들의 부정적인 면보다 긍정적인 면을 강조한다. 저자가 이스라엘이 회복되어야 할 당위성을 보여 주기 위하여 역사를 썼다면 바벨론 포로 생활은 논리적으로 모순이 있는 것처럼 보인다. 역대기에 표현된 즉각적인 보응의 신학은 바로 이 점에 대한 중요한 신학적 근거를 제공해 준다. 하나님이 긍휼을 베푸시는 분이지만 각 세대를 그 행위에 걸맞게 다루신다는 것을 보여 주시기 위하여 이 신학을 강조했다. 이러한 관점에서 저자는 포로 생활에서 돌아온 귀환 공동체로 하여금 그의 죄에 대하여 심판이 연

99 대상 10:13–14; 22:19; 28:9; 대하 11:16; 12:14; 14:4, 7; 15:2, 4, 12, 13, 15; 16:12; 17:4; 18:4; 19:3; 20:4; 22:9; 25:20; 26:5; 30:19; 31:21; 33:12; 34:3.

100 대하 12:6, 7, 12; 28:19; 30:11; 33:12, 19, 23; 34:27; 36:12.

기될 것이라는 자기만족에 빠지지 않도록 경고하고 있다(Dillard 1984, 170-171).

특히 저자는 즉각적인 보응의 원리를 통하여 하나님의 심판과 축복에 대한 인간의 책임 사이의 관련성을 지적한다. 언약 백성은 하나님을 찾아야 하고(대하 15:2) 하나님의 율법에 따라 행해야 하며(대하 6:16), 선지자들을 통하여 주신 말씀을 믿어야 한다(대하 20:20). 저자는 이러한 사람이 구속사에서 하나님과 교제하며 하나님 나라를 이룰 수 있다는 것을 보여 준다.

그러므로 이 책은 이스라엘은 포로 이후에도 여전히 하나님의 사랑을 받는 언약 백성이기 때문에 하나님이 그들을 통하여 하나님 나라를 이루어 가신다는 것을 보여 준다. 동시에 구속사에서 이 책임을 다하기 위해서는 항상 하나님을 찾고 하나님의 계명을 지켜야 한다는 것을 보여 준다. 이 점을 즉각적인 보응의 신학을 통하여 보여 주었다.

Ⅳ. 내용

내용 구조

1. 아담부터 유다에 정착한 귀환자들까지의 계보(대상 1:1-9:44)
2. 다윗의 통치(대상 10:1-21:27)
3. 솔로몬의 통치(대하 1:1-9:31)
4. 르호보암부터 포로 귀환까지의 역사(대하 10:1-36:23)

1. 아담부터 유다에 정착한 귀환자들까지의 계보 (대상 1:1-9:44)

문학 장르 면에서 역대상 1:1부터 9:44까지는 산문으로 계보를 나열한 것이지만, 역대상 10:1부터 역대하 36:23까지는 이야기로 되어 있다. 이러한 구분은 마치 다른 문서처럼 보이지만 이 계보가 특별한 의미가 있음을 보여 준다. 저자는 긴 문단에 수록된 계보를 통하여 당시의 독자들인 이스라엘 백성들에게 무엇을 전하고 싶었을까? 이 계보의 마지막 부분인 역대상 9:1b–34에 보면 포로에서 귀환하여 정착한 자들의 목록을 기록하고 있다. 저자가 이 계보를 포로 귀환자들과 연결시키고 있는 것은 그들의 위치를 창조까지 연결하여 미래로 나아가기 위한 것이다. 그것은 비록 페르시아 제국 안에서 유다라고 불리는 작은 변방에 살고 있지만 그들이 여전히 하나님의 백성이며, 또한 인류를 향한 하나님의 목적에서 중심적인 위치를 차지한다는 것이다(켈리 2014, 827). 그리고 이 계보는 단순히 이름들의 나열이 아니라 서로 관계를 맺고 있다. 이 관계들은 우리에게 하나님이 그분의 백성의 이야기를 통해 역사하고 계신다는 것을 말해 준다(월콕 2015, 529).

내용 분해

(1) 아담부터 이스라엘까지의 계보(대상 1:1–2:2)
(2) 유다 지파의 계보(대상 2:3–4:23)
(3) 시므온 지파의 계보(대상 4:24–43)
(4) 요단 동편 지파의 계보(대상 5:1–26)
(5) 레위 지파의 계보(대상 6:1–81)
(6) 잇사갈, 베냐민, 납달리, 므낫세, 에브라임, 아셀 지파의 계보(대상 7:1–40)
(7) 베냐민 지파의 계보(대상 8:1–40)
(8) 계보의 결어(대상 9:1a)
(9) 예루살렘 거주민의 명단(대상 9:1b–34)
(10) 사울의 계보(대상 9:35–44)

내용 해설

(1) 아담부터 이스라엘까지의 계보(대상 1:1–2:2)

저자는 아담부터 이스라엘까지의 계보를 일정한 논리 흐름을 가지고 기록했다. 그 구조를 도식화하면 다음과 같다.

A 아담부터 노아와 그의 아들들(대상 1:1–4)
　B 노아의 아들들(대상 1:5–23)
　　• 야벳(대상 1:5–7)
　　• 함(대상 1:8–16)
　　• 셈(대상 1:17–23)
A′ 셈부터 아브라함과 그의 아들들(대상 1:24–28)
　B′ 아브라함의 아들들(대상 1:29–34a)
　　• 이스마엘(대상 1:29–31)
　　• 그두라(대상 1:32–33)
　　• 이삭(대상 1:34a)
A″ 이삭부터 이스라엘(대상 1:34b)
　B″ 이삭의 아들들(대상 1:35–2:2)
　　• 에서(대상 1:35–54)
　　• 야곱(대상 2:1–2)

이 구조를 보면 저자는 이스라엘의 역사를 창조 시의 아담부터 이스라엘의 열두 아들까지 세 단계로 기록하고 있다. 그리고 각 단계들마다 중요한 사람을 출생 순서가 아니라 맨 마지막에 기록하고 있다. 맨 마지막 야곱(이스라엘)에게서 이스라엘의 기원이 되는 열두 아들을 기록하고 있다. 이스라엘의 조상이 아담까지 거슬러 올라간다는 것은 이스라엘은 하나님이 천지를 창조하실 때부터 하나님의 구속사에서 중심적인 위치를 차지한다는 것을 의미한다. 특히 저자는 역대기에서 다른 저자의 글을 인용하는 곳에서만(대상 16:13, 17; 참조. 시 105:6, 10)

'야곱'이라는 이름을 사용하고 항상 개명된 이름인 '이스라엘'을 사용한다. 그 이유는 이스라엘의 영속성, 곧 저자 자신의 시대까지 존속하고 있는 이스라엘과 그 이스라엘을 보존하신 하나님의 은혜가 가장 큰 주제이기 때문이다(월콕 2015, 529). 하나님이 창조 시부터 이스라엘을 선택하시고, 이들을 통하여 세상을 구원하실 계획을 가지고 있었다는 것이다.

(2) 유다 지파의 계보(대상 2:3-4:23)

저자는 아담부터 이스라엘까지의 역사를 언급한 후 이스라엘의 아들들의 역사를 시작한다. 그리고 저자는 이스라엘의 아들들 가운데 유다의 계보부터 시작한다. 이 계보는 이스라엘 자손 중 맨 처음에 위치할 뿐만 아니라 많은 지면을 차지한다. 그것은 후에 다윗이 고백한 바와 같이 하나님이 유다 지파를 택하여 머리로 삼으시고 다윗을 세워 영원히 이스라엘 왕이 되게 하셨기 때문이다(참조. 대상 28:4). 그리고 유다의 계보 가운데 다윗의 계보를 가장 많이 기록하고 있다(대상 2:9-19; 3:1-24).

① 유다 지파의 계보(대상 2:3-8)

유다는 다섯 명의 아들이 있었다. 그는 가나안 사람 수아의 딸에게서 에르와 오난과 셀라를 낳았고, 그의 며느리 다말에게서 베레스와 세라를 낳았다(대상 2:3-4; 참조. 창 38:2-5, 29-30; 룻 4:12; 마 1:3). 베레스는 헤스론과 하물을 낳았고, 세라는 시므리와 에단과 헤만과 갈골과 다라를 낳았다(대상 2:5-6).[101] 그리고 저자는 유다 가문에 "갈미의 아들은 아갈이니 그는 진멸시킬 물건을 범하여 이스라엘을 괴롭힌 자이며"(대상 2:7)라고 소개한다.

저자가 유다 지파의 계보를 기록한 것은 두 가지 목적이 있는 것처럼 보인다. 하나는, 하나님이 이스라엘을 선택하여 지금까지 인도하신 것은 하나님의 은혜 때문이라는 것을 알게 하려는 것이다. 왜냐하면 메시아의 오시는 통로가 된 유다 지파의 계보를 소개하면서 유다가 가나안 여인과 결혼했을 뿐만 아니라 며

101 에단, 헤만, 갈골은 솔로몬 시대에는 지혜자로 나오고(왕상 4:31), 다윗 시대에는 노래하는 자로 나타난다(대상 15:19, 시 88; 89의 표제). 이들이 다 동일 인물인지는 불확실하다.

느리 다말과 부적절한 관계에서 자식들을 낳았다는 점을 상기시키기 때문이다. 또 하나는, 이 목록을 보면서 이스라엘이 괴롭힘을 당한 것은 아간과 같이 약속을 믿지 못하고 불순종한 것을 생각나게 하려는 것이다. 이 계보에 소개하는 아갈은 여호수아가 여리고 성을 정복할 때의 아간과 동일 인물이다(수 7:1, 18). 그런데도 저자는 왜 이러한 이름을 사용했을까? "아갈은……괴롭힌 자이며"(עֹכֵר עָכָר)라는 구절과 아간을 죽인 이후에 그곳의 이름을 '아골'(עָכוֹר) 골짜기(수 7:24–26)라고 불렀다는 것은 언어유희를 사용하여 이 사건의 의미를 전달하려는 것이다. 왜냐하면 '아갈'이 '괴롭게 한다'는 뜻을 가지고 있기 때문이다.

② 다윗의 계보(대상 2:9–3:24)

저자는 유다의 계보를 기록하면서 다윗의 계보의 중요성을 드러내기 위해 헤스론의 자녀들인 여라므엘과 람과 글루배(갈렙의 다른 표기)를 교차대칭구조를 사용하여 보여 준다(Thompson 1994, 59–60).

A 다윗과 관련된 람의 후손(대상 2:10–17)
  B 갈렙의 후손(대상 2:18–24)
    C 여라므엘의 후손(대상 2:25–33)
    C′ 여라므엘의 후손에 관한 보충적 자료(대상 2:34–41)
  B′ 갈렙의 후손에 관한 보충적 자료(대상 2:42–55)
A′ 다윗과 관련된 람의 후손에 관한 보충적 자료(대상 3:1–24)

이 구조에서 유다 지파의 자손을 설명하면서 다윗의 계보를 수미쌍관으로 감싸고 있다(Thompson 1994, 60). 이것은 다윗의 계보가 중심을 이루고 있다는 것이다. 저자는 앞으로 기술할 다윗이 어떤 사람인지 강조하려는 것으로 보인다.[102] 그리고 예루살렘이 함락된 후에 다윗의 왕조가 끊어진 것으로 보지 않고 스룹바

102 역대기는 다윗을 이새의 일곱 번째 아들로(대상 2:15), 사무엘서는 여덟 번째 아들로 기록되어 있다(삼상 16:10–13). 이 차이점은 성경이 설명하지 않기에 알 수 없다. 그리고 헤스론의 아들 갈렙은 여호수아와 동시대 인물이 아닌 다른 사람이다(참조. 대상 4:15).

벨[103] 이후 두 세대까지 이어지는 것으로 보고 있다(대상 3:18-21). 이것은 다윗의 집을 영원히 보전하여 하나님 나라를 세우실 것이라는 약속을 보증하는 역할을 한다(대상 17:10, 17).

③ 유다 지파의 다른 계보(대상 4:1-23)

여기에 기록된 자손들은 형제들이 아니라 베레스, 헤스론, 갈미, 훌과 소발로 이어지는 유다 지파의 계보다. 이것은 유다 지파 가운데 다윗의 줄기가 아니라도 하나님의 관심의 대상이라는 것을 보여 주려는 것 같다. 저자는 계보를 나열하면서 야베스의 이야기를 기술한다(대상 4:9-10). 이 계보는 야베스가 누구의 자손인지 소개하지 않는다. 그런데 이 본문에 보면 그 어머니가 '야베스'라는 이름을 지었는데, 그 이유를 "내가 수고로이 낳았기 때문이다"(대상 4:9)라고 했다. 여기서 야베스의 출생의 비밀에 대한 약간의 실마리를 얻을 수 있다. '수고로이'라는 말은 히브리어로 '버오체브'(בְּעֹצֶב)라는 말로 여자가 아기를 낳는 일과 연관된 고통을 의미하기도 한다(창 3:16). 이것은 아이를 낳을 때 난산을 했다는 의미가 아니라 긴 기간의 고통을 의미한다. 이 단어는 '슬픔 가운데' 또는 '근심 가운데'라는 뜻도 있다(창 6:6; 45:5 등). 저자는 야베스의 삶을 소개하면서 여러 특징들이 있겠지만 특별히 그가 어떤 기도를 드렸으며, 하나님이 어떻게 응답하셨는지를 소개한다. 야베스는 "나의 지역을 넓히시고, 주의 손으로 나를 도우사 나로 환난을 벗어나 내게 근심이 없게 하옵소서"(대상 4:10)라고 기도하였고, 하나님은 그가 구하는 것을 허락하셨다. 이것은 바벨론 포로 이후 시대에 살았던 자들이 여호와께 일상의 필요를 위하여 구할 때 들으신다는 것을 보여 주신 것이다. 이처럼 오늘날 그리스도의 계보 안에 있는 우리도 하나님께 무엇이든지 구할 수 있고, 하나님이 구하는 자들에게 응답해 주실 것을 확신할 수 있다(요 15:7).

저자는 유다 지파에 속해 있지만 유다 지파에 흡수된 가문인 옷니엘과 갈렙을 소개한다(대상 4:13, 15). 여호수아 14:6은 갈렙을 '그니스 사람 여분네의 아들 갈렙'이라고 했다. '그니스 사람'(קְנִזִּי)이라는 말은 히브리어로 그니스 족속이라는

103 저자는 성전 재건의 핵심 인물인 스룹바벨을 브다야의 아들로 소개하지만, 에스라 3:21은 스알디엘의 아들로 소개한다. 이러한 차이는 성경이 말하지 않기 때문에 알 수 없지만 입양되었거나 수혼법(嫂婚法 ,Levirate law)에 따라 태어났을 가능성도 있다(신 25:5-10).

뜻이다. 이 그니스 족속은 원래 멸망을 받아야 할 가나안족 가운데 한 민족이다(참조. 창 15:19). 이러한 기록을 볼 때 유다 지파에 흡수된 사례라는 것을 알 수 있다. 이것은 하나님이 구속사를 이루시는 일에서 다윗 계보만이 아니라 어떤 출신의 사람이라도 사용하신다는 것을 보여 준다.

(3) 시므온 지파의 계보(대상 4:24-43)

저자는 유다 지파에 이어 시므온 지파를 소개한다. 시므온 지파가 유다 지파 다음에 소개된 것은 유다 지파의 기업 안에 있는 땅을 분배받았기 때문으로 보인다(대상 4:28-33; 참조. 수 19:1-9).

(4) 요단 동편 지파의 계보(대상 5:1-26)

이 문단은 요단 동편에 정착한 세 지파, 곧 르우벤(대상 5:1-10), 갓(대상 5:11-17), 므낫세 반 지파(대상 5:23-28)의 계보를 다루고 있다. 저자는 르우벤은 이스라엘의 장자로 태어났으나 그의 아버지의 침상을 더럽혔으므로 장자의 명분이 요셉에게 돌아갔고(참조. 창 35:22; 49:3-4), 또한 주권자가 유다에게서 났다고 할지라도 장자의 명분은 요셉에게 있다는 사실을 지적한다(대상 5:2). 그리고 르우벤 지파는 길르앗 땅을 차지하였고(대상 5:10), 갓 지파는 바산 땅을 차지했다(대상 5:11). 므낫세 반 지파도 바산에서부터 헤르몬산까지 차지했다(대상 5:23). 그런데 저자는 요단 동편 지파들이 하갈 사람과 여두르와 노답과 싸울 때 하나님을 의뢰하고 부르짖음으로 승리한 사건을 기록하고 있다(대상 5:20). 그러나 하나님께 범죄하여 그 땅의 신들을 섬기므로 앗수르 왕 디글랏빌레셀에게 사로잡혀간 사실도 기록하고 있다(대상 5:25-26). 이러한 역사를 기록한 것은 하나님을 의뢰하는 일이 중요하다는 것을 알게 하려는 것이다.

(5) 레위 지파의 계보(대상 6:1-81)

저자는 레위 지파의 계보를 길게 설명한다. 레위 지파의 계보는 이스라엘 지파의 계보에서 그 중앙에 위치해 있다(유다, 시므온, 르우벤, 갓, 므낫세 반, 레위, 잇사갈, 베냐민, 납달리, 므낫세, 에브라임, 아셀). 이것은 레위 지파의 중요성을 강조하는 것이다.[104] 역대상 6:1–15에 기록된 레위 자손 가운데 대제사장인 아론부터 엘르아살로 이어져 여호사닥까지의 계보를 도식화하면 다음과 같다.

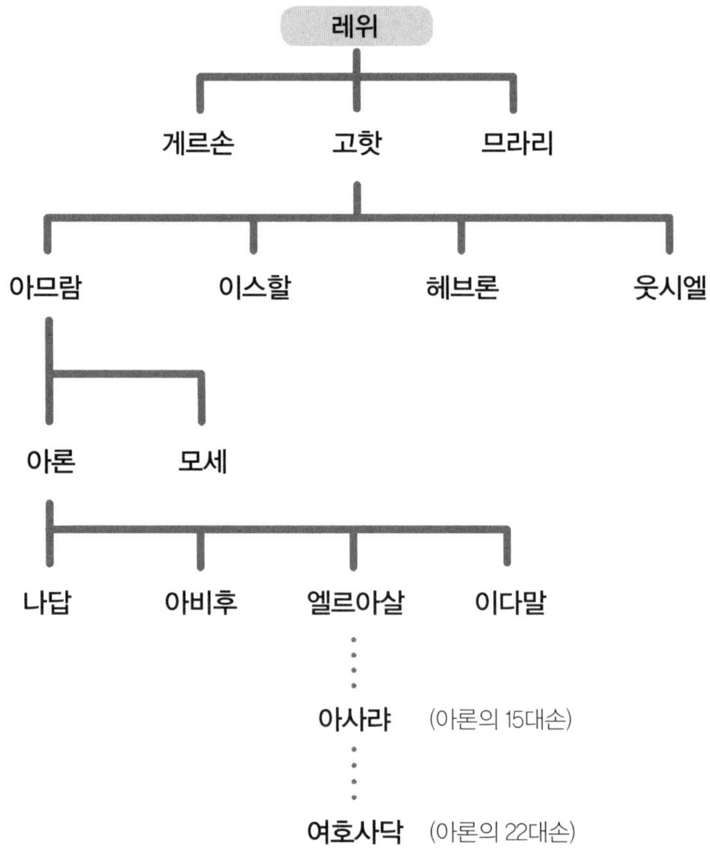

저자는 대제사장 계보에서 특별히 두 사람을 설명하고 있다. 한 사람은 아론의 15대손인 아사랴인데, 그는 솔로몬이 예루살렘에서 세운 성전에서 제사장 직분을 행했다(대상 6:10). 또 한 사람은 아론의 22대손인 여호사닥인데, 그는 여호와께서 느부갓네살의 손으로 유다와 예루살렘 백성을 바벨론으로 옮기실 때

104 레위 지파는 출애굽기 6:14–27에서도 그 중요성 때문에 삽입구(parenthesis)로 기록되어 있다.

의 제사장이다(대상 6:15). 여호사닥의 이름은 포로 시대 이후에도 나오고 그의 후손은 성전을 재건하는 일에 참여한다(참조. 스 5:2).[105] 저자가 이 두 제사장의 이름을 언급한 것은 여호와께서 다윗의 계보를 보존하신 것처럼(대상 3:10–21) 대제사장의 계보도 보존하여 자기 백성을 지키신다는 것을 보여 준다.

저자는 제사장 계보에 이어 게르손, 그핫, 므라리의 자손을 소개한다. 그리고 여호와의 성전에서 찬송하는 직분을 맡긴 자들의 명단을 길게 소개한다(대상 6:16–48). 이 계보에서 특이한 부분은 사무엘과 그의 아버지 엘가나가 들어 있다는 것이다(대상 6:27–28, 34–35). 이것은 사무엘상 1:1에 '에브라임 사람 엘가나'라는 말씀과 다르다. 이 점은 해석상의 문제다. '에브라임 사람'은 히브리어로 '에프라티'(אֶפְרָתִי)로 베들레헴 '에브랏 사람'과 같다(창 35:16, 19; 룻 4:11; 미 5:2). 룻기 1:2에 엘리멜렉과 그의 아내 나오미와 아들들을 가리켜 '에브랏 사람들'(אֶפְרָתִי ,אֶפְרָתִים)이라고 했다. 따라서 엘가나와 사무엘은 레위 지파로 보아야 한다.[106] 저자는 성막에서 찬송하는 사람(대상 6:31–47), 레위인과 제사장의 직무(대상 6:48–49), 레위 사람들의 거주지(대상 6:54–81) 등을 설명한다.

(6) 잇사갈, 베냐민, 납달리, 므낫세, 에브라임, 아셀 지파의 계보(대상 7:1–40)

저자는 앞에서는 유다와 시므온과 요단 동편의 르우벤과 갓과 므낫세 반 지파의 계보를 다루고, 그다음에 레위 지파의 계보를 다루었다. 이제 그는 북 왕국의 지파들인 잇사갈, 베냐민, 납달리, 므낫세, 에브라임과 아셀 지파의 계보를 보여 준다. 이것은 포로 이후 전체 이스라엘에 대한 그림을 보여 주기 위한 것이다(Thompson 1994, 91). 특히 그는 이스라엘 지파의 계보를 소개하면서 잇사갈(대상 7:1–5), 베냐민(대상 7:6–12), 아셀(대상 7:30–40) 지파는 용사들의 수를 기록하고 있다.

---

105 에스라 5:2에 여호사닥의 이름이 '요사닥'(יוֹצָדָק)으로 나온다. '여호사닥'(יְהוֹצָדָק)과 동일한 인물이다.

106 이 점은 이 책에서 사무엘상 1:1을 설명하는 부분을 보라.

(7) 베냐민 지파의 계보(대상 8:1–40)

저자는 이미 역대상 7:6–12에서 베냐민 지파의 계보를 소개한 바가 있다. 그런데도 역대상 8:1–40과 9:35–44에 보충적으로 기록하고 있는 것은 이 지파의 중요성과 사울에 대한 관심 때문이다. 그리고 베냐민 지파와 사울의 계보는 역대상 10:1부터 시작되는 사울과 다윗의 이야기를 연결시키는 다리 역할을 하기 때문이다.

(8) 계보의 결어(대상 9:1a)

저자는 역대상 9:1a "온 이스라엘이 그 계보대로 계수되어 그들은 이스라엘 왕조실록에 기록되니라"는 종결구로써 역대상 2:1a "이스라엘의 아들은 이러하니"라는 도입구로 시작한 이스라엘의 계보를 종결한다. 여기서 저자가 이 계보를 종결하면서 '온 이스라엘'이라고 한 것은 이 계보가 이스라엘의 남은 자, 곧 하나님이 택하신 자들이라는 것을 보여 준다. 특별히 이 계보는 아담부터 구약의 마지막인 스룹바벨과 그의 두 세대 후손들까지 기록되어 있지만 마태복음 1장의 아브라함과 다윗의 자손 예수 그리스도의 계보로 연결된다.

(9) 예루살렘 거주민의 명단(대상 9:1b–34)

저자는 계보에 관한 설명에 이어 바벨론 포로에서 돌아와 예루살렘에 정착한 사람들의 목록을 기록하고 있다. 개역개정판에서는 역대상 9:2을 "그들의 땅 안에 있는 성읍에 처음으로 거주한 이스라엘 사람들은 제사장들과 레위 사람들과 느디님 사람들이라"라고 번역했다. 이것은 히브리어 원문과 많이 다르다. 히브리어 원문에 따라 표준새번역이 잘 번역했다. "맨 처음으로 자기들의 성읍 소유지에 돌아와서 살림을 시작한 사람들은 이스라엘 사람[107]과 제사장과 레위 사람과 성전 막일꾼들이다." 바벨론 포로에서 돌아와 예루살렘에 정착한 이들은 네

107 이스라엘은 제사장들과 레위인들과 느디님 사람들을 제외한 일반 백성들을 말한다.

그룹의 사람이다. 그들은 이스라엘 사람, 제사장들, 레위인들, 느디님 사람들[108] 이다. 저자는 이들을 좀 더 구체적으로 이스라엘 사람(대상 9:3-9), 제사장들(대상 9:10-13), 레위인들(대상 9:14-34)의 목록으로 자세히 설명하고 있다. 이것은 이들이 어떤 사람인지 알게 하여 언약 백성으로 살도록 하기 위함이다.

(10) 사울의 계보(대상 9:35-44)

저자는 다시 이스라엘의 초대 왕 사울의 계보를 소개한다. 이미 사울이 속한 베냐민 지파의 계보를 역대상 7:6-12과 8:1-40에서 설명하였는데도 다시 사울의 계보를 클로즈업(close-up)하여 기록하고 있다. 이것은 사울을 폐하고 다윗을 세운 이유를 설명하기 위함이다.

2. 다윗의 통치(대상 10:1-21:27)

역대기에서 중심을 이루는 부분은 다윗과 솔로몬 시대의 이야기다(대상 10:1-대하 9:31). 이 가운데 역대상 22:2부터 역대하 8:16까지 성전 건축과 관련된 내용을 담고 있다. 저자는 다윗이 성전과 관련된 기본적인 준비와 봉사자들의 조직을 제도화했던 이야기를 중심으로 역사를 기술한다. 그것은 이 일이 회복된 이스라엘 공동체의 정체성과 미래와 연관된 일로 보았기 때문이다.

내용 분해

(1) 사울의 죽음(대상 10:1-14)

(2) 온 이스라엘의 왕이 된 다윗과 그의 통치(대상 11:1-12:40)

(3) 하나님의 궤를 예루살렘으로 옮겨 옴(대상 13:1-16:43)

---

108 '느디님 사람들'(הַנְּתִינִים)은 문자적으로 볼 때 '바쳐진 사람들'이라는 뜻이다. 표준새번역은 '성전 막일꾼'이라고 번역했다. 에스라 2:55-58에 기록된 '솔로몬의 신하들'과 같은 의미로 사용하는 것을 볼 때 솔로몬 시대에 역꾼으로 삼았던 가나안 자손의 후손들일 가능성이 있다(왕상 9:20-21).

(4) 다윗에게 주신 여호와의 약속(대상 17:1–27)

(5) 다윗이 싸운 전쟁(대상 18:1–20:8)

(6) 다윗의 인구조사와 성전 터의 선택(대상 21:1–22:1)

(7) 다윗의 성전 건축 준비와 권면(대상 22:2–19)

(8) 삽입구: 성전을 섬기는 사람들(대상 23:1–27:34)

(9) 성전 건축을 위한 권면(대상 28:1–21)

(10) 성전 건축을 위한 헌신과 기도(대상 29:1–22)

(11) 솔로몬의 등극과 다윗의 통치 결론(대상 29:23–30)

내용 해설

(1) 사울의 죽음(대상 10:1–14; 참조. 삼상 31:1–13)

사무엘서의 저자는 사울이 어떤 사람이며, 어떻게 왕이 되었고 어떻게 통치하였으며, 어떻게 죽었는지 사무엘상 9:1부터 31:13까지 자세하게 설명한다. 그러나 사울의 계보에 이어 사울이 블레셋과 치른 전쟁에서 죽은 사건과, 여호와께서 왜 그를 죽이셨는지의 이유는 간략하게 설명한다. 사울이 죽은 것에 대하여 개역개정판은 '여호와께 범죄하였기 때문'이라고 번역하였지만 적절하지 못하다. 히브리어 원문상 '여호와께 신실하지 못했기 때문'[109]이라고 번역해야 한다. 저자는 여호와께 신실하지 못한 행동을 구체적으로 여호와의 말씀을 지키지 아니하고, 신접한 자에게 가르치기를 청한 것으로 설명한다(대상 10:13–14; 참조. 삼상 15:1–35; 28:8–25). 이러한 설명을 통하여 저자는 여호와께서 세운 왕이라도 여호와께 불순종하고, 여호와께 구하지 않는다면 하나님의 징계를 받는다는 것을 보여 준다.

109 בְּמַעֲלוֹ אֲשֶׁר מָעַל בַּיהוָה 이 히브리어 본문에서 '신실하지 못하다', '배반하다' 등의 뜻을 가진 '마알'(מָעַל)이라는 단어가 명사형과 동사형으로 두 번 강조하고 있는 것을 주목하라.

(2) 온 이스라엘의 왕이 된 다윗과 그의 통치(대상 11:1–12:40)

저자는 다윗의 행적을 기록하면서 사울이 다윗을 미워하여 죽이려고 시도한 일(삼상 18:1–27:12)과 사울을 지지하는 이스라엘과 다윗을 지지하는 유다 사이의 전쟁(삼하 2:1–4:12), 그리고 다윗이 헤브론에서 7년 6개월 동안 다스린 일(삼하 4:5) 등의 기사를 생략하고 있다. 이것은 저자가 다윗을 여호와의 말씀대로 온 이스라엘의 왕으로 세움을 받은 자로 제시하려는 것이다. 이 일이 합당함을 보여 주기 위하여 하나님이 도우시고, 온 지파가 지지하여 왕으로 세웠다는 것을 설명한다(대상 12:18, 22). 이 점을 설명하기 위하여 이 문단의 처음(대상 11:1–3)과 마지막(대상 12:38–40)에서 온 이스라엘의 왕으로 세움을 받은 사실을 기록한다. 처음과 마지막을 서로 연결하여 읽으면 잘 연결된다. 그 안에 있는 예루살렘 정복 기사(대상 11:4–9)와 다윗의 용사들에 대한 목록(대상 11:10–37)은 삽입구로 다윗이 온 이스라엘의 지지를 받고 예루살렘에서 통치하게 되었다는 것을 보여 주는 역할을 한다.

① 온 이스라엘의 왕이 된 다윗(대상 11:1–3, 38–40; 참조. 삼하 5:1–3)

다윗이 왕이 될 당시는 유다 지파와 이스라엘의 나머지 지파가 나누어진 상태였지만 온 이스라엘은 다윗과 혈족이라고 했다(대상 11:1). 그리고 헤브론에서 다윗에게 기름을 부어 이스라엘의 왕으로 삼았다. 이 일을 가리켜 "여호와께서 사무엘을 통하여 전하신 말씀대로 되었더라"(대상 11:3)라고 기록한다. 이것은 여호와께서 계획하신 대로 다윗을 온 이스라엘의 목자와 주권자로 세우셨다는 것을 강조하려는 것이다. 이뿐만 아니라 다윗을 온 이스라엘의 왕으로 삼고자 무리가 사흘을 먹고 마셨으며 잇사갈, 스불론, 납달리까지 참여했다(대상 12:39–40). 이것은 온 이스라엘이 한마음으로 다윗을 왕으로 세웠다는 것을 보여 준다.

② 예루살렘 정복(대상 11:4–9; 참조. 삼하 5:6–10)

다윗은 온 이스라엘의 왕이 된 후 처음으로 당시 여부스가 차지하고 있었던 예루살렘을 정복하여 수도로 삼았다. 예루살렘은 아브라함 당시에 멜기세덱과 관련된 왕도요(창 14:18), 아브라함이 모리아산에 제단을 쌓아 이삭을 바쳤던 장소였다(창 22:1-19; 대하 3:1). 다윗이 그 성을 치려고 할 때 여부스 원주민이 "네가 이리로 들어오지 못하리라"(대상 11:5)라고 했다. 그것은 예루살렘이 가파른 언덕에 위치해 있으며 기드론, 힌놈, 중앙 골짜기로 둘러싸여 있는 자연적인 요새였기 때문이다. 저자는 다윗이 이 성을 빼앗는 과정에서 여부스 사람을 치는 자는 우두머리와 지휘관으로 삼으리라고 하였기 때문에 요압이 먼저 올라가 우두머리가 되었다고 설명한다(대상 11:6). 사무엘서의 저자는 물 긷는 데로 들어가 정복했다고 설명한다(삼하 5:8).[110] 저자는 예루살렘을 정복하는 일에 다윗과 요압의 역할을 강조하고, 나아가 요압을 밀로에서부터 사방으로 성을 중수한 인물로 소개한다(대상 11:7-8). 이러한 차이는 역대기의 기록 목적 가운데 하나로 인간이 믿고 순종할 때 하나님이 은혜를 베푸신다는 것을 드러내려는 것이다. 그리고 저자는 만군의 여호와께서 함께하시니 다윗이 점점 강성해져 갔다고 해설한다(대상 11:9). 짧지만 이 해설은 다윗과 이스라엘의 특별한 위치를 강조한다.

성경은 다윗이 정복하여 수도로 정한 예루살렘을 단순히 한 지역적인 의미로만 보지 않는다. 이곳에 여호와의 성전이 건축되었기 때문에 이스라엘은 '하나님의 성', '거룩한 산', '큰 왕의 성' 등으로 불렀다(시 48:1-2). 그리고 성경은 장차 그리스도 안에서 들어가게 될 새 예루살렘을 이 예루살렘의 이미지를 가지고 설명하기도 한다(히 12:22; 계 3:12; 21:2, 10). 그래서 다윗이 이 성을 정복한 것은 장차 예루살렘이 이스라엘 역사에서 어떤 의미가 있는지를 예상하게 만든다.

③ 다윗의 용사들(대상 11:10-12:37; 참조. 삼하 23:8-39)

이 문단은 다윗을 도와 나라를 얻게 하고 왕으로 세운 이들의 목록을 기록하고 있다(대상 11:10). 그런데 이들이 다윗을 도운 행동을 가리켜 "이는 여호와께서 이스라엘에 대하여 이르신 말씀대로 함이었더라"(대상 11:10; 참조. 대상 11:3)라고 했다. 그리고 다윗을 도운 용사들의 이름을 다 열거한 다음에 "여호와의 말씀대로 사울의 나라를 그에게 돌리고자 했다"(대상 12:23)라고 했다. 이것은 다윗과 함께한 사람들을 사무엘을 통하여 말씀하신 대로 하나님의 뜻을 이룬 사람으로 보게 하려는 것이다. 저자는 다윗을 도운 용사들을 그룹별로 열거한다.

110 이 책의 사무엘하 5:6-12의 설명을 참조하라.

- 요압과 다른 세 사람(대상 11:11–14)[111]
- 30명의 우두머리 중 이름을 알 수 없는 세 사람의 헌신(대상 11:15–19)
- 요압의 아우 아비새(대상 11:20–21)
- 브나야(대상 11:22–25)[112]
- 이 외에 다른 용사들의 목록(대상 11:26–47)
- 시글락에 있을 때 다윗을 도운 용사들(대상 12:1–7)
- 갓 지파에서 다윗을 도운 용사들(대상 12:8–15)
- 베냐민과 유다에서 다윗을 도운 용사들(대상 12:16–18)
- 므낫세 지파에서 다윗을 도운 용사들(대상 12:19–22)
- 다윗을 도운 그 외의 용사들(대상 12:23–37)

저자가 열거한 목록을 보면 여호야다의 아들 브나야(대상 11:22, 24) 등과 같은 가문에 속한 자들과 베들레헴 사람 도도(대상 11:26), 기손 사람 하셈(대상 11:34) 등과 같은 지역에 속한 사람들, 암몬 사람 셀렉(대상 11:39), 헷 사람 우리아(대상 11:41), 모압 사람 이드마(대상 11:47) 등의 이방인에 속한 사람들도 있다. 그리고 이 문단 가운데 역대상 11:10–41은 사무엘하 23:8–39의 기록과 거의 동일하다. 사무엘서는 우리아까지 기록하였지만(참조. 삼하 23:39a), 저자는 우리아 이후까지도 기록하고 있다(대상 11:41b–47). 이러한 차이는 기록 목적에 따른 것이다. 사무엘서의 저자가 그 문단에서 우리아까지 기록한 것은 다윗이 왕의 직분을 남용한 한 사례를 보여 주기 위한 것이다.[113]

(3) 하나님의 궤를 예루살렘으로 옮겨 옴(대상 13:1–16:43)

이 문단은 다윗이 하나님의 궤를 예루살렘으로 옮기는 과정을 상세하게 설명한다. 역대기는 여호와의 궤를 여호와께서 두 그룹 사이에 임재하시는 상징으로 이해했다(대상 13:6). 하나님이 궤를 처음 만들라고 하실 때도 하나님이 임재하시

111 야소브암과 엘르아살과 더불어 이 목록에는 없지만 삼마가 있다(삼하 23:11–12).
112 솔로몬 시대에 브나야는 군대장관이 되었다(왕상 2:25).
113 사무엘서 개관인 사무엘하 23:8–39을 참조하라.

고 통치하는 곳으로 말씀해 주셨다(출 25:8, 22). 그러나 다윗이 하나님의 궤를 찾을 때까지 그 궤는 오랫동안 기럇여아림에 있었다(대상 13:5; 참조. 삼상 6:21–7:1). 다윗이 하나님의 궤를 옮기고자 한 것은 하나님의 뜻을 묻고 그의 뜻에 따라 나라를 다스리려는 것이다(대상 13:3).

① 하나님의 궤를 옮기다(대상 13:1–14; 참조. 삼하 6:1–11)

다윗은 하나님의 궤를 옮기기 위하여 먼저 모든 지휘관과 의논하고 온 이스라엘 회중에게 하나님의 궤를 옮겨 오자고 제안했다. 그 이유를 사울 때에는 궤 앞에서 묻지 아니하였기 때문이라고 했다(대상 13:3).[114] '궤 앞에서 묻는다'는 것은 하나님의 뜻을 찾고 그 말씀대로 살겠다는 믿음의 표현이다. 다윗은 왜 이 일을 백성에게 제안하는가? 그것은 하나님의 궤를 옮기고 그 앞에서 묻는 것은 자신만이 아니라 온 백성도 이 일의 중요성을 알고 함께 참여하도록 하기 위함이다. 이러한 다윗의 제안에 대하여 백성들도 하나님의 궤에 묻겠다고 응답했다(대상 13:4).

다윗은 애굽의 시홀 시내에서부터 하맛 어귀까지 온 이스라엘을 불러 모았다. 시홀은 이스라엘의 최남단인 애굽의 경계에 있고 하맛은 최북단에 위치해 있다. 이것은 하나님의 궤를 옮기는 일에 온 이스라엘이 참여했다는 것이다. 특히 다윗이 하나님의 궤를 옮길 때 하나님의 궤라고 부르는 이유를 저자는 "여호와께서 두 그룹 사이에 계시므로 그러한 이름으로 일컬음을 받았더라"(대상 13:6)라고 했다. 이것은 여호와의 궤를 여호와께서 임재하시는 장소의 개념으로 보았다는 것이다.

그런데 하나님의 궤를 새 수레에 싣고 아비나답의 집에서 나올 때 웃사와 아히오(=아효)가 수레를 몰고 나오는데 기돈의 타작마당에서 소들이 뛰었다. 웃사가 손으로 궤를 붙듦으로 여호와께서 진노하셔서 그를 죽이셨다(대상 13:10). 이를 목격한 다윗은 그곳의 지명을 '베레스 웃사'(פֶּרֶץ עֻזָּא)라고 불렀다. 그가 이렇게 부른 것은 "여호와께서 웃사의 몸을 찢으셨기" 때문이다. 여기서 '찢다'(פָּרַץ)라는 동사의 어근과 '베레스'(פֶּרֶץ)라는 어근이 같다. 이것은 여호와께서 손으로 궤를 잡

114 원문을 '우리가 찾지 아니하였기 때문이다'(כִּי־לֹא דְרַשְׁנֻהוּ)라고 번역하는 것이 의미가 더 분명하다.

은 웃사를 찢어서 죽이신 것을 의미한다. 이것을 목격한 다윗은 하나님의 궤를 다윗 성으로 옮겨 오지 못하고 가드 사람[115] 오벧에돔의 집에 메어 갔다(대상 13:13).

하나님의 궤는 오벧에돔의 가족들과 함께 석 달을 있었는데, 여호와께서 그의 집과 소유에 복을 내리셨다(대상 13:14). 이것이 의미하는 것은 무엇일까? 그것은 하나님의 궤를 예루살렘에 옮기는 일이 큰 복이라고 하는 것을 당시 다윗과 이스라엘 백성들이 알도록 하기 위해서였다. 하나님의 궤는 하나님이 임재해 계시는 곳이다. 출애굽 이후 하나님이 그곳에 임재하여 자신의 백성과 만나 교제하셨다. 다윗이 하나님의 궤를 예루살렘으로 옮기면 하나님이 그곳에 임재하여 자신의 백성과 만나 교제하실 것이다. 여호와께서 오벧에돔의 집에 복을 내리신 것은 하나님의 궤를 옮기는 일이 복되다는 것을 보여 주시려는 것이다. 특히 저자는 오벧에돔의 집에 궤가 불과 석 달 있었지만 그 뒤에 그의 가문이 번성하고 레위 지파 사람들만이 봉사할 수 있는 큰 은혜를 누렸다고 기록하고 있다(대상 26:4-8). 특히 오벧에돔의 자손들을 열거하면서 '이는 하나님이 오벧에돔에게 복을 주셨음이라'(대상 26:5)는 동일한 표현을 사용하여 설명하므로 이 사건을 연상시키고 있다(대상 13:14).[116] 그렇다면 다윗이 하나님의 궤를 예루살렘으로 옮겨오는 일에 어떤 문제가 있었는가?

② 삽입구(대상 14:1-17; 참조. 삼하 5:11-25)

이 문단에 기록된 내용들은 사무엘서에서는 여호와의 궤를 옮기려고 한 일보다 먼저 기록되어 있다(참조. 삼하 5:11-25). 이 내용들은 언약궤가 오벧에돔의 집에 있었던 석 달 동안 일어난 것이 아니다. 그런데도 이 내용을 여호와의 궤를 옮겨 오는 과정에서 웃사가 죽임을 당하므로 오벧에돔의 집에 둔 일과 오벧에돔의 집에서 예루살렘으로 옮겨 오는 일 사이에 삽입한 것은 여호와께 묻는 일이 중요하다는 것을 보여 주려는 것이다.

- **다윗의 집과 가족(대상 14:1-7; 참조. 삼하 5:11-16)**: 히람은 다윗에게 사신들과 백향목과 석수와 목수를 보내 다윗의 궁전을 짓게 했다. 이것은 이방의 왕이 다윗을

115 가드 사람은 히브리어로는 '기티'(גִּתִּי)로 블레셋 사람이라는 뜻이기도 하고, 스불론 지파의 땅인 '가드 림몬'(수 19:45; 21:24)이나 '가드 헤벨'(수 19:13)에 사는 레위인을 말하기도 한다.

116 레위인 오벧에돔과 구별된 블레셋 사람으로 보는 학자도 있다(전정진 2009, 200).

이스라엘 왕으로 인정하고, 서로 조약을 맺었음을 의미한다(Dillard 2002, 602). 이를 통하여 다윗은 여호와께서 자기를 왕으로 세우신 것과 그의 백성 이스라엘을 위하여 그의 나라가 높이 들림을 알게 되었다(대상 14:2).[117] 이와 더불어 다윗이 아내들을 맞아 낳은 아들과 딸들의 이름을 열거한다. 그런데 저자는 사무엘서와 달리 헤브론에서 낳은 아들은 다 생략했다(참조. 삼하 3:2–5). 이 일들은 다윗이 하나님의 궤를 예루살렘으로 옮겨 오다 웃사가 죽은 일로 말미암아 오벧에돔에 둔 석 달 동안 일어난 일은 아니다.

• **블레셋과 싸운 전쟁(대상 14:8–17; 참조. 삼하 5:17–25):** 이 사건도 연대기적인 순서와 다르다. 다윗은 블레셋과 치른두 번의 전쟁에서 다 승리했다(대상 14:8–12, 13–16). 블레셋의 첫 번째 공격은 다윗이 온 이스라엘의 왕이 되었다 함을 듣고 행했다. 이때 다윗은 하나님께 물었고, 하나님은 그들을 다윗에게 넘기신다고 말씀하셨다. 그 말씀을 듣고 다윗이 '치고'(פָּרַץ) 하나님이 물을 '쪼갬 같이'(כְּפֶרֶץ) 대적을 흩으셨기 때문에 '바알브라심'(בַּעַל פְּרָצִים)이라고 불렀다(대상 14:11). 여기서 '쪼개다'(פָּרַץ)라는 동사의 어근을 활용한 언어유희를 사용하여 다윗이 어떻게 승리했는지를 설명한다.[118] 블레셋 사람들이 두 번째 공격해 왔을 때도 하나님께 물었고, 하나님은 마주 올라가지 말고 그들 뒤로 돌아가 기습하라고 하셨다. 다윗은 하나님의 명령대로 블레셋의 군대를 쳐서 기브온에서 게셀까지 이르렀다(대상 14:15–16).

저자가 블레셋과 싸운 두 번의 전쟁을 하나님의 궤를 옮기는 사건 가운데 기록한 이유는 무엇일까? 다윗이 하나님의 궤를 기럇여아림에서 예루살렘으로 옮기는 이유를 사울 때에는 여호와께 묻지 아니하였으나 묻기 위함이라고 했다(대상 13:3). 이 사건을 하나님의 궤를 옮기는 사건 가운데 삽입한 것은 하나님께 묻는 일이 중요하고 큰 복이라는 것을 보여 주려는 것이다.

117 히브리어 본문은 히람이 다윗의 궁전을 짓는 일로 말미암아 두 가지 사실을 알게 되었다는 것을 알려 주는 '키'(כִּי)라는 이유 접속사 두 개를 사용하여 알려 준다.

118 언어유희는 어떤 의미를 암시하거나 전달하기 위해 말이나 단어, 문자 등을 해학적으로 사용하는 표현으로 동음이의어를 재치 있게 구사하거나 유사 발음을 이용하는 것이 대표적이다.

② 하나님의 궤를 예루살렘으로 옮김(대상 15:1–16:6; 참조. 삼하 6:12–23)

이 사건은 사무엘하 6:12–23에 근거를 두고 있지만 저자는 다른 관점으로 이야기를 전개한다. 기럇여아림에 있었던 하나님의 궤를 옮겨 오는 과정에서 하나님이 말씀해 주신 규칙을 지키지 않았다는 사실을 알게 되었다. 하나님의 궤를 옮기는 방법은 레위 사람들 가운데 반드시 고핫 자손이 어깨에 메어야 했고, 함부로 만지지 말 것을 규정하였다(민 4:15; 신 10:8). 당시 이스라엘은 이방 사람들이 하는 방식에 따라 수레에 실었고, 만지지 말라고 하였는데 웃사가 손으로 만졌다.

하나님이 이러한 규칙을 주신 것은 하나님의 궤 가운데 임재해 계시는 하나님을 만나 교제하려면 하나님이 정해 주신 규칙을 지켜야 한다는 것이다. 죄를 지은 인간은 하나님께 나아가 교제할 수 없기 때문이다. 이뿐만 아니라 앞으로 예루살렘에 하나님의 궤와 더불어 성막이 설치될 것이기 때문이다.

역대상 15:1–16:6의 구조는 다음과 같다. 이 구조에서 A–A′–A″를 연결하여 읽으면 자연스럽다. 이 구조를 보면 하나님의 궤를 옮기는 일은 규칙을 지켜야 하고, 그 업무를 수행할 수 있는 사람들이 있어야 한다는 것을 보여 준다.

A 하나님의 궤를 옮길 준비 1(대상 15:1–4)	이야기
B 옮기는 사람들의 명단(대상 15:5–11)	목록
A′ 하나님의 궤를 옮길 준비 2(대상 15:12–15)	이야기
B′ 노래하는 사람들의 명단(대상 15:16–24)	목록
A″ 하나님의 궤를 옮김(대상 15:25–16:3)	이야기
B″ 섬기는 사람들의 명단(대상 16:4–6)	목록

다윗은 하나님의 궤를 옮기기 전에 둘 곳을 마련하고 그것을 위하여 장막을 치고 하나님의 말씀에 따라 레위인들을 준비시켰다(대상 15:1–2). 그리고 다윗은 문제의 원인이 무엇인지 진단하고 바른 처방을 내렸다. 전에는 고핫 자손이 규례대로 여호와께 구하지 아니하였기 때문에 여호와께서 찢으셨다고 진단했다(대상 15:13). 제사장들과 레위인들은 몸을 성결하게 하고 규례대로 하나님의 궤를 어깨에 메었다(대상 15:14–15).

하나님의 궤를 옮겨올 때 다윗은 레위 사람들에게 명령하여 노래하는 자들을 세우고 비파와 수금과 제금 등으로 즐겁게 노래하게 했다(대상 15:16). 그 명령대로 레위 사람들은 헤만과 아삽 그리고 에단 등을 세웠다(대상 15:17). 다윗과 레위 사람들과 노래하는 자들은 세마포를 입었고, 이스라엘 무리들은 크게 노래 부르고 악기를 연주하며 언약궤를 메어 올렸다(대상 15:28). 그리고 다윗은 궤를 위하여 친 장막에 두고 번제와 화목제를 드리고, 온 백성들과 기쁨을 나누었다(대상 16:1-3). 그러나 사울의 딸 미갈은 다윗 왕이 춤추며 뛰노는 것을 보고 업신여김으로 대조적인 모습을 보여 준다(대상 15:29).

오늘날 하나님의 임재의 상징인 하나님의 궤는 없어졌고, 제한된 공간인 예루살렘에 있는 성전에서 제사를 지내지도 않는다. 왜냐하면 그리스도께서 십자가에서 죽으시므로 하늘 보좌로 왕래하는 자유를 주셨기 때문이다(히 10:19-20). 그렇다고 하여서 규칙이 없는 것은 아니다. 그 규칙은 믿음과 믿음에 따른 계명을 지키는 생활이다.

③ 다윗의 감사(대상 16:7-36; 참조. 시 105:1-15; 96:1-13; 106:47-48)

언약궤를 옮긴 후에 다윗은 아삽과 그의 형제를 세워 감사하게 했다. 이 감사시는 다음과 같은 세 개의 자료들이 들어있다. 이 세 편의 시 가운데 시편 105편과 106편은 동일한 이스라엘의 역사를 다른 관점으로 기술한 시다.

• 역대상 16:8-22(=시 105:1-15)은 여호와께 감사해야 할 이유를 노래한다. 그 핵심은 여호와께서 아브라함을 선택하시고 그와 맺은 언약은 영원하기 때문에 그의 능력을 구할 수 있다는 것이다. 특히 이 시에서 아브라함의 가족이 소수였을 때 이 민족에게서 다른 민족으로 유랑할 때도 하나님이 보호해 주신 역사를 상기시킨다. 이 역사는 당시 유대인들이 매우 적었을 뿐만 아니라 외국의 지배하에 있었기 때문에 위로가 되었을 것이다(Thompson 1994, 141).

• 역대상 16:23-33(=시 96:1-13)은 여호와께서 온 땅을 통치하시는 분이지만 그 능력과 즐거움이 그의 처소에 있다는 것이다. 이 시는 언약궤를 예루살렘에 둘 당시 이스라엘 백성들에게 그 능력과 즐거움을 주실 것을 바라보는 믿음을 담고 있다.

• 역대상 16:34-36(=시 106:47-48)은 역사 가운데 보여 주신 하나님의 선하심과 인자하심이 언약궤를 예루살렘에 옮겼을 때뿐만 아니라 저자가 이 역사를 기

록할 당시에도 계속될 것을 바라보는 믿음을 담고 있다.

④ 제사의 지속성(대상 16:37-43)

다윗은 언약궤를 옮기는 것으로 그치는 것이 아니라 아삽과 그의 형제들에게 지속적으로 언약궤 앞에서 섬기게 하고, 오벧에돔과 그의 형제들을 문지기로 세웠다(대상 16:37-38). 그리고 제사장 사독과 그의 형제 제사장들에게는 당시 기브온 산당에 있었던 여호와의 성막 앞에 섬기게 하여 성막의 기능을 할 수 있도록 제도적 장치를 마련했다(대상 16:39-43).

(4) 다윗에게 주신 여호와의 약속(대상 17:1-27)

이 문단은 다윗 언약이자 성경 전체에서 핵심적인 본문으로 예루살렘 성전과 다윗의 왕조와 이스라엘의 미래와 나아가 우리의 구원에 대한 것이다. 이 부분은 다윗이 성전을 짓고자 하는 계획과 그 계획에 대하여 여호와께서 거절하시는 내용(대상 17:1-15)과 여호와의 약속에 대한 다윗의 기도(대상 17:16-27)로 이루어져 있다.

① 성전 건축에 대한 다윗의 계획과 여호와의 반응(대상 17:1-15; 참조. 삼하 7:1-17)

다윗이 나단 선지자에게 하나님의 성전을 짓고자 하는 계획을 이야기하자 나단은 하나님이 다윗과 함께 계시기 때문에 행하라고 했다(대상 17:1). 그러나 그 밤에 하나님이 나단에게 나타나 성전을 건축하지 못하게 하셨다(대상 17:4). 그리고 다윗에게 놀라운 약속을 주셨다. 그 약속은 다음과 같다.

- 내가 너(다윗)를 내 백성 이스라엘의 주권자로 삼고……존귀한 자들의 이름 같은 이름을 네게 만들어 주리라(대상 17:7-8)
- 네 모든 대적으로 네게 복종하게 하리라(대상 17:9-10)
- 너를 위하여 한 왕조를 세울지라……네 씨 곧 네 아들 중 하나를 세우고 그 나라를 견고하게 하리라(대상 17:10-11)
- 그는(네 아들은) 나를 위하여 집을 건축할 것이요 나는 그의 왕위를 영원히 견고하게 하리니(대상 17:12)

- 나는 그의(네 아들의) 아버지가 되고 그는 나의 아들이 되리니 나의 인자를 그에게서 빼앗지 아니하리라(대상 17:13)
- 내가 영원히 그를(네 아들을) 내 집과 내 나라에 세우리니 그의 왕위가 영원히 견고하리라(대상 17:14)

이 약속은 사무엘하 7:1–17에 하신 말씀과 거의 동일하지만 두 가지 차이점이 있다. 하나는, 조건적인 성격의 약속인 "만일 죄를 범하면 내가 사람의 매와 인생의 채찍으로 징계하려니와"(삼하 7:14b)라는 말씀이 없다. 또 하나는, 사무엘서와는 달리 다윗의 집과 왕조를 통하여 "내가 내 집과 내 나라를 세울 것이다"(대상 17:14)라는 말씀이 추가되어 있다는 것이다. 이것은 다윗 왕조가 단순히 한 국가적인 나라가 아니라 하나님 나라를 세우기 위해 택함을 받았다는 것이다. 이 약속은 여호와께서 인간이 타락한 후에 여자의 후손을 보내어 구원하실 것이고, 아브라함과 맺은 언약에서는 그의 자손을 통하여 그리스도를 보내신다는 것이다. 이제 여호와께서 다윗을 통하여 이루신다는 것을 더 구체적으로 보여 주셨다. 특히 '영원히'(대상 17:12, 14)라는 표현을 반복한 것은 이 약속이 그리스도 안에서 영원하다는 것이다.

② 여호와의 약속에 대한 다윗의 기도(대상 17:16–27; 참조. 삼하 7:18–29)

여호와의 약속을 전해 듣고 다윗은 "여호와 하나님이여 나는 누구이오며 내 집은 무엇이기에 나에게 이에 이르게 하셨나이까"(대상 17:16)라고 했다. 다윗은 하나님이 먼 장래 일까지 말씀하신 것을 알았다. 그는 그의 기도에서 이 약속이 영원한 특성을 가지고 있다는 것을 알고 '영원히'라는 용어를 다섯 번이나 사용하며 기도했다(대상 17:22, 23, 24, 27×2). 그리고 주의 백성 이스라엘을 영원히 주의 백성으로 삼으시고, 그들의 하나님이 되셨으므로 자기의 집에 대하여 말씀하신 것을 영원히 견고하게 서게 해 주실 것을 기도했다(대상 17:23–24). 저자가 기록할 당시 바벨론 포로에서 돌아온 이스라엘은 하나님의 약속과 그 약속에 따라 기도한 다윗의 기도를 듣고 이스라엘을 통하여 하나님의 나라를 세우신다는 것을 알았을 것이다(Hill 2003, 245).

하나님이 나단 선지자를 통하여 다윗에게 약속을 주신 이후부터 구약의 선지자들은 메시아와 관련된 구원의 메시지를 다윗의 자손과 관련하여 선포했다(사 11:1-5; 렘 17:24-27; 겔 34:20-24; 암 9:11; 미 5:2-4). 이러한 구약성경의 빛에 따라 신약성경은 이 땅에 오신 예수님을 다윗의 자손으로 묘사한다(마 1:1; 9:27; 눅 1:32; 계 5:5; 22:16). 이제 우리도 그리스도 안에서 저자가 가졌던 희망인 하나님 나라가 세워지는 꿈을 꾸고 있다.

(5) 다윗이 싸운 전쟁(대상 18:1-20:8)

다윗은 일련의 주변국들과 치른 전쟁을 통하여 사방의 대적들을 정복한다. 이 문단은 사무엘하 8-21장의 내용을 다음과 같이 다시 기술하거나 선택적으로 요약하고 있다.[119]

- 대상 18:1-17 = 삼하 8:1-18(다윗의 승전 기록)
- 대상 19:1-19 = 삼하 10:1-19(암몬과 전쟁함)
- 대상 20:1a = 삼하 11:1(랍바 포위)
- 대상 20:1b = 삼하 12:26(랍바 정복)
- 대상 20:2-3 = 삼하 12:30-31(랍바로부터 보고)
- 대상 20:4-8 = 삼하 21:18-22(다윗의 전사들)

이 기록을 보면 저자는 기본적인 이야기의 순서를 유지하면서도 다윗이 밧세바를 취하는 사건을 생략하고 약간의 새로운 자료들을 추가한다. 이것은 저자가 다윗의 계승자로 솔로몬이 성전을 건축하는 배경을 기록하기 위함이다. 또한 다윗이 성전을 건축하고자 할 때 여호와께서 금지하신 이유를 설명하기 위함이다. 다윗은 전사로서 "피를 많이 흘린"(대상 22:8; 28:3) 사람, 곧 전쟁을 통하여 평화를 이루어야 할 사람으로 묘사하기 위함이다.[120] 신명기에 따르면 하나님이 주변의 대적들로부터 안식을 주시면 자기 이름을 두실 곳을 선택할 것이라고 하셨다(신 12:10; 25:19). 그 안식은 다윗 시대까지 이루어지지 않았다(Hill 2003, 257). 저자는 다윗의 전쟁 기록을

119 이에 대한 좀 더 자세한 내용은 이 책의 사무엘서 개관을 참조하라.
120 이에 대한 설명은 사무엘하 7:1-19과 역대상 22:6-19의 주해를 참조하라.

통하여 안식을 이루고 성전을 건축하게 될 것을 예시적으로 보여 주고 있다.

(6) 다윗의 인구조사와 성전 터의 선택(대상 21:1-22:1; 참조. 삼하 24:1-25)

이 문단은 다윗이 인구조사를 하는 이야기다. 저자는 "사탄이 일어나 이스라엘을 대적하고 다윗을 충동하여 이스라엘을 계수하게 하니라"(대상 21:1)라고 했다. 사무엘서는 "여호와께서……다윗을 격동시키사"(삼하 24:1)라고 했다. 이 차이는 다른 것이 아니다. 욥기에서 사탄이 욥을 시험할 때처럼 하나님이 충동하시는 것이 아니라 사탄이 한 일을 허용하시는 것으로 이해할 수 있다. 역대기는 충동의 실체를 사탄으로 밝히고 있다. 이 일을 맡은 요압은 레위인과 베냐민은 계수하지 않았다(대상 21:6). 이 또한 사무엘서와 차이가 있다. 다윗이 인구를 계수하는 것이 왜 죄가 되는지 설명하지 않고 하나님이 이 일을 악하게 여기시고 이스라엘을 치셨다고 기록하고 있다(대상 21:7).

성경에 보면 여호와께서 이스라엘 자손의 회중의 총수를 계수하라고 하셨다(민 1:18; 26:1-2). 이때 싸움에 나갈만한 자를 계수했다(민 1:45-46; 26:2). 그 외에도 생명의 속전을 위하여 계수했다(출 30:11-16). 인구조사는 출애굽 당시부터 성경의 역사에 자주 기록되어 있기 때문에 합법적인 것처럼 보인다(출 38:26; 민 1:46 등).

다윗의 인구조사 이야기는 사무엘하 24장과 공통되는 구조를 가지고 있으나 저자의 신학적 관심이 잘 드러나 있다. 역대상 21:1-22:1과 사무엘하 24장의 구조를 다음과 같이 정리할 수 있다(Hill 2003, 292).

역대상	사 건	사무엘하
21:1-4a	다윗이 인구조사를 명함	24:1-4a
—	인구조사 과정	24:4b-7
21:4b-7	인구조사 결과	24:8-10
21:8-12	심판의 방법 선택	24:11-13
21:13-17	하나님의 심판이 멈춤	24:14-17
21:18-27	성전 터 구입	24:18-25
21:28-22:1	결론	—

이 구조를 보면 역대기에는 인구조사 과정이 생략된 대신에 이 사건의 결론이 기록되어 있다. 다윗이 오르난의 타작마당을 사서 여호와를 위하여 제단을 쌓고 번제와 화목제로 여호와께 아뢰자 여호와께서 불을 내려 응답하시는 것을 보고 거기서 제사를 드렸다(대상 21:28). 왜 다윗이 이곳에서 제사를 드렸을까? 그 점을 저자는 당시 모세가 광야에서 지은 여호와의 성막과 번제단이 기브온에 있었으나 천사의 칼이 두려워 그 앞에 가서 묻지 못했기 때문이라고 설명한다(대상 21:29-30). 다윗은 여호와께서 불을 내려 응답하신 그곳을 여호와 하나님의 성전이요 이는 이스라엘의 번제단이라고 했다(대상 22:1). 저자의 우선적인 관심은 예루살렘 성전이다(Hill 2003, 291). 다윗이 이스라엘에 대한 하나님의 심판을 그치게 하려고 제사를 드리기 위해 구입한 타작마당이 여호와의 성전 터가 되었다. 솔로몬은 이곳에 성전을 건축했다(대하 3:1). 이 성전은 역대기의 핵심적인 내용일 뿐만 아니라, 성경 전체에서 그리스도의 사역과 관련하여 가장 핵심적인 개념이다(막 15:37-38; 계 21:9-22:5).

(7) 다윗의 성전 건축 준비와 권면(대상 22:2-19)

역대기에는 다윗이 성전 건축과 관련하여 행한 세 번의 권면이 있다.

- 솔로몬과 이스라엘 백성들에게 한 권면(대상 22:6-19)
- 이스라엘 모든 고관들과 솔로몬에게 한 권면(대상 28:1-21)
- 이스라엘 온 회중에게 한 권면(대상 29:1-5)

이 세 강론과 이 강론을 담고 있는 역대상 22-29장은 다른 어떤 곳에서도 나타나지 않는 역대기만의 독특한 내용을 담고 있다.

① 다윗의 성전 건축 준비(대상 22:2-5)

다윗은 비록 자신의 손으로 성전을 건축하지 못하지만 그 일을 위한 자재들을 준비했다. 다윗은 이스라엘 땅에 거주하는 이방 사람들을 모아 돌과 못과 철과 백향목을 준비했다. 백향목은 지금의 레바논 지역인 시돈과 두로 사람이 수

운해 왔다(대상 22:4). 이것은 뗏목을 만들어 지중해를 통하여 욥바 항구로 들어 왔다는 것이다. 다윗이 이렇게 준비한 목적은 여호와를 위하여 건축할 성전을 만국에 명성과 영광이 있도록 하기 위함이다(대상 22:5).

② 다윗의 권면(대상 22:6-19)

• **솔로몬이 성전을 지어야 할 당위성(대상 22:6-10):** 다윗은 그의 아들 솔로몬을 불러 성전 건축하기를 부탁했다. 다윗은 솔로몬에게 자신이 성전을 짓지 못한 이유는 여호와께서 금하셨기 때문이라고 설명했다. 여호와께서 금하신 이유는 다윗이 땅에 피를 많이 흘렸다는 것이다(대상 22:8; 28:3). 이 말씀을 근거로 종종 다윗이 성전을 짓지 못하게 한 것은 그가 의식적으로 정결하지 못하기 때문이라고 설명한다. 그러나 다윗의 전쟁 기사는 그의 군사적인 행동을 정죄하는 것이 아니라 오히려 땅에 안식을 주기 위하여 하나님의 명령을 이행하는 문맥에 놓여 있다(참조. 왕상 5:3-4). 다윗이 전쟁을 하는 기사에서 '여호와께서 이기게'(대상 18:6b, 13b) 하셨다는 기록이 보여 주듯이 다윗이 전쟁을 하는 것을 비난하지 않는다(Hill 2003, 298; 세터트웨이트 & 맥콘빌 2011, 459). 다윗의 역할은 이스라엘의 대적들을 물리쳐 평화와 안식을 얻게 하고 성전을 건축하기에 필요한 여건을 만드는 것이다(대상 22:18; 참조. 신 12:10-11). 만약에 여호와께서 다윗이 피를 흘린 것, 곧 전쟁을 한 것을 의식적으로 정결하지 못한 행동으로 간주하셨다면 다윗에게 성전 건축할 마음이 있는 것을 좋다고 칭찬하시고(대하 6:8), 성전의 자세한 식양을 가르쳐 준다든지 성전 건축에 필요한 자재들을 준비하게 한 것을 설명할 수 없다(대상 28:11, 12, 18, 19; 대상 29:1-9). 뿐만 아니라 솔로몬이 성전을 짓는 이유를 히람에게 설명할 때도 사방의 전쟁으로 말미암아 건축하지 못하게 했다고 말한다(왕상 5:3). 그래서 이 문맥에서 성전을 건축하는 것을 금하면서 피를 흘렸다고 말하는 것은 평화와 안식을 주기 위해 전쟁을 했다는 것이다. 그리고 다윗은 여호와께서 솔로몬의 생전에 평안과 안일함(שָׁלוֹם וָשֶׁקֶט)[121]을 주고, 그가 여호와의 이름을 위하여 성전을 건축할 것이라고 말씀하셨다고 했다(대상 22:9-10). 이것은 왜 다윗이 성전을 짓지 못하고 솔로몬이 지어야 하는지 그 이유를 설명하는 것이다.

121 '쉐케트'(שֶׁקֶט)를 개역개정판이 '안일함'이라고 번역한 것은 적절하지 못하다. 앞의 '샬롬'과 같은 의미로 정치적으로 평안하다는 의미다.

• **솔로몬에게 주는 권면(대상 22:11-16)**: 다윗은 솔로몬에게 축복하기를 여호와께서 함께하여 형통하고, 여호와의 성전을 건축하고, 이스라엘을 여호와의 지혜와 총명으로 다스리고, 여호와의 율법을 지키게 하시기를 원한다고 했다(대상 22:11-12). 다윗은 이 축복에 이어서 만일 율법을 행하면 형통하게 될 것이라고 권면했다(대상 22:11-13). 솔로몬에게 중요한 일은 성전을 건축하는 일과 더불어 율법을 지켜 행하는 것이다. 성전이 의미를 가지려면 율법을 지키는 일이 선행되어야 한다.

• **방백들에게 주는 권면(대상 22:17-19)**: 다윗은 방백들에게 여호와께서 함께하여 사면으로 평온하게 하신 사실을 상기시키며 마음과 뜻을 바쳐 여호와를 구하고, 솔로몬을 도와 성전을 건축할 것을 권면했다. 특히 다윗이 성전을 건축하는 일과 여호와를 구하는 일을 나란히 둔 것은 이 둘을 동일하게 보았기 때문이다.

(8) 삽입구: 성전을 섬기는 사람들(대상 23:1-27:34)

이 문단은 괄호 안에 넣고 역대상 22장과 28장을 연결하여 읽어도 자연스럽게 이야기가 연결된다. 왜냐하면 이 문단은 삽입구이기 때문이다. 이 문단은 성전을 건축하게 되면 성전에서 섬길 사람과 그 임무와 행정 조직을 설명한다. 성전을 건축하여 성전의 기능을 수행하려면 조직이 필요하기 때문이다. 조직은 임무를 수행하는 중요한 제도적 장치다.

• 레위 사람과 그 임무(대상 23:3-32)
• 아론 계열의 사람과 그 임무(대상 24:1-19)
• 레위 자손 중에 남은 자(대상 24:20-31)
• 찬송을 맡은 사람들(대상 25:1-31)
• 성전 문지기(대상 26:1-19)
• 성전 곳간을 맡은 사람들(대상 26:20-28)
• 성전 밖에서 행정 임무를 맡은 레위 사람들(대상 26:29-32)
• 이스라엘의 행정을 맡은 관원들(대상 27:1-15)
• 이스라엘 지파를 관할하는 사람들(대상 27:16-24)

- 왕의 재산을 맡은 자들(대상 27:25–31)
- 다윗을 섬기는 사람들(대상 27:32–34)

(9) 성전 건축을 위한 권면(대상 28:1–21)

역대상 28:1–29:9은 대상 22:1–19의 내용을 다시 반복하면서도 더 확장하여 설명하고 있다. 다윗이 성전을 건축할 마음을 가졌으나 여호와께서 다윗이 전쟁으로 피를 많이 흘렸기에 성전을 건축할 수 없고 그 대신 솔로몬을 세워 그 일을 하게 하신 기사는 반복이다. 이것은 솔로몬이 성전을 건축해야 하고 온 이스라엘은 도와야 한다는 것이다(대상 28:1–6). 그리고 유사하면서도 내용을 더 확장하고 있는 것은 다윗이 이스라엘 온 회중들을 대상으로 여호와께서 하신 말씀을 전한다는 것이다(대상 28:1, 8). 다윗은 회중들과 솔로몬에게 하나님 여호와의 계명을 지키면 이 아름다운 땅을 누리고 너희 후손에게 영원히 기업이 되게 할 것이라고 권면했다(대상 28:8). 특히 포로 이후 이스라엘 백성들이 이 기사를 들었을 때 그들은 이 땅에서 쫓겨나 포로 생활을 하게 된 원인이 무엇이며, 동시에 이스라엘의 미래가 어디에 있는지 알게 되었을 것이다.

역대상 22장에 없는 특이한 부분은 역대상 28:11–19에 기록된 성전 설계도이다. 이 부분은 삽입구다. 다윗이 솔로몬에게 하는 권면인 역대상 28:9–10에서 28:20–21을 바로 연결하여도 흐름에 방해를 받지 않는다. 이것은 솔로몬이 건축할 성전을 어떻게 지어야 할 것이며 어떤 의미가 있는지를 강조한 것이다. 그것은 다윗이 영감을 받은 것으로 성전의 복도와 곳간과 골방과 속죄소, 성전 뜰과 사면 방, 섬기는 일에 쓰는 모든 그릇, 등잔대와 진설병을 놓는 상과 향단 등이다. 여기에 기록된 내용은 모두 시내산에서 보여 주신 성막과 그 기구들과 거의 동일하다. 이것은 솔로몬이 건축할 성전 역시 시내산 언약을 성취하기 위한 방법이며, 성막과 동일한 연장선에 있다는 것을 보여 준다.

(10) 성전 건축을 위한 헌신과 기도(대상 29:1-22)

① 성전 건축을 위한 헌신(대상 29:1-9)

다윗은 성전 건축을 위하여 권면한 뒤에 하나님의 성전 기구를 만들 금과 은 등을 준비하고, 하나님의 성전을 사모하여 오빌의 금 삼천 달란트와 순은 칠천 달란트를 드렸다(대상 29:2-4). 이뿐만 아니라 하나님의 성전을 위하여 다윗이 헌신하며 참여를 요청하자 모든 가문의 지도자들과 지파의 지도자들과 천부장과 백부장 등이 성심으로 여호와께 자원하여 드렸다(대상 29:6-9). 저자는 이들이 바친 헌금 가운데 당시 독자들이 이해할 수 있도록 '금 만 다릭'(대상 29:7)을 드렸다고 기록하고 있다. 여기에 사용된 '다릭'은 페르시아 제국의 화폐 단위로 다리오 1세(주전 522-486)에 주조되었다.[122] 다윗 말기와 솔로몬 시대에 성전 건축을 위하여 헌신한 관리들과 백성들은 역사상 최고의 부를 누렸다. 이 일은 성전 건축을 위하여 헌신한 일과 무관하지 않다.

② 다윗의 기도와 백성들의 응답(대상 29:10-22)

성전 건축을 위하여 준비하고 백성들이 자원하여 드린 것을 보고 다윗은 여호와를 송축하며 기도했다. 그의 기도의 핵심은 부와 귀가 여호와로 말미암고 여호와께서 만물의 주재가 되사 손에 권세와 능력을 주시는 분으로 찬양하는 것이다(대상 29:11-12). 다윗은 모든 것이 여호와께 속하였고, 또한 여호와께서 모든 것을 주시는 분이기에 주의 손에서 받은 것으로 드렸다고 고백한다(대상 29:14). 나아가 자신과 자기 백성이 성전을 건축하려고 자원하여 드린 것으로 고백한다(대상 29:17). 그리고 다윗은 아브라함과 이삭과 이스라엘의 하나님 여호와라고 부르며 이 믿음을 백성의 마음에 영원히 두어 생각하게 하시고, 솔로몬에게 정성된 마음을 주사 주의 계명을 지켜 성전을 건축하게 해 달라고 기도했다. 그리고 온 회중도 여호와를 송축하고 풍성한 제물을 드리며 여호와 앞에서 크게 기뻐하며 먹고 마셨다.

이후의 역사를 보면 여호와께서 다윗의 기도를 들으시고 솔로몬으로 하여금

122 저자가 이 화폐 단위를 사용했다는 것은 이 화폐가 통용되는 시대에 이 역사를 기록했다는 것이다.

성전을 건축하게 하셨다. 그리고 다윗이 모든 것이 여호와께로부터 나온다는 믿음을 영원히 백성의 마음에 두도록 기도한 것처럼, 비록 이 믿음을 버려 징계를 받았다 할지라도 이 믿음을 가진 자들은 바벨론 포로에서 돌아와 새로운 미래를 열어 갈 수 있게 되었다.

(11) 솔로몬의 등극과 다윗의 통치 결론(대상 29:23-30)

저자는 솔로몬이 왕이 된 사건을 열왕기서와 비교할 때 다른 기사는 생략하고 성전과 관련된 기사만 다룬다. 열왕기서와는 달리 아도니아와 권력을 다투는 일과 다윗의 정적들에 대한 유언의 내용 등은 다루지 않는다(참조. 왕상 1:1-2:9). 반면에 솔로몬에게 기름을 부음과 동시에 사독에게도 기름을 부어 제사장이 되게 한 일은 다룬다(대상 29:22). 사독을 언급하는 것은 사독이 성전 건축을 관장할 인물이기 때문이다.

저자는 역대상 10장부터 시작한 다윗의 이야기를 마치면서 그가 온 이스라엘의 왕이 되어 40년을 다스렸다고 기록하고 있다(대상 29:26-27). 그러면서 다윗의 행적이 사무엘의 글과 선지자 나단의 글과 선견자 갓의 글에 다 기록되어 있다고 부연한다. 이 부연 설명은 저자가 다윗의 역사를 기록할 때 많은 자료들 중에서 특별한 목적을 위하여 선택적으로 기록했다는 것을 시사한다.

3. 솔로몬의 통치(대하 1:1-9:31)

저자는 솔로몬이 성전을 건축한 사건을 중심으로 이야기를 전개한다. 이 문단의 대부분은 열왕기서의 기록을 중심으로 설명하지만 솔로몬의 부정적인 면인 이방 여인과 결혼한 일과 왕국의 분열 요인 등의 기록(왕상 11장) 등은 아무런 언급도 하지 않는다. 솔로몬의 이야기는 수미쌍관법으로 그의 부와 지혜를 설명하는 것으로 시작하고(대하 1:1-17) 그의 지혜와 부를 설명함으로 마친다(대하 9:1-28). 그리고 이 두 본문 사이에 있는 내용은 모두 성전 건축과 관련되어 있을 뿐만 아니라 솔로몬의 지혜와 부가 성전과 연관되어 있다는 것을 보여 준다. 이것은 저자의 관심사인 이스라엘의 정체성과 미래가 성전과 연관되어 있기 때문이다. 이것은 이 문단이 교차대칭구조로 기록한 것을 통하여 더 분명하게 보여준다(Selman 1994, 285–286).

A 솔로몬의 지혜와 부(대하 1:1–17)
　B 솔로몬이 성전 건축을 준비함(대하 2:1–18)
　　C 솔로몬이 여호와의 성전을 건축함(대하 3:1–5:1)
　　C′ 솔로몬이 여호와의 성전을 봉헌함(대하 5:2–7:22)
　B′ 솔로몬이 성전과 다른 건축을 완성함(대하 8:1–16)
A′ 솔로몬의 지혜와 부(대하 8:17–9:28)

내용 분해

(1) 솔로몬의 지혜와 부(대하 1:1–17)
(2) 솔로몬이 성전 건축을 준비함(대하 2:1–18)
(3) 솔로몬이 여호와의 성전을 건축함(대하 3:1–5:1)
(4) 솔로몬이 여호와의 성전을 봉헌함(대하 5:2–7:22)
(5) 솔로몬이 성전과 다른 건축을 완성함(대하 8:1–18)
(6) 솔로몬의 지혜와 부, 그리고 죽음(대하 9:1–31)

내용 해설

(1) 솔로몬의 지혜와 부(대하 1:1–17)

저자는 솔로몬의 왕위가 견고하여 가며 그의 하나님 여호와께서 그와 함께하사 심히 창대하게 하셨다고 설명한다(대하 1:1). 이 문단은 솔로몬의 통치 초기의 세 가지 일을 소개한다. 솔로몬이 기브온에서 제사를 드린 일(대하 1:1–6)과 지혜를 구한 일(대하 1:7–13), 그리고 그의 부(대하 1:14–17)이다.

① 기브온에서 제사를 드림(대하 1:1–6; 참조. 왕상 3:4)

솔로몬 당시 기브온 산당에 하나님의 회막과 브살렐이 만든 놋 제단이 있었다(대상 21:29; 대하 1:2–5). 열왕기서와는 달리 솔로몬은 천부장들과 백부장들과 재판관들과 온 이스라엘의 방백들과 족장들이 함께 기브온 산당에서 천 마리의 희생제물을 번제로 드렸다(대하 1:6).[123] 이것은 솔로몬 개인의 제사가 아니라 국가적인 제사로 나라의 명운이 하나님과 맺은 언약 관계에 달려 있음을 고백하는 행위이다. 그런데 저자는 솔로몬이 왜 기브온에서 제사를 드렸는지 설명하면서 다윗이 예루살렘에 하나님의 궤를 위하여 장막을 쳐 두었지만 브살렐이 만든 놋 제단이 기브온에 있었기 때문이라고 했다(대하 1:4). 이것은 당시 기브온 산당에서 제사드릴 수밖에 없었고 앞으로 하나님의 궤가 있는 곳에 성전을 지을 것을 암시한다.

② 솔로몬이 지혜를 구함(대하 1:7–13; 참조. 왕상 3:5–15)

솔로몬이 국가적인 번제를 드린 날 밤에 하나님이 솔로몬에게 나타나 "내가 네게 무엇을 주랴 너는 구하라"(대하 1:7)라고 하셨다. 솔로몬은 하나님이 띠끌같이 많은 백성의 왕으로 삼으셨기에 지혜와 지식을 주어 백성 앞에서 출입하게 해 달라고 구했다(대하 1:10). '출입하다'(וְאֵצְאָה ... וְאָבוֹאָה)라는 말은 일반적으로 군대를 이끌어가는 군사적인 의미로 사용되었다(대상 11:2; 삼상 18:13, 16)(Dillard 1987, 12). 그리고 부연하여 솔로몬은 주의 백성을 재판하기 위한 것이라고 했다(대하 1:10).[124] 솔로몬의 간구는 지혜와 지식을 주셔서 백성들을 잘 통치하게 해 달라는 것이다. 하나님은 "내가 네게 다스리게 한 내 백성을 재판하기 위하여 지혜와 지식을 구했다"(대하 1:11)라고 하시며 지혜와 지식만이 아니라 부와 재물과 영광도 주실 것이라고 하셨다(대하 1:12).

123 열왕기상 3:4에 '일천 번제'로 번역하여 '일천 번의 번제'로 오해할 가능성이 있다. 히브리어 원문은 '에레프 오로트'(אֶלֶף עֹלוֹת)로 '일천 마리의 번제'라는 뜻이다. 역대하 1:6에 '오로트 아레프'(עֹלוֹת אֶלֶף)로 단어 순서만 바뀌어 나타나는데 의미는 같다.

124 역대하 1:10, 11에 '재판하다'는 '샤파트'(שָׁפַט)라는 동사로 '통치하다'라는 의미가 더 좋다.

③ 솔로몬의 부(대하 1:14-17; 참조. 왕상 10:26-29)

저자는 솔로몬 시대의 부의 척도인 병거와 마병과 은금과 백향목으로 설명했다. 병거가 1,400대이고 마병이 12,000명이며, 은금이 돌같이 흔하고 백향목은 평지의 뽕나무(무화과나무)같이[125] 많았다고 하는 것은 나라가 큰 부를 누렸다는 것이다.

(2) 솔로몬이 성전 건축을 준비함(대하 2:1-18; 참조. 왕상 5:1-18; 7:13-14)

이 문단은 솔로몬이 성전 건축과 궁궐을 건축하기 위해 일꾼과 자재와 기술자를 준비하는 내용이 교차대칭구조로 구성되어 있다.

A 건축에 뽑힌 일꾼들과 그 수(대하 2:2)
  B 솔로몬이후람에게 보낸 편지(대하 2:3-10)
  B′ 후람이 솔로몬에게 답신한 편지(대하 2:11-16)
A′ 건축에 뽑힌 일꾼들과 그 수(대하 2:17-18)

솔로몬은 성전과 궁궐을 건축하기로 결심하고 짐꾼 70,000명, 돌을 떠낼 자 80,000명, 일을 감독할 자 3,600명을 뽑았다(대하 2:1-2, 17-18). 그리고 두로의 후람에게 사절을 보내어 금, 은, 동, 철과 직조 기술자와 레바논의 백향목과 잣나무 등을 보내 줄 것을 요청했다(대하 2:7-8). 이 청원에서 솔로몬은 후람에게 하늘과 하늘들의 하늘이라도 크신 하나님을 용납하지 못하지만 하나님 앞에 분향하는 일은 이스라엘의 영원한 규례라고 설명했다(대하 2:4-6). 두로의 후람은 이 청원을 듣고 재주 있고 총명한 기술자인 후람(히람)을 보내겠고, 레바논에서 나무를 벌목하여 뗏목으로 엮어 욥바로 보낼 것이라고 답장했다(대하 2:13-16).

125 개역개정판에 '뽕나무'라고 번역하였지만 히브리어는 '쉬크마'(שִׁקְמָה)로 '무화과나무'가 더 적절하다. 이 나무는 팔레스틴에서 '세펠라'(경사지)에 있는 일반적인 나무다(Dillard 1987, 13). 역대하 1:15의 '평지'는 히브리어로 '세펠라'(שְׁפֵלָה)이기에 경사지라고 번역해야 한다.

(3) 솔로몬이 여호와의 성전을 건축함(대하 3:1-5:1)

이 문단은 솔로몬이 여호와의 성전을 어디에, 어떻게 세웠으며, 성전 기구들을 누가, 어떻게 만들었는지 설명한다.

① 성전 건축(대하 3:1-14; 참조. 왕상 6:1-38)

솔로몬이 성전을 건축한 기사는 열왕기서보다 간결하다. 열왕기서의 38개의 구절(왕상 6:1-38)보다 14개의 구절로 압축하고 있다. 이것은 열왕기서의 기록을 알고 있다고 보기 때문이다. 솔로몬은 예루살렘의 모리아산에 여호와의 성전을 건축하기 시작했다(대하 3:1). 성전이 건축될 장소는 역사적으로 아브라함이 이삭을 제물로 바치던 산이었고, '여호와의 산'이라고 불렀던 곳이다(창 22:2, 14). 동시에 여호와께서 다윗에게 나타나셨던 곳이며, 다윗이 성전으로 정한 곳으로 여부스 사람 오르난의 타작마당이었던 곳이다(대하 3:1; 참조. 대상 21:15, 18, 28). 솔로몬이 왕위에 오른 지 넷째 해 둘째 달 둘째 날 건축을 시작했다. 열왕기의 기록을 따르면 건축하기 시작할 때는 이스라엘 자손이 애굽 땅에서 나온 지 480년으로 주전 966년이다(참조. 왕상 6:1)[126]

솔로몬이 하나님의 전을 위하여 놓은 지대는 길이가 60규빗(27m),[127] 너비가 20규빗(9m)이다(대하 3:3). 역대기에는 성전의 높이가 나타나 있지 않지만 열왕기서는 30규빗(13.5m)이라고 말한다(왕상 6:2). 여기에 특별한 이유가 있다기보다는 역대기는 하나님의 전 지대를 설명하기 때문으로 보인다. 성전 앞에 있는 낭실[128]의 길이는 성전의 너비와 같이 20규빗(9m)이고 높이가 120규빗(54m)이다(대하 3:4). 원문에는 높이에 규빗이라는 단위가 없다. 또 지성소의 길이는 20규빗(9m), 너비는 20규빗(9m)으로 되어 있고 순금 600달란트로 입혔다(대하 3:8).

성전이라는 이미지를 떠올릴 때 가장 중요한 개념은 하나님이 임재하시며 교

---

126 출애굽 연대를 주전 1446년으로 보는 전통적인 견해와, 480을 성경의 상징수인 4×12×10으로 보아 주전 1250년경으로 보는 견해로 구분하지만 문자적으로 본다(주전 1446-480=966년).

127 1규빗은 일반적으로 45cm이다.

128 역대하 3:4에서는 '낭실'이라고 번역하였으나 열왕기상 6:3에서는 '주랑'이라고 번역하여 통일성이 없다.

제하기 위하여 정하신 지상의 장소라는 것이다(출 25:8). 신약성경은 성전의 이미지를 광범위하게 사용한다. 복음서는 예수님의 십자가 죽으심을 성전의 개념을 성취한 것으로 설명한다(요 2:19-21). 성전의 휘장이 그리스도께서 십자가에 죽으실 때 찢어진 사실을 설명하므로 성전의 개념을 더 선명하게 보여 준다(마 27:51; 막 15:38; 눅 23:45). 이것은 그리스도의 사역이 죄로 말미암아 막혔던 길을 열어 주시므로 자유롭게 하나님과 교제하게 되었다는 것이다. 히브리서 저자는 성전을 하늘 성소의 모형으로 설명할 뿐만 아니라 그리스도의 죽으심으로 하늘 성소에 들어갈 담력을 얻게 되었다고 설명한다(히 8:5; 9:23; 10:19-20). 사도들은 성도들을 하나님의 성전으로 설명한다(고전 3:16-17; 6:19; 고후 6:16; 벧전 2:4-5). 요한은 장차 들어갈 새 예루살렘을 설명할 때 길이와 너비와 높이가 같은 지성소 이미지로 설명했다. 그리고 온 성읍이 하나님의 거처가 되므로 성전이 없다고 설명한다(계 21:15-27). 이러한 신약의 설명을 볼 때 성전은 구속사에서 당시 이스라엘 백성들에게는 하나님과 만나 교제하며 하나님 나라를 경험하는 곳이었고 새로운 미래를 바라보는 곳이었다. 신약의 성도는 그리스도 안에서 더 풍성하게 성령으로 이 세계를 경험하며 완전한 하나님 나라를 소망하며 산다.

② 두 기둥과 성전의 기구들(대하 3:15-5:1; 참조. 왕상 7:15-51)

성전 앞의 두 기둥과 성전의 기구들은 모두 후람(=히람)이 만든 것이다(대하 4:11-18; 참조. 왕상 7:13-14).

• **두 기둥(대하 3:15-17; 왕상 7:15-22)**: 후람이 만든 성전의 두 기둥은 길이가 35규빗이고 꼭대기의 머리는 5규빗이다. 이 크기는 열왕기서의 기록과 다르다. 열왕기는 높이가 각각 18규빗(8.1m)이다. NIV는 'together'라는 단어를 넣어 두 개의 합이라고 보았지만 확실하게 알 수 없다. 성전 앞에 세운 두 기둥 가운데 오른쪽에 있는 것을 '야긴'이라고 하였고, 왼쪽에 있는 것을 '보아스'라고 했다(대하 4:17). '야긴'의 뜻은 '그가 세운다'라는 뜻이고, '보아스'는 '그에게 능력이 있다'는 뜻이다.

• **놋 제단(대하 4:1)**: 제단의 크기는 길이와 너비가 각각 20규빗(9m), 높이가 10규빗(4.5m)이다. 열왕기서는 놋 제단의 제조에 대한 기록은 없지만 놋 제단은 있었다고 언급하고 있다(왕상 8:64; 9:25; 왕하 16:14).

• **놋 바다(대하 4:2-5; 왕상 7:23-26)**: 크기는 지름 10규빗(4.5m), 높이 5규빗(2.25m), 주위 곧 둘레는 30규빗(13.5m)이다. 둘레는 전문적으로 말하면 31.416규빗(14.13m)이 되어야 한다. 그리고 가장자리 아래에 소 형상이 있는데 각 규빗에 소가 10마리씩 있어 모두 300마리가 있다.[129] 또한 그 바다를 황소 열두 마리가 받쳤다. 셋은 북쪽, 셋은 서쪽, 셋은 남쪽, 셋은 동쪽을 향했다. 이 바다는 3,000밧(bath, 1 bath는 40-45l)의 물을 담을 수 있었다.[130] 놋으로 만든 바다의 기능은 제사장의 정결의식을 위한 것이다(대하 4:6).

• **물두멍(대하 4:6; 왕상 7:27-39)**: 10개의 물두멍을 만들어 5개는 오른쪽에 두고 5개는 왼쪽에 두어 번제에 속한 물건을 씻게 했다.

• **등잔대(대하 4:7; 왕상 7:49)**: 금으로 등잔대 10개를 만들어 내전 안에 두어 왼쪽에 5개, 오른쪽에 5개를 두었다. 모세의 성막에는 1개가 있었으나 사용하는 규례는 같다(참조. 출 25:31-40; 37:17-24).

• **상(대하 4:8)**: 상을 10개를 만들어 내전 안에 두되 왼쪽에 5개, 오른쪽에 5개를 두었다. 이 기사는 역대기에만 나타난다.

저자는 이 문단에서 성전보다 성전에서 사용하는 기구에 더 자세한 설명을 하고 있다. 이 역시 성전과 같이 하나님이 자기 백성 가운데 임재하시며, 죄를 대속하시고 용서하시어 교제하신다는 것을 보여 준다(켈리 2014, 875). 히브리서 저자는 장막 안에 있는 등잔대와 상과 진설병도 그리스도의 대속을 예표하는 것으로 보았다(히 9:1-10).

(4) 솔로몬이 여호와의 성전을 봉헌함(대하 5:2-7:22)

저자는 성전 건축에 대한 이야기(대하 3:1-5:1, 40구절)보다 성전 봉헌에 대한 이야기(대하 5:2-7:22, 77구절)를 훨씬 더 길게 설명한다. 그것은 성전의 외적인 구조와 기구도 중요하지만 성전이 가지고 있는 의미가 더 중요하기 때문이다. 이 문단은 성전이 완공되는 것과 함께 여호와의 언약궤를 성전의 지성소 안에 메어 올리는 일과 솔로몬의 기도, 여호와께서 성전과 솔로몬에게도 나타나시는 내용

129 열왕기상 7:24에 '박'이라고 하였으나, 역대기는 '소'라고 했다. 이 차이는 알 수 없다.
130 열왕기상 7:26에는 2,000밧이라고 되어 있다. 그 차이는 기록자들의 오기 때문으로 보인다.

으로 이루어져 있다.

① 언약궤를 성전으로 옮김(대하 5:2–14; 왕상 8:1–11)

솔로몬이 여호와의 언약궤를 지성소에 옮긴 기사는 열왕기상 8:1–11과 거의 같다. 솔로몬은 언약궤를 옮기기 위해 장로들과 족장들을 다 소집하였고 그들이 일곱째 달 절기에 모이자 레위인 제사장들이 궤를 메어 들였다. 그곳은 지성소 그룹들 날개 아래다(대하 5:3–7). 일곱째 달 절기는 그 달 15일부터 지키는 초막절이다(레 23:34–43; 신 16:13–15). 여호와의 언약궤 안에는 두 돌판을 넣었다. 이 돌판은 여호와께서 호렙산(=시내산)에서 언약을 세우실 때 모세가 넣은 십계명이다(대하 5:10).

이때 제사장들이 여호와의 언약궤를 지성소에 넣고 나와서 노래하는 레위 사람 아삽과 헤만과 여두둔과 그의 아들들과 형제들이 다 세마포를 입고 찬송하며 "선하시도다 그의 자비하심이 영원히 있도다"(대하 5:13)라고 했다. 이때 여호와의 전에 구름이 가득했다. 이 현상의 의미를 저자는 "이는 여호와의 영광이 하나님의 전에 가득함이었더라"(대하 5:14)라고 했다. 이러한 현상은 모세 시대에 성막을 완성하고 여호와의 언약궤를 넣은 후에도 나타났다(출 40:33–35). 이 현상은 여호와께서 성막에 거하신다고 말씀하신 것처럼 솔로몬이 지은 성전에 임재해 계신다는 것을 보여 준다(참조. 출 25:8).

② 솔로몬의 축복(대하 6:1–11; 참조. 왕상 8:12–21)

언약궤를 지성소에 넣은 후에 나타난 여호와의 임재의 현상을 보고 솔로몬이 연설한 기사는 열왕기상 8:12–21과 거의 같다. 솔로몬의 연설은 성전을 건축하고 언약궤를 넣는 일에 대한 신학적 의미를 설명했다. 솔로몬은 자신이 건축한 성전을 가리켜 "주께서 영원히 계실 처소로소이다"(대하 6:2)라고 했다. 이뿐만 아니라 솔로몬은 성전 건축의 역사를 간략하게 네 단계로 설명했다. 첫째, 여호와께서 자기 백성을 애굽 땅에서 나오게 하신 후부터 여호와의 이름을 두기 위하여 예루살렘을 선택하시고, 다윗을 선택하여 이스라엘을 다스리게 하셨다. 둘째, 여호와께서 다윗이 성전을 건축할 마음을 가진 것은 좋지만 아들이 여호와의 이름을 위하여 건축하게 하실 것이다. 셋째, 솔로몬은 그 약속에 따라 성전을 건축했다. 넷째, 솔로몬이 여호와께서 이스라엘 자손과 세운 언약궤를 성전에 두었다. 솔로몬이 언급한 건축 역사의 핵심은 여호와께서 작정하신 대로 여호와의 이름을 위하여 성전을 완공하였고, 여호와께서 성전에 임재하신다는 것이다.

③ 솔로몬의 기도(대하 6:12–42; 참조. 왕상 8:22–53)

솔로몬의 기도는 열왕기상 8:22–53과 거의 유사하다. 그의 기도의 근거는 세 가지다. 첫째, 여호와께서 온 마음으로 주의 앞에서 행하는 종들에게 언약을 지키시고 은혜를 베푸신다(대하 6:14; 신 7:9). 둘째, 여호와께서 다윗에게 말씀하신 대로 그의 자손이 율법을 행하기만 하면 이스라엘 왕위에 앉을 사람이 끊어지지 않을 것이라고 약속하셨다(대하 6:15–16; 대상 17:11–14; 22:9–10). 셋째, 주께서 주의 이름을 성전에 둘 것이라고 말씀하셨다(대하 6:20). 여기에 근거하여 솔로몬이 일곱 가지 상황에서 드린 기도와 간구는 A–B–C–D의 평행구조로 7번 나타난다.

A '만일'이라는 가정
B 죄와 기타 사항으로 말미암아 처하게 된 이스라엘의 상황
C 회개와 기도
D 응답

- 어떤 사람이 이웃에게 범죄했을 때(대하 6:22–23)
- 주의 백성 이스라엘이 주께 범죄하여 적국에게 패했을 때(대하 6:24–25)
- 이스라엘이 주께 범죄하여 비가 내리지 않는 벌을 받을 때(대하 6:26–27)
- 기근, 전염병, 자연재해, 재앙이나 질병 등으로 고통당할 때(대하 6:28–31)
- 이방인들이 기도할 때(대하 6:32–33)
- 적국과 싸우려고 할 때(대하 6:34–35)
- 범죄하므로 적국에 사로잡혀 가 회개하고 성전을 향하여 기도할 때(대하 6:36–42)

이러한 구조는 일정한 운율(rhythm)이 있어 기억하기 쉽다. 특히 솔로몬의 기도는 그가 건축한 성전이 어떤 의미가 있는지를 보여 준다. 누구든지 성전에서

나 성전을 향하여 기도하면 이곳에 임재해 계신 하나님이 들으신다는 것이다. 솔로몬의 기도는 기도에 대한 보편적인 진리도 보여 준다. 첫째, 기도의 장소와 관련하여 성전이라는 장소에만 제한된 것이 아니라 어디서든지 기도할 수 있다. '주의 제단 앞에서'(대하 6:22), '이 성전에서'(대하 6:24), '이 성전/이곳을 향하여'(대하 6:26, 29, 32, 34, 38), '원근을 막론하고'(대하 6:36), '사로잡은 자들의 땅에서'(대하 6:37) 등의 표현이 그것을 보여 준다. 둘째, 누구나 하나님께 기도할 수 있다. 왕을 포함한 주의 종들이나 백성들, 심지어 이스라엘에 속하지 않은 이방인들도 포함한다. 셋째, 어떤 문제든지 기도할 수 있다. 예를 들면, 악한 자의 죄, 기근, 자연재해, 전염병, 질병과 전쟁에 나갈 때 등이다.

④ 성전 봉헌의 절정과 백성들의 응답(대하 7:1–10; 참조. 왕상 8:62–66)

• **성전 봉헌의 절정(대하 7:1–3)**: 열왕기서의 본문에는 이 기사가 없다. 불이 하늘에서 내려와 번제물을 사르고 여호와의 영광이 성전에 가득했다(대하 7:1; 참조. 대하 5:14). 이것은 여호와께서 솔로몬이 지은 성전에 임재하시고 자신의 백성과 만나 교제하신다는 것을 의미한다.

• **백성들의 응답(대하 7:4–10)**: 여호와께서 임재하시자 왕과 백성들은 여호와 앞에 제사를 드렸다. 성전을 봉헌할 때 솔로몬은 소 22,000마리, 양 120,000마리를 제물로 드렸다.[131] 이때 이스라엘 백성들이 성전 봉헌식 7일과 초막절 7일을 지켰기 때문에 이 제물은 백성들의 양식이었을 것이다. 이때 바친 제물의 수는 실제 제사를 가정하고 계산하면 많은 제물을 바쳤다는 것을 알 수 있다. 봉헌식과 초막절을 지킨 날은 전체 14일이지만(대하 7:9) 알기 쉽게 12일로 가정한다면 매일 10시간씩 드린다 할지라도 1분에 20마리를 잡아서 희생제사를 드려야 가능하다(Wenham 1967, 49). 성전 봉헌식과 초막절 절기에 참여한 사람들은 "하맛 어귀에서부터 애굽 강까지의 온 이스라엘의 심히 큰 회중"(대하 7:8)이라고 했다. 이 지역은 아브라함과 언약을 맺을 때 "애굽 강에서부터 그 큰 강 유브라데까지"(창 15:18) 약속하신 땅이다. 이 지역을 언급한 것은 하나님이 아브라함에게 약속하신 것이 솔로몬 시대에 성취가 되었다는 것이다.

131 개역개정판에는 역대하 7:5에 '낙성식을 행하니라'라고 번역하였지만 히브리어로 '하낙'(חנך) 이라는 동사로 '드리다' 또는 '봉헌하다'라고 보아 성전을 봉헌하는 것으로 이해해야 한다.

⑤ 여호와께서 솔로몬에게 다시 나타나심(대하 7:11-22; 왕상 9:1-9)

솔로몬이 여호와의 성전과 왕궁 건축하기를 마친 후에 여호와께서 솔로몬에게 두 번째 나타나셨다(대하 7:11-12). 여호와께서 첫 번째 나타나신 것은 기브온 산당의 회막 앞에 있는 놋 제단에서 천 마리의 희생제사를 드린 후이다(대하 1:7). 솔로몬이 성전을 7년 동안 지었고, 왕궁은 13년 동안 지었다는 점을 고려한다면 여호와께서 거의 20년 후에 나타나신 것이다(참조. 왕상 6:1, 37-38; 7:1; 9:10). 그런데 저자는 역대하 7:12-15에서 열왕기서에 없는 내용을 기록하고 있다. 그것은 역대기의 특징인 즉각적인 보응의 신학이다. 혹시 하나님이 진노하여 비를 내리지 않거나, 메뚜기들이 토산을 먹거나, 전염병이 유행할 때 악한 길에서 떠나 여호와의 얼굴을 찾으면 여호와께서 죄를 사하시고 땅을 고치신다는 것이다. 특히 여호와께서 솔로몬이 지은 성전에서 드리는 기도를 들으실 것이라고 하셨다. 그것은 여호와께서 성전을 택하여(참조. 신 12:5) 여호와의 이름을 '영원히' 있게 하시고, 여호와의 눈과 마음이 '항상' 성전에 있을 것이기 때문이다(대하 7:16).

그러나 여호와께서 이 말씀을 하신 다음에 이스라엘 백성들이 여호와의 율례와 명령을 버리고 다른 신들을 섬기면 이 성전을 버려 모든 민족 중에 속담거리와 이야깃거리가 되게 할 것이라고 경고하셨다(대하 7:19-20). 이 말씀은 여호와께서 성전에 '영원히' 그리고 '항상' 계실 것이라는 말씀과 모순되는 것처럼 보인다. 그러나 이 두 가지는 모순이 아니라 역설(paradox)이다. 역사적으로 볼 때 여호와께서 말씀하신 대로 바벨론의 느부갓네살의 손에 넘겼고, 느부갓네살은 하나님의 전을 불살랐다(대하 36:19). 비록 성전이 파괴되었다고 할지라도 하나님이 이스라엘이 끌려간 나라에 가서 그들의 성소가 되셨고(겔 11:16), 또한 그리스도를 보내어 영원히 그들 가운데 계실 것이기 때문이다(겔 37:28).

(5) 솔로몬이 성전과 다른 건축을 완성함(대하 8:1-18; 참조. 왕상 9:10-28)

솔로몬이 여호와의 전과 자기의 궁궐을 20년 동안 건축하고 여러 지역을 점령하여 성읍들을 건축했다. 하맛소바(=하맛)는 유프라테스 강 아래쪽 지역으로 다마스커스에서 북쪽으로 약 193km 떨어져 있는데 그 지역 안에 다드몰이라는 도시를 건축하고 여러 국고성을 건축했다(대하 8:3-6). 이 기사는 열왕기서에 나타나지 않는다. 또한 솔로몬은 그 땅에 남아 있었던 헷 족속, 아모리 족속, 브리스 족속 등을 역꾼으로 삼았다(대하 8:7-8). 그리고 그는 에시온게벨과 엘롯에 이르러 바닷길을 통하여 오빌에서 금 40달란트를 가져왔다(대하 8:17-18). 오빌은 당시 금 생산지로 알려져 있었다. 텔-카실(Tell-Qasile)에서 주전 약 589/588년경으로 추정되는 오지그릇 파편(ostracon)이 발견되었는데 거기에 새겨진 글에 "오빌의 금을 벧 호론으로……30세겔"이라고 되어 있다(Van Beek 1989, 605-606). 다윗은 성전 건축을 위하여 오빌의 금 삼천 달란트를 준비한 바 있다(대상 29:4).

솔로몬이 정복하고 다스린 곳은 북쪽으로는 유프라테스강까지이고 남쪽으로는 홍해 끝단인 에시온게벨이다. 또한 그는 그 땅에 살고 있었던 여러 족속들을 정복하고 역꾼으로 삼았다. 이것은 여호와께서 아브라함에게 애굽강에서부터 유프라테스강까지 주겠다고 약속하신 땅을 차지했다는 것이다(창 15:18-21). 이것은 딜러드(Dillard 1987, 67)가 지적한 바와 같이 다윗과 솔로몬 시대의 황금기를 생각나게 하여 하나님의 약속은 반드시 실현된다는 소망을 주었을 것이다. 동시에 이것은 과거에 대한 향수가 아니라 선지서에 녹아 있는 미래에 대한 소망을 표현한 것이다(사 60; 55:5; 56:6-8; 미 4:1-5; 습 3:9-11; 슥 8:20-23; 9:9-10; 14:10-19).

(6) 솔로몬의 지혜와 부, 그리고 죽음(대하 9:1-31)

① 스바의 여왕이 방문하다(대하 9:1-12; 참조. 왕상 10:1-13)

이 기사는 열왕기서와 거의 일치한다. 스바의 여왕이 솔로몬을 방문한 것은 그의 지혜와 그 의미가 무엇인지 알게 한다. '스바'는 여왕의 이름이 아니라 나라 이름이다. 성경에 '스바'는 여러 군데 나타난다(창 10:7; 욥 1:15; 6:19; 시 72:15; 사 60:6 등). 특히 시편 72:15과 이사야 60:6을 보면 금이 많이 나는 지역이라는 것을 알 수 있다. 스바의 여왕은 많은 시종과 금과 보석을 싣고 솔로몬을 시험하기 위해 찾아왔다. 그녀는 많은 질문을 하였으나 솔로몬은 대답하지 못한 것이 없었다. 그리고 그녀는 솔로몬의 지혜와 건축물과 음식, 신하들의 좌석과 도열과 공복[132] 등을 보고 그의 명성이 사실임을 알게 되었다. 무엇보다 스바의 여왕은 이

132 히브리어로 '말부쉬'(מַלְבּוּשׁ)라는 단어로 겉에 입는 값비싼 옷이나(겔 16:3), 예복(왕하 10:22) 등의 뜻이 있으나 업무를 보기 위하여 입는 옷으로 보아야 한다.

모두가 여호와 하나님께서 하신 일로 보았다. 특히 그녀는 하나님이 솔로몬을 '그 자리에'(עַל־כִּסְאוֹ), 곧 '하나님의 자리에' 앉게 하셨다고 보았다(대하 9:8). 이것은 스바 여왕이 솔로몬을 하나님의 위치에서 하나님이 통치하듯이 공의와 사랑으로 통치하는 자로 보았다는 것이다. 스바의 여왕은 솔로몬을 만나 어떤 내용을 들었을까? 예수님은 심판 때에 남방 여왕이 일어나 이 세대 사람들을 정죄할 것이라고 하시면서 "그가 솔로몬의 지혜로운 말을 들으려고 땅 끝에서 왔지만 솔로몬보다 더 큰 이가 여기 있다"(마 12:42; 눅 11:31)라고 하셨다. 이것은 스바의 여왕이 하나님의 말씀을 믿었다는 예증이 아닐까?

바벨론 포로에서 돌아온 당시의 백성들은 스바의 여왕이 고백하는 말을 들으면서 어떤 생각을 하였을까? 비록 당시 페르시아의 지배 아래 있었다 할지라도 그들은 하나님의 사랑을 받는 자라는 것을 알게 되었을 것이다.

② 솔로몬의 부와 지혜(대하 9:13–28; 참조. 왕상 10:14–29)

저자는 솔로몬의 부를 설명하면서 세입금과 각 나라의 왕들과 방백들이 조공으로 보내온 금과 보물들을 소개한다(대하 9:13–21). 천하의 열왕이 하나님이 솔로몬에게 주신 지혜를 들으며 그의 얼굴을 보기 위하여 각기 예물을 가지고 왔다. 그래서 나라가 부강하여 은이 돌같이 흔하게 되었고 백향목이 뽕나무같이 많아지게 되었다(대하 9:27). 이는 성전의 기능을 바르게 수행할 때 큰 부흥을 주신다는 것을 보여 준다. 솔로몬은 아브라함에게 약속하신 말씀대로 유브라데강에서부터 블레셋 땅과 애굽 지경까지 다스렸다(대하 9:26; 참조. 창 15:18–21). 당시 페르시아의 지배하에 있었던 이스라엘 백성들은 이 역사를 읽으면서 하나님의 약속은 반드시 이루어지고, 그 약속대로 메시아가 오시면 이방의 나라가 와서 경배하는 선지적 꿈을 꾸었을 것이다(사 60:6; 시 72:10, 15).

③ 솔로몬의 죽음(대하 9:29–31; 참조. 왕상 11:41–43)

저자는 솔로몬의 시종 행적이 기록된 여러 자료들을 언급한다. 그것은 선지자 나단의 글과 실로 사람 아히야의 예언, 선견자 잇도의 책 등이다(대하 9:29). 이러한 자료가 있었다는 것은 저자가 많은 자료들 가운데 책의 목적에 부합하는 부분만 취사선택했다는 것을 의미한다. 솔로몬은 온 이스라엘을 40년 동안 다스렸다. 그리고 그는 아버지 다윗을 이어 다윗 성에 장사되었고 그의 아들 르호보암이 왕이 되었다.

4. 르호보암부터 포로 귀환까지의 역사 (대하 10:1-36:23)

이 긴 문단은 솔로몬 이후 르호보암부터 바벨론에서 약속의 땅으로 귀환하기까지의 역사를 기술하고 있다. 저자는 왕국이 분열되는 기사를 기록하고 있지만(대하 10:1–19), 열왕기서와는 달리 전쟁과 같은 직접적인 연관성이 있는 사건(대하 13, 16, 18장)을 제외하곤 북 왕국에 대한 기사를 기록하지 않는다. 그리고 사용한 기록의 절반은 열왕기서에 없다. 이것은 저자가 열왕기서를 참조하였지만 다른 내용을 기록하고 있다는 것이다(Dillard 2002, 633). 그렇다고 하여 저자가 북 왕국을 하나님이 택하신 백성이 아니라고 보는 것은 아니다. 만일 하나님이 택하신 백성이 아니라면 열왕기서에 여호와께서 수많은 선지자들을 북 왕국에 보내신 이유를 설명할 수가 없다.

특히 저자는 이 문단에서 역대기의 중요한 신학적 주제 가운데 하나인 즉각적인 보응의 신학을 광범위하게 설명한다. 그래서 딜러드(Dillard 1987, 76)는 이 문단의 전체 제목을 "역대기의 상과 벌: 즉각적인 보응의 신학"이라고 붙였다. 이것은 이스라엘 공동체가 다시 살아남아 복을 받을 수 있는 길은 하나님을 찾고 그 앞에 스스로 겸비해야 한다는 것을 보여 준다(Dillard 1987, 81). 그러나 저자는 긴 역사를 추적하며 하나님의 은혜 때문에 살아남았고, 또한 그 은혜가 복된 미래를 열어갈 수 있다는 희망을 보여 준다.

내용 분해

(1) 왕국의 분열(대하 10:1–19)

(2) 르호보암의 통치(대하 11:1–12:16)

(3) 아비야의 통치(대하 13:1–14:1a)

(4) 아사의 통치(대하 14:1b–16:14)

(5) 여호사밧의 통치(대하 17:1-21:1a)

(6) 여호람의 통치(대하 21:1b-20)

(7) 아하시야의 통치(대하 22:1-9)

(8) 아달랴의 통치(대하 22:10-23:21)

(9) 요아스의 통치(대하 24:1-27)

(10) 아마샤의 통치(대하 25:1-28)

(11) 웃시아의 통치(대하 26:1-23)

(12) 요담의 통치(대하 27:1-9)

(13) 아하스의 통치(대하 28:1-27)

(14) 히스기야의 통치(대하 29:1-32:33)

(15) 므낫세의 통치(대하 33:1-20)

(16) 아몬의 통치(대하 33:21-25)

(17) 요시야의 통치(대하 34:1-36:1)

(18) 여호아하스, 여호야김, 여호야긴, 시드기야의 통치(대하 36:2-21)

(19) 고레스 칙령(대하 36:22-23)

내용 해설

(1) 왕국의 분열(대하 10:1-19; 참조. 왕상 12:1-20)

열왕기서는 이스라엘이 남북으로 분열된 것을 솔로몬이 여호와의 언약과 법도를 지키지 않았기 때문이라고 설명한다(왕상 11:1-13). 저자는 이 점을 언급하지 않지만 독자들이 이미 열왕기서를 알고 있다고 가정한다. 왜냐하면 그는 아히야가 여로보암에게 한 예언을 전제로 하고 있기 때문이다(대하 10:15). 그런데도 저자는 표면적인 이유를 르호보암의 어리석음 때문이라고 설명한다. 온 이스라엘이 르호보암을 왕으로 삼으려 하자 르호보암이 세겜에 왔을 때 여로보암과 그에게 온 이스라엘이 솔로몬 시대에 부과한 무거운 멍에, 노역과 세금을 가볍게 해 달라고 제안했다(대하 10:3-4). 그때 르호보암은 솔로몬 시대에 섬겼던 원로들이 가르치는 것을 듣지 않고 젊은 신하들의 말을 듣고 거부했다(대하 10:12-

15). 이것이 왕국 분열의 표면적 이유이다. 그러나 저자는 왕이 이 말을 듣지 않은 것은 하나님께로 말미암은 것이며, 전에 아히야가 여로보암에게 한 예언을 응하게 하신 것으로 설명한다(대하 10:15). 특별히 하나님의 뜻과 그 뜻에 근거한 선지자의 예언에 의해 사건이 진행되었다면 왕국의 분열에 르호보암의 책임은 없는가? 그렇지 않다. 비록 하나님이 솔로몬이 언약을 배반하므로 왕국을 분열시킬 것이라고 말씀하셨다 할지라도 원로들의 가르침을 듣지 않고 어리석게 행동한 르호보암도 책임이 있다(웨스트민스터 신앙고백서, 3장 "하나님의 영원한 작정" 1항). 그리고 저자가 '이스라엘이 다윗의 집을 배반했다'(대하 10:19)고 말한 것은 중립적인 표현이 아니다. 왜냐하면 이스라엘은 북 왕국을 말하기 때문이다. 이것은 여로보암과 북쪽 지파도 왕국 분열의 책임이 있다는 것이다.

(2) 르호보암의 통치(대하 11:1–12:16)

저자가 르호보암의 통치를 설명한 부분은 열왕기상 14:21–31에 기록된 내용보다 훨씬 길다. 왕국이 분열된 이후 저자가 어떻게 왕들의 통치를 기록하고 있는지를 보여 준다. 르호보암의 통치는 역대하 7:13–14에 제시된 심판과 회복에 대한 하나님의 원리와 약속들이 왕국 안에서 어떻게 구체적으로 실현되는지 입증해 준다(켈리 2014, 887).

① 스마야가 르호보암에게 여호와의 말씀을 전하다(대하 11:1–4; 참조. 왕상 12:21–24)

르호보암은 세겜에서 예루살렘으로 돌아와 둘로 나뉜 이스라엘을 회복하려고 18만 명의 군사를 모병했다(대하 11:1). 이때 여호와의 말씀이 스마야에게 임하여 너희 형제와 싸우지 말고 집으로 돌아가라고 하면서 "이 일이 내게로 말미암아 난 것이라"(대하 11:4)라고 하셨다. 르호보암은 여호와의 말씀을 듣고 여로보암을 치러 가던 길을 돌이켰다(대하 11:4).

② 르호보암이 방비하는 성읍을 건축하다(대하 11:5–12)

이 기록은 열왕기서에 없다. 르호보암은 베들레헴과 에담과 드고아와 벧술과 소고와 아둘람 등의 성읍을 건축하고 견고하게 했다. 이뿐만 아니라 양식과 기름과 포도주를 저장하고, 방패와 창을 두어 강하게 했다(대하 5:11-12). 이 지역들은 예루살렘 남쪽에 위치해 있었다. 그러나 이러한 성읍과 군수물자들이 의미를 가지려면 여호와의 말씀을 지켜야 한다. 왜냐하면 애굽의 시삭이 공격하였을 때 르호보암은 견고한 성읍과 군대와 많은 군수물자를 가지고 있었는데도 시삭에게 이 성읍들을 빼앗겼기 때문이다(대하 12:4).

③ 제사장들과 레위 사람들이 유다로 오다(대하 11:13-17)

온 이스라엘의 제사장들과 레위 사람들이 자기들의 마을과 산업을 떠나 유다로 왔다(대하 11:13-14). 그 이유는 여로보암과 그의 아들들이 그들을 해임하여 제사장 직분을 행하지 못하게 하고, 여로보암이 여러 산당과 숫염소 우상과 송아지 우상을 위하여 제사장들을 세웠기 때문이다(대하 11:14-15). 이뿐만 아니라 이스라엘 모든 지파 중에 마음을 굳게 하여 이스라엘 하나님 여호와를 찾는 자들이 레위 사람들을 따라 여호와께 제사를 드리기 위하여 왔다(대하 11:16). 그런데 흥미로운 진술은 제사장들과 레위인들이 삼 년 동안 유다를 도와 르호보암을 강성하게 했다는 것이다. 이들이 도운 것은 다윗과 솔로몬의 길로 행하게 하는 것이었다(대하 11:17).

④ 르호보암의 가족(대하 11:18-23)

저자는 르호보암의 가족들이 많았다는 것을 기록하고 있다. 가족이 많다는 것은 하나님의 축복의 증표로 나타나기도 한다(대상 3:1-9, 14; 25:5 등). 르호보암은 압살롬의 딸 마아가와 결혼하여 마아가가 낳은 아들 아비야를 후계자로 세웠다(대하 11:22). 마아가는 압살롬의 딸이라기보다는 그의 딸인 다말이 낳은 딸이었을 것이다. 왜냐하면 압살롬은 다말이라는 딸을 두었고, 세 아들을 두었기 때문이다(삼하 14:27).

⑤ 애굽의 왕 시삭이 유다를 치다(대하 12:1-12; 참조. 왕상 14:25-28)

르호보암이 나라가 견고해지자 여호와의 율법을 버렸고 온 이스라엘이 본받았다(대하 12:1). 그 결과 르호보암 5년에 애굽 왕 시삭이 치러 와서 유다의 견고한 성읍들을 빼앗고 예루살렘에 이르게 되었다(대하 12:2-4). 르호보암은 성읍들을 건축하고 군수물자를 비축해 두었지만 시삭의 침략에 다 빼앗겼다(참조. 대하 11:5-12). 이 일로 말미암아 유다 방백들이 예루살렘에 모였을 때, 선지자 스마야가 여호와께서 "너희가 나를 버렸으므로 나도 너희를 버려 시삭의 손에 넘겼노라"(대하 12:5)고 하신 말씀을 그들에게 전했다. 르호보암이 견고하게 만든 성읍들이 의미를 가지려면 여호와의 말씀을 지켜야 한다는 것이다. 스마야의 말을 듣고 르호보암과 방백들이 겸비하여 "여호와는 의로우시다"(대하 12:6)라고 했다. 여호와께서 이들의 겸비함을 보시고 조금 구원하여 진노를 다 쏟지 아니하셨다(대하 12:7). 그러나 여호와의 전의 보물과 왕궁의 보물은 모두 빼앗겼다(대하 12:9). 저자는 이 모든 일에 대하여 "르호보암이 스스로 겸비하였고 유다에 선한 일도 있으므로 여호와께서 노를 돌이키사 다 멸하지 아니하셨더라"(대하 12:12)라고 했다. 이를 통하여 당시 바벨론 포로에서 돌아온 이스라엘 백성들에게 언약의 말씀을 지키는 일이 중요하다는 것을 보여 준다.

⑥ 르호보암의 죽음(대하 12:13-16)

르호보암은 40세에 왕이 되어 17년을 다스렸다(주전 930-913년, 대하 12:13). 저자는 그의 행동을 긍정적으로 평가하지 않는다. 그는 르호보암이 악을 행하였는데 이는 그가 여호와를 구하는 마음을 굳게 하지 않았기 때문이라고 했다(대하 12:14).

(3) 아비야의 통치(대하 13:1-14:1a; 참조. 왕상 15:1-8)

아비야는 여로보암 18년에 왕이 되어 3년 동안 다스렸다(주전 913-910년). 아비야의 통치에 대한 기사는 열왕기의 기록(왕상 15:1-8)보다 약 3배가 길다. 그 차이는 열왕기서의 "아비얌과 여로보암 사이에도 전쟁이 있으니라"(왕상 15:7)는 기사를 자세히 설명하기 때문이다. 두 왕이 에브라임 산지에서 전쟁할 때 아비야(=아비얌)가 행한 긴 연설과 전쟁의 결과를 기록하고 있다. 아비야가 한 연설은 몇 가지 중요한 내용을 담고 있다. 첫째, 여호와께서 소금 언약[133]으로 나라를 다윗

133 '소금 언약'이 따로 있는 것이 아니라 언약의 특성을 설명하는 것으로 보아야 한다. 소금 언약은 일종의 인유(引喩)로 당시 소금이 음식물을 오랫동안 보존하는 특성을 가진 것처럼 언약 관계가 변함이 없다는 것을 말한다.

과 그의 자손에게 주셨다(대하 13:5). 둘째, 북 이스라엘은 여로보암이 만든 금송아지를 숭배하고, 여호와의 제사장과 레위 사람을 쫓아내고 이방 풍속을 따르는 제사장을 세웠다(대하 13:8–9). 셋째, 남 유다는 여호와를 섬기는 제사장이 있고 그의 계명을 지킨다(대하 13:10–11).

이 전쟁에서 아비야가 연설 중에 한 말이 어떻게 나타났는지 잘 보여 준다. 아비야의 군대는 40만 명이고, 여로보암의 군대는 80만 명이었다(대하 13:3). 그런데 여로보암은 유다의 뒤를 둘러 복병하였기에 앞에도 이스라엘 군대가 있고 뒤에도 군대가 있었다(대하 13:13). 군사력만이 아니라 전술 면에서도 큰 차이가 있었다. 유다 사람들이 그들 앞에만 아니라 뒤에도 복병이 있다는 것을 알고 여호와께 부르짖자 여호와께서 여로보암과 온 이스라엘을 아비야와 유다 앞에서 치셨다(대하 13:15). 이때 이스라엘은 50만 명이 전사했다.[134] 이스라엘이 항복하고 유다가 이긴 일에 대하여 저자는 그들의 조상들의 하나님을 의지하였기 때문이라고 했다(대하 13:18).

저자는 열왕기서 저자가 아비야를 "그의 하나님 여호와 앞에 온전하지 못하였으나"(왕상 15:3)라고 기록한 것을 몰랐을 리가 없다. 그런데도 저자가 긍정적으로 기록한 것은 하나님이 다윗에게 하신 약속을 이루신다는 것과 여호와를 의지하는 일이 중요하다는 것을 알게 하려는 것이다.

(4) 아사의 통치(대하 14:1b–16:14)

아사의 통치에 대한 기사는 열왕기의 기록(왕상 15:9–24)보다 훨씬 길고 다양하다. 저자는 아사의 이야기를 그의 초기 통치(대하 14:1b–8), 구스 사람 세라와의 전쟁(대하 14:9–15), 아사의 개혁(대하 15:1–17), 이스라엘과 싸운 전쟁(대하 16:1–

134 이 숫자는 상당히 커 보인다. 제2차 세계대전(1939–45년)에서 미국의 전체 군인 사상자는 1,076,245명으로, 40만 명 이상의 사망자와 60만 명 이상의 부상자가 있었다. 같은 기간 프랑스 군대는 741,562명의 사상자가 있었는데 그중에 20만 명이 사망했다. 그런데 북 이스라엘은 단 한 번의 전쟁으로 50만 명이 죽었다(대하 13:17). 여기에 대하여 여러 가지 견해가 있다. (1) '일천'을 의미하는 단어인 '에레프'(אֶלֶף)가 일천보다 훨씬 못 미친다고 본다. (2) 문자적인 숫자가 아니라 하나님이 아비야에게 주신 승리를 과장법으로 사용한다(Dillard 1987, 106–107). 이러한 견해들 중 어떤 것도 단정할 수 없다.

10), 그의 죽음(대하 16:11–14) 등으로 기록하고 있다.

① 아사의 초기 통치(대하 14:1b–7)

아사가 왕이 되어 10년 동안 평안했다. 그는 하나님 보시기에 선과 정의를 행하고 이방의 제단과 산당을 제거하고 하나님을 찾았다. 저자는 그가 주를 찾았기에 주께서 평안을 주셨다고 해석했다(대하 14:7). 이것은 역대기에서 즉각적인 보응의 전형적인 한 형태를 보여 주어 여호와를 찾는 일이 중요하다는 것을 보여 준다.

② 구스 사람 세라와의 전쟁(대하 14:8–15)

아사의 군대는 유다 중에서 30만 명이고, 베냐민 중에서 28만 명이다(대하 14:8). 그런데 구스 사람 세라가 100만 명의 군사와 300대의 병거를 거느리고 마레사에 이르렀다(대하 14:9). 마레사는 유다 영토의 남서쪽 경계에 위치해 있는데 르호보암이 건설한 성읍이다(대하 11:8). 아사의 58만 명이나 세라의 100만 명은 현대에서도 이해하기가 쉽지 않은 규모이다. 특히 100만이라는 수는 히브리어로 '천들의 천'(אֶלֶף אֲלָפִים)으로 수가 많다는 것을 나타내기도 한다. 이 전쟁에서 아사가 여호와께 부르짖었고, 여호와께서 구스 사람을 치셔서 승리를 주셨다(대하 14:11–14). 아사의 기도는 솔로몬이 성전을 건축하고 난 뒤에 다양한 상황 가운데 하나인 적군이 공격해 올 때 성전을 향하여 기도하면 응답해 주신다는 것과 일치한다(참조. 대하 6:33–34). 저자는 이러한 사건을 자기 백성이 부르짖는 일에 대한 하나님의 응답으로 보여 주고자 한다(Thompson 1994, 267).

③ 아사의 개혁(대하 15:1–19)

아사가 세라의 군대와의 전쟁에서 승리한 후에 하나님의 영이 오뎃의 아들 아사랴에게 임하여 역대기에서 반복적으로 드러내는 주제를 다시 말한다. 그것은 "너희가 만일 그를 찾으면 그가 너희와 만나게 된다"(대하 15:2, 4)는 것이다. 그러면서 아사랴는 지나간 역사 가운데 어떤 시대인지 말하지 않고 이스라엘에 참 신이 없고 가르치는 제사장도 없고 율법도 없은 지가 오래되었고 그 일로 전쟁과 피차 상한 바가 되었다고 설명했다(대하 15:3–6). 이것은 여호와를 찾는 일이 중요하다는 것이다.

아사는 아사랴의 예언을 듣고 마음을 강하게 하고 가증한 물건을 유다와 베냐민 온 땅에서 제거했다(대하 15:8). 그리고 유다와 베냐민 외에 에브라임과 므낫세와 시므온 가운데 나와서 머물러 사는 사람들이 여호와께서 아사와 함께하시는 것을 보고 돌아왔다(대하 15:9). 아사 왕 15년 셋째 달에 그들이 노략하여 온 물건 중에서[135] 소 7백 마리와 양 7천 마리로 여호와께 제사를 드리고 마음과 목숨을 다하여 조상들의 하나님 여호와를 찾기로 언약했다(대하 15:10–11). 그러자 여호와께서도 그들을 만나 주시고 사방에 평안을 주셨다(대하 15:15).

아사는 그의 어머니가 아세라의 가증한 목상을 만들었으므로 태후의 자리를 폐하고 우상을 찍고 빻아 기드론 시냇가에서 불살랐다(대하 15:16). 그러나 아사는 산당들을 제거하지 않았다(대하 15:17). 이스라엘 백성들은 이방의 신전이나 산당을 사용해서는 안 된다(민 33:52; 신 7:5; 12:3). 그러나 솔로몬 시대에 기브온 산당에서 제사를 드렸다(왕상 3:2). 이것은 산당이 처음부터 부정적인 기능을 한 것은 아니라는 것이다. 특히 이 문맥에서 산당을 부정적으로 보지 않는다. 역대하 14:3에서 설명하고 있는 산당은 가나안의 신들에게 제사하는 곳이지만 역대하 15:17에 아사가 제거하지 않은 산당은 하나님을 예배하는 곳으로 보아야 한다(Vannoy 2002a, 476, 505). 아사의 이러한 개혁으로 말미암아 아사 왕 35년, 곧 주전 875년까지 전쟁이 없었다(대하 15:1). 저자는 이러한 결과를 선지자 아사랴의 말(대하 15:2, 4)을 듣고 여호와를 찾은 결과로 보도한다.

④ 이스라엘과 싸운 전쟁(대하 16:1–10; 참조. 왕상 15:17–22)

아사 왕 36년, 곧 주전 876년에 이스라엘 왕 바아사가 쳐들어 와서 라마를 건축하여 유다 왕 아사와 왕래하지 못하게 하려고 했다(대하 16:1). 이때 아사는 아람의 왕 벤하닷에게 사람을 보내어 당시 북 왕국 이스라엘과 맺고 있었던 조약 관계를 파기하는 조건으로 여호와의 성전 곳간과 왕궁 곳간의 은금을 보내었다(대하 16:2–3). 벤하닷은 아사 왕의 말을 듣고 그의 군대 지휘관들을 보내어 이스라엘 성읍들을 치되 이욘과 단과 아벨마임과 납달리의 모든 국고성을 쳤다. 이

135 아사가 노략한 물건은 세라의 군대와 싸운 전쟁에서 얻은 것이다(대하 14:13). 이 기록을 볼 때 이 전쟁은 아사 10년에서 12년, 곧 주전 900–897년에 일어난 것으로 볼 수 있다.

지역은 모두 이스라엘의 북쪽에 위치해 있다. 라마는 남쪽 유다와 경계 지역에 위치해 있었는데, 북쪽 이스라엘 편에서 보면 최남단에 위치해 있었고 벤하닷이 북쪽을 공격하였기 때문에 군사를 돌이키는 일은 당연하다. 바아사는 라마를 건축하는 일을 포기하고 공사를 중단했다(대하 16:5). 그런데 이러한 상황에서 아사 왕은 바아사가 라마를 건축하던 돌과 재목을 운반하여 게바와 미스바를 건축했다(대하 16:6). 이 일은 인간적인 관점에서 보면 매우 훌륭한 전술로 보인다.

이때에 선지자 하나니는 과거의 역사 가운데 아사가 직접 경험한 구스 사람과 룹 사람이 말과 병거를 이끌고 쳐들어왔을 때의 역사를 거울삼아 책망했다(대하 16:8; 참조. 대하 14:9–15). 하나니가 "여호와는……전심으로 자기에게 향하는 자들을 위하여 능력을 베푸시나니 이 일은 왕이 망령되게 행했다"(대하 16:9)라고 책망한 것은 하나님이 아사의 행동을 하나님을 찾은 행동으로 보지 않았다는 것이다. 심지어 아사는 이 말을 전하는 하나니를 감옥에 넣었다(대하 16:10).

⑤ 아사의 죽음(대하 16:11–14; 참조. 왕상 15:23–24)

아사 39년, 곧 주전 871년에 아사는 발에 병이 들어 위독한 상태가 되었다. 그런데도 아사는 여호와께 구하지 아니하고 의원들에게 구했다(대하 16:12). 아사가 여호와를 찾지 않았을 때 아사랴 선지자가 "너희가 만일 그를 버리면 그도 너희를 버리시리라"(대하 15:2)라고 말한 것처럼 아사에게 이루어졌다. 아사는 왕위에 있은 지 41년에 죽었다(주전 910–869, 대하 16:13).

(5) 여호사밧의 통치(대하 17:1–21:1a)

열왕기서 저자는 여호사밧에 대한 기사를 시작과 마침을 알리는 형식적 문구만 기록하고 있다(왕상 22:41–50). 그러나 역대기 저자는 여호사밧의 기사를 히스기야와 요시아와 더불어 가장 많은 분량을 할애한다. 이뿐만 아니라 여호사밧(대하 17:3), 히스기야(대하 29:2) 그리고 요시아(대하 34:2)만 다윗의 길로 행했다고 설명한다. 여호사밧은 25년간 통치하였지만 그의 아버지 아사가 중병에 걸려 3년간 섭정을 하였고(아사 39년부터 41년, 주전 871–869년) 22년을 독자적으로 통치했다(주전 869–848년, 참조. 왕하 3:1; 8:16; 대하 20:31). 저자는 여호사밧의 이야기를 그의 통치의 성격(대하 17:1-19), 아합과 동맹을 맺음(대하 18:1-19:3), 재판 개혁(대하 19:4-11), 이스라엘이 모압과 암몬과 전쟁함(대하 20:1-30), 그의 통치 요약(대하 20:31-21:3) 등으로 기록하고 있다.

① 여호사밧의 통치의 성격(대하 17:1-19)

저자는 여호사밧의 통치 기사를 긍정적으로 설명하면서 시작한다. 여호사밧은 군사적으로는 이스라엘을 방어하기 위하여 유다의 성읍에 군대를 주둔시켰다(대하 17:1-2). 종교적으로는 다윗의 길로 행하며, 바알들에게 구하지 아니하고 하나님께 구하며 그의 계명을 지켰다. 이와 더불어 산당들과 아세라 목상을 제거했다(대하 17:3-7). 그리고 왕위에 있은 지 3년에 그의 방백들을 보내어 가르치게 하고, 이들과 함께 레위 사람들과 제사장들을 보내어 여호와의 율법을 가르치게 했다(대하 17:7-9). 제사장들은 제사를 드리는 임무 외에 백성들에게 율법을 가르쳐야 할 임무를 가지고 있었다(레 10:11; 신 33:10; 렘 18:18; 말 2:7). 여호사밧이 왕위에 있은 지 3년은 그의 아버지 아사의 질병으로 인한 섭정을 마치고 단독으로 통치를 시작한 해로 보인다(틸레 1990, 131-132).

여호사밧 때에 여호와께서 유다 사방에 두려움을 주사 블레셋과 아라비아가 조공을 바쳤다(대하 17:10-11). 그 결과 나라가 크게 부강하여 아드나가 30만 명, 여호하난이 28만 명, 아마시야가 20만 명, 엘리아다가 20만 명 등을 거느렸다(대하 17:12-19). 저자가 여호사밧의 통치의 성격을 설명한 다음에 이러한 사실을 덧붙인 것은 여호와를 찾을 때 여호와께서 함께하신다는 것을 보여 주려는 것이다.

② 아합과 동맹을 맺음(대하 18:1-19:3; 참조. 왕상 22:1-28)

여호사밧이 부귀와 영광을 크게 떨쳤지만 아합 가문과 혼인하므로 결혼동맹을 맺는 과오를 범했다(대하 18:1). 그리고 결혼동맹을 맺은 2년 후에 아합에게 갔다.[136] 이때 아합이 그에게 길르앗 라못을 치자고 제안하자 여호사밧은 이 제안을 받아들였다. 그러면서 여호사밧이 아합에게 하나님의 말씀이 어떠하신지 묻기를 제안하자 아합은 선지자 400명을 모으고 물었다. 그들은 모두 하나님이 승

136 이때는 아합이 여호사밧과 함께 나간 전쟁에서 전사하였기 때문에 주전 853년이다.

리하게 하실 것이라고 말했다(대하 18:5). 여호사밧은 이 선지자들의 예언을 듣고는 이들 외에 물을만한 선지자가 없는지 물었고, 아합은 미가야를 불렀다. 미가야는 400명의 선지자들과는 달리 싸우러 나간 군사들이 주인이 없이 각각 평안히 자기들의 집으로 가게 될 것이라고 예언했다(대하 18:16). 그 근거로 미가야는 그가 본 하늘 보좌의 환상을 설명해 주었다. 미가야가 본 환상은 욥 이야기의 서론인 하늘 보좌의 환상(욥 1:6–12)과 이사야 선지자와 에스겔 선지자가 본 하늘 보좌의 환상과 유사한 장면이다(사 6:1–3; 겔 1:4–28). 하늘 보좌에서 여호와께서 "누가 아합을 꾀어 죽게 할까"라고 하시자, 한 영이 거짓말하는 영이 되어 아합의 모든 선지자들의 입에 있겠다고 했다. 미가야는 400명의 선지자들이 한 예언은 거짓의 영에 사로잡혀 거짓말을 한 것이라고 했다. 이 말을 들은 선지자 가운데 시드기야는 미가야의 뺨을 치며 "여호와의 영이 나를 떠나 어디로 가서 네게 말씀하더냐"(대하 18:23)라고 했다. 여기에서 400명의 선지자들과 미가야의 갈등이 절정에 이른다. 이 갈등은 미가야가 시드기야에게 한 "네가 골방에 들어가서 숨는 그 날에 보리라"(대하 18:24)는 말씀이 실현될 때 풀리게 될 것이다. 그리고 미가야의 말을 듣고 아합은 "이놈을 옥에 가두고 내가 평안히 돌아올 때까지 고난의 떡과 고난의 물을 먹게 하라"(대하 18:26)고 말했다. 이 갈등 역시 미가야가 예언한 말씀이 성취될 때 풀리게 될 것이다.

미가야 선지자를 통하여 하나님의 뜻을 들었는데도 이스라엘 왕과 유다의 왕 여호사밧은 길르앗 라못으로 올라갔다(대하 18:29). 특이한 것은 여호사밧과 아합의 행동이다. 여호사밧은 아합에게 여호와의 뜻을 묻기를 청하였고, 미가야를 통하여 하늘 보좌의 환상을 들었는데도 전쟁에 참전했다. 이것은 아니러니(irony)다. 아합은 여호사밧에게 왕복을 입으라고 하고 자신은 변장을 하고 전쟁에 들어갔다(대하 18:29). 이는 아합이 미가야의 예언을 받아들였다는 것이다. 미가야가 병사들은 평안히 돌아갈 것이라고 한 예언대로 아람 왕은 그의 군사들에게 이스라엘 왕하고만 싸우라고 했다(대하 18:30; 참조. 대하 18:16). 열왕기서와는 달리 저자는 아람의 군대가 왕복을 입은 여호사밧을 이스라엘의 왕인 줄을 알고 죽이려고 하였을 때 그가 '소리를 지르매'[137] 여호와께서 그를 도우셨기에 살

137 '소리를 지르다'라는 번역은 애매하다. 히브리어는 '자아크'(זעק)로 기도할 때 주로 사용하는 표현으로 '부르짖다'라고 번역해야 한다.

왔다고 보도한다(대하 18:31). 반면에 아합은 한 사람이 '무심코'[138] 쏜 화살에 맞아서 죽었다(대하 18:33-34). 무심코 쏜 화살이 아합의 갑옷 솔기를 맞춘 것은 하나님이 미가야 선지자를 통하여 말씀하신 것이 확실하다는 것을 입증하는 것이다(Hill 2003, 484). 이 전쟁에서 여호사밧은 여호와의 뜻이 무엇인지 알았는데도 전쟁터에 나갔으나, 그가 여호와께 부르짖으므로 살았다. 여호사밧의 기도는 스스로 만든 어려움 가운데 빠졌다 할지라도 하나님의 은혜를 받는다는 것을 보여 준다(Allen 1987, 484). 이것은 그가 치명적인 잘못을 범했는데도 하나님이 말씀하신 대로 다윗의 등불이 꺼지지 않게 하셨을 뿐만 아니라, 여호와께 부르짖을 때 응답하신다는 것을 보여 주신 것이다.

여호사밧이 평안히 예루살렘으로 돌아오자 선견자 예후가 "악한 자를 돕고 여호와를 미워하는 자들을 사랑하는 것이 옳으니이까"(대하 19:2)라고 책망했다. 이 일에 대하여 예후는 여호와께로부터 진노가 임할 것이라고 했다. 그런데 여호사밧은 뒤에 동일한 잘못을 반복했다(대하 20:35-37).

③ 재판 개혁(대하 19:4-11)

여호사밧은 브엘세바에서 에브라임 산지까지, 곧 당시 유다 영토의 남쪽에서부터 북쪽까지 이스라엘 백성들을 여호와께 돌아오게 했다. 또 그는 유다 성읍에 재판관을 세워 여호와를 두려워하는 마음으로 불의와 치우침과 뇌물을 받지 말고 재판하라고 했다(대하 19:7). 특히 그는 재판관을 레위 사람들과 제사장들과 이스라엘 족장 중에서 세우게 했다(대하 19:8). 그리고 책임자로 여호와께 속한 일은 대제사장 아마랴가 다스리고, 왕에게 속한 일은 유다 지파의 어른 스바댜가 다스리게 하고, 레위인은 관리로 세웠다(대하 19:11). 여호사밧이 재판을 관리하는 자를 구분하여 세운 것은 공적인 행정 정책을 시행하는 일에 교회와 국가 간의 긴장이 오랜 역사를 가지고 있다는 것을 알게 한다(Hill 2003, 487). 여호사밧(יְהוֹשָׁפָט)은 '여호와께서 재판관이시다'라는 그의 이름의 뜻대로 공정한 재판이 시행될 수 있는 제도를 개혁했다.

138 히브리어 '러투모'(לְתֻמּוֹ)라는 단어를 NIV와 NASB는 'at random'으로 번역했다.

④ 이스라엘이 모압과 암몬과 전쟁함(대하 20:1-30)

이스라엘이 모압과 암몬 연합군과 싸운 전쟁에서 승리한 기사는 열왕기서에 없다. 일반적으로 이 전쟁은 '거룩한 전쟁' 또는 '여호와의 전쟁'으로 묘사된다(Hill 2003, 487).

모압과 암몬 자손과 마온 사람이 유다를 공격하기 위하여 엔게디에 진을 쳤다(대하 20:1-2). 마온 사람은 세일산 사람들, 곧 에돔 족속이다(대하 20:10, 20). 모압과 암몬은 영원히 여호와의 총회에 들어오지 못할 사람이다(신 23:3-6). 세일산 사람들은 3대 후에 여호와의 총회에 들어올 수 있다(신 23:8). 이 상황에서 여호사밧은 유다 백성들에게 금식을 선포하고 여호와께 간구했다(대하 20:3-4).

여호사밧은 여호와의 전 뜰에서 유다와 회중 가운데 서서 기도했다(대하 20:5-12). 그의 기도는 하나님의 약속에 근거해 있다. 그 약속은 여호와께서 아브라함 자손에게 이 땅을 주시고 주의 이름으로 한 성소를 건축하게 하시고 재앙이나 난리나 전염병이나 기근이 있을 때 주께 부르짖으면 듣고 구원하신다는 것이다(대하 20:7-9; 참조. 6:20; 28-30). 여호사밧은 이 약속에 근거하여 과거 암몬과 모압과 세일산에 거주하는 자들을 치려고 할 때 주께서 용납하지 않으셨기에 멸하지 않았지만(신 2:4, 5, 9, 19; 민 20:21) 지금 오직 주만 바라본다고 기도했다(대하 20:12).

이 기도 후 여호와의 영이 야하시엘에게 임했다(대하 20:13). 야하시엘은 이 무리로 말미암아 두려워하거나 놀라지 말라고 하며 여호와께서 구원해 주시는 것을 보라고 했다(대하 20:17). 이 말을 들은 여호사밧과 백성들이 여호와께 경배하고, 그핫 자손과 고라 자손에게 속한 레위 사람들은 여호와를 찬송했다(대하 20:18-19). 이 행위는 야하시엘이 한 예언이 이루어질 줄을 믿는다는 것이다.

아침에 일찍 일어나 여호사밧은 백성들에게 여호와를 신뢰하라고 했다. 그리고 백성들과 의논하고 노래하는 자들을 택하여 예복을 입히고 군대 앞에서 행진하게 했다. 그들은 "여호와께 감사하세. 그의 인자하심이 영원하도다"라고 노래했다. 이후렴구는 다윗이 예루살렘 성소에 궤를 둔 후 드린 예배에서 처음 나타난다(대상 16:34). 그리고 시편에 많이 나타난다(시 106:1; 107:1; 118:1-4; 136). 특이한 부분은 여호와께 감사해야 할 이유인 '그의 인자하심이 영원하도다'라는 구절이 동사가 없는 비동사문이라는 것이다. 이것은 여호와의 인자하심은 과거 어느 한 시점만이 아니라 영원하다는 것이다. 이 노래가 시작될 때에 여호와께서 복병을 두셔서 암몬과 모압과 세일산 주민이 서로 싸워 진멸하게 하셨다(대하 20:22-23). 여호와께서 두신 복병이 누구인지는 알 수 없다. 성경의 사례를 볼 때 여호와일 수도 있고, 그가 보내신 천사일 수도 있다(참조. 삿 7:22; 대하 32:21). 이것이 여호와께서 하시는 일의 신비다.

이 전쟁 이후 여호와께서 이스라엘의 적군을 치셨다는 소식이 이방 나라에 전해지므로 이방 나라는 여호와를 두려워했다. 이 전쟁 결과 여호사밧의 나라가 태평하게 된 것에 대하여 저자는 "이는 그의 하나님이 사방에서 그들에게 평강을 주셨음이더라"(대하 20:30)라고 했다. 여호사밧의 안전은 그의 군사적인 힘이나 외세와 동맹이 아니라 여호와를 믿는 믿음에 의해 보장되었다(투엘 2007, 271).

⑤ 여호사밧의 통치 요약(대하 20:31-21:1a; 왕상 22:41-50)

여호사밧은 35세에 왕이 되어 25년 동안 다스렸다(대하 20:31). 이 가운데 3년은 섭정이었다. 그는 그의 아버지 아사의 길로 행했다고 하면서 좋은 평가를 받는다(대하 20:32). 그러나 그는 북 왕국 이스라엘의 왕 아하시야와 교역하며 에시온게벨에서 배를 만들어 다시스로 보내어 무역을 하려고 했다. 이 일에 대하여 엘리에셀이 책망하며 예언한 대로 배들이 부서져 다시스로 가지 못했다(대하 20:37). 이것은 경제적으로나 군사적으로 유익이 있는 것처럼 보여도 악한 자들과 교제해서는 안 된다는 것이다.

(6) 여호람의 통치(대하 21:1b-20; 참조. 왕하 8:17-24)

여호사밧을 이어 여호람이 왕이 되었다. 여호람이 왕이 될 때 32세였고, 8년 동안 다스렸다(대하 21:5, 20). 저자는 여호람의 이야기를 다음과 같이 교차대칭구조로 기술했다(Dillard 1987, 164).

A 연대기(대하 21:5)
  B 악행(왕의 아들들)(대하 21:4, 6-7)
    C 에돔과 립나의 반역(대하 21:8-11)
      D 엘리야로부터 온 편지(왕의 아들들)(대하 21:12-15)

C′ 블레셋과 아라비아인들의 반역(대하 21:16–17)

B′ 악행에 대한 징벌(왕의 아들들)(대하 21:17–19)

A′ 연대기(대하 21:20)

이 구조는 여호람의 악행이 무엇이며, 그 일에 대한 심판이 엘리야의 편지에 기록된 대로 성취되었음을 보여 준다. 여호람의 악행은 엘리야가 지적한 바와 같이 유다 왕 여호사밧과 아사의 길로 행하지 아니하고 이스라엘 왕의 길로 행한 것이다. 그는 유다가 음행하게 하기를 아합의 집이 음행하듯이 하게 하였고, 또 아우들을 죽였다(대하 21:12–13). 이 일에 대하여 엘리야는 여호와께서 여호람의 백성과 자녀들과 아내들과 모든 재물을 치고, 창자에 중병이 들어 창자가 빠져나올 것이라고 심판을 예언했다. 여호와께서 블레셋과 아라비아 사람들을 격동시켜 엘리야의 예언대로 이루셨다(대하 21:14–17). 저자는 여호람의 악행의 배경으로 아합의 딸이 그의 아내가 되었기 때문이라고 했다(대하 21:6). 여호사밧이 아합과 맺은 결혼동맹은 유다에 치명적인 결과를 가져왔다. 그런데도 여호와께서 다윗의 집을 멸하지 않으신 것은 다윗과 언약을 세우시고 그와 그의 자손에게 항상 등불을 주시겠다고 약속하셨기 때문이다(대하 21:7). 다윗의 집이 대표하는 희망과 약속의 빛을 보존하기 위하여 행동하시는 분은 하나님이시다(투엘 2007, 273).

(7) 아하시야의 통치(대하 22:1–9; 참조. 왕하 8:25–29; 9:21–28)

안타깝게도 여호사밧이 아합과 맺은 결혼동맹의 결과는 여호람의 죽음으로 끝나지 않는다. 여호람을 대신하여 왕이 된 자는 그의 막내 아들 아하시야다(대하 22:1; 참조. 대하 21:17). 아하시야는 1년 동안 예루살렘에서 다스렸으나 그의 어머니 아달랴가 꾀어 아합의 집 길로 행했다(대하 22:2–4). 아하시야는 이스라엘의 왕 요람과 함께하사엘과 싸웠다. 이 전쟁에서 요람이 부상을 당하자 이스르엘로 돌아왔고, 아하시야는 그를 방문하기 위하여 이스르엘에 갔다가 예후에게 죽임을 당했다(대하 22:9). 이 예후는 여호와께서 기름을 부어 아합의 집을 멸하도록 작정하신 자였다(대하 22:7). 아하시야가 다윗의 길을 따르지 않았기 때문에 여호와께서 말씀하신 대로 보응하신 것이다.

(8) 아달랴의 통치(대하 22:10-23:21; 참조. 왕하 11:1-16)

여호사밧이 아합과 맺은 결혼동맹의 가장 치명적인 결과는, 아하시야의 어머니 아달랴가 자기의 아들이 죽은 것을 보고 유다 집의 왕국의 씨를 모두 진멸했다는 것이다(대하 22:10). 그러면 여호와께서 다윗과 그의 자손에게 항상 다윗의 등불을 주시겠다고 말씀하신 약속은 어떻게 되겠는가? 감사하게도 이 상황에서 여호사브앗[139]이 아하시야의 아들 요아스를 몰래 빼내었다. 여호사브앗은 여호람 왕의 딸이며 아하시야의 누이이자 동시에 제사장 여호야다의 아내였다(대하 22:11). 요아스가 6년 동안 여호야다의 보호 아래 숨어 있는 동안 아달랴가 나라를 다스렸다(대하 22:12).

아달랴가 다스린지 7년에 여호야다가 백부장들과 더불어 언약을 맺고 안식일에 요아스를 왕으로 세운다는 전략을 짰다(대하 23:1-7). 제사장 여호야다와 무리들은 전략을 짠 대로 요아스에게 면류관을 씌우며 율법책을 주고 기름을 부어 왕으로 세웠다(대하 23:11). 아달랴는 백성들이 뛰며 찬송하는 소리를 듣고 여호와의 전에 들어가 요아스를 왕으로 세운 줄을 알고 반역이라고 외쳤다. 여호야다가 그녀를 여호와의 전 밖으로 나가게 하였고, 무리가 그녀를 왕궁의 말문 어귀에서 죽였다(대하 23:15). 그 결과 다윗의 등불은 꺼지지 않았다. 이 사건을 통하여 포로에서 돌아온 언약 백성들은 구원의 희망을 가지게 되었을 것이다. 다윗의 자손을 통하여 메시아를 보내시려는 하나님의 목적은 아달랴에 의해 좌절되지 않았기 때문이다.

역사적으로 하나님의 목적을 좌절시키려는 자들에 의해 수많은 무죄한 이들이 생명을 잃었다. 모세(출 2:1-10)와 예수님(마 2:13-18)은 어린아이들을 해하려는 사람들로부터 하나님의 섭리에 의해 구해질 수 있었다. 또 다른 여인의 아들(계 12장)도 유사하게 위협을 받는다(Dillard 1987, 184). 그런데도 하나님은 완전한 하나님 나라를 세우시려는 그의 목적을 이루시기 위하여 오늘도 역사 가운데 일하실 것이다.

139 '여호사브앗'이라고 번역한 것은 적절하지 않다. '왕의 딸'과 연관된 연계형으로 되어 있기 때문에 열왕기하 11:2처럼 '여호세바'(יְהוֹשֶׁבַע)라고 번역해야 한다. 그녀는 왕의 딸이면서 아하시야의 누이이다.

이와 더불어 여호야다는 자기와 모든 백성과 왕 사이에 언약을 세워 여호와의 백성이 되게 했다(대하 23:16). 이것은 여호와의 율법을 유다의 통치원리로 받아들였다는 것이다. 그리고 온 국민이 바알의 신당을 부수고 제단들과 형상들을 깨뜨리고 바알의 제사장 맛단을 죽였다(대하 23:17). 이 일은 여호람과 아하시야와 아달랴로 이어진 바알 숭배를 타파하고 종교를 개혁한 것이다.

(9) 요아스의 통치(대하 24:1-27; 참조. 왕하 12:1-16)

요아스가 왕이 될 때의 나이는 7세였고, 예루살렘에서 40년 동안 통치했다(대하 24:1). 저자는 그의 통치를 요약하면서 "제사장 여호야다가 세상에 사는 모든 날에 요아스가 여호와 보시기에 정직하게 행하였으며"(대하 24:2)라고 했다. 이것은 여호야다가 죽은 후에 달라졌다는 것을 의미한다.

여호야다는 나이가 많아 130세에 죽어 다윗 성 왕들의 묘실에 장사되었다. 이는 그가 왕은 아니었지만 이스라엘과 하나님과 그의 성전에 선을 행하였기 때문이다(대하 24:15-16). 여호야다가 죽은 후에 요아스는 유다 방백들의 말을 듣고 여호와의 전을 버리고 아세라 목상과 우상을 섬겼으므로 그 죄로 말미암아 진노가 유다와 예루살렘에 임했다(대하 24:17-18). 여호와께서 그들에게 선지자를 보내어 다시 여호와께 돌아오게 하려고 하셨지만 듣지 아니했다(대하 24:19). 그래서 하나님이 여호야다의 아들 스가랴를 보내어 여호와의 명령을 거역한 일을 책망하였으나 요아스는 여호와의 전 뜰에서 그를 돌로 쳐 죽였다(대하 24:20-21). 요아스는 스가랴가 죽으면서 기도한 것처럼 여호야다가 베푼 은혜를 잊었다(대하 24:22). 신약 시대에 예수님께서는 스가랴의 죽음을 당시 바리새인들과 서기관들이 하나님의 말씀을 듣지 않고 오히려 박해하므로 심판을 받게 된 것이라는 역사적 실례로 인용하셨다(마 24:35-36; 눅 11:50-51).

요아스가 여호와를 버리자 저자는 보응의 즉각성을 강조하기 위해 일주년 후에 아람 군대가 요아스를 치기 위해 올라온 사실을 말한다. 그리고 그는 아람 군대가 올라온 이유를 유다 사람들이 여호와를 버렸기 때문이라고 했다(대하 24:24). 이 전쟁에서 요아스는 크게 부상을 당하였고, 그의 신하들의 반역으로 말미암아 죽임을 당했다(대하 24:25).

(10) 아마샤의 통치(대하 25:1-28; 참조. 왕하 14:1-20)

아마샤에 대한 역대기 기록은 열왕기하 14:7을 확대하여 설명하고 있는 역대하 25:5-16을 제외하곤 열왕기서 14:1-20과 거의 같다. 아마샤는 25세에 왕이 되어 예루살렘에서 29년 동안 다스렸다(대하 25:1).

① 아마샤의 통치의 성격(대하 25:1-4; 참조. 왕하 14:1-6))

아마샤는 여호와 보시기에 정직히 행하였으나 온전한 마음으로 행하지는 않았다(대하 25:2). 그는 나라의 왕권이 견고해진 후에 부왕인 요아스를 죽인 신하들은 죽였으나 모세의 율법에 따라 그 자녀들을 죽이지 않았다. 그것은 모세의 율법에 각 사람은 자기의 죄에 따라 책임을 져야 한다고 기록하고 있기 때문이다(대하 15:3-4; 참조. 신 24:16).

② 에돔과 싸운 전쟁(대하 25:5-16; 참조. 왕하 14:7)

아마샤는 에돔과 전쟁하기 위하여 20세 이상 전쟁에 나갈 수 있는 유다 사람 30만 명을 모병했다. 또 은 백 달란트로 이스라엘에서 큰 용사 10만 명을 고용했다(대하 25:5-6). 이때 어떤 하나님의 사람이 이스라엘 군대를 데려가지 말라고 했다. 그 이유는 여호와께서 그들과 함께하시지 않는다는 것이다. 오직 하나님을 의지해야 한다는 것이다. 역대기에서 대적들을 두려워하거나 다른 나라를 의지하지 말고 하나님을 의지해야 한다는 것은 중요한 주제 가운데 하나이다(대하 16:2-9; 19:1-3; 20:35-37; 32:7-8). 이때 아마샤는 이미 1백 달란트를 이스라엘에게 주었는데 어떻게 해야 하는지 하나님의 사람에게 물었다. 그러자 하나님의 사람은 여호와께서 왕에게 이보다 더 많은 것을 주실 수 있다고 했다. 아마샤는 이스라엘 군대를 돌려보내고 소금 골짜기에서 에돔 사람 1만 명을 죽였다.

저자는 이 전쟁의 부정적인 면도 그대로 드러낸다. 아마샤와 함께 전쟁에 참여하지 못한 군사들이 사마리아에서부터 벧호론까지 유다 성읍들을 약탈하고 3천 명이나 죽였다. 또 아마샤는 에돔 사람들을 죽이고 돌아올 때 세일산의 신들을 가지고 와서 자기의 신으로 섬기고 분향했다(대하 25:13-14). 이 일로 말미암아 여호와께서 진노하셔서 한 선지자를 보내어 왕을 책망하였지만 듣지 않았다. 그래서 선지자는 왕이 선지자의 경고를 듣지 아니하므로 하나님이 왕을 멸하시기로 작정했다고 말했다(대하 25:16). 선지자의 책망은 아마샤의 삶이 어떻게 전개될는지 불안한 암시를 준다.

③ 이스라엘과 싸운 전쟁(대하 25:17-24; 참조. 왕하 14:8-16)

이후에 아먀사는 이스라엘의 왕 요아스에게 사신을 보내어 대면하자고 하였으나 요아스는 아마샤를 레바논 가시나무로 비유하고, 자신을 백향목에게 비유하며 거절했다. 또한 요아스는 아마샤에게 에돔을 쳐서 이겼다고 교만하여 화를 자초해 유다와 함께 망하고자 한다고 비난했다(대하 25:18-19). 그런데도 아마샤는 듣지 않았다. 저자는 이 일을 하나님께서 그들이 에돔 신들에게 구하였기 때문에 대적의 손에 넘기려고 하신 것으로 설명했다(대하 25:20). 그 결과 아마샤는 전쟁에서 요아스에게 패하였고, 요아스는 아마샤를 사로잡았을 뿐만 아니라 성전 일부를 헐고 성전과 왕궁의 보물과 사람들을 볼모로 잡아 사마리아로 돌아갔다(대하 25:21-24). 저자는 이 사건을 통하여 이 책의 목적 가운데 하나인 즉각적인 보응의 원리로 하나님의 말씀을 불순종할 때 어떤 결과를 야기하는지 설명한다.

④ 아마샤의 죽음(대하 25:25-28; 참조. 왕하 14:17-22)

아마샤는 이스라엘의 왕 요아스가 죽은 후 15년을 더 생존했다(대하 25:25). 그는 요아스가 죽은 후 사로잡혀 간 이스라엘에서 풀려난 것으로 보인다. 저자는 아마샤가 여호와를 버린 후부터 예루살렘에서 무리가 그를 반역하였으므로 그는 라기스로 도망을 갔고, 무리들이 라기스로 사람을 보내어 그를 죽였다고 기록한다(대하 25:26-27). 바벨론 포로 이후에 성전을 재건한 이스라엘 백성들이 이 역사를 읽을 때 어떤 생각을 하였을까? 온 이스라엘은 여호와를 찾아야 한다는 것을 뼛속 깊이 배우게 되었을 것이다.

(11) 웃시야의 통치(대하 26:1-23)

저자는 열왕기서의 기록을 그대로 사용하지만 열왕기하 15:5의 기록을 확대하여 설명한다. 그는 웃시야의 통치를 기록하면서 그가 복을 받은 이유와 함께 저주를 받은 이유도 보여 준다.

① 웃시야(=아사랴)의 통치의 성격(대하 26:1–4; 참조. 왕하 14:21–22; 15:1–7)

웃시야의 또 다른 이름은 아사랴이다(왕하 15:1, 6–7, 13, 30, 32; 대상 3:12). 저자는 어색하게도 웃시야가 왕위에 오를 때 나이가 16세라고 두 번이나 언급한다(대하 26:1, 3). 그 차이는 일반적으로 유대 왕이 즉위하는 것을 기록할 때는 '……가 왕위에 오를 때 나이가……세라……예루살렘에서……년 간 다스리니라'는 형식적 문구를 사용한다. 그러나 웃시야의 경우에 "유다 온 백성이 나이가 십육 세 된 웃시야를 세워 그의 아버지 아마샤를 대신하여 왕으로 삼으니"(대하 26:1)라고 했다. 이것은 아마샤가 이스라엘과 싸운 전쟁에서 요아스에게 포로로 잡혀갔기 때문이다(대하 25:23). 그는 52년간의 통치 기간 가운데 처음 24년을 아버지와 함께 섭정을 했다.[140] 그런데 저자가 웃시야의 통치에 대하여 그의 아버지 아마샤의 모든 행위대로 여호와 보시기에 정직하게 행했다고 한 것은 다소 의외다(대하 26:4).

② 웃시야에게 임한 복과 저주(대하 26:5–20)

이 기사는 역대기에만 있는 것으로 저자는 즉각적인 보응의 원리에 따라 웃시야에게 임한 복과 저주에 대하여 기록하고 있다. 웃시야는 여호와의 묵시를 밝히 아는 스가랴가 사는 날 동안 하나님을 찾았고, 그가 여호와를 찾을 동안에는 하나님이 형통하게 하셨다(대하 26:5). 저자는 웃시야가 하나님을 찾는 일이 어떤 의미가 있는지 역대하 26:6–15에 설명한다. 웃시야는 나라가 강성하여 블레셋 가운데 성읍들을 건축하고, 아라비아와 마온(=에돔)을 치고 동쪽으로는 암

140 아마샤의 통치는 이스라엘 왕 요아스 2년인 주전 796년에 시작하여 여로보암 27년인 주전 767년에 끝난다(왕하 14:1; 15:1). 여로보암 2세는 41년간 통치했다(왕하 14:23). 아마샤는 이스라엘 왕 요아스가 죽은 후 15년을 더 살았다(왕하 14:17). 요아스(주전 798–782)가 죽었을 때가 주전 782년이라면 아마샤는 여로보암 27년인 주전 767(782–15)년에 죽었다. 여로보암이 죽고 그의 아들 스가랴가 왕이 되었을 때 웃시야는 이미 38년을 통치하고 있었다(왕하 15:8). 이때가 주전 753년이다. 그러면 웃시야는 주전 791(753+38)년부터 왕위에 있었다는 것이다. 이 기록을 받아들인다면 웃시야가 단독으로 통치한 해가 북 이스라엘의 왕 여로보암 2세 27년, 곧 주전 767년이라면 그는 주전 791년부터 주전 767년까지 24년간 섭정을 한 것이다(틸레 1990, 85).

몬을 쳐서 조공을 받았다(대하 26:6-8). 또한 그는 광야에 망대와 물웅덩이를 많이 파고 고원과 평지에 가축을 기르며, 농사를 좋아하여 농부와 포도원을 다스리는 자들을 두었다(대하 26:9-10). 군사적으로도 강대하여 많은 병력과 각종 무기를 소유했다(대하 26:11-15). 그런데 저자는 이 일에 대하여 '하나님이 그를 도우사'(대하 26:7)와 '기이한 도우심을 얻어'(대하 26:15)라고 했다. 웃시야가 하나님을 찾은 결과 하나님이 기이한 방식으로 도우셨다는 것이다.

그러나 웃시야가 강성하여지매 그의 마음이 교만하여 여호와의 성전에 들어가서 향단에 분향하려고 했다(대하 26:16). 이때 웃시야가 그를 말리는 제사장 아사랴에게 화를 내자 그의 이마에 나병이 생겼다(대하 26:19). 그 결과 웃시아는 죽는 날까지 별궁에 거하게 되었고 남은 기간을 그의 아들 요담이 다스렸다(대하 26:21). 제사법에 향단에 분향하는 일은 제사장만이 해야 할 일이다(출 30:1-10; 민 16:40; 18:1-7 등). 저자는 웃시야의 이야기를 하면서 하나님의 말씀을 순종하지 않을 때 나타나는 즉각적인 보응의 원리를 적용했다. 교만과 하나님의 말씀을 불순종하는 행위가 얼마나 위험한 결과를 가져오는가!

(12) 요담의 통치(대하 27:1-9; 참조. 왕하 15:32-38)

요담은 25세에 왕위에 올라 16년 동안 다스렸다(대하 27:1). 이 기간 가운데 그의 아버지 웃시야의 나병으로 말미암아 섭정이 있었을 것이다.[141] 저자는 요담의 통치를 설명할 때 여호와 보시기에 정직하게 행하였으나 여호와의 성전에는 들어가지 않았고 백성들은 여전히 부패했다고 기록하고 있다(대하 27:2). 여호와 보시기에 정직하게 행하는 일과 여호와의 성전에 들어가지 않는 일은 서로 모순되는 것처럼 보인다. 열왕기서는 이 말씀 대신에 "산당을 제거하지 아니하였으므로 백성이 산당에서 제사를 드렸다"(왕하 15:35)라는 말씀으로 대치되어 있다. 그런데 저자는 요담이 암몬과 싸워 이겨 조공을 받았고 여호와 앞에서 바른길을 걸었기 때문에 강성해졌다고 기록하고 있다(대하 27:6). 반면에 열왕기서에 있는 아람 왕 르

141 요담이 16년을 통치했다고 기록하고 있다(대하 28:1; 왕하 15:33). 그러나 북 이스라엘의 호세아는 요담 20년에 왕이 되었고(왕하 15:30), 동시에 호세아는 아하스 12년에 왕이 되었다고 이중적으로 기록하고 있다(왕하 17:1).

신과 베가를 보내어 유다를 친 기록은 생략했다(참조. 왕하 15:37). 이것은 저자가 여호와 앞에 바르게 행할 때 은혜를 주신다는 사실을 강조하기 위함이다.

(13) 아하스의 통치(대하 28:1-27)

저자는 아하스의 통치를 요담과 달리 부정적으로만 묘사한다. 그는 열왕기서에 기록된 자료의 서론과 결론을 제외하고 다른 자료를 사용하여 메시지를 전달한다.

① 아하스의 통치의 성격(대하 28:1-7; 참조. 왕하 16:1-6)

아하스는 20세에 왕위에 올라 16년 동안 다스렸다. 그는 이 기간 동안에 여호와 보시기에 정직히 행하지도 않고 이스라엘 왕들의 길로 행하고, 이방 사람들의 가증한 일을 따라 자기 아들을 불 가운데 지나게 하고, 산당들과 작은 산 위와 푸른 나무 아래에서 제사를 드렸다(대하 28:2-4). 저자는 그가 여호와를 버렸으므로 즉각적인 보응의 원리에 따라 이스라엘의 왕 베가가 하루 동안에 유다의 용사 12만 명을 죽였고, 에브라임의 용사 시그리는 왕의 아들 마아세야와 궁내대신과 총리대신을 죽였다고 기록했다(대하 28:6-7). 이러한 기록은 당시 아하스와 유다가 매우 큰 위험에 빠졌다는 것을 보여 준다.

② 이스라엘 자손이 유다 포로를 돌려보냄(대하 28:8-15)

이스라엘 자손은 그들의 형제 중에서 그들의 아내와 자녀를 합하여 20만 명을 사로잡고 재물을 노략하여 사마리아로 갔다(대하 28:8). 이때 북 이스라엘에 있던 오뎃이라는 선지자가 이 문제에 대한 하나님의 말씀을 전했다. 여호와께서 유다의 죄를 징계하시기 위하여 이스라엘을 도구로 사용하셨으나 그들이 지나치게 행동하여 유다와 예루살렘 백성을 노예로 삼고자 한다고 책망했다(대하 28:9-10). 에브라임 자손의 우두머리 가운데 아사랴, 베레갸, 여히스기야 그리고 아마사가 이 일은 여호와께 죄를 짓는 것이라고 하고, 포로들을 먹고 마시게 하고 치료하여 여리고로 데려가 그의 형제에게 보내고 사마리아로 돌아갔다(대하 28:12-15). 유다를 포로로 삼는 것에 대하여 오뎃과 에브라임의 지도자들은 이것은 죄를 범하는 일이고 여호와의 진노가 임한다고 보았다는 것이다(대하 28:10-11, 13). 이 기사의 특이한 점은 이스라엘이 유다를 '형제'(대하 28:8, 11, 15)라고 부르고 있다는 것이다. 이러한 변화들은 히스기야 시대에 이스라엘이 다시 통합하여 언약 안에서 하나의 나라로 이어가고 있다는 것을 보여 준다(대하 30:6).

③ 아하스가 앗수르에 도움을 청함(대하 28:16-21; 참조. 왕하 16:7-9)

아하스는 앗수르 왕 디글랏빌레셀에게 도움을 청했다. 열왕기하 16:7에 의하면 아하스가 도움을 청한 이유는 아람과 이스라엘 연합군의 공격 때문이었다. 그러나 여기서는 에돔과 블레셋 때문이다(대하 28:17-18). 이 일은 아하스가 망령되이 행하여 여호와께서 그를 낮추셨기 때문이다(대하 28:19). 이 문제를 해결할 수 있는 방법은 여호와를 찾는 것이다. 그런데도 아하스는 앗수르에게 도움을 청했다. 그러나 앗수르는 그를 돕지 아니하고 그를 공격했다(대하 28:20).

④ 아하스의 범죄와 죽음(대하 28:22-27)

아하스는 곤고할 때 더욱 죄를 범하여 유다를 친 다메섹 신들에게 제사했다. 그 이유는 아람 왕들의 신들이 그들을 도왔으니 자기도 그 신에게 제사하여 자기를 돕게 하겠다는 것이다(대하 28:22-23). 그런데 저자는 오히려 그 신이 아하스와 온 이스라엘을 망하게 했다고 설명했다(대하 28:23). 이뿐만 아니라 아하스는 하나님의 성전 기구들을 부수고, 여호와의 성전 문을 닫고, 예루살렘 구석마다 이방 제단을 쌓고, 각 성읍에 산당을 만들어 여호와를 진노하게 했다(대하 28:24-25). 그래서 저자는 여호와께서 아하스의 죄를 심판하셨다는 외적인 표시 가운데 하나로 아하스가 왕들의 묘실에 묻히지 못했다고 기록하고 있다(대하 28:27; 참조. 대하 21:20; 24:25; 26:23). 그는 즉각적인 보응의 원리에 따라 여호와께서 아하스의 행위를 심판하셨다는 것을 보여 준다.

(14) 히스기야의 통치(대하 29:1-32:33)

저자는 다윗과 솔로몬 이후로 다른 어떤 왕보다도 히스기야의 통치에 관심을 기울인다. 여기에 기록된 히스기야의 기사는 열왕기하 18-20장에 기록된 사건과 공통점이 거의 없다. 저자는 아하스의 배교행위 이후에 성전을 성결하게 하고 여호와 예배를 회복한 일에 관심을 기울이고 있다. 그리고 온 이스라엘이 유월절을 지킨 기사와 종교개혁한 일에 비중을 두고 있다(대하 29:3–31:21). 그리고 저자는 앗수르의 산헤립 군대를 물리친 사건을 종교개혁의 결과로 설명한다(대하 32:1–23).

① 히스기야가 성전을 성결하게 하다(대하 29:1–36).

히스기야는 25세에 왕위에 올라 29년을 다스렸다.[142] 저자는 히스기야가 그의 조상 다윗의 행실과 같이 여호와 보시기에 정직했다고 평가한다(대하 29:2). 그는 히스기야가 여호와 앞에 정직하게 행한 일 가운데 성전을 성결하게 한 일로 설명한다. 히스기야는 아하스가 닫았던 여호와의 성전 문을 열고 수리했다(대하 29:3; 참조. 28:14). 성전 문이 열렸다는 것은 여호와께서 성전에 계시므로 만날 수 있다는 것을 의미한다(투엘 2007, 308). 다음으로 제사장들과 레위 사람들을 모으고 자신들을 먼저 성결하게 하고 여호와의 성전을 성결하게 하고 더러운 것을 없애라고 했다(대하 29:5).

히스기야는 여호와의 성전 문을 열고 그의 조상들의 역사를 언급하며 성결하게 하는 일이 중요하다는 것을 설명했다. 히스기야는 이스라엘이 여호와의 진노를 받아 두려움과 놀람과 비웃음거리가 된 원인을 조상들이 여호와 보시기에 악을 행하고, 여호와의 성소를 등지고, 성전으로 들어가는 낭실 문을 닫고, 등불을 끄고, 하나님께 번제를 드리지 않았기 때문이라고 진단했다(대하 29:7–8). 히스기야는 문제의 원인이 무엇인지 바르게 진단했다. 이 말을 들은 레위 사람들은 첫째 달 초하루에 성결하게 하기를 시작하여 모두 16일 동안 마쳤다(대하 29:17). 히스기야의 여호와의 성전 회복 프로그램에 14명의 레위인들이 참여했다. 그들은 레위의 세 아들 고핫, 므라리, 게르손의 후손이며, 다윗이 성전에서

142 아하스와 히스기야를 둘러싼 연대기는 어려운 문제들 가운데 하나다. 그러나 틸레(1990)가 제안한 연대기를 받아들인다면 주전 715–686년으로 본다. 히스기야의 29년의 통치는 그의 수명이 연장된 15년간의 기간을 포함한다(왕하 20:6). 히스기야가 왕위에 오를 때가 25세였다(대하 29:1). 그의 부친인 아하스가 36세에 죽었다면(대하 28:1) 그는 아하스가 11세였을 때 태어난 것이 된다.

노래하는 자로 세운 레위인 아삽, 헤만, 여두둔의 후손이며, 다윗이 궤를 예루살렘으로 옮길 때의 인물이었던 엘리사반의 후손이다(대하 29:12-14).

이 일 후에 히스기야는 성읍의 귀인들을 모아 여호와의 전에 올라가 수송아지, 숫양, 어린양, 숫염소 일곱 마리씩을 '나라와 성소와 유다를 위하여' 속죄제물로 삼고 제단에 드리게 했다(대하 29:21). 왕과 회중들은 속죄제물로 드릴 숫염소 위에 안수하고, 제사장들이 잡아 그 피를 속죄제로 삼아 온 이스라엘을 위하여 속죄했다(대하 29:23-24). 그리고 제사와 더불어 다윗과 갓과 선지자 나단이 명한 대로 각종 악기를 가지고 여호와의 시로 노래했다(대하 29:25-28). 히스기야는 속죄제물 다음으로 감사제물을 가져오게 했다. 회중은 이 말을 듣고 감사제물을 가져오기도 하였지만 자원하여 번제물을 가져오기도 했다(대하 29:31). 감사제는 화목제 가운데 하나다(레 7:12-15). 이 제사는 제물의 일부는 태워지고, 일부는 제사장들의 몫이 되고, 나머지는 예배자에게 돌아갔다. 이러한 제사에 대하여 저자는 "이와 같이 여호와의 전에서 섬기는 일이 순서대로 갖추어지니라"(대하 29:35)라고 했다. 이것은 히스기야가 율법에 기록된 대로 성전 제사를 회복했다는 것이다.

② 히스기야가 유월절을 지키다(대하 30:1-31:1)

이 문단은 히스기야와 온 이스라엘이 유월절을 지킨 일에 대하여 설명한다. 이 문단은 유월절을 준비하고(대하 30:1-12) 지키며(대하 30:13-22), 7일 더 지키는(대하 30:23-31:1) 부분으로 이루어져 있다.

• **유월절을 준비하다(대하 30:1-12)**: 히스기야가 유월절을 준비할 때 특이한 점 두 가지가 있다. 하나는, 에브라임과 므낫세를 포함한 온 이스라엘이 유월절 제사에 참여했다는 것이다(대하 30:1). 이때 북 이스라엘은 앗수르에 의해 포로로 잡혀간 것으로 보인다. 그래서 히스기야는 브엘세바에서 단까지 유월절을 지키라고 공포했다(대하 30:5). 또 하나는 온 이스라엘이 둘째 달에 유월절을 지켰다는 것이다. 일반적으로 유월절은 첫째 달 14일에 지키지만(민 9:1-3), 이때는 둘째 달에 지켰다. 그 이유는 '성결하게 한 제사장들이 부족하고 백성도 예루살렘에 모이지 못하였으므로'(대하 30:3) 규례대로 지킬 수 없었기 때문이다. 율법은 만일 예배자가 부정하게 되었거나 여행 중이어서 지킬 수 없는 경우라면 유월절을 한 달 후에 지

키게 했다(민 9:9-11). 히스기야가 유월절을 처음 지킨 때는 이 규례를 적용했다.

히스기야는 이스라엘 자손에게 보발꾼을 보내 브엘세바에서 단까지 공포했다. 그는 아브라함과 이삭과 이스라엘의 하나님 여호와께 돌아오면 남은 자, 곧 앗수르 왕의 손에서 벗어난 자에게 돌아오시리라고 했다. 히스기야는 그들을 형제라고 부르며 '너희 형제 같이 하지 말라'고 하면서 여호와께 범죄하였기 때문에 여호와께서 멸망하도록 버려두셨다고 진단했다(대하 30:7). 그리고 히스기야는 비록 앗수르에 포로로 끌려간 자라고 할지라도 여호와의 자비를 입어 이 땅으로 돌아오게 할 것이라고 했다(대하 30:6, 9). 이 권면을 볼 때 이미 북 왕국은 멸망하여 포로로 끌려갔다는 것을 알 수 있다. 보발꾼들이 에브라임과 므낫세와 스불론까지 두루 다녀 전파하였으나 사람들이 비웃었다. 그러나 아셀과 므낫세와 스불론 중에 몇 사람이 스스로 겸손한 마음으로 예루살렘에 이르렀다(대하 30:11). 회개는 하나님의 은혜가 임하는 출발점이다.

• **유월절을 지키다(대하 30:13-31:1)**: 둘째 달에 백성들이 무교절을 지키기 위해 예루살렘에 많이 모였다. 무리들이 일어나 예루살렘에 있는 이방의 제단과 향단들을 모두 제거하여 기드론 시내에 던졌다(대하 30:14). 그리고 둘째 달 열넷째 날에 유월절 양을 잡아 성결하게 했다. 특이한 것은 에브라임과 므낫세와 잇사갈과 스불론의 많은 무리가 자기들을 깨끗하게 하지 아니하고 유월절 양을 먹어 규례를 어겼다는 것이다(대하 30:18). 이들이 규례에 대하여 무지했거나 알지 못했다는 것이다. 히스기야는 이들을 위해 기도하였고, 여호와께서는 그의 기도를 들으시고 백성을 고치셨다(대하 30:18-20). 저자가 이를 기록한 것은 단순히 외적인 의식이 율법에 부합하는지의 문제가 아니라 하나님을 찾는 일이 더 중요하다는 것을 보여 주려는 것이다(Thompson 1994, 355).

• **유월절을 7일 더 지키다(대하 30:23-31)**: 온 회중이 유월절을 7일 더 지키기로 결의하고 7일을 더 지켰다(대하 30:23). 7일을 더 지킨 일은 솔로몬 시대에 성전을 봉헌할 때도 있었다(대하 7:8-10). 이 유월절에 유다 온 회중만이 아니라 이스라엘에서 나온 회중과 이스라엘과 유다 땅에서 사는 나그네들도 다 즐거워했다(대하 30:25). 율법은 할례 받지 아니한 자는 참여할 수 없다고 규정한다(출 12:48-49). 이때 유월절에 참여하여 큰 기쁨을 누렸던 나그네들은 약속을 믿고 할례를 받은 자들이며, 이스라엘의 믿음을 받아들인 자들이다. 이것은 오늘날 성찬예식에

참여하는 자는 동일한 믿음을 가져야 한다는 것과 같다. 이때 제사장들과 백성을 위하여 축복했다. 이 일에 대하여 해설자는 그 소리가 하늘에 들리고 그 기도가 여호와의 거룩한 처소에 이르렀다고 했다(대하 30:27). 이때의 축복은 민수기 6:22-27의 제사장적인 축복일 것이다.

온 회중이 유월절을 지킨 후에 유다 여러 성읍에 주상들과 아세라 목상을 찍고 유다와 베냐민과 에브라임과 므낫세 온 땅에 있는 산당들과 제단들을 제거했다(대하 31:1). 이러한 행동은 유월절을 지킨 자들에게 임한 제사장적인 축복의 결과다. 하나님의 은혜를 체험한 자들은 우상숭배가 헛되다는 것을 알기 때문이다.

③ 히스기야의 개혁(대하 31:2-21)

이 문단은 땅을 깨끗하게 한 후에(대하 31:1) 지속적으로 하나님을 찾고 그 은혜를 누리도록 제사제도를 개혁하는 내용을 담고 있다. 그것은 성전 제사를 회복하기 위한 것으로 히스기야는 몇 가지 개혁조치를 했다. 첫째, 히스기야는 제사를 수행하는 제사장들과 레위인들을 다시 조직했다. 그것은 그들로 하여금 성전에서 제사를 드리고 회막 문에서 섬기며 찬송하도록 하기 위함이다(대하 31:2). 둘째, 히스기야는 다윗과 솔로몬과 같이 자신의 재산을 성전 제사를 위해 쓰게 했다(대하 31:3; 참조. 대상 29:1-5; 대하 9:10-11). 셋째, 히스기야는 제사장들과 레위인 몫의 음식을 주어 여호와의 율법을 힘쓰게 했다. 그래서 백성들은 제사장들과 레위인들을 위해 십일조를 많이 드려 제물들이 많이 쌓였다(대하 31:4-9). 이 일에 대하여 히스기야가 묻자 대제사장 아사랴는 여호와께서 그의 백성에게 복을 주셨기 때문이라고 설명했다(대하 31:10). 넷째, 히스기야는 여호와의 전 안에 방들을 준비하여 예물과 십일조와 구별한 물건들을 두게 하였고, 책임자들을 세웠다(대하 31:11-19).

저자는 히스기야가 여호와 보시기에 선과 정의와 진실하므로 개혁하였고, 그가 하나님을 찾았기 때문에 그가 하는 모든 일에 형통했다고 했다(대하 31:20-21; 32:30). 해설자는 히스기야의 모범적인 행동의 결과를 여호와를 찾는 자를 여호와께서 만나 주신다는 즉각적인 보응의 원리를 적용하여 설명했다(Thompson 1994, 360). 역대기에는 형통의 필요조건이 분명하게 나타나 있다. 그것은 여호와의 규례와 법도를 지키는 것이다(대상 22:13; 대하 24:20).

④ 앗수르 군대가 예루살렘을 위협하다(대하 32:1–23; 참조. 왕하 18:13–37; 19:14–19, 35–37; 사 36:1–22; 37:8–38)

저자는 히스기야가 이 모든 충성된 일을 한 후에 앗수르 왕 산헤립이 유다에 침입한 것을 기록했다(대하 32:1). 저자는 히스기야의 여러 신실한 행동을 기록한 후에 이 사건을 전개한다. 그것은 히스기야의 신실한 행동은 하나님의 도우심과 구원으로 이어진다는 것을 보여 주려는 것이다(Thompson 1994, 361). 산헤립의 침공은 지금까지 성전 제사를 회복하고 여호와를 찾은 일이 어떤 의미가 있는지를 보여 주는 계기를 제공해 준다. 저자의 기록은 열왕기서(왕하 18:13–37; 19:14–19, 35–37)와 이사야서(사 36:1–22; 37:8–38)의 기록과 비교해 볼 때 많이 생략되어 있다. 산헤립의 1차 침입 당시 유다의 성읍이 점령된 일(왕하 18:13), 히스기야가 은과 금을 내어 준 일(왕하 18:14–16), 그리고 산헤립 2차 침입 당시 예루살렘이 포위된 일(왕하 18:17) 등에 대한 언급이 없다. 앗수르의 역사 문서 가운데 산헤립의 기록에 따르면 그는 46개의 유다 성읍을 점령했다(Pritchard 1969, 288). 이러한 차이는 저자가 앗수르로부터의 구원이 히스기야의 개혁과 어떻게 연관되는지를 보여 주기 위한 것이다(Thompson 1994, 361).

히스기야는 산헤립이 침공해 왔을 때 필요한 몇 가지 조치를 취했다. 첫째, 히스기야는 방백들과 용사들과 더불어 의논하고 성 밖의 모든 물 근원을 막았다(대하 32:3–4). 일반적인 포위 공격의 전략은 물 공급을 막아 기갈을 당하게 하므로, 혹은 물에 독약을 타서 성읍을 무력화시킨다. 수성의 관점에서는 충분한 물을 공급하는 길만이 침입해 들어오는 적군의 공격을 막아내는데 용이하다(Dillard 1987, 256–257). 따라서 히스기야가 예루살렘 근처에 있는 물 근원을 막았다는 것은 다가올 포위 공격을 예상했다는 것이다.[143] 둘째, 히스기야는 무너진

143 히스기야는 적의 포위 공격을 대비할 목적으로 기혼샘에서 물을 성중으로 끌어들이는 수로 공사를 했다(왕하 20:20). 이 수로는 1880년에 성전 남쪽 히스기야 터널 입구의 암벽에 새겨진『실로암 비문』(*The Siloam Inscription*)으로 말미암아 그 내용이 자세하게 알려지게 되었다. 그 비문의 내용은 다음과 같다. "(굴)이 뚫리던 [… 날] 이것이 굴이 뚫리던 날의 상황이다. […]들이 각자가 서로에게 도끼를 여전히 […]하고 있었다. 아직도 세 규빗을 뚫어야 하는데, 한 사람이 다른 사람을 부르는 소리가 [들렸다] 벽의 오른쪽과 [왼쪽에] 틈이 있었다. 굴을 뚫을 때 채석공들이 각자 서로를 향해 (바위를) 깨고 있었고, 도끼와 도끼가 (부딪혔을 때), 물이 샘에서 1200규빗이나 되는 곳에 있는 저수지까지 흘렀고, 채석공들의 머리 위에 있는 바위의 높이는 100규빗이었다."(Pritchard 1969, 321)

성벽을 보수하고 외성을 쌓으며, 다윗 성의 밀로를 견고하게 했다(대하 32:5a). 셋째, 무기와 방패를 많이 만들었다(대하 32:5b). 넷째, 군대 지휘관을 세워 백성들을 거느리게 했다(대하 32:6).

히스기야는 이러한 준비와 더불어 백성들에게 구약성경 여러 곳에서 발견되는 거룩한 전쟁을 앞두고 행한 말씀인 "너희는 마음을 강하게 하며……두려워하지 말며 놀라지 말라……"를 사용하여 백성들을 격려했다(대하 32:7-8; 참조. 신 31:6; 수 10:25; 왕하 6:16 등). 히스기야는 모든 군사적인 준비를 하고서 백성들에게 앗수르의 군대를 압도할 수 있는 '비밀 병기'(secret weapon)인 여호와께서 어떤 분이신지 설명하므로 그들을 안심하게 했다(Thompson 1994, 362).

히스기야가 백성들을 안심시켰지만 앗수르 왕 산헤립은 라기스를 치고 그의 신하들을 보내어 조롱하며 위협했다. 산헤립의 연설은 심리 전쟁의 유형을 따르고 있다. 산헤립은 히스기야가 여호와를 신뢰하라고 말한 것은 아무런 의미가 없다고 했다(대하 32:10-12). 그는 그의 말이 확실하다는 것을 입증하기 위하여 지금까지 앗수르 군대가 진멸한 모든 나라의 신들이 그 백성을 구해 내지 못한 것처럼 이스라엘의 신인 여호와도 그들을 구해 내지 못할 것이라는 논리로 비방했다(대하 32:13-15). 산헤립의 신하들도 여호와와 히스기야를 비방했다(대하 32:16-19).

이 일에 대하여 히스기야는 이사야 선지자와 더불어 하늘을 향하여 기도했다(대하 32:20). 이 기도는 열왕기하 19:1-34(=사 37:1-35)의 긴 이야기를 축소한 것이다. 기도에 응답하여 여호와께서 한 천사를 보내어 앗수르 왕의 진영에서 모든 큰 용사와 대장과 지휘관들을 멸하셨다(대하 32:21). 저자는 이때 18만5천 명이 죽은 일과 이들이 어떻게 죽었는지는 설명하지 않는다(왕하 19:35; 사 37:36). 그리고 저자와 열왕기서 저자와 이사야 선지자는 모두 이 사건에 이어서 산헤립의 죽음을 기록하고 있다. 이때가 주전 701년으로 산헤립은 681년에 그의 아들에 의해 살해되었다(Pritchard 1969, 288-289). 저자는 열왕기서와 이사야서와 달리 기도하는 구체적인 상황을 기록하지 않고 기도와 단순히 그 결과만 기록하고 있다. 그것은 책의 핵심 주제 가운데 하나인 즉각적인 보응의 원리를 적용하여 하나님을 찾고 기도할 때 하나님이 응답하신다는 것을 보여 주기 위함이다.

⑤ 히스기야의 병과 교만(대하 32:24–31; 참조. 왕하 20:1–3, 12–19; 사 38:1–3; 39:1–8)

히스기야는 병들어 죽게 되었다. 저자가 이 사건을 기록하면서 '그때에'라는 시점을 말한 것으로 보아 앗수르와 전쟁을 끝낸 후인 것처럼 보인다. 히스기야는 29년 동안 유다를 통치하였는데 그가 병이 나은 후 15년간을 더 살았으므로 그의 통치 14년 어느 때에 병이 들었다는 것을 알 수 있다(참조. 왕하 20:6). 히스기야의 통치 14년은 앗수르가 유다를 침입하던 시기이다(참조. 왕하 18:13). 그러므로 히스기야가 병이 든 시점은 앗수르의 침입 이후라고 보아야 한다(홉스 2013, 555; House 2003, 373). 이때 히스기야가 기도하므로 하나님이 그 기도를 들으시고 병을 치료해 주시고 이적까지 보여 주셨다(대하 32:24). 그 이적은 히스기야의 요구대로 해시계의 해 그림자를 10도 물러가게 하신 초자연적인 사건을 말한다(참조. 왕하 20:8–11). 저자는 히스기야가 교만하여 잘못을 범했는데도 회개할 때 즉각적으로 용서해 주시는 하나님의 은혜를 설명한다.

해설자는 히스기야가 그의 통치 기간에 여호와를 찾았으므로 하나님이 재산을 심히 많게 해 주셨다고 했다(대하 32:27–29). 그리고 히스기야가 기혼의 윗샘물을 막아 그 아래로부터 다윗 성 서쪽으로 곧게 끌어들이는 등 모든 일에 형통했다고 했다(대하 32:30).[144] 그러나 해설자는 바벨론 방백들이 히스기야에게 사신을 보내 그 땅에 나타난 기적을 물을 때 그의 심중에 있는 것을 알고자 하여 시험하신 것을 이기지 못한 안타까운 사실을 첨가한다(대하 32:31).

⑥ 히스기야의 죽음(대하 32:32–33; 참조. 왕하 20:20–21)

히스기야의 남은 행적과 그의 모든 선한 일은 이사야의 묵시책과 유다와 이스라엘 열왕기에 기록되었다. 이것은 저자의 관점에서 필요한 부분만 기록했다는 것이다. 히스기야가 죽자 유다와 예루살렘 백성은 그를 다윗 자손의 묘실 중 가장 높은 곳에 장사했다. 저자는 바벨론 포로와 회복이라는 주제에 관심을 기울이며 히스기야의 통치를 길게 설명하면서 이스라엘의 희망이 어디에 있는지를 구체적으로 보여 주었다(Dillard 1987, 261). 그것은 여호와를 찾는 것이다.

144 역대하 32:3–4의 설명과 난외주를 참조하라.

(15) 므낫세의 통치(대하 33:1–20; 참조. 왕하 21:1–18)

므낫세의 통치 이야기는 열왕기서의 내용과 큰 차이가 있다. 열왕기서 이야기는 므낫세가 행한 악한 일이 바벨론 포로로 사로잡혀 가는 원인이 되었다고 설명한다(왕하 21:11–15; 23:26; 24:3). 그러나 역대기는 열왕기하 21:12–15을 생략한 반면 역대하 33:10–19의 이야기를 한다. 역대기에만 있는 이 이야기는 앗수르와 싸운 전쟁에서 므낫세가 바벨론으로 끌려갔다가 여호와께 간구하므로 풀려나 종교를 개혁했다는 것이다.

므낫세는 12세에 왕위에 올라 예루살렘에서 55년간 다스렸다(대하 33:1).[145] 그는 히스기야가 헐어 버린 산당을 다시 세우고 바알의 제단을 쌓으며, 아세라 목상을 만들고, 하늘의 일월성신을 경배했다. 이뿐만 아니라 여호와의 전에 이방의 제단을 쌓았다(대하 33:4, 7–8). 이 일은 특히 므낫세가 신명기에 기록된 하나님의 법을 무시했다는 것을 보여 준다(신 12:2–7; 왕상 8:29).

여호와께서 므낫세와 그의 백성에게 경고하셨으나 그들은 듣지 않았다(대하 33:10). 그래서 여호와께서 진노하시므로 앗수르의 군대 지휘관들이 와서 므낫세를 사로잡고 쇠사슬로 결박하여 바벨론으로 끌고 갔다(대하 33:11). 그곳에서 므낫세는 여호와께 간구하고 여호와 앞에 크게 겸손하여 기도했다. 그러자 하나님이 그의 기도를 들으시고 다시 왕위에 앉게 하셨다. 이를 통하여 므낫세는 여호와께서 하나님이신 줄을 알게 되었다(대하 33:13). 그 후에 그는 나라의 국방을 튼튼히 하고 성읍에 군대 지휘관을 두었다. 그리고 이방 신들과 여호와의 전에 둔 우상들을 제거하고 여호와의 제단을 보수했다(대하 33:15).

이로 볼 때 열왕기 저자와 역대기 저자는 남북 왕조에서 가장 오래 통치한 므낫세에 관한 많은 자료들 가운데 선택적으로 사용했다는 것을 알 수 있다(대하 33:18–19). 저자는 어떤 사람이 큰 죄를 범했다고 할지라도 회개한다면 그는 하나님께 용서함을 받고 하나님과 맺은 언약 관계가 회복된다는 것을 보여 준다. 특히 므낫세의 회개와 개혁은 왜 포로로 잡혀가는 상황이 므낫세의 통치 시기에 일어나지 않았는지를 설명해준다. 비록 므낫세의 회개와 개혁은 앞으로 일어

145 설명주 87을 참조하라.

나게 될 사건이 전혀 일어나지 않게 해 주지는 못했다 할지라도, 적어도 그 사건이 나중에 일어나도록 연기시키는 역할을 했다는 것이다(켈리 2014, 926). 저자는 므낫세를 유다가 당할 일에 대한 모형으로 보여 준다. 그의 회개는 그에게 회복의 기쁨을 주었다. 저자와 당시의 언약 백성들에게 이 일은 사랑의 메시지였다(Dillard 1987, 271). 이 점은 오늘날에도 성도가 회개하고 간구하는 일이 중요하다는 것을 보여 준다.

(16) 아몬의 통치(대하 33:21-25)

아몬은 22세에 유다의 왕이 되어 예루살렘에서 2년을 다스렸다(대하 33:21). 그는 그의 아버지 므낫세가 겸손함 같이 스스로 겸손하지 아니하고 범죄했다(대하 33:23). 그래서 신하들이 반역하여 궁중에서 그를 죽이자, 백성들은 아몬을 반역한 사람을 죽이고 그의 아들 요시야를 왕으로 삼았다(대하 33:25).

(17) 요시야의 통치(대하 34:1-36:1)

요시야의 통치에 관한 저자의 기록은 열왕기하 22:1-23:30의 기록과 거의 일치할 뿐만 아니라 거의 유사한 주제를 다루고 있다. 저자는 요시야가 경건한 지도력에 대한 모범을 보여 준 왕이며, 요시야의 통치가 중요한 의미가 있다는 것을 보여 준다.

① 요시야의 개혁(대하 34:1-7; 참조. 왕하 22:1-2)

요시야(주전 640-609년)는 8세에 유다의 왕이 되어 예루살렘에서 31년을 다스렸다. 그는 여호와 보시기에 정직하게 행하고 왕위에 있은 지 8년, 곧 16세에 다윗의 하나님을 찾았고, 왕위에 있는 지 12년, 곧 20세에 개혁을 시작했다(대하 34:1-3). 그는 유다와 예루살렘을 정결하게 하고, 산당과 아세라 목상들과 모든 종류의 우상을 빻아 가루로 만들어 제사하던 자들의 무덤에 뿌렸다(대하 34:4). 그리고 거짓 제사장들의 뼈를 제단 위에 불살라 유다와 예루살렘을 정결하게 하고, 므낫세와 에브라임과 시므온과 납달리까지 황폐한 성읍들도 정결하게 했다

(대하 34:5–7). 특히 요시야의 개혁이 미친 지역을 므낫세와 시므온과 납달리까지 언급하는 것은 그의 통치 영역이 넓었다는 것을 보여 준다.[146] 현재 엔게디, 아라드 등에서 나온 발굴물들은 이 지역이 요시야의 영토였다는 것을 증명해 주기도 한다(Dillard 1987, 278).

② 율법책의 발견(대하 34:8–28; 참조. 왕하 22:3–20)

요시야가 왕위에 있은 지 18년, 곧 26세 때에 그 땅과 성전을 정결하게 마치고 여호와의 전을 수리하기 위하여 사반과 마아세야와 요아를 보내었다(대하 34:8). 이들은 대제사장 힐기야에게 나아가 하나님의 전에 헌금한 돈을 주었다. 그런데 이 돈은 므낫세와 에브라임과 남아 있는 모든 이스라엘 사람과 온 유다 사람들이 성전을 수리하기 위해 헌금한 것이다(대하 34:9).

무리들이 성전을 수리할 때 제사장 힐기야가 율법책을 발견하였고(대하 34:14–16), 그 책을 사반에게 주었다. 사반은 책을 가지고 왕에게 나아가 왕 앞에서 읽었다(대하 34:18). 왕은 그 말씀을 듣고 자기 옷을 찢었다(대하 34:19). 왕은 힐기야와 사반 등에게 여호와께 물으라고 명령했다(대하 34:20). 그리고 그는 조상들이 이 책에 기록된 말씀을 지키지 아니하였기 때문에 여호와의 진노가 임했다는 사실을 알게 되었다(대하 34:21).

이에 힐기야와 왕이 보낸 사람들이 여선지자 훌다에게 가서 왕의 말을 전했다(대하 34:22). 훌다는 유다 왕 앞에서 읽은 율법에 기록된 모든 저주대로 여호와께서 저주하실 것이라고 말했다. 그녀는 그 이유를 이 백성들이 여호와를 버리고 다른 신들에게 분향하였기 때문이라고 설명해 주었다(대하 34:24–25). 그리고 요시야 왕에 대하여서는 여호와 앞에서 겸손하여 옷을 찢고 통곡하였으므로 조상들에게 평안히 돌아가게 되겠고 그 땅에 내리는 재앙을 눈으로 보지 않을 것이라고 했다(대하 34:27–28). 요시야는 애굽의 바로 느고와 므깃도에서 전쟁 중에 부상을 당하여 죽는다(대하 35:24). 그래서 그는 유다가 멸망하는 것과 바벨론 포로로 끌려가는 것을 보지 않았다. 이러한 점에서 때로는 죽음도 복이라는 것을 알 수 있다.

146 이때는 주전 627년에 앗수르의 왕 앗술바나팔(=앗술바니팔)이 죽은 후 나라가 어지러울 때였기에 요시야는 옛 이스라엘의 영토인 북쪽 지방까지 통치를 확보할 수 있었다.

③ 여호와 앞에서 언약을 세움(대하 34:29-33; 참조. 왕하 23:1-20)

요시야는 훌다의 예언을 듣고 사람을 보내어 유다와 예루살렘의 모든 장로들을 불러 모으고 여호와의 전에 올라갔다. 그는 백성들에게 여호와의 전에서 발견한 율법책을 읽고 언약의 말씀을 지키기로 언약을 맺게 하고 마음을 다하고 목숨을 다하여 여호와의 계명을 지키게 했다(대하 34:31). 요시야는 이스라엘 자손에게 속한 모든 땅에서 가증한 것들을 제거하고 여호와를 섬기게 했다. 아쉽게도 저자는 백성들이 요시야가 사는 날에만 하나님을 섬겼다는 단서를 단다(대하 34:33). 이 일이 요시야 18년에 있었기 때문에 그의 통치 31년 가운데 13년 동안은 비록 훌다의 예언처럼 하나님의 진노가 임하게 되리라는 긴장은 있었지만(대하 34:25, 28) 하나님의 은혜 가운데 있었을 것이다.

④ 유월절을 지킴(대하 35:1-19; 참조. 왕하 23:21-23)

열왕기서 저자는 유월절 기사를 매우 짧게 기록하고 있으나(왕하 23:21-23) 저자는 당시 유월절을 어떻게 지켰는지 세부적으로 기록하고 있다.

• **유월절 규례와 레위인의 직무(대하 35:1-6)**: 요시야는 예루살렘에서 율법에 따라 첫째 달 열넷째 날에 유월절 양을 잡았다(대하 35:1). 유월절은 유대력으로 첫째 달 열넷째 날에 지켜야 한다(출 12:6; 민 28:16). 특이한 것은 요시야가 레위인들에게 임무와 역할을 주었다는 것이다. 첫째, 레위인들은 온 이스라엘을 가르치는 자들로 간주되고 있다(대하 35:3). 레위인들의 임무 가운데 하나는 율법을 가르치는 일이다(레 10:11; 신 33:10; 대하 17:7-9; 스 7:10; 느 8:7-8). 둘째, 레위인들은 여호와와 그의 백성 이스라엘을 섬기는 자로 간주되고 있다(대하 35:4). 요시야는 다윗과 솔로몬의 글에 따라 자세하게 설명한 규칙대로 섬기라고 했다(대상 23:1-32; 26:1-32). 셋째, 레위인들은 유월절 양을 잡는 자로 간주되고 있다(대하 35:6, 11).

• **유월절 제물을 기부함(대하 35:7-9)**: 요시야와 방백들은 모인 백성들을 위하여 유월절 제물을 기부했다(대하 35:7-8). 요시야는 백성들을 위해 어린양과 어린 염소 3만 마리, 수소 3천 마리를 주었다(대하 35:7). 방백들도 희생을 드려 제사장들과 레위인에게 주었다. 하나님의 전을 관리하는 자인 대제사장 힐기야와 스가랴와 여히엘은 제사장들에게 양 2천6백 마리, 수소 3백 마리, 레위 사람들의 우두머리인 고나냐와 그의 형제들은 레위 사람들에게 양 5천 마리와 수소 5백 마리

를 유월절 제물로 기부했다(대하 35:8-9).

• **유월절을 지킴(대하 35:10-15)**: 왕의 명령을 따라 제사장들과 레위 사람들이 그들의 반열대로 유월절을 지키는 과정을 설명하고 있다. 레위인들은 제물을 잡고 가죽을 벗기고, 제사장들은 여호와께 희생제사를 드리고, 레위인들은 백성들의 몫을 준비하여 무리들에게 나누어 준다. 아삽의 자손 노래하는 자들은 왕의 선견자 여두둔이 명령한 대로 처소에 있고, 문지기들도 그 위치에 있었다. 그 이유는 레위 사람들이 그들을 위하여 제사를 준비하였기 때문이다.

• **무교절을 지킴(대하 35:16-19)**: 유월절 이후에 무교절을 7일 동안 지켰다. 저자는 '선지자 사무엘 이후로' 유월절을 이같이 지키지 못했다고 했다. 그러나 열왕기 저자는 '사사가 이스라엘을 다스리던 시대부터'(왕하 23:22)라고 기록하고 있다. 실제로 같은 의미로 보아야 한다.

저자가 유월절을 지키는 일을 비교적 자세히 규정하고 있는 것은 고대의 전통을 회복하고, 이스라엘 백성들에게 율법과 전통에 따라 유월절을 지켜야 한다는 것을 보여 주기 위함이다(Thompson 1994, 383). 이것은 단순히 유월절을 지키는 데 목적이 있는 것이 아니라 이스라엘의 정체성 회복과 더불어 새로운 미래를 열어 가는 중요한 은혜의 방편이기 때문이다.

⑤ 요시야의 죽음(대하 35:20-36:1; 참조. 왕하 23:28-30)

요시야는 주전 640년부터 609년까지 31년 동안 왕위에 있었다. 이때 메소포타미아의 앗수르는 주전 627년에 앗술바나팔(Asshurbanapal)이 죽자 나라가 흔들렸다. 이 과정에서 앗수르는 애굽과 동맹을 맺어서 바벨론과 그 동맹군과 함께 전쟁을 하였지만 주전 612년에 수도 니느웨가 함락되었다(Bright 1981, 314-316). 그리고 주전 609년에 바벨론에 멸망할 때까지 앗수르는 하란에서 명맥을 이어가고 있었다. 이때 애굽의 바로 느고(Necho II, 주전 610-594)는 유브라데 강변의 갈그미스(Carchemish)로 전쟁하기 위하여 갔다(대하 35:20).[147] 해설자는 이 사건과

147 개역개정판에 '치러 올라왔으므로'라고 번역하였지만 원문은 '러힐라헴'(לְהִלָּחֵם)으로 '전쟁하기 위하여'라고도 번역이 가능하고, '먹기 위하여'라고도 가능하다. 열왕기하 23:6에는 '앗수르 왕을 치고자 하여'라고 되어 있으나 원문은 '앗수르 왕을 돕기 위하여'(알-멜렉 아슈르, עַל־מֶלֶךְ אַשּׁוּר)이다. 애굽의 바로 느고가 갈그미스로 출정한 것은 당시 무너져가는 앗수르 제

관련하여 느고의 입을 통하여 하나님이 명령하시기를 막지 말라고 경고했다고 기록한다(대하 35:21). 그러나 요시야는 므깃도에서 느고의 군대를 가로막았다(대하 35:22). 이뿐만 아니라 요시야는 변장하고 싸우려고 나갔다가 활에 맞아 중상을 입고 죽었다(대하 35:22-24). 저자는 이 일에 대하여 "하나님의 입에서 나온 느고의 말을 듣지 아니하고"(대하 35:22)라고 했다. 당시 요시야가 애굽의 바로 느고의 말을 하나님의 말씀으로 받아들이는 일은 어려운 문제였을 것이다. 저자는 이 사건을 통하여 누구든지 하나님의 말씀을 거부하면 그들이 과거에 쌓은 의로운 행적이 있었다 할지라도 안타까운 종말을 맞을 수 있다는 것을 보여 준다(투엘 2007, 347). 이뿐만 아니라 해설자는 요시야의 죽음을 훌다의 예언과 무관하지 않게 기록하고 있다(대하 34:28). 훌다는 요시야가 겸비하여 옷을 찢으며 통곡할 때 "네 말을 들었노라"(대하 34:27)라고 하면서 "내가 이곳과 그 주민에게 내리는 모든 재앙을 네가 눈으로 보지 못하리라"(대하 34:28)고 하셨다고 전했다. 이 말씀을 볼 때 해설자는 요시야의 죽음을 부정적으로만 보지 않고 하나님의 섭리 가운데 있는 은혜로 보고 있다.

예레미야 선지자는 요시야의 안타까운 죽음을 슬퍼하며 애가를 지었다(대하 35:25). 그 애가의 내용이 무엇인지는 알 수 없다. 이 애가(哀歌)를 성경 가운데 있는 "예레미야 애가"와 혼동해서는 안 된다(Thompson 1994, 386). 요시야의 남은 사적과 여호와의 율법에 따라 행한 선한 행동은 이스라엘과 유다 열왕기에 기록되었다(대하 35:26-27). 이것은 그의 삶이 역사 기록을 통하여 계속 전승되고 있다는 것을 보여 준다.

(18) 여호아하스, 여호야김, 여호야긴, 시드기야의 통치(대하 36:2-21)

저자는 요시야 이후 마지막 네 왕들의 통치를 빠른 속도로 간략하게 요약한다. 요시야 이후 마지막 네 왕들은 모두 언약을 버리고 빠른 속도로 내리막길을 향해 달려 마침내 하나님의 심판을 받아 멸망한다. 마지막 네 왕들은 여호아하스(대하 36:2-4), 여호야김(대하 36:5-8), 여호야긴(대하 36:9-10), 시드기야(대하

국을 돕기 위한 명분이지만 실제로는 그 지역을 삼키기 위한 것이다.

36:11-21)이다.

① 여호아하스(대하 36:2-4; 참조. 왕하 23:30-35)

여호아하스가 왕위에 오를 때 23세였고 예루살렘에서 불과 석 달을 다스렸다(대하 36:2). 요시야에게는 네 아들이 있었다. 역대상 3:15에 보면 "요시야의 아들들은 맏아들 요하난과 둘째 여호야김과 셋째 시드기야와 넷째 살룸이요"라고 했다. 그런데 요시야가 죽자 넷째 아들 살룸이 왕이 되었다(렘 22:11). 이 살룸이 여호아하스이다. 첫째 아들부터 셋째 아들까지 있었는데도 왜 넷째가 왕이 되었을까? 그것은 알 수 없다.

여호아하스가 왕이 되었을 당시에 애굽 왕 느고가 그의 왕위를 폐하고, 은 백 달란트와 금 한 달란트를 벌금으로 내게 했다(대하 36:3). 그리고 느고는 여호아하스의 형제인 엘리아김을 세워 왕으로 삼고 여호야김이라고 했다(대하 36:4). 이것은 유다를 애굽의 봉신(封臣)으로 세웠다는 것이다(Bright 1981, 324). 여호아하스는 열왕기서의 기록에 따르면 애굽에서 죽었다(왕하 23:24).

② 여호야김의 통치(대하 36:5-8)

여호야김이 왕위에 오를 때 25세였고, 예루살렘에서 11년간 다스렸지만 여호와 보시기에 악을 행했다(대하 36:5). 역대기에는 여호야김의 악행이 구체적으로 기록되어 있지 않지만 그는 우상을 숭배하고(렘 25:1-7), 선지자들을 핍박했다(렘 26:20-24; 36:20-31). 심지어 겨울 궁전에서 불 피운 화로 앞에 앉아 신하가 두루마리를 낭독하면 그것을 칼로 베고 불로 태웠다(렘 36:20-23).

저자는 이유를 설명하지 않고 빠르게 바벨론 왕 느부갓네살이 올라와서 그를 치고 바벨론으로 잡아갔다고 설명한다(대하 36:6). 이에 대해 예레미야는 그의 악행으로 인하여 예루살렘 문 밖에 던져지고 나귀 같이 매장함을 당하리라고 했다(렘 22:19; 36:30). 저자는 애굽 왕 느고가 여호야김을 왕으로 세운 것을 기록하고 있다(대하 36:4). 그러나 주전 605년에 갈그미스 전쟁 이후 느부갓네살이 지배하였고, 바벨론의 봉신이 되어 3년을 섬긴 일과 주전 601년경에 느부갓네살을 배반한 기사도 생략하고 있다(참조. 왕하 24:1). 저자는 이 정보를 이미 독자들이 알고 있다고 보고 즉각적인 보응의 원리를 적용하여 여호와께서 악행을 심판하신 것으로 설명한다. 느부갓네살은 여호야김을 바벨론으로 사로잡아 갔을 뿐만 아니라 여호와의 성전 기구들을 가져다가 그 나라의 신당에 두었다(대하 36:6–7). 이 사건은 바벨론 연대기에도 기록되어 있다(Pritchard 1969, 564).

③ 여호야긴의 통치(대하 36:9–10; 참조. 왕하 24:8–17)

여호야긴이 왕위에 오를 때 18세였고 불과 3개월 10일 동안 왕위에 있었다(대하 36:9).[148] 저자는 열왕기하 24:8–17, 25:27–30에 있는 여호야긴의 통치에 대한 긴 기사는 다 생략한다. 그는 여호야긴이 여호와 보시기에 악을 행하였고, 느부갓네살 왕이 사람을 보내어 그를 바벨론으로 잡아간 사실과 여호와의 전의 귀한 그릇도 함께 가져가고 그의 숙부 시드기야를 왕으로 세운 사실만 간략하게 기록하고 있다.

④ 시드기야의 통치(대하 36:11–21; 왕하 24:18–25:21; 렘 52:1–11)

시드기야가 왕위에 오를 때 나이가 21세였고 예루살렘에서 11년 동안 다스렸다(대하 36:11). 저자는 시드기야와 그 시대에 행한 악한 행동을 열거한다. 첫째, 시드기야는 선지자 예레미야가 일러도 겸손하지 아니했다(대하 36:12). 선지자 예레미야가 일러 준 말씀은 "왕과 백성은 바벨론 왕의 멍에를 목에 메고 그와 그의 백성을 섬기소서. 그리하면 사시리라"(렘 27:12)는 것이었다. 둘째, 바벨론에 대한 시드기야의 반역은 하나님께 대한 반역이요 불경한 행동이다. 고대 세계에서는 충성을 맹세할 때 왕과 봉신이 맺은 언약에 대한 증인이자 보증인으로 신들의 이름으로 서약했다. 느부갓네살은 시드기야로 하여금 '하나님을 가리켜 맹세하게'(대하 36:13) 했다. 시드기야는 이 맹세를 깨뜨리고 바벨론에 반역하므로 여호와의 이름으로 거짓 맹세했다(투엘 2007, 351). 셋째, 시드기야만이 아니라 모든 제사장들의 우두머리들과 백성들도 이방의 모든 가증한 일을 따라 여호와의 전을 더럽혔다(대하 36:14). 넷째, 여호와께서 그의 백성과 그 거하시는 곳을 아끼사 부지런히 그의 사신(מַלְאָךְ, messenger)들을 보내었으나 그의 백성들은 그들을 비

148 역대하 36:9에서 왕위에 오를 때의 나이가 8세라고 되어 있으나, 열왕기하 24:8에서는 18세로 되어 있다. 그가 왕위에 올라 악을 행했다는 기록(왕하 25:9)과 부왕 여호야김이 25세에 왕이 되어 36세에 죽은 점을 감안하면 18세가 옳은 것처럼 보인다.

웃고 멸시하고 욕했다(대하 36:15-16).

하나님은 이러한 백성들의 행동으로 말미암아 진노를 돌이킬 수 없어 그들을 바벨론 왕의 손에 다 넘기셨다. 바벨론 왕은 칼로 청년들을 죽이고, 노인과 병약한 사람들을 긍휼히 여기지 않았다(대하 36:16-17). 여호와의 전의 보물과 왕과 방백의 보물을 다 가져가고 여호와의 전을 불사르며, 예루살렘 성벽을 헐었다(대하 36:18-19). 그리고 살아남은 자들을 바벨론으로 사로잡아갔다(대하 36:20). 그런데 저자는 백성들이 갈대아 왕의 노예가 되어 "바사국이 통치할 때까지 이르니라"(대하 36:20)라고 했다. 페르시아(바사국)에 대한 언급은 당시에 희망의 불빛으로 작용한다(투엘 2007, 361). 왜냐하면 이 말씀은 바벨론이 멸망하고 페르시아가 통치할 때 자유를 얻게 된다는 메시지이기 때문이다. 이뿐만 아니라 저자는 포로 생활이 70년이 될 것이고 그 기간에 토지가 안식하게 될 것이라는 예레미야 선지자의 말씀이 성취되었다고 덧붙인다(대하 36:21; 참조. 렘 25:11-12; 29:10). 이것은 땅이 70년의 안식 후에 회복되고 이스라엘이 다시 시작할 수 있을 것이라는 희망의 메시지다.

(19) 고레스 칙령(대하 36:22-23)

저자는 주전 539년에 내린 고레스의 칙령으로 책을 끝맺는다. 특히 여호와께서 '예레미야의 입으로 하신 말씀을 이루시려고' 고레스 왕의 마음을 감동시켜 조서를 내리게 하신 사실을 기록하고 있다.

> 바사 왕 고레스가 이같이 말하노니 하늘의 신 여호와께서 세상 만국을 내게 주셨고 나에게 명령하여 유다 예루살렘에 성전을 건축하라 하셨나니 너희 중에 그의 백성된 자는 다 올라갈지어다 너희 하나님 여호와께서 함께 하시기를 원하노라 하였더라(대하 36:23).

여호와께서는 예레미야 선지자를 통하여 말씀하신 것을 성취하여 하나님이 원래 작정하신 구속사를 이루실 것이다. 그러므로 역대기는 당시 바벨론 포로 생활에서 돌아온 이스라엘 백성들에게 여호와께서 그 약속을 이루시기 위하여 어떻게 역사 가운데 일하셨는지를 보여 주며 이야기를 끝낸다. 이 이야기는 이스라엘의 새로운 미래를 열어 가는 출발점이다.

V. 구속사적 의미

구속사에서 역대기의 위치

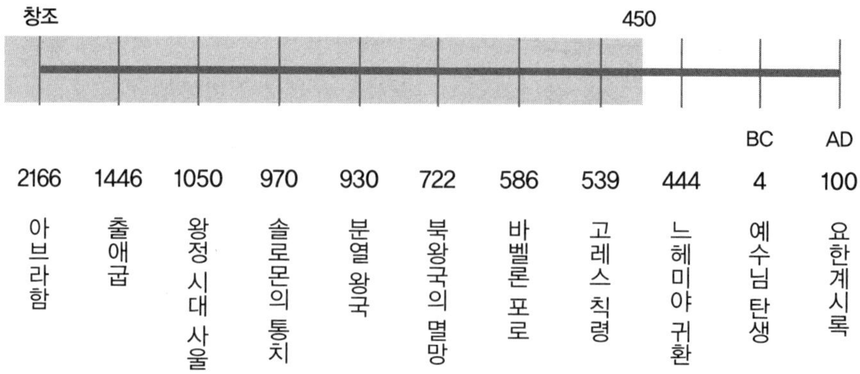

역대기는 바벨론 포로에서 돌아온 이후에 왕정시대를 중심으로 역사를 기술하고 있지만 인류의 시작인 아담부터(대상 1:1) 고레스 칙령으로 이스라엘이 포로에서 돌아와 예루살렘과 유다에 정착한 이후까지(대하 36:22-23; 대상 3:17-21; 9:1b-34)의 구속사를 기록하고 있다. 이것은 언약에 신실하신 하나님이 긴 역사적 과정을 통하여 약속하신 구속을 반드시 이루신다는 것을 보여 준다. 특히 바벨론 포로에서 돌아온 이스라엘 백성들을 창조 때의 아담부터 이스라엘의 열두 지파의 모체인 열두 아들까지 연결시키고 있다(대상 1:1-2:2). 이것은 하나님이 이스라엘을 창조하실 때부터 선택하시고 지금까지 구속사를 이어 오신 것처럼 바벨론 포로에서 돌아온 이후에도 이어 가신다는 것을 보여 준다. 저자는 이 책에서 여러 번 다윗의 자손을 통하여 메시아를 보내실 것이라는 약속을 강조하고 있다(대상 17:11-14; 대하 13:5, 8; 21:7; 23:3). 이것은 창세기 3:15에서 약속하신 여자의 후손이 좀 더 구체적으로 다윗의 자손을 통하여 오실 것을 보여 준다.

특히 저자는 사무엘부터 유다의 멸망까지의 역사를 중심으로 기록하면서도 다윗과 솔로몬의 행적을 역대상 11:1부터 역대하 9:31까지 무려 28장이나 기록하고 있다. 이뿐만 아니라 이 기록 가운데 역대상 17:1에 다윗이 성전을 건축하고자 하는 마음을 품은 이후 역대상 22:2부터 역대하 8:16까지 무려 16장에 걸쳐 다윗이 성전 건축을 준비하고 솔로몬이 성전을 완공하는 기사를 기록하고 있다. 또한 성전에서 봉사하는 자들이 어떻게 그 직무를 수행할 것인지에 대해서도 자세하게 설명한다. 이것은 성전에 임재해 계시는 하나님이 자신의 백성들과 만나 교제하시면서 그들을 통하여 구속사를 이루신다는 것을 보여 주려는 것이다.

신약성경은 성전 개념을 사용하여 오실 그리스도의 사역을 다양하게 설명한다. 특히 히브리서 저자는 성전을 하늘 성소의 모형으로 설명할 뿐만 아니라 그리스도의 죽으심으로 하늘 성소에 들어갈 담력을 언게 되었다고 설명한다(히 8:5; 9:23; 10:19–20). 사도 요한은 장차 들어갈 새 예루살렘을 설명할 때 길이와 너비와 높이가 같은 성전의 지성소 이미지로 설명했다(계 21:15–27). 이러한 신약의 설명은 솔로몬의 성전을 단순히 한 건물이 아니라 구속사에서 당시 이스라엘 백성들에게는 하나님과 만나 교제하며 하나님 나라를 경험하는 곳이었고, 새로운 미래를 바라보는 것으로 이해했다는 것이다.

또한 저자는 다윗과 솔로몬의 행적을 기록할 때 사무엘서와 열왕기서의 기록과 달리 다윗의 인구조사(대상 21장)를 제외하고 부정적인 사건들을 기록하지 않았다. 그는 다윗이 헤브론에서 7년 동안 사울을 따르는 자들과 갈등한 일이나 밧세바와 가진 불륜과 그것을 덮기 위해 우리아를 죽인 일을 기록하지 않았다. 또한 그의 잘못으로 빚어진 압살롬의 반역도 기록하지 않았고, 왕국 분열의 원인이 된 솔로몬의 죄도 기록하지 않았다. 이것은 그가 다윗과 솔로몬의 행적을 미화하려는 것이 아니라, 비록 이스라엘이 페르시아의 통치를 받고 있던 시대였지만 하나님이 함께하시면 과거의 다윗과 솔로몬 시대의 통치를 회복할 것이라는 소망을 품었다는 것이다(Dillard & Longman 1984, 174–175). 그의 소망대로 다윗의 자손으로 오신 그리스도께서 다윗과 솔로몬보다 더 영광스러운 통치를 수행하실 것이다.

역대기에 나타난 구속사의 특징은 여호와를 찾으면 만날 것이요, 여호와를 버리면 즉각적으로 보응하여 버리신다는 것이다(대상 28:8–9; 대하 12:5; 15:2; 20:20). 이것은 언약 백성이 구속사에서 현재적인 복을 누리며, 그리스도가 오시는 축복의 통로로서 사명을 다하려면 언약의 말씀을 지켜야 한다는 것이다.

에스라-느헤미야

Ezra-Nehemiah

S U M M A R Y

에스라-느헤미야

에스라-느헤미야서는 연대기적으로 구약 시대의 마지막 사건을 기록하고 있다. 이 책은 고레스의 칙령이 내려진 주전 539년부터 느헤미야가 유다 총독으로 있었던 시기(주전 444-432년)와 그 후 10년 안팎으로 있었던 사건을 기록하고 있다. 그래서 이 책은 포로 시대 이후의 역사를 기록한 학개, 스가랴, 말라기의 배경을 제공해 준다. 이 책에 기록된 사건은 이스라엘 백성들이 바벨론에서 귀환하여 성전과 성벽을 건축하는 일과, 에스라와 느헤미야의 사역으로 언약 백성을 말씀으로 회복시키는 일이다. 에스라-느헤미야는 바벨론 포로에서 돌아온 이후에 하나님이 이스라엘로 하여금 성전과 성벽을 재건하게 하시고, 어떻게 공동체를 회복하여 구속사를 이루시는지 보여 준다.

I. 저자와 기록 배경

에스라—느헤미야를 누가 썼는지 여러 견해들이 있다. 첫째, 탈무드는 저자를 에스라라고 했다(*Baba Bathra*, 15a). 여기에 동의하는 학자들도 있다(Archer 1974, 405, 411). 이것이 어느 정도의 가능성이 있다 할지라도 분명한 내적인 증거가 결여되어 있다. 일반적으로 성경학자들은 에스라를 저자로 보지 않는다(Fensham 1982, 3).

둘째, 어떤 학자들은 저자를 역대기 사가(Chronicler)로 본다. 이것은 역대기와 에스라-느헤미야에 나타나는 공통된 특징에 근거한다. 우선적으로 역대기의 마지막 부분(대하 36:22-23)과 에스라를 시작하는 절(스 1:1-3)이 동일하다. 그리고 두 책은 관점과 관심사가 유사한 점이 많고, 종교적인 절기와 함께 '가문의 족장'과 '하나님의 집'과 같은 구절들과 레위인과 성전에 대하여 많이 기록하고 있다. 그래서 역대기 사가가 에스라–느헤미야를 썼다고 본다. 이와는 반대로 역대기와 에스라–느헤미야는 서로 다른 저자에 의해 기록되었다고 보는 학자들도 있다(Japhet 1977; Williamson 1977a). 여기에는 몇 가지 이유가 있다. 역대기는 혼합 결혼 문제에 관대하나 에스라–느헤미야는 강하게 비판한다. 역대기는 죄에 대하여 즉각적으로 보응하지만 에스라–느헤미야는 아무런 언급이 없다. 또한 역대기는 많은 선지자와 기적들이 기록되어 있지만 에스라–느헤미야는 없다(Williamson 1977a, 60–69).

역대기와 에스라–느헤미야는 분명 유사성이 있고, 역사를 이어서 쓰고 있다는 계속적인 성격도 있다. 그래서 역대기 사가가 에스라–느헤미야를 썼다고 볼 수도 있다. 그러나 동일한 저자라 할지라도 다른 관점으로 역사를 기술할 수도 있다. 그러므로 에스라–느헤미야를 누가 썼는지 단정하기 어렵다. 저자를 아는 것이 본문을 이해하는 일에 도움이 되는 것은 사실이지만 알 수 없다.

에스라–느헤미야에는 다양한 연대기가 나타난다. 고레스 원년(주전 539년)에 내린 조서(스 1:1), 돌아온 지 2년(주전 536년) 둘째 달에 성전 건축을 시작했다가 다리오 2년(주전 520년)까지 16년간 중단된 일(스 3:8, 4:24), 다리오 왕 6년(주전 516년)에 성전이 재건된 일(스 6:15), 에스라가 아닥사스다 7년(주전 458년)에 예루살렘에 도착한 일(스 7:7–8) 등이다. 이뿐만 아니라 느헤미야가 아닥사스다 20년에 수산궁에서 예루살렘 소식을 듣고 금식하며 기도한 일(느 1:1; 2:1) 등도 있다. 이러한 연대기는 에스라–느헤미야가 어떤 역사적 배경에서 일어난 구속사인지 알게 한다.

이러한 내적인 증거는 외적인 증거에 의해서도 어느 정도 확증된다. 지금의 아스완(Aswan) 맞은편 나일강 섬 엘레판틴에서 아람어로 기록된『엘레판틴 파피루스』(*The Elephantine papyri*)가 발견되었기 때문이다. 이 문서는 주전 5세기 말의 문서로 추정되는데 유다가 바벨론에 의해 멸망당한 후 애굽으로 도망간 유대인들의 계약서, 편지 등을 포함한다. 이 문서들 가운데 유다 총독 바고아스(Bagoas)에게 보내어진 것도 있는데, 여기에 제사장 요하난이 언급되고 있다. 이 사람을 느헤미야와 동시대 사람인 엘리아십(느 3:1; 13:28)을 계승한 대제사장 요하난(느 12:10, 22)과 동일한 인물로 본다. 그리고 사마리아의 통치자인 산발랏의 두 아들의 이름도 나타난다(Pritchard 1969, 492).

에스라서가 시작되는 시점인 주전 539년은 포로 중에 있는 이스라엘 백성들만이 아니라 고대 근동의 역사에 중요한 변화가 있었다. 당시의 역사 자료를 보면 고레스는 주전 559년에 안산(Anshan)의 왕으로 메디안(Medeans)의 아스타게(Astyages) 왕의 봉신(vassal)으로 있었다. 그런데 고레스의 세력이 커지면서 주전 539년에는 바벨론을 멸망시키고 메소포타미아를 통일했다. 에스라 1:1의 '고레스 원년에'는 고레스가 바벨론을 정복한 첫 해, 곧 메소포타미아의 왕이 되었을 때를 말한다. 페르시아는 두 세기에 걸쳐서 애굽에서 인도에 이르는 광범위한 지역을 다스렸다. 이 시기에 다리오와 아하수에로(크세르크세스)는 그리스와 전쟁을 치렀다.

어떤 학자들은 고레스가 포로로 끌려와 있었던 이스라엘을 돌아가게 하고 성전을 건축하게 한 것은 당시의 역사적 상황과 맞물려 있다고 본다. 그들은 당시 페르시아가 애굽 영토와 인접해 있는 유다의 전략적 위치 때문에 유다 지역 사람들이 제국에 충성할 수 있도록 정책을 폈다고 보았기 때문이다(김지은 1999; 배희숙 2007). 그러나 저자는 이러한 국제 정치에 일차적인 관심을 두기보다는 그들이 묘사하는 인물들이 활동할 수 있는 배경만 제공한다(윌리암슨 2015, 570). 무엇보다도 저자는 하나님이 자신의 뜻을 이루시기 위하여 이방의 왕들과 정치 상황을 사용하시지만 언약 백성을 중심으로 역사를 주관하신다는 것을 보여 준다.

에스라-느헤미야 연대기

주전	유대력	현대력	중요 사건	참조 성경
539		10월	바벨론 함락	단 5:30
539			고레스 원년	스 1:1–4
			세스바살의 인도로 1차 귀환	스 1:11
538	7		제단을 세움	스 3:1
536	2		성전 공사 시작	스 3:8
536			성전 공사가 방해를 받음	스 4:1–5
536–520			성전 공사가 중단됨	스 4:24
520	6	9월	성전 공사를 재개함	스 5:2; 학 1:14–15
516	12	3월	성전이 완공됨	스 6:15
458	1	4월	에스라 인도로 바벨론 출발	스 7:6–9
	5	8월	예루살렘 도착	스 7:8–9
	9	12월	백성들 성전 앞에 회집	스 10:9
	10	12월	위원회 혼혈결혼 조사 시작	스 10:16
457	1	3월	위원회 혼혈결혼 조사 마침	스 10:17
445	9	12월	예루살렘 소식 듣고 금식	느 1:1–4
444	1	4월	금식 기도가 응답됨	느 2:1–10
	5(?)	8월	느헤미야 예루살렘 도착	느 2:11(?)
	6	9월	성벽 재건을 마침	느 6:15
	7	10월	영적 부흥 운동	느 8:1–10:39
	7/15–22	10월	초막절	느 8:14
	7/24	10월	금식	느 9:1
432			느헤미야 돌아감	느 5:14; 13:6
422			느헤미야 돌아옴	느 5:14; 13:6

메소포타미아 지역 왕들의 연대기

	왕	연대
앗수르 Assyria	티글랏빌레셀 3세(Tiglath-Pileser III)	주전 745-727
	살만에셀 5세(Shalmaneser V)	주전 727-722
	사르곤 2세(Sargon II)	주전 721-705
	산헤립(Sennacherib)	주전 705-681
	에살핫돈(Esarhaddon)	주전 681-669
	아수르바니팔(Ashurbanipal)	주전 669-627
	아수르에델리아니(Ashu-etel-ilani)	
	신수무리시르(Sin-shumu-lishir)	
	신사르이스쿤(Sin-shar-ishkun)	? - 612
	아수르우발리트 2세(Ashur-uballit 2세)	주전 611-609
바벨론 Babylonia	나보폴라살(Nabopolassar)	주전 625-605
	느부갓네살 2세(Nebuchadnezzar II)	주전 604-562
	에윌-므로닥(Evil-Merodach)	주전 561-560
	내리글리사르(Neriglissar)	주전 559-556
	라바쉬-마르둑(labashi-Marduk)	주전 556
	나보니더스(Nabonidus)	주전 556-539
	벨사살(Belshazzar) 나보니더스와 공위	주전 553(?)-539
페르시아 Persia	고레스(Cyrus the Great)	주전 559-530
	캄비세스(Cambyses)	주전 530-522
	다리우스 1세(Darius I the Great)	주전 522-486
	아하수에르(Xerxes / Ahasuerus)	주전 486-465
	아닥사스다(Artaxerxes)	주전 465-424
	다리우스 2세(Darius II)	주전 423-404

II. 문학적 구조

에스라–느헤미야의 문학적 구조를 이해하기 위해 두 권의 책이 원래 한 권이었다는 사실을 이해해야 한다. 현재 개역개정판을 포함한 모든 공인 성경은 에스라와 느헤미야를 따로 구분하고 있기 때문에 의도하지 않았다 할지라도 사상의 단절과 논리의 흐름을 끊어버리는 결과를 가져왔다. 그러나 이 책이 한 권이었다는 것을 보여 주는 여러 증거들이 있다.

첫째, 느헤미야 1:1의 연대기 언급이다. 개역개정판은 "아닥사스다 왕 제 이십년 기슬르월에 내가 수산궁에 있는데"라고 기록하고 있다. 히브리어 원문은 '아닥사스다 왕'의 이름이 없이 '제이십년 기슬르월'이라고 되어 있다. 이것은 책의 '시작'이 아니라 책의 이야기 안에 들어가야 할 내용이라는 것이다. 여기서 '제이십년'이라고만 적은 것은 왕의 이름을 밝히지 않아도 독자들이 알고 있다는 것을 전제하기 때문이다.[149] 느헤미야 2:1의 "아닥사스다 왕 제이십년 니산월에"라는 말씀과 연관지어 볼 때 느헤미야 1:1의 왕은 아닥사스다 1세다.

둘째, 이 책에 나타나는 이야기의 연속성 때문이다. 예를 들어, 느헤미야 8장에 에스라가 예루살렘의 수문 앞에서 율법책을 읽어 주는 내용이 있다. 그런데 '에스라'와 '율법책'이라는 단어가 느헤미야 1–7장에는 나타나지 않는다. 그러면 이야기의 논리가 맞지 않다. 그러나 한 권의 책으로 읽는다면 쉽게 해결된다. 에스라는 이미 에스라 7:6, 10, 11 등에서 언급되었고, 율법책 역시 에스라 7:6, 10, 11, 12, 21; 10:3 등에서 설명하고 있기 때문이다.

셋째, 에스라 2장과 느헤미야 7장에 나오는 귀환자들의 명단이 히브리의 문학관습 가운데 하나인 수미쌍관법으로 연결되어 있다.

넷째, 외적인 증거이다. 맛소라 학자들은 히브리어 본문을 그대로 전승하고 보존하기 위하여 각 책에 나타난 절(verses)과 문단(paragraphs), 단어(words), 심지

---

149 이러한 표현은 성경 곳곳에서 발견할 수 있다. 에스겔은 여호야긴이 바벨론 포로로 끌려온 해, 곧 "여호야긴 왕이 사로잡힌 지 오 년 그 달 초닷새라"(겔 1:2)는 연대기의 기준으로 계시를 기록하고 있는데 계시를 받은 시점을 기록할 때 이 진술 이후부터는 "여호와긴 왕이 사로잡힌 지"라는 말은 생략하고 "여섯째 해 여섯째 달"(겔 8:1), "일곱째 해 다섯째 달"(겔 20:1), "아홉째 해 열째 달"(겔 24:1) 등으로 기록하고 있다.

어 철자(letters)까지 세어서 각 책의 맨 뒤에 기록해 두었다. 그리고 그 전체의 중간 단어가 무엇인지도 기록해 두었다. 맛소라 학자들은 두 책의 단어를 합한 수를 기록해 두었고, 그 책의 가운데 절을 느헤미야 3:32로 기록했다. 이것은 원래 한 권의 책으로 이해했다는 뜻이다. 탈무드는 에스라-느헤미야를 분리된 책으로 본 것이 아니라 한 권의 책으로 보았다(*Baba Bathra*, 14b). 이러한 여러 증거들을 통하여 볼 때 에스라와 느헤미야는 본래 한 권의 책이었다. 이 두 권이 한 권의 책이라는 것은 에스라와 느헤미야를 한 문맥으로 이해해야 한다는 것을 의미한다.

에스라-느헤미야는 주제를 전달하는 방식이 특이하다. 가장 중요한 특징은 다양한 성격의 문서들이 많이 나오고, 또한 저자가 많은 자료들을 사용한다는 것이다. 이 책에 사용된 자료들을 구분하는 것은 쉽지 않다. 그러나 누가 보아도 자료라는 것을 알 수 있는 부분이 있다. 그 자료는 전체 685구절 가운데 540구절로 약 78.8%를 차지한다.

- 명단: 스 2:1-67; 8:1-14; 10:18-44; 느 3:1-32; 7:5-73; 10:1-27; 11:4-34; 12:1-30.
- 조서 및 편지: 스 1:2-4; 4:8-22; 5:7-17; 6:6-12; 7:12-26.[150]
- 에스라의 회고록: 스 7:27-28; 8:15-34; 9:1-15.
- 느헤미야의 회고록: 느 1:1-2:20; 4:1-7:4; 12:31-13:31.

저자는 이러한 자료들만이 아니라 기도(스 9:6-15; 느 1:5-11; 9:6-37)도 전체 문학적 구조에서 의미 없이 배열한 것이 아니라 전체 이야기에서 한 구성 요소로서 기능하도록 배열했다(Talmon 1976, 321). 특히 에스라 2장과 느헤미야 7장에서 바벨론에서 돌아온 자들의 명단을 반복하고 있는 것은 이 책의 문학적 구조를 이해하는 실마리다(Eskenazi 1988a, 37). 이 명단은 에스라-느헤미야의 구조를 형성하고 있고 이 책의 핵심을 명료하게 하고, 수미쌍관법으로 연결하고 있어 어떻게 기능하고 있는지를 보여 준다. 특별히 이 명단은 에스라 2장부터 느헤미야 7장 사이에 있는 장들을 통일시킬 뿐만 아니라 중심되는 구성단위를 형성한다

150 이 조서 가운데 페르시아 왕에게 보낸 고소문과 조서는 아람어로 되어 있다. 아람어로 기록된 부분은 에스라 4:8-6:18과 7:12-26이다.

(Eskenazi 1988a, 182). 이것은 성전과 성벽을 재건하는 일과 언약 백성을 회복하는 일을 다 하나님의 집을 회복하는 일로 보았다는 것이다.

이와 더불어 다양한 문학적 단위를 알려 주는 문학적 장치가 각 문단의 범위를 알려 준다. 예를 들면, 중심인물의 소개, 중요한 사건, 역사적 자료의 사용, 1인칭 시점과 3인칭 시점의 변화 등이다. 이러한 문학적 장치에 따라 이 책을 구분하면 다음과 같다.

- 성전 재건(스 1:1–6:22)
- 영적 부흥(스 7:1–10:44)
- 성벽 재건(느 1:1–7:73)
- 영적 부흥(느 8:1–10:39)
- 예루살렘 인구 정착 및 성벽 봉헌(느 11:1–12:43)
- 계속되어야 할 영적 부흥(느 12:44–13:31)

에스라–느헤미야의 전체 문학적인 구조를 다음과 같이 도식화해 볼 수 있다.

	에스라		**느헤미야**			
	1:1–6:22	**7:1–10:44**	**1:1–7:73**	**8:1–10:39**	**11:1–12:43**	**12:44–13:31**
주요 사역	성전 재건	영적 부흥	성벽 재건	영적 부흥	예루살렘의 인구 정착 성벽 봉헌	계속되어야 할 언약 부흥
왕의 칙령	고레스 다리오	아닥사스다	아닥사스다	아닥사스다	아닥사스다	아닥사스다
중요 인물	스룹바벨 언약 백성	에스라 언약 백성	느헤미야 언약 백성	에스라 느헤미야 언약 백성	느헤미야	느헤미야
시점	3인칭		1인칭	3인칭	3인칭	1인칭
반대자들	사마리아 사람들	내부 반대자들	산발랏 도비야			

에스라-느헤미야의 문학적 구조는 성전과 성벽을 재건하는 일이 영적 부흥과 밀접한 연관성이 있다는 것을 보여 준다. 이러한 구조는 성전과 성벽과 언약 백성 전체를 하나의 단위로 보고 있다는 것을 보여 준다.

III. 주제와 기록 목적

에스라-느헤미야의 문학적 구조에서 살펴본 바와 같이 성전 재건과 성벽 재건, 그리고 영적 부흥을 통하여 언약 백성을 회복하는 일은 모두 하나님의 집을 세우는 일과 연관되어 있다. 특히 저자는 성전이나 성벽이 바벨론 포로에서 돌아온 자들의 안전과 미래를 결정하는 것이 아니라 언약 백성들의 합당한 삶에 달려 있다는 것을 보여 준다. 따라서 이 책의 주제는 성전과 성벽이 의미를 가지려면 언약 백성이 언약에 신실해야 한다는 것이다.

이러한 주제를 중심으로 에스라-느헤미야는 몇 가지 중요한 신학적인 목적을 가지고 있다. 첫째, 에스라-느헤미야는 하나님이 역사를 주도하여 언약 백성을 회복시키신다는 것을 보여 준다. 하나님이 페르시아의 왕들과 포로에서 귀환하는 자들의 마음도 움직이셨다. 특히 에스라 1:1은 "바사 왕 고레스 원년에 여호와께서 예레미야의 입을 통하여 하신 말씀을 이루게 하시려고 바사 왕 고레스의 마음을 감동시키시매"라는 선언으로 이 역사를 기록하고 있다. 그리고 이 기록에는 하나님이 그의 백성들의 죄악을 심판하시기 위하여 세상의 권력을 사용하셨던 것과 마찬가지로 자기 백성을 약속의 땅으로 돌려보내고 회복시키는 일에도 세상의 권력을 사용하셨다는 것을 보여 준다. 이뿐만 아니라 이 권력을 직접 또는 간접으로 사용하여 성전과 성벽을 수축하게 하셨다. 또한 하나님은 귀환자들을 자극하고 보호하도록 하기 위하여 에스라와 느헤미야를 세우셨다. 이들은 과거를 회고하면서 끊임없이 반복하여 하나님이 주도적으로 일하셨다고 고백하고, 특히 '하나님의 선한 손의 도우심'이 있었다고 고백한다(스 7:6, 9, 28; 8:18, 22, 31; 느 1:10; 2:8, 18).

둘째, 에스라-느헤미야는 아브라함, 시내산, 모압 그리고 다윗 언약에 따라 이스라엘 공동체를 회복하여 구속사를 이루신다는 것을 보여 준다. 그래서 이 책은 비록 정치적인 독립은 이루어지지 않았다고 할지라도 포로로 잡혀가기 전처럼 성전이 세워지고 성전 예배(제사, 제사장적인 사역, 레위인의 찬양, 정기적인 절기를 지키는 일 등)가 회복되고, 거룩한 성 예루살렘이 재건되고 그 안에 사람들이 거주하게 되었고 언약이 갱신되고 있는 것을 강조한다(느 8:1–10:39). 이것은 하나님과 맺은 언약은 여전히 유효하며 이들을 통하여 구속사를 이루신다는 것을 보여 준다.

셋째, 에스라–느헤미야는 하나님의 구속사에서 인간의 헌신을 사용하신다는 것을 보여 준다. 하나님이 이스라엘 백성들과 맺은 언약을 보존하시고 그 말씀하신 대로 이루시지만 동시에 이 역사에서 인간의 헌신과 봉사를 사용하여 언약을 이루신다는 것이다. 하나님은 바벨론 포로에서 돌아온 이후에 에스라를 통하여 율법을 가르쳐 지키게 하시고, 느헤미야를 사용하여 성벽을 재건하게 하시고 영적 부흥을 주도하게 하셨다. 하나님은 자신의 작정을 이루시는 일에 인간의 믿음과 헌신을 사용하시기 때문이다.

Ⅳ. 내용

내용 구조

1. 스룹바벨을 중심한 성전 재건(스 1:1–6:22)
2. 에스라를 중심한 영적 부흥(스 7:1–10:44)
3. 느헤미야를 중심한 성벽 재건(느 1:1–7:73)
4. 에스라, 느헤미야를 중심한 영적 부흥(느 8:1–10:40)
5. 느헤미야를 중심한 성벽 봉헌(느 11:1–12:43)
6. 계속되어야 할 영적 부흥(느 12:44–13:31)

1. 스룹바벨을 중심한 성전 재건(스 1:1-6:22)

이 문단은 바벨론 포로에서 돌아온 자들이 성전을 재건하는 이야기다. 저자는 고레스의 칙령(스 1:2–4), 성전 기구들의 목록(스 1:9–11a), 스룹바벨과 함께 돌아온 자들의 긴 명단(스 2:1–70), 에스라 4:6–7에 요약되어 있는 두 통의 서신, 대적자들과 페르시아 왕들과 주고받은 아람어로 된 서신(스 4:8–16, 17–22; 5:6–17; 6:3–12)과 고레스 칙령 사본(스 6:3–5) 등의 다양한 문서들을 기술적으로 베를 짜듯이 하나의 이야기로 잘 조직하여 공동체의 과거와 현재의 연속성을 이어가고 있다(Throntveit 1992, 13). 저자는 성전 재건 이야기를 발단–분규–절정–대단원으로 기록하고 있다.

내용 분해

(1) 발단: 바벨론 포로 귀환과 성전 기초를 놓음(스 1:1–3:13)
(2) 분규: 대적들의 반대(스 4:1–24)
(3) 절정: 학개와 스가랴의 도움과 성전 공사 완공(스 5:1–6:15)
(4) 대단원: 성전 기능을 수행함(스 6:16–22)

내용 해설

(1) 발단: 바벨론 포로 귀환과 성전 기초를 놓음(스 1:1–3:13)

이 문단은 포로 생활에서 귀환과 성전의 기초를 놓는 일을 묘사한다. 대개의 이야기의 발단 단계에서 보여 주듯 성전 재건의 역사적 배경과 등장인물과 사건에 관한 정보를 제공해 준다. 이 단계에서 제공되는 정보는 바벨론 포로에서 돌아온 자들이 어떤 사람이며, 어떤 배경에서 성전을 재건하는가 하는 것이다.

① 하나님의 역사 섭리와 고레스 칙령(스 1:1–6)

에스라 1:1은 '바사 왕 고레스 원년에'라는 말씀으로 시작한다. 이 말씀은 성전 재건에 관한 이야기의 중요한 역사적 배경이 페르시아 왕 고레스 원년(Cyrus the Great, 주전 559–530년)이라는 점을 밝혀 준다. 동시에 히브리어 원문은 '그리고'를 의미하는 '와우'라는 접속사로 시작한다. 이것은 저자가 쓰고자 하는 역사를 이미 기록되어 있는 자기 민족의 역사와 결부시키려는 것이다(Fensham 1982,

42). 저자가 역대기와 에스라를 하나로 묶어서 쓰려고 했는지, 아니면 신명기부터 시작하여 여호수아, 사사기, 사무엘서와 열왕기서와 서로 연결하려고 했는지 알 수 없다. 그러나 저자는 포로 이전의 언약 공동체와 포로 이후의 언약 공동체의 역사를 이 이야기를 통해 연결시키고 있는 것은 분명하다.

저자가 고레스 칙령의 배경을 설명하면서 "여호와께서 예레미야의 입을 통하여 하신 말씀을 이루게 하시려고"(스 1:1)라고 했다. 예레미야의 입을 통하여 하신 예언은 이스라엘이 포로로 끌려가 70년이 지나 돌아오지만, 회개하고 여호와를 찾아야 한다는 조건을 포함한다(렘 25:11–14; 29:10–14).[151] 하나님은 이 약속을 성취하기 위하여 바사 왕 고레스의 마음을 감동시키셨다. 이것은 하나님이 주도적으로 예레미야를 통하여 말씀하신 것을 성취하시기 위하여 역사를 섭리하신다는 것을 보여 준다. 하나님은 구속사를 이루시기 위하여 세상의 역사와 주권자들을 움직이신다. 과거에 여호와께서 역사를 섭리하실 때 이방 왕들을 진노의 막대기로 사용하셔서 이스라엘을 징계하셨다(예를 들면, 사 5:26–30; 7:18–19; 10:5; 호 10:10; 암 6:14; 대상 5:26; 대하 21:16). 그러나 이 역사에서는 여호와께서 이스라엘을 회복시키는 도구로 페르시아 왕 고레스를 사용하셨다.

고레스는 여호와를 가리켜 "하늘의 하나님 여호와께서 세상 모든 나라를 내게 주셨다"(스 1:2)라고 하므로 세상의 역사를 통치하시는 분으로 설명하고, "이스라엘의 하나님은 참 신이시라"(스 1:3)라고 묘사했다. 그리고 자신은 그 하나님의 명령을 수행하는 종의 위치에서 칙령을 내리는 자로 묘사했다. 고레스는 "여호와께서……나에게 명령하사"라고 했다. 또한 고레스 칙령에는 하나님의 목적이 잘 표현되어 있다. 고레스 칙령에는 "하나님의 백성 된 자는 다 유다 예루살렘으로 가라"(스 1:3)고 하였고, "유다 예루살렘에 성전을 건축하라"고 하였으며, "여호와께서……건축하라고 나에게 명령하셨다"(스 1:2)라고 했다. 이뿐만 아니라 "그 남아 있는 백성이 어느 곳에 머물러 살든지 그곳 사람들이 마땅히 은과 금과 그 밖의 물건과 짐승으로 도와주라"(스 1:4)고 명령했다. 여기에 '남아 있는

151 70년을 이해하는 일은 쉽지 않다. 고레스 칙령이 있었던 주전 539년을 기준으로 유다가 멸망한 해인 주전 586년부터 계산한다면 47년이고, 1차 포로로 잡혀간 시기인 주전 605년이라면 66년이고, 2차 포로로 잡혀간 시기인 주전 598년이라면 59년이다. 예레미야가 예언한 대로 이스라엘이 여호와를 찾은 결과 여호와께서 포로 기간을 단축시켜 주신 것으로 보인다.

백성' 곧 '남은 자'는 선지서의 남은 자 사상과 관련하여 바벨론으로부터 귀환한 유다 공동체이지만, 특별히 하나님이 선택한 사람들을 가리킨다(사 4:3; 10:10-22 등). 그래서 포로 후기에 하나님이 이방의 왕인 고레스를 사용하여 남은 자를 돌아가게 하여 하나님의 언약을 성취시키신다는 것을 알게 한다.

저자는 이와 함께하나님의 역사 섭리에 따라 고레스 칙령을 즉각 시행된 것으로 설명한다. 이 점은 다음의 도표를 보면 더 잘 알 수 있다.[152]

고레스 왕의 칙령(스 1:1-4)	백성들의 응답(스 1:5-6)
여호와께서 … 바사 왕 고레스의 마음을 감동시키시매 (스 1:1)	그 마음이 하나님께 감동을 받고 (스 1:5)
너희 중에 그의 백성 된 자는 다 유다 예루살렘으로 올라가서 이스라엘의 하나님 여호와의 성전을 건축하라 (스 1:3)	올라가서 예루살렘에 여호와의 성전을 건축하고자 하는 자가 다 일어나니 (스 1:5)
그곳 사람들이 마땅히 은과 금과 그 밖의 물건과 짐승으로 도와주고 (스 1:4)	그 사면 사람들이 은 그릇과 금과 물품들과 짐승과 보물로 돕고 (스 1:6)
그 외에도 … 예물을 기쁘게 드릴지니라 (스 1:4)	그 외에도 예물을 기쁘게 드렸더라 (스 1:6)

저자가 글자 그대로 반복하는 것은 독자들에게 그 행동이 실제로 성취가 되었다는 것에 대하여 확신을 주기 위한 것이다(Howard 1993, 56). 이것은 하나님의 명령에 의한 고레스 칙령이 성취되고 있다는 것을 보여 준다.

② 페르시아에 나타난 하나님의 섭리(스 1:7-11)

이 문단은 성전 기구들이 '바벨론에서 예루살렘으로' 이동했다는 것을 보여 준다. 그런데 에스라 1:9-11에 계수하고 있는 기구들의 숫자는 본문이 5,400개라고 밝힌 것과 달리 2,499개이다. 이러한 숫자의 차이는 에스라 2:1-67에 귀환자들의 명단에서도 발견된다. 그러나 성전 기구의 숫자를 표기한 것은 그만큼

152 이 도표는 데이비스(Davies 1999, 11)에게서 아이디어를 얻었다. 그는 이러한 내적이고 외적인 반복의 문체는 창세기 1장 3절에서 "하나님이 이르시되 '빛이 있으라' 하시니 '빛이 있었고'"와 같은 형태라고 했다.

중요하다는 것을 보여 준다. 무엇보다도 고레스가 명하여 성전 기구들을 다시 가지고 가게 한 것은 과거 이스라엘이 범죄하므로 성전 기구들이 예루살렘에서 바벨론으로 옮겨 오게 된 것을 상기시킨다. 그리고 이 일은 예루살렘으로 돌아가 성전을 다시 재건하고 성전의 기능을 회복하게 될 것을 보여 준다.

③ 귀환자들의 명단(스 2:1–70)

이 문단은 바벨론 포로에서 돌아간 사람들이 어떤 사람들이며, 어떤 일을 할 것인지를 보여 준다. 에스라 2장에 기록된 명단은 느헤미야 7:6–69에 기록된 귀환자들의 명단과 동일하다. 이 명단을 다시 반복하므로 수미쌍관법을 이루어 하나님의 집을 건축하는 백성들, 곧 이 명단에 기록된 백성들이 이 책의 중심이라는 것을 보여 준다(Eskenazi 1988a, 48). 이 명단은 다음과 같이 구조적으로 잘 배열되어 있다.

- 표제어(스 2:1–2)
- 가계도에 따른 일반 백성들(스 2:3–20)
- 지역명에 따른 백성들(스 2:21–35)
- 제사장들(스 2:36–39)
- 레위 사람들, 노래하는 자들, 문지기들(스 2:40–42)
- 느디님 사람들(스 2:43–58)[153]
- 가계를 입증할 수 없는 사람들(스 2:59–63)
- 총합(스 2:64–67)
- 성전 재건을 위하여 드려진 헌물(스 2:68–69)
- 귀환자들의 정착(스 2:70)

저자는 이 중요한 명단을 왜 여기에 삽입해 놓았을까? 그것은 각 개인이 과거와 가진 연속성, 곧 포로 이전 조상들이 가졌던 연속성을 이어가고 있다는 것

153 '느디님 사람들'(הַנְּתִינִים)은 문자적으로 볼 때 '바쳐진 사람들'이라는 뜻으로 에스라 2:55–58에 기록된 '솔로몬의 신하들'이라는 말을 볼 때, 다른 계열의 사람으로 보기도 하나 솔로몬 시대에 역꾼으로 삼았던 가나안 자손의 후손들을 말하는 것으로도 본다(왕상 9:20–21).

이다. 이 명단의 이름을 볼 때 포로 이전의 조상들의 이름(스 2:3-20)과 포로 이전의 지역명(스 2:21-35)으로 되었다는 것이 이것을 보여 준다(Throntveit 1992, 19). 그리고 이 명단은 고레스 칙령에 따라 특별히 하나님의 집 가운데 성전을 재건하는 인물들을 중심으로 소개한다. 스룹바벨과 예수아(스 2:2)를 언급하는 일과 제사장들(스 2:36-39), 레위 사람들, 노래하는 자들, 문지기들(스 2:40-42), 느디님 사람들(스 2:43-58) 등을 언급하는 것은 성전을 재건하는 일과 연관되어 있음을 보여 준다. 특히 스룹바벨과 예수아는 스가랴 선지자가 본 다섯 번째 환상(슥 4:1-14)에서 등잔대와 등잔대 좌우에서 등잔에 기름을 공급하는 두 감람나무와 연관되어 있다(슥 4:11-12). 두 감람나무가 상징하는 스룹바벨과 예수아(스가랴 4:14의 '기름 부음 받은 자 둘')는 사람의 힘이 아닌 하나님의 영의 도우심으로 성전을 재건할 것을 보여 준다(김성수, 294). 이 명단에서 특이한 것은 바르실래를 언급하며 "바르실래는 길르앗 사람 바르실래의 딸 중의 한 사람을 아내로 삼고 바르실래의 이름을 따른 자라"(스 2:61)라고 한 것이다. 바르실래는 다윗이 압살롬의 반역으로 쫓길 때 다윗과 그를 따르던 종들과 백성들을 먹이고 돌보았던 사람이다(삼하 17:27). 바르실래는 과거 다윗이 통치하던 시대(주전 1010-970)의 사람인데 주전 539년에 바벨론 포로에서 돌아온 사람들의 명단에 들어 있다. 그가 제사장 가문에 속하여 오랜 세월 동안 가문이 지속되고 있다는 것은 과거에 기름 부음을 받은 자인 다윗을 도운 일과 무관하지 않다는 것을 보여 준다.

에스라 2:1-67과 느헤미야 7:6-69은 동일한 명단이다. 에스라 2:68-69이 첨가되어 있는 것은 성전 재건과 밀접한 연관성이 있음을 보여 준다. 특히 누군지 이름을 밝히고 있지는 않지만 어떤 족장들이 하나님의 전을 그곳에 건축하려고 금 6만 1천 다릭과 은 5천 마네, 제사장 옷을 100벌을 드렸다고 했다. 저자가 이들을 언급한 목적은 이 명단이 성전 재건에 참여하거나 이 일을 위해 헌신했던 인물로 보여 주려는 것이다. 이렇게 다양한 사람들의 명단과 함께 성전 재건을 위하여 무명의 족장들이 드린 헌금과 헌물을 기록한 것은 성전 재건에 어떤 사람들이 어떻게 참여했는지를 보여 주기 위함이다. 이 이름 가운데 자신의 이름이 있다고 가정해 보라. 이 이름은 결코 의미 없는 나열이 아니다.

④ 성전 재건의 기초를 놓음(스 3:1–13)

저자가 지금까지 바벨론에서 일어난 일을 기록했다면 여기서부터는 예루살렘에서 일어난 사건을 기록하고 있다. 저자가 연대기 순서로 역사를 기록했다면 이스라엘은 고레스 왕 원년인 주전 539년에 귀환하였고 일곱째 달에 모여 제단을 쌓았고(스 3:1–6), 예루살렘에 도착한지 이 년 둘째 달에 스룹바벨과 예수아가 일어나 성전의 기초를 놓았다(스 3:7–13).

그러나 이 문제는 단순하지 않다. 왜냐하면 에스라 5:16은 세스바살이 성전의 기초를 놓았다고 기록하기 때문이다. 만약 스룹바벨이 세스바살과 다른 인물이라면 에스라 5:16과 조화되기 어렵다. 왜냐하면 에스라 3:1–13에 예수아와 그의 형제 제사장들과 스룹바벨과 그의 형제들이 돌아온 해인 일곱째 달에 제단을 쌓았고, 예루살렘에 도착한지 이 년 둘째 달에 성전 공사를 시작하는 것으로 되어 있고, 스룹바벨과 예수아는 다리오 2년에 성전 건축 공사를 재개한 것처럼 보이기 때문이다(학 1:1). 그리고 스룹바벨과 세스바살이 동일 인물이라면 에스라 3:1–2의 연대기 순서를 받아들여도 문제가 되지 않는다.[154] 그러면 주전 538년에 번제단을 쌓았고, 536년에 성전을 재건하는 공사를 시작한 것으로 볼 수 있다.

저자는 바벨론 포로 생활에서 귀환한 자들이 제사를 회복하는 역사적 시점을 왕의 통치 연한을 기록하지 않고 '일곱째 달'(스 3:1)이라고만 기록하고 있다. 왕의 통치 연한이 없기 때문에 자연스럽게 바벨론에서 돌아온 그 해인 고레스 원년의 일곱째 달로 보아야 한다. 일곱째 달은 에스라 3:4에 모여서 초막절을 지킨 것으로 보아 이스라엘의 역법으로 일곱 번째 달인 티쉬리월이다. 이스라엘 역사에서 일곱째 달은 대속죄일(일곱째 달 10일)과 초막절이 있는 특별한 달이다(레 23:23–44). 이들이 일곱째 달에 예루살렘에 모여 성전을 재건하기 전에 먼저 하나님 앞에 '모세의 율법에 기록한 대로' 제사를 드렸다(스 3:2b). 그런데 특이한 부분은 에스라 3:1–6의 이 짧은 본문에 '번제'라는 단어가 어근까지 포함하면 10번(스 3:2×2, 3×4, 4, 5, 6×2)이나 반복된다는 것이다. 이것은 번제의 의미가 헌신

154 스룹바벨과 세스바살을 동일 인물이 아니라고 보고 에스라 3:1–13을 에스라 5–6장과 평행을 이루는 다리오 왕 2년, 곧 주전 520년으로 잡는 학자들도 있다(Williamson 1985, 43; 장춘식 2007, 105).

을 상징하는 것이라는 점을 염두에 둔다면 성전을 재건하는 일에 헌신하겠다는 의미로 이해할 수 있다(Dumbrell 2000, 113).

특히 제사를 드릴 때 성전을 재건하는 일에 어떤 갈등이 있을 것인지 복선(foreshadowing)으로 제시한다. 에스라 3:3a에 "무리가 모든 나라 백성을 두려워하여"는 문맥적으로 맞지 않다. 히브리어 본문은 NIV 번역처럼 "그 땅의 백성들로부터 오는 두려움이 그들 주위에 있었다 할지라도"라고 해야 한다. 특별히 여기에 복선으로 제시된 '그 땅의 백성들'은 대적자들이다. 저자는 에스라 4:4에 '그 땅 백성'이라는 동일한 용어를 반복하므로 이들의 실체를 드러낸다. 이들은 팔레스타인에 살던 유다인이 아닌 거주자들을 의미한다(Clines 1992, 75).

그런데 특별히 관심을 가지고 보아야 할 부분은 에스라 3:3에 제단을 '그 터에' 세웠다는 것이다. 그 터는 당시의 독자들은 대번에 알 수 있는 번제단의 터로 여호와께서 다윗에게 나타나신 장소이다(대상 21:28-22:1; 대하 3:1-2). 이 일은 당시에 "여호와의 성전 지대는 미처 놓지 못했다고 할지라도"(스 3:6) 돌아온 자들이 제사를 회복했다는 데 중요한 의미가 있다. 특히 제단을 그 터 위에 세웠다는 것은 과거와 가진 연속성을 이을 뿐만 아니라 다윗과 솔로몬 시대에 이곳에서 응답하심으로 하나님의 임재를 나타내셨던 것처럼 지금 이 현장에도 하나님이 임재해 달라는 의미를 담고 있다.

돌아온 자들이 번제를 먼저 드린 후에 성전을 재건하기 시작했다. 저자는 그 역사적 시점을 "예루살렘에 있는 하나님의 성전에 이른지 이 년 둘째 달에"(스 3:8)라고 했다. 고레스 칙령으로 돌아와 예루살렘에 있는 하나님의 성전에 이른 해를 주전 538년으로 본다면 성전을 재건하기 시작한 이 년 둘째 달은 주전 536년이 된다. 그리고 이 성전 공사에 참여한 자를 "스알디엘의 아들 스룹바벨과 요사닥의 아들 예수아와 다른 형제 제사장들과 레위 사람들과 무릇 사로잡혔다가 예루살렘에 돌아온 자들"(스 3:8)이라고 명시한다. 특히 저자는 성전 재건의 시작부터 솔로몬이 성전을 지을 때와 거의 동일한 유형으로 묘사한다(참조. 대상 22:2-4; 대하 2:7-15; 3:2, 9; 5:12-13 등).[155] 이러한 평행은 바벨론 포로에서 돌아온 자들이 성전의 기초를 놓으면서 이 일을 하고 있는 것은 하나님이 과거 아브라함 시

155 이것은 과거의 사건을 상기하고 그 의미를 알 수 있도록 기록한 것으로 유형론적 비교(typological comparison)라고 한다(Williamson 1985, 47).

대에 모리아산에서 응답하시고, 다윗 시대에 오르난의 타작마당에서 응답하시며, 솔로몬이 성전을 완공한 후에 임재하시고 그 영광을 보여 주셨던 것처럼 지금 이 현장에서도 보여 주실 것을 소망하는 믿음을 담았다는 것이다.

(2) 분규: 대적들의 반대(스 4:1–24)

이 문단은 성전 재건 이야기의 핵심인 갈등이 나타나 다리오 왕 2년까지 거의 16년간이나 중단된 이유와 그 과정을 짧지만 분명하게 보여 준다.

① 대적들의 반대(스 4:1–5)

저자는 사로잡혔던 자들의 자손들이 하나님의 성전을 건축한다 함을 '유다와 베냐민의 대적이 듣고'라고 하며 갈등을 예고하고 있다(스 4:1). 이들은 주전 722년에 앗수르에 의해 멸망한 후 이주정책에 따라 사마리아로 이주해 온 사람들이다. 이러한 이주정책은 앗수르의 사르곤 2세 때부터였는데, 에살핫돈(주전 681–669)은 산헤립의 아들로서 산헤립이 전쟁에 패하여 그 신전에서 절할 때 암살당한 후에 왕이 되었던 사람이다(왕하 19:37). 이것은 이주정책이 오랜 시간을 두고 시행되었다는 것을 보여 준다(Pritchard 1969, 289–294). 이들은 앗수르의 이주정책으로 말미암아 이 지역에 정착하였지만 열왕기서의 저자가 설명한 바와 같이 이방의 문화와 여호와를 경외하는 일이 혼합된 형태를 띠게 되었다(왕하 17:33). 그러나 스룹바벨과 예수아와 이스라엘 족장은 고레스 칙령에 근거하여 이들의 참여를 거절했다(스 4:3). 특히 저자는 복선으로 에스라 3:3에서 제시한 '모든 나라 백성'(원문은 עַמֵּי הָאֲרָצוֹת로 '그 땅의 백성들'을 말함)을 에스라 4:4에 '그 땅 백성'(암 하아레츠, עַם־הָאָרֶץ)이라는 동일한 용어를 반복하므로써 그 실체를 그대로 드러낸다. 심지어 그들은 관리들에게 뇌물을 주면서까지 그들의 목표를 이루기 위하여 악한 일도 행할 수 있는 자들임을 보여 주었다(스 4:5). 이러한 반대가 성전의 기초를 놓았던 고레스 2년, 곧 주전 536년부터 다리오(Darius I, 주전 522–486) 2년, 곧 주전 520년까지 약 16년간 계속되었다.

② 삽입구: 오랜 역사에 걸친 반대(스 4:6-23)

이 문단은 성전 재건과 관계 없는 것처럼 보인다. 왜냐하면 여기에 기록된 세 가지 연대기 자료 때문이다. 성전을 재건하기 시작한 해는 포로에서 돌아온 지 2년이 되는 주전 536년이다. 이때는 고레스(Cyrus, 주전 559-530)가 통치할 때이다. 그런데 저자는 시대적으로 맞지 않게 아하수에로(Ahasuerus/Xerxes, 주전 486-465)가 즉위할 때 그 땅 백성들이 그에게 글을 올려 고소하였다고 기록한다(스 4:6). 또한 그들이 아닥사스다(Artaxerxes, 주전 465-424)에게도 글을 올린 것으로 기록한다(스 4:7). 아닥사스다는 예루살렘 성벽을 재건할 때 에스라와 느헤미야와 직접적으로 연관된 왕이다(스 7:1, 7; 느 2:1 등). 그리고 문단에 삽입된 에스라 4:6-23에 기록된 서신 내용은 예루살렘 성벽과 관련된 내용을 다루고 있다(스 4:12, 13, 15, 16, 21). 연대기적으로 맞지 않다. 그런데도 저자는 예루살렘 성벽을 공사하는 이야기를 성전 공사를 반대하는 이야기에 첨가시키고 있다. 이 이야기는 성전 건축과 연대기적으로 맞지 않고 앞의 대적들이 행하는 반대와 넓은 의미로 반대라는 주제는 같지만 논리적 흐름을 단절시킨다.[156]

이러한 문학적 장치는 성경에 자주 나타나는 삽입구다. 이때 대개 삽입구 앞에서 마쳤던 내용을 독립된 문단을 삽입한 후에 앞에서 말한 부분을 반복하여 시작하는 특징을 가지고 있다고 하여 '반복적 재개'(repetitional resumption)라고 부른다(Talmon 1976, 322). 에스라 4:5의 "다리오가 즉위할 때까지 관리들에게 뇌물을 주어 그 계획을 막았으며"라는 내용은 에스라 4:24에서 "이에 예루살렘에서 하나님의 성전 공사가 바사 왕 다리오 제이년까지 중단되니라"로 다시 시작한다. 이러한 경우 삽입구인 에스라 4:6-23을 괄호 안에 넣고 에스라 4:5과 4:24을 연결하여 읽어도 전혀 어색함이 없다. 이것이 반복적 재개의 특징이다.[157] 이

156 이러한 형태의 구성(plot)을 현대 문학에서 '단속적 구성'이라고 한다(서종택 1984, 104). 성경에서 현대 문학에서 사용하는 구성의 개념을 알았는지는 알 수 없으나 성경에 종종 나타나고 있는 것을 보면 당시에도 사용했던 언어관습의 일종으로 보는 것이 좋을 것 같다(참조. 창세기 38장의 유다와 다말의 사건, 에베소서 3:1-13 등).

157 이러한 삽입구는 구약과 신약성경에서 흔히 볼 수 있다. 예를 들면, 창세기 37:36에 요셉을 "바로의 신하 친위대장 보디발에게 팔았더라"라고 기록하고 39:1에 요셉이 "바로의 신하 친위대장 보디발이……요셉을 사니라"라고 기록하고, 그 사이에 창세기 38장 유다의 이야기를 삽입한다. 신약성경 히브리서 3:2-4:13; 5:11-6:20은 전형적인 삽입구다.

러한 경우에 주제에서 이탈한 것처럼 보이는 새로운 문단은 고대의 저자가 사용했을 괄호(brackets)나 각주(footnotes)로 이해할 수도 있다(Williamson 1985, 57). 그러나 이 경우 새로운 문단을 삽입할 때 그 문단은 주제에서 이탈한 것이 아니다. 이 경우 문맥에서 중요한 의미를 가지고 있다. 그것은 외부적인 반대가 성전을 재건할 때만이 아니라 성벽을 재건할 때에도 계속 있었기 때문에 외부적인 반대가 성전 재건을 중단한 직접적인 이유가 될 수 없다는 것이다.

대적자들에게 뇌물을 받고 방백 르훔과 서기관 심새가 고발한 글과 아닥사스다의 답신은 다음의 구조로 되어 있다(Throntveit 1992, 27).

A 참여자를 열거하는 이야기의 구조적 틀(스 4:8–10)
  B 르훔의 서신(스 4:11–16)
    – 설명과 인사(스 4:11)
    a 보고: 유대인들이 도시를 재건축한다(스 4:12)
      b 조공, 관세, 통행세를 바치지 않아 왕들에게 손해가 됨(스 4:13–14)
        c 사기에 따르면 이 도시는 패역한 도시였다(스 4:15–16)
  B′ 아닥사스다의 답신(스 4:17–22)
    – 설명과 인사(스 4:17)
        c′ 사기에 따르면 이 도시는 패역한 도시였다(스 4:18–19)
      b′ 나라들이 조공, 관세, 통행세를 그 힘 있는 왕에게 바침(스 4:20)
    a′ 칙령: 도시를 건축하지 못하게 하다(스 4:21–22)
A′ 참여자를 열거하는 이야기의 구조적 틀(스 4:23)

여기에서 르훔이 아닥사스다에게 보낸 편지의 내용은 그들의 관점에서 볼 때 사실이다. 그것을 입증하기 위하여 열조의 사기를 보게 했다. 그러면 저자는 바벨론 포로에서 돌아온 자들이 성전을 재건하는 기사를 기술하다가 연대기적으로 떨어져 있을 뿐만 아니라 공사 내용도 다른 기사인 이 삽입구를 왜 여기에 넣었을까? 그 이유는 두 가지다.

첫째, 저자는 성전과 성벽과 백성들을 모두 하나님의 집으로 이해하고 있기 때문이다(Eskenazi 1988a, 53–57). 특히 성전을 완공한 후에 에스라 6:14은 성전을 완공한 사건을 이스라엘 하나님의 명령과 바사 왕 고레스와 다리오와 아닥사스다의 조서를 따라 행한 것으로 설명한다.

둘째, 대적들의 반대는 성전을 재건할 때만이 아니라 그 후에 성벽을 재건할 때도 있었다는 것을 보여 주려는 것이다. 그래서 외부적인 조건이 공사를 중단하는 이유가 될 수 없다. 이스라엘이 바벨론에서 돌아오는 것은 하나님이 예레미야 선지자를 통하여 약속하신 것이다. 그리고 고레스로 하여금 하나님의 집을 재건하게 한 일도 하나님의 뜻이다. 그 과정에 하나님의 인도도 있었다. 그런데도 성전을 재건하는 일만이 아니라 성벽을 재건하는 일에도 대적들의 반대가 있었다는 것은 이 땅에서 하나님의 뜻을 이루어 가는 일에 항상 대적들의 반대가 있다는 것을 보여 준다. 그것은 성전 공사가 중단된 문제의 본질은 외부적인 조건이 아니라는 것이다.

(3) 절정: 학개와 스가랴의 도움과 성전 공사 완공(스 5:1-6:15)

이 문단은 이스라엘이 오랜 갈등을 극복하고 선지자 학개와 스가랴의 도움으로 성전 공사를 완공하는 내용을 담고 있다. 이 문단은 다음과 같은 교차대칭구조로 되어 있다(Throntveit 1992, 31).

A 학개, 스가랴 선지자의 사역으로 성전 공사 재개(스 5:1-2)
　B 닷드내 등이 성전 건축의 정당성을 요구함(스 5:3-5)
　　C 닷드내가 다리오에게 보낸 서신(스 5:6-17)
　　C′ 다리오가 닷드내에게 보낸 답신(스 6:1-12)
　B′ 닷드내 등이 성전 건축의 정당성을 동의함(스 6:13)
A′ 학개, 스가랴 선지자의 사역으로 성전이 완공됨(스 6:14-15)

이 구조의 제일 바깥 테두리 부분인 에스라 5:1-2와 6:14-15은 학개와 스가랴 선지자의 사역이 성전 공사를 시작하게 하고, 완공하는 일에 어떤 역할을 하였는지를 보여 준다. 이뿐만 아니라 이스라엘 백성들이 선지자의 말을 듣고 순종할 때 관리들로 하여금 긍정적인 서신을 보내게 하고, 왕이 그 서신을 보고 즉각적으로 응답하도록 역사를 섭리하신다는 것을 보여 준다.

① 학개와 스가랴의 사역으로 성전 공사 재개(스 5:1–2)

선지자 학개와 스가랴가 도운 일은 성전 재건과 관련하여 일어난 갈등(conflict)을 극복하고 사건을 반전시키는 전환점(turning point)이다. 특히 저자는 성전을 완공할 때 "유다 사람의 장로들이 선지자 학개와 잇도의 손자 스가랴의 권면을 따랐으므로 성전 건축하는 일이 형통한지라"(스 6:14a)라는 문구로 끝맺는다. 이것은 선지자 학개와 스가랴의 사역이 성전을 재건하는 일과 밀접한 연관성이 있을 뿐만 아니라 성전 완공으로 가는 극적인 반전이 에스라 5:1–2에서 시작한다는 것을 강조하기 위함이다.

에스라 4:24에 "바사 왕 다리오 제이년까지 중단되니라"라고 기록하고 있다. 학개 1:1에 보면 '다리오 왕 제이년 여섯째 달'에 예언했다고 기록하고 있고, 스가랴 1:1에는 '다리오 왕 제이년 여덟째 달'에 예언했다고 기록하고 있다. 이 기록들은 고레스 시대부터 다리오 2년까지 공사가 중단되었지만 언제 공사를 재개하였는지 그 역사적 시점을 알게 해 준다. 저자가 선지자 학개와 스가랴가 도운 내용이 무엇인지는 기록하지 않았지만 그들의 예언이 기록된 학개서와 스가랴서의 기록을 보면 다양한 의미를 알 수 있다. 예를 들면 성전 재건은 복을 받는 방법이며(학 2:15–19) 만군의 여호와가 성전에 충만하게 될 것이고(학 2:7), 포도나무와 무화과나무 아래로 서로 초대하는 복된 미래가 있게 될 것이며(슥 3:10) 메시아가 오시는 통로가 될 것(스 9:9–10) 등이다. 이로 볼 때 성전을 재건하는 일은 단순히 한 건물을 짓는 것이 아니라 언약을 재확인하고 그리스도로 말미암아 회복될 하나님 나라를 바라보는 일이었다.

② 닷드내 등이 성전 건축의 정당성을 요구함(스 5:3–5)

이 문단은 이스라엘이 학개와 스가랴 선지자가 예언한 하나님의 말씀을 듣고 순종하여 성전을 건축할 때 일어난 사건을 담고 있다. 강 건너편 총독 닷드내와 스달보스내와 그들의 동관들이 나와서 이스라엘 백성들에게 "누가 너희에게 명령하여 이 성전을 건축하고 이 성곽을 마치게 하였느냐?"(스 5:3)라고 물었다. 이 일에 대하여 저자는 "하나님이 유다 장로들을 돌보셨으므로 그들이 능히 공사를 막지 못하고 이 일을 다리오에게 아뢰고 그 답장이 오기를 기다렸더라"(스 5:5)라고 했다. 이 설명은 유다 장로들이 학개와 스가랴의 말씀을 믿고 성전을 건축하는 일을 할 때 하나님이 어떻게 도우실 것인지 미리 보게 한다. 그러므로 저자는 성전을 건축하는 일을 통하여 하나님의 주권적인 은혜와, 동시에 인간의 책임이 무엇인지 보여 준다.

③ 다리오에게 보낸 닷드내 총독의 서신(스 5:6-17)

이 문단은 이스라엘이 선지자 학개와 스가랴의 예언을 듣고 순종할 때 하나님의 도우심이 역사 가운데 어떻게 섭리하시는지를 보여 준다. 여기서 관심을 끄는 부분은 방백 르훔과 서기관 심새가 아닥사스다에게 보낸 서신이 이 서신보다 후대의 것이긴 하지만 대조해 보면 그 차이점이 무엇인지 알 수 있다.

• 르훔의 서신(스 4:11-16)

a 보고: 유다인들이 성읍을 건축한다(스 4:12)

b 조공, 관세, 통행세를 바치지 않아 왕들에게 손해가 됨(스 4:13-14)

c 사기에 따르면 이 도시는 패역한 도시였다(스 4:15-16)

• 닷드내의 서신(스 5:7-17)

a 보고: 유다인들이 성전을 건축한다(스 5:7-8)

b 어떤 근거에서 성전을 건축하는지 물음(스 5:9-10)

c 유다 장로들의 대답: 고레스 칙령(스 5:11-16)

d 청원: 고레스 칙령 조사(스 5:17)

두 개의 서신을 비교해 보면 건축을 하고 있는 상황을 보고한다는 면은 동일하다. 그러나 르훔의 서신은 공사의 정당성을 묻는 질문이 없을 뿐만 아니라 유다 장로들의 견해를 청취하지 않고 자신들의 정치적인 관점에서 역사를 해석하여 보냈다. 반면 총독 닷드내의 서신은 공사의 정당성을 물을 뿐만 아니라 자신의 관점에서 공사를 부정적으로 해석하여 보낸 것이 아니라 유다 장로들의 대답을 보내고 있다는 특징을 가지고 있다.

유다 장로들이 한 말을 인용하여 보낸 내용에는 유다 장로들의 역사 해석이 담겨 있으며 어떤 근거에서 성전을 건축하는지를 설명한다. 그들의 말은 다음 세 가지로 설명할 수 있다. 첫째, 그들은 어떤 사람인가? 유다 장로들은 자신들을 가리켜 "우리는 천지의 하나님의 종이라"(스 5:11)라고 했다. 여기서 '종'의 개념은 구약성경에 자주 등장하는 개념으로 아브라함, 이삭, 야곱(출 32:13; 신 9:27), 여호수아(수 24:29), 이사야(사 20:3)와 같이 하나님의 뜻을 성취하는 책임적인 위치에 있는 자들을 의미한다(Carpenter 1997, 304–309; MacRae 1997, 61–62).[158] 둘째, 성전이 파괴된 이유는 무엇인가? 유다 장로들은 성전이 파괴된 것은 하나님을 격노하시게 하였기 때문이라고 했다. 이러한 해석은 언약 백성으로서 살아야 할 윤리적 삶을 버렸다는 책임의식에서 나온 것으로 볼 수 있다(렘 25:3–11). 셋째, 어떤 근거에서 성전을 재건하는가? 유다 장로들은 성전을 재건하는 근거가 고레스 칙령에 있다는 사실을 설명했다.

④ 고레스 칙령을 찾음(스 6:1–5)

총독 닷드내 일행이 다리오에게 보낸 서신에서 성전을 건축하는 근거로 고레스 칙령을 말하였기 때문에 "과연 고레스 칙령이 사실인가?"에 대한 관심을 가지게 한다. 닷드내의 청원에 따라 다리오는 고레스 칙령을 찾아보도록 명령을 내려 문서 창고를 조사하게 했다(스 6:1). 당시 페르시아의 궁전이 있었던 곳은 바벨론과 수사(수산), 페르세폴리스(Persepolis), 악메다(엑바타나, Ecbatana)로 알려져 있다. 그런데 메대도 악메다에 있는 궁전에서 두루마리 형태로 된 고레스 칙령을 찾았다.[159] 이 칙령은 이스라엘 백성들이 지금 성전을 재건하는 법적 근거가 되는 아주 중요한 문서이다. 그런데 저자는 고레스 칙령을 발견했기 때문에 공사가 재개되었다고 할 수도 있지만 이미 에스라 1:2–4에 기록된 고레스 칙령을 에스라 6:3–5에 다시 기록하고 있다.

고레스 칙령에 기록된 성전의 세부 내용을 보면 성전의 높이를 60규빗(27m), 너비도 60규빗(27m)으로 하도록 했다. 이 크기를 열왕기상 6:2에 기록된 솔로몬

158 특히 맥그래(MacRae 1997, 61–62)는 '여호와의 종'을 하나님의 뜻을 수행하는 책임적인 관점에서 이스라엘 백성들을, 그것을 성취하는 성취적인 관점에서 그리스도라고 설명한다.

159 '악메다'는 그리스어인데 영어로는 '엑바타나'이다. 이 이름은 아람어를 음역한 것으로 보인다. 악메다는 옛 메디아(Media) 왕국의 수도였다.

성전과 비교해 보면 제법 큰 차이가 있다. 솔로몬 성전은 길이가 60규빗(27m), 너비는 20규빗(9m), 높이는 30규빗(13.5m)이다. 그런데 고레스 칙령에 기록된 성전의 크기에 길이가 나와 있지 않기 때문에 솔로몬 성전과 직접 비교하기는 어렵다. 만약에 고레스 칙령에 따라 성전을 지었다면 더 크고 웅장하게 지었을 것이라 짐작할 수 있다. 이뿐만 아니라 고레스 칙령에는 성전 공사와 관련된 자재와 재정까지 지원하도록 하였고 성전의 기물들까지 돌려주도록 하는 내용을 담고 있다. 이를 볼 때 저자는 고레스 칙령을 좀 더 세밀하게 부각시키고 있다.

⑤ 다리오의 답신(스 6:6-12)

다리오는 고레스 칙령에 근거하여 답신을 보냈다. 다리오가 보낸 답신의 내용을 분석해 보면 세 가지 주제로 설명할 수 있다.

첫째, 성전 공사를 막지 말고 계속하게 하라는 것이다(스 6:7). 둘째, 성전 공사에 필요한 경비와 부대 경비까지 제공하라는 것이다(스 6:8-10). 왕은 성전 공사와 관련하여 왕에게 낸 세금으로 경비를 지불하게 했다. 그리고 필요한 부대 경비까지 주어서 성전 공사를 하게 했다. 그 목적은 자기와 자기의 아들들을 위하여 기도하도록 하려는 것이다. 성경에 기록된 고레스 칙령은 '고레스 원통'(The Cyrus Cylinder)에도 나타나 있다. "내가 그들의 거룩한 곳들에 자리잡게 했던 신들로 하여금 매일 벨과 느부에게 내가 장수하도록 빌게 하라……나의 주인 마르둑에게 그들은 이렇게 간구해야 할 것이다"(Pritchard 1969, 316). 셋째, 왕의 칙령을 위반하는 자들을 처벌하라는 명령을 내림으로 이 일의 확실성을 보증하는 내용을 담고 있다(스 6:11-12). 특이한 것은 만약에 이 명령을 거역한다면 왕 자신도 거역하는 자들을 처벌할 것이지만 성전에 임재해 계시는 하나님이 멸하시기를 원한다는 기원을 담고 있다는 것이다. 다리오가 이 말을 한 것은 다니엘과 사드락과 메삭과 아벳느고의 이야기를 위시한 몇 가지 역사적 사건을 듣고 하나님의 존재를 알았기 때문이라고 보는 것이 더 좋을 것 같다(단 1:1-6:28).

⑥ 학개, 스가랴 선지자의 사역으로 성전이 완공됨(스 6:13-15)

다리오 왕의 조서 마지막에 '신속히 행할지어다'라고 명시된 대로 총독 닷드내와 스달보스내와 그들의 동관들이 '신속히 준행하니라'(스 6:13)라고 했다. 하나님의 섭리하심으로 다리오 왕의 조서에 따라 총독 닷드내와 스달보스내와 그들의 동관들이 신속하게 명령을 수행한다(스 6:13; 참조. 스 5:3). 하나님은 세상의 관리들을 통하여 하나님이 작정하신 것을 이루신다. 동시에 유다 사람의 장로들이 선지자 학개와 잇도의 손자 스가랴의 권면을 따랐으므로 성전 건축하는 일이 형통했다.

그런데 우리가 에스라 6:14을 읽으면 논리적으로 어색해 보인다. 그것은 성전 공사와 관계가 없어 보이는 아닥사스다의 조서를 언급하고 있기 때문이다.

> 유다 사람의 장로들이 선지자 학개와 잇도의 손자 스가랴의 권면을 따랐으므로 성전 건축하는 일이 형통한지라 이스라엘 하나님의 명령과 바사 왕 고레스와 다리오와 아닥사스다의 조서를 따라 성전을 건축하며 일을 끝내되.

이 절은 에스라–느헤미야 전체의 핵심(linchpin)이다(Eskenazi 1988a, 56–57). 에스케나지(Eskenazi 1988a, 41, 45–46)는 이 절이 에스라–느헤미야의 통일성을 이루고 있다는 것을 보여 주는 문학적 장치로 회고적이며 예견적 요약(a retrospective and proleptic summary)이라고 했다. 그리고 그녀는 하나님의 말씀과 페르시아의 왕 고레스와 다리오와 아닥사스다의 칙령에 따라 재건에 대한 설명에 나타나 있는 모든 일이 성취될 것을 예견적으로 보여 준다고 했다. 이 말씀은 하나님의 명령과 페르시아 왕 고레스와 다리오의 칙령으로 재건되는 성전만이 아니라 아닥사스다 왕 시대에 있게 될 성벽 건축과 뒤이어 이스라엘 공동체의 영적 부흥까지 하나님의 집을 건설하는 사건으로 보았다는 것이다. 전체 하나님의 집을 재건하는 일 가운데 성전 재건은 그 첫 번째에 해당하는 것으로 볼 수 있다. 바벨론 포로에서 돌아온 자들이 성전 재건 공사를 "다리오 왕 제육년 아달월 삼일에"(스 6:15) 완공했다.

(4) 대단원: 성전 기능을 수행함(스 6:16–22)

성전을 재건하는 과정에서 이스라엘 백성들은 대적들의 반대로 말미암아 무려 16년 동안 중단되었던 성전 공사를 재개하여 4년 만에 완공한 후에 성전 봉헌식을 행했다. 그리고 유월절을 지켰다. 또한 하나님이 그들을 즐겁게 하시는 것으로 성전 재건 이야기를 마치고 있다. 하나님이 이스라엘 백성들을 어떻게 즐겁게 하셨는지는 알 수 없지만 즐거워할 수 있는 은혜를 주셨을 것이다. 이것은 성전의 기능을 수행한다는 가시적 증거다.

① 성전을 봉헌함(스 6:16-18)

저자는 '하나님의 집 봉헌'을 기록하면서 참여한 사람들을 말할 때 '이스라엘 자손'(스 6:16)이라는 표현을 사용했다. 특히 이스라엘 자손을 부연하기를 '제사장들과 레위 사람들과 기타 사로잡혔던 자의 자손'(스 6:16)이라고 했다.[160] 이들은 하나님의 성전 봉헌식을 행할 때 많은 제물을 바쳤다(스 6:17). 그리고 봉헌식 제물과 함께 이스라엘 지파의 수에 따라 숫염소 열두 마리로 '이스라엘 전체'(스 6:17)를 위하여 속죄제를 드렸다. 이스라엘이 속죄제를 드린 것은 하나님과 맺은 언약 관계를 회복하는 일이며, 새로운 미래를 위한 출발점이다. 속죄제사가 자동적으로 죄를 사해 주는 것은 아니라 할지라도(사 1:11-17) 구약의 성도들도 오실 그리스도를 예표하는 것으로 보았기 때문에(눅 2:48) 성전 봉헌식에 이 속죄제사를 드린다는 것은 과거와 연결지을 뿐만 아니라 미래로 연결시키는 의미를 담고 있다고 할 수 있다. 그리고 성전 봉헌 이후에 성전 기능을 온전히 수행할 수 있도록 '모세의 책에 기록된 대로'(스 6:18) '제사장을 그 분반대로, 레위 사람을 그 순차대로 세워 예루살렘에서 하나님을 섬기게'(스 6:18) 했다.

② 유월절을 지킴(스 6:19-22)

성전 봉헌 후에 모세의 책에 기록된 대로 세워진 제사장들과 레위 사람들에 의해 유월절을 지켰다는 것은 성전 기능이 수행되고 있다는 것을 보여 준다. 에스라 1:1-6:22에 기록된 성전 재건에 관한 이야기는 유월절을 지키는 구절(스 6:19-22)로 마치고 있다. 저자는 성전을 완공한 시점이 "다리오 왕 제육년 아달월 삼일"(스 6:15, 열두 번째 달 삼일)이고 유월절을 지킨 시점을 "첫째 달 십사일에"(스 6:19) 지켰다고 밝힌다. 이것은 유월절을 지킨 역사적 배경을 보여 줄 뿐만 아니

160 NIV의 "Then the people of Israel – the priests, the Levites and the rest of the exiles –"라는 번역이 원문에 더 가깝다.

라 성전을 완공한 후에 처음 맞는 유월절이라는 점을 강조한다. 그런데 에스라 6:21에 이 언약에 참여한 자들을 보면 두 그룹의 사람들이 참여했다는 것을 알 수 있다. 한 그룹은 사로잡혀 갔다가 돌아온 이스라엘 자손들이고, 또 한 그룹은 "스스로 구별하여 자기 땅에 사는 이방 사람의 더러운 것을 버리고 이스라엘 무리에게 속하여 이스라엘의 하나님 여호와를 찾는 자들"이다. 후자는 이방인으로 이스라엘 무리에게 속하여 이스라엘의 하나님 여호와를 구하는 자들이다. 이미 모세의 책에 타국인이라 할지라도 여호와 앞에 유월절을 지키고자 하면 참여할 수 있도록 규정했다(출 12:43-49; 민 9:14). 이것은 구약 시대에도 혈통적으로 이스라엘이 아니라고 할지라도 이방인에게 언약적 축복에 참여할 수 있는 문이 열려 있었다는 것을 보여 주는 것이다. 무엇보다도 이 일은 출애굽 사건에서 여호와께서 구원해 주신 사건과 하나님과 언약을 맺은 것을 기억하고 과거와 연결시켜 여전히 하나님의 언약 백성임을 확인하는 것이라고 할 수 있다(출 13:9, 16; 34:27). 저자는 성전 재건 이야기의 마지막 절인 에스라 6:22에서 이스라엘이 유월절을 지킨 이유를 설명하기를 "여호와께서 그들을 즐겁게 하시고 또 앗수르 왕의 마음을 그들에게로 돌려 이스라엘의 하나님이신 하나님의 성전 건축하는 손을 힘 있게 하도록 하셨음이더라"라고 했다.[161] 그래서 저자는 여호와께서 예레미야의 입으로 하신 말씀을 성취하시기 위하여 페르시아의 왕 고레스를 감동시켜 '이스라엘의 하나님 여호와의 성전'(스 1:3)을 건축하도록 한 칙령을 성취한 것으로 결론을 맺고 있다.

2. 에스라를 중심한 영적 부흥(스 7:1-10:44)

이 문단은 성전에 출입하는 자에게 합당한 삶이 중요하다는 사실을 알고 언약의 말씀에 따라 살아가는 일의 중요성을 설명한다. 왜냐하면 이스라엘이 성전

161 여기서 앗수르 왕이 누구인지 하는 의견이 있지만 다리오로 보기도 하고(Williamson 1985, 85; Yamauchi & Youngblood 2002, 679), 고레스라고 보기도 한다(Clines 1992, 97). '앗수르 왕'이라고 부른 것은 주전 612년에 앗수르가 멸망했다고 할지라도 앗수르가 점령했던 이전의 지역을 쓰고 있고, 페르시아 왕은 '바벨론 왕'(느 13:6)이라는 명칭도 사용하였기 때문이다(Yamauchi & Youngblood 2002, 679).

이 있었는데도 성전이 무너지고 바벨론 포로라고 하는 수치스러운 역사를 경험해야만 했던 이유는 언약의 말씀에 따라 살지 못했기 때문이다. 특히 저자는 이 점을 부각하기 위해 에스라가 돌아온 이후에 13년간의 사역(스 7:1-10:44)에 대하여 연대적으로 자세히 기록하지 않고 돌아와서 특별한 한 부분만 기록했다. 그것은 언약 백성의 이방 결혼의 잘못을 지적하고 바로잡는 일이다.[162] 여기에 이스라엘의 미래가 있다고 보았기 때문이다.

내용 분해

(1) 에스라와 그의 비전(스 7:1-10)
(2) 하나님의 선하신 인도 1: 아닥사스다의 조서(스 7:11-26)
(3) 하나님의 선하신 인도 2(스 7:27-8:36)
(4) 에스라의 영적 부흥 운동(스 9:1-10:44)

내용 해설

(1) 에스라와 그의 비전(스 7:1-10)

이 문단은 에스라가 누구이며, 어떤 비전을 가지고 있었는지를 설명한다. 에스라 7:1에 보면 "이 일 후에 바사 왕 아닥사스다가 왕위에 있을 때에 에스라라 하는 자가 있으니라"라고 시작한다. '이 일 후에'라는 말은 '성전을 봉헌하고 유월절 제사를 드린 후에'라는 말이다. 이때는 '바사 왕 아닥사스다가 위에 있을 때' 이다. 에스라 7:7에 보면 이때를 좀 더 구체적으로 '아닥사스다 왕 제칠년에'라고 했다. 이때는 주전 458년이 되는 셈이다. 성전 공사가 516년에 완공되었고, 다음 해인 주전 515년에 유월절을 지켰다. 성전 공사가 완공된 주전 516년을 기준으로 삼는다면 에스라가 돌아온 주전 458년과 비교해 볼 때 58년의 간격이

162 저자는 에스라 7:1-10:44에서 긴 시간은 요약하고, 짧은 시간은 자세히 보여 주는 장면과 요약(scene and summary)이라는 문학적 장치를 사용한다. 이것은 주제가 무엇인지 분명하게 전달하는 방법이다(Liddell 1956, 53).

있다.

저자는 이 이야기를 시작하면서 에스라를 소개한다. 그는 대제사장 아론의 후손이며(스 7:1-5), 모세의 율법에 익숙한 학자였다(스 7:6). 에스라의 가문을 소개하고, 모세 율법에 익숙한 학자라고 소개하는 것은 그가 영적 부흥을 일으키는 일에 적절한 소양을 가지고 있다는 것을 밝히기 위함이다. 이 에스라가 하나님의 선한 손의 도우심을 입어 아닥사스다왕 제칠년 첫째 달 초하루에 바벨론에서 길을 떠났고, 다섯째 달 초하루 곧 넉 달이 걸려 예루살렘에 이르게 되었다(스 7:9).

에스라는 당시에 알려진 세계에서 가장 큰 제국인 페르시아 아닥사스다 왕의 총애를 받던 신하였고 왕의 측근에 있었던 사람으로 왕에게 구하는 것을 다 받는 자였다(스 7:6). 이 에스라는 어떤 의미에서 세상적인 유익과 쾌락을 누릴 수 있는 위치에 있었지만 세상적인 권력과 세상이 주는 만족함에 안주하지 않았다. 그는 이스라엘 백성들에게 율법을 연구하여 가르치기로 결심했다(스 7:10). 왜 그랬을까? 그것은 이스라엘 백성들이 언약 백성으로 합당하게 살아갈 때 복과 은혜를 누릴 뿐만 아니라 메시아가 오시는 통로로서 하나님 나라를 이루어갈 수 있다고 믿었기 때문이다.

(2) 하나님의 선하신 인도 1: 아닥사스다의 조서(스 7:11-26)

저자는 에스라를 설명할 때 에스라의 비전과 더불어 에스라가 '하나님의 선한 손의 도우심을 입어' 예루살렘에 이르게 되었다고 했다(스 7:9). 하나님의 선한 도우심이 무엇인지는 회상형식으로 에스라 7:11-26과 7:27-8:36에 기록되어 있다. 이 두 부분은 괄호 안에 넣어서 이해하는 것이 좋다. 특히 첫 번째 부분에서 에스라 7:12-26은 아람어로 된 아닥사스다 왕의 조서로 몇 가지 중요한 내용을 담고 있다. 하나님은 당시 이방의 왕인 아닥사스다의 마음을 움직여 자신의 뜻을 이루게 하셨다.

- 포로 된 자들을 돌려보내는 일(스 7:12-13)
- 에스라가 왕과 일곱 자문관에 의해 파송받은 일(스 7:14, 25-26)
- 하나님께 바칠 제물을 주어 보낸 일(스 7:15-22)

• 이스라엘 백성들의 유익을 위하여 필요한 것을 쓰도록 한 일(스 7:18)
• 하나님께 드리는 일은 왕실의 안녕과 직결된다고 본 일(스 7:23)

(3) 하나님의 선하신 인도 2(스 7:27-8:36)

두 번째는 에스라 자신이 1인칭 시점으로 회고한다. 바벨론에서 예루살렘으로 돌아가라는 조서가 내려졌다고 할지라도 그 일은 결코 간단한 일이 아니다. 만 넉 달이 걸리는 일이었을 뿐만 아니라 곳곳에 위험이 도사리고 있었기 때문이다(스 7:9; 8:31). 그러나 이 일에도 하나님의 선한 손의 도우심이 있었다.

① 에스라의 송영: 하나님의 은혜의 목적(스 7:27-28)

에스라는 1인칭 시점으로 회고하면서 여호와를 송축한다. 에스라는 하나님이 아닥사스다 왕의 마음을 움직여 여호와의 전을 아름답게 할 뜻을 두셨다고 했다. 이것은 여호와의 집을 단순히 외적으로나 내적으로 아름답게 꾸미는 것을 말하는 것은 아니다. '아름답게 하다'라는 말은 원어상 '영화롭게 하기 위하여'(לְפָאֵר 〈 פארל)라는 뜻으로 성전의 본래적 기능을 회복하여 하나님이 그 가운데 임재하시도록 하려는 것이다. 이 일을 위하여 여호와께서 에스라로 하여금 왕과 왕의 앞에 있는 권세 있는 모든 방백들 앞에서 은혜를 얻게 하셨다(스 7:28).

② 에스라와 함께 올라온 사람들(스 8:1-20)

에스라의 인도로 올라온 사람들은 남자만 1,758명(남자 1,500+레위인 38+조력자 220)이었다. 여자와 아이들을 포함하면 1만 명 이상은 되었을 것이다. 에스라 8:3-14에 기록된 명단에 나타난 총수는 1,496명이지만 에스라 8:1-2에 언급된 에스라, 게르솜, 다니엘, 핫두스 이 네 명을 포함할 때 1,500명이 된다. 이들은 2차 귀환자가 얼마나 되는지의 정보를 제공해 줄 뿐만 아니라 영적 부흥에 참여할 자들이다. 여기에는 한 가지 문제가 있었다. 그것은 레위 사람들이 한 사람도 없다는 것이다. 그래서 에스라는 족장들을 보내어 하나님의 성전을 섬길 자를 데려오게 했다(스 8:15-17). 그때 사람들은 하나님의 선한 손의 도우심으로 말리의 자손 중에서 한 명철한 사람과 세레뱌와 그의 아들들과 형제들 18명, 하사뱌와 므리라 자손 중 여사야와 그의 형제와 아들들 20명과 성전 일꾼 220명을 데려왔다(스 8:18–20).

그러면 에스라가 귀환에 앞서 레위 사람들을 찾았고, 하나님의 선한 손의 도우심으로 이들을 데려왔다고 설명한 이유는 무엇일까? 이들을 통하여 언약 백성들에게 하나님의 말씀을 가르쳐 깨닫는 일을 하도록 하기 위함이다(느 8:4–12).

③ 거룩한 부끄러움(스 8:15–36)

에스라는 아하와 강가에서 금식을 선포했다. 에스라는 왜 금식을 선포했을까? 그것은 이들이 가야 할 거리는 넉 달 이상을 걸어서 가야만 했고(참조. 스 7:9), 그 길에는 많은 위험이 도사리고 있으며 적들에 의해 공격을 당할 수도 있었기 때문이다(스 8:31). 이러한 위험한 여정에 군대의 도움을 받는 것은 중요하다. 그러나 에스라는 페르시아의 왕에게 구하는 것은 무엇이든지 얻을 수 있는 위치에 있었는데도 왕의 도움을 받는 것을 부끄러워하여 차마 도움을 청하지 못했다(스 7:6; 8:22). 왜냐하면 평소 에스라는 왕에게 자기와 자기 백성이 섬기는 하나님은 하나님을 찾고 구하는 모든 자에게 은혜를 베푸시지만 하나님을 배반하는 모든 자에게는 크게 진노하신다는 것을 계속 말해 왔기 때문이다(스 8:22). 개역개정판에 '우리가 전에 아뢰기를'[163]이라고 된 말의 원어는 과거부터 반복하여 말해 왔다는 뜻이다. 이 말은 혹시라도 왕이 이렇게 말할 가능성을 염두에 두었다. "너희들이 평상시에 늘 말해 왔던 것처럼 너희들이 섬기는 하나님이 자기를 찾는 모든 자들에게는 선을 베푸시고, 자기를 배반하는 자들에게는 진노하시는 분이라고 하였으니 군대의 도움을 받을 필요가 어디 있겠느냐? 너희들의 하나님은 죽은 신이냐?" 이것이 에스라가 왕에게 구하기를 부끄러워한 이유이다. 이러한 부끄러움을 가리켜 세상사의 다른 부끄러움과 구별하여 '거룩한 부끄러움'이라고 부른다(Yamauchi & Youngblood 2002, 682). 그래서 에스라는 금식을 선포하고 기도했다.

하나님은 이 기도를 들으시고 어떻게 인도해 주셨을까? 이 기도의 결과로 약 1만 명 이상이나 되는 사람들이 안전하게 약속의 땅으로 들어갈 수 있었다(스

163 '아뢰다'라는 말은 히브리어로 '말하다'(אָמַרְנוּ)라는 말로 영어 번역 성경은 과거 완료사로 번역하여 과거에 계속해서 '말해 왔다'(had spoken)는 과거 습관으로 번역한다.

8:31). 그리고 이 이야기에 대하여 저자는 왕의 조서를 왕의 총독들과 유브라데 강 건너편 총독들에게 넘겨 주었고, 그들은 백성과 하나님의 성전을 도왔다고 설명했다(스 8:36). 이것은 금식하며 기도한 결과이다. 오늘날에도 문제를 해결하는 좋은 방법 가운데 하나는 금식과 기도이다.

(4) 에스라의 영적 부흥 운동(스 9:1-10:44)

이 문단은 에스라가 여호와의 율법을 준행하며 율례를 가르치기로 결심하고 돌아와 13년간의 사역 가운데 한 부분만 클로즈업하여 기록하고 있다. 저자는 에스라가 이스라엘 백성들의 죄악을 보고 회개하며 기도하는 내용을 에스라의 1인칭 시점으로 기록하고(스 9:1-15), 그 기도를 듣고 백성들이 회개하며 하나님의 말씀에 따라 결단하는 내용을 3인칭 시점으로 기록하고 있다(스 10:1-44).

① 이스라엘 백성들의 죄악과 에스라의 반응(스 9:1-5)

에스라가 페르시아에서 돌아와 보니 성전은 완공되었지만 그들의 도덕적인 삶은 큰 문제가 있었다. 그 대표적인 것이 믿지 않는 사람과 결혼한 문제였다(스 9:1-2). 특히 백성의 지도자들인 제사장들과 성전에서 봉사하는 레위 사람들이 이방 사람들이 행하던 가증한 일(혐오스러운 일, detestable)을 행하고 있었다. 에스라는 이스라엘 백성들의 죄악을 보고 속옷과 겉옷을 찢고 머리털과 수염을 뜯으며 기가 막혀 앉아 있었다(스 9:3-4). 이것은 회개를 표현하는 행동이다. 에스라가 왜 이러한 반응을 보였을까? 그것은 이방인과 결혼하는 일은 그와 함께 필연적으로 따라오게 될 우상숭배가 이스라엘의 미래에 치명적 결과를 가져온다는 사실을 알고 있었기 때문이다. 감사하게도 에스라가 기도할 때 하나님의 말씀으로 말미암아 떠는 자들이 사로잡혔던 자들의 죄 때문에 에스라에게 나아왔다(스 9:4). 이것은 당시 경건한 자들이 에스라의 사역으로 하나님의 말씀에 대하여 반응했다는 것이다.

② 에스라의 기도(스 9:6-15)

에스라는 당시 이스라엘의 죄악을 보고 회개하며 기도했다. 그의 기도를 보면 이스라엘이 이방 왕들의 손에 붙인 바가 되고 칼에 죽임을 당하기도 하고 사로잡히기도 한 것은, 그들의 조상 때부터 당시 바벨론 포로에서 돌아온 때까지 하나님의 거룩한 백성다운 삶을 살지 못하고 우상을 숭배하고 세상의 잘못된 가치관과 관습을 따랐기 때문이라고 역사를 해석했다(스 9:6–7). 에스라는 그 상황에서 당연히 지은 죄에 대하여 심판을 받아야 했는데도 하나님이 '그 거룩한 처소에 박힌 못같이' 보존하시고 지켜 주셨을 뿐만 아니라 페르시아의 왕들 앞에 불쌍히 여김을 입고 소생하여 하나님의 성전을 세우는 은혜를 받았다고 고백했다(스 9:8–9). 뿐만 아니라 하나님이 '우리에게 울타리를 주셨나이다'라고 고백했다. 이 '울타리'는 미가 7:11과 여기에만 나타나는 은유적 표현으로 하나님이 성벽처럼 보호해 주셨다는 것이다(참조. 슥 2:4–5).

그런데도 바벨론 포로에서 돌아온 이스라엘 백성들의 현실은 과거와 같이 주의 계명을 배반했다(스 9:10). 이때 에스라는 이스라엘 백성들이 구약성경의 여러 본문을 복합적으로 인용하며 하나님의 계명에서 떠나 있다는 사실을 아뢰었다(스 9:10–12; 참조. 레 18:25; 20:22–24; 신 18:9; 왕하 16:3; 21:2; 겔 37:25 등). 여기서 '그들을 위하여 평화와 행복을 영원히 구하지 말라'(스 9:12)는 말씀은 번역상의 오류가 있다. 히브리어 본문은 '너희는 그들의 평화와 그들의 형통을 구하지 말라'(לֹא־תִדְרְשׁוּ שְׁלֹמָם וְטוֹבָתָם)는 것으로 이방인과 결혼하므로 얻을 수 있는 어떤 평화와 형통도 구하지 말라는 뜻이다. 이 말씀을 보면 당시 이스라엘 백성들은 이방인과 결혼하는 일을 평강과 형통을 얻기 위한 방편으로 생각하는 경향을 가지고 있었다. 이러한 에스라의 기도를 볼 때 그는 한 개인과 국가의 번영과 미래는 하나님의 말씀을 준행하는 일에 있다고 보았다.

이러한 당시 현실을 보면서 에스라는 하나님의 진노를 피할 수 없다는 사실을 인식했다(스 9:14). 그래서 에스라는 "이스라엘의 하나님 여호와여 주는 의로우시니 우리가 남아 피한 것이 오늘날과 같사옵거늘 도리어 주께 범죄하였사오니 이로 말미암아 주 앞에 한 사람도 감히 서지 못하겠나이다"(스 9:15)라고 기도했다. 이러한 이유에서 회개는 하나님의 은혜와 능력을 경험하기 위한 중요한 출발점이다.

예수 그리스도가 오시기 전이나 후에나 하나님의 법을 지키는 일은 한 개인과 국가의 미래사를 결정한다. 바벨론 포로에서 돌아온 이스라엘 백성들은 스룹바벨의 인도로 성전을 지었다. 성전이 존재한다는 사실만으로 하나님의 은혜를 받는 것이 아니라 언약 백성에 합당한 윤리적인 행위가 있어야 한다. 오늘날 우리가 교회당에 출입하며 예배하는 것만으로 하나님의 은혜를 받는 것이 아니라 더불어 하나님의 거룩한 백성다운 거룩한 삶의 모습이 반드시 있어야 한다.

③ 백성들의 회개와 새로운 삶을 위한 언약(스 10:1-44)

에스라가 성전 앞에 엎드려 울며 기도하여 죄를 자복할 때 많은 백성이 크게 통곡하였고, 이스라엘 중에서 백성의 남녀와 어린아이의 큰 무리가 그 앞에 모이게 되었다(스 10:1). 이때 이들 중에 스가냐라는 사람이 일어나 이스라엘에게 아직도 소망이 있다고 말하면서 하나님과 언약을 세우고 율법대로 행할 것이라고 하면서 에스라의 개혁을 도울 것이라고 하며 힘을 실어 주었다(스 10:2-4). 당시 이 문제에 연루된 사람들은 모두 113명이었다(스 10:18-44).

이러한 스가냐의 제안에 대하여 에스라는 이 일의 중요성을 고려하여 제사장들과 레위 사람들과 온 이스라엘로 하여금 하나님 앞에서 맹세하게 했다(스 10:5). 그리고 에스라는 한 제사장의 방으로 옮겨 계속 금식하며 그들을 위하여 중보 기도를 하고 난 뒤에 이 맹세를 실행하기 위하여 온 이스라엘을 예루살렘에 모이게 했다. 만약에 삼 일 안에 모이지 않으면 재산을 몰수하고 이스라엘 공동체에서 쫓아낼 것이라고 했다(스 10:6-8). 에스라가 이러한 권한을 가지고 있는가? 에스라는 아닥사스다가 내린 조서에 율법을 가르쳐 그 명령을 지키지 않으면 죽이거나 재산을 몰수할 수 있는 권한을 받았다(스 7:25-26). 유다와 베냐민 사람들이 모두 이 말을 듣고 삼 일 내에 예루살렘에 모였다. 그때는 아홉째 달(기슬래월) 이십 일인데 현대 월력으로는 11-12월로 이스라엘에서는 우기(雨期)에 해당한다. 그래서 비로 말미암아 백성들은 떨고 있었다(스 10:9). 이때 백성들을 향하여 죄를 자복하고 이방 여인을 끊어 버릴 것을 요구하였고, 백성들은 그대로 행할 것이라고 했다(스 10:11-12). 이 상황에서 효과적으로 맹세를 시행하기 위하여 집행하는 사람을 세우고, 열째 달 초하루부터 첫째 달 초하루까지, 곧 세 달 동안 이방인과 결혼한 사람을 조사했다(스 10:16-17). 그 조사한 명단이 에스라 10:18-44이다. 저자는 관련된 사람들의 명단을 무작위로 기록하지 않았다. 맨 처음에 대제사장의 가족 구성원들(스 10:18), 다른 제사장들(스 10:20-22), 레위 사람들(스 10:23), 노래하는 자들과 문지기들(스 10:24), 그다음에 일반 백성들이 나온다. 이것은 에스라의 개혁이 사회 전반에 진행되었다는 사실을 보여 준다.

당시 에스라가 백성들에게 요구한 행동은 극단적인 것처럼 보인다. 왜냐하면 이 행동은 이미 결혼하여 자식까지 낳았는데 그들을 내보내는 일이 어떻게 윤리적으로 가능한지의 문제가 제기되기 때문이다. 그러나 당시의 상황에서 에스라는 이스라엘 언약 공동체의 정체성을 회복하는 일이 중요한 문제라고 보았다. 그래서 결혼한 이방인 아내를 내보내게 했다. 그러나 당시의 상황에서 행한 이 일을 오늘날 일반화시켜서는 안 된다. 왜냐하면 신약 시대에 살고 있는 그리스도인에게는 적용할 수 없기 때문이다(고전 7:8–24; 벧전 3:1–7).

그러나 이 일에 반대하는 사람들도 있었다. 아사헬의 아들 요나단과 디과의 아들 야스야가 일어나 그 일을 반대하고 므술람과 레위 사람 삽브대가 그들을 도왔다(스 10:15). 그러나 하나님의 율법에 따라 죄를 회개하고 희생적인 대가를 치르고라도 결단하고 순종하는 일은 이스라엘에게 하나님의 은혜가 임하게 되리라는 기대감을 가지게 만든다. 오늘날에도 여전히 교회에 하나님의 일을 하는데 냉소적이거나 비판적인 시각으로 보는 사람들이 있고, 이를 지지하고 동조하는 사람들도 있다. 에스라를 중심으로 한 이 개혁 운동은 13년 뒤 성벽을 재건한 후에 이스라엘에 영적 부흥을 가져온다(느 8:1–10:39).

3. 느헤미야를 중심한 성벽 재건(느 1:1-7:73)

이 문단은 외부와 내부적인 반대가 있었는데도 느헤미야를 중심으로 유대인들이 성벽을 재건하는 내용을 담고 있다. 저자는 이 내용을 주로 느헤미야의 1인칭 시점으로 에스라–느헤미야의 전체 문맥에서 성벽을 재건하는 일을 하나님의 집을 세우는 매우 중요한 요소로 기록한다. 특히 에스라 2장에서 바벨론 포로에서 귀환한 자들의 명단을 느헤미야 7장에서 반복하고 있는 것은 성전 재건 이야기(스 1:1–6:22)와 공동체 재건 이야기(스 7:1–10:44)와 함께 성벽 재건 이야기(느 1:1–7:72a)도 하나님의 집을 재건하는 하나의 이야기라는 것을 보여 준다. 왜냐하면 에스라 2장과 느헤미야 7장의 명단이 수미쌍관법으로 연결되어 전체가 하나의 큰 문단인 것을 알려 주기 때문이다. 이 문단이 수미쌍관법으로 감싸고 있다는 것은 그 안에 있는 내용이 이 명단과 관련된 이야기라는 것이고, 이 명단이 이 책의 핵심되는 주제와 밀접한 연관성을 가지고 있다는 것을 보여 준다고 할 수 있다.

내용 분해

(1) 발단: 배경과 느헤미야의 인물과 과업 소개(느 1:1-2:9)
(2) 분규: 대적자들의 적대 행위와 느헤미야와 백성들의 대응(느 2:10-6:14)
(3) 절정: 성벽 완공(느 6:15-19)
(4) 대단원: 성벽 기능 수행을 위한 작업(느 7:1-73)

내용 해설

(1) 발단: 배경과 느헤미야의 인물과 과업 소개(느 1:1-2:9)

이 문단은 성벽 재건과 관련된 인물과 사건에 필요한 정보를 제공해 준다. 저자는 에스라 10장의 사건(주전 458년)과 느헤미야 1장(주전 445/444년)의 사건은 시간적으로 13년의 차이가 있음을 역사적 시점을 표시하므로 밝히고 있다. 그것은 에스라가 아닥사스다 7년에 돌아왔고(스 7:7), 느헤미야는 아닥사스다 20년에 예루살렘에 대한 소식을 듣고 금식하며 기도한 것으로 설명하고 있기 때문이다(느 1:1). 저자는 시간적인 간격이 있는데도 역사를 이어서 쓰고 있다.

느헤미야 1:1-2:9은 성벽을 재건하는 이야기에서는 발단 부분이지만 에스라-느헤미야 전체 구조에서는 언약 공동체의 안전과 연관된다. 느헤미야 1:1-2:9은 장면과 시대와 주요 등장인물이 바뀌어서 전개되고 있다. 에스라 7-10장의 장면이 예루살렘이라면 느헤미야 1:1-2:9의 사건은 바벨론의 수산궁이고, 아닥사스다 7년(주전 458년)에서 아닥사스다 20년(주전 445/444년)의 시간, 주요 등장인물이 에스라에서 느헤미야로 전환되고 있다.

① 역사적 배경과 느헤미야가 듣게 된 소식(느 1:1–3)

느헤미야 1:1은 "하가랴의 아들 느헤미야의 말이라"는 표제로 시작한다. 에스라-느헤미야 전체 문맥에서 이 표제는 단순한 표제 이상의 의미를 가지고 있다. 그것은 전지적 시점을 가진 3인칭 저자가 에스라-느헤미야를 쓰되, 특별히 느헤미야의 이야기를 느헤미야의 자서전적 형식인 1인칭 시점으로 기술하여 에스라서에서 설명한 이야기와 연결시켜 한 이야기로 쓰고 있다는 것이다.

느헤미야 1:1은 이 성벽 재건의 역사적 배경으로 "……아닥사스다 왕 제이십년 기슬르월에 내가 수산궁에 있는데"라는 말씀으로 시작한다. 히브리어 성경에는 개역개정판에 있는 것처럼 '아닥사스다 왕'이라는 문구가 없이 당시 역사 기술방식으로 '제이십년 기슬르월에'라고 시작한다.[164] 이것은 에스라-느헤미야 전체를 한 권으로 읽을 때 왕의 이름이 없어도 앞에 언급된 왕의 통치 시대 안에 있다고 보기 때문이다. 이러한 방식의 기술은 구약성경에 등장하는 연대 기술에 대한 관습이다. 이 아닥사스다는 아닥사스다 1세(Artaxerxes I, 주전 465–424)이다(Clines 1992, 136; Throntveit 1992, 63).[165] 그런데 느헤미야 1:1과 2:1에 나오는 아닥사스다 왕 제이십년은 같지만 달이 다르다. 느헤미야 1:1의 아닥사스다 왕 제이십년은 주전 445년이다. 느헤미야가 예루살렘에 대한 소식을 들은 때는 아닥사스다 왕 제이십년 기슬르월(Kislev)인데[166] 유대력으로 아홉 번째 달(현대력으로 11–12월)이고, 니산월(Nisan)로 첫 번째 달(현대력으로 3–4월)이기 때문에 모순되는 것처럼 보인다. 일반적으로 이스라엘의 왕위는 무즉위년(여호아스 때부터는 즉위년) 니산월, 유다의 왕위는 즉위년 티쉬리월을 사용했다(Thiele, 43–60). 그런데 페르시아는 전통적으로 니산 월력을 사용하였으나 엘레판틴에서 발견된 『엘레판틴 파피루스』(*The Elephantine papyri*)에는 유다의 티쉬리 계산법을 따르고 있다(Thiele, 53). 그래서 느헤미야 1:1에 '제이십년 기슬르월에'라는 연도와 느헤미야

---

164 개역개정판에 아닥사스다를 삽입한 것은 느헤미야를 에스라와 분리된 책으로 읽을 때 알 수 없기 때문에 역사적 시점을 알게 하려는 의도가 있었던 것처럼 보인다. 대표적인 영어 번역인 KJV, NIV, NASB 등은 원문대로 없다.

165 아닥사스다 2세(주전 404–359)로 보는 학자들도 있다(Saley, 151–165).

166 '기슬르월'(Kislev, 키스레우, כִּסְלֵו)은 히브리 역법에 아홉 번째 달을 말한다. 그리고 히브리 성경에 '기슬르월'이라 하지 않고 '아홉 번째 달'(호데쉬 하터쉬이, חֹדֶשׁ הַתְּשִׁיעִי)로 더 많이 나타난다(스 10:9).

2:1에 '아닥사스다 왕 제이십년 니산월에'라는 연도가 서로 조화가 될 수 있다. 그것은 유다의 월력인 티쉬리 월력을 사용하였기 때문이다.

아닥사스다 왕 제이십년, 곧 주전 445년에 느헤미야는 그의 형제 하나니로부터 "사로잡힘을 면하고 남아 있는 자들이 그 지방 거기에서 큰 환난을 당하고 능욕을 받으며 예루살렘 성은 허물어지고 성문들은 불탔다"(느 1:3)는 소식을 들었다. 여기서 '남아 있는 자들'은 바벨론으로부터 귀환한 유다 공동체이지만 선지서에서는 하나님이 선택한 사람들을 가리킨다(사 4:3; 10:10-22 등). 그러나 이스라엘 백성들이라고 해서 다 선택된 사람이 아니듯이 바벨론 포로에서 돌아온 사람들이라고 해서 다 남은 자라고 할 수 없다(롬 9:6-7). 포로기의 어렵고 힘든 상황에서도 하나님의 은혜 가운데 하나님의 인격과 약속을 믿고 믿음을 지킨 사람을 말한다고 보아야 한다.

② 느헤미야의 기도(느 1:4-11)

느헤미야는 남아 있는 자들이 큰 환난을 당하고, 예루살렘 성은 허물어졌다는 소식을 듣고 금식하며 기도했다(느 1:4). 그의 기도는 일정한 구조를 가지면서도 깊은 신학적 의미를 가지고 있다.

- 하나님의 이름을 부름(느 1:5)
- 죄를 고백함(느 1:6-7)
- 기도를 들어주셔야 할 근거 1: 하나님의 약속(느 1:8-9)
- 기도를 들어주셔야 할 근거 2: 백성의 위치(느 1:10)
- 기도를 드리는 실제적인 목적(느 1:11a)

느헤미야는 기도하면서 하나님의 이름을 동격으로 반복하여 부른다. 그것은 "하늘의 하나님 여호와 크고 두려우신 하나님이여"와 "주를 사랑하고 주의 계명을 지키는 자에게 언약을 지키시며 긍휼을 베푸시는 주여"(느 1:5)라는 기도다. 이 기도는 하나님을 초자연적인 분이면서도 우리와 언약을 맺어 교제하시는 분으로 고백한다. 또한 느헤미야는 그의 기도를 들어주셔야 할 첫 번째 근거로 하나님의 약속을 언급한다(레 26:27-33, 40-42; 신 4:25-27, 29-31). 그는 두 번째 근거로 자신을 포함하여 이스라엘 백성들을 가리켜 '주의 종들'(느 1:6, 10, 11)이라고 부르고 있다. 구약성경에 '종'은 아브라함, 이삭, 야곱(출 32:13; 신 9:27), 여호수아(수 24:29), 이사야(사 20:3) 등과 같이 하나님의 뜻을 성취하는 책임적인 위치에 있는 자들을 의미한다(Carpenter 1997, 304–309). 성벽 재건의 이야기를 시작하면서 느헤미야의 기도에서 신명기 언약에 근거하여 이스라엘을 '주의 종'으로 언급하며 기도하는 것은 이들을 세우는 일과 연관된 그의 사역을 보여 준다고 할 수 있다. 그리고 느헤미야는 기도의 결론으로 "오늘 종이 형통하여 이 사람들 앞에서 은혜를 입게 하옵소서"(느 1:11)라고 기도한다. 이 기도는 자신은 술 관원으로 세상의 부귀와 영화를 누릴 수 있는 위치에 있으나 자기 백성과 함께 고난을 받으면서 환난을 당하는 남아 있는 자들을 돕고 성벽을 재건하는 일에 헌신하게 해 달라는 것이다.

느헤미야는 기도 후에 자신이 당시 '왕의 술 관원'이었다는 사실을 밝히고 있다. 이러한 정보는 느헤미야가 하나님을 경외하는 자로서 앞으로 있게 될 성벽 재건에 그의 기도가 어떤 역할을 하게 될 것인지를 보여 주기도 한다.

③ 느헤미야의 기도의 응답(느 2:1–9)

이 문단은 하늘의 하나님이 느헤미야의 기도를 언제, 어떻게 응답해 주셨는지를 보여 준다. 느헤미야가 그의 형제 하나니를 통하여 예루살렘에 대한 소식을 듣고 금식하며 기도하였을 때가 '아닥사스다 왕 제이십년 기슬르월'이었다(느 1:1). 차이점은 기슬르월과 니산월의 차이인데, 기슬르월은 이스라엘 월력으로 아홉 번째 달(현대력 11–12월)이며, 니산월(현대력 3–4월)은 이스라엘 월력으로 첫 번째 달이다. 일반적인 논리로 볼 때 기슬래월은 아홉번째 달이고, 니산월은 첫 번째 달이라면 '아닥사스다 왕 제이십일년'이 되어야 한다. 그런데도 연대가 왜 바뀌지 않았을까? 그것은 당시 사용했던 역법(曆法, calendar)과 왕의 즉위년을 계산하는 방식이 일반적인 방법과 달랐기 때문이다. 특히 유다의 역법은 즉위년을 쓰고 일곱 번째 달인 티쉬리월부터 시작한다. 이 역법에 따르면 느헤미야는 넉 달을 금식하며 기도하여 응답을 받았다는 것을 알 수 있다.

그러면 하나님이 어떻게 응답해 주셨을까? 저자는 단순하게 "하나님이 응답하심으로 그 결과 어떻게 되었다"라고 기술할 수도 있으나 어떻게 응답하셨는지 상세하게 느헤미야와 왕과 한 대화를 통하여 생생한 그림으로 전달한다. 느헤미야가 금식하며 기도한 지 넉 달이 지난 어느 날, 아닥사스다 왕이 느헤미야의 얼굴에 수심이 가득한 것을 보고 느헤미야에게 그 이유를 물었다. 느헤미야는 예루살렘 성읍이 황폐하고 성문이 불탔기 때문이라고 대답했다(느 2:3). 왕이 "그러면 네가 무엇을 원하느냐?"(느 2:4)라고 묻자 느헤미야는 '하늘의 하나님께 묵도하고'(느 2:4) 말했다. 느헤미야 2:4의 '묵도하고'(אֶתְפַּלֵּל)라는 말은 히브리어 원문에는 강조어간(중복어간)이면서 재귀태로 되어 있는데 이것은 자기 자신에게 행하는 동작을 반복적으로 한다는 것을 보여 준다. 패커(1997, 68)는 이 기도를 '총알 기도'라고 표현했다. 느헤미야는 이렇게 기도한 후에 필요한 일을 구체적으로 말했다(느 2:7-8). 당시 세계에서 가장 큰 제국이었던 페르시아의 아닥사스다 왕은 느헤미야가 구한 모든 것을 허락해 주었다. 느헤미야는 예루살렘의 총독으로 파송되어 무너진 성을 중건하고 언약 백성들의 안전을 위해 일할 수 있었다. 어떤 학자는 다리오, 크세르크세스 등 앞의 왕이 그리스와 싸운 전쟁에서 패한 후 이집트의 멤피스가 점령당하자 가나안 지역의 경비를 강화하기 위하여 유다 민족을 사용한 것으로 보았다(김의원 2005, 13). 물론 당시 세계의 정세로 볼 때 이러한 해석이 가능할 수 있다. 그런데 에스라-느헤미야는 이러한 문제는 언급하지 않고 "내 하나님의 선한 손이 나를 도우시므로 왕이 허락하고"(느 2:8)라고 했다. 당시 세계 정세가 이것이 가능했다고 할지라도 결국 모든 세상의 역사조차도 하나님의 뜻을 이루기 위하여 하나님이 바꾸셨다고 보아야 한다. 특히 이 일을 통하여 하나님이 언약 백성을 통하여 구속사를 이루시기로 작정하셨지만 느헤미야의 기도로 그 일을 하게 하셨다는 것을 보여 준다.

(2) 분규: 대적자들의 적대 행위와 느헤미야와 백성들의 대응(느 2:10-6:14)

이 문단은 느헤미야가 성벽을 재건하는 이야기에서 분규에 해당하는 부분이다. 모든 글을 쓰는 사람은 나름대로 구성을 가지고 있는데 다 동일한 방법론을 사용하지 않기에 다양한 구성(plot) 구조를 가질 수밖에 없다(토비아스 2014, 66-76). 성벽 재건 이야기를 이끌어 가는 핵심 추진력은 갈등이다. 우리가 일상적인 삶을 살거나 교회와 하나님 나라를 섬길 때 갈등이 항상 있듯이 느헤미야를 중심으로 성벽을 재건하는 과업을 수행하는 과정에 산발랏과 그의 협력자들의 반대는 성전 재건 이야기의 핵심적인 요소로 작용한다. 이 구성을 자세히 보면 '대적자들이(A) X라는 정보를 듣고(B) 어떤 적대 행위를 하였으며(C), 느헤미야와 백성들은 어떻게 대응했는가(D)'라는 A-B-C-D 형식으로 이루어져 있다. 이것을 도식화하면 다음과 같이 할 수 있다.

	대적자들(A)	듣고(B)	적대 행위(C)	대응(D)
1	산발랏 도비야	흥왕하게 하려는 사람이 왔다 함을 듣고(느 2:10)	심히 근심하더라 (느 2:10)	성벽 조사와 백성들을 설득하다 (느 2:11–18)
2	산발랏 도비야 게셈	성벽을 건축하자는 것을 듣고(느 2:19)	업신여기고 비웃다 (느 2:19)	하나님이 형통하게 하실 것이고 그들에게 권리가 없다고 말함 (느 2:20)
3	산발랏 산발랏의 형제들 (사마리아 사람) 사마리아 군대	성을 건축한다는 소식을 듣고(느 4:1)	크게 분노하여 비웃다(느 4:1–3)	기도하고 공사를 계속함 (느 4:4–6)
4	산발랏 도비야 아라비아 사람들 암몬 사람들 아스돗 사람들	틈이 메꾸어져 간다 함을 듣고 (느 4:7)	심히 분노하여 가서 치고 요란하게 하자 (느 4:7–8)	기도하며 방비도 하면서 공사를 계속함 (느 4:9–23)
5	(내부의 적) 귀족들과 민장들	백성의 부르짖음을 듣고(느 5:6)	(귀족들과 민장들) 높은 이자를 취하고 형제를 팔다 (느 5:7–8)	느헤미야가 지혜롭게 권고하고 선한 삶의 본을 보임 (느 5:6–19)
6	산발랏 도비야 게셈 나머지 원수들	허물어진 틈을 남기지 아니하였다 함을 듣고(느 6:1)	느헤미야를 죽이거나 궁지에 빠트리려고 함(느 6:2, 5, 10)	지혜와 기도 (느 6:2–14)
7	모든 대적 주위에 있는 모든 이방 족속	성벽 공사가 끝난 것을 듣고(느 6:15–16)	다 두려워하여 크게 낙담함(느 6:16)	남아 있는 위험을 인지함 (느 6:16–19)

이 도표에서 보는 바와 같이 갈등의 단계들이 심화되면서 대적자들의 수도 증가되고 있고, 대적자들의 적대 행위 역시 점점 심화되고 있다는 것을 볼 수 있다. 처음에는 대적자들이 산발랏과 도비야(느 2:10)에서 아라비아 사람 게셈이 가세하고(느 2:19), 산발랏의 형제들, 곧 사마리아 사람들과 군대(느 4:2), 산발랏, 도비야, 아라비아 사람들, 아스돗 사람들(느 4:7), '그 나머지 우리의 원수들'(느 6:1), 그리고 집합적으로 '우리의 모든 대적'(느 6:16)으로 심화되고 있다는 것을 발견할 수 있다.

적대 행위도 심화되어 논리적 진전이 있다는 것을 발견할 수 있다. 느헤미야 2:10에 '심히 근심하더라'(원문은 '심히 불쾌함'), 2:19과 4:1에는 '비웃음', '분노', 4:7-8에서는 '분노할' 뿐만 아니라 '가서 치고 그곳을 요란하게 하자'라고 했다. 원문은 개역개정판 번역과 느낌이 다른데 '가서 치고 예루살렘을 혼란에 빠트리자'라고 위협한 것이다. 그리고 느헤미야 6:1-9은 당시 지도적인 위치에 있었던 느헤미야 개인을 죽이거나 지도력을 행사할 수 없도록 궁지에 몰아넣으려는 간악하므로 나타나고 있다.

이러한 적대 행위에 대하여 느헤미야와 백성들이 어떻게 응답했는지 살펴보는 것은 갈등을 극복하는 방법이 어디에 있는지에 대해 중요한 통찰력을 준다. 무엇보다 대적자들의 적대 행위에 대하여 기도가 있었다는 것을 주목해 보아야 한다(느 2:20; 4:4, 9; 6:9). 느헤미야의 기도가 갈등을 극복하는 중요한 요소가 되는 것은 틀림이 없지만 느헤미야의 지도력과 유다 백성들이 느헤미야를 중심으로 하나님의 약속을 믿고 책임 있게 성벽 재건에 참여한 행동 역시 중요하다는 것을 알 수 있다.

① 첫 번째 대적자들의 적대 행위와 그에 대한 대응(느 2:10-18)

이 문단은 A-B-C-D 구조로 된 일곱 개의 평행구조 가운데 첫 번째다.

	대적자들(A)	듣고(B)	적대 행위(C)	대응(D)
1	산발랏 도비야	흥왕하게 하려는 사람이 왔다함을 듣고(느 2:10)	심히 근심하더라 (느 2:10)	성벽 조사와 백성들을 설득하다(느 2:11-18)

느헤미야가 왕의 허락을 받아 예루살렘에 도착하였지만 성벽을 재건하는 문제가 순탄하지 않을 것을 보여 준다. 그것은 느헤미야가 오는 일에 대하여 호론 사람 산발랏과 종이었던 암몬 사람 도비야가 "이스라엘 자손을 흥왕하게 하려는 사람이 왔다 함을 듣고 심히 근심하더라"(느 2:10)고 소개하고 있기 때문이다. 성벽을 재건하는 일에 대적자로 소개된 '산발랏'은 그의 이름이 바벨론어로 '신-우발릿'(*Sin-uballi*□)인데 'Sin이 생명을 주었다'라는 뜻이다. 이 이름 자체는 그의 출신이나 종교에 대하여 알려 주지 않는다. 그런데 흥미로운 것은 그의 자녀들의 이름을 여호와 신앙적인 이름인 들라야(Delaiah)와 셀레미야(Shelemiah)라고 지었다는 것이다(Cowley 1923, 30:29).[167] 그리고 그의 딸이 결혼하여 대제사장 가문이 되었다(느 13:28). 또 한 사람의 대적자인 '종이었던 암몬 사람 도비야'의 이름은 '야웨는 선하시다'라는 뜻으로 여호와 신앙의 배경을 가진 이름이다. 그의 아들의 이름은 '여호와는 은혜로우시다'라는 뜻의 '여호하난'(יְהוֹחָנָן, 느 6:18)인데, 이 이름 역시 여호와 신앙을 반영한다는 점을 고려해 볼 때 도비야도 여호와 신앙과 연관되어 있다는 것을 알 수 있다. 이러한 이름을 가지고 있다는 것은 대적자들이 어떤 사람인지 그 특징들을 보여 주기도 한다.

대적자들은 느헤미야가 왔다는 소식을 '듣고' 개역개정판에는 '심히 근심하더라'라고 되어 있으나 히브리어 원문은 '그들은 크게 동요했다'(וַיֵּרַע לָהֶם רָעָה גְדֹלָה)라고 되어 있다. 여기에 '악'(רעע רָעָה)이라고 번역할 수 있는 단어를 반복하는 것을 볼 때 악한 감정을 가지고 있다는 것을 알 수 있다. 이들이 느헤미야가 총독으로 부임한 일에 대하여 이러한 태도를 보인 것은 '이스라엘 백성을 흥왕하게 하려는 사람이 왔다'는 것을 '들었기' 때문이다. 그 뜻은 '이스라엘 자손에게 선을 이루기 위하여 온 사람'이라는 것이다. '선'(טוֹבָה)을 NIV, NASB, KJV 등은 welfare로 번역하였으나 더 깊고 넓은 의미가 있다. 그것은 '선'(טוֹבָה 〈 טוֹב)과 '악'(רעע רָעָה)의 대조를 보이려는 것이다(McConville 1985, 82). '선'과 '악'의 대조가 느헤미야 2:10에서 '심히 근심하더라'와 이스라엘 자손을 '흥왕하게 하려는'이라는 대조(contrast)를 통하여 대적자들과 느헤미야와 갈등 구조를 이루고 있다는 것을 보여 준다.

---

167 이름 뒤에 '야'(יָה, *iah*)는 하나님의 이름인 야웨의 첫 두 글자이다. 그래서 그 의미는 '여호와의 진주'와 '여호와의 평화'라는 뜻으로 보인다.

이러한 상황에서 느헤미야의 대응은 흥미롭다. 그는 예루살렘에 머무른 지 사흘 만에 하나님이 그의 마음에 주신 것을 아무에게도 말하지 않고, 골짜기 문으로 나가 성벽을 살펴보았다(느 2:12-15). 느헤미야의 현장답사는 느헤미야의 기도에 대한 하나님의 응답과 어떤 관계가 있는지를 잘 보여 준다. 그것은 하나님이 계획하신 바를 주권적으로 이루신 것도 사실이지만 그 일을 실현하기 위하여 마스터 플랜(master plan)을 만들고 실행에 옮겨야 할 인간의 책임을 무시하지 않으신다는 것이다. 느헤미야는 현장을 답사하고 난 뒤에 예루살렘으로 오기까지 하나님의 선한 손이 도우신 일을 유다 사람들에게 설명했다. 그 일은 그가 금식하며 기도한 내용을 들으시고 하나님이 섭리해 주셔서 왕의 마음을 움직여 주시고 왕이 그를 총독으로 임명한 일과 필요한 자재까지 제공했다는 것이다. 그러자 백성들은 "일어나 건축하자"라고 하며 이 선한 일에 참여하려고 했다(느 2:18).

② 두 번째 대적자들의 적대 행위와 그에 대한 대응(느 2:19-20)

이 문단은 짧지만 A-B-C-D의 구조로 된 일곱 개의 평행구조 가운데 두 번째다.

	대적자들(A)	듣고(B)	적대 행위(C)	대응(D)
2	산발랏 도비야 게셈	성벽을 건축하자는 것을 듣고(느 2:19)	업신여기고 비웃다(느 2:19)	하나님이 형통하게 하실 것이고 그들에게 권리가 없다고 말함(느 2:20)

당시 유다의 대적자들인 산발랏과 그의 종이었던 암몬 사람 도비야, 아라비아 사람 게셈이 유다 백성들이 "(우리가) 일어나 (성을) 건축하자"(느 2:18)라고 한 말을 '듣고' 업신여기고 비웃을 뿐만 아니라 "너희가 하는 일이 무엇이냐 너희가 왕을 배반하고자 하느냐"(느 2:19)라고 하면서 성벽 재건을 위협했다.

이러한 비웃음과 업신여김에 대하여 느헤미야는 '하늘의 하나님'이 그 일을 형통하게 하실 것이라고 대응했다. 그리고 그는 바벨론 포로에서 돌아온 유다인들을 가리켜 '그의 종들인 우리'라고 지칭하여 "(우리가) 일어나 건축할 것이다"(느

2:20)라고 했다. 그러면서 그들이 "왕을 배반하느냐"고 한 말에 반박하여 왕의 허락을 받은 사실을 염두에 두고 "너희에게는 예루살렘에서 아무 기업도 없고 권리도 없고 기억되는 바도 없다"(느 2:20b)라고 선언했다. 느헤미야가 대적자들에게 '기업'도 없고, '권리'도 없다고 할 때의 '기업'은 땅 분배와 연관되었고, '권리'는 법률적인 권한을 의미한다고 할 수 있다. 그리고 '기억되는 바'(זִכָּרוֹן)는 '공적인 자료'를 의미하는 것으로 법적인 권한이 없다는 뜻이다.

③ 예루살렘 성벽 재건에 참여한 자들의 명단(느 3:1–32)

예루살렘 성벽을 재건하는 내용을 기록하고 있는 느헤미야 3장은 느헤미야 1–2장의 이야기 흐름과 비교해 볼 때 우선적으로 시점(point of view)이 1인칭 시점에서 3인칭 관찰자의 시점으로 전환되고 있다. 이야기의 전개상 느헤미야 3장은 삽입구다. 느헤미야 2:19–20은 느헤미야 4:1에 "산발랏이 우리가 성을 건축한다 함을 듣고"와 연결되어야 한다. 느헤미야 3장은 역사적 순서로 된 것이 아니라 산발랏을 위시한 대적자들의 적대 행위 가운데서도 성벽 재건 공사를 했다는 것을 보여 주려는 것이다.

삽입구로 된 느헤미야 3장에 기록된 목록은 세심한 문학적 기교와 신학적 의미가 돋보인다. 성벽 재건에 종사했던 사람들의 목록은 양문(느 3:1)에서 시계 반대 방향으로 어문(느 3:3), 옛문(느 3:6), 골짜기문(느 3:13), 분문(느 3:14), 샘문(느 3:15), 수문(느 3:26), 마문(느 3:28), 함밉갓문(느 3:31), 양문(느 3:32)으로 한 바퀴 도는 형태로 기록하고 있다. 이것은 성벽을 재건하는 일을 머리에 그림이 그려지게 하려는 것이다.

또한 느헤미야 3:1에 성벽을 건축하면서 대제사장 엘리아십이 그의 형제 제사장들과 함께 일어나 양문을 건축하여 '성별하고' 문짝을 달고, 또 성벽을 건축하여 함메아 망대에서부터 하나넬 망대까지 '성별했다'고 기록한다. 이것은 성벽 재건이 단순히 적들로부터 보호하기 위한 것만이 아니라 신학적 의미가 있다는 것이다. 그리고 느헤미야 3:1과 12:39에 기록된 하나넬 망대는 예레미야 31:38–40과 스가랴 14:9–11의 말씀을 기억나게 한다.

보라, 날이 이르리니 이 성은 하나넬 망대로부터 모퉁이 문에 이르기까지

> 여호와를 위하여 건축될 것이라 여호와의 말씀이니라 측량줄이 곧게 가렙 언덕 밑에 이르고 고아로 돌아 시체와 재의 모든 골짜기와 기드론 시내에 이르는 모든 고지 곧 동쪽 마문의 모퉁이에 이르기까지 여호와의 거룩한 곳이니라 영원히 다시는 뽑거나 전복하지 못할 것이니라(렘 31:38-40).

> 여호와께서 천하의 왕이 되시리니 그날에는 여호와께서 홀로 한분이실 것이요 그의 이름이 홀로 하나이실 것이라 온 땅이 아라바 같이 되되 게바에서 예루살렘 남쪽 림몬까지 이를 것이며 예루살렘이 높이 들려 그 본처에 있으리니 베냐민 문에서부터 첫 문 자리와 성 모퉁이 문까지 또 하나넬 망대에서부터 왕의 포도주 짜는 곳까지라 사람이 그 가운데에 살며 다시는 저주가 있지 아니하리니 예루살렘이 평안히 서리로다(슥 14:9-11).

이 언급은 당시 이 망대가 역사적 장소(landmark)로서 두드러진 역할을 했다는 것을 보여 주며, 또한 성읍 전체의 범위를 확정하는 데 사용했다고 볼 수 있다(Williamson 1985, 204). 그런데 선지자들은 이 망대가 '날이 이르며' 또는 '그날에' 새로운 세상을 나타내는 한 장소가 될 것이라고 예언했다. 여기서 말하는 '날'은 그리스도가 다시 오시는 날을 말한다. 이것은 성벽을 재건하는 일은 단순히 한 건축물이 아니라 회복될 하나님 나라를 예표하는 것으로 보았다는 것이다. 성경 전체의 문맥에서 볼 때 하나님의 백성으로 사용되고, 하나님이 통치하시는 장소적인 의미로도 사용된다(시 48:12-13; 147:2; 사 60:14; 히 12:12; 계 14:1). 이 점을 고려한다면 대제사장 엘리아십과 그의 형제들이 성벽을 성별했다는 것은 두 가지 신학적 의미가 있다. 하나는 예루살렘 성의 과거와 연결시켜 하나님이 통치하시는 장소를 회복한다는 것이다. 또 하나는 '그날에' 곧, 종말에 이루어질 새 예루살렘과 연결시켜 그리스도 안에서 회복하실 새로운 세상을 바라보고 있다는 것이다.

이 목록은 성벽 재건에 참여한 사람들이 다양한 지역(느 3:2, 5, 7, 27 등), 가문(느 3:2, 3, 4, 17, 18 등), 신분(느 3:1, 9, 16 등), 은사와 직업(느 3:8, 31 등)의 사람이라는 것을 보여 준다. 구약의 성도들 가운데 고라 자손은 "너희는 시온을 돌면서 그 곳을 둘러보고 그 망대들을 세어 보라. 그의 성벽을 자세히 보고 그의 궁전을 살펴서 후대에 전하라"(시 48:12-13)고 했다. 이것은 예루살렘 성벽과 이 공사에 참여하는 것이 의미가 있다는 것을 보여 준다.

또한 느헤미야는 성벽을 재건해야 할 부분을 마흔 두 군데로 나누어 조직적으로 일을 수행하게 하되, 백성들이 살고 있는 지역과 그 인접한 지역을 보수하게 했다(느 3:10, 23, 28, 29 등). 이렇게 하면 성벽 재건의 시간을 절약할 수 있고, 자기 집 주위를 튼튼하게 보수하고자 하는 동기를 불러일으킬 수 있다. 그런데 저자는 성벽을 재건하는 일에 참여하지 않은 사람들의 이름도 기록하고 있다(느 3:5). 이것은 당시 이 일에 갈등 요소들도 작용하고 있었다는 것을 보여 준다. 우리가 이 목록을 볼 때 일정한 구조와 그 안에 다양성이 있다는 것을 알 수 있다.

흥미로운 점은 성벽 재건에 참여한 자들 중에 있는 32명의 이름이다. 이 이름 가운데 하나님의 이름인 '여호와'(יהוה)의 축약형 '야'(יה)가 들어있는 이름이 모두 14명, 하나님의 이름인 '엘'(אל)이 들어있는 이름이 2명이다. 그 이름과 뜻은 다음과 같다.

• 여호와의 이름이 들어있는 이름

성구	이름	히브리어	뜻
느 3:6	요야다	יוֹיָדָע	여호와께서 아신다
느 3:7	믈라댜	מְלַטְיָה	여호와께서 구원하신다
느 3:8, 30	하나냐	חֲנַנְיָה	여호와께서는 은혜로우시다
느 3:9	르바야	רְפָיָה	여호와께서 치료하신다
느 3:10	여다야	יְדָיָה	여호와를 찬양하다
느 3:11, 15, 31	말기야	מַלְכִּיָּה	나의 왕은 여호와시다
느 3:16	느헤미야	נְחֶמְיָה	여호와께서 위로하신다
느 3:17	하사뱌	חֲשַׁבְיָה	여호와께서 생각하신다
느 3:23	아사랴	עֲזַרְיָה	여호와께서 도우신다
느 3:25	브다야	פְּדָיָה	여호와께서 구속하신다
느 3:29	스마야	שְׁמַעְיָה	여호와께서 들으신다

• 하나님의 이름이 들어있는 이름

성구	이름	히브리어	뜻
느 3:1	엘리아십	אֶלְיָשִׁיב	하나님이 회복하신다
느 3:7	웃시엘	עֻזִּיאֵל	하나님은 나의 힘이시다

포로에서 돌아와 성벽 건축에 참여한 자들의 이름에 여호와와 하나님의 이름이 들어가 있고, 여호와 하나님에 대한 믿음을 담고 있다는 것은 무엇을 의미하겠는가? 이것은 그들이 바벨론 포로 기간 중에도 여호와 신앙을 가지고 있었다는 것을 보여 준다.[168]

성벽 재건 공사가 어떤 의미를 가지고 있는지에 대해 다양한 신학적 교훈이 있지만 저자가 특히 관심을 기울이는 부분은 하나님의 집을 세우는 데 있다는 것이다. 성벽 재건 공사가 하나님의 집을 세우는 일에 목표가 있다는 것은 대제사장 엘리아십이 그의 형제 제사장들과 함께 양문을 건축하고 '(그것을) 성별한' 일에서 잘 보여 준다(느 3:1). 에스케나지(Eskenazi 1988a, 83-85)는 성벽을 재건하는 과업이 종교적 중요성을 드러내고 있기 때문이고, 성벽을 완공한 후에 문짝을 달 때도 성문을 지키기 위하여 노래하는 자와 레위인을 세우는 것은 이 점을 잘 설명해 준다고 했다(느 7:1; 13:22).

그러므로 이 문단에서 대적자들이 조롱할 때 느헤미야는 하늘의 하나님이 함께하시기 때문에 형통할 것이고, 그들에게는 아무런 권리가 없다는 사실을 말한 것은 갈등이 심화되고 있다는 것을 보여 준다. 그러나 그 갈등 가운데서도 대제사장 엘리아십을 위시한 제사장들과 언약 백성들이 성벽 재건에 어떤 부분을 어떻게 건축했는지 묘사하므로 성벽 재건이 하나님이 임재하시는 거룩한 도성을 세우는 것임을 명확하게 한다.

168 구약성경에 기록된 인명에 대한 분석을 통하여 특정 시대의 종교-사회적 현상을 연구하는 방법론을 Prosopography라고 한다. 히브리인을 포함하여 고대 근동 사람들의 이름에 신의 이름이나 신의 특성을 나타내는 수식어가 첨가되었다는 것은 당시 사람들의 종교적 성향이나 문화를 알게 한다. 여기에 대하여 김영진(2001, 103-121)을 참조하라.

④ 세 번째 대적자들의 적대 행위와 그에 대한 대응(느 4:1–6)

이 문단은 A–B–C–D 구조로 된 일곱 개의 평행구조 가운데 세 번째다.

	대적자들(A)	듣고(B)	적대 행위(C)	대응(D)
3	산발랏 산발랏의 형제들 (사마리아 사람) 사마리아 군대	성을 건축한다는 소식을 듣고(느 4:1)	크게 분노하여 비웃다(느 4:1–3)	기도하고 공사를 계속함 (느 4:4–6)

산발랏은 느헤미야와 유다 백성들이 성을 건축한다는 것을 '듣고' 자기 형제들과 사마리아 군대 앞에서 조롱하므로 성벽 공사를 방해하려고 했다(느 4:1–2). 여기서 '자기 형제들'은 암몬 사람 도비야가 함께 있는 것으로 보아 '동맹군'으로 보아야 한다. NIV는 '그의 동맹군들'(his associates)이라고 번역했다. 대적자들이 조롱한 말은 다섯 개의 수사학적인 질문으로 되어 있는데 직접화법으로 설명하되 인용문으로 구체적으로 드러내고 있다.

대적자들: (자기 형제들과 사마리아 군대 앞에서 일러 말하되) "이 미약한 유다 사람들이 하는 일이 무엇인가, 스스로 견고하게 하려는가, 제사를 드리려는가, 하루에 일을 마치려는가 불탄 돌을 흙무더기에서 다시 일으키려는가."(느 4:2)

도 비 야: (암몬 사람 도비야는 곁에 있다가 이르되) "그들이 건축하는 돌 성벽은 여우가 올라가도 곧 무너지리라"(느 4:3)

느헤미야: "우리 하나님이여 들으시옵소서. 우리가 업신여김을 당하나이다. 원하건대 그들이 욕하는 것을 자기들의 머리에 돌리사 노략거리가 되어 이방에 사로잡히게 하시고 주 앞에서 그들의 악을 덮어 두지 마시며 그들의 죄를 도말하지 마옵소서. 그들이 건축하는 자 앞에서 주를 노하시게 하였음이니이다."(느 4:4–5)

대적자들의 적대 행위에 대하여 느헤미야는 "우리 하나님이여 들으시옵소서"(느 4:4a)라고 시작하며 기도한다. 느헤미야와 돌아온 언약 백성들은 '업신여김'(부자, בּוּזָה)을 당한다는 사실을 상기시키고 산발랏과 그의 동맹자들이 '욕하는 것'(헬파, חֶרְפָּה)을 고발하며, 이들을 이방에 '노략거리'(비자, בִּזָּה)가 되게 해 달라고 하나님께 간구한다. 이 기도는 언어유희(word play)를 사용하여 특별한 뉘앙스를 잘 드러내고 있다(Throntveit 1992, 80). 특히 느헤미야는 그의 기도에서 '우리 하나님이여'(느 4:4)를 강조하므로 하나님이 성벽 재건에서 가장 중요한 분이시기에 성벽 건축 사역이 완공될 것임을 믿음으로 바라보고 있다.

⑤ 네 번째 대적자들의 적대 행위와 그에 대한 대응(느 4:7-23)

이 문단은 A-B-C-D 구조로 된 일곱 개의 평행구조 가운데 네 번째다.

	대적자들(A)	듣고(B)	적대 행위(C)	대응(D)
4	산발랏 도비야 아라비아 사람들 암몬 사람들 아스돗 사람들	틈이 메꾸어져 간다 함을 듣고(느 4:7)	심히 분노하여 가서 치고 요란하게 하자(느 4:7-8)	기도하며 방비도 하면서 공사를 계속함 (느 4:9-23)

이 구조에서 대적자들은 산발랏, 도비야, 아라비아 사람들에서 암몬 사람들과 아스돗 사람까지 점점 늘어가고 있다(느 4:7). 이들은 예루살렘 성이 중수되고 허물어진 틈이 메꾸어져 간다 함을 '듣고'(느 4:7) 이전과는 달리 더 강하게 위협한다. 그들은 '분노할' 뿐만 아니라 '가서 치고 그곳을 요란하게 하자'라고 했다(느 4:7-8). 원문은 개역개정판 번역과 느낌이 다른데 '가서 치고 예루살렘을 혼란에 빠트리자'는 것으로 전쟁이라는 물리적 폭력으로 위협한 것이다.

느헤미야와 이스라엘 백성들은 두 가지로 대응한다. 하나는 기도로 대응하였고, 또 하나는 파수꾼을 두어 주야로 방비했다(느 4:9). 그러나 이 구조가 앞의 구조와 다른 점은 유다 백성들이 그들의 말에 굴하지 않고 공사를 하는 것이 아니라 이 위협이 결국 효과를 발휘하여 내부적으로 사기를 꺾는 일이 되었다는 것이다(느 4:10-12). 이 네 번째 구조에서 갈등을 극복하는 요소로 '우리 하나님께 기도하는'(느 4:9) 일을 언급한다는 점을 주의해 볼 필요가 있다. 이 기도가 지금 문제를 곧바로 해결해 주지 않는 것처럼 보이나 점차 기도의 결과가 있게 될 것을 기대하게 된다.

여기서 특이한 부분은 대적들이 그들의 의도를 이스라엘 백성들이 눈치 챘다는 것을 들었을 뿐만 아니라 '하나님이 그들의 꾀를 폐하셨다'(느 4:15)는 것이다. 그래서 절반은 갑옷을 입고, 성을 건축하는 자와 짐을 나르는 자는 한 손으로 일을 하고 한 손에는 병기를 잡았다(느 4:16-17). 여기서 하나님이 일하신 것은 분명하고, 동시에 그 하나님을 믿고 방비와 공사를 병행해야 할 인간의 책임도 있다는 것을 보여 준다.

⑥ 다섯 번째 대적자들의 적대 행위와 그에 대한 대응(느 5:1-19)

이 문단은 A-B-C-D 구조로 된 일곱 개의 평행구조 가운데 다섯 번째다.

	대적자들(A)	듣고(B)	적대 행위(C)	대응(D)
5	(내부의 적) 귀족들과 민장들	백성의 부르짖음을 듣고(느 5:6)	(귀족들과 민장들) 높은 이자를 취하고 형제를 팔다(느 5:7-8)	느헤미야가 지혜롭게 권고하고 선한 삶의 본을 보임(느 5:6-19)

어떤 사람은 느헤미야 5장에 기록된 사회경제적인 문제로 말미암아 야기된 사건은 성벽 공사와는 관계가 없다고 생각한다. 느헤미야 5장에 기록된 사회적인 문제가 성벽 공사로 말미암아 발생한 것처럼 보이지 않기 때문이다. 그 이유를 배턴(Batten 1913, 165)과 쓰론바이트(Throntveit 1992, 61)가 잘 요약했다. (1) 성벽을 재건한 기간인 52일(느 6:15)은 이 문제를 거론하기에는 너무 짧은 기간이라는 점과 느헤미야 5:14은 더욱 긴 시간을 염두에 두고 있다는 것을 암시한다. (2) 본문은 사회적 위기를 성벽 공사와 연관시키지 않고 '흉년'(느 5:3)을 원인으로 제시한다. (3) 성벽 공사가 완공된 것은 엘룰월 이십오일(느 6:15)로 감람과 포도를 수확하기 이전이다. 그래서 이 문단은 성벽을 재건하는 과정에서 일어난 사건과는 다른 것처럼 보인다.

또한 이 문단은 느헤미야 2:10-6:19 사이의 이야기 구조와 다른 것처럼 보인다. 특이한 점은 에스라-느헤미야의 전체 문맥구조에서 볼 때 이 문단이 구조적으로 느헤미야 13:15-22(구조 1)과 13:23-31(구조 2)의 기록이 평행을 이루고 있다는 것이다. 느헤미야 13:15–31은 문단을 구분하는 표식인 '기억하옵소서'라는 반복구를 중심으로 두 번째와 세 번째 문단을 구분한다. 그런데 느헤미야 5장의 구조는 13장의 두 개의 구조와 같다는 것이다. 그리고 문단의 시작과 끝을 알려 주는 신호(signal)인 '그때에'(느 5:1; 13:15a, 23a)로 시작하고 '기억하사 은혜를 베푸시옵소서'(느 5:19; 13:22b, 31b)로 끝이 난다. 이 구조를 도식화해서 서로 비교해 보면 잘 알 수 있다.

	평행구조 1		평행구조 2		평행구조 3	
시간에 대한 언급	A	13:15a	A′	13:23a	A″	5:1a
발견하게 된 문제	B	13:15b–16	B′	13:23b–24	B″	5:1b–5
수사학적 질문과 역사 회고	C	13:17–18	C′	13:25–27	C″	5:6–9
개혁한 내용	D	13:19–20	D′	13:28	D″	5:10–12
위협과 경계	E	13:21	E′	13:29	E″	5:13a
처리	F	13:22a	F′	13:30–31a	F″	5:13b–18
기원	G	13:22b	G′	13:31b	G″	5:19

쓰론바이트(Throntveit 1992, 61)는 이 점을 고려하여 느헤미야 5장이 느헤미야 4:23과 6:1 사이에 연결이 방해가 되고, 평행구들과 구조를 볼 때 느헤미야 13장에 이어지는 구조라고 보았다. 그리고 그의 책에서 이 부분을 맨 마지막, 곧 느헤미야 13:23–31 다음에 다루고 있다(Throntveit 1992, 61, 122–126). 그러나 전수된 본문을 최종 본문으로 받아들인다면 그 순서 역시 영감된 하나님의 말씀으로 받아들여야 한다. 만약에 쓰론바이트의 견해를 받아들인다면 저자가 왜 이 본문을 여기에 두었는지 설명할 수가 없다. 이 본문은 매우 흥미로운 대조(contrast)의 효과를 보여 준다.

이 이야기에서 구성의 뼈대를 이루고 있는 반대의 주체인 대적자들이 유다의 대적자들이 아니라 공동체 내부의 귀족들과 민장들로 바뀌었고(느 5:7), 적대 행위가 귀족들과 민장들이 행한 행위로 바뀌었다. 그리고 X(내부의 백성들의 부르짖음과 귀족들과 민장들이 행한 악한 행동)라는 정보를 듣는 자가 유다의 대적자들이 아니라 느헤미야라는 점이 다르다. 특히 'A가 X라는 정보를 들었을 때'라는 형식적 문구인 '내가 백성들의 부르짖음과 이런 말을 듣고'라는 문구도 동일하게 반복된다. 또한 그들이 행한 적대 행위와 그에 대하여 느헤미야와 유다 백성들이 어떻게 대응했는지 대조를 이루고 있다. 흥미롭게도 여섯 번째 갈등 구조인 느헤미야 6:9, 14은 느헤미야 5:19의 기도와 유사하다. 이러한 면들을 고려한다면 느헤미야 5장은 앞의 A−B−C−D의 구조로 이루어진 평행구조와 크게 다르지 않다. 오히려 이러한 구조의 비교를 통해 대적자들이 외부가 아니라 내부의 사람, X라는 정보를 들은 자가 외부가 아니라 내부의 느헤미야, 적대 행위를 한 사람이 외부가 아니라 내부 사람이라는 대조(contrast)를 통하여 극적인 긴장감을 높이고 더 선명한 이미지를 가지게 한다는 것을 알 수 있다. 당시 성벽을 재건하는 공사 기간을 포함하고 있기는 하지만 포로 생활에서 돌아와 정착한 언약 백성들에게 어떤 사회 문제가 있었는지 잘 보여 준다.

이 본문에 보면 도입문구인 '어떤 사람은 말하기를'(느 5:2, 3, 4)이라는 말씀을 통하여 세 부류의 사람들이 있음을 알 수 있다. 첫 번째 부류는 경작할 땅이 없어 양식을 얻어먹고 살아야 할 사람들이고(느 5:2), 두 번째 부류는 땅을 가지고 있지만 담보를 잡혀서 곡식을 얻어야 할 사람들이며(느 5:3), 세 번째 부류는 세금을 내기 위해 땅을 담보로 제공하였기 때문에 채무를 변제하기 위하여 자녀를 종으로 판 사람과 이미 밭과 포도원이 남의 것이 된 사람들이다(느 5:4−5). 담보를 제공하고 빚을 얻는 것이나 종으로 봉사하고 채무를 변제하는 일은 불법이 아니다(출 21:7; 22:24−27; 레 25:8−17; 신 15:1−18; 24:10−13). 그러나 당시 귀족들과 민장들의 문제는 아이러니하게도 형제들에게 이자를 취할 수 없었는데도 높은 이자를 받았고(느 5:7; 신 23:19−20), 심지어 유대인들끼리는 노예로 팔 수 없었지만 외국에 팔아 다시금 유다인에게 팔리게 했다(느 5:8; 레 25:42).

느헤미야는 유다 백성들의 '부르짖음'과 그들이 한 말을 '듣고' 크게 노하였으나 '깊이 생각하고' 귀족들과 민장들을 불러 꾸짖었다(느 5:7). 여기서 '깊이 생각하고'의 히브리어는 '나의 마음을 스스로 다스리고'(וַיִּמָּלֵךְ לִבִּי עָלַי)라는 말이다. '다스린다'(יִמָּלֵךְ)라는 동사는 니팔(Niph□al) 동사로 재귀태이며 자기 마음속에서 어떤 힘에 대하여 반작용하는 감정을 표현하는 문법적 특징을 가지고 있다(GKC, 51 c). 그래서 느헤미야는 귀족들과 민장들이 행하는 악한 행동을 듣고 마음속에 일차적으로 분노가 일어났지만 마음을 잘 다스리고 이성적으로 깊이 숙고한 후에 행동으로 표현하고 있다는 것을 보여 준다.

느헤미야가 마음을 잘 다스리고 이성적으로 숙고한 다음에 백성들의 지도자들을 설득할 때 레위기 25:36, 43에 나타난 율법정신을 토대로 "우리의 대적 이방 사람의 비방을 생각하고 우리 하나님을 경외하는 가운데 행할 것이 아니냐"(느 5:9)라는 수사의문문으로 설득했다. 이렇게 말한 것은 아이러니하게도 여호와를 경외하는 자로서 백성의 지도적인 위치에 있는 귀족들과 민장들이 먼저 율법에 따라 살아야 하는데 그렇게 살지 못했기 때문이다. 그래서 느헤미야는 여호와를 경외하는 자로서 당연히 나타나야 할 삶에 근거하여 설득하고 있는 것이다. 무엇보다도 느헤미야 자신이 '여호와를 경외하므로' 누려야 할 권리를 포기했다(느 5:15). 그리고 즉각적인 방법으로 모든 부채와 이자를 탕감하고 재산을 돌려주도록 권하자 "우리가 자신의 말씀대로 행하여 돌려보내고 그들에게서 아무것도 요구하지 아니하리이다"라고 응답했다(느 5:9-12).[169] 이 응답을 듣고 확실성을 보증하기 위하여 제사장들을 불러 귀족들과 민장들이 그 말대로 행하도록 맹세하게 했다. 특히 여기서 제사장들을 불러 맹세하게 한 것은 맹세를 확실하게 하기 위하여 하나님 앞에서 행한다는 것을 보이기 위한 것이다(Steinmann 2010, 458). 또 느헤미야 자신이 선지자들이 행한 행동처럼 메시지를 강조하기 위하여 상징적인 행동을 한 것이다(참조. 왕상 11:29-39; 렘 13:1-11; 겔 4:1-5:4)(Steinmann 2010, 458). 느헤미야는 그의 옷자락을 털어내는 하나의 상징적인 행동을 통하여 이 말대로 행하지 아니하면 다 털려 빈손이 될 것이라고 경고했다(느 5:13). 느헤미야가 이러한 조치를 취할 때 귀족들과 민장들은 "우리가 돌려보낼 것이다"(느 5:12)라고 말했다.

이것이 어떻게 가능한가? 그것은 느헤미야의 희생적 지도력 때문이다. 느헤미야는 그의 전임 총독과 달리 그의 재임 기간인 12년 동안 "나는 하나님을 경외하므로 이같이 행하지 아니했다"(느 5:15)라고 고백한 것처럼 그 자신의 희생적인 삶이 있었다. 느헤미야의 이러한 삶은 당시 유다 백성의 사회, 경제적 문제로 말미암아 발생한 위기를 극복하는 요인이 되었다. 느헤미야의 지도력은 하나님을 경외하는 자의 모범을 보여 준다. 이것이 당시의 갈등을 극복할 수 있는 중요한

169 출애굽기 22:25과 레위기 25:35-37에서 가난한 자들에게 돈을 꾸어 주고 이자를 받지 말라고 했고, 신명기 23:19-20에서 이자 받는 것을 금한다.

열쇠였다. 이러한 희생적인 삶이 있었기에 느헤미야는 이 백성들을 위하여 한 일을 기억해 달라고 기도할 수 있었다(Clines 1992, 172).

이 문단은 성벽 재건이라는 큰 문맥의 흐름에서 유다 백성들과 산발랏을 위시한 대적자들, 그리고 하나님의 인도와 느헤미야와 유다 백성들 간의 갈등 구조를 어떻게 극복하였는지를 보여 준다. 특히 저자가 성벽 재건 이야기의 구조 속에 느헤미야 5장을 배열한 것은 다른 평행구조와 대조의 효과를 통하여 내부의 적대 행위로 인한 갈등이 무엇인지 강조하고, 그 문제를 극복하는 일에 느헤미야의 지도력을 돋보이게 한다는 것을 알 수 있다. 그러므로 이 문단은 사건이 일어난 연대기를 무시하지 않으면서 주제를 중심으로 배열한 것으로 볼 수 있다.

⑦ 여섯 번째 대적자들의 적대 행위와 그에 대한 대응(느 6:1–14)

이 문단은 A–B–C–D 구조로 된 일곱 개의 평행구조 가운데 여섯 번째다.

	대적자들(A)	듣고(B)	적대 행위(C)	대응(D)
6	산발랏 도비야 게셈 나머지 원수들	허물어진 틈을 남기지 아니하였다 함을 듣고(느 6:1)	느헤미야를 죽이거나 궁지에 빠트리려고 함(느 6:2, 5, 10)	지혜와 기도 (느 6:2–14)

유다의 대적자들이 산발랏과 도비야, 아라비아 사람 게셈에 더하여 그 나머지 원수들이 첨가되어 있다. 이들이 성벽을 건축하여 문짝을 제외하고 허물어진 틈을 남기지 아니했다는 소식을 '듣고' 어떤 적대 행위를 하였으며, 느헤미야가 이 행위에 대하여 어떻게 대응하였는지를 보여 준다. 이를 도식화하면 다음과 같다.

	평행구조 1		평행구조 2	
상황	A	느 6:2	A′	느 6:10a
계략과 느헤미야의 반응	B	느 6:2–8	B′	느 6:10b–12
계략의 이유	C	느 6:9a	C′	느 6:13
기도	D	느 6:9b	D′	느 6:14

대적자들의 적대 행위를 묘사한 첫 번째 평행구조(느 6:2-9)에서 산발랏과 게셈이 느헤미야에게 오노 평지에서 "우리가 서로 만나자"라고 제안했다. 그러나 느헤미야는 그들이 만나자고 제안한 목적이 자신을 해하고자 하는 것임을 알았기에 거절했다(느 6:3). 그러자 그들은 '봉하지 않은 편지'를 느헤미야에게 보냈다. 이는 느헤미야가 왕에 대하여 반역하고 왕이 되려 한다고 모함하여 산발랏에게 오도록 유도하여 암살하기 위함이다(느 6:7). 이 일에 대하여 느헤미야는 "네가 말한 바 이런 일은 없는 일이요 네 마음에서 지어낸 것이라"(느 6:8)라고 말했다. 느헤미야는 그들의 동기를 어떻게 알았는지 설명하지 않고 그 목적은 언약 백성을 두렵게 하여 역사를 중지하게 하려는 것임을 알았다고 설명한다(느 6:9a). 대적자들의 여섯 번째 적대 행위는 유다 공동체가 성벽 재건을 이루지 못하도록 하려는 것이지만 특별히 성벽 재건을 이끌고 있는 지도자 느헤미야에게 집중되어 있다. 느헤미야는 그들의 의도를 알고 "이제 내 손을 힘 있게 하옵소서"(느 6:9b)라고 기도했다. 기도는 유다의 대적자들이 행하는 악한 행동을 극복하고 갈등을 푸는 가장 중요한 요소이다.

두 번째 평행구조(느 6:10-14)에서 도비야와 산발랏은 스마야에게 뇌물을 주어 느헤미야로 하여금 율법을 어겨 지도력을 행사하지 못하게 하는 것이다. 스마야라는 이름은 에스라-느헤미야 안에 무려 여덟 번(스 10:31; 느 3:29; 10:9; 11:15; 12:6, 35, 36)이나 나오지만 동일한 인물이 아니다. '스마야'(שְׁמַעְיָה)라는 이름의 뜻은 '여호와(의 말씀)을 듣는다'라는 뜻이다. 그런데 아이러니하게도 스마야는 여호와의 말씀을 듣기보다는 산발랏과 도비야가 주는 뇌물을 받고 그들이 그 밤에 느헤미야를 죽이러 올 것이니 성소로 피하라는 예언을 했다(느 6:10). 이때 느헤미야는 스마야의 제안에 외인의 신분으로 성소에 들어가는 것은 율법을 어기는 것이기 때문에 거절했다(느 6:11). 그러나 후에 느헤미야가 알게 된 사실은 스마야가 도비야와 산발랏에게 뇌물을 받고 거짓 예언을 하였고, 이를 통해 "나를 두렵게 하고 이렇게 하므로 범죄하게 하고 악한 말을 지어 나를 비방하려 함"(느 6:13)이라는 사실까지 알게 되었다. 그리고 앞의 구조에 있는 바와 같이 "나를 두렵게 하고자 한 자들의 소행을 기억하옵소서"(느 6:14)라고 기도한다. 성벽 재건에서 그의 기도는 대적자들의 위협에 대응하고 갈등을 극복하는 중요한 방법이었다.

(3) 절정: 성벽 완공(느 6:15-19)

이 문단은 갈등이 극복되는 절정의 단계로 대적자들의 적대 행위를 극복하고 성벽을 완공한 내용을 담고 있다. 그러나 성벽을 재건하는 일에는 특별히 긴장이 해소되고 반전이 이루어지는 전환점이 없다. 그것은 갈등이 계속되는 동안 느헤미야의 기도와 희생적인 지도력과 백성들의 헌신이 어느 시점에서 하나님의 도우심으로 해소되기 때문이다. 느헤미야 2:10-6:19은 동일한 평행구조로 이야기를 전개하고 있지만 마지막 구조는 결국 그 갈등을 극복하고 이야기의 목표인 성벽을 완공한 사건을 기술한다.

① 성벽 완공(느 6:15)

이 문단은 절정의 단계로 성벽을 완공한 시점을 기록하므로 성벽을 건축한 과정을 요약하고, 동시에 일주일 뒤 일곱째 달 초하루에(느 8:1-2) 시작된 영적 부흥 사건과 연결시킨다. 느헤미야가 도착한 이후 예루살렘 성벽이 다 무너졌다고 하였다(느 2:13). 그러나 아하수에로와 아닥사스다 왕 20년 이전에 돌아온 자들이 부분적으로 성벽을 건축하고 있었다(스 4:7-23). 이 성벽 공사가 느헤미야가 온 후 52일 만에 끝났다(느 6:15).[170] 주전 586년에 파괴되었던 성벽이 142년 후인 아닥사스다 왕 20년인 주전 444년에 완공되었다.

그런데 성벽이 완공되었다는 것은 단순히 돌아온 자들이 안전하게 거할 수 있는 건축물이 완성되었다는 것을 의미하지 않는다. 성벽을 재건하는 일은 성전 재건과 함께 신약의 그리스도와 그리스도 안에서 이루실 하나님 나라를 이루는 일이기 때문이다. 예루살렘 성은 성경 전체의 문맥에서 볼 때 하나님의 백성으로 사용되고, 하나님이 통치하시는 장소적인 의미로도 사용된다(시 48:12-13; 147:2; 사 60:14; 히 12:12; 계 14:1). 그러므로 성벽을 완공했다는 것은 하나님의 집을 세우는 일이며 전체 구속사에서 중요한 연결 고리 역할을 한다는 것이다.

170 여섯째 달인 엘룰월 25일에 완공되었다면 그 시작일은 다섯째 달 3일이다.

② 대적자들의 반응(느 6:16–19)

이 문단은 A–B–C–D 구조로 된 평행구조 가운데 마지막 일곱 번째다.

	대적자들(A)	듣고(B)	적대 행위(C)	대응(D)
7	모든 대적 주위에 있는 모든 이방 족속	성벽 공사가 끝난 것을 듣고(느 6:15–16)	다 두려워하여 크게 낙담함(느 6:16)	남아있는 위험을 인지함 (느 6:16–19)

이 문단은 갈등이 극복되어 성벽을 완공한 후에 대적들이 보인 반응과 성벽 완공 이후에 잔존해 있는 위험을 담고 있다. 이미 살펴본 바와 같이 대적자들의 수가 점차 증가되어 느헤미야 6:16에 이르러서는 지리적으로도 다양하게 분포한다. 특히 "우리의 모든 대적과 주위에 있는 이방 족속들"이 들었다고 하므로 수와 지리적 범위가 강조되고 있다. 이들은 성벽이 완공되었다는 소식을 '듣고' 두려워하며 낙담했다. 이것은 지금까지 구조에서 나타난 반응과 다르다. 앞의 여섯 개의 구조에서는 느헤미야와 유다인들이 행한 일을 듣고 대적들이 구체적인 적대 행위를 보였지만 여기서는 오히려 완공이 되었다는 소식을 듣고 두려워하며 낙담했다. 느헤미야는 대적자들이 낙담하게 된 이유를 "그들이 우리 하나님께서 이 역사를 이루신 것을 앎이니라"(느 6:16)라고 했다. 이 기록을 통하여 성전을 완공한 후에 저자가 "이는 여호와께서 그들을 즐겁게 하시고 또 앗수르 왕의 마음을 그들에게로 돌려 이스라엘의 하나님이신 하나님의 성전 건축하는 손을 힘 있게 하도록 하셨음이었더라"(스 6:22)라고 한 것처럼 성벽을 완공한 후에 "우리 하나님께서 이 역사를 이루신 것을 앎이니라"(느 6:16)라고 설명하므로 하나님이 성벽을 재건하게 하셨다는 것을 보여 준다.

그러나 저자는 새로운 단계의 반대 행위에 대하여 느헤미야 6:17–19에 기록하고 있다. 그 반대 행위는 유다 귀족들이 도비야와 연락하고, 도비야는 아라의 아들 스가냐의 사위가 되었다는 것이다. 아라 자손은 바벨론에서 775명이나 돌아온 영향력이 있는 가문이다(스 2:5). 도비야의 아들 여호하난도 므술람의 딸을 아내로 맞아들였다. 유다의 귀족들이 도비야의 선행을 느헤미야에게 말하고 느헤미야의 말도 도비야에게 전했다. 그 목적은 느헤미야를 두렵게 하려는 것이다

(느 6:19). 그래서 마지막 일곱 번째 구조인 느헤미야 6:15-19도 느헤미야 6:1-9과 10-14과 같은 구조이다. 왜냐하면 앞의 사건과 마찬가지로 그 행동의 목적을 "나를(우리를) 두렵게 하고자"(느 6:9, 14, 19)라는 결어로 마치기 때문이다. 그러므로 이 사건을 기록한 목적은 성벽을 완공한 후에도 도비야를 중심한 적대 행위는 다양한 방법으로 전개되고 있다는 것을 보여 주기 위함일 것이다. 실제로 느헤미야가 아닥사스다의 부름을 받아 페르시아로 돌아가 있는 기간 동안에 대제사장 엘리아십이 도비야에게 하나님의 집의 방을 마련해 주는 일이 있었다(느 13:4-5). 그러므로 이 부분은 성벽을 완공한 후 새로운 단계로 적대 행위가 변해 가고 있다는 것을 알려 준다.

(4) 대단원: 성벽 기능 수행을 위한 작업(느 7:1-73)

이 문단은 성벽을 완공한 후에 사람을 세우는 내용을 담고 있다. 성벽을 재건하는 과정에서 대적자들이 다양한 적대 행위를 하였는데도 성벽을 완공한 후에 성벽의 기능을 수행하고 이 일에 헌신하는 사람들의 이야기와 당시 귀환자들의 명단을 기록하므로 성벽 재건 이야기를 마치고 있다. 특히 느헤미야 7:6-73에 기록된 귀환자들의 명단은 에스라 2:1-67에 있는 명단과 동일한 것으로 이 명단을 다시 반복하므로 수미쌍관법을 이루어 하나님의 집을 건축한 백성들, 곧 이 명단에 기록된 백성들이 이 책의 중심이라는 것을 보여 준다(Eskenazi 1988a, 48). 그래서 이 명단에 기록된 사람들은 성벽을 재건하는 일에 헌신하므로 하나님 나라를 건설하는 일에 참여한 것이다. 그리고 이 명단에 기록된 사람들은 느헤미야 8:1-10:39에 기록된 영적 부흥과 연결된다.

① 사람을 세움(느 7:1-4)

성벽이 완성되었는데도 앞 장의 결론적인 구절인 느헤미야 6:17-19에서 보여 주었듯이 위험이 잔존해 있었기 때문에 사람을 세워 경계하는 일이 필요했다. 그런데 특이한 부분은 문짝을 달고(성벽을 완공하고) '문지기와 노래하는 자들과 레위 사람들'(느 7:1)을 세운 일이다. '문지기와 노래하는 자들과 레위 사람들'은 모두 성전의 제사와 연관된 사람들이다. 이것은 저자가 예루살렘 성벽을 성전과 하나님의 백성들과 함께하나님의 집을 구성하는 요소로 보았기 때문이다 (Eskenazi 1988a, 83).

느헤미야는 문지기와 노래하는 자들과 레위 사람들을 세운 이후에 하나니와 하나냐를 성문을 파수하는 자로 세웠다. 그리고 느헤미야는 "예루살렘 주민이 자기 집 맞은편을 지키게"(느 7:3) 했다. 이것은 당시 성벽이 완공되었다 할지라도 안전 문제가 보장되지 않았다는 것을 보여 준다. 그리고 저자는 완공된 성의 상태를 "그 성읍은 광대하고 그 주민은 적으며 가옥은 미처 건축하지 못하였음이니라"(느 7:4)라고 기록하므로 완공된 성벽에 주민이 거주해야 하고, 가옥을 건축해야 한다는 점을 암시한다. 그리고 돌아온 자들의 명단과 언약 백성의 영적 부흥을 기록한 느헤미야 7:5–10:39이 있다. 이 부분은 삽입구다. 저자는 느헤미야 7:4에서 말했던 내용을 느헤미야 11:1에서 다시 시작한다. 이러한 형태의 글을 반복적 재개(repetitional resumption)라고 한다(Talmon 1976, 322). 실제로 반복적 재개라는 문학적 장치가 사용된 곳을 보면 삽입구를 괄호 안에 넣고 읽어도 자연스럽게 이야기가 이어지는 특징을 보여 준다.

② 귀환자들의 명단(느 7:5–73)

성벽을 재건한 후에 사람이 거주하는 일은 중요한 문제이다. 느헤미야는 이 문제를 해결하는 일에서 '내 하나님이 내 마음을 감동하사'라고 했다. 하나님이 느헤미야를 감동하신 내용은 "귀족들과 민장들과 백성을 모아 그 계보대로 등록하게"(느 7:5) 하신 일이다. 여기서 '내 하나님이 내 마음에 감동을 주셨다'라고 기록하므로 예루살렘 성에 인구를 정착시키는 일을 하나님이 하셨다는 것을 강조한다. 그리고 성벽 재건에 직접 참여한 귀족들과 민장들과 백성들을 불러 계보대로 등록하게 했다. 느헤미야 11:1에서는 하나님이 느헤미야의 마음을 감동하여 부른 귀족들과 민장들과 백성들을 계보대로 등록한 자료를 토대로 제비를 뽑아 십분의 일을 거룩한 성 예루살렘에 거주하게 했다.

저자는 이 과정에서 발견한 귀환자들의 명단을 기술한다. 이 명단은 에스라 2:1–70과 동일한 내용을 담고 있다. 이 명단에는 느헤미야 7:6–69이 에스라 2:1–67과 동일하지만 에스라 2:68–69이 첨가되었듯이 느헤미야 7:70–72이 첨가되었다. 에스라 2:68–69이 누군지 이름을 밝히고 있지는 않지만 '어떤 족장들'이 '하나님의 전을 그곳에 건축하려고' 금 육만 천 다릭, 은 오천 마네, 제사장의 의복 백 벌을 드렸다고 했다. 이와 마찬가지로 느헤미야 7:70–72에서도 성벽 재건을 위해 헌신한 내용을 기록하고 있다. 이름을 밝히지 않은 어떤 족장들은 역사를 위해 보조하였고, 총독은 금 천 드라크마와 대접 오십과 제사장의 의복 오백삼십 벌을 보물 곳간에 드렸다. 또 어떤 족장들은 금 이만 드라크마와 은 이천이백 마네를 역사 곳간에 드렸고, 그 나머지 백성들은 금 이만 드라크마와 은 이천 마네와 제사장의 의복 육십칠 벌을 드렸다. 이것을 언급하는 목적은 이 명단이 비록 성전 재건 명단과 동일하다고 할지라도 전체 이스라엘 백성으로 간주하고 성벽 재건에 참여하거나 이 일을 위해 헌신했던 인물로 묘사한다는 것을 알 수 있다.

특히 이 명단은 에스라 2장과 함께 수미쌍관법으로 연결되어 한 문학 단위인 것을 보여 준다. 이 명단 안에 성전 재건과 공동체 재건, 그리고 성벽 재건 사건이 포함되어 있다. 그래서 이 명단은 포로 후기에 남아 있는 자들로 언약 공동체를 건설하고 구속사에서 하나님의 작정을 이루어 가는 주체라는 것을 보여 준다.

4. 에스라, 느헤미야를 중심한 영적 부흥(느 8:1-10:40)

이 문단은 에스라, 느헤미야를 중심으로 언약 백성을 영적으로 회복하는 내용이다. 여기에 기록된 영적 부흥은 단순히 건축물이 미래를 보장하는 것이 아니라 하나님의 구속을 경험한 민족, 순종의 삶에 헌신한 민족만이 제도적 장치, 곧 성전과 성벽이 참된 목적을 수행할 수 있다는 것을 보여 준다(윌리암슨, 590). 아닥사스다 20년(주전 444)에 느헤미야를 중심으로 성벽을 재건한 후에 영적 부흥이 일어났다. 이 부흥 운동은 아닥사스다 7년(주전 458년)에 페르시아에서 여호와의 율법을 연구하고 준행하며 율례와 규례를 이스라엘에게 가르치기로 결심하고 올라온 에스라의 13년간의 사역의 열매다(참조. 스 7:10).

내용 분해

(1) 언약 공동체의 영적 부흥 1(느 8:1–18)

(2) 언약 공동체의 영적 부흥 2(느 9:1–37)

(3) 언약을 견고하게 함(느 9:38-10:39)

내용 해설

(1) 언약 공동체의 영적 부흥 1(느 8:1-18)

① 백성들이 모임(느 8:1-4)

성벽을 완공하고 난 뒤에 온 이스라엘 백성들은 일곱째 달 초하루(7/1)에 수문 앞 광장에 모였다(느 8:1-2). 성벽이 재건된 때가 엘룰월(여섯 번째 달) 25일(6/25)이라는 점을 고려하면(느 6:15) 그들은 성벽을 완공한 지 불과 일주일 후에 모였다는 것을 알 수 있다. 이날에 이스라엘 백성들은 에스라에게 모세의 율법책을 가져오기를 청했다(느 8:1). 제사장 에스라는 율법책을 가지고 새벽부터 정오까지 남자나 여자나 알아들을 만한 모든 사람 앞에 읽었다(느 8:2-3). 이스라엘 역사에서 일곱 번째 달은 '나팔절'(민 29:1-6)과 그 달 10일(7/10)에 '속죄일'이 있고, 연이어 15일(7/15)에서 22일(7/22)까지 드리는 '초막절'(장막절, 수장절)이 있다. 이때 이스라엘 백성들이 모였고, 에스라는 그가 가졌던 비전대로 율법을 읽었다(스 7:10). 에스라가 아닥사스다 7년(주전 458년)에 와서 지금까지 13년 동안 율법을 가르친 결과는 어떻게 나타날까?

② 하나님의 율법을 읽고 해석해 줌(느 8:5-8)

에스라와 제사장들과 레위 사람들은 이스라엘 백성들에게 하나님의 율법을 낭독하고 해석해 주었다. 느헤미야 8:7-8을 보면 "예수아와 바니와 세레뱌와 야민과 악굽과 사브대와 호디야와 마아세야와 그리다와 아사랴와 요사밧과 하난과 블라야와 레위 사람들은 백성이 제자리에 서 있는 동안 그들에게 율법을 깨닫게 하였는데 하나님의 율법책을 낭독하고 그 뜻을 해석하여 백성에게 그 낭독하는 것을 다 깨닫게 하니"라고 하였는데 여기에 언급된 사람들은 다 레위 사람들이다.[171] 이들은 에스라가 바벨론에서 돌아올 때 특별히 데려온 사람들이다(스 8:16-

171 이 말씀은 "예수아와 바니와 세레뱌와 야민과 악굽과 사브대와 호디야와 마아세야와 그리다와 아사랴와 요사밧과 하난과 블라야, 곧(동격) 레위 사람들이……백성에게 율법을 깨닫게

18). 이러한 레위 사람의 행동을 볼 때 에스라는 13년 동안 레위 사람들이 다른 사람들을 가르칠 수 있도록 훈련했다는 것을 알 수 있다. 레위 사람들은 백성들에게 하나님의 율법책을 읽고 설명해 주었고, 말씀의 뜻을 깨닫게 해 주었다.

③ 하나님의 말씀에 대한 반응(느 8:9–18)

에스라를 위시한 훈련된 레위 사람들이 이스라엘 백성들에게 하나님의 말씀을 가르칠 때 어떤 변화들이 나타났을까? 하나님은 이스라엘 백성들에게 큰 영적 부흥의 은혜를 주셨다. 이스라엘 백성들은 하나님의 말씀을 듣고, 그 말씀에 따라 합당한 삶의 반응을 보였다. 그 변화들은 다음과 같다.

- 울기 시작함(느 8:9)
- 가난한 백성들과 함께 기쁨에 참여함(느 8:10–12)
- 초막절을 지킴(느 8:13–18)

이러한 이스라엘 백성들의 행동은 율법을 듣고 회개했다는 것이다. 우리는 회개를 "하나님의 거룩하신 본성과 의로우신 율법에 배치되는 것을 보고 느끼며, 또한 뉘우치는 자들에게 그리스도 안에 있는 하나님의 자비를 깨달아, 자기의 죄를 슬퍼하며 미워하고 결국 그 모든 죄를 버리고 하나님께 돌아서고, 하나님의 계명의 모든 길에서 그분과 동행하려는 목표를 세우고 매진한다"(웨스트민스터 신앙고백서 15장 2항)라고 고백한다. 당시 이스라엘은 율법을 깨닫고 죄를 슬퍼하며, 하나님의 계명대로 행했다. 이것은 에스라의 사역을 통하여 율법을 듣고 언약 백성다운 영적인 삶의 정체성을 회복해 가고 있었다는 것이다. 당시 이스라엘에게 성벽을 재건하는 일도 중요한 문제였지만 더 중요한 것은 그 성벽 안에 거하는 자가 어떤 삶을 사느냐 하는 문제였다. 이와 같이 오늘날 성도는 단순히 교회당에 출입하는 것이 아니라 그리스도 안에서 언약 백성다운 삶을 회복하는 일이 중요하다는 사실을 배워야 한다.

했다"고 번역되어야 한다.

(2) 언약 공동체의 영적 부흥 2(느 9:1-37)

이스라엘 공동체의 영적 부흥은 성벽을 재건한 해인 일곱 번째 달에 계속하여 일어났다. 이스라엘 백성들은 다시 모여서 죄를 회개하고(느 9:1-2), 하나님의 율법을 읽으며 경배를 드렸다(느 9:3-5a). 이 자리에서 그들은 회개하고 찬양한 내용을 노래로 지어 하나님과 맺은 언약 관계를 다시 확인했다(느 9:5b-37). 느헤미야 9장은 영적 회복 운동과 더불어 긴 찬송시로 이스라엘의 역사를 통하여 함께해 주셨던 하나님을 회상하고, 그 하나님께 현재의 삶을 아뢰는 기도다.

① 회개(느 9:1-2)

부흥 운동의 중요한 요소 가운데 하나는 자신의 죄와 자신이 속한 공동체의 죄를 회개하는 것이다. 이들은 일곱 번째 달 15일부터 22일(7/15—22)까지 7일 동안 초막절을 지키고 여덟째 날(7/23), 곧 안식일에 규례를 따라 다시 모였다(느 8:18). 그리고 이스라엘은 '그 달 스무나흗 날'(7/24)에도 모여 금식하며 '모든 이방 사람들과 절교하고' 죄를 회개했다(느 9:1-2). 이것은 안식일 다음 날에도 계속하여 모임을 가졌다는 것이다. "모든 이방 사람들과 절교하고"라는 말은 히브리어 원문으로 "그들은 이스라엘 자손을 모든 이방인들과 구별하고"(와이바더루 제라 이스라엘 미콜 버네이 네이카르, וַיִּבָּדְלוּ זֶרַע יִשְׂרָאֵל מִכֹּל בְּנֵי נֵכָר)라는 말이다. 여기서 '구별하다'(וַיִּבָּדְלוּ)라는 단어는 절교와 다르다. 이것은 에스라서 후반부에 기록하고 있는 바와 같이 이스라엘 자손이 이방인들과 구별되는 삶을 살겠다는 의미다. 이미 이들은 에스라가 돌아온 후에 이방인 여자와 결혼한 사람은 그 자녀와 함께 아내를 내보낸 바 있다(참조. 스 9:1-10:44). 여기서 이방인들과 구별하겠다는 것은 절교의 의미가 아니다. 이 말씀은 이방인들의 잘못된 문화와 구별하여 거룩하게 지내겠다는 뜻으로 보아야 한다. 신약성경에 이와 유사한 문제에 대하여 사도 바울은 이방인들과 도무지 사귀지 말라고 하는 것이 아니라고 하면서 만일 그리 하려면 너희가 세상 밖으로 나가야 할 것이라고 했다(고전 5:9-10).

② 하나님의 말씀을 읽음(느 9:3-5a)

회개에 이어 부흥 운동에 있어 또 하나의 중요한 요소는 성경 읽기다. 이스라엘 백성들은 낮 사분의 일은 제자리에서 서서 그들의 하나님 여호와의 율법책을 낭독하고 낮 사분의 일은 죄를 자복하며 하나님 여호와께 경배했다(느 9:3). 이스라엘 백성은 낮을 12시간으로 보았기 때문에 1/4은 3시간을 의미한다. 이것은 회개하고 기도하는 일에 3시간, 하나님의 율법을 읽는 일에 3시간을 보냈음을 의미한다. 하루 중에 무려 6시간 동안 회개하고 하나님의 율법을 읽는 일이 이상하게 들릴는지 모르지만 교회 역사에서 흔히 있었던 일이다. 우리나라 초대 교회 역사에서 하나님의 말씀을 들은 사람들의 변화는 평양 대부흥운동에도 나타났다(블레어 & 헌터, 1995).

③ 찬송시: 하나님의 은혜에 대한 역사 회고(느 9:5b-37)

하나님의 말씀을 듣고 레위 사람들은 이스라엘 백성들과 함께 긴 찬송시를 지어서 불렀다. 이 시는 이스라엘 역사 가운데 나타난 하나님의 은혜를 회고하며 현재의 상황을 진단한다.

- 창조주이시며 보존자이신 하나님(느 9:5b-6)
- 아브라함과 맺은 언약 속에 나타난 하나님의 은혜(느 9:7-8)
- 애굽에서 구원하실 때 나타난 하나님의 은혜(느 9:9-11)
- 시내산과 광야 생활에 나타난 하나님의 은혜(느 9:12-21)
- 가나안 정복에 나타난 하나님의 은혜(느 9:22-25)
- 사사시대와 왕정시대에 나타난 하나님의 은혜(느 9:26-31)
- 현재의 상황에 대한 진단과 미래의 전망(느 9:32-37)

이 찬송시에서 왜 이렇게 길게 지나간 과거의 역사를 회고하면서 현재 상황의 원인을 진단하며 기도하고 있을까? 그것은 과거 역사에서 함께하시고 인도해 주셨던 하나님이 현재의 어려운 상황에서도 함께해 주시기를 원하고 있기 때문이다.

(3) 언약을 견고하게 함(느 9:38-10:39)

이스라엘 백성들은 하나님의 말씀을 듣고 회개하는 영적 부흥을 통하여 그들이 어떤 독특한 지위를 가지고 있는지 그 정체성을 알았다. 그리고 그들은 거기에 합당한 삶이 요구된다는 것도 알았다. 그래서 느헤미야와 백성들의 지도자들은 성벽을 재건한 이후에 하나님과 맺은 언약을 견고하게 해야 할 필요성을 느꼈다. 이 문단은 이스라엘이 언약 백성답게 살아갈 수 있는 제도적 장치로서 언약을 맺는 내용을 담고 있다. 윌리암슨(Williamson 1985, 320)은 "율법을 지키기로 맹세함"이라는 제목을 붙였다.

① 언약을 견고하게 함(느 9:38)

이스라엘 백성들은 '이 모든 일로 말미암아' 견고한 언약을 세워 인봉했다(느 9:38). '이 모든 일로 말미암아'(우버콜-조트, וּבְכָל־זֹאת)는 '느헤미야 9:5-37에 기록된 과거 역사를 비추어 볼 때'라는 뜻이다. 그들은 과거 역사를 돌아보며 이스라엘의 미래는 언약을 믿고 지키는 일에 있다는 것을 알았기 때문에 견고한 언약을 세우려고 했다. 이것은 에스라와 느헤미야의 사역의 절정이다. 또한 이것은 하나님이 회복하게 하시는 은혜를 체험한 사람들에게 나타나는 현상으로 율법에 합당한 삶을 살고자 하는 것이다(윌리암슨, 592). 오늘날 그리스도 안에 있는 우리에게도 의미가 있다. 왜냐하면 그리스도 안에서 그를 믿고 그의 계명을 지키며 살 때 현재의 삶이 의미가 있을 뿐만 아니라 미래의 삶에도 소망이 있기 때문이다.

② 언약을 지키는 방법(느 10:1-29)

이스라엘 백성들은 언약을 지키는 일을 막연하거나 추상적으로 해서는 안 된다는 사실을 알았다. 그래서 느헤미야와 백성들의 대표인 방백들과 제사장들과 레위인들이 서약을 했다. 그들은 느헤미야와 제사장 22명, 레위인 17명, 방백 44명 등 모두 84명이다(느 10:1-7). 그런데 느헤미야 10:28-29에 보면 이들은 백성의 대표자로서 모든 남은 백성들이 다 서약한 것으로 이해할 수 있다.[172] 특히

172 개역개정판의 번역이 불분명하지만 '그 남은 백성' 다음에 동격으로 제사장들과 레위 사람들과 문지기들과 노래하는 자들과 느디님 사람들과 및 이방 사람과 절교하고 하나님의 율법을

이들은 '저주로 맹세했다'(느 10:29). 이 일은 신명기 29:12-28의 말씀과 연관된 것으로 지금 서약한 언약을 지키지 않으면 언약서에 기록된 저주를 받겠다는 것이다. 왜냐하면 그들은 그들의 현재와 미래는 언약의 말씀을 지키는 일에 있다는 사실을 알았기 때문이다.

③ 구체적인 언약의 내용(느 10:30-39)

언약 백성들은 어떤 삶의 특징들이 나타나야 할까? 신약적인 관점에서 본다면 하나님을 사랑하고 그 계명을 지키는 생활로 표현된다. 그 구체적인 언약의 내용은 다음과 같다.

- 믿지 않는 자와 결혼하지 않겠다(느 10:30)
- 안식일과 안식년을 거룩하게 지키겠다(느 10:31)
- 하나님의 집을 버리지 아니하겠다(느 10:32-39)
  - 규칙적으로 성전세를 내겠다(느 10:32-33)
  - 성전을 위하여 필요한 땔감을 드리겠다(느 10:34)
  - 첫 열매와 십일조를 드리겠다(느 10:35-39)

당시 이스라엘 백성들이 하나님의 전을 위하여 구체적으로 헌신하겠다는 것을 요약하면 세 가지다. 세 번째 부분인 하나님의 집인 성전을 버리지 않겠다는 것은 성전의 중요성 때문이다. 성전이 중요한 이유는 두 가지다. 하나는, 하나님 편에서 성전은 하나님의 임재(the presence of God)의 장소이지만 언약 백성의 편에서는 하나님의 임재를 체험하고 교제하는 장소이기 때문이다(참조. 출 40:33-35; 왕상 8:10-11). 또 하나는, 성전은 하나님이 통치하시는 장소이기 때문이다(참조. 삼하 6:2; 시 80:1). 밴게메렌(Vangemeren 1988, 165)은 이러한 성막을 가리켜 "성막은 지상에 있는 하나님의 '궁전'의 상징으로서, 하늘 궁전의 축소판이다"라고 했다.

구약 시대에 한 지역에 제한하여 말씀하시고 교제하시던 하나님이 그리스도

준행하는 모든 자와 그들의 아내와 그들의 자녀들, 곧 지식과 총명이 있는 자들로서 당시 모든 이스라엘의 남은 백성들을 말한다.

안에서 구속받은 모든 성도들과 언제, 어디서든지 교제하시며 그의 영광을 나타내신다. 그래서 구약의 성전과 신약의 교회는 다르다. 그러나 여전히 신약의 교회 안에도 하나님은 임재하신다(마 18:20). 따라서 제도로써의 지역 교회는 대단히 중요하고, 성도들은 교회가 본연의 사명을 다할 수 있도록 돕고 봉사해야 한다. 오늘날 우리가 한 지역에 교회를 세워 지역 교회에 관심을 기울이고 봉사하는 것은 우리 시대에 효과적으로 복음을 전파하고, 그리스도인들을 장성한 분량에 이르도록 세워 왕 같은 제사장으로 사명을 다하게 하기 위함이다. 그리고 우리는 교회를 섬기는 분들의 필요를 공급하기에 힘써야 한다. 구약 시대에 성전에서 하나님의 말씀을 가르치며 제사를 드리는 제사장들과 레위인들이 그 직분을 잘 감당할 수 있도록 십일조를 드리고 필요를 공급해 준 것처럼 오늘날 복음을 전하는 자들을 위하여 필요를 공급해 주어야 한다(히 13:17). 이에 대해 폴 앵글(1993, 128)은 교회를 위하여 개인적인 헌신과 믿음의 상관관계를 적절하게 지적했다.

> 개인의 헌신의 깊이는 그가 자신의 재물을 어떻게 사용하는가에 따라 드러난다. 우리는 힘 있게 찬송하고 경건하게 기도드리며 열심히 설교를 들을 수 있지만, 우리 신앙의 수준은 헌금 액수를 정할 때 드러난다. 우리가 하나님의 일을 진전시키는 것에 최우선 순위를 두고 사는 자세가 우리의 재물의 사용을 통하여 입증되기를 바란다.

5. 느헤미야를 중심한 성벽 봉헌(느 11:1-12:43)

이 문단은 성벽을 완공하고 난 후에 당시 예루살렘 성의 상황을 설명하는 느헤미야 7:4에서 중단된 이야기를 다시 시작한다. 삽입구인 느헤미야 7:5-10:39에 기록된 이스라엘 백성들의 영적 부흥이 이룬 결과라고 볼 수 있다.

내용 분해

(1) 예루살렘에 거주하는 자들과 기타 명단(느 11:1-12:26)
(2) 성벽을 봉헌함(느 12:27-43)

내용 해설

(1) 예루살렘에 거주하는 자들과 기타 명단(느 11:1-12:26)

예루살렘 성벽을 재건하였지만, 여전히 예루살렘은 정상적으로 생활하기에 어려운 여건이었던 것으로 보인다. 오랫동안 성벽이 무너진 채로 있었기 때문에 사람들이 예루살렘에 거하기보다는 주로 다른 지역에 머물러 있었다. 도시로써의 구실을 하며, 경제적이고 사회적이며, 영적인 삶을 유지하고 발전하기 위해서는 사람들이 어느 정도 살고 있어야 한다. 그래서 백성의 지도자들은 예루살렘에 거주하였고, 백성 중에 십분의 일은 제비를 뽑아 거주하게 했다(느 11:1). 그리고 자원하는 모든 자들이 살게 했다(느 11:1-2). 백성들은 이들을 위하여 복을 빌었다. 이것은 당시에 원래 거주지를 떠나 예루살렘으로 옮기는 일이 쉬운 일이 아니라 희생을 요구하는 일이었다는 것을 알게 한다. 당시 제비를 뽑는 일은 요행이나 미신적인 것이 아니라 하나님의 뜻을 발견하는 방법으로 사용되었다(잠 16:33). 저자는 예루살렘에 거주하는 자들을 '용사'라고 표현했다(느 11:6, 14). 이것은 예루살렘에 이주하는 것이 방어적인 목적도 있다는 것을 의미한다(윌리암슨 2015, 593).

성벽 재건 후 예루살렘에 거주하는 자들과 제사장들의 명단은 다음과 같다.

- 예루살렘에 거주하는 자들(느 11:3-24)
  - 유다 자손과 베냐민 자손(느 11:3-9)
  - 제사장 그룹(느 11:10-14)
  - 레위인 그룹(느 11:15-18)
  - 성전 문지기 그룹(느 11:19-21)
  - 노래하는 자들의 그룹(느 11:22-24)
- 예루살렘에 거주하지는 않지만 유다 전역에 흩어져 있는 사람들(느 11:25-36).
- 포로에서 돌아온 제사장과 레위 사람들(느 12:1-26)

(2) 성벽을 봉헌함(느 12:27-43)

예루살렘 성벽을 봉헌하기 위하여 노래하는 자들이 모여들었고, 제사장들과 레위 사람들은 몸을 정결하게 하고 백성과 성문과 성벽을 정결하게 했다(느 12:27-30). 느헤미야 12:27에 '봉헌'과 '봉헌식'이라는 말이 두 번 나오는데 히브리어 단어는 둘 다 동일한 단어 '하누카'(חֲנֻכָּה)라는 말로 하나님께 드린다는 뜻이다. 이러한 특별한 행동과 의식을 행한다는 것은, 에스라-느헤미야에서 성벽 재건을 단순히 한 도시의 성을 건축하는 일로 보는 것이 아니라 성전과 하나님의 백성을 하나로 간주하여 하나님의 집을 세우는 일이라고 보고 있다는 것이다. 저자는 예루살렘을 '거룩한 성 예루살렘'(느 11:1, 18)이라고 하였고, 역사적으로 볼 때도 실제적으로 예루살렘이라는 장소를 하나님이 특별히 거하시는 장소적인 의미로 이해해 왔다. 성경 전체에서 보면 예루살렘을 가리켜 다윗 성이라고 부르기도 하였고, 시온이라고 부르기도 했다(삼하 5:6-10; 대상 11:4-9; 시 9:11). 신약성경에 보면 이곳은 하늘에 있는 예루살렘과 동일시되어 사용되기도 한다(히 12:22; 계 21:10). 그리고 백성들의 귀환과 성전 건축과 더불어 시작된 회복 과정은 율법에 토대를 둔 내적 개혁이 계속되었으며, 재건축과 거룩한 성읍에 사람들로 가득하게 된 것을 축하하는 것으로 절정에 이르고 있다(Williamson 1985, 376).

이 성벽 봉헌식에 느헤미야는 유다의 방백들을 성벽에 오르게 하고 감사 찬송하는 자의 큰 무리를 둘로 나누어 찬양했다. 감사 찬송하는 두 무리를 구분하면 다음과 같다.

- A 그룹(느 12:31-37)
  - 행진 방향: 오른쪽으로 분문(느 12:31), 샘문(느 12:37), 수문(느 12:37) 방향
  - 학사 에스라와 호세아와 지도자 절반(느 12:31, 36)
  - 나팔을 잡은 일곱 제사장(느 12:33-36)
  - 노래하는 레위인 여덟 명(느 12:36)
- B 그룹(느 12:38-42)
  - 행진 방향: 왼쪽으로 옛문, 어문, 하나넬 망대, 함메아 망대, 양문(느 12:39)

- 느헤미야와 백성의 절반(느 12:38)
- 나팔을 잡은 일곱 제사장(느 12:41)
- 노래하는 레위인 여덟 명(느 12:42)

성벽을 봉헌하는 날에 백성들은 두 그룹으로 나누어 행진하며 찬송과 제사를 드리고 심히 즐거워했다. 이 즐거움을 저자는 "하나님이 크게 즐거워하게 하셨음이라"(느 12:43)라고 했다. 하나님이 이스라엘 백성들을 크게 즐거워하게 하셨을 때 단순히 마음에만 기쁨을 주신 것이 아니라 그들이 보고 즐거워할 수 있는 큰 복을 주신 것으로 볼 수 있다.

6. 계속되어야 할 영적 부흥(느 12:44-13:31)

내용 분해

(1) 이 사건이 있었던 역사적 시점(느 13:6–7)
(2) 느헤미야 12:44–13:31의 문학적 구조

내용 해설

(1) 이 사건이 있었던 역사적 시점(느 13:6–7)

느헤미야는 페르시아의 아닥사스다 왕 20년에 예루살렘에 도착하여 성벽을 재건하고 하나님께 봉헌했다. 그는 약 12년 동안 유다의 총독으로 있었다(느 5:14; 13:6). 그러나 그가 아닥사스다 32년에 왕에게 나아갔다가 돌아와 보니 백성들이 언약의 말씀을 버리고 영적 부흥의 시기에 저주로 맹세한 언약을 지키지 않았다는 것을 발견했다(느 13:6). 느헤미야 13:6–7에 보면 "그때에는 내가 예루살렘에 있지 아니하였느니라. 바벨론 왕 아닥사스다 삼십이년에 내가 왕에게 나아갔다가 며칠 후에 왕에게 말미를 청하고 예루살렘에 이르러서야 엘리아십이 도비야를 위하여 하나님의 전 뜰에 방을 만든 악한 일을 안지라"라고 했다. 개역개정판에 '그때에는'이라는 말은 히브리어 성경에 '이 모든 날에'(וּבְכָל־זֶה)라는 의미로 NIV 성경이 번역한 대로 '그러나 이 모든 일이 진행되는 동안에'(But while all this was going on)라는 뜻이다. 그리고 '며칠 후에'라는 말도 오해하게 만드는데 히브리어 성경에 '어떤 일정한 기간이 지난 후에'(וּלְקֵץ יָמִים)라는 말이다. 이 기간이 어느 정도인지는 알 수 없다. 페르시아의 수산궁에서 예루살렘으로 이동하는 기간이 적어도 4개월이 소요되었다는 점을 고려한다면(스 7:9) 페르시아로 갔다가 다시 돌아오려면 최소한 1년 이상은 되어야 한다. 어쨌든 느헤미야가 페르시아에 돌아가 있는 동안에 이스라엘은 영적 부흥을 경험하였는데도 저주로 맹세한 이전으로 돌아갔다.

(2) 느헤미야 12:44-13:31의 문학적 구조

이 문단은 느헤미야가 돌아와 다시금 개혁하는 내용을 담고 있다. 특히 이 내용은 성벽을 재건한 이후에 일어난 영적 부흥 시에 언약을 맺은 내용(느 9:38-10:39)이 어떻게 변질되었으며, 느헤미야가 어떻게 바로잡았는지 정교한 문학적 구조로 기록하고 있다.

저자는 성벽 재건 후 저주로 맹세하며 언약을 맺은 내용과 대칭구조를 이루며 느헤미야가 페르시아로 간 후와 유다로 다시 돌아온 이후 어떻게 달라졌는지를 보여 준다.

A 믿지 않는 자와 결혼하지 않겠다(느 10:30)
　B 안식일과 안식년을 거룩하게 지키겠다(느 10:31)
　　C 하나님의 집을 버리지 아니하겠다(느 10:32-39)
　　C′ 하나님의 집을 버렸으나 개혁함(느 12:44-13:14)
　B′ 안식일을 지키지 않았으나 개혁함(느 13:15-22)
A′ 믿지 않는 자와 결혼하였으나 개혁함(느 13:23-31)

이 문단은 문단과 문단을 구분해 주는 역할을 하는 세 가지 장치가 있다. 첫 번째 장치는 느헤미야 12:44과 13:1에 '그날에'(בַּיּוֹם הַהוּא)라는 연대기 표시가 두 개의 문단을 하나로 연결시킨다. 이 안에 기록된 내용을 볼 때 '그날에'는 성벽을 재건한 이후 저주로 맹세한 때로 보인다(느 9:38–10:39). 두 번째 장치는 느헤미야 13:14, 22, 31에 나타난 부분으로 '기억하옵소서'라는 기도로 끝맺고 있다는 것이다. 이것은 다음에 나올 문단과 분리하여 구분해 주는 역할을 한다. 세 번째 장치는 교차대칭구조와 평행구조이다. 첫 번째 부분인 느헤미야 12:44–13:14은 다음과 같은 교차대칭구조로 되어 있다.

A 하나님의 집을 돌보게 함(느 12:44–47)
　B 율법에 따라 모압과 암몬을 들어오지 못하게 함(느 13:1–3)
　B′ 이방인을 들어오게 하였으나 쫓아냄(느 13:4–9)
A′ 하나님의 집을 버렸으나 개혁함(느 13:10–13)

기원 '기억하옵소서'(느 13:14)

두 번째와 세 번째 부분인 느헤미야 13:15–31은 두 개의 평행구조로 되어 있다(Throntveit 1992, 122–123).

평행구조 1: 안식일을 지키지 않음(느 13:15–22)

A 시간에 대한 언급 '그때에'(느 13:15a)
B 발견하게 된 문제 '내가 본즉'(느 13:15a–16)
C 수사학적인 질문과 역사회고 '꾸짖어 그들에게 이르기를'(느 13:17–18)
D 개혁한 내용 '들어오지 못하게 하였으므로'(느 13:19–20)
E 위협과 경계(느 13:21)
F 처리(느 13:22a)
G 기원 '기억하옵소서'(느 13:22b)

평행구조 2: 믿지 않는 자와 결혼함(느 13:23-31)

A′ 시간에 대한 언급 '그때에'(느 13:23a)

B′ 발견하게 된 문제 '내가 또 본즉'(느 13:23a-24)

C′ 수사학적인 질문과 역사 회고 '책망하고 저주하며……이르되'(느 13:25-27)

D′ 개혁한 내용 '떠나게 하였느니라'(느 13:28)

E′ 위협과 경계(느 13:29)

F′ 처리(느 13:30-31a)

G′ 기원 '나를 기억하사 복 주시옵소서'(느 13:31b)

이것은 문단의 범위를 결정해 주기도 하지만 동일한 연속적인 흐름에 따라 주제를 배열한다는 것을 알 수 있다(Throntveit 1992, 6-7). 이러한 문장구조를 구분하는 장치에 따라 내용을 구분하면 다음과 같다.

- 하나님의 집을 버렸으나 개혁함(느 12:44-13:14)
- 안식일을 지키지 않았으나 개혁함(느 13:15-22)
- 믿지 않는 자와 결혼하였으나 개혁함(느 13:23-31)

(3) 일어난 변화들과 계속되어야 할 영적 부흥(느 12:44-13:31)

느헤미야가 12년간 통치하다가 아닥사스다의 부름을 받아 돌아간 이후에 몇 가지 변화들이 나타났다. 이스라엘 백성들은 언약 백성으로 사는 삶을 가능하게 만드는 하나님의 집을 버렸다. 그것은 하나님의 집을 섬기는 레위인들과 제사장들이 그 직무를 수행할 수 있도록 필요를 제공해 주지 않았기 때문이다(느 12:44-13:14). 그리고 그들은 안식일도 지키지 않았고(느 13:15-22), 믿지 않는 자와 결혼하지 않겠다고 한 언약도 어겼다(레 13:23-31). 이러한 변화들은 저주로 맹세하며 맺은 언약(느 10:28-39)과는 너무 거리가 멀었다.

당시 이스라엘 백성들에게 나타난 이러한 현상을 어떻게 설명할 수 있겠는가? 왜 이러한 일이 계속 반복될 수밖에 없는가? 이러한 인간의 한계를 극복할 수 있는 방법은 없는가? 월터 에드니(Adeney 1940, 339)는 느헤미야 13장의 의미를 이렇게 표현했다.

> 저자는 느헤미야 13장에서 해묵은 문제들이 재발하는 것을 적나라하게 지적하므로써 개혁자들이 대항하여 싸웠던 죄악들이 완전히 제거되지 않았음을 보여 주었다. 그는 이 과정에서 죄악의 승리라는 문학적인 효과를 나타내 보였으며, 우리네 삶에는 실제로 불완전하고 실망스러운 모습이 있다는 것을 다룸으로써 우리를 위로한다.

에드니가 느헤미야 13장의 의미를 잘 지적하였지만 심각한 문제가 있다. 에스라-느헤미야가 의도적으로 영적 부흥이 일어나고 성벽을 봉헌한 아름다운 기사로 끝맺지 않고 느헤미야 13장을 기록한 것에 대하여 에드니가 죄악들이 완전히 제거되지 않았다고 지적한 것은 옳다. 그러나 당시 이스라엘 백성들이 불완전하고 실망스러운 모습이 우리를 위로한다고 지적한 것은 적절하지 못하다. 이것은 듣기에 따라서 우리도 이러한 죄성이 있기에 어쩔 수없이 죄악에 빠질 수 있다는 것처럼 들릴 수도 있기 때문이다. 이 '어쩔 수 없음'은 준비된 핑곗거리가 되어 완전한 존재로 나아가기를 포기하게 만든다(Sangster 1984, 190).

에스라-느헤미야는 구약 시대의 마지막 역사를 기술하고 있지만 신약과 중요한 연결 고리를 가지고 있다. 그것은 언약에 예언되어 있고, 성전이 예표하고 있는 그리스도가 오셔서 참된 성전을 회복하고, 새사람으로 회복해야 한다는 것이다. 결국 이 역사를 통하여 주와 맺은 언약을 성취하시기 위하여 그리스도가 오셔야 한다는 사실을 인식하고, 그리스도를 소망하므로 끝을 맺고 있는 셈이다. 감사하게도 구약성경에서 하나님과 맺었던 언약을 성취하시기 위해 예레미야 선지자와 에스겔 선지자를 통하여 약속하신 그리스도가 세상에 오셨다(렘 31:31-34; 겔 36:25-28; 히 8:7-13). 그래서 세상에 오실 그리스도를 바라보았던 구약의 언약 백성들만이 아니라 누구든지 그리스도를 믿는 자마다 구원을 얻어 존재론적으로 새로운 신분의 사람이 되었다(고후 5:17). 그리고 그 존재에 합당한 삶을 살아갈 수 있도록 모든 믿는 자들에게 성령을 주셨다. 그래서 마음속에서 우러나와서 하나님의 법을 즐거움으로 지킬 수 있게 해 주셨다. 이것이 우리가 이 땅에서 하나님의 백성으로 에스라와 느헤미야처럼 주의 뜻을 이루며 살아갈 수 있는 신분적 기초이다.

그러나 신분적 기초를 알고 있다고 해서 저절로 하나님의 법을 지키며 언약 백성으로서 사명을 다할 수 있는 것은 아니다. 이 사명을 다할 수 있도록 성경을 기록해 주시고, 그리스도 안에서 기도하므로 시공간에 제한을 받지 않고 자유롭게 하늘 성소에 왕래할 수 있는 복을 주셨다. 이뿐만 아니라 교회라는 제도를 주셔서 하나님의 말씀을 듣고 배우게 하시고 성도들과 교제하는 일을 통하여 성장하며, 성도들과 함께하나님의 뜻을 이루어 가게 하셨다. 우리는 하나님이 주신 이 은혜의 방편들을 규칙적으로, 그리고 바르게 사용하므로 계속적으로 하나님의 은혜에 충만하게 거하는 영적 부흥을 이루기 위하여 힘써야 한다. 하나님의 은혜 없이는 영적 부흥을 경험할 수 없고 하나님의 일을 할 수가 없다. 은혜는 세상을 바꾸는 가장 위대한 힘이다.

V. 구속사적 의미

구속사에서 에스라-느헤미야의 위치

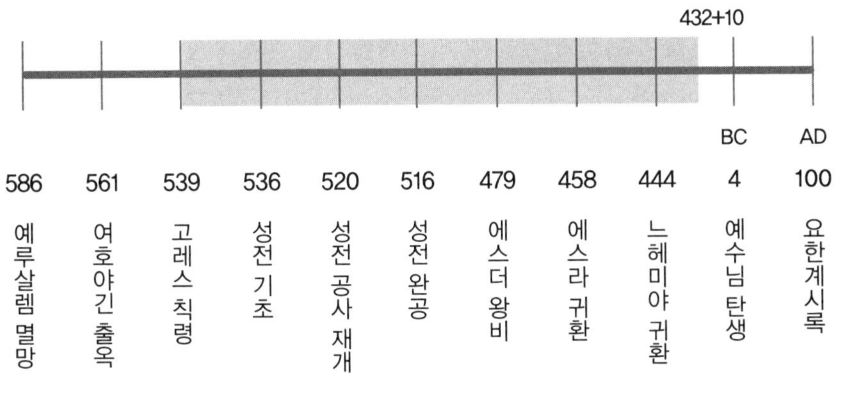

에스라-느헤미야서는 주전 539년부터(스 1:1) 주전 432년 또는 422년까지의 구속사를 기록하고 있다(느 5:14; 13:6). 하나님이 세상을 구원하시려는 목적을 이루시기 위하여 아브라함과 언약을 맺으시고 그 후에 시내산에서 이스라엘과 언약을 맺으시고 다윗과 언약을 맺으셨다. 긴 세월 동안 하나님은 언약을 신실하

게 이루어 주셨으나 이스라엘 백성들은 하나님을 배역하고 가나안의 문화를 받아들여 우상숭배에 빠지고 악을 행하게 되었다. 그래서 하나님은 주전 722년에 북쪽 이스라엘을 앗수르에, 주전 586년에 남쪽 유다를 바벨론에 멸망당하게 하셨다. 하나님은 이들이 비록 범죄하였지만 아브라함과 맺은 언약을 기억하시고 70년 뒤에 다시 고국으로 돌아오게 하실 것이라고 약속하셨다(렘 29:10-14). 에스라-느헤미야는 이 약속이 성취되는 역사를 기록하고 있다. 특히 바벨론 포로에서 돌아올 때부터 성벽을 재건하기까지 하나님이 그리스도 안에서 어떻게 약속을 이루셨는지 세상의 왕들과 스룹바벨과 에스라와 느헤미야를 통하여 보여 주신다. 그리고 하나님은 이 역사를 통하여 우리로 하여금 그리스도 안에 이루실 언약이 완성되어 하나님 나라를 이루게 될 소망을 가지게 하신다.

바벨론 포로에서 돌아온 이스라엘 백성들은 스룹바벨과 에스라와 느헤미야의 인도로 그 시대에 하나님이 그들과 교제하시며 작정하신 바를 이루신다는 것을 보여 주신다. 이 구속사에서 성전을 재건하는 일이나 성벽을 재건하는 일에 헌신하는 사람들을 통하여 그들에게 은혜를 베푸심으로 구속사에서 어떤 사람과 교제하시며 은혜를 베푸시는지 보여 주셨다. 그래서 한 개인의 헌신이 구속사에서 어떤 의미가 있는지 보여 주신다.

그러나 이 역사는 느헤미야 13장에서 언약을 갱신하고 부흥 운동을 경험하였는데도 시간이 흘러 다시 책망을 받고 개혁해야 할 상황으로 나타난 역사를 기록하고 있다. 이것은 선지자들이 예언한 '새 언약'이 성취되기를 기다릴 수밖에 없다는 것을 보여 주어 우리로 하여금 그리스도 안에서 회복되어야 할 새로운 시대를 바라보게 한다(렘 31:31-34; 겔 36:22-31). 오늘날 우리는 에스라-느헤미야를 읽을 때 그리스도 안에서 하나님을 만나 교제하면서 하나님 나라를 건설하는 일에 어떻게 참여할 수 있는지 배운다.

에스더

Esther

S U M M A R Y

에스더

에스더서는 독특하게도 하나님에 대한 언급이 없다. 그리고 율법, 언약, 제사, 기도와 같은 용어도 없다. 루터(M. Luther)는 "나는 마카비 2서와 에스더서에 대해 이것들이 아예 존재하지 않았으면 좋겠다고 생각할 만큼 싫어한다. 왜냐하면 이 책은 지나치게 유대주의적인 데다가 이방인에 대한 심한 편견을 가지고 있기 때문이다"라고 했다(Yamauchi 1980, 111). 그래서 교회는 오랫동안 에스더서를 정경(正經)에 넣을 수 있느냐의 문제와 하만에 대한 모르드개의 교만과 대적들에 대한 유대인들의 복수를 어떻게 우리와 다른 사람에게 모범으로 제시할 수 있는지에 대하여 의문을 가졌다. 그러나 이 책은 경건하고 본받을 만한 사람들에 대한 계시가 아니라 하나님이 사로잡힌 유대인들의 신실하지 못함을 통하여 자신의 사역을 어떻게 실행하시는지를 보여 준다(비스케르커 1991, 13). 우리는 에스더서를 경건한 사람들에 대한 이야기가 아니라 하나님의 위대하신 사역에 대한 이야기로 이해해야 한다(비스케르커 1991, 3-4). 그래서 우리는 개혁주의 신학적 관점에서 교리를 진술한 웨스트민스터 신앙고백서 제1장 "성경에 관하여" 2항에 에스더서를 정경으로 받아들였듯이 하나님의 말씀으로 받아들여야 한다. 그리고 우리는 이 역사를 통해 하나님이 어떤 사람을 통하여, 어떻게 약속을 성취하시는지의 관점에서 보아야 한다.

I. 저자와 기록 배경

에스더서를 누가 썼는지는 성경에 언급되어 있지 않기 때문에 알 수 없다. 탈무드는 에스라 시대에 회당의 한 사람이 이 책을 기록했다고 본다(Baba Bathra

15a). 요세푸스는 이 책의 저자를 모르드개라고 보았다(Antiquities 11. 6. 13.). 저자가 유대인의 절기의 기원과 페르시아의 말과 법을 잘 아는 자라고 추론할 수는 있지만 에스더서를 누가 썼는지는 알 수 없다.

에스더서를 기록한 시기는 아하수에로(주전 486–465) 왕의 통치 이후이다. 왜냐하면 저자는 아하수에로의 통치에 대한 요약을 기록하므로 그의 죽음을 암시하고 있기 때문이다(에 10:2). 그러나 이 책에 기록된 내용은 아하수에로 왕의 통치 시대에 일어난 사건이다. 페르시아는 성경의 에스더서를 포함하여 역대기, 에스라–느헤미야 등 포로 시대 이후의 역사를 다루는 책들의 배경을 이루고 있다. 페르시아는 주전 539년에 고레스가 바벨론을 정복한 후에 세워졌다. 그리고 알렉산더 대왕에 의해 주전 330년에 멸망했다.

에스더서에 기록된 사건은 페르시아의 아하수에로 왕 때에 있었던 일이다. 에스더 1:1의 "이 일은 아하수에로 왕 때에 있었던 일이니 아하수에로는 인도로부터 구스까지 백이십칠 지방을 다스리는 왕이라"는 말씀으로 시작한다. 이 구절은 책의 역사적 배경을 보여 준다. 아하수에로는 히브리식 이름인데 헬라어로 바꾸면 크세르크세스(Xerxes)이다. 헤로도토스(주전 484–424)는 그의 『페르시아 전쟁사』의 7–9권에서 약 1/3을 크세르크세스가 헬라와 전쟁한 주전 481–479년의 상황에 대하여 쓰고 있다(헤로도토스 2008). 이 기록을 볼 때 와스디가 폐위된 해는 아하수에로 왕 3년, 곧 주전 483년이었고 에스더가 왕비가 된 해는 아하수에로 왕 7년, 곧 주전 479년이다. 그렇다면 에스더가 왕비가 된 때는 제3차 페르시아 전쟁이 끝난 직후이다. 아하수에로는 인도에서부터 아프리카의 이집트 남쪽에 위치해 있었던 구스까지 무려 백이십칠 지방을 다스리는 왕이었다. 이 책은 헬라인의 시각에서 썼기 때문에 과장되거나 왜곡된 부분이 많이 있다. 그런데도 헤로도토스의 책은 에스더서에 기록된 사건과 일치하는 부분이 많다. 예를 들면, 아하수에로가 다스리는 영토가 인도에서 구스까지라는 것과(에 1:1; 8:9), 아하수에로 3년에 있었던 연회(에 1:3)가 주전 483년에 헬라와 전쟁하기 위한 회의였다는 것과, 페르시아의 법과 궁전 내의 일을 정확하게 소개하는 기록(에 1:19; 2:9, 14; 4:11; 6:4; 7:8) 등이다. 그리고 헤로도토스의 책은 '궁중 일기'(에 2:23)와 '메대와 바사 왕들의 일기'(에 10:2) 등도 언급한다. 이러한 언급은 에스더서가 당시 페르시아의 아하수에로 왕이 통치할 때 페르시아에서 실제 일어난 사건을 배경으로 기록하고 있다는 것을 알 수 있다.

II. 문학적 구조

에스더서는 실제 역사 가운데 일어난 사실을 이야기 방식으로 쓴 계시이다. 에스더서는 이야기의 요소인 인물과 배경 위에 사건의 흐름인 구성이 잘 조화되어 있다. 아름답고 용기 있는 여성인 에스더와 그의 상대역인 아하수에로, 모르드개와 하만의 대조를 통하여 유대 민족이 전멸될 수 있는 음모 가운데 사건이 반전되어 민족이 보존되는 이야기이다.

이 이야기는 사건의 시간 흐름을 보여 줌으로 사건의 진행 순서에 따라 기록하고 있다는 것을 보여 준다.

왕 재위 기준	참조	사건들
3년	에 1:3	아하수에로의 연회
7년/열째 달/	에 2:16	에스더가 왕후가 됨
12년/첫째 달/	에 3:7	하만이 제비를 뽑음
12년/첫째 달/13일	에 3:12	하만이 왕의 조서를 선포함
12년/셋째 달/23일	에 8:9	모르드개가 왕의 조서를 선포함
12년/열두째 달/13일	에 9:1	왕의 어명을 시행함

에스더서는 연대기적 순서에 따라 발단, 분규(전개, 갈등), 절정(climax), 결말의 순으로 이야기한다. 에스더 1:1–2:23은 구성의 발단으로 페르시아의 아하수에로 왕의 재위 3년에 잔치를 베풀고 그 자리에 왕후가 참석하지 않자 폐위되고 에스더가 왕후가 되는 사건이 기록되어 있다. 이 발단에서 주인공들이 소개되고 장면을 설정하는 일에 필요한 사건들을 설명하므로 이야기의 배경을 보여 준다. 에스더 3:1–6:14은 분규로 하만이 높여지고 이와 관련하여 모르드개가 하만에게 절하지 아니하므로 모르드개만이 아니라 유대인 전체를 죽이도록 왕의 반지로 인을 치게 되는 사건이 기록되어 있다. 그리고 이 일에 대하여 모르드개와 유다인들이 애통하며 금식하자 에스더가 나서는 사건이 기록되어 있다. 이 분규에

서는 문제를 진술하고 그 문제를 해결하기 위하여 주인공들이 행한 일들을 설명한다. 에스더 7:1-9:16은 절정으로 갈등이 해소되고 원수 하만이 사형에 처해지는 이야기와 그를 지지하던 세력이 멸망당하는 이야기가 기록되어 있다. 절정에서는 문제가 어떻게 해결되었는지를 설명한다. 에스더 9:17-19은 이야기의 결말로 유다가 구원을 받아 기뻐하는 이야기를 기록하고 있다. 그리고 에스더 9:20-32은 부록이면서 부림절을 제정한 목적을 설명한다. 에스더 10:1-3은 결말로 부림절 이후의 사건을 설명한다(Bush 1996, 301-304).

에스더서는 아이러니(irony), 반복적인 모티프(motif) 등을 사용하여 전체 이야기의 주제를 전달한다. 특히 저자는 행동이나 상황이 예상되는 결과와는 반대의 결과로 나타나는 아이러니를 즐겨 사용하여 운명의 반전을 다루고 있다. 이 점은 에스더 9:1, 22, 25에 언급되어 있는데 이러한 문학적 장치를 '반전'(peripety or reverse)이라고 부른다(Berg 1979, 104-106). 에스더서에는 반전 모드(reverse mode)가 다음과 같이 나타난다(Berg 1979, 104-106; 김지찬 1999, 652).

이전	반전
하만의 지위: 왕 다음(에 3:1)	모르드개의 지위: 왕 다음(에 10:3)
모르드개와 유다인을 진멸하기 위해 제비를 뽑아 아달월(12)을 택함(에 3:8)	하만과 그의 아들이 나무에 달림(에 7:8; 9:24-25)
유다인을 용납하는 것은 무익함(에 3:6-7)	유다인을 진멸하는 것은 왕에게 손해가 됨(에 7:4)
왕이 왕의 반지를 하만에게 줌(에 3:10)	왕이 하만에게서 왕의 반지를 빼앗아 모르드개에게 줌(에 8:2)
유다인을 진멸하고 재산 탈취를 허락하는 조서를 기록함(에 3:12-13)	유다인을 공격하는 자를 진멸하고 재산을 탈취하도록 조서를 기록함(에 8:8-12)
조서 초본을 각 지방에 반포(에 3:14)	조서 초본을 각 지방에 반포(에 8:13)
조서 반포 후 수산성이 어지러움(에 3:15)	조서 반포 후 수산성이 즐거워함(에 8:15)
유다인들이 크게 애통하며 금식함(에 4:3)	유다인들이 즐기고 잔치를 베풂(에 8:17)

그러면 에스더서에서 이러한 반전은 어떻게 가능할까? 에스더서에는 마치 우연의 일치처럼 보이는 사건이 여러 번 나타난다. 예를 들면, 모르드개가 대궐 문에 앉았을 때에 왕의 내시들이 아하수에로 왕을 암살하려는 음모를 꾸미는 것을 알고 왕후 에스더에게 알린 것(에 2:21–22), 왕이 잠이 오지 않아 역대 일기를 읽게 한 일(에 6:1), 왕이 모르드개에게 상을 주려고 생각한 순간에 하만이 들어간 일(에 6:4), 하만이 에스더에게 생명을 구하려고 에스더의 걸상 위에 엎드린 것을 아하수에로가 잔치 자리에 돌아왔을 때 본 일(에 7:7–8) 등은 우연의 일치처럼 보인다. 이 일은 하나님의 섭리가 작용하고 있었지만 모르드개와 유다인들이 굵은 베옷을 입고 재를 뒤집어 쓴 것과 무관하지 않다(에 4:1–3).

에스더서에서 흥미로운 문학적 기술의 또 하나는 주제를 전달하는 장치로 다양한 모티프를 사용한다는 것이다. 이 책에서 구성상의 중요한 전환점들은 10개의 잔치와 연결되어 있다(에 1:3–4, 5–8, 9; 2:18; 3:15; 5:5–6; 7:1–10; 8:17; 9:17, 18). 특히 이 잔치 가운데 이야기의 시작과 중반과 끝에 나오는 세 개의 쌍으로 된 잔치가 중요하다. 그것은 아하수에로 왕에 의해 베푼 잔치 두 번(에 1:3–4, 5–8), 에스더에 의해 베푼 잔치 두 번(에 5:1–8; 7:1), 유다인의 부림절 잔치 두 번(에 9:17, 18)이다. 이처럼 저자는 이 책에서 잔치를 중복하여 기록하고 있을 뿐만 아니라, 중요한 행동이나 사건을 중복하여 기록하고 있는데 이는 저자가 선호하는 구성상의 기술이다. 예를 들면, 에스더가 그녀의 신분을 속임(에 2:10, 20), 왕의 신하들의 명단(에 1:10, 14), 두 번의 금식(에 4:3, 16), 하만이 아내와 친구들과 의논함(에 5:14; 6:13), 에스더가 예정에 없이 왕 앞에 두 번 나타남(에 5:2; 8:3), 모르드개가 두 번 귀한 옷을 입음(에 6:7–11; 8:15), 하만이 두 번 얼굴을 가림(에 6:12; 7:8), 두 번의 왕의 칙령(에 3:12–15; 8:1–14), 왕의 분노가 그쳤다는 두 번의 언급(에 2:1; 7:10), 페르시아의 법을 변개할 수 없다는 두 번의 언급(에 1:19; 8:8), 부림절 제정에 관한 두 번의 편지(에 9:20–28, 29–32) 등이다. 저자는 이러한 다양한 문학적인 기술을 통하여 주제를 전달한다.

에스더서가 이러한 문학적 구조와 기술을 사용한 것을 가리켜 탈몬(Talmon 1963, 419–455)은 "하나의 역사화된 지혜 이야기"라고 했다. 최재석(2006, 66)은 에스더서를 룻기와 다니엘서와 더불어 신앙적 메시지를 전하려는 목적으로 역사적 사실을 선택했거나 왜곡했거나 지어낸 책이라고 보았다. 그러나 우리는 성경을 정확하고 믿을 만한 역사의 참된 의미를 나타내는 실제적 사건을 묘사하는 것이라고 본다(Shin 2004, 46). 저자가 이러한 문학적 기술을 사용한 것은 하나님의 말씀의 의미를 정확하고 분명하게, 그리고 잘 기억할 수 있도록 미학적으로(aesthetically) 표현하기 위한 것이다.

III. 주제와 기록 목적

에스더서의 문학적 구조를 살펴볼 때 연대기적으로 사건을 기술하면서 운명이 반전되는 사건을 면밀하게 기술한다. 특히 저자는 이 책의 두드러진 특징 가운데 하나인 하나님, 예배, 기도, 제사 등과 같은 분명한 언급을 하지 않는다. 그런데도 정교한 문학적 장치를 사용하여 하나님이 배후에서 통치하시며, 우연의 일치처럼 보이는 사건을 인도하신다는 것을 보여 주어 유다인을 구원하려는 계획을 성취하신다(Dillard & Yamauchi 2002, 714). 저자가 하나님의 역사하심과 통치에 대해 처음부터 끝까지 글을 쓰고 있는데도 하나님의 이름을 한 번도 언급하지 않았다는 것은 비범한 문학 천재라고 할 수 있다(Dillard & Longman 1994, 196). 에스더서의 주제는 하나님이 신비한 방법으로 역사를 섭리하여 이스라엘을 통하여 작정하신 구원의 계획을 이루신다는 것이다.

이러한 주제를 중심으로 에스더서는 몇 가지 목적을 가지고 있다. 첫째, 에스더서는 하나님이 언약의 목표인 그리스도 안에서 약속한 구원을 성취하시기 위하여 역사를 섭리하여 바벨론에 남아 있었던 언약 백성을 보호하신다는 것을 보여 준다. 왜냐하면 하나님이 이스라엘 백성들을 선택하시고 이들과 맺은 언약에 따라 그리스도를 보내실 것이기 때문이다. 이 책은 그리스도를 태어나게 할 거룩한 씨를 보호하는 내용을 기록하고 있다. 그리스도는 여자의 후손(창 3:15), 아브라함의 후손(창 12:3), 유다의 후손(창 49:8-10), 다윗의 후손(삼하 7:12-13), 곧 유다 민족에게서 나올 사람으로 예언되셨다. 유다 민족에 대한 하만의 공격은 그리스도의 오심을 막아 버리는 사탄의 행동이다. 그러나 위협을 받았던 백성의 놀라운 구원으로 하나님은 사탄을 정복하시고 그리스도가 태어날 거룩한 백성을 보호하셨다(비스케르커 1991, 19-20). 그리스도의 오심 이전에 유다인을 공격하는 것은 그리스도와 그리스도의 교회를 공격하는 것이지만 그리스도의 오심 이후에는 유다인을 핍박하는 것은 교회의 핍박이나 그리스도의 오심을 막으려는 공격이 아니다(비스케르커 1991, 20). 그렇지만 지금은 우리로 하여금 아하수에로 왕 시대에 교회를 보존하셨고, 교회를 핍박한 자들에게 진노를 보여 주신 것을 보고 용기를 얻어 믿음에 서도록 하려는 것이다(비스케르커 1991, 20). 왜냐하면 오늘날 하나님은 그리스도 안에서 성령으로 교회를 보존하시고 자신의 백성들을 지키실 것이기 때문이다.

둘째, 에스더서는 하나님이 언약을 성취하시기 위하여 역사의 모든 인물과 사건을 사용하시기는 하지만 특별히 언약 백성들이 하나님의 말씀대로 거룩한 삶을 살아야 할 책임이 있다는 것을 보여 준다. 아하수에로 당시에 페르시아에 있었던 모르드개나 에스더는 언약 백성다운 삶을 살지 못했다. 모르드개는 위에 있는 지위에 복종하지 않았다(에 3:2). 그가 하만에게 절하지 않은 것은 하만이 아말렉의 후손이라고 보았기 때문이다. 이러한 이유에서 크라프는 모르드개의 행동을 가리켜 믿음의 행동이라고 말했다(De Graaf 1981a, 442). 그러나 하만이 아말렉의 후손이었다고 할지라도 모르드개의 행동은 정당화될 수 없고, 믿음의 행동이라고 할 수 없다. 그것은 왕의 명령이었고 마땅히 그 지위에서 인정받아야 할 자로 세움을 받은 자였기 때문이다. 모르드개가 하만에게 경의를 표하기를 싫어하였던 것은 유다 민족주의 때문이다(신득일 2012, 387). 심지어 모르드개는 에스더로 하여금 유다 민족이라는 종족과 신분을 숨기게 했다(에 2:20). 아하수에로 왕의 왕후가 된 에스더의 본래 히브리식 이름은 생명력이 강한 관목의 일종인 '도금양'(myrtle)이라는 뜻을 가진 '하닷사'였다. 그러나 그녀는 페르시아의 이름인 에스더로 개명했다(에 2:7). 에스더의 뜻은 '별'(star)이다. 이것은 고레스 칙령 이후 예루살렘으로 돌아가지 않은 이유가 넉 달이나 가야하는 먼 길을 회피한 것일 수도 있고, 페르시아에 정착하여 안락한 삶을 살려는 세속적인 욕망이 작용하였을 수도 있다. 심지어 모르드개는 세속적인 욕망을 이루기 위하여 하나님이 금하신 이방인과 결혼해서는 안 된다는 율법을 무시했다. 그리고 에스더를 아하수에로 왕의 왕후가 되게 했다(참조. 신 7:3–4). 페르시아에 살던 유다 민족의 위기는 여기서 왔다.

셋째, 에스더서는 부림절의 기원을 설명하고 이후의 세대로 하여금 아하수에로 통치 시대에 유다인을 구원한 사건을 기억하도록 하기 위한 것이다(Dillard &

Yamauchi 2002, 713). 그래서 하나님의 구원과 인간의 책임적인 부분을 알게 하려는 것이다.

IV. 내용

내용 구조

1. 발단: 와스디가 폐위되고 에스더가 왕후가 됨(에 1:1–2:23)
2. 분규: 모르드개와 하만의 갈등(에 3:1–6:14)
3. 절정: 하만의 죽음과 방어를 위한 조서가 선포됨(에 7:1–9:16)
4. 대단원: 유다인들이 잔치를 베풀고 즐김(에 9:17–19)
5. 부록: 부림절(에 9:20–32)
6. 결말(에 10:1–3)

1. 발단: 와스디가 폐위되고 에스더가 왕후가 됨(에 1:1-2:23)

이 문단은 구성의 발단으로 와스디가 왕후에서 폐위되는 사건(에 1:1–22)과 에스더가 왕후가 되는 사건(에 2:1–18), 그리고 모르드개가 우연의 일치처럼 보이는 아하수에로 왕을 암살하려는 음모를 듣고 에스더에게 알려 주는 일(에 2:19–23) 등을 차례로 기술한다. 이 발단에서 주인공들이 소개되고 장면을 설정하는 일에 필요한 사건들을 설명함으로 이야기의 배경을 보여 준다.

내용 분해

(1) 와스디의 왕후 폐위(에 1:1–22)

(2) 에스더가 왕후가 됨(에 2:1–18)

(3) 모르드개가 왕의 암살을 피하게 함(에 2:19–23)

내용 해설

(1) 와스디의 왕후 폐위(에 1:1–22)

아하수에로(주전 486–465)는 고레스 왕의 세 번째 후계자로 인도에서 구스까지 127 지방을 다스리는 왕이었다. 하나님은 고레스에게 '값이나 갚음이 없이' 애굽과 구스 및 스바를 속량물로 주겠다고 약속하셨다(사 43:3; 45:13). 그렇다면 아하수에로가 큰 땅을 다스린 것은 이스라엘 백성들을 향한 하나님의 사랑의 결과였다(비스케르커 1991, 24). 그는 그의 재위 3년에 모든 지방 장관과 신하들을 위하여 잔치를 베풀었다. 이때는 주전 483년으로 그리스와 3차 전쟁(주전 482–479)을 앞두고 있었을 때다. 이 잔치에서 왕은 주흥이 일어나서 어전 내시 일곱 사람에게 명하여 왕후의 아리따움을 보이려 했다. 그러나 왕후 와스디는 왕명을 거절했다. 이 일로 말미암아 왕은 진노했다(에 1:10–12). 왕은 일곱 명의 지방관에게 사례를 물었다. 그중에 므무간이 와스디가 거역한 것은 왕에게만 잘못한 것이 아니라 왕의 지방 관리와 뭇 백성에게도 잘못했는데 그대로 두면 모든 여인들이 남편을 멸시할 것이기 때문에 폐위해야 한다고 했다. 그리고 왕이 조서를 내려 바사와 메대의 법에 기록하고 변개함이 없게 해야 한다고 건의했다(에 1:16–19). 왕은 므무간의 말대로 조서를 내렸다. 이렇게 하는 경우 왕 조차도 왕후의 폐위를 철회시킬 수 없다. 그래서 왕후가 폐위되어 새 왕후를 선택해야 하는 문제가 야기되므로 이야기의 배경을 설정해 준다.

(2) 에스더가 왕후가 됨(에 2:1–18)

아하수에로는 와스디에 대한 노를 그치고 와스디가 행한 일과 그에 대하여 내린 조서를 생각하게 되었다. 그러나 왕의 조서를 바꿀 수는 없었다. 그때 왕의 측근들이 아리따운 처녀를 수산성에 모아 왕의 눈에 아름다운 처녀를 왕후로 선택하도록 권했다. 왕은 그 말을 듣고 그대로 행했다(에 2:1–4).

이 상황에서 저자는 모르드개와 에스더를 소개한다. 모르드개는 베냐민 자손이고 기스의 증손이요 시므이의 손자요 야일의 아들이었다. 그는 바벨론 왕 느부갓네살이 여고냐(여호야긴)를 사로잡아 갈 때에 사로잡힌 자였다(에 2:5-6; 참조. 왕하 24:12-16). 이때는 느부갓네살 왕의 여덟째 해였기 때문에 주전 598년이다. 그리고 아하수에로 왕(주전 486-465) 3년은 주전 483년이다. 이때를 기준으로 하면 모르드개의 나이는 최소 115세 이상은 되었을 것이다. 모르드개라는 이름은 바벨론의 신 마르둑(Marduk)에서 온 것으로 마르둑과 연관이 있고 바벨론의 한 문서에 당시 국고 맡은 자로 마르두카라는 사람이 나오는데 동일 인물로 보기도 한다(볼드윈 2015, 602). 모르드개의 삼촌의 딸 하닷사, 곧 에스더는 부모가 없었으나 용모가 곱고 아리따운 처녀였고, 그의 부모가 죽은 후에 모르드개가 딸같이 양육했다(에 2:7). 에스더의 본래 히브리식 이름은 '하닷사'였으나 페르시아의 이름인 에스더로 개명한 것처럼 보인다(에 2:7). 에스더의 이름의 뜻은 '별'(star)이다. 저자가 두 사람을 소개하되, 특별히 에스더를 곱고 아리따운 처녀라고 말하므로 아하수에로의 왕후로 간택될 것을 암시한다.

저자는 이들을 소개한 후에 왕의 명령이 반포되고 처녀들이 수산에 많이 모였는데 그중에 궁녀를 주관하는 헤게의 수하에 들어가고, 헤게가 에스더를 좋게 보고 은혜를 베풀었다고 소개한다(에 2:8-9). 그러나 에스더는 자기의 민족과 종족을 말하지 아니하였는데 이는 모르드개가 말하지 말라고 하였기 때문이다(에 2:10). 그리고 아하수에로 왕 7년, 곧 주전 479년에 왕이 모든 여자보다 에스더를 사랑하므로 더 은총을 얻어 왕후가 되었다(에 2:16-17). 이때는 주전 481-479년에 치른 그리스와의 3차 전쟁이 끝난 후다(헤로도토스 2008).

하나님은 고레스 칙령으로 유다인들이 자기 나라로 돌아갈 수 있는 기회를 주셨다(대하 36:22). 그러나 모든 백성이 이 기회를 받아들인 것이 아니다. 다수는 긴 여행과 가나안의 어려움을 생각하고 바벨론에서 편안한 삶을 누리기를 원했던 것 같고, 그중에 모르드개도 있었다. 모르드개는 에스더가 왕후가 되면 출세를 위한 발판이 될 수 있었기에 이방 결혼을 반대하지 않았다(참조. 신 7:3-4). 특히 그는 에스더에게 자기 민족과 종족에 대하여 말하지 말라고 하므로 다니엘과 달리 이방적이고 거룩하지 못한 것과 마주할 수밖에 없었고 하나님의 언약에 맞는 생활 방식을 처음부터 포기했다(비스케르커 1991, 29-30).

(3) 모르드개가 왕의 암살을 피하게 함(에 2:19-23)

에스더가 왕후가 되기는 했지만 왕은 만족하지 못하고 다시 처녀를 모은 것처럼 보인다(에 2:19). 그때 모르드개는 대궐 문에 앉아 있었다. 모르드개는 에스더의 추천으로 수산성의 법을 관할하는 자리에 임명되었을 것이다. 왜냐하면 '문'은 전통적으로 법정이었기 때문이다(참조. 룻 4:1-10)(볼드윈 2015, 603). 에스더는 왕후가 되었는데도 자기 민족과 종족을 말하지 않았다. 이는 왕궁에서의 삶을 지속하기 위한 것이다. 이러한 상황에서 문을 지키던 왕의 내시 빅단과 데레스 두 사람이 아하수에로 왕을 암살하려는 음모를 꾸미는 것을 모르드개가 알고 왕후 에스더에게 알렸고, 에스더는 모르드개의 이름으로 왕에게 말했다(에 2:21-22). 이 보고가 사실임이 입증되어 두 사람을 나무에 달고, 이 일을 왕 앞에서 궁중 일기에 기록했다(에 2:23). 이러한 설명은 에스더서의 중요한 배경을 보여 주어 에스더의 역할과 궁중 일기에 기록된 일이 어떤 일을 야기할 것인지 암시를 준다.

2. 분규: 모르드개와 하만의 갈등(에 3:1-6:14)

이 문단은 에스더 이야기의 핵심 부분으로 하만이 높여지고 이와 관련하여 모르드개가 하만에게 절하지 아니하므로 모르드개만이 아니라 유다인 전부를 죽이도록 왕의 반지로 인을 치게 되는 사건과, 이 문제를 해결하기 위하여 어떤 일이 있었는지를 기록하고 있다. 이 문단은 문제를 진술하고 그 문제를 해결하기 위하여 주인공들이 행한 일들을 설명한다.

내용 분해

(1) 하만이 모든 유다인을 죽일 음모를 꾸밈(에 3:1-15)

(2) 회개와 에스더의 결단(에 4:1-17)

(3) 에스더가 왕과 하만을 잔치에 청함(에 5:1-8)

(4) 하만이 모르드개를 죽일 나무를 세움(에 5:9-14)

(5) 왕이 모르드개를 높임(에 6:1-14)

내용 해설

(1) 하만이 모든 유다인을 죽일 음모를 꾸밈(에 3:1–15)

에스더는 아하수에로 7년, 곧 주전 479년에 왕후가 되고(에 2:16) 모르드개는 왕후의 후견인이 되므로 세상적으로 볼 때 모든 것을 가진 것처럼 보인다. 고대 도시에서 왕궁의 문은 상업적이며 법적인 중심지 기능을 하였고, 재판이 이루어지는 기능도 가지고 있었다(신 21:18–20; 수 20:4; 룻 4:1–11; 시 69:12). 에스더 3:2에도 보면 '대궐 문에 있는 왕의 신하들'이라고 했다. 그런데 페르시아에 살던 온 유다 백성들에게 위기가 찾아온 때는 아하수에로 왕 12년, 곧 주전 474년에 일어났다(에 3:7). 그것은 왕이 아각 사람 하만의 지위를 높여 함께 있는 모든 대신들을 그 앞에 꿇어 절하게 하였기 때문이다(에 3:1–2). 무릎을 꿇는다는 말은 그의 지위를 인정하고 복종한다는 뜻이다. 이는 왕이 명령한 것이므로 정당한 일이었다(에 3:3). 그런데도 모르드개는 하만에게 무릎을 꿇지 않았다. 모르드개가 하만에게 무릎을 꿇지 않은 이유를 말하기를 자신은 유다인이기 때문에 절하지 않는다고 했다(에 3:3–4). 유다인이라는 것이 하만에게 무릎을 꿇지 말고 복종하지 말아야 할 이유가 될까? 성경에 보면 아브라함은 그의 아내 사라가 죽었을 때 매장지를 얻기 위하여 하나님이 장차 멸하시기로 작정한 헷 사람에게 절했다(창 23:7). 이러한 경우에 절한다는 것은 그의 지위를 인정하고 충성한다는 의미이다. 오늘날 그리스도인 역시 하나님이 각 사람들 위에 세우신 권세에 대하여 그 권위를 인정하고 복종해야 한다(롬 13:1; 벧전 2:13–17).

그런데 모르드개가 하만에게 절하지 않은 것은 자신이 유다인이기에 '아각 사람 함므다다의 아들 하만'에게 절하지 아니한다고 한 말을 볼 때 하만의 종족과 연관이 있는 것처럼 보인다. 일반적으로 아각은 아말렉 왕의 이름이나 왕호로 본다(삼상 15:8, 9–20, 32–33). 하나님은 출애굽 당시에 아말렉이 이스라엘 백성들을 뒤에서 공격하였기 때문에 "아말렉과 더불어 대대로 싸우리라"(출 17:16)라고 맹세하셨고, 모세는 "천하에서 아말렉에 대한 기억을 지워 버리라"(신 25:19)고 명령했다. 이 말씀을 근거로 크라프(De Graaf 1981a, 442)는 모르드개의 행동을 가리켜 믿음의 행동이라고 말했다. 심지어 그리스도의 모형이라고 했다(De

Graaf 1981a, 446–448). 그러나 사사나 제사장이나 선지자직은 언약 안에 있는 그리스도를 가리킬 수 있으나 모르드개는 그러한 직분을 가지고 있지 않다. 그리고 모르드개는 처음에 유다 백성으로서의 위치를 무시하고 자신의 유익을 찾았다. 고귀한 사람에게 절하는 것은 우상숭배가 아니다. 모르드개가 하만에게 절하지 않은 것은 유다인의 민족주의적 고집 때문이다(비스케르커 1991, 16). 그러나 아각을 아말렉 왕의 이름이나 왕호로 본다면 모르드개가 자신은 유다인이기 때문에 하만에게 절하지 않는다고 말한 것은 아각과 연관이 있는 것처럼 보인다. 저자가 의도적으로 하만을 가리켜 '아각 사람 함므다다의 아들'이라고 밝히는 것은 그 점이 암시한다고 본다. 그래서 모르드개가 처음에는 세상의 유익을 따라 처신했다 할지라도 하만의 등장으로 그의 생각이 달라졌을 수도 있었을 것이라고 가정한다.

그러나 모르드개의 이 행동은 그가 전혀 예상하지 못한 방향으로 흘러갔다. 하만이 매우 노하여 모르드개만이 아니라 페르시아 전역에 있는 온 유다 민족을 멸하려고 하였기 때문이다(에 3:6). 이뿐만 아니라 그들을 죽이는 날짜를 제비를 뽑아 열두째 달에 죽이도록 정했다(에 3:7). 여기서 '제비'라는 말은 '부르'(פּוּר)로 운명을 결정하기 위하여 만든 흙으로 된 작은 주사위인데 다신교적 사회에서 사용되었다. 페르시아에서 '부르'는 신년절기와 맞물린 관습이었다(레이드 2015, 124–125). 여기서 '부르 곧 제비'라고 하여 '제비'를 히브리어로 '고랄'(גּוֹרָל)이라는 단어로 설명하고 있는 것을 볼 때 '부르'는 페르시아어라는 것을 알 수 있다. 여기에서 에스더에 기록된 사건을 기념하는 '부림절'이 나왔다. 다행스럽게도 제비를 뽑은 날은 첫째 달인 니산월이지만 유다인을 멸하기로 하고 뽑은 날은 열두 번째 달인 아달월이었다. 이것은 모르드개와 유다인의 관점에서는 열두 달의 시간을 얻은 것이다. 이것은 우연처럼 보이지만 하나님의 섭리의 결과로 보아야 한다. 하만은 그의 계획을 확실하게 하기 위하여 왕에게 한 민족, 곧 유다 민족을 용납하는 것은 법률이 달라 왕에게 무익하다고 말하고, 페르시아의 변개할 수 없는 법인 왕의 반지로 인친 조서까지 받았다(에 3:8–12). 당시 페르시아에서는 왕의 반지로 인친 조서는 왕이라 할지라도, 설령 그것이 잘못된 것이라고 할지라도 바꿀 수 없었다(참조. 에 8:8; 단 6:14–15).

그러면 왜 유다인에게 전멸될 수 있는 위기가 찾아왔는가? 표면적으로는 모르드개가 하만에게 절하지 않은 데 이유가 있는 것처럼 보이지만 더 근본적이고 본질적인 이유가 있다. 그것은 하나님이 예레미야 선지자를 통하여 말씀하신 대로 70년이 지나면 고국으로 돌아가게 될 것이라고 약속하셨는데도(렘 25:11-14; 29:10-14) 그들은 돌아가지 않았고, 또한 바벨론식 이름으로 개명하고 에스더의 민족과 종족을 숨기고 하나님이 금하신 이방인과 결혼하여 왕후가 되었기 때문이다. 이 일은 치명적인 결과를 가져왔다. 하나님이 이스라엘 백성과 언약을 맺으시고 그들에게 복과 은혜를 주셔서 천하 만민이 구원을 얻을 수 있는 메시아를 보내시는 통로가 차단될 위험에 처하였기 때문이다(참조. 창 18:17; 22:17-18; 26:4). 그들에게 위기가 찾아온 것은 하나님의 백성이라는 정체성을 버리고 세속적인 욕망을 따라 살려고 하였기 때문이다. 그래서 하나님은 징계의 수단으로 페르시아의 법과 권력을 사용하여 그들을 위기에 빠지게 하셨던 것이다.

(2) 회개와 에스더의 결단(에 4:1-17)

모르드개는 하만이 변개할 수 없는 왕의 조서를 받았음을 알고 자기의 옷을 찢고 굵은 베옷을 입고 재를 뒤집어쓰고 성중에 가서 대성통곡했다(에 4:1). 왕의 조서가 각 지방에 이르자 유다인이 크게 애통하여 금식하며 울부짖었고, 재에 누운 자도 많이 있었다(에 4:3). 이러한 행동은 하나님이나 기도라는 용어가 없어도 구약성경에 익숙한 자라면 슬픔과 회개를 표현하는 행동임을 알 수 있다(삼상 7:6; 스 8:21, 23; 단 9:3; 느 9:1; 욘 3:5 등). 저자가 다른 종교적인 개념이나 어휘를 사용하지 않고 금식이라는 용어를 사용한 것은 하나님이 전체 이야기에 능동적으로 역사하신다는 것을 나타내는 수사적 장치이다(Dillard & Yamauchi 2002, 720).

에스더의 시녀와 내시가 모르드개가 굵은 베옷을 입고 금식한다는 소식을 에스더에게 전하자 에스더가 모르드개가 입을 의복을 보내었으나 받지 않았다. 에스더는 하닥을 불러 그 연유가 무엇인지 알아보게 했다. 모르드개는 하닥에게 하만이 한 행동과 왕의 조서 초본을 주어서 에스더가 알게 하여 왕에게 나아가 자기 민족을 위하여 구하라고 했다(에 4:4-8). 에스더는 이 말을 듣고 모르드개에게 누구든지 부름을 받지 아니하고 왕에게 나아가면 죽이는 법이 있고, 왕이 그에게 금 규를 내밀어야 살 수 있다는 것과 왕에게 나가지 못한 것이 이미 30일이 되었다고 전하라고 했다(에 4:10–11). 모르드개가 이 말을 듣고 "이때에 네가 만일 잠잠하여 말이 없으면 유다인은 다른 데로 말미암아 놓임과 구원을 얻으려니와 너와 네 아버지 집은 멸망하리라. 네가 왕후의 자리를 얻은 것이 이때를 위함이 아닌지 누가 알겠느냐"(에 4:14)라고 말했다. 여기에 에스더서의 주제가 가장 분명하게 나타나 있다(Dillard & Yamauchi 2002, 719). 이 말씀은 하나님이나 제사, 기도와 같은 용어가 없다고 할지라도 에스더서에서 하나님의 섭리와 구원을 가장 선명하게 보여 준다. 유다인들이 구원을 받으리라는 모르드개의 확신은 약속을 성취하신다는 하나님의 주권에 근거해 있다. 특별히 여기에 '다른 데로'(밈마콤 아헤이르, מִמָּקוֹם אַחֵר)라는 말씀은 에스더가 이 일을 하지 않는다면 하나님이 어떤 방법을 사용해서라도 자기 백성을 구원해 주신다는 모르드개의 믿음이 담겨 있다. 에스더는 모르드개의 말을 듣고 모르드개에게 수산에 있는 모든 유다인을 모으고 자기를 위해 3일을 먹지도 말고 마시지도 말고 금식하며, 자신도 시녀와 함께 금식한 후에 규례를 어기고 왕에게 나아갈 것이라고 하면서 '죽으면 죽으리이다'(에 4:16)라고 하였다. 에스더가 이렇게 말한 것은 왕이 부르지 않았을 때 나가면 죽일 수 있고, 왕이 금 규를 내밀어야 살 수 있는 규례가 있기 때문에 죽음을 각오하고 가겠다는 것이다.

오늘날 우리도 모르드개와 에스더와 같이 하나님이 명하시지 않은 방법으로 세상의 지위를 얻으려 하거나, 믿지 않는 자와 결혼하여 행복이나 신분 상승을 도모하면서 여러 말로 합리화하고 변명한다. 그러나 그래서는 안 된다. 그렇게 한다면 잠시 동안은 세상이 주는 쾌락의 맛을 볼지 몰라도 심각한 위기 상태에 빠질 수도 있다. 아무리 하나님이 택하신 백성이라 할지라도 우리가 하나님의 말씀을 순종하지 않으면 은혜를 누릴 수 없고 사람의 매와 인생의 채찍으로 징계를 받아 위기에 빠질 수도 있다(참조. 삼하 7:14). 그러나 그때에도 회개하고 주를 바라보는 일은 삶을 반전시키는 효과가 있다.

(3) 에스더가 왕과 하만을 잔치에 청함(에 5:1–8)

에스더는 유다인들이 금식하는 마지막 날인 '제삼일에' 왕후의 예복을 입고 왕궁의 안뜰, 곧 어전 맞은편에 섰다(에 5:1). 그러자 왕은 에스더가 뜰에 선 것을 보고 금 규를 내밀었다(에 5:2). 이것을 우연이라고 볼 수 있는가? 유다인이 금식하며 기도한 것을 하나님이 들으시고 섭리하셨다! 그때 왕은 에스더에게 "그대의 소원이 무엇이며 요구가 무엇이냐? 나라의 절반이라도 그대에게 주겠노라"(에 5:3)라고 했다. 에스더는 왕의 물음에 대하여 대답하지 않고 왕에게 하만과 함께 잔치에 참여해 줄 것을 청했다(에 5:4-5). 왕은 에스더의 요구대로 하만과 잔치에 참여하였고, 왕이 동일한 질문을 하여도 에스더는 왕의 질문에 대답하지 않고 내일 자신이 베푸는 잔치에 오면 말하겠다고 하면서 대답을 또 지연시켰다(에 5:6-8). 에스더는 왕이 두 번이나 동일한 질문을 해도 대답을 지연했다(에 5:3, 6). 세 번째로 동일한 질문을 했을 때까지 지연했다(에 5:3, 6; 7:2). 저자는 이러한 지연을 구성(plot)의 하나로, 긴장을 유지하는 문학적 장치로 활용한다(Dillard & Yamauchi 2002, 720). 이것은 하만이 스스로 자신을 높이고 새로운 일을 도모하며(에 5:11-12), 모르드개에게 상을 베풀 때(에 6:6-11)까지 지연하여 긴장과 반전을 기대하게 만든다.

(4) 하만이 모르드개를 죽일 나무를 세움(에 5:9-14)

에스더의 잔치에 참여한 하만은 매우 기뻐했으나 그 즐거움은 오래가지 못했다. 왜냐하면 모르드개가 대궐 문에 있어 일어나지도 아니하였기 때문이다(에 5:9). 하만은 사람을 보내어 그의 친구들과 그의 아내 세레스를 불러 왕후 에스더의 잔치에 왕과 함께 청함을 받은 것을 말했다. 그러나 모르드개가 대궐 문에 앉은 것을 보는 동안에 왕과 함께 왕후의 잔치에 참여한 모든 일이 만족하지 못하다고 말했다(에 5:10-13). 그러자 그의 아내 세레스와 친구들은 50규빗(22.5m) 높이의 나무를 세우고 내일 왕에게 모르드개를 매달기를 구하고 즐거이 잔치에 가라고 했다. 하만은 그 말을 받아들이고 나무를 세웠다(에 5:14).

(5) 왕이 모르드개를 높임(에 6:1-14)

하만이 모르드개를 죽일 나무를 세운 그날 밤에 왕이 잠이 오지 않아 명령하여 역대 일기를 가져다가 읽게 했다. 그런데 그 일기에 문을 지키던 두 내시 빅

다나(빅단)와 데레스가 아하수에로 왕을 암살하려는 음모를 모르드개가 고발한 내용을 듣게 되었다(에 6:1–2). 이 사건은 아하수에로 왕 제7년, 곧 주전 479년(486년, 즉위년을 기준으로 7년이 경과)에 있었고 궁중 일기에 기록되었다(에 2:21–23). 그런데 아하수에로 왕이 역대 일기를 읽은 때는 아하수에로 왕 12년, 곧 주전 474년으로 사건이 발생한 지 약 5년이 지났다. 많은 역사 기록 가운데 거의 5년이 지난 기록을 왕이 읽었다는 것은 무엇을 의미하는가? 우연의 일치처럼 보이는 이 일은 유다인들이 금식할 때 했던 기도의 응답으로 일어났다고 밖에 달리 설명할 수가 없다(볼드윈 2015, 606).

왕이 역대 일기를 읽고 모르드개에게 무슨 존귀와 관직을 베풀었는지 물었을 때 마침 하만이 자기가 세운 나무에 모르드개를 달기를 왕에게 구하기 위하여 왔다(에 6:3–4). 왕은 하만에게 존귀하게 하기를 원하는 자에게 어떻게 하여야 할 것인지 물었다(에 6:6). 하만은 그 영예의 수혜자가 자신이라고 생각하고 왕의 옷을 입고, 왕의 말을 타고, 왕이 쓰는 왕관을 주어서 "왕의 신하 중 가장 존귀한 자의 손에 맡겨서 왕이 존귀하게 하기를 원하시는 사람에게는 이같이 할 것이다"(에 6:9)라고 외치게 하라고 아뢰었다. 그러자 왕은 하만에게 그의 말대로 조금도 빠짐없이 모르드개에게 그같이 하라고 명령했다(에 6:10). 하만이 모르드개를 왕의 말에 태우고 왕이 쓰는 왕관을 주고서 외치는 장면을 상상해 보라. 이것을 우연이라 할 수 있겠는가? 하만이 자신이 당한 일을 그의 아내와 친구들에게 이야기하자 그중에 지혜로운 자와 그의 아내 세레스가 모르드개가 유다 사람의 후손이면 그 앞에 굴욕을 당하기 시작했으니 능히 이기지 못할 것이라고 단언했다(에 6:13). 그런데 저자는 이들의 말이 아직 그치지 아니하여서 왕의 내시들이 하만을 데리고 에스더가 베푼 잔치에 빨리 나아갔다고 했다(에 6:14). 하만의 생각과는 달리 모르드개가 높아지는 사건은 아이러니하면서도 대조적으로 묘사되고 있고, 우연의 일치처럼 보이지만 보이지 않는 하나님의 손길을 느끼게 만든다.

이제 언약 백성인 유다 민족과 아각 사람 하만의 갈등은 그 끝을 향하여 빨리 진행한다는 것을 보여 준다.

3. 절정: 하만의 죽음과 방어를 위한 조서가 선포됨 (에 7:1-9:16)

이 문단은 구성의 절정으로 갈등이 해소되고 원수 하만이 사형에 처해지는 이야기와 그를 지지하던 세력이 멸망당하는 이야기를 기록하고 있다. 절정에서는 문제가 어떻게 해결되었는지를 설명한다.

내용 분해

(1) 하만이 나무에 달림(에 7:1–10)
(2) 유다 사람들이 스스로 방어할 수 있는 왕의 조서가 반포됨(에 8:1–17)
(3) 유다 사람들이 대적들을 진멸함(에 9:1–16)

내용 해설

(1) 하만이 나무에 달림(에 7:1–10)

왕은 하만과 함께 왕후 에스더의 잔치에 참여하여 에스더에게 청이 무엇인지 세 번째로 동일하게 물었다(에 5:3, 6; 7:2). 에스더는 이틀 동안 두 번의 잔치에서 대답하지 않으므로 긴장감을 주었지만 세 번째 물음에 드디어 대답했다. 그것은 "내 생명을 내게 주시고 내 요구대로 내 민족을 내게 주소서. 나와 내 민족이 팔려서 죽임과 도륙함과 진멸함을 당하게 되었나이다. 만일 우리가 노비로 팔렸더라면 내가 잠잠하였으리이다. 그래도 대적이 왕의 손해를 보충하지 못하였으리이다"(에 7:3–4)라고 말했다. 배리 웹(2014, 1010)은 에스더의 논리를 이렇게 풀었다. "만약 왕이 유다 사람을 노예로 삼는다면 왕은 적어도 그들의 노동력을 활용할 수 있을 것이다. 그러나 만약 그들이 모두 살해되게 내버려 둔다면 왕은 귀중한 재산을 잃어버리는 것과 똑같은 것이다." 왕이 이 말을 듣고 이러한 생각을 품은 자가 누구냐고 물었다. 에스더가 대적과 원수는 하만이라고 하자 왕이 노하여 잔치 자리를 떠나 왕궁 후원으로 들어갔다(에 7:5–7). 하만은 왕이 자기에게 벌을 내리기로 결심한 줄 알고 자기의 생명을 구걸하기 위하여 에스더가 앉은 걸상 위에 엎드렸는데 우연의 일치처럼 왕이 바로 그때 들어와 왕후를 강간하는 것으로 오해했다(에 7:7-8). 이때 왕을 모신 내시 중에 하르보나가 하만이 모르드개를 달기 위해 나무를 준비했다고 말하자 왕은 하만을 그 나무에 달게 했다(에 7:9-10).

(2) 유다 사람들이 스스로 방어할 수 있는 왕의 조서가 반포됨(에 8:1-17)

보이지 않는 하나님의 손이 페르시아에 사는 유다인의 운명을 단 하루만에 바꾸셨다. 그러나 여전히 남아 있는 문제가 있었다. 그것은 하만은 죽었지만 하만이 법안을 제출하여 왕의 반지로 도장을 찍어 반포한 법은 철회할 수 없다는 것이다(에 8:8; 참조. 에 1:19; 단 6:8, 15). 이때 에스더는 죽음을 각오하고 왕이 부르지 않았는데도 왕에게 나아가 하만이 유다인을 진멸하려고 만든 왕의 조서를 철회해 줄 것을 청했다(에 8:3-5). 그러나 왕은 왕의 반지로 인친 조서는 누구든지 철회할 수 없기에 "왕의 명의로 유다인에게 조서를 뜻대로 쓰고 왕의 반지로 인을 치도록" 명령했다(에 8:8). 그 조서는 시완월, 곧 삼월 이십삼일에 모르드개가 시키는 대로 쓴 내용으로 유다인들이 스스로 생명을 보호하고 그들을 치려 하는 자들과 그들의 처자를 죽이고 재산을 탈취하게 하되 아달월, 곧 열두 번째 달 13일 하루 동안에 하게 한 것이다(에 8:9, 11-12). 이 문체는 에스더 3:12-14과 대조를 이룬다. 그래서 페르시아에 흩어져 있는 유다인들은 스스로 방어할 수 있는 법적 권리를 얻었다.

두 개의 왕의 조서가 같이 적용이 된다면 필연적으로 갈등을 빚어 싸울 수밖에 없다. 그러나 저자는 이전에 모르드개가 굵은 베옷을 입은 것과 대조적으로 푸르고 흰 조복을 입고 금관을 쓰고 자색 가는 베옷을 입은 것으로 묘사한다(에 8:15; 참조. 에 4:1). 이것은 모르드개가 페르시아에서 영향력이 있는 위치에 올랐다는 것을 뜻한다. 그러므로 두 개의 왕의 조서 가운데 유다인이 스스로 자신을 방어할 수 있는 조서가 더 큰 영향력을 발휘할 것을 예견하게 한다.

(3) 유다 사람들이 대적들을 진멸함(에 9:1-16)

왕의 조서를 시행하는 아달월, 곧 열두 번째 달 13일이 되었다. 하만에 의해 내려진 왕의 조서(에 3:12)와 모르드개에 의해 내려진 왕의 조서(에 8:7-14)가 대칭을 이루고 있다. 그러나 저자는 그날을 유다인의 대적들이 그들을 제거하기를 바랐지만 유다인이 도리어 자기들을 미워하는 자들을 제거하는 반전의 날로 설명한다(에 9:1). 당시 하만을 추종하여 유다인을 죽이려고 하는 무리들이 페르시아 전역에 많이 있었다. 결과적으로 볼 때 유다인들이 생명을 보호하기 위하여 죽인 사람들이 당시 페르시아의 수도인 수산성에 8백 명이었고(에 9:6, 15) 왕국 전체에서는 7만5천 명이었다(에 9:16). 이로 볼 때 하만은 그를 추종하는 세력들을 조직하고 있었고 그를 지지하는 사람들이 많았다는 것을 알 수 있다. 그리고 유다인들은 대적 하만의 열 아들을 죽였으나 이들의 재산과 다른 나머지 대적들 7만5천 명의 재산에는 손을 대지 않았다(에 9:10, 15, 16). 유다인들이 대적들을 죽인 것은 민족주의에 따른 복수심에 의한 것은 아니다. 중요한 것은 하나님이 유다인을 멸하려 했던 아각 사람 하만과 그를 추종하는 사람들을 심판하여 유다인을 대적들의 손에서 벗어나게 하셨다는 것이다(비스케르커 1991, 64).

유다인들이 어떻게 이들을 이기고 생명을 보호할 수 있었을까? 여기에는 모르드개와 에스더, 그리고 유다인들의 금식이 있었다. 그리고 모르드개가 왕궁에서 존귀하게 되어 점점 창대해졌기 때문이다(에 9:4). 무엇보다도 하나님이 아브라함의 자손을 보호하여 그리스도를 보내시려는 약속을 성취하시기 위하여 역사의 배후에서 섭리하셨기 때문이다. 그래서 유다인들이 스스로 생명을 보호하며 대적들에게서 벗어나므로 그리스도가 오시는 통로를 예비할 수 있게 되었다.

이후의 역사를 보면 이때 하나님이 페르시아에 남아 있었던 유다인들을 포함하여 전체 이스라엘 백성들을 통하여 메시아, 곧 그리스도를 보내어 주셨다. 그리고 오늘 우리도 그리스도를 믿음으로 아브라함이 받은 기업을 받은 자가 되었고, 이 역사 세계에서 하나님 나라를 건설하는 자가 되게 하셨다.

4. 대단원: 유다인들이 잔치를 베풀고 즐김(에 9:17-19)

유다인들은 열두 번째 달인 아달월 13일에 이 일을 행하였는데, 수산에 사는 유다인들은 13일과 14일 양일 동안 대적들을 죽였고 15일에 쉬고 잔치를 즐겼다. 그리고 시골에 있는 사람들은 아달월 14일을 명절로 삼아 그날에 잔치를 베풀고 서로 예물을 주고받았다. 이날을 명절로 지켰다는 것은 이날의 일이 특별한 구원의 사건이기 때문이다.

5. 부록: 부림절(에 9:20-32)

이 문단은 앞의 이야기의 결과로 제정된 부림절에 대하여 구체적인 내용을 담고 있다. 왜 부림절이 제정되었고, 어떻게 지켜야 할 것인지를 모르드개의 편지(에 9:20)와 에스더의 편지(에 9:29)를 통해 설명한다. 여기서도 저자는 다른 기록들처럼 중복하여 기록하고 있다.

내용 분해

(1) 모르드개의 편지(에 9:20–28)
(2) 에스더의 편지(에 9:29–32)

내용 해설

(1) 모르드개의 편지(에 9:20–28)

모르드개는 한 규례를 세워 해마다 아달월 14–15일을 기념하여 지키게 했다. 이 절기를 지켜야 할 이유를 유다인들이 대적들에게서 벗어나 평안함을 얻어 슬픔이 변하여 기쁨이 되었고, 애통이 변하여 길한 날이 되었기 때문이라고 했다(에 9:20–22). 그리고 하만이 유다인을 진멸하기 위하여 '부르'(פּוּר), 곧 제비를 뽑아 멸하려고 하였으나 에스더가 왕 앞으로 나아감으로 인해 하만과 그의 아들들을 나무에 달게 하였기 때문에 '부르'의 이름을 따서 이 두 날을 '부림'(פּוּרִים)이 라고 했다(에 9:26). 이것이 부림절을 지켜야 할 이유이다. 모르드개는 아달월 14일과 15일을 부림절로 지키고 이날에 잔치를 베풀고 즐기며, 서로 예물을 주고 가난한 자를 구제하라고 했다(에 9:22). 이것은 아하수에로 사건에 있었던 특별한 구원의 사건과 에스더의 행동을 기억하도록 하려는 것이다.

(2) 에스더의 편지(에 9:29-32)

에스더는 부림에 대한 절기를 지키되, 127 지방에 있는 모든 유다인들에게 편지를 보내어 지키게 했다. 특별히 앞의 첫 번째 편지와는 달리 유다인이 금식하며 부르짖은 것으로 말미암아 자기와 자기 자손을 위하여 정한 바가 있기 때문이라고 했다(에 9:31). 이것은 위기 가운데 금식과 부르짖음이 중요할 뿐만 아니라 이때에 자기와 자손들을 위하여 세운 내용이 있었던 것으로 보인다. 특히 여기서 금식을 말하고 있는 것은 위기의 순간에 모르드개와 유다인과 에스더가 금식한 사건을 상기시킨다(에 4:3, 16). 이것은 금식과 부르짖음이 사건을 반전시키는 중요한 요소였다는 사실을 설명하고, 부림절을 지킬 때마다 이 일의 중요성을 기억하게 하려는 것이다. 성경에 금식은 강제적인 규정이나 반드시 지켜야 할 율법은 아니다. 금식은 일종의 선택 사항(option)이지만 일의 긴급성을 깨닫고 이 은혜의 신비를 아는 사람들은 반드시 할 수밖에 없는 은혜의 수단이기도 하다.

6. 결말(에 10:1-3)

이 문단은 아달월 13일 이후 유다인의 안전이 어떻게 유지되었는가를 보여 주려는 것이다(비스케르커 1991, 66). 아하수에로 왕은 원근 각처에서 조공을 받았다. 이것은 아하수에로가 이스라엘 백성들을 보호한 결과로 이사야 43:3의 말씀대로 하나님이 주신 보상이기도 하고, 창세기 12:3의 아브라함의 자손으로 말미암아 복을 받게 되리라는 말씀이 이루어진 것이기도 하다. 그리고 이 말씀은 세상의 역사에서 하나님의 백성이 중심임을 보여 준다. 하나님의 백성인 교회를 보호하는 나라는 하나님으로부터 세상적인 복을 받을 수 있다(비스케르커 1991, 66–67).

하만과 대조적으로 모르드개는 점점 높아져 아하수에로 왕의 다음이 되었다(에 10:3; 참조. 에 3:1). 그리고 모르드개는 유다인들에게 존경을 받고 그의 백성의 이익을 도모하며 백성들을 위로했다. 이러한 결말은 언약 백성들의 안전이 유지되고 있다는 것을 보여 준다.

왜 하나님은 이들을 보호하셨는가? 이들은 하나님이 선택하신 자신의 백성이기 때문이다. 특별히 이들은 아닥사스다 왕 7년, 곧 주전 458년에 에스라를 중심으로 바벨론에서 2차로 귀환한 자들이다(참조. 스 7:7; 7:27–8:20). 에스라와 함께 올라와 아닥사스다 왕 20년에 있었던 성벽 재건에 참여하고 영적 부흥에 참여했다. 이것은 하나님이 이들을 선택하여 그리스도를 보내시고 원래 작정하신 대로 구원, 곧 하나님 나라를 이루신다는 것을 보여 준다.

V. 구속사적 의미

구속사에서 에스더서의 위치

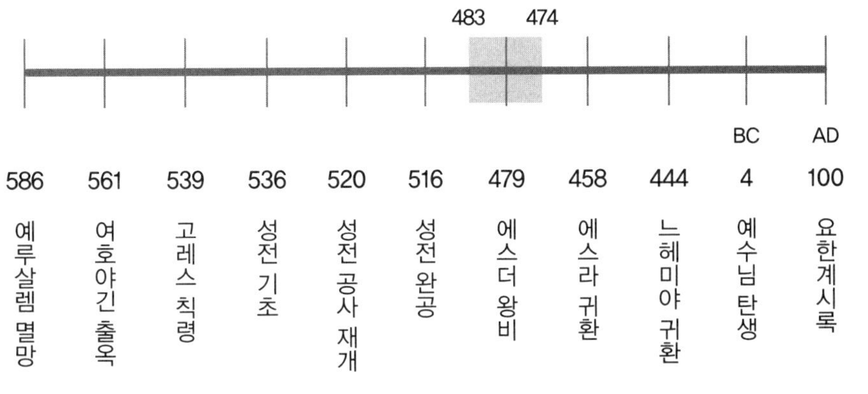

에스더서는 페르시아의 아하수에로(주전 486–465) 3년, 곧 주전 483년에 지방장관과 신하들을 위해 잔치를 베풀었을 때부터(에 1:3) 아하수에로 왕 12년, 곧 주전 474년에 하만이 모르드개와 그의 민족을 멸하기 위하여 제비를 뽑아 정한 아달월, 곧 열두 번째 달까지(에 3:7)의 구속사를 담고 있다.

에스더서는 주전 539년 고레스 칙령(대하 36:22–23; 스 1:1–4) 이후에 예루살렘으로 돌아가지 않고 페르시아에 남아 있었던 모르드개와 에스더를 중심으로 일어난 사건을 다루고 있다. 아하수에로 시대에 언약 백성들이 큰 위기 가운데 빠지게 되었을 때 하나님이 역사를 섭리하여 구원해 주셨다. 이것은 바로 유다 민족을 통하여 약속하신 그리스도를 보내시기 위함이다. 그리스도는 여자의 후손(창 3:15), 아브라함의 후손(창 22:3), 유다의 후손(창 49:8–10), 다윗의 후손, 곧 유다 민족에게서 나올 사람으로 예언되셨다. 유다 민족에 대한 하만의 공격은 그리스도의 오심을 막아 버리는 사탄의 행동이다. 그러나 하나님은 사탄의 위협을 받았던 백성을 구원하시므로 그리스도가 태어날 거룩한 백성을 보호하셨다(비스케르커 1991, 19–20). 특별히 하나님의 섭리적 보호는 이 책에서 반복적으로 나타나는 우연의 일치처럼 보이는 운명의 반전(peripety)에서 잘 보여 준다(에 2:21–22; 6:1, 4; 7:7–8).

이 구속사에서 이스라엘은 언약 백성으로서 삶의 특성을 버리고 약속을 온전히 믿지 못하였기 때문에 위기에 처하게 되었다. 그러나 모르드개와 유다인들이 굵은 베옷을 입고 재를 뒤집어 쓴 일(에 4:1–3)과 모르드개의 믿음과 에스더의 용기도 구속사에서 구원을 경험하는 일에 중요한 역할을 했다. 모르드개의 믿음은 위기 가운데서 에스더에게 "이때에 네가 만일 잠잠하여 말이 없으면 유다인은 '다른 데로'(밈마콤 아헤이르, מִמָּקוֹם אַחֵר) 말미암아 놓임과 구원을 얻으려니와"(에 4:14)라고 한 말에 잘 나타나 있다. 모르드개는 에스더가 이 일을 하지 않는다면 하나님이 어떤 방법을 사용해서라도 자기 백성을 구원해 주실 것이라는 하나님의 섭리를 믿었다. 그리고 에스더는 모르드개의 말을 듣고 백성들과 함께 3일을 금식한 후에 '죽으면 죽으리이다'(에 4:16)라는 각오로 왕에게 나아갔다. 에스더서에 기록된 구속사에서 모르드개와 에스더가 하나님의 약속과 섭리를 믿고 순종한 인간의 책임적인 행동과 금식은 구속사를 경험하고 이루는 실제적인 방법이라는 것을 보여 준다. 구속사에서 이들은 아닥사스다 왕 7년, 곧 주전 458년에 에스라와 함께 귀환하여 영적 부흥에 참여했다(참조. 스 7:7; 7:27–8:20).

참고문헌(Bibliography)

가이슬러, 노르만 1991. 『구약성경 개론』. 윤영탁 역. 서울: 엠마오.
강정주 2006. 『솔로몬과 열왕기 이해』. 서울: 기독교문서선교회.
강정주 2013. 『열왕기 어떻게 읽을 것인가』. 용인: 킹덤북스.
고재수 1989. "구약의 역사적 본문에 대한 기독론적 해석." 『고려신학보』 제17집. 부산: 고신대학 신학대학원 출판부.
고재수 1991[1987]. 『구속사적 설교의 실제』. 서울: 기독교문서선교회.
골즈워디, 그레이엄 2010. 『복음 중심 해석학』. 배종열 역. 서울: 기독교문서선교회.
그닐카, 요하힘 2006. 『에페소서』. 강원돈 역. 서울: 한국신학연구소.
그레이, 존 1993. 『열왕기상』. 김진호, 이재원, 최형묵 역. 서울: 한국신학연구소.
김성수 2015. 『구약의 키』. 서울: 생명의 양식.
김영진 2001. "에스라-느헤미야에 나타난 유다 백성의 야웨 신앙." 『구약논단』 10집. 서울: 한국구약학회.
김의원 2005. "예수 안에서 함께 지어져 가는 성전으로서의 교회를 꿈꿉니다." 『그 말씀』. 서울: 두란노.
김정우 2001. "다윗 언약의 헌장." 『그 말씀』. 서울: 두란노서원.
김정우 2008. "엘리사 이야기." 『열왕기하, 어떻게 설교할 것인가』. 서울: 두란노 아카데미.
김지은 1999. "페르시아 제국시대 시리아-팔레스틴의 행정체제." 『구약논단』 6. 한국구약학회: 145-171.
김지찬 1996. 『언어의 직공이 되라』. 서울: 생명의 말씀사.
김지찬 1999a. 『엔 샬롬 교향곡』 하. 서울: 기독신문사.
김지찬 1999b. 『요단강에서 바벨론 물가까지』. 서울: 생명의 말씀사.
김지찬 2009. 『거룩하신 여호와 앞에 누가 능히 서리요』. 서울: 생명의 말씀사.
김진수 2011. 『우리에게 왕을 주소서』. 수원: 합동신학대학원 출판부.
김진수 2012. "구약 내러티브의 해석과 설교 (1)." 『신학정론』 제30권 2호: 523-544.
김진수 2013. "구약 내러티브의 해석과 설교 (2)." 『신학정론』 제31권 1호: 35-62.
김회권 2005. "포로 공동체의 희망과 역경." 『그 말씀』 통권 88호. 서울: 두란노서원.
데이비스, D 랄프 1999. "땅 분배, 여호와의 영원한 분깃." 『그 말씀』. 서울: 두란노.
듀엘, 웨슬리 1994. 『기도로 세계를 움직이라』. 김지찬 역. 서울: 생명의말씀사.

드 브리스, J 2006. 『열왕기상』. 김병하 역. 도서출판 솔로몬.

랑게, J P 1979. 『랑게 구약 주석: 사사기, 룻기』. 배영철 역. 서울: 백합출판사.

레드파스, 알란 1982. 『그리스도인의 승리 생활』. 서울: 성서유니온.

레이드, 데브라 2015. 『에스더』. 채은하 역. 서울: CLC.

롱, 필립스 2014. "여호수아 해설." 『ESV 스터디 바이블』. 신지철 역. 서울: 부흥과개혁사.

마이어, F. B 1991. 『여호수아』. 정중은 역. 서울: 기독교문서선교회.

민경진 2005a. 『선구자들의 하나님: 설교자를 위한 에스라 · 느헤미야 연구』. 서울: 한국성서학연구소.

민경진 2005b. "에스라-느헤미야의 문학적 구조." 『그 말씀』. 서울: 두란노.

민경진 1995. 『에스라 느헤미야서 연구』. 서울: 도서출판 한들.

민경진 2012. "에스라-느헤미야서 심층 이해를 위한 열 가지 논고." 『부산장신논총』 12집: 31-51.

민영진 1995. 『이스라엘 이야기: 그들의 믿음, 희망, 사랑, 노래』. 서울: 컨콜디아사.

박윤선 1977. 『성경주석: 여호수아, 사사기, 룻기』. 서울: 영음사.

박철현 2008. "성경의 햄릿, 아합." 『열왕기상, 어떻게 설교할 것인가』. 서울: 두란노 아카데미: 57-74.

배희숙 2007. "에스라 · 느헤미야에 나타난 유다재건정책." 『장신논단』 Vol. 30. 서울: 장로회신학대출판부: 45-77.

벌코프, 루이스 1974. 『성경해석학』. 서울: 한국개혁주의 신행협회.

벨하우젠, 율리우스 2011. 『이스라엘 역사서설』. 원진희 역. 서울: 한우리.

볼드윈, 조이스 2015[2008]. "에스더." 『IVP 성경주석』. 김순영 외 7인 공역. 서울: 한국기독학생회 출판부.

브라운, 로디 2006. 『역대상』. 김의원 역. 서울: 솔로몬.

브루그만, 월터 2000. 『현대성서주석: 사무엘상 · 하』. 차종순 역. 서울: 한국장로교출판사.

블레어, 윌리엄 & 헌터, 브루스 1995. 『한국의 오순절과 그 후의 박해』. 서울: 생명의말씀사.

비스케르커, J. R 1991. 『부림』. 고재수 역. 서울: 학생신앙운동 출판부.

빔슨, 존 2015[2008]. "열왕기상하." 『IVP 성경주석』. 김순영 외 7인 공역. 서울: 한국기독학생회 출판부.

서종택 1984. "소설론." 『문학개론』. 구인환 외. 서울: 형설출판사.

성주진 2007. 『사랑의 마그나카르타: 신명기의 언약신학』. 수원: 합신대학원출판부.

성주진 2008. “지혜를 구하는 솔로몬.”『열왕기상, 어떻게 설교할 것인가』. 서울: 두란노 아카데미: 189–200.

성주진 2009a. “다윗의 죄와 하나님의 용서.”『사무엘하, 어떻게 설교할 것인가』. 서울: 두란노 아카데미.

성주진 2009b. “인구조사: 재앙, 회개 그리고 제사.”『사무엘하, 어떻게 설교할 것인가』. 서울: 두란노 아카데미.

세터트웨이트, 필립 & 맥콘빌, 고든 2011[2008].『성경이해 4: 역사서』. 서울: 성서유니온선교회.

송병현 2009. “정탐하는 백성들.”『민수기, 어떻게 설교할 것인가』. 서울: 두란노아카데미.

송제근 2008a. “역사의 정점, 그리고 곧이은 추락.”『열왕기상, 어떻게 설교할 것인가』. 서울: 두란노 아카데미: 253–266.

송제근 2008b. “열왕기의 신학과 메시지.”『열왕기상, 어떻게 설교할 것인가』. 서울: 두란노 아카데미: 11–22.

송제근 2017.『아주 오래된 날마다 새로운 구약성경 이야기』. 군포: 언약나라.

신득일 1993. “희년의 윤리.”『고려신학보』제25집. 부산 고신대학교 신학대학원.

신득일 2012.『구약정경론』. 서울: 생명의 양식.

신득일 2014a.『광야의 반란』. 서울: CLC.

신득일 2014b. “히브리어 니르(nir)의 번역에 관한 문제: 다윗의 등불인가? 다윗의 명에인가?”『성경과 신학』Vol. 72. 한국복음주의 신학회: 33–56.

신득일 2015.『101가지 구약 Q & A』. 서울: CLC.

앵글, 폴 1993.『자신의 교회를 변화시키는 지도력』. 황성수 역. 서울: 나침반.

오만, H. M 1986. “구약의 역사적 본문에 대한 기독론적 설교.” 이병구 역.『고려신학보』제12집. 부산: 고신대학교 신학대학원 출판부.

웬함, G 2014. “민수기 해설.”『ESV 스터디 바이블』. 신지철 역. 서울: 부흥과개혁사.

웹, 배리 2014. “에스더 해설.”『ESV 스터디 바이블』. 신지철역. 서울: 부흥과개혁사.

윌리암슨, H. G. M 2015. “에스라와 느헤미야.”『IVP 성경주석』. 한국기독학생회출판부.

윌콕, 마이클 2015. “역대상하.”『IVP 성경주석』. 한국기독학생회출판부.

월키, 브루스 1999.『분별』. 서원교 역. 서울: 나침반출판사.

이동원 1996.『가나안 정복의 영웅 여호수아』. 서울: 나침반사.

이문식 2003. “설교적 관점에서 본 룻기 이해.”『그 말씀』. 서울: 두란노.

이태훈 2014[2009]. “공고해지는 다윗 왕국.”『사무엘하, 어떻게 설교할 것인가』. 서울:

두란노.

이형원 2008. “탈진한 엘리야를 치유하신 하나님.”『열왕기상, 어떻게 설교할 것인가』. 서울: 두란노 아카데미: 313-324.

장일선 1985.『히브리 설화의 문학적 이해』. 대한기독교출판사.

장춘식 2007.『에스라 느헤미야』. 성서주석 14. 서울: 대한기독교서회.

전병욱 1999.『새벽 무릎』. 서울: 규장문화사.

전정진 2009. “언약궤의 예루살렘 이주와 다윗 언약.”『역대기, 어떻게 설교할 것인가』. 서울: 두란노 아카데미: 197-218.

주서택, 김선화 2000.『내 마음속에 울고 있는 내가 있어요』. 서울: 순출판사.

차일즈, B S 1992.『구약신학』. 박문재 역. 서울: 크리스찬 다이제스트.

차일즈, B S 1999.『성경신학의 위기』. 박문재 역. 서울: 크리스챤 다이제스트.

차일즈, B S 1992.『구약정경개론』. 김갑동 역. 서울: 대한기독교출판사.

최재석, 2006.『그리스도인에게 문학적 소양이 필요한가?』 서울: 대한기독교서회.

카이저, 월터 1992.『영적 회복이 필요할 때』. 홍성훈 역. 서울: 두란노서원.

카일, C F 1988.『열왕기상 · 하』. 카일 · 델리취 구약주석 8권. 박수암 역. 서울: 기독교문화사.

켈리, 브라이언 2014. “역대상 · 하 해설.”『ESV 스터디 바이블』. 신지철 역. 서울: 부흥과개혁사.

토비아스, R B 2014.『인간의 마음을 사로잡는 스무 가지 플롯』. 김석만 역. 서울: 풀빛.

투엘, 스티븐 S 2007.『역대상 · 하』. 배희숙 역. 서울: 한국장로교출판사.

트림프, C 1996.『설교학 강의』. 신득일, 고서희, 한만수 공역. 서울: 기독교문서선교회.

틸레, 에드윈 R 1990.『히브리 왕들의 연대기』. 한정건 역. 서울: 기독교문서선교회.

패커, 제임스 1997.『느헤미야 강해』, 민건기 역. 서울: 도서출판 옥토.

페인, D F 2015. “사무엘상하.”『IVP 성경주석』. 김순영 외 7인 공역. 서울: 한국기독학생회 출판부.

프랜팅어, 데오도르 1990.『성경과 구원역사』. 김영철 역. 서울: 여수룬.

프로반, 이언 2014. “열왕기상 · 하 해설.”『ESV 스터디 바이블』. 신지철 외 4인 공역. 서울: 부흥과개혁사.

피, 고든 D & 스튜어트, 더글러스 1991.『성경을 어떻게 읽을 것인가』. 오광만 역. 서울: 성서유니온.

한정건 2006.『이사야의 메시아 예언 I』. 기독교문서선교회.

한정건 2010.『구약성경신학 강의안』. 천안: 고려신학대학원.

한정건 2012. 『구약역사 강의안』. 천안: 고려신학대학원.

헤로도토스 2008. 『페르시아 전쟁사』. 강은영 역. 서울: 시그마북스.

헬버그, J L 1986. "구약성경연구의 출발점과 방법." 길성남 역. 『고려신학보』 제12집. 부산: 고신대학신학대학원 출판부: 95–117.

홉스, T R 2013. 『열왕기하』. WBC 성경주석. 김병하 역. 서울: 솔로몬.

Adeney, W F 1940. *The Expositor's Bible: Ezra, Nehemiah and Esther*. Grand Rapids: William B. Eerdmans.

Aharoni, Y 1979. *The Land of the Bible: A Historical Geography*. Revised and Enlarg., Philadelphia: The Westminster Press.

Albright, W F 1935. "Archaeology and Date of the Hebrew Conquest of Palestine," *BASOR* 58: 10–18.

Allen, L. C. 1987. *1, 2 Chronicles*. Communicator's Commentary 10. Waco: Word.

Allen, R B & Barker, K L 2002 "Numbers," *NIV Study Bible*. Grand Rapids: Zondervan.

Alter, R 1981. *The Art of Biblical Narrative*. New York: Basic Books.

Alter, R 1999. *The David Story: A Translation with Commentary of 1 and 2 Samuel*. New York: W. W. Norton & Company.

Amit, Y 2001. *Reading Biblical Narrative*. Minneapolis: Fortress Press.

Anderson, A A 1989. *2 Samuel*. WBC. Dallas: Word Books.

Archer, G L 1974. *A Survey of Old Testament Introduction*. Chicago: Moody Press.

Atkinson, D 1983. *The Message of Ruth*. BST. Leicester: IVP.

Baldwin, J 1991. *1 and 2 Samuel*. TOTC. Leicester: IVP.

Bar–Efrat, S 1989. *Narrative Art in the Bible*. Sheffield: Almond Press.

Bar–Efrat, S 1980. "Some Observation of the Analysis of Structure in Biblical Narrative," *Vetus Testamentum* 30.

Batten, L W 1913. *A Critical and Exegetical Commentary on the Books of Ezra and Nehemiah*. ICC. Edinburgh: T & T Clark.

Berg, S B 1979. *The Book of Esther: Motifs, Themes and Structure*. Scholars Press.

Bergen, R D 1996. *1, 2 Samuel*. NAC. Broadman & Holman Publishers.

Bimson, J J 1981. "Redating the Exodus and Conquest," JSOTSup 5. Sheffield: Almond: 40–53.

Bright, J 1952. *The Kingdom of God*. New York: Abingdon Press.

Bright, J 1981. *A History of Israel 3rd*. Philadelphia: The Westminster Press.

Brooks, C & Warren, R P 1959. *Understanding Fiction*. New York: Appleton Century Crofts.

Brueggemann W 1982. *1 & 2 Kings*. Atlanta: John Knox Press.

Brueggemann W 1990. "1 Samuel: A Sense of Beginning." *ZAW* 102: 33–48.

Bush, F 1996. *Ruth/Esther*. WBC. Dallas: Word Books.

Calvin, J 1960. *Institutes of the Christian Religion*. ed. by John T. McNeill. Philadelphia: The Westminster Press.

Carpenter, E 1997. "עֶבֶד", in *NIDOTE* Vol. 3.(Grand Rapids: Zondervan): 304–309.

Chatman, S 1978. *Story and Discourse: Narrative Structure in Fiction and Film*. Ithaca: Cornell University Press.

Childs, B S 1982. *Introduction to the Old Testament As Scripture*. Philadelphia: Fortress Press.

Chisholm Jr., R B 1998. *From Exegesis to Exposition*. Grand Rapids: Baker Academic.

Chisholm Jr., R B 2006. *Interpreting the Historical Books: An Exegetical Handbook*. Grand Rapids: Kregel Pub.

Clines, D J A 1992[1984]. *Ezra, Nehemiah, Esther*. NCBC. Grand Rapids: Eerdmans.

Cogan, M & Tadmor, H 1988. *II Kings*. AB 11. New York: Doubleday.

Cohen, S 1989[1962]. "Tishbe", *IDB* Vol. 4. Nashville: Abingdon Press: 653–654.

Cohen, S 1989[1962]. "Ezion-geber." *IDB* Vol. 2. Nashiville: Abingdon Press: 213–214.

Cornfeld, G 1976. *Archaeology of the Bible: Book by Book*. New York: Harper & Row.

Cowley, A E 1923. *Aramaic Papyri of the Fifth Century B.C.* Clarendon Press.

Cundall, A E & Morris L 1968. *Judges & Ruth*. TOTC. Leicester: IVP.

Davies, G F 1999. *Ezra and Nehemiah*. Berit Olam. Minnesota: The Liturgical Press.

De Graaf, S G 1981. *Promise and Deliverance* Vol. 1. St. Catharines: Paideia Press.

De Graaf, S G 1981a. *Promise and Deliverance* Vol. 2. St. Catharines: Paideia Press.

Devries, S J 1985. *1 Kings*. WBC. Texas: Word Books.

Dillard, R B 1984. "Reward and Punishment in Chronicles: The Theology of Immediate Retribution." *Westminster Theological Journal* 46: 164–172.

Dillard, R B 1987. *2 Chronicles*. WBC. Texas: Word Books.

Dillard, R B 2002. "1, 2 Chronicles Notes," *NIV Study Bible*. Grand Rapids:

Zondervan.

Dillard, R B & Longman III, T 1994. *An Introduction to the Old Testament*. Grand Rapids: Zondervan.

Dillard, R B & Yamauchi, E 2002. "Esther Introduction," *NIV Study Bible*. Grand Rapids: Zondervan.

Dorsey, D A 1999. *The Literary Structure of the Old Testament.* Grand Rapids: Baker Books.

Driver, S R 1929. *An Introduction to the Literature of the Old Testament.* Edinburgh: T. & T. Clark.

Dumbrell, W J 2000[1984]. *Covenant and Creation.* Paternoster.

Dumbrell, W J 2002. *The Faith of Israel: A Theological Survey of the Old Testament.* Grand Rapids: Baker Academic.

Eskenazi, T C 1988a. *In an Age of Prose: A Literary Approach to Ezra-Nehemiah.* Atlanta: Scholars Press.

Eskenazi, T C & Richards K H eds. 1994. *Second Temple Studies: 2 Temple and Community in the Persian Period.* JSOTSup. JSOT Press.

Eskenazi, T C 1992. "Sheshbazzar." In D. N. Freedman Ed. *The Anchor Bible Dictionary* Vol. 5.(New York: Doubleday): 1207–1209.

Eskenazi, T C 1988b. "The Structure of Ezra–Nehemiah and the Integrity of the Book." *JBL* 107/4: 541–656.

Fensham, F C 1982. *The Book of Ezra and Nehemiah.* NICOT. Grand Rapids: Eerdmans.

Fewell, D N & Gunn D M 1990. *Compromising Redemption: Relating Characters in the Book of Ruth.* Westminster.

Foster, R J 1992. *Prayer: Finding the Heart's True Home.* San Francisco: Harper Collins.

Goldsworthy, G 1987. *Gospel & Kingdom: A Christian Interpretation of the Old Testament.* Australia: The Paternoster Press.

Gray, G B 1896. *Studies in Hebrew Proper Name.* London: A & C Black.

Gray, J 1980. *I & II Kings.* OTL. London: SCM Press.

Greidanus, S 1970. *Sola Scriptura: Problems and Principles in Preaching Historical Texts.* Toronto: Wedge Publishing Foundation.

Greidanus, S 1988. *The Modern Preacher and the Ancient Text: Interpreting and Preaching Biblical Literature*. Grand Rapids: Eerdmans.

Haran, M 1985. *Temples and Temple-Service in Ancient Israel*. Winona Lake: Eisenbrauns.

Harrison, R K 1999. *Introduction to the Old Testament*. Grands Rapids: Eerdmans.

Hasel, G 1991. *Old Testament Theology: Basic Issues in the Current Debate*. 4th edition. Grand Rapids: William B. Eerdmans Publishing Company.

Hauser, A J & Gregory, R 1990. *From Carmel to Horeb: Elijah in Crisis*. Sheffield: Almond.

Henry, M 1996. *Commentary on the Whole Bible*. Peabody: Hendrickson Publishers.

Hess, R S 1996. *Joshua*. TOTC. Leicester: IVP.

Hill, A E & Walton, J H 1991. *A Survey of the Old Testament*. Grand Rapids: Zondervan.

Hill, A E 2003. *1 & 2 Chronicles*. NIVAC. Grand Rapids: Zondervan.

Hoekema, A A 1986. *Created in God's Image*. Grand Rapids: Eerdmans.

Hoekema, A A 1989. *Saved by Grace*. Grand Rapids: Eerdmans.

House, P R 2003. *1, 2 Kings*. Nashville: Broadman & Holman Publishers.

Howard Jr., D M 1993. *An Introduction to the Old Testament Historical Books*. Chicago: Moody Press.

Hubbard, R L 1985. *First & Second Kings*. Chicago: Moody Press.

Hubbard, R L 1988. *The Book of Ruth*. NICOT. Grand Rapids: Eerdmans.

Japhet, S 1968. "The Supposed Common Authorship of Chronicles and Ezra–Nehemiah Investigated Anew." *VT* 18: 330–371.

Japhet, S 1982. "Sheshbazzar and Zerubbabel – Against the Background of the Historical and Religious Tendencies of Ezra–Nehemiah." *ZAW* 94: 66–98.

Japhet, S 1993. *I & II Chronicles*. OTL. Louisville: Westminster John Knox Press.

Japhet, S 1994. "Composition and Chronology in the Book of Ezra–Nehemiah." In *Second Temple Studies 2: Temple Community in the Persian Period*. Edited by T. C. Eskenazi and K. H. Richards. JSOTSup 175: 189–216.

Jones, G H 1994. *1 and 2 Kings*. Grand Rapids: Eerdmans.

Kaiser Jr., W C 1974. "The Blessing of David: Humanity's Charter." John H.

Skilton Ed. *The Law and the Prophets*. Philadelphia: Presbyterian and Reformed.

Kaiser Jr., W C 1978. *Toward an Old Testament Theology*. Grand Rapids: Zondervan.

Kaiser, Jr., W C 1987. *Toward Rediscovering the Old Testament Theology*. Grand Rapids: Zondervan.

Kaye, B N & Wenham G J eds. 1978. *Law, Morality and the Bible*. IVP.

Keck, L E 1978. *The Bible in the Pulpit: The Renewal of Biblical Preaching*. Abingdon Press.

Keil, C F 1996. *1 and 2 Kings*. Massachusetts: Hendrickson.

Klein, R W 1983. *1 Samuel*. WBC. Texas: Word Books.

Lewis, A. 2002[1985]. "Joshua Notes." *NIV Study Bible*. Zondervan.

Liddell, R 1956. *Some Principle of Fiction* . London: Jonathan Cape.

Licht, J 1978. *Storytelling in the Bible*. Jerusalem: The Magnes Press.

Long, B O 1984. *1 Kings: With an Introduction to Historical Literature*. FOTL. Grand Rapids: Eerdmans.

Longman III, T 1987. *Literary Approaches to Biblical Interpretation*. Grand Rapids: Zondervan.

Longman III, T 1997. *Reading The Bible With Heart Mind*. Nav. Press.

Lowth, R 1923[1829]. *Lectures on the Sacred Poetry of the Hebrews*. 3rd ed. G. Gregory trans. Bibliolife.

McConville, J G 1984. *Chronicles in the Daily Study Bible*. St. Andrew Press.

McConvill, J G 1985. *Ezra, Nehemiah and Esther*. Louisville: Westminster John Knox Press.

MacRae, A A 1977. *The Gospel of Isaiah*. Chicago: Moody Press.

Matthews, K A 1996. *Genesis 1-11:26*. NAC. Broadman

Matthews, K A 2005. *Genesis 11:27-50:26*. NAC. Broadman.

Mendenhall, G E 1954. "Ancient Orient and Biblical Law." *Biblical Archaeologist* 17.

Montgomery, J A 1951. *Kings*. ICC. Edinburgh: T & T Clark.

Nelson, R 1987. *First and Second Kings*. Interpretation. Louisville: John Knox.

Obstfeld, R 2002. *Fiction First Aid: Instant Remedies for Novels*, Stories and Scripts. Cincinnati: Writer's Digest Books.

Olley, J W 2011. *The Message of Kings: God is Present*. Downers Grove: Inter Varsity

Press.

Parunak, H V D 1984. "Oral Typesetting: Some Uses of Biblical Structure." *Biblica* 62: 153–168.

Powell, M A 1990. *What Is Narrative Criticism?* Minneapolis: Fortress Press.

Pritchard, J B ed. 1969. *Ancient Near Eastern Texts(ANET)*. Princeton: Princeton University Press.

Rhoads, D and Michi D 1982. *Mark As Story: An Introduction to the Narrative of a Gospel*. Philadelphia: Fortress Press.

Robertson, D 1976. "The Bible as Literature." *The Interpreter's of the Bible Dictionary* Sup. Vol. ed. Keith Crim. Nashville: Abingdon.

Ryken, L 1984. *How to Read the Bible as Literature*. Grand Rapids: Academie Books.

Ryken, P G 2011. *I Kings*. Phillipsburg: P & R Pub.

Saley, R J 1978. "The Date of Nehemiah Reconsidered," In *Biblical and Near Eastern Studies. Essay in Honour of William Sanford LaSol*. ed. G. A. Tuttle: 151–165.

Sangster, W E 1984. *The Path to Perfection: An Examination & Restatement of John Wesley's Doctrine of Christian Perfection*. Westminster: Epworth Press.

Selman, M J 1994. *1 Chronicles*, TOTC. Leicester: IVP.

Selman, M J 1994a. *2 Chronicles*, TOTC. Leicester: IVP.

Shaeffer, F A 1975. *Joshua and the Flow of Biblical History*. IVP Press.

Shin, D I 2004. "The Ark of Yahweh in the Old Testament: An Exegetical–Theological Study." Ph. D. dissertation, North West University.

Smith, W 1937. *The Glorious Revival Under King Hezekiah*. Grand Rapids: Zondervan.

Soggin, J A 1977. "The Davidic–Solomonic Kingdom." *Israel and Judaean History*. ed. J. H. Hayes and J. M. Miller. Philadelphia: Westminster.

Spina, F A 1991. "A Prophet's 'Pregnant Pause': Samuel's Silence in the Ark Narrative(1 Sam. 4:1–7:2)." *HBT* 13: 59–73.

Steinmann, A E 2010. *Ezra and Nehemiah. Concordia Commentary: A Theological Exposition of Sacred Scripture*. St. Louis: Concordia Publishing House.

Talmon, S 1963. "Wisdom in the Book of Esther." *VT* 13: 419–55.

Talmon, S 1976. "Ezra and Nehemiah (Books and Man)." In *The Interpreter's Dictionary of the Bible Supplementary Volume* (IDBSup). (New York: Abingdon

Press): 317–328.

Talmon, S 1990. "Ezra and Nehemiah." In *The Literary Guide to the Bible*. Robert Alter & Frank Kermode ed. The Belknap Press.

Thiele, E R 1983. *The Mysterious Numbers of the Hebrew Kings*. 3rd ed. Grand Rapids: Zondervan.

Thompson, J A 1994. *1, 2 Chronicles*. NAC. Broadman & Holman Publishers.

Throntveit, M A 1982. "Linguistic Analysis and the Question of Authorship in Chronicles, Ezra and Nehemiah." *Vetus Testamentum* 32: 201–16.

Throntveit, M A 1992. *Ezra-Nehemiah*. Interpretation. Louisville: John Knox Press.

Trimp, C 1988. *Heilsgeschiedenis en Prediking*. Kampen: Uitgeverij Van Den Berg.

Tsevat, M 1958. "Marriage and Monarchal Legitimacy in Ugarit and Israel." *JSS* 3: 237–43.

Unger, M F 1954. *Archaeology and the Old Testament*. Grand Rapids: Zondervan.

Van Beek, G W 1989. "Ophir." *IDB* Vol. 3. Nashiville: Abingdon Press: 605–606.

Vanderwaal, C 1978a. *Search the Scriptures 1*. Paideia Press.

Vanderwaal, C 1978b. *Search the Scriptures 2*. Paideia Press.

Vanderwaal, C 1978c. *Search the Scriptures 3*. Paideia Press.

Vangemeren, W 1988. *The Progress of Redemption: The Story of Salvation from Creation to the New Jerusalem*. Grand Rapids: Academie.

Vannoy, J R 1978. *Covenant Renewal at Gilgal: A Study of 1 Samuel 11:14-12:25*. Cherry Hill: Mack publishing.

Vannoy, J R 2002a. "1, 2 Kings Notes." *NIV Study Bible*. Grand Rapids: Zondervan.

Vannoy, J R 2002b. "1, 2 Samuel Notes." *NIV Study Bible*. Grand Rapids: Zondervan.

Van't Veer, M B 1980. *My God Is Yahweh*. Canada: Paideia Press.

Vos, G 1954. *Biblical Theology: Old and New Testament*. Grand Rapids: Eerdmans Pub.

Walsh, J T 1997. "Gen 2:4b–3:24: A Synchronic Approach." In *Journal of Biblical Literature* 96: 161–77.

Walsh, J T 2001. *Style & Structure in Biblical Hebrew Narrative*. Minnesota: A Michael Glazier Book.

Wenham, G J 1967. "Large Numbers." *Tyndale Bulletin* 18. Cambridge: Tyndale House.

Wenham, G J 1979. *The Book of Leviticus*. NICOT. Eerdmans.

Wenham, G J 1981. *Numbers*, TOTC. Leicester: IVP.

Wenham, G J 1987. *Genesis 1-15*. WBC. Nelson/ Paternoster.

Wenham, G J 1994. *Genesis 16-50*. WBC. Nelson/Paternoster.

Wilcock, M 1992. *The Message of Judges*. London: Inter–Varsity Press.

Williams, R J 1989. "Moabite Stone", *IDB* Vol. 3. Nashiville: Abingdon Press: 419.

Williamson, H G M 1977a. *Israel in the Books of Chronicles*. Cambridge: Cambridge University Press.

Williamson, H G M 1977b. "The Historical Value of Josephus' Jewish Antiquities xi. 297–301." *JTS* n.s. 28: 49–66.

Williamson, H G M 1982. *1 and 2 Chronicles*. NCBC. Grand Rapids: Eerdmans.

Williamson, H G M 1983. "The Composition of Ezra i–iv." *JTS* 34: 1–30.

Williamson, H G M 1985. *Ezra, Nehemiah*. WBC. Waco: Word Books.

Wilson, M R & Stek, J 1985. "Ruth Notes." *NIV Study Bible*. Zondervan.

Wiseman, D J 1993. *1 & 2 Kings*. TOTC. Leicester: IVP.

Wood, L J 1970. *A Survey of Israel's History*. Grand Rapids: Zondervan.

Woudstra, M B 1981. *The Book of Joshua*. NICOT. Grand Rapids: Eerdmans.

Yamauchi E & Youngblood, R 2002. "Ezra Notes," *NIV Study Bible*. Grand Rapids: Zondervan.

Yamauchi, E 1980. "The Archaeological Background of Esther." *Bibliotheca Sacra* 137: 99–117.

Young, E J 1953. *An Introduction to the Old Testament*. Grand Rapids: Eerdmans.